DIREITO DAS OBRIGAÇÕES

Atualizado de acordo com o Código de Processo Civil de 2015

JOSÉ ROBERTO DE CASTRO NEVES
Mestre em Direito pela Universidade de Cambridge.
Doutor em Direito pela Universidade do Estado do Rio de Janeiro.
Professor de Direito Civil da Pontifícia Universidade Católica (PUC/RJ).
Advogado

DIREITO DAS OBRIGAÇÕES

Atualizado de acordo com o Código de Processo Civil de 2015

7ª Edição

GZ
EDITORA

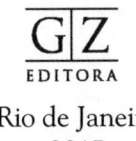

Rio de Janeiro
2017

5ª edição – 2014
5ª edição – 2015 – 2ª tiragem
6ª edição – 2016
7ª edição – 2017

© *Copyright*
José Roberto de Castro Neves

Ilustração da capa:
M.C. *Escher's "Day and Night"* © 2008 The M.C. Escher Company-Holland.
All rights reserved. www.mcescher.com

CIP-Brasil. Catalogação-na-fonte.
Sindicato Nacional dos Editores de Livros, RJ.

N424d
7. ed.

Neves, José Roberto de Castro,
  Direito das obrigações / José Roberto de Castro Neves. - 7. ed. - Rio de Janeiro: LMJ Mundo Jurídico, 2017.
  434 p.; il.; 25 cm.

Inclui bibliografia
ISBN 978-85-9524-001-8

1. Obrigações (Direito) - Brasil. 2. Direito civil - Brasil. I. Título.

16-37727
CDU: 347 (81)

O titular cuja obra seja fraudulentamente reproduzida, divulgada ou de qualquer forma utilizada poderá requerer a apreensão dos exemplares reproduzidos ou a suspensão da divulgação, sem prejuízo da indenização cabível (art. 102 da Lei nº 9.610, de 19.02.1998).

Quem vender, expuser à venda, ocultar, adquirir, distribuir, tiver em depósito ou utilizar obra ou fonograma reproduzidos com fraude, com a finalidade de vender, obter ganho, vantagem, proveito, lucro direto ou indireto, para si ou para outrem, será solidariamente responsável com o contrafator, nos termos dos artigos precedentes, respondendo como contrafatores o importador e o distribuidor em caso de reprodução no exterior (art. 104 da Lei nº 9.610/98).

As reclamações devem ser feitas até noventa dias a partir da compra e venda com nota fiscal (interpretação do art. 26 da Lei nº 8.078, de 11.09.1990).

Reservados os direitos de propriedade desta edição pela
GZ EDITORA

e-mail: contato@editoragz.com.br
www.editoragz.com.br

Av. Erasmo Braga, 299 – sala 202 – 2º andar – Centro
CEP 200020-000 – Rio de Janeiro – RJ
Tel.: (0XX21) 2240-1406 – Tel./Fax: (0XX21) 2240-1511

Impresso no Brasil
Printed in Brazil

Para Isabel, Guilherme, João Pedro, Maria Eduarda,
Doris (vezes dois), Roberto, Dado, Mi, Letícia,
Rafael, Cecília, Ipi, Pedro, Lucas e Miguel.

> "Caminante, no hay camino,
> se hace el camino al andar."
>
> Antonio Machado

ÍNDICE SISTEMÁTICO

Obras Publicadas	XIII
Prefácio	XV
Nota do Autor	XVII
Nota à 7ª Edição	XIX

Introdução	1
1. O conceito de obrigação	7
1.1. Desenvolvimento do conceito de obrigação	12
1.2. Elementos da relação jurídica obrigacional	20
1.2.1. Sujeitos	20
1.2.2. Fato: as fontes das obrigações	25
1.2.2.1. Alargamento das fontes das obrigações. Deveres acessórios, secundários ou laterais – a boa-fé objetiva	32
1.2.3. Norma jurídica	46
1.2.4. Vínculo	46
1.2.5. O objeto das obrigações: o ato humano	48
2. As obrigações no Código Civil	53
3. Os princípios gerais do Direito das Obrigações	55
4. Obrigação natural	73
5. Obrigação *propter rem*	77
6. As espécies das obrigações quanto ao objeto	81
6.1. Obrigação de dar	82
6.1.2. Obrigação de dar coisa certa	86
6.1.3. Obrigação de dar coisa incerta	94
6.2. Obrigação de fazer	97
6.3. Obrigação de não fazer	104
7. Obrigações simples, cumulativas, alternativas e facultativas	109
8. Obrigações de meio e de resultado	115
9. Obrigações puras, condicionais, a termo e modais	119
10. Obrigações de execução instantânea, diferida e continuada	121
11. Obrigações principais e acessórias	123
12. Obrigações divisíveis e indivisíveis	129
13. Solidariedade	137
13.1. Solidariedade ativa	139
13.2. Solidariedade passiva	143
14. A transmissão das obrigações	151
14.1. Cessão de crédito	152
14.2. A assunção de dívida	162
15. O adimplemento	165
15.1. A natureza jurídica do pagamento	166
15.2. Quem deve pagar	169
15.3. A quem se deve pagar	176
15.4. O objeto do pagamento e sua a prova	183

15.4.1. Teoria da imprevisão e correlatas	196
15.5. Quitação	205
15.6. O lugar do pagamento	208
15.7. O tempo do pagamento	211
16. Formas indiretas de extinção das obrigações	219
16.1. O pagamento em consignação	219
16.2. O pagamento com sub-rogação	223
16.3. A imputação em pagamento	226
16.4. Dação em pagamento	227
16.5. Novação	230
16.6. Compensação	233
16.7. Confusão	241
16.8. Remissão da dívida	242
17. As garantias do cumprimento da obrigação	245
17.1. A garantia geral das obrigações	249
17.1.1. A tutela da garantia patrimonial – Proteção do patrimônio do devedor pelo credor	254
17.1.2. Fraude contra credores	254
17.1.3. Fraude à execução	256
17.1.4. A hipótese do artigo 477 do Código Civil	257
17.1.5. Arresto	258
17.2. Garantias especiais das obrigações	259
17.2.1. Garantias pessoais	259
17.2.1.1. Fiança	259
17.2.1.2. Aval	260
17.2.2. Garantias reais	262
17.2.2.1. Penhor	263
17.2.2.2. Caução	266
17.2.2.3. Hipoteca	267
17.2.2.4. Anticrese	268
17.2.3. Propriedade fiduciária	269
17.2.4. Alienação fiduciária em garantia	270
17.2.5. Arrendamento mercantil	271
17.3. Penhora	272
17.4. As garantias no caso de insolvência	274
18. O inadimplemento	277
18.1. A responsabilidade e seus elementos	281
18.1.1. Fato gerador	282
18.1.2. Culpa	282
18.1.2.1. Responsabilidade sem culpa	291
18.1.3. Dano	296
18.1.4. Nexo de causalidade	297
18.2. Inadimplemento total e parcial	309
18.2.1. Adimplemento substancial	311
18.2.2. Quebra positiva do contrato	313
18.2.3. O inadimplemento antecipado	314
18.3. A terceira via da responsabilidade	319
18.4. Os efeitos do inadimplemento	325
18.4.1. Os deveres primário e secundário	325
18.4.2. Resolução do contrato	328
18.5. A mora	330
18.5.1. Os efeitos da mora	333
18.5.2. A purgação da mora	334
19. As perdas e danos	337

19.1. Danos emergentes e lucros cessantes 337
19.2. O dano moral 348
    19.2.1. A questão do dano moral punitivo 354
19.3. O dever de mitigar o prejuízo 356
19.4. Os juros 358

20. Convenções acerca do dever de reparar os danos 369
    20.1. Cláusulas de exclusão do dever de reparar 370
        20.1.1. Cláusulas limitativas do dever de reparar 376
        20.1.2. Cláusulas de agravamento do dever de reparar 378
    20.2. A cláusula penal 380
    20.3. Arras ou sinal 388

21. *Coda* 391

Bibliografia 393
Índice Onomástico 405
Índice Alfabético-Remissivo 409

OBRAS DO AUTOR

LIVROS PUBLICADOS:

"O Código do Consumidor e as Cláusulas Penais", Ed. Forense, Rio, 2004 (1ª edição), 2006 (2ª edição).

"Uma Introdução ao Direito Civil – Parte Geral", Ed. Letra Legal, Rio, 2005 (1ª edição); Ed. Forense, Rio, 2007 (2ª edição); Ed. GZ, Rio, 2011 (3ª Ed).

"Direito das Obrigações", Ed. GZ, Rio, 2008 (1ª e 2ª tiragens), 2ª Ed, 2009; 3ª Ed, 2012; 4ª Ed. (2013); 5ª ed. (2014).

"Medida por Medida – O Direito em Shakespeare", Ed. GZ, Rio, 2013 (1ª e 2ª Ed.); 3ª Ed. (2014), 4ª Ed (2015).

"A Invenção do Direito", Edições de Janeiro, Rio, 2015.

"Contratos I", Ed. GZ, Rio, 2016.

COMO CO-AUTOR:

"Código Civil Interpretado Conforme a Constituição da República", vol. 1, Ed. Renovar, Rio de Janeiro, 2004;

"Código Civil Interpretado Conforme a Constituição da República", vol. 2, Ed. Renovar, Rio de Janeiro, 2006;

"Código Civil Interpretado conforme a Constituição Federal", vol. 3, Renovar, Rio de Janeiro, 2011.

"Código Civil Interpretado conforme a Constituição Federal", vol. 4, Renovar, Rio de Janeiro, 2014.

"Dicionário de Princípios Jurídicos", Ed. Elsevier, São Paulo, 2010.

"Narração e Normatividade", Ed, GZ, Rio de Janeiro, 2013.

TRABALHOS PUBLICADOS:

"Insolvency Law in Brazil" - pela Southwestern University Law Journal, dos Estados Unidos, 1996;

"Boa-fé objetiva: posição atual no ordenamento jurídico e perspectiva de sua aplicação nas relações contratuais" – Revista Forense, Rio de Janeiro, v. 351, 2001;

"O artigo 924 do Código Civil: uma leitura do conceito de equidade nas relações de consumo" – Revista Forense, Rio de Janeiro, v. 360, 2002;

"Coação e Fraude contra Credores", no livro "A Parte Geral do Novo Código Civil", Ed. Renovar, Rio de Janeiro, 2002;

"Uma leitura do conceito de equidade nas relações de consumo", no livro "A Constitucionalização do Direito", Ed. Lúmen Iuris, Rio de Janeiro, 2003;

"Aspectos da cláusula de não concorrência no direito brasileiro" – Revista Trimestral de Direito Civil, v. 12, ed. Padma, Rio de Janeiro, 2003;

"Considerações jurídicas acerca das agências reguladoras e o aumento das tarifas públicas" - Revista dos Tribunais, v. 821, São Paulo, 2004;

"Justiça, segurança, bem comum e propriedade. Uma breve introdução ao direito de propriedade e à sua função social" - Revista da EMERJ, nº 26, Rio de Janeiro, 2004;

"A intertemporalidade e seus critérios" – Revista Forense, v. 382, Rio de Janeiro, 2005;

"O enriquecimento sem causa como fonte das obrigações" – Revista dos Tribunais, v. 843, 2006.

"O enriquecimento sem causa: dimensão atual do princípio no Direito Civil", no livro "Princípios do Direito Civil Contemporâneo", Ed. Renovar, Rio de Janeiro, 2006.

"O Direito do Consumidor – de onde viemos e para onde vamos", in Revista Trimestral de Direito Civil, v. 26, Padma Editora, 2006;

"Responsabilidade Civil – vinte rachaduras, quebras e desmoronamentos (e uma canção desesperada)", in Revista Trimestral de Direito Civil, nº 33, Padma Editora, 2008;

"As Garantias do Cumprimento da Obrigação", in Revista da EMERJ, nº 44, Rio de Janeiro, 2008;

"O árbitro conhece o direito – Jura novit cúria", in Revista Direito ao Ponto, nº 7, São Paulo, 2011.

"O Arredamento Rural e a sua Contraprestação", in Aspectos Polêmicos do Agronegócio, São Paulo, Ed. Castro Lopes, 2013.

"O Contrato de Fiança", no livro, in: Direito e Justiça social, São Paulo, Atlas, 2013.

"O Contrato Estimatório", in Revista Forum do Direito Civil nº 2, Belo Horizonte, 2013.

"Os Direitos da Personalidade e a Liberdade de Expressão – Parâmetros para a Ponderação", Revista da EMERJ, v. 16, nº 62, Rio de Janeiro, 2013.

"Custas, Despesas e Sucumbência na Arbitragem", in Revista de Arbitragem e Mediação, ano 11, 43, Ed. Revista dos Tribunais, São Paulo, 2014.

"Resolução e Revisão dos Contratos", in Direito Imobiliário, São Paulo, Atlas, 2015.

"Arbitragem nas Relações de Consumo – Uma Nova Esperança", in Arbitragem e Mediação, São Paulo, Atlas, 2015.

"O Contrato de Seguro, sua perspectiva civil-constitucional e sua lógica econômica", In Anais do I Congresso Internacional de Direito de Seguro do Conselho da Justiça Federal e do Superior Tribunal de Justiça, Ed. Roncarati, São Paulo, 2015.

Prefácio

Quando José Roberto de Castro Neves generosamente deu-me a chance de ler os originais deste livro que agora vem a público, eu tinha percebido apenas em parte a importância do momento. Sabia que para o autor tratava-se de completar mais uma etapa de sua brilhante e dedicada carreira acadêmica, de professor de direito das obrigações na Pontifícia Universidade Católica do Rio de Janeiro, mestre em Cambridge, e doutor na Universidade do Estado do Rio de Janeiro. Tive a sorte de acompanhar José Roberto em alguns desses momentos – somos colegas na PUC, na mesma cadeira, e fomos colegas em algumas matérias quando ele cursava o doutorado – e sabia, por isso, de sua capacidade para a empreitada. Desconfiava, também, que o fato de José Roberto ser um advogado experiente e muito ativo – com longas jornadas de trabalho, grande sucesso profissional e uma prática centrada no contencioso civil – fosse contribuir para que o seu trabalho viesse completado por uma visão atual dos problemas práticos da aplicação do direito das obrigações nos tribunais.

A leitura dos originais revelou-me, contudo, que se tratava não apenas de mais um passo naquela carreira brilhante, mas de um passo consagrador. José Roberto produziu um trabalho completíssimo, a um só tempo didático e aprofundado, clássico e atual, que constituirá paradigma, a partir de agora, para aqueles que se aventurem a um manual de obrigações no direito brasileiro.

O direito civil passou por uma enorme transformação, quando os contratos (e portanto as obrigações) se tornaram o principal meio de circulação da riqueza na sociedade capitalista liberal. A revolução burguesa dependia dos contratos e da liberdade de contratar, em oposição aos direitos concedidos hereditariamente, ou por favor estatal. Mas, uma nova revolução estava por acontecer, de maneira mais suave, mas não menos relevante.

De um lado, a riqueza deixaria de ser representada pelos bens, e passaria, mais e mais, a ser representada pela capacidade de geração de fluxos de recursos, isto é, de créditos atuais e futuros, já constituídos ou que se espera razoavelmente que venham a se constituir. Hoje, as empresas não são mais avaliadas pelos bens que têm, mas pelos direitos que podem gerar. As pessoas têm mais ou menos capacidade de realizar suas necessidades de consumo conforme tenham mais ou menos crédito. Os direitos reais passaram de fim a meio, quando se trata de medir riqueza e comprovar a saúde financeira de alguém. A propriedade, depois de sofrer o seu primeiro grande golpe com as restrições à liberdade do proprietário decorrentes do reconhecimento de sua função social, nunca mais se recuperou. E o direito das sucessões e o de família, pelas mesmas razões, perderam relevância quando se trata de seu aspecto patrimonial, centrando crescentemente atenção e polêmica nos interesses não econômicos.

Por outro lado, as leis em todo o mundo, e no Brasil em particular, passaram a interferir crescentemente na liberdade de contratar, e na produção de efeitos dos contratos, reconhecendo a relevância econômica dominante do direito das obrigações na sociedade capitalista. No Brasil, o Código de Defesa do Consumidor tornou-se uma lei de referência. O CDC é provavelmente a lei civil mais conhecida entre a população, ao menos quanto à sua existência e possível aplicação. Mas, além disso, é dessa lei que decorrem muitas das obrigações das grandes empresas que operam no Brasil, e portanto, é também de sua aplicação que decorrem, ou podem decorrer, reduções expressivas de valor dessas mesmas empresas. Créditos medem riqueza, mas deduzidos os débitos. A dificuldade de medir obrigações decorrentes de contratos celebrados em ambiente de negociação individual é moderada. Por muitos que sejam, sabe-se o que contêm. O mesmo não se pode dizer de obrigações decorrentes de contratos de massa, celebrados aos milhares – e alguns casos aos milhões – e cuja capacidade de gerar obrigações para as empresas fornecedoras de produtos ou serviços dependerá do modo como venham a ser interpretados judicialmente.

Diante desse quadro, o que se espera de um manual de direito das obrigações no início do século XXI? Especificamente, como deve um manual lidar com o fato de que, desde 2002, o Brasil tem um novo Código Civil cuja pouca novidade se encontra nos espasmódicos momentos de reconhecimento da transformação antes referida – como no tratamento da boa-fé objetiva e da função social dos contratos?

O Código Civil de 2002 é particularmente falho no direito das obrigações, porque era aí que ele deveria ter ido adiante. O Código, entretanto, como se sabe, não é, em verdade, de 2002. É da década de 70 do século passado, quando foi projetado em sua forma praticamente final. E naquela época, para citar o mínimo, o Brasil era uma economia em geral fechada ao capital estrangeiro, não havia transferência de tecnologia, não havia meios eletrônicos de contratação instantânea, e os meios de comunicação eram extremamente limitados e caros. Em outras palavras: todos os elementos necessários ao desenvolvimento de um capitalismo de massas, de uma sociedade de consumo, como a que hoje se desenvolve a passos acelerados no Brasil – e na Índia, e na China –, estavam por vir entre nós.

Um manual, nesse cenário, precisa, em primeiro lugar, ser ao mesmo tempo clássico e moderno. Deve permitir ao leitor conhecer (ou rememorar) a origem da disciplina dos temas, pois é nela que se vai buscar, muitas vezes, a solução dos impasses. Mas deve também realçar ao leitor a necessidade de aplicar tais regras à luz da realidade atual, mesmo quando elas sejam regras desatualizadas – formal ou, como ocorre freqüentemente com nosso Código Civil, substancialmente.

Nesse particular, a obra de José Roberto se beneficia de sua intensa ligação com a escola do Direito Civil Constitucional desenvolvida na UERJ sob a batuta dos Professores Gustavo Tepedino e Maria Celina Bodin de Moraes. Da PUC-RIO, onde Maria Celina também leciona, saíram vários dos jovens mestres e doutores formados no centro de excelência em que se transformou a pós-graduação da UERJ, e José Roberto é um dos melhores exemplos, pois já era professor da PUC-RIO quando doutorou-se na UERJ. A visão moderna e crítica do direito civil, que caracteriza a escola da UERJ, está representada no livro de José Roberto, seja na freqüente referência aos textos ali debatidos e produzidos, seja mesmo em muitos dos conceitos que adota. Mas isso tudo é feito sem perder de mira a necessidade de permitir que o leitor conheça a visão clássica, e vá às fontes (indicadas com minúcia), para formar ele próprio sua convicção, ou saciar sua necessidade de aprofundamento.

Em segundo lugar, um manual do século XXI no Brasil precisa lidar com o desafio comum a todo manual, de ser ao mesmo tempo destinado a iniciantes, profissionais e estudiosos. Os três públicos diferem bastante em suas necessidades, mas o bom manual é, sem dúvida, aquele que será usado com a mesma utilidade pelos três. E isso, mais uma vez, o livro de José Roberto consegue. Os estudantes se beneficiarão não apenas dos exemplos, reais mas explicados com simplicidade, como das introduções sempre amenas dos capítulos, e das referências literárias ou históricas, que servem como pequenas doses lúdicas de distração, em busca da atenção seguinte do leitor a quem os temas pareçam muito ásperos. Os profissionais encontrarão no livro a análise esmiuçada de todos e cada um dos artigos do Código de 2002 relativos à teoria geral das obrigações, apresentada embora de maneira contextualizada e coerente com o sistema, e não sob a forma de comentários estanques. Além disso, há farta citação jurisprudencial, feita, contudo, de maneira pontual e com análise prévia do conteúdo, desobrigando o leitor de percorrer a íntegra de decisões. Os estudiosos, por fim, verão que se trata de obra com conteúdo denso, reunindo não apenas referência à doutrina mais importante, mas a sua análise crítica. Além disso, quando não analisa em item próprio, o manual dá ao menos notícia das discussões que estão em curso na academia sobre os temas, permitindo o aprofundamento das questões.

O terceiro desafio de um manual, como o que agora vem à luz, foi facilmente vencido por José Roberto. E ele é o da leitura fácil. A frases são construídas quase sempre na ordem direta, e sem a utilização dos neologismos que andam povoando muitas obras recentes bem intencionadas. Falar de assuntos difíceis tem sido, amiúde, confundido com falar difícil. E quase sempre o resultado é tornar o assunto mais difícil do que ele é. José Roberto, nesse ponto, é fiel à melhor escola portuguesa do direito das obrigações, pois não dá nada por provado, e explica com clareza e em vernáculo cada passo de seu raciocínio lógico. E isso sem falar das notas à margem do texto, já aí muito italianas, a indicar ao leitor o próximo passo do caminho a percorrer.

Como a advocacia consome muito de meu tempo, terminei ficando com os originais deste livro por mais de um mês, antes de terminar de lê-lo. Nesse tempo, consultei-o muitas vezes, fosse na preparação de aulas, fosse no dia a dia da profissão. Fiz, portanto, uma espécie de "teste de campo" do texto. E nele sempre encontrei respostas e indicações de caminho. Estou certo, por todo o mais, e também por isso, que este Direito das Obrigações, que José Roberto de Castro Neves generosamente produziu, tornar-se-á obra de indicação e referência obrigatórias no Brasil.

Marcelo Trindade
Professor de Direito Civil da PUC – RIO.

Nota do Autor

Há mais de dez anos sou professor de Direito das Obrigações da Pontifícia Universidade Católica do Rio de Janeiro. Estimulado principalmente pelos alunos – que reclamavam a necessidade de encontrar, nos livros, a matéria exposta em sala de aula –, decidi organizar minhas anotações e transformá-las num curso sobre o tema.

Tive o cuidado de citar as obras clássicas, que ensinaram gerações, assim como os trabalhos mais recentes sobre a matéria, buscando, quando pertinente, acompanhar a explicação fazendo referência às decisões dos Tribunais. Com isso, o leitor recebe o atalho para estudos mais profundos.

Segundo Dom Quixote, "querer salvar é sublime; julgar-se um salvador é ridículo". O propósito desta obra é ajudar. Diante disso, a orientação, no texto, foi a de seguir a máxima jesuíta: *Fortiter in re, suaviter in modo*, ou seja, com força na essência, porém com suavidade no modo. Persegui o objetivo de enfrentar os temas, ainda os mais espinhosos e complexos, com uma linguagem acessível e, quando possível, doce.

Depois de algum tempo na elaboração de um trabalho como este manual, já se está anestesiado, a ponto de não enxergar os erros mais evidentes. Nessas horas, os amigos são fundamentais. Há muitas pessoas a agradecer, que me corrigiram e supriram muitas das minhas deficiências (os erros que permanecem no texto são culpa exclusivamente minha). Em primeiro lugar, registro minha gratidão ao Professor Ebert Chamoun, cuja granítica sabedoria jurídica me iluminou e guiou ao longo de toda a elaboração do trabalho. Agradeço aos colegas e estagiários do escritório Ferro, Castro Neves, Daltro & Gomide Advogados, com quem tenho o privilégio de conviver, pela constante disposição de discutir a matéria, sempre de modo tão qualificado. Também merecem especial reconhecimento os Professores Marcelo Trindade, João Augusto Basílio e Marcos Alcino de Azevedo Torres: três brilhantes mestres que, a despeito de uma rotina atribulada – fruto do sucesso profissional de cada um deles –, me municiaram com preciosas contribuições. Marcelo Trindade ainda me honrou com a elaboração de uma generosa introdução ao livro, na qual transparece a sua inteligência radiante. Simone Lopes da Costa, magistrada modelar, leu os originais para me mostrar, com a argúcia e sensibilidade, quando me distanciava do melhor caminho. Luiz Eduardo de Castro Neves, irmão e melhor amigo, fez críticas construtivas e inteligentes, que muito aprimoraram o resultado. A Professora Maria Celina Bodin de Moraes, sempre uma referência em Direito Civil, elaborou uma dadivosa "orelha" para a obra, e foi incentivadora valiosa. Por fim, manifesto minha imorredoura gratidão por dois professores: Heloisa Helena Barboza e Gustavo Tepedino. A primeira foi a minha professora de Direito Civil durante os cinco anos do curso de graduação da UERJ. O segundo foi meu orientador no Doutorado. Os dois, para mim, são referências fortíssimas, reflexo do talento deles e do amor que nutrem pelo Direito Civil e pelo seu magistério.

Agradeço, ainda, aos meus alunos que, com suas luminosas ponderações, revelam-me novas faces do Direito das Obrigações. Grande parte deste livro advém da experiência de sala de aula, da identificação dos temas mais complexos, aqueles que suscitam maiores explicações, das questões menos abordadas pela doutrina, das perplexidades da nossa jurisprudência.

Por fim, minha maior gratidão vai para minha mulher Isabel e meus filhos Guilherme, João Pedro e Maria Eduarda. Deles colho todo meu estímulo.

José Roberto de Castro Neves
Julho de 2008

Nota à 7ª Edição

Este trabalho, desde a sua primeira edição, vem sofrendo contínuos melhoramentos. Com o esgotamento das edições anteriores, surge a oportunidade de fazer reparos e acrescer temas. Acima de tudo, o Direito mostra que está vivo também em obras como a presente.

Agradeço, mais uma vez, à ajuda que recebi, com críticas construtivas, com as quais corrigi e aprimorei o texto.

Outubro de 2016

INTRODUÇÃO

O direito é uma ferramenta social. Talvez a mais importante delas. Por meio do direito, das regras estabelecidas para regular as pessoas em sociedade, o Estado avança ou retrocede, recrudesce ou se desmorona. O Estado permite a circulação dos bens, ou impede a transferência de patrimônio. O Estado estimula a educação, o bem-estar, protege a dignidade da pessoa humana, ou se silencia, omitindo-se em relação a tudo isso. Por vezes, o Estado pode, por meio das regras que estabelece, coonestar a perda da liberdade de expressão, admitir a prisão sem julgamento, como se viu em muitos momentos da história. Pela força do Direito, das regras que ordenam a sociedade, protegem-se as garantias mínimas das pessoas e alcançam-se os sonhos mais distantes. Diz-se, "pela força do Direito", porque, embora o objetivo seja alcançar uma harmonia social, isso não se conquista sem um árduo esforço e constante atuação do ordenamento jurídico, como há tempos proclamou Jhering: "A paz é o fim que o Direito tem em vista, a luta é o meio de que se serve para o conseguir".[1]

Luis Cabral de Moncada, um dos mais instigantes civilistas portugueses, começou sua carreira dedicando-se a investigar a história de certos institutos do Direito. Seguramente, sem essa base de conhecimento profundo da História do Direito, não teria o referido mestre como alçar vôos tão elevados na análise do Direito Civil. O estudo do desenvolvimento do Direito serve, pois, como uma bússola ao intérprete.

Afinal, a análise do Direito não pode ser estática. Não convém examinar o Direito congelado, abstraindo-se, também, como ele era ontem, de onde ele vem, quais os seus paradigmas. Apenas assim, contextualizado na história e no seu tempo, visualiza-se efetivamente a feição da norma jurídica e para onde ela caminha.[2]

Até o início do século XIX, pode-se dizer que, de um modo geral, o Direito atuava como meio de dominação de uma classe sobre a outra. Naquela época, as normas eram estabelecidas pela nobreza, a classe dominante, para regular a sociedade da forma que lhe fosse mais conveniente.

---

1   Rudolf von Jhering, A Luta pelo Direito, Rio de Janeiro, Forense,1992, p. 1

2   Em 1889, Enrico Cimbali (La Nuova Fase del Diritto Civile, seconda edizione, Torino, Unione Tipográfica Editrice, 1889, p. 317) já notava que "il concetto ed il valore giuridico delle obligazioni civili siasi gradativamente trasformato, nella misura costante in cui sonosi transformate le altre manifestazioni della vita guiridica in generale" (ou seja, o conceito das obrigações se transforma gradativamente, assim como se transformam outras manifestações da vida jurídica). Segue o italiano, colocando o direito das obrigações como uma emanação das mais essenciais manifestações humanas: "E, concretando ancor meglio, l'institute delle obligazioni, comme quelo que incarna e riproduce le piú essenciali ed immediate manifestazioni dell'umana personalità, riflette piú direttamente di qualsiasi altro instituto del diritto privato, quase il nosse il termometro esatto, le varie fasi di rapporti per cui è passata l'umana individualità nel sua sviluppo progressivo, coordinato a quello della società" (em tradução bem livre: as obrigações encarnam e reproduzem o mais essencial da personalidade humana, servindo como termômetro exato do seu desenvolvimento em sociedade).

A Revolução Francesa (e a Revolução Americana também, em menor parte embora) foi decisiva para estabelecer novos critérios acerca do "interesse" e do "objetivo" do Estado. O grande passo, do ponto de vista jurídico, foi a elaboração de um código civil, que seria aplicado indistintamente para todos os cidadãos, independentemente de sua origem, nobre ou plebéia, de sorte que as pessoas receberiam um tratamento igual da lei. "Égalité"!

Sobreveio, então, o Código Civil francês, em 1804, batizado "Código Napoleão". Afinal, o imperador Napoleão o encomendou e até mesmo participou de diversas sessões de sua elaboração, emitindo opiniões (muitas delas acatadas). Não se trata, portanto, do Código "de" Napoleão, mas do Código Napoleão, pois assim denominado, com o nome do general corso.

O Código Civil francês foi elaborado com o cuidado de que a sua linguagem fosse acessível. Idealmente, a lei deveria atingir a todos. Com relação à simplicidade do texto, esperava-se que a lei fosse escrita de tal modo que qualquer um do povo pudesse entendê-la. Diz-se que Balzac, quando desejava aprimorar a precisão de sua linguagem, lia o Código Civil, diante da clareza da lei. O fato é que, ao menos em tese, qualquer um saberia como agir, bastando consultar a lei, que, a partir de então, estava ao alcance de todos. A lei – a exteriorização do Direito – deixou de ser um instrumento de opressão, um alicate da classe dominante, para exercer o papel de garantia de liberdade.

Outro ingrediente – que serviria como finalidade e justificativa do ordenamento jurídico – consistia na liberdade do cidadão, o que se garantiria pela proteção da sua vontade. O direito de expressar e concretizar de forma ampla a vontade representava, segundo os juristas de então, a manifestação da liberdade.

O Código Napoleão teve importância não apenas na França, mas em todo o mundo civilizado. Ele reunia as matérias de Direito Civil num só corpo, facilitando que as pessoas tomassem conhecimento de seus direitos.

O espírito do legislador, entretanto, não se esquecera da realidade até há pouco presente, na qual a lei oprimia, porque, principalmente, a sua interpretação ficava a cargo do poder dominante. "O Estado sou eu", na célebre frase do rei francês Luis XIV, refletia o abuso que se buscava a todo custo evitar. Assim, a lei deveria ter vida própria. Desejava-se impedir que a lei ficasse sujeita a uma interpretação autoritária e opressiva, porque, pensavam, aí começaria a injusta dominação dos fortes.

A norma, portanto, deveria ser clara. Do texto da lei extraia-se o Direito. A lei será melhor, pensava-se, na exata medida em que seu conteúdo seja exato, preciso, sem margem a uma interpretação tendenciosa.

Os positivistas, cuja escola de direito prevaleceu a partir de meados do século XIX (e, para muitos, até hoje isso se mantém), sustentavam que o juiz deveria ser, de preferência, um autômato,[3] um robô, examinando friamente o fato e a este aplicar a

---

3   Essa expressão é dada por Antônio Junqueira de Azevedo: "O primeiro paradigma do direito posterior à Revolução Francesa se baseava inteiramente na lei e na segurança da lei – naquela idéia de que a lei deve ser universal, geral, prever tudo com precisão e ser, tanto quanto possível, completa. O papel do juiz nesse paradigma era o de ser um autômato. É famoso juiz 'boca da lei', *la bouche de la loi*, na linguagem de Montesquieu" (*Estudos e Pareceres de Direito Privado*, São Paulo, Saraiva, 2004, p. 149).

lei pertinente, para dar ao jurisdicionado, aquele que reclamava do Estado a solução de um problema, uma resposta sem nenhum sabor, que refletisse apenas e apenas a regra legal.

Diante disso, o mais relevante no estudo do Direito passou a ser a interpretação da norma escrita, do direito positivo, normalmente por meio de leis emanadas do poder competente. Tudo o que não fosse lei, era visto com algum preconceito. Os princípios do Direito, por exemplo, foram colocados em segundo plano. Basta ver a Lei de Introdução do Código Civil, a Lei nº 4.657, de 04.09.1942, ainda em vigor. Segundo o seu artigo 4º, "quando a lei for omissa, o juiz decidirá o caso de acordo com a analogia, os costumes e os princípios gerais de direito". Note-se que os princípios ficam relegados à última das fontes de integração. Eles incidiriam, a valer uma interpretação literal da norma transcrita, apenas diante da inexistência da norma escrita específica, caso não houvesse outra norma escrita aplicável por analogia e, finalmente, na ausência de costume que regulasse a situação. Os princípios ficavam no final.

Era o que acontecia, por exemplo, com os princípios da eqüidade, da dignidade da pessoa humana, da boa-fé objetiva, para citar três significativos casos.

O Direito caminha. As vezes para frente, outras para trás. Por vezes, o Direito abandona uma linha e inicia outra, em direção oposta. Sempre, contudo, ele anda em busca, espera-se, do que a sociedade considera mais adequado. Muitas vezes, o Direito caminha mais pelas mãos da sociedade do que pelo legislador, como, há mais de um século, ponderava León Duguit, "Por otra parte, soy de aquellos que piensan que el Derecho es mucho menos la obra del legislador que del producto constante y espontáneo de los hechos. Las leyes positivas, los Códigos, pueden permanecer intactos en sus textos rígidos: poco importa; por la fuerza de las cosas, bajo la presión de los hechos, de las necesidades prácticas, se forman constantemente instituciones jurídicas nuevas. El texto está siempre allí; pero há quedado sin fuerza y sin vida; o bien por una exégesis sabia y sutil, se le da um sentido y um alcance en los cuales no había soñado el legislador cuando lo redactaba."[4]

Numa democracia, o Direito reflete os anseios da sociedade que o Estado visa a ordenar. "O Direito é, na verdade, um desenvolvimento histórico, pois é uma expressão da moralidade costumeira que se desenvolve, de maneira silenciosa e inconsciente, de uma era para a outra. (...) Mas o Direito é também uma evolução consciente ou intencionada, pois a expressão da moralidade costumeira será falsa se a mente do juiz não estiver voltada para a realização da finalidade moral e de sua materialização em normas jurídicas."[5]

Na atual conjuntura, o ordenamento jurídico vive uma fase de transformações e desafios, na qual se pretende amparar diretamente valores e princípios mais abstratos, que, antes, serviam apenas como orientadores, sem que deles fosse permitida uma aplicação direta e concreta.

---

4 *Las Transformaciones generales del Derecho privado*, secunda edicíon, Madrid, Francisco Beltrán Librería, 1920, p. 19.

5 Benjamin N. Cardozo, A Natureza do Processo Judicial, São Paulo, Martins Fontes, 2004, p. 76.

Entende-se, contemporaneamente, que se deve dar ao intérprete mais liberdade, a fim de que ele possa garantir uma aplicação justa do Direito ao caso concreto. Até a manifestação da vontade, antes vista como a "mola-mestra" dos negócios jurídicos (para citar um conceito de Beviláqua, o principal autor do Código Civil de 1916), deve, modernamente, passar por um filtro, um prisma, para ser apenas admitida pelo ordenamento na medida em que estiver amparada por valores condizentes, cuja proteção se justifique.

Vislumbra-se, diante disso, uma revisão do papel dos princípios no Direito. Buscam-se, hoje, novas conquistas sociais. Estas apenas se alcançarão com um Direito sensível aos valores considerados modernamente como mais relevantes, notadamente a proteção à dignidade da pessoa humana.

Para atingir a essas novas metas, o Direito passa a valer-se de regras jurídicas mais abertas, de conceitos mais indeterminados, que deem mais liberdade ao aplicador do Direito para tornar efetiva a finalidade última do ordenamento.

Em outras palavras, o fenômeno jurídico passa a ser examinado a partir da situação concreta e não do ponto de uma norma abstrata. O homem do Direito não é um cientista ocupado de questões hipotéticas, mas um ser humano munido do propósito de atingir a justiça no caso que lhe foi submetido.

A Constituição de 1988, o Código do Consumidor e o Código Civil de 2002 trazem regras abertas, integrando-as ao ordenamento jurídico, quebrando a rigidez de uma visão positivista do direito, de modo a flexibilizar a aplicação das normas jurídicas. Isso reclama uma atuação mais enérgica, sensível e inteligente do intérprete (que, logo, ganha maiores responsabilidades).

O Código Civil de 2002 indica, por exemplo, que o contrato deve cumprir a sua função social (artigo 421). Mas como? Que é função social? A lei não informa. Abre-se ao aplicador e ao intérprete da norma uma senda, um novo caminho. Evidentemente, o direito não passou a ser o que o intérprete quer, numa impressão pessoal e subjetiva acerca do que ele imagina ser o interesse da lei, no que ele particularmente crê ser a concretização da função social. Aí está o grande desafio. A interpretação das cláusulas abertas é mais perigosa (pode até ser nociva). O papel do intérprete consiste em se preparar tecnicamente, para conhecer os propósitos da norma, os objetivos últimos – não dele, intérprete, porém – da sociedade.

O Direito das Obrigações – um fundamental fenômeno do mundo jurídico – sentiu de modo violento os novos ares. Deixando para trás os dois últimos séculos, nos quais predominou o conceito positivista do Direito, o ordenamento parte para novas conquistas e o Direito das Obrigações ganha papel proeminente nessa empreitada.

Na relação jurídica obrigacional, uma das partes pode exigir da outra um determinado comportamento. O credor é o titular do direito subjetivo consistente em impor ao devedor o cumprimento de uma prestação. Enquanto o credor tem um direito subjetivo, o devedor, por seu turno, tem o dever jurídico de cumprir uma prestação, satisfazendo o credor. Este dever pode consistir em dar alguma coisa, fazer ou deixar de fazer certa atividade.

O Estado informa quais os fatos aptos a gerar esse vínculo, denominados fontes das obrigações. Classicamente, as fontes são os atos jurídicos (unilaterais e bilaterais, como o contrato), a lei e o ato ilícito, embora essa lista seja matéria de extenso e insepulto debate. Observa-se, todavia, a tendência contemporânea de alargamento dessas fontes, para abarcar, também, outros fatos, como, por exemplo, o enriquecimento sem causa (agora referido nos artigos 884 a 886 do Código Civil) e, nas relações contratuais, a certos deveres laterais do acordo.

Nos contratos, talvez a mais importante das fontes das obrigações, a marca inconfundível dessas transformações encarnou como a alma adere ao corpo.

Com efeito, o contrato hoje adquiriu papel mais ativo, destacando-se a sua função social, preconizada pelo artigo 421 do Código Civil, reflexo de princípios emanados da Constituição Federal, como o propósito de construir uma sociedade justa e solidária (artigo 3º, I) e o de prevalência da dignidade da pessoa humana (artigo 1º, III). Cogliolo reconhecia que "La storia dei contratti è dunque la storia della civiltà."[6] De fato, a história dos contratos é a história da civilização. Pelo interesse em conceder aos contratos uma função social, o Direito espelha o seu propósito: atuar ativamente na construção de uma sociedade solidária e justa.

Também merecem realce, nesse novo contexto do Direito das Obrigações, certos institutos de proteção ao equilíbrio econômico das prestações ajustadas contratualmente, como a lesão (artigo 157 do Código Civil), a resolução por onerosidade excessiva (artigos 478 a 480 do Código Civil) e a teoria da imprevisão (artigo 317 do Código Civil).

Um bom exemplo da atitude mais ativa do ordenamento se nota na aplicação do artigo 478 do Código Civil de 2002, relativo à resolução pela onerosidade excessiva. Caso se verifique a superveniente disparidade econômica das prestações, por motivos extraordinários e imprevisíveis, em um contrato celebrado na vigência da Lei de 1916, a parte lesada pode reclamar e o juiz está autorizado a aplicar a norma referida do artigo 478, para, se for o caso, extinguir o contrato que se tornou injusto. Nesse caso, não se cuida de aferir a validade do negócio (para o que se adotaria a lei anterior), porém de indicar seus efeitos, que tangenciam o interesse social.

A análise das obrigações não se resume, na atualidade, à aferição de sua validade e possibilidade. Examina-se também seu conteúdo, que deve ser ético, justo e equilibrado.

Nesse passo, a boa-fé objetiva foi outro princípio que se distinguiu e se desenvolveu extraordinariamente. Ela foi referida, no Código Civil de 2002, tanto como cânone de interpretação (artigo 113), como critério de análise da correta execução do contrato (artigo 422). Além das obrigações tradicionais decorrentes dos contratos (como a entrega da prestação), a boa-fé cria outros deveres, como, para dar exemplos, a responsabilidade pré-contratual, o *venire contra factum proprium*, o *tu quoque* e a responsabilidade pós-contratual. Na realidade, a boa-fé, isoladamente, serve de fundamento – como ela se baseia na lealdade, na transparência, na correção do comportamento – de deveres laterais inerentes à relação contratual.

Reluz, portanto, o desenvolvimento do Direito das Obrigações na área contratual, a ponto de permitir ao juiz e à lei se imiscuírem no conteúdo dos negócios, a fim de garantir a justiça efetiva na situação concreta.

---

6   Pietro Cogliolo, *Filosofia del Diritto Privato*, Firenze, G. Barberá Editore, 1888, p. 229.

A aplicação desses novos valores e regras, no que se refere aos negócios jurídicos ajustados antes do advento da Lei civil de 2002, encontra-se referida pelo artigo 2.035, parágrafo único, do Código Civil. O dispositivo mencionado, constante da parte que cuida das disposições transitórias (inclusive na questão de intertemporalidade da norma), afirma que, para fins da análise da validade dos atos realizados antes do advento da Lei de 2002, aplica-se a norma anterior. Entretanto, no que se refere aos efeitos, eles deverão estar de acordo com os princípios do interesse social preconizados no Código.

O parágrafo único do artigo 2.035 do Código Civil oferece ainda outro importante elemento de integração entre a nova e a antiga Lei civil. Segundo a regra, nenhum acordo prevalecerá se contrariar os preceitos de ordem pública, como o da função social do contrato, expressamente referido no artigo 421 da Lei de 2002.

Ao se apresentar um livro de Direito das Obrigações, cuja finalidade é, em grande parte, trazer ao estudante as primeiras informações acerca desse ramo do Direito, as considerações acima expostas, relativas aos valores, conceitos e princípios que hoje animam o ordenamento jurídico revelam-se fundamentais.

Quer-se incutir no leitor, ao mesmo tempo, a sensação de desafio e a de responsabilidade. Desafio, porque o Direito está sendo construído neste momento, enquanto se passam os olhos por estas linhas. O leitor não precisa de convite para contribuir com essa construção. Não há escolha para o aplicador do Direito, senão participar dessa obra, com prudência, energia e inteligência. A responsabilidade decorre do mesmo fato. Oliveira Ascensão, com propriedade, cita Karl Popper: "A verdade total é racionalmente inatingível; mas a crítica e o diálogo permitem ficar mais próximo dela."[7]

Apenas o estudo e a análise crítica do Direito permitirão uma escolha adequada do caminho que o ordenamento jurídico deva trilhar. A escolha correta, feita por intérpretes preparados, significará a diferença de opção de que trata o primeiro parágrafo desta introdução, isto é: pelo Direito o Estado floresce ou acorrenta.

Afinal, para o leitor, qual a melhor opção de Estado? Qual a função do Direito?

---

7   José de Oliveira Ascensão, O *Direito*, 13ª ed., Coimbra, Almedina, 2005, p. 191.

1
O Conceito de Obrigação

"Nenhum homem é uma ilha". Com essa bela exclamação, John Donne, um poeta inglês do século XVI, registrava uma verdade: não vivemos sozinhos e, mais ainda, estamos, todos nós, membros da humanidade, atrelados por uma série de relações, que nos unem. Assim, ninguém está só, alheio a tudo, afastado da comunidade humana, isolado como uma ilha.

Essas relações podem ser sentimentais, de natureza afetiva. Podem, ainda, ser relações de cortesia, de educação, de solidariedade. Outras relações são reconhecidas pelo Estado – mais especificamente pelo ordenamento jurídico que o regula –, impondo às partes, por elas vinculadas, a prática de certa conduta ou o simples reconhecimento de um fato.

Com efeito, a partir de certas situações surge um tipo especial de relação entre as pessoas, na qual uma delas ficará com o poder de exigir da outra que adote certo comportamento. Esse comportamento pode, em resumo, consistir no dever de colocar uma coisa à disposição de outrem, realizar uma atividade, ou se abster de praticar uma atividade.

Quando, por exemplo, duas pessoas assinam um instrumento de contrato, no qual se estabelece que uma delas entregará a outra uma obra de arte dentro de uma semana, entende-se que aquela situação – as partes capazes e lícita a venda do objeto – basta para vincular os signatários do acordo: a partir de então, quem se comprometeu a dar a obra de arte ficará obrigado a entregá-la. Caso o vendedor se recuse a cumprir o dever a que está obrigado, o comprador poderá reclamar do Estado uma atividade que, em princípio, lhe garanta o recebimento da tal obra de arte.

Quem ajustou adquirir a obra, embora tenha o poder de exigir a entrega dela, também está adstrito a respeitar essa obrigação. Em regra, ele não pode mais desistir do negócio: a obrigação une todas as partes, estabelecendo um vínculo entre elas que, em princípio, apenas pode ser desfeito se as mesmas partes concordarem com o seu fim (ou se houver declaração do Poder Judiciário nesse sentido).

relações jurídicas obrigacionais

As relações jurídicas obrigacionais são, portanto, aquelas nas quais uma pessoa pode exigir da outra a prática de certo comportamento. O conceito jurídico de obrigação é antigo. Já no Direito Romano definia-se *obligatio est juris vinculum quo necessite adstringimur alicujus rei solvendae*,¹ isto é, o "laço jurídico que nos coage a pagar alguma coisa".² Ou, para citar a definição de Beviláqua, obrigação é "um vínculo de direito que nos constrange a pagar alguma cousa, ou mais claramente, a fazer ou a deixar de fazer".³ Costuma-se, aliás, chamar de obrigação, genericamente, o dever de uma pessoa em relação a outra, ou seja, o fato de uma pessoa estar vinculada a cumprir uma atividade para satisfazer a outra, decorrente de uma relação jurídica.

<small>direito subjetivo</small>

Aqui, revela-se fundamental mencionar o conceito de direito subjetivo. Comumente, define-se o direito subjetivo como o poder de uma pessoa exigir de outra que se comporte de acordo com o ordenamento jurídico. Alguém dirá: "o direito subjetivo é o mesmo que uma obrigação". Não é bem assim. Na verdade, tecnicamente, a obrigação é uma espécie do gênero direito subjetivo; ou um tipo de direito subjetivo.

Explique-se melhor. Para isso, é necessário dar um passo atrás e examinar o ordenamento jurídico.

A sociedade, para se organizar e progredir, precisa de normas que a regulem. Sem essas regras haveria o caos. Dá-se, a esse conjunto de regras, o nome de ordenamento jurídico. O direito objetivo é, pois, o conjunto de normas em vigor em determinado ordenamento.

As pessoas devem comportar-se de acordo com o ordenamento jurídico. A violação à determinação legal traz conseqüências, cuja intensidade vai depender da gravidade da regra legal transgredida, do ponto de vista do valor social comprometido. Se uma pessoa mata outra, há um enorme valor social em jogo – a vida. Se a questão é apenas patrimonial, a importância é distinta, evidentemente menor.

Algumas vezes, a regra legal tem tamanha relevância que seu desrespeito dá ao Estado o poder de punir o infrator com a perda da liberdade (e quem faz o mal vai preso). Outras vezes, a violação ao ordenamento tem uma importância menor – como alguém que deixou de pagar uma dívida – e o Estado dá ao prejudicado o poder de reclamar e receber o valor objeto do crédito.

Comumente, o ordenamento jurídico prevê situações nas quais uma pessoa pode exigir da outra certo comportamento. O direito subjetivo consiste exatamente nisso: o poder, de exigir de outrem a prática de certa conduta; havendo, do outro lado, o dever de alguém seguir essa conduta. Poder e dever, eis o binômio do direito subjetivo.

---

1   *Institutas*, Livro 3, título XIV – *Les Institutes de L'Empereur Justinien*, tomo I, Metz, Chez Behmer et Lamort, 1806, p. 164.

2   A tradução é de A. Coelho Rodrigues, *Institutas do Imperador Justiniano*, II, Recife, Typografia Mercantil, 1879, p. 37.

3   Clóvis Beviláqua, *Direito das Obrigações*, 2ª ed., Bahia, Livraria Magalhães, 1910, p. 11.

direito subjetivo absoluto e relativo

O direito subjetivo pode ser relativo ou absoluto, conforme, respectivamente, o seu titular possa exercê-lo contra uma pessoa (ou um grupo específico delas) – e daí falar-se em relatividade – ou, de forma distinta, o direito subjetivo ter como ser exercido contra toda a coletividade, contra todos (*erga omnes*, como diziam os romanos), e, por esse motivo, ser chamado de absoluto.

Os direitos subjetivos absolutos se dividem entre os personalíssimos e os reais. Os primeiros são aqueles direitos inerentes à personalidade, como o nome, a nacionalidade, a honra, o corpo. Veja-se que todos são obrigados a respeitar esses direitos personalíssimos. O seu titular tem como impor a sua observância à coletividade. Caso uma pessoa seja atingida em sua honra, por quem quer que seja, ela tem como exigir o fim da afronta. De outra ponta, quem realiza a humilhação ou o insulto terá o dever de fazer cessá-la e de reparar o mal que cometeu.

Outro direito subjetivo absoluto é o direito real. Trata-se das relações que se estabelecem entre as pessoas sobre uma coisa. Os romanos falavam *ius in re*, ou seja, direito sobre a coisa. Se alguém é proprietário de um bem, todas as demais pessoas ficam sujeitas a respeitá-lo. O proprietário de uma fazenda tem o poder de exigir que o invasor deixe as suas terras. O invasor, por sua vez, quem quer que seja ele, tem o dever de sair da área, respeitando a propriedade.

direito subjetivo relativo

O direito subjetivo pode, também, ser relativo. Neste caso, o seu titular não poderá opô-lo contra toda a coletividade, mas apenas contra uma pessoa, ou, quando muito, a um grupo delas. Isso ocorre nas relações familiares, nas quais há, por exemplo, o dever de prestar alimentos (ou seja, auxiliar alguém visando a garantir uma vida digna). Essa obrigação, contudo, apenas pode ser exigida entre marido e mulher, pais e filhos (quando muito, aos avós e, muito excepcionalmente, aos tios). Entretanto, é certo que essa relação só existe entre as pessoas vinculadas pelo laço familiar de parentesco. Logo, trata-se de direito subjetivo relativo.

Finalmente, o outro tipo de direito subjetivo relativo são as obrigações, ou seja, o poder de uma pessoa exigir de outra que adote certo comportamento em decorrência de um fato específico.

Aqui, há um fato reconhecido pelo ordenamento jurídico como apto a criar o vínculo obrigacional, atrelando duas ou mais pessoas ao exercício de uma atividade. A celebração de um contrato, por exemplo, faz nascer uma relação obrigacional, na qual o credor pode exigir do devedor uma prestação.

Atente-se: há uma autonomia na origem desse fato que faz nascer o dever jurídico obrigacional. Se uma pessoa causa um dano injusto a outra, esse fato cria, isoladamente, a obrigação de reparar o prejuízo. Verifica-se, aqui, a autonomia da fonte da obrigação, que, como veremos adiante, é um importante elemento para distingui-la.

Nas relações obrigacionais, o credor, em regra, pode exigir apenas do devedor que pratique a atitude, e aí se identifica a relatividade do direito subjetivo.

Em suma, portanto, os direitos subjetivos absolutos são os direitos personalíssimos e os reais, ao passo que os direitos subjetivos relativos se compõem do direito de família e do obrigacional.

<small>poderes e deveres jurídicos</small>

Como se viu, de todos os tipos de direitos subjetivos irradia uma série de poderes e deveres jurídicos. Dos direitos personalíssimos e dos reais – os direitos subjetivos absolutos – decorrem, comumente, deveres de abstenção: ninguém deve macular a honra de outrem, a propriedade deve ser respeitada, etc. Observados esses deveres, não haverá violação ao direito subjetivo dos seus titulares. Entretanto, se o dever subjetivo for violado, o titular tem como exigir que o sujeito passivo desse direito subjetivo se comporte adequadamente, respeitando-o (e até reparando o dano decorrente desse desrespeito, se houver).

O mesmo ocorre nas relações de família: há um dever jurídico de o pai abastado prestar alimentos ao filho em necessidade e aí por diante.

Como se nota, em todos esses casos há deveres jurídicos. No direito obrigacional, no direito de família, no direito real e nos direitos personalíssimos abundam deveres dos mais variados matizes.

Entretanto, nos casos dos direitos personalíssimos, no direito de família e no direito real, os deveres jurídicos decorrem de uma relação anterior. Isto é, porque existe um vínculo jurídico anterior (decorrente da propriedade, da relação familiar, etc.), advieram outros deveres.

Da propriedade irradiam deveres: como o de terceiros não a destruírem, por exemplo. Esses deveres são subordinados, não originários.

Nas relações de direito de família, igualmente, há diversos deveres que se estabelecem entre pais e filhos, entre marido e mulher. O pai e a mãe têm o dever de zelar pelos seus filhos. Esse dever nasce a partir de outra relação anterior relacionada à filiação; não é originária nem autônoma. Note-se que esse dever não surgiu *per se*, mas aflui de outra relação jurídica.

Convencionou-se estudar, no Direito das Obrigações, apenas os vínculos obrigacionais plenamente autônomos, que não se encontrem inseridos em outra relação jurídica. Analisam-se, no Direito das Obrigações, as relações obrigacionais autônomas, originárias, que existam independentemente de outra relação.

Se duas pessoas celebram um contrato, a fonte do direito subjetivo (que justificará a existência de uma relação de poder e dever entre elas) é originária e autônoma, pois deriva daquele próprio negócio, que instituiu e foi a fonte da obrigação.

O contrato não pressupõe nenhuma relação anterior para criar o vínculo de poder e dever. O contrato faz nascer a obrigação.

O mesmo se pode dizer do ato ilícito que gera danos. O lesado passa a ter direito de reclamar uma indenização a partir do fato. Há, aqui também, uma fonte autônoma.

Adiante, ao se examinarem as fontes das obrigações, trataremos mais detalhadamente desse tema. Por ora, cumpre registrar que, para grande parte da doutrina, o Direito das Obrigações se limita a esses vínculos estabelecidos de forma autônoma.

Tenha-se presente, todavia, que os muitos deveres subordinados a outras relações jurídicas guardam a mesma estrutura das obrigações ditas autônomas, a ponto de muitos autores modernos discordarem da idéia de que a autonomia seja um necessário atributo da obrigação.

O dever de prestar alimentos, por exemplo, deriva de uma outra relação, normalmente de natureza familiar, muito embora a sua estrutura seja igual a de qualquer dever obrigacional.

Com efeito, não há diferença estrutural: havendo um dever jurídico correspondente a um poder (ou seja, uma relação de direito subjetivo), a resposta do ordenamento jurídico ao fenômeno será idêntica. Sempre, o lado passivo ficará adstrito a certo comportamento, ao passo que o lado ativo terá o poder de exigir essa conduta.

Eis porque o estudo do Direito das Obrigações oferece especial interesse.

Já se disse que muitas relações jurídicas geram deveres, como ocorre nas relações advindas do Direito de Família e dos Direitos Reais, por exemplo. Em todos esses casos, estruturalmente, a parte interessada poderá exigir um comportamento da outra. O dever de prestar alimentos, para repetir o exemplo antes referido, tem, inequivocamente, a estrutura obrigacional.

O conceito das obrigações, como se vê, permeia todos os ramos do Direito. Assim, revela-se necessário dominar seus contornos, pois o seu emprego acompanhará sempre o aplicador do Direito.

A teoria geral das obrigações é examinada num dos livros do Código Civil, denominado, claro, de Direito das Obrigações. Nele se aprecia a parte do Direito Civil relativa a essas relações existentes entre, no mínimo, duas pessoas, nas quais uma delas (ou ambas mutuamente) pode exigir da outra que adote certo comportamento.

Ao se reconhecer uma obrigação, pode-se remeter ao lado passivo da relação – ao dever de uma das partes de oferecer a prestação –, como se referir ao crédito, quando se examina a situação do credor, que tem o direito de reclamar a prestação.

Na verdade, a relação obrigacional possui comumente um aspecto dinâmico, no qual, em regra, ambas as partes são, ao mesmo tempo, credoras e devedoras. Nos negócios bilaterais – como a compra e venda, para dar um exemplo comum –, o vendedor dá a coisa, mas recebe, em contrapartida, uma remuneração. Portanto, também o vendedor tem algo a receber – o preço da coisa –, pelo que pode reclamar. Com uma das mãos, ele é credor do dinheiro e, com a outra, a mesma pessoa deve a coisa.

Para facilitar o exame, aprecia-se o fenômeno das obrigações de modo estático – isto é, do ponto de vista de uma das partes da relação –, mas não se pode deixar esquecido que a relação é dotada de reciprocidade.

Aliás, há regra expressa na lei civil de que nenhum dos contratantes pode exigir a prestação do outro enquanto não oferecer a sua contraparte (artigo 476 do Código Civil), como adiante se tratará com mais detalhe.

fundamento das obrigações

Antes de encerrar este capítulo, cumpre examinar, ainda que sucintamente, o fundamento filosófico desse fenômeno. Em outras palavras: por que se justifica a proteção social às obrigações? A resposta que melhor parece se adequar a essa indagação é a da necessidade social de garantir a confiança entre os homens. Nenhuma sociedade subsistiria se ausente a segurança mínima de que as pessoas cumprirão seus deveres. O Direito das Obrigações serve de cimento, de liga, que enlaça firme cada um na medida de seus direitos e deveres e, assim, garante e permite um harmonioso convívio social.

1.1. Desenvolvimento do Conceito de Obrigação

Os conceitos jurídicos que hoje adotamos não nasceram prontos. Aliás, seria impróprio sustentar que os conceitos jurídicos atualmente aplicados seriam definitivos, ou os "melhores que a civilização conseguiu atingir". A história mostra que as ferramentas jurídicas estão sujeitas a constante mutação, sempre visando a melhor atender os anseios da sociedade em um determinado momento. Como reconhece Jhering: "O direito não é uma pura teoria, mas uma força viva."[4]

Na análise dos institutos jurídicos vale observar como eles evoluem (ou retrocedem), até mesmo para antever para onde esses mesmos institutos caminham.

Deve-se ter presente, contudo, que não se deve ver a história como um reflexo do progresso. "As razões por que as idéias evoluíram do jeito que evoluíram incluirão acidentes históricos, interesses adquiridos, preconceitos. Incompreensões, erro e toda sorte de coisas que não se encaixam em causas de progresso."[5] Dos erros e dos acertos, muito se colhe da história dos institutos.

---

4   *A Luta pelo Direito*, 12ª ed., Rio de Janeiro, Forense, 1922, p. 1.
5   Roger E. Blackhouse, *História da economia mundial*, São Paulo, Estação Liberdade, 2007, p. 22

A palavra "obrigação" vem do latim *obligare*, ou seja, ligar, vincular, porquanto se relaciona ao conceito de unir duas pessoas, que ficavam atreladas a certa relação.

O conceito fundamental de obrigação, já se disse, reside no poder de uma pessoa exigir de outra a prática de certo comportamento. Na vida em sociedade, essa situação é comum. Mais ainda, ela é necessária. Afinal, não seria possível viver em uma sociedade na qual as pessoas não ficassem adstritas a certas condutas.

Se uma pessoa paga a outra para adquirir uma coisa, deve receber o bem. Aquele que causa um dano ilícito fica responsável pela reparação. Quem se compromete a entregar um bem deve cumprir o ajustado. Os exemplos não têm fim e a sociedade não conseguiria sustentar-se sem essa relação de poder e dever que se estabelece nas obrigações.

Mesmo as relações de consumo, tão corriqueiras, têm natureza obrigacional: uma revista ou uma roupa adquirida, o médico que nos atende e receita um tratamento, e daí por diante.

Visto sob outro ângulo – um ângulo jurídico –, a sociedade precisa dar a esse fenômeno uma força, a fim de proteger o vínculo e garantir a segurança necessária à vida em comunidade. Se não houvesse, por parte do Estado, interesse em garantir o cumprimento das obrigações, certamente muitos dos acordos não seriam cumpridos, muitas pessoas deixariam de realizar seus deveres. Não é isso o que se deseja. Ao contrário, o Estado quer garantir ao titular de um direito obrigacional o poder de exigir o cumprimento do dever, criando uma regra segundo a qual se devam respeitar as obrigações.

Imaginem-se as sociedades mais remotas na história. Nelas, seguramente, haviam acordos: uma pessoa entregava a outra dois carneiros e, em troca, recebia um boi. Era interesse daquela sociedade que esse acordo fosse respeitado por ambas as partes.

No início, a parte lesada num acordo deveria agir pelos seus próprios meios. Fazia-se "justiça" com as próprias mãos. Se o acordo não era respeitado, cabia ao interessado criar os meios para receber o que lhe era devido. Adiante, a sociedade impôs limites a essa vingança privada. Finalmente, num momento mais avançado, a sociedade se organizou para assumir o dever (e, ao mesmo tempo, o poder) de organizar a forma como a parte lesada numa relação obrigacional poderia reclamar seus direitos.

Roma   Segundo Beviláqua, "é no direito romano que a teoria das obrigações se firma de um modo seguro e assas aperfeiçoado, não tendo os juristas hodiernos mais que retocá-la, em algumas de suas secções".[6] Com efeito, os romanos estabeleceram as bases do Direito das

---

6   Clóvis Beviláqua, *Direito das Obrigações*, 2ª ed., Bahia, Livraria Magalhães, 1910, p. 60.

Obrigações – sendo evidente a tradição romanista na qual se assenta essa área do Direito –, mas houve, claro, grandes saltos de desenvolvimento do conteúdo da matéria, que se notam ainda de forma mais nítida no Direito contemporâneo.

De toda sorte, o conceito do direito obrigacional em Roma não nasceu pronto, como Vênus surgiu da espuma das ondas, já linda e mulher feita. O desenvolvimento deu-se gradualmente.

No primitivo Direito Romano, não havia um conceito genérico de obrigação, como conhecemos hoje. Admitiam-se alguns contratos específicos, como o de compra e venda, troca ou o de doação, por exemplo.

A simples promessa de adotar certo procedimento (*pactum nudum*) não gerava um direito reconhecido pelo Estado, de sorte que o titular desse direito (aquele a quem fora prometido o comportamento) não tinha como invocar o Estado para constranger o promitente a cumprir com a sua palavra. Para que houvesse exigibilidade, era necessário que uma pessoa houvesse emprestado ou dado uma coisa a outrem, para que se pudesse reclamar a devolução. Eis a origem dos termos devedor e credor. Devedor (*debitor*) era aquele que possuía uma coisa que pertencia a outro (*de* e *habere* formaram *debere* e *debitor*). O credor (*creditor*), por sua vez, era aquele que deu a coisa (*duere* e, logo, *credere* ou *creditor*). Assim, inicialmente, a questão estava muito relacionada a uma coisa.

Inicialmente, ensinam os romanistas, a obrigação vinculava o próprio corpo do devedor,[7] seja a título de pena ou, num segundo momento, como garantia. Se o devedor deixasse de pagar, poderia sujeitar-se à servidão (*corpus abnoxium*) em proveito do credor.

A rigor, na primitiva sociedade romana, a relação de crédito não era exatamente comum. Numa economia patriarcal e fechada, as famílias viviam com seus próprios recursos.[8] Se alguém pedisse empréstimo, ficava subordinado ao credor até o pagamento, perdendo, até mesmo, a sua independência física.

Essa sujeição corporal se encerrou em 326 a.C., quando sobreveio a *Lex Poetelia Papiria*, que proibiu a escravização do devedor de uma obrigação derivada de contrato. Eis, aí, uma notável evolução, pois a obrigação passa a vincular o patrimônio do devedor, não seu corpo.

ius in re e *ius ad rem*

Também se operou significativo desenvolvimento do conceito de obrigação com o afastamento do elemento substancial (da coisa que se deveria dar ou devolver), para uma análise da relação obri-

---

7   Ebert Chamoun, *Instituições de Direito Romano*, Rio de Janeiro, Forense, 1951, p. 283.

8   Francisco Clementino San Tiago Dantas, *Programa de Direito Civil II*, Rio de Janeiro, Ed. Rio, 1978, p. 18.

gacional a partir do vínculo, que consiste no dever de praticar uma conduta. Os romanos separaram o direito sobre a coisa (os direitos reais) do direito a uma prestação (que poderia, inclusive, ser a entrega de uma coisa).[9]

A passagem clássica se encontra no *Digesto*: "*Obligationun substantia non in eo consistit, ut aliquod corpus nostrum, aut servitutem nostram faciat: sed ut alium nobis obstringat ad dandum aliquid, vel faciendum, vel prestandum.*"[10] (Na tradução de Moreira Alves: "A essência da obrigação não consiste em nos tornar proprietários ou em nos fazer adquirir uma servidão, mas em obrigar alguém a nos dar, fazer ou prestar alguma coisa.") [11]

Pietro Cogliolo, notável filósofo do Direito, escreveu, em 1888, que "La netta distinzione fra Diritto Reali e Diritti Personal è une delle più grandi conquiste della giurisprudenza; ed è oggi una verità elementare."[12] Reconheceu-se, há muito, como uma conquista jurídica a distinção entre os direitos reais e pessoais (ou seja, o Direito das Obrigações). A distinção entre o direito real e obrigacional representa um marco na história do desenvolvimento do Direito, tratando-se, nas palavras do sábio italiano, hoje (embora esse "hoje" da citação acima transcrita seja de 1888), uma verdade elementar.

Eis, então, a grande cisão entre os dois principais conceitos jurídicos no campo civil: os direitos reais (*ius in re* – ou seja, direito sobre a coisa) e os obrigacionais (*ius ad rem* – direito à coisa).

Quem celebra um contrato de compra de um imóvel, por exemplo, não é o seu dono, até que se opere a transferência da propriedade daquele bem. Inicialmente, com o contrato, o adquirente tem apenas direito a receber a coisa e pode reclamar a entrega da prestação. Logo, ele tem direito à coisa. O proprietário, diferentemente, é o dono da coisa. Tem direito sobre a coisa. Voltaremos a esse assunto, a frente, quando tratarmos da obrigação de dar, onde é fundamental a distinção entre dois momentos: do início da obrigação, quando nasce o direito de crédito, e aquele no qual se dá a transferência da propriedade.

Direito Romano

Vale, por oportuno, mencionar que o Direito Romano, eternizado para a ciência jurídica, é composto, em grande parte, pelo trabalho, feito no século VI da nossa era, a pedido do Imperador Justiniano, conhecido como *Corpus Iuris Civilis*. Uma das obras que

---

9 Sobre o desenvolvimento no Direito Romano da distinção entre *ius in re* e *ius ad rem*, Savigny, *Traité de Droit Romain*, tome cinquième, Paris, Librarie Firmin Didot Frères, 1858, pp. 11-39.

10 *Digesto*, Livro XLIV, título VII, 3 – *Les Cinquante Livrés du Digeste ou des Pandectes*, tome sixième, traduit en français par M. Hulot, Metz, Chez Behmer et Lamort, 1804, p. 599.

11 José Carlos Moreira Alves, *Direito Romano*, vol. II, 6ª ed., Rio de Janeiro, Forense, 1997, p. 3.

12 Pietro Cogliolo, *Filosofia del Diritto Privato*, Firenze, G. Barberá Editore, 1888, p. 212.

compunha o *Corpus Iuris Civilis* consistia na seleção das mais respeitáveis opiniões dos juristas romanos do passado, que ficaram compiladas em obra chamada *Digesto* (ou *Pandectas*).[13] Nele se colhem as mais preciosas lições dos grandes jurisconsultos.

A grande parte dos fenômenos jurídicos encontrados no Direito das Obrigações foram identificados e examinados pelos romanos, sendo, portanto, de grande interesse, o estudo desse direito para compreensão dos temas apreciados ao estudar as obrigações. Como pontificou Geny sobre o tema, "el mismo derecho romano nos há trazado el camino que debemos seguir."[14]

Entretanto, a teoria moderna do Direito das Obrigações está longe de se resumir à idéia romana. Há, ao lado de conquistas mais recentes, outros elementos provenientes do Direito Canônico e certos costumes europeus, incorporados às regras, que muito contribuíram para a formação dos conceitos.

Idade Média

O Direito das Obrigações na Idade Média foi pouco desenvolvido. A importância relativamente pequena do comércio numa economia fechada impediu o pleno florescer desse ramo do Direito.

Naquela época, as regras aplicadas derivavam, principalmente, dos costumes sedimentados. Como tudo mais naquele período, a religião ocupou um papel importante também na vida jurídica. A falha no cumprimento da prestação era considerada pecado, como a violação da fé jurada.

Pouco antes do fim da Idade Média, do século XIII em diante, já se via o renascimento de atividades comerciais mais elaboradas. Negócios bancários prosperaram. A circulação do dinheiro tornou-se mais comum. Isso tudo contribuiu para a necessidade da elaboração de um Direito das Obrigações mais sofisticado. Essa época assistiu a um enorme entusiasmo pelo estudo do Direito Romano, que tanto auxiliou na construção do conceito de obrigação.

o Código Civil francês de 1804

O Código Civil francês, promulgado em 1804, representou um marco no desenvolvimento da história do Direito e, também, no do Direito das Obrigações. Esse Código expressava, no campo jurídico, os valores da revolução burguesa. Liberdade, igualdade e fraternidade: essas as palavras de ordem, bandeira da classe que assumia o poder.

No passado, deveriam ficar as incertezas e injustiças de um regime no qual o soberano se confundia com a própria lei. De fato, até então, o monarca ditava as leis para seus pares, relegando a maior parte das pessoas a uma sub-classe. Com a nova ordem, preconizada

---

13 Sobre as obras que compunham o *Corpus Iuris Civilis*, José Roberto de Castro Neves, *Uma Introdução ao Direito Civil*, 2ª ed., Rio de Janeiro, Forense, 2007, pp. 18-19.

14 Francisco Geny, *Método de Interpretación y Fuentes en Derecho Privado Positivo*, Madrid, Hijos de Réus Editores, 1902, p. 171.

pelas revoluções americana e francesa, a lei deveria ser a mesma para todos, sem beneficiados. Não se admitiria mais uma casta protegida e privilegiada.

Necessário, ainda, que o ordenamento jurídico oferecesse segurança, o que se conseguiria por meio de leis escritas de forma simples, que pudessem ser conhecidas pela comunidade de antemão, de forma a proteger a igualdade entre todos, sem distinções de origem. Via-se com repúdio a ordem cambaleante, de índole dominantemente subjetivista, porque isso trazia à memória a experiência triste do governo autoritário de uma monarquia tirana. A regra deveria ser sólida e pública.

Com relação à simplicidade do texto, esperava-se que a lei fosse escrita de tal modo que qualquer um do povo pudesse entendê-la. A idéia era de que o cidadão comum teria condição de saber como se portar pela leitura do Código Civil, que deveria ser acessível a todos.

Buscava-se, abertamente, proteger os interesses de uma nova classe em ascensão, a burguesia. Esta desejava garantir a transferência de bens do modo mais simples possível. O contrato era a ferramenta da burguesia. Se as partes ajustaram livremente certa obrigação, ela deveria ser protegida pelo Estado. Afinal, idealmente, a liberdade de contratar expressava a própria liberdade. A medida da justiça era o contrato, a convergência das vontades.

O Código francês trazia a expressão mais emblemática desse valor, ao registrar, no seu artigo 1.134, que "o contrato é lei entre as partes".[15]

Tamanha a força da "mensagem" do Código Napoleão que o seu espírito, sua aura, cruzou as fronteiras francesas para atingir diversos outros ordenamentos jurídicos.

o Código Civil alemão

Igualmente importante, nesse desenvolvimento legislativo, é o Código alemão, datado de 18.8.1896, que entrou em vigor em 1900. Os alemães achavam que o ano de 1900 era místico e deram à lei uma *vacatio* grande para que ela entrasse em vigor apenas nos "novecento". Aliás, Sigmund Freud, o pai da psicanálise, talvez porque também considerava 1900 um ano emblemático, aguardou até o advento desse ano para publicar A *Interpretação dos Sonhos*, sua mais conhecida obra.

Uma enorme polêmica precedeu a codificação alemã. De um lado, Savigny condenava a codificação, por entender que o melhor direito seria alcançado por um sistema menos rígido, sensível às demandas sociais. Thibaut, por sua vez, defendia a unidade da lei co-

---

15 O referido dispositivo diz: "Les conventions légalement formées tiennent lieu de loi à ceux qui les ont faites."

dificada (o que na Alemanha de então fazia sentido também por um motivo histórico, uma vez que a lei uniria o então jovem país, recentemente criado pela junção de pequenos Estados).

Se o Código Civil francês foi a alma, o Código alemão trouxe o corpo.[16] Uma plêiade de grandes juristas alemães – que se fez conhecer como Escola dos Pandectas, ou voluntaristas – formulou o conceito de negócio jurídico e deu uma estrutura mais técnica ao Direito Civil. A vontade, na acepção técnica dos alemães, tinha posição de realce. De fato, a vontade consistia no núcleo central do negócio jurídico.

Ademais, o Código alemão estruturou o conceito de parte geral e das partes especiais, organizando os livros por matéria de forma sistêmica e prática. Os alemães tem justo orgulho de seu Código, que Windscheid qualificou como "a catedral do esplendor nacional".

o Código Civil brasileiro de 1916

O nosso Código Civil de 1916 bebeu dessas duas fontes. Sua estrutura estava fundamentalmente relacionada ao Código alemão, ao passo que a sua alma se encontrava em plena sintonia com os valores acolhidos pelo Código francês. Era um Código inserido em um sistema marcadamente positivista e liberal, individualista e voluntarista.

No direito absorvido pela legislação de 1916, dava-se ênfase, ao tratar das obrigações, principalmente ao poder do credor. A situação do credor era privilegiada e o prisma pelo qual era vista a relação obrigacional era o de antagonismo entre as partes, cada qual munida de interesses diametralmente opostos.

quebra dos paradigmas

Todavia, a sociedade do início do século XX não é a mesma de hoje. Contemporaneamente, a sociedade encontra outros desafios e enfrenta problemas distintos.

O ordenamento jurídico teve que buscar novos caminhos.

Nos anos 60, um físico e filósofo americano de Harvard, Thomas Kuhn lançou um trabalho A *Estrutura das Revoluções Científicas*. Ele sustenta que o desenvolvimento científico não se desenvolve linearmente. Ao contrário do que se pode imaginar, a ciência não se move numa linha retilínea de conhecimentos acumulados, sendo as novas conquistas alcançadas a partir do que já se galgou. Para o filósofo, a ciência se move por paradigmas. Paradigmas, define Kuhn, são "as realizações científicas universalmente reconhecidas que, durante algum tempo, fornecem problemas e soluções modelares para

---

16 Lacerda de Almeida vai além: sustenta que o nosso Código de 1916 tomou o alemão como grande e maior fonte. Segundo o referido autor, o Código de 1916 poderia até ter copiado melhor a lei alemã, pois, em algumas passagens, chegou até a traduzi-lo mal. Com incrível lucidez, o jurista lamenta que o Código brasileiro não tenha, a exemplo do alemão, adotado cláusulas mais abertas, abrindo espaço para a boa-fé e para a eqüidade (*Dos effeitos das obrigações*, Rio de Janeiro, Livraria Freitas Bastos, 1934, pp. 13-17).

uma comunidade de praticantes de uma ciência".[17] Por vezes, os paradigmas mudam. A partir daí, todo o conhecimento prévio revela-se de pouca utilidade e a ciência parte de um novo ponto, com novos conceitos.

Veja o que aconteceu com a astronomia ptolomaica (que colocava a Terra no centro do universo). Ela ruiu com o advento da astrologia "copernicana", que nos tirou do centro de tudo. Um paradigma cessou e outro surgiu. Toda a astrologia teve que ser revista. O mesmo ocorreu com Darwin e a sua *A origem das espécies*. Até então, o paradigma da criação constava da Bíblia. Todo esse conceito foi reexaminado. Kuhn cita, entre outros, Einstein e a teoria da relatividade, que, ao incluir o "tempo" como dimensão, alterou os parâmetros da física. Em suma, "A transição para um novo paradigma é uma revolução científica."[18]

O Direito, nas últimas décadas, passa por uma situação semelhante. Os paradigmas da plena independência da vontade e da intangibilidade do negócio jurídico (cujo conteúdo não poderia ser "invadido" pelo Judiciário) estão dando lugar a outros: a manifestação da vontade apenas será reconhecida se atender a um fim socialmente aceitável e o Estado não apenas pode, mas deve, por meio do Judiciário, intervir no conteúdo dos negócios para garantir que eles espelhem a justiça, cumprindo, assim, uma função social.

O Direito das Obrigações, hoje, deve ser apreciado criticamente, inserido nessa revolução, guiada por novos paradigmas.

<small>a obrigação como processo</small>

Atualmente, o fenômeno das obrigações já não é mais visto com ênfase no poder do credor. O enfoque atual pende para a relação obrigacional como um processo, no qual se enfatiza o interesse social de que o objetivo da obrigação seja atingido, sem a preponderância de qualquer das partes da relação.

Privilegia-se a interação entre credor e devedor, cabendo a ambos, sempre de boa-fé, unir esforços para atingir o adimplemento. Assim, não há mais espaço para a idéia de um antagonismo absoluto entre os interesses do credor e do devedor, os pólos ativo e passivo da relação obrigacional. Vige, ao contrário, uma relação de mútua cooperação.

Esse enfoque, atualmente dominante, não admite apontar a prevalência de quaisquer das partes da relação. Busca-se, na verdade, um equilíbrio. A obrigação não se resume a realização de uma atividade do devedor em proveito do credor, mas um conjunto de si-

---

17 Thomas S. Kuhn, *A estrutura das revoluções científicas*, 9ª ed., São Paulo, Editora Perspectiva, 2007, p. 13.

18 Thomas S. Kuhn, *A estrutura das revoluções científicas*, 9ª ed., São Paulo, Editora Perspectiva, 2007, p. 122.

tuações, nas quais ambas as partes devem interagir a fim de alcançar um adimplemento perfeito.

Pietro Perlingieri, a propósito, ensina que: "A obrigação não se identifica no direito ou nos direitos do credor; ela configura-se cada vez mais como uma relação de cooperação."[19]

Igualmente inserida numa nova perspectiva do fenômeno das obrigações, não persiste, hoje em dia, o conceito de que a relação obrigacional se limita ao vínculo entre os patrimônios de ambas as partes. Essa visão patrimonialista foi superada por outra, segundo a qual o objeto da prestação consiste numa prestação-comportamento,[20] dando-se ênfase à conduta ativa ou omissiva desempenhada pelas partes. O credor, portanto, tem direito a uma conduta do devedor. Essa orientação se justifica também pela eleição, contemporânea, de se colocar o ser humano no vértice do ordenamento jurídico, como o valor mais precioso.

Hoje, portanto, a obrigação é um instrumento social de cooperação, que carrega, na sua essência, um forte conteúdo ético e o valor da justiça. Nesse sentido, aliás, o artigo 421 do Código Civil ressalta que a liberdade de contratar deve ser exercida em razão e nos limites da função social que o contrato deve desempenhar.

1.2. Elementos da Relação Jurídica Obrigacional

Toda relação jurídica é composta, necessariamente, de alguns elementos, sem os quais ela sequer existe. Nas relações obrigacionais, esses elementos são (1) os sujeitos – as partes da relação, o credor e o devedor; (2) o fato – isto é, uma situação que o direito considera apto a gerar a relação obrigacional –; (3) a norma jurídica; (4) o vínculo – os poderes e os deveres advindos da relação –; e (5) o objeto – a prestação.

Adiante, vamos examinar, um a um, esses elementos.

1.2.1. Sujeitos

As relações jurídicas apenas se estabelecem entre pessoas. Assim, os sujeitos da relação jurídica obrigacional serão sempre pessoas, físicas ou jurídicas.

Na relação obrigacional, as partes têm nomes específicos, em função da situação que elas ocupam: o credor é aquele que pode exigir certo comportamento, "aquelle a quem a obrigação beneficia",[21]

---

19 *Perfis do Direito Civil*, 3ª ed., Rio de Janeiro, Renovar, 1997.

20 Carlos Nelson Konder e Pablo Rentería, "A funcionalização das relações obrigacionais: interesse do credor e patrimonialidade da prestação", in *Diálogos sobre Direito Civil*, vol. II, Rio de Janeiro, Renovar, 2008, p. 274.

21 Clóvis Beviláqua, *Direito das Obrigações*, 2ª ed., Bahia, Livraria Magalhães, 1910, p. 14.

ao passo que o devedor é quem se encontra sujeito a praticar o comportamento.

No Direito Romano, as obrigações eram intransferíveis por ato *inter vivos* (a obrigação apenas se transferia com a morte do titular e nunca por ato "entre vivos", como o contrato). O *vinculum juris* agrilhoava o credor (*accipiens*) ao devedor (*solvens*).

No Direito moderno, contudo, a regra é a de que as obrigações são livremente transferíveis, salvo se a natureza delas não permitir, ou se as partes convencionarem a impossibilidade dessa passagem, ou, ainda, se a prestação apenas puder ser cumprida por determinada pessoa, geralmente o próprio devedor.

As obrigações que apenas podem ser realizadas por certa pessoa são chamadas personalíssimas. Nas hipóteses nas quais somente uma determinada pessoa pode desempenhar a obrigação – seja por uma aptidão que apenas aquela pessoa possui, seja porque assim se convencionou – estamos diante de uma obrigação personalíssima, também conhecida como *intuitu personae*. Afinal, ela foi estabelecida especialmente para que certa pessoa a cumpra.

É possível, e até comum, que o credor transfira os seus direitos na relação obrigacional a terceiro, por meio de uma cessão de crédito, como veremos adiante. Esse terceiro, então, passa, em princípio, a ocupar o lugar do credor, com o poder de exigir o cumprimento da atividade ajustada na obrigação.

Admite-se, de outra ponta, que o devedor transfira a sua posição a terceiro, desde que o credor consinta. Com essa assunção da dívida, o terceiro passa a ter o dever de cumprir a obrigação, isto é, entregar a prestação para satisfazer o credor. Tanto a cessão de crédito como a assunção de dívida serão examinadas oportunamente.

obrigação por fato de terceiro Há, ainda, a situação da obrigação por fato de terceiro. Nesta hipótese, o devedor se compromete a que terceiro realize certa atividade em benefício do credor. Nada há de irregular em contratar uma pessoa que, por sua vez, garante que outra cumprirá a prestação. Comumente, permita-se o exemplo, quem assina o contrato pelo artista é o seu agente, em nome próprio (e não como procurador do artista). O agente garante que o artista (um terceiro naquela relação) irá apresentar-se. Entretanto, se o terceiro não oferecer o dever ajustado – o artista deixa de comparecer ao espetáculo, por exemplo –, o credor apenas poderá cobrar seus prejuízos do devedor – do agente –, com quem ele se obrigou e não do terceiro, que não foi parte do negócio.

Os clássicos previam a situação: *Sed aut proprio nomine quisque obligatur, aut alieno*. Pode-se negociar em seu nome ou para que terceiro realize o ato. O Digesto segue a lição informando que quem se obriga por terceiro fica com a responsabilidade: *Qui autem alieno nominen obligatur, fidejussor vocatur.*[22]

Os deveres de quem se obriga por atividade de terceiro se encerram quando este terceiro assume a obrigação, reconhecendo que ele deverá oferecer a prestação. O artigo 440 do Código Civil, em dispositivo sem equivalente na Lei de 1916, diz que: "Nenhuma obrigação haverá para quem se comprometer por outrem, se este, depois de se ter obrigado, faltar à prestação."

<small>relatividade das obrigações</small>

Ressalte-se, aqui, o importante conceito jurídico conhecido como o da relatividade das obrigações. Segundo esse princípio, a obrigação vincula as partes, e não terceiros. Os romanos já diziam que o contrato é *res inter alios acta tertio neque nocet neque prodest*; trocando em miúdos, o contrato é negócio entre as partes.

Com efeito, em regra as relações obrigacionais vinculam apenas as partes nelas envolvidas. As obrigações, portanto, têm, em princípio, seus efeitos relativos apenas ao credor e ao devedor. O Direito inglês denomina o fenômeno de *"privity of contract"*. O credor tem direito de exercer seu poder de reclamar a prestação do devedor e de mais ninguém. Nesse sentido – e de modo categórico – o artigo 1.165 do Código Civil francês: "Os contratos somente surtem efeitos entre as suas partes; não prejudicam terceiros e somente lhes poderão beneficiar no caso previsto pelo art. 1121."

<small>tutela externa do crédito</small>

Vale, a propósito, fazer uma referência ao conceito do terceiro cúmplice, ou da tutela externa do crédito. Como se vem expondo, a teoria clássica do direito obrigacional é a de que a relação obrigacional vincula apenas o credor e o devedor. Ninguém mais. Do ponto de vista tradicional, o dever de exigir a prestação apenas pode ser exercido pelo credor contra o devedor. O credor, e só ele, encontra-se autorizado a exercer o poder, ao passo que somente o devedor teria o dever de prestar. Contudo, o direito moderno acordou para algumas situações nas quais terceiros (isto é, todos aqueles que não são partes), embora não participem da relação obrigacional, atuam de forma a impedir que ela cumpra seu fim normal. Esse terceiro que prejudica, ou mesmo impede que a prestação do devedor seja entregue, pode ser responsabilizado.

Imagine-se uma usina que produz açúcar e tem um contrato de fornecimento exclusivo de seu produto a uma certa fábrica de chocolate (até mesmo porque toda a produção da usina é destinada para a tal fábrica). Suponha-se que uma outra empresa ofereça àquela usina um preço melhor pelo açúcar, embora ciente da existência da obrigação dela com a fábrica de chocolate (e de que o novo contrato da usina impedirá que esta siga fornecendo açúcar à tal fábrica de

---

[22] *Digesto*, Livro XLIV, título VII, 8 – *Les Cinquante Livrés du Digeste ou des Pandectes*, tome sixième, traduit en français par M. Hulot, Metz, Chez Behmer et Lamort, 1804, p. 598.

chocolate). Em função do novo contrato, a usina deixa de cumprir seu dever de entregar a sua produção de açúcar para a fábrica, que, claro, amarga (sem trocadilho) prejuízos.

Do ponto de vista do direito obrigacional clássico, a fábrica de chocolate apenas poderia reivindicar uma indenização da usina de açúcar, pois o contrato – a obrigação – atrelava apenas a usina e a fábrica. A outra empresa seria uma perfeita estranha à situação.

Hoje, contudo, defende-se que, em certas situações, pode-se, para reclamar uma indenização decorrente do descumprimento do acordo, também incluir o terceiro que contribuiu decisivamente para o não cumprimento da obrigação, notadamente se o terceiro souber que a sua atitude iria comprometer decisivamente o negócio.

<small>relatividade e oponibilidade</small>

Os franceses distinguem os conceitos de relatividade do contrato e oponibilidade do contrato. Com relação ao cumprimento específico da prestação, o credor apenas pode exigi-lo do devedor, pois, afinal, trata-se de uma relação de direito subjetivo relativo, oponível apenas à parte.

Diferentemente, a oponibilidade do contrato se dá à coletividade, pois terceiros não podem comportar-se como se o contrato não existisse.[23] Terceiros não são vinculados a adotar condutas específicas para cumprir a prestação, entretanto não podem, por outro lado, agir ignorando a existência da relação obrigacional mesmo que não sejam parte dela.

No exemplo oferecido, a empresa que contratou a usina, embora ciente do contrato desta com a fábrica de chocolate e sabedora de que o novo negócio acarretaria a impossibilidade de cumprimento de uma obrigação assumida pela usina, foi determinante para o inadimplemento da obrigação então em vigor.

<small>terceiro cúmplice</small>

Segundo a teoria do terceiro responsável ou do terceiro cúmplice, pode-se chamar um terceiro para responder pelos danos a que deu causa ao lesar o direito de crédito alheio.[24] Isso deve ser feito em até três anos do fato, pois este é o prazo prescricional para reclamar a reparação civil (artigo 206, § 3º, do Código Civil).

Evidentemente, essa vinculação extraordinária apenas pode ocorrer se o terceiro tiver conhecimento de que seu ato irá impedir que o devedor cumpra os deveres previamente assumidos, ou seja,

---

23 Assim, Antônio Junqueira de Azevedo, *Estudos e Pareceres de Direito Privado*, São Paulo, Saraiva, 2004, p. 142.

24 Sobre o tema, Humberto Theodoro Neto, *Efeitos Externos do Contrato*, Rio de Janeiro, Forense, 2007; Caitlin Mulholland, "O Princípio da Relatividade dos Efeitos Contratuais", *in Princípios do Direito Civil Contemporâneo*, Rio de Janeiro, Renovar, 2006.

esse dever "está condicionado a que los terceros lo conozcan antes".²⁵ Afinal, há um dever legal de não violar direitos alheios.

No Brasil, houve um caso de enorme notoriedade, que ficou conhecido pelo nome de seu protagonista e popular artista Zeca Pagodinho. Este fora contratado por uma empresa cervejeira para atuar, com exclusividade, como seu garoto-propaganda. No curso do contrato, outra empresa cervejeira concorrente celebrou novo acordo com o mesmo Zeca Pagodinho, que passou a estrelar a campanha publicitária da concorrente. Dessa forma, o artista, em violação ao contrato inicialmente firmado, passou a atuar para a segunda empresa do ramo de cerveja, concorrente da primeira. O inadimplemento do artista com a primeira empresa cervejeira fora total. E qual seria a relação entre as duas empresas de cerveja? Poderia a primeira reclamar algo da segunda? Afinal, esta firmou contrato que acarretava o inadimplemento do artista com a empresa cervejeira que inicialmente o contratara como garoto-propaganda. Diga-se mais: a relação do artista com a primeira empresa era notória, pois o anúncio era propagado pela grande mídia.

O Tribunal de Justiça de São Paulo concedeu liminar à primeira empresa, a fim de evitar a veiculação da publicidade da concorrente com o Zeca Pagodinho, por entender que houve uma conduta antiética e o desrespeito aos contratos.²⁶

Curiosamente, o caso "Zeca Pagodinho" em muito se assemelha a outro, registrado como um precedente histórico do Direito inglês: o caso Lumley *vs.* Gye. Em 1853, Lumley, empresário do ramo de teatro, contrata a soprano Johana Wagner, para cantar em seus estabelecimentos, ajustando, ainda, que a artista não poderia apresentar-se em outros locais. Um concorrente de Lumley, Gye, embora ciente da existência do referido contrato, alicia a cantora e consegue que ela firme um novo acordo, para se apresentar nos seus teatros. Com isso, a artista deixa de cumprir seus deveres com Lumley. A questão foi submetida aos tribunais, que concluíram no sentido de que Gye deveria também responder pelo inadimplemento da cantora de ópera.²⁷

---

25   Luis Díez-Picazo e Antonio Guilllón, *Sistema de Derecho Civil*, vol. II, 4ª ed., Madri, Tecnos, 1983, p. 126.

26   Comentando especificamente o caso, Rosalice Fidalgo Pinheiro e Frederico Eduardo Zenedin Glitz, "A tutela externa do crédito e a função social do contrato: possibilidades do caso 'Zeca Pagodinho'", in *Diálogos sobre o Direito Civil*, vol. II, Rio de Janeiro, Renovar, 2008, pp. 323-344.

27   Sobre as primeiras aplicações do precedente nos Estados Unidos, *Lumley v. Gye in the Supreme Court*, Harvard Law Review, vol. 7, nº 7, 1894, pp. 428-429.

Na 1ª Jornada de Direito Civil, promovida pelo Superior Tribunal de Justiça, para discutir o então Código Civil de 2002, foi editado o Enunciado 21, com a seguinte redação:

> "A função social do contrato, prevista no art. 421 do novo Código Civil, constitui cláusula geral a impor a revisão do princípio da relatividade dos efeitos do contrato em relação a terceiros, implicando a tutela externa do crédito."

O Superior Tribunal de Justiça vem indicando sua aceitação à possibilidade de envolver terceiros, inicialmente estranhos à relação, para o fim de apurar a responsabilidade. É o que se vê do acórdão abaixo transcrito:

> "Responsabilidade Civil. Acidente de trânsito. Atropelamento. Seguro. Ação direta contra seguradora. A ação do lesado pode ser intentada diretamente contra a seguradora que contratou com o proprietário do veículo causador do dano. Recurso conhecido e provido" (STJ, 4ª T., REsp. nº 294.054, Relator Ministro Ruy Rosado de Aguiar, julgado em 28.02.2001).

> "Recurso Especial. Ação de indenização diretamente proposta contra a seguradora. Legitimidade. 1. Pode a vítima em acidente de veículos propor ação de indenização diretamente, também, contra a seguradora, sendo irrelevante que o contrato envolva, apenas, o segurado, causador do acidente, que se nega a usar a cobertura do seguro. 2. Recurso especial não conhecido" (STJ, 3ª T., REsp. nº 228.840, Relator Ministro Carlos Alberto Menezes Direito, julgado em 26.06.2000).

contrato com pessoa a declarar

Situação distinta é o "contrato com pessoa a declarar", referido nos artigos 467 a 471 do Código Civil. Aqui, as partes ajustam, no momento da celebração do negócio, que uma delas, ou mesmo ambas, pode indicar um terceiro, que assumirá os deveres e direitos pactuados na obrigação. Esse terceiro passa, a partir do momento em que seu nome for declarado pela parte, a ocupar um dos pólos da obrigação.

1.2.2. Fato: as fontes das obrigações

Com razão, busca-se definir quais os fatos que podem originar as obrigações, isto é, quais as situações que o ordenamento jurídico considera como suficientes para criar um vínculo entre duas pessoas, no qual uma delas possa exigir determinado comportamento de outra, que fica sujeita a esse dever jurídico.

Fonte significa nascente d'água e, figurativamente, adota-se a palavra para expressar a origem de algo. Pois é neste sentido que se fala em fontes das obrigações. Procuram-se os fatos jurígenos, aptos a criar relações jurídicas obrigacionais.

Há clássica discussão acerca de qual teria sido a primeira fonte reconhecida das obrigações; se o contrato ou o ato ilícito. Com efeito, é intuitivo que o acordo de vontades, reconhecido pelo Estado, no qual as partes estabeleceram uma conduta deva servir como fato capaz de desencadear uma relação obrigacional. Houve, inquestionavelmente, um salto na civilização quando o Estado passou a reconhecer que uma das partes do acordo pudesse exigir da outra a prática da conduta convencionada.

No antigo testamento, Jacó interessou-se em Raquel, serrana bela, filha de Labão. Este promete a Jacó que daria sua filha se trabalhasse para ele durante sete anos. Jacó, apaixonado, então trabalhou duro. No fim dos sete anos, Labão não entregou Raquel a Jacó, porém sua outra filha, mais velha, Lia. Jacó não desistiu de Raquel. Jacó e Labão, então, celebram novo acordo, no qual combinaram que Jacó trabalharia outros sete anos. Desta feita, Jacó, já mais experiente, convencionou expressamente a contraprestação pela sua labuta: Raquel. Ao término desses novos sete anos, Labão entregou Raquel a Jacó para casamento. Labão, portanto, cumpriu a sua obrigação, derivada do contrato que celebrou com Jacó.

O negócio jurídico bilateral é importantíssima fonte das obrigações. Ele é, por excelência, o contrato, no qual duas ou mais pessoas ajustam uma conduta.

negócio jurídico bilateral

O contrato, por excelência, é o meio adotado pelas pessoas para pactuar obrigações, estabelecendo direitos e deveres. Assumidos esses deveres, eles devem ser cumpridos. *Pacta sunt servanda*, segundo o conceito famoso, que reflete o princípio segundo o qual os acordos devem ser respeitados e cumpridos. Ulpiano, iniciando capítulo do Digesto denominado *De pactis*, indaga: *Quid enim tam congruum fidei humanae quan ea quae inter eos placuerunt, servare?* Isto é: o que haverá de mais compatível com a lealdade humana do que respeitar aquilo que foi pactuado?[28]

---

28 *Digesto*, Livro II, Título XIV – *Les Cinquante Livrés du Digeste ou des Pandectes*, tome premier, traduit en français par M. Hulot, Metz, Chez Behmer et Lamort, 1805, p. 152. O *Digesto* é uma seleção de grandes lições de juristas romanos do passado, colhidas por outro jurista chamado Triboniano. Isso foi feito a pedido do Imperador Justiniano, no começo do século VI. O mesmo imperador determinou a elaboração de um manual de Direito para estudantes. Esse trabalho, as *Institutas* de Justiniano, ficou pronto no ano de 533.

Tenha-se claro que o conceito de contrato, utilizado pelos romanos clássicos, não é o mesmo que vigora modernamente. O desenvolvimento dos primeiros contratos celebrados na humanidade – possivelmente por meio de singelas relações de troca, consoante registrou o jurista romano Paulo[29] – até sofisticados acertos via *internet* – é extraordinário.

Já se mencionou que a sociedade moderna se distingue da antiga pela relevância atual dos contratos. Enquanto os povos mais primitivos conheciam um estreito número de acordos, a sociedade contemporânea convive com um sem-fim de tipos de contrato, cujo conteúdo chega a ser infinitamente complexo.

Contrato é o acordo celebrado entre duas ou mais pessoas no qual se convenciona o cumprimento de uma prestação. De fato, admite-se que as pessoas ajustem entre si a criação de obrigações. Essa idéia não é nova. Certamente, há alguns poucos milhares de anos, deve ter havido, por exemplo, um pastor que entregou suas ovelhas, esperando, em troca, receber um pedaço de ouro, porque assim se concordou. Imagine-se se quem adquiriu as ovelhas deixasse de entregar o ouro. O que poderia fazer o pastor lesado? Ele deve ter procurado a autoridade local – um rei, um sacerdote, um sábio –, contado o incidente e pleiteado o pagamento do que lhe era devido. Haveria um Estado minimamente organizado se essa autoridade tivesse o poder de impor ao adquirente das ovelhas que pagasse o ouro e cumprisse com o seu dever, ajustado contratualmente. Esse poder de exigir o cumprimento das obrigações representa um grande avanço da sociedade e do Direito.

Os romanos, que elaboraram um sistema jurídico brilhante e revolucionário, conheciam a idéia de obrigação, principalmente por meio do contrato, isto é, um acordo entre duas ou mais pessoas que originava uma relação de poder e dever entre elas.

Contudo, para os Romanos antigos, havia apenas alguns tipos de contratos, ou seja: o ordenamento jurídico então vigente enumerava quais os contratos aptos a originar um vínculo contratual.

Não havia, naquela época, a possibilidade de criar livremente obrigações que vinculassem as partes, salvo hipóteses específicas, como a doação e a compra e venda. O Estado respeitava apenas alguns tipos de obrigações, previamente estipuladas. Vigorava, então, um enorme formalismo, isto é, um apego exagerado às formas.

consensualismo

Adiante, o Estado passou a admitir que qualquer acordo celebrado entre pessoas – desde que o objeto fosse lícito e não

---

29 *Digesto*, 18, I – *Les Cinquante Livrés du Digeste ou des Pandectes*, tome second, traduit en français par M. Hulot, Metz, Chez Behmer et Lamort, 1804, p. 535.

contrariasse a moral e os bons costumes – receberia a sua chancela, sem a necessidade de esse acordo se adequar a um tipo pré-existente. Hoje, o encontro de vontades, o interesse convergente de duas pessoas, já basta, em regra, para estabelecer o vínculo obrigacional.

Dessa forma, o contrato – o acordo de vontades no qual se ajustam condutas – é a fonte mais abundante das obrigações.[30]

<small>negócios jurídicos unilaterais</small>

As obrigações podem nascer também de negócios jurídicos unilaterais. Nestes há a manifestação de vontade de uma só parte, que acaba por vinculá-la a outrem (cuja identidade, por vezes, inicialmente se desconhece). É o que vai ocorrer, por exemplo, na promessa de recompensa, hipótese referida no Código Civil, nos artigos 854 a 860, como tipo de ato unilateral. Uma pessoa promete dar um prêmio a quem encontrar seu cachorro perdido. Cria-se, neste caso, uma obrigação do dono do cachorro de entregar o tal prêmio a quem lhe entregar o animal. Não se sabe, quando a obrigação nasce, quem será o credor dela.

<small>ato ilícito</small>

Outra fonte antiga das obrigações é o ato ilícito. Se alguém, por meio de um ato contrário ao ordenamento jurídico, causou dano a outrem fica obrigado a reparar o prejuízo. Trata-se de um dos mais belos conceitos do direito: não se deve lesar ninguém. *Neminen laedere* (Ulpiano colocou esse preceito ao lado de dois outros, o de "dar a cada um o que é seu" e o de "viver honestamente", como os alicerces dos valores do Direito).[31]

Com efeito, qualquer dano oriundo de um ato contrário ao ordenamento jurídico cria uma obrigação ao causador do prejuízo, consistente em reparar o lesado pelo prejuízo sofrido. Percebam a beleza e a profundidade desse conceito, uma verdadeira poesia jurídica: quem faz um mal responde por ele. Assim, o ato ilícito, como antes se salientou, também é fonte das obrigações. Ao se realizar um ato contrário ao ordenamento, seu autor fica sujeito a responder pelos danos que gerou.

O contrato e o ato ilícito, assim, foram as primeiras fontes reconhecidas. Os romanos falavam em *ex contractus* e *ex delicto*.

Ainda no desenvolvimento do direito romano, Gaio, um dos maiores juristas da sua época (viveu no segundo século da nossa era), admitiu um terceiro tipo genérico de fonte das obrigações, que ele

---

30 Ver José Roberto de Castro Neves, *Contratos I*, Rio de Janeiro, GZ Editora, 2016.

31 Eis, precisamente, a lição clássica de Ulpiano: *"Juris preceptae sunt haec: honeste vivere, alterum non laedere, suum cuique tribuere."* Digesto, Livro XLIV, título VII, 3 – *Les Cinquante Livrés du Digeste ou des Pandectes*, tome premier, traduit en français par M. Hulot, Metz, Chez Behmer et Lamort, 1805, p. 43. Este mesmo preceito, com as três regras, aparece no início das *Instituitas* de Justiniano (*Liber Primus*, Títulos I, 3).

denominou de *variis causarum figuris*. Nesse terceiro gênero arrolava-se uma série de causas, como, por exemplo, a gestão de negócios, a tutela, o pagamento indevido, que não se inseriam nem entre os contratos, nem entre os delitos, embora fossem, inquestionavelmente, fontes de obrigações.

quasi contractus

Mais adiante, na escola bizantina (no século V), admitiram-se, como fonte de obrigações, hipóteses nas quais não havia o contrato, mas a situação deveria ser tratada como se assim fosse. Eram os *quasi contractus*. Isso ocorria se houvesse um fato que originava obrigações, tal como se fosse um contrato, embora não houvesse a convergência de vontades. *Quasi*, em latim, significa "como se". Os *quasi contractus* eram situações que se assemelhavam aos contratos, embora não o fossem.

quasi delicto

Logo se desenvolveu, para dar tratamento simétrico aos contratos, o conceito de *quasi delicto*, incidente nos casos em que, embora não houvesse um ato ilícito, a situação merecia tratamento análogo. Exemplo de *quasi delicto* era o *effusum et dejectum*, no qual se responsabilizava o proprietário do imóvel pela coisa, líquida (*effusum*) ou sólida (*dejectum*), que caísse de sua propriedade e atingisse a alguém ou a um bem de terceiro.

Os *quasi contractus* e os *quasi delicto* se assemelhavam às suas fontes – contrato e delito, respectivamente –, porém não havia nelas o elemento intencional, isto é, as partes não desejavam contratar, nem pretendiam lesar alguém.

O Código Justinianeu – a mais importante compilação do direito Romano, feita no século VI – adotou essa quádrupla fonte: contrato, delito, *quasi contractus* e *quasi delicto*.

quádrupla fonte

Essa quádrupla fonte foi estudada pelos romanistas (os estudiosos do Direito Romano – e, durante muito tempo, estudar Direito Romano era o mesmo que estudar Direito Civil). Quem elaborou o Código Civil francês, em 1804, foi uma junta de quatro juristas: Tronchet, Maleville, Bigot-Préameneau e Portalis (dos quais este último teve destaque). Todos eles romanistas, razão pela qual adotaram esse conceito (como se nota do artigo 1.370 do Código Civil francês), havendo, contudo, incluído uma quinta fonte: a lei.

Pothier, grande jurista do século XVIII, foi a grande influência dos autores do Código Civil francês. Pothier era um conhecido estudioso de Direito Romano. Assim, o conceito adotado pelo Direito Romano acerca das fontes das obrigações chegou aos nossos dias (foi, também, adotado no artigo 1.097 do Código Civil italiano de 1865). Entretanto, Pothier acrescentava, ainda, a lei como fonte das obrigações, ressaltando que "Há obrigações que só tem por causa única e immediata a Lei."[32]

---

32 Robert Joseph Pothier, *Tratado das Obrigações Pessoaes e Recíprocas*, tomo I, Rio de Janeiro, Garnier, 1906, p. 81.

a lei como fonte

No começo do século XIX, já se ressaltava que a lei também deveria ser mencionada como fonte das obrigações. Afinal, a obrigação pode surgir da norma, como, por exemplo, a obrigação de recolher algum tributo, ou no caso das obrigações *propter rem* (das quais falaremos adiante). Assim, a lei passou a ser reconhecida como fonte das obrigações, ao lado das outras quatro fontes clássicas, como reconheciam os tratadistas da época: "Dans le système du Code civil (art. 1.370), les obligations peuvent dériver de cinq sources; 1º le contrat; 2º le quasi-contrat (fait licites); 3º le délit; 4º le quasi-délit (faits illicites); 5º la loi."[33]

Mais modernamente, deixou de existir necessidade que justifique a distinção entre o delito e o *quasi delicto*. Isso porque se alargou o conceito de delito (o ato ilícito) para albergar, também, algumas hipóteses nas quais inexista culpa; mas, ainda assim, entenda-se presente o dever de reparar.

Na realidade, assistimos, hodiernamente, com as novas tarefas sociais assumidas pelo Direito, a uma dilatação do conceito de ilícitos, para atingir novas hipóteses, antes não registradas sobre essa categoria.

Igualmente perdeu o sentido da existência do conceito isolado do *quasi contractus* como fonte das obrigações. Veja-se que o *quasi contractus* – que tem na gestão de negócios (artigos 861 a 875 do Código Civil) o seu mais eloqüente exemplo – passou a ser contemplado na lei.

Na gestão de negócios, explique-se em síntese, uma pessoa passa a gerir o negócio de outra, sem que tenha sido constituída para esse fim. No momento em que o dono do negócio solicitar, o gestor deve prestar contas. Não há contrato. Entretanto, há deveres decorrentes dessa relação. A obrigação, nascida a partir da gestão de negócios, é criada pela lei, que, diante disso, se torna a origem da obrigação, sem a necessidade de recorrer a um gênero anômalo de fonte das obrigações.

Deve-se salientar, em tempo, que, para muitos juristas, do mais alto gabarito, a lei jamais poderia ser considerada fonte das obrigações. A fonte seria apenas o fato que a lei, por sua vez, aponta como gerador da obrigação.

Não há dispositivo na nossa Lei de 1916, nem na de 2002, que indique quais seriam as fontes das obrigações. Tampouco a doutrina oferece uma posição uníssona a respeito do assunto, muito ao contrário. Há várias opiniões acerca de quais seriam essas fontes no Direito brasileiro.

as fontes em outros ordenamentos

Não há uma convergência acerca do tema das fontes das obrigações em outros ordenamentos jurídicos.

---

33   G. Baudry-Lacantinerie et L. Barde, *Traité Théorique et Pratique de Droit Civil*, troisième édition, tome premier, Paris, Librairie de la Société du Recueil, 1906, p. 3.

O Código Civil alemão indica como fontes o negócio jurídico e a lei (para ele, o delito decorre da lei, consoante os parágrafos 823 e seguintes).[34]

A Lei portuguesa,[35] por sua vez, no artigo 473, arrola como fontes das obrigações os contratos, os negócios unilaterais, a gestão de negócios, o enriquecimento sem causa (aí inserido o pagamento indevido) e a responsabilidade civil (pelos atos ilícitos e pelo risco).

Eis, a propósito, a redação do artigo 1.173 do Código Civil italiano de 1942:

> "As obrigações derivam do contrato, do fato ilícito, ou de qualquer outro ato ou fato idôneo para as produzir em conformidade com a ordem jurídica."

Há viva discussão na doutrina acerca dessas fontes.[36]

a discussão acerca da lei como fonte

Uma boa opinião sobre o tormentoso tema oferece a seguinte divisão das fontes das obrigações no nosso Direito: (a) a lei (os atos emanados por poder competente do Estado), (b) o ato jurídico (bilateral e unilateral) e (c) o ato ilícito (aí incluído o abuso de direito). Essa lista, contudo, deve ser vista com generosidade, alargando-se as fontes para que delas possa fluir um número maior de obrigações, como se examinará adiante.

---

34 No Código Civil alemão não há artigos, mas parágrafos.

35 Lei Civil Portuguesa, Decreto Lei nº 47.344, de 25 de novembro de 1966.

36 A divergência vem desde os clássicos. Para Aubry et Rau as fontes das obrigações são a lei e o fato humano. Já Planiol adota o contrato e a lei. Domat, antes dele, destrinçava esse conceito, arrolando duas fontes: uma, que consistia dos fatos derivados da manifestação de vontade, na qual se visava a criar um vínculo obrigacional, e, outra, na qual se aglutinavam fatos de outra natureza – não volitivos –, mas que, do mesmo modo, poderiam fazer surgir obrigações.
O Código alemão fala do negócio jurídico e da lei, seguindo a orientação de Planiol, com o que concorda uma plêiade de doutrinadores, como Demogue. Entre nós, Beviláqua comenta que a "teoria geralmente aceita" admite como fontes "o contracto, o quasi contracto, o delicto e o quase delicto" (*Direito das Obrigações*, 2ª ed., Bahia, Livraria Magalhães, 1910, p. 17). Silvio Rodrigues sustenta que a lei é sempre a fonte das obrigações, mediata ou imediatamente. A mesma opinião tem Carlos Roberto Gonçalves (*Direito Civil Brasileiro*, vol. II, São Paulo, Saraiva, 2004, p. 34). Com efeito, a lei é fonte primária dos direitos. A lei dará força jurígena à manifestação de vontade. Há casos, contudo, em que a vontade funciona como elemento fundamental de constituição das obrigações. Por esse motivo, Caio Mário sustenta que as fontes das obrigações são a vontade e a lei.
Orlando Gomes tem posição semelhante, defendendo, como antes fizera Pothier, que a lei é a fonte imediata, ao passo que as fontes mediatas seriam outros fatos capazes de fazer nascer as obrigações. Registre-se, ainda, a opinião de Serpa Lopes, que menciona as fontes contratuais (decorrentes do acordo de vontade) e as acontratuais (todas as demais, não derivadas do contrato, como a gestão de negócios, o enriquecimento sem causa, o pagamento indevido e as obrigações decorrentes de manifestação unilateral de vontade).
A lista da divergência não tem fim, sendo esse seguramente um dos temas mais debatidos em todo o Direito Civil.

Entende-se por lei, como fonte de uma obrigação, toda manifestação proveniente do poder competente do Estado, seja de que nível for (da União, dos Estados ou dos Municípios), que imponha a alguém a prática de certo comportamento.

A norma que determina, por exemplo, o pagamento de um tributo cria, inquestionavelmente, um dever. A lei apenas será fonte isolada das obrigações quando ela for autônoma. Afinal, muitas vezes, a lei, sozinha, não gera a obrigação. Faz-se necessário, ainda, outro fato que, em conjunto com a lei, crie a situação que faz nascer a obrigação.

Imagine-se que uma lei diga que quem receba certa quantia em moeda estrangeira deva declarar esse fato à Receita Federal. A lei impõe uma conduta, porém a obrigação apenas nasce se e quando a pessoa efetivamente recebe a moeda estrangeira. A mera existência da norma, portanto, não faz brotar a obrigação; sendo necessário um fato que se subsuma à regra.

Para alguns doutrinadores de enorme envergadura, como Orlando Gomes e Fernando Noronha, como a lei, sozinha, não cria uma obrigação, ela não deveria ser arrolada entre as fontes. Contudo, parece correto apontar a lei como uma das fontes nos casos nos quais seja ela o elemento autônomo criador da obrigação.

Veja-se, por exemplo, que existe norma específica indicando que o dano decorrente do ato ilícito deva ser reparado (artigo 927 do Código Civil). Cria-se, dessa forma, uma obrigação. Concorda-se, contudo, que o ato ilícito – esse fato – é o que faz nascer a obrigação, embora exista a regra legal. Imagine-se se a referida regra não existisse. Suponha-se que a lei nada dissesse nesse sentido (não houvesse uma regra jurídica escrita dizendo que o ato ilícito que causar dano deva ser reparado). Haveria, ainda assim, uma obrigação? Claro que sim. Afinal, trata-se de um conceito reconhecido, de origem ética. Aqui, portanto, a existência da lei não é essencial para a gênese dessa obrigação.

Tomemos, agora, a regra emanada do poder estatal competente que, por exemplo, determinasse a todas as pessoas o dever de colaborar com o recenseamento, para fins de estatística. A regra legal, nesse caso, tem um papel relevantíssimo, muito mais importante, para o fim da gênese da obrigação, do que qualquer fato, pois, nesse exemplo, ela não reclama a ocorrência de nenhuma outra situação. A própria lei, *per se*, é o fato que faz nascer a obrigação.

Assim, deve-se atentar se a lei, autonomamente, funcionou como motriz da obrigação. Nesses casos, portanto, não há mal em apontar a lei como fonte da obrigação.

1.2.2.1. Alargamento das fontes das obrigações. Deveres acessórios, secundários ou laterais – a boa-fé objetiva

alargamento das fontes

Modernamente, observa-se uma tendência de alargamento das fontes das obrigações. Isso se dá, principalmente, diante da busca por um direito mais ético, no qual as partes devam proceder de modo leal e honesto entre si. A esse comportamento reto, transparente e adequado que se espera das partes, convencionou-se denominar de boa-fé objetiva.[37]

boa-fé-objetiva

O conceito de "boa-fé objetiva" não se confunde com o de boa-fé subjetiva. Este conceito gozou, classicamente, de larga aplicação. A boa-fé subjetiva refere-se – que os alemães chamam de guter Glauben, ou seja: a boa crença – ao aspecto psicológico da parte, a intenção desta, nem sempre exteriorizada. Na usucapião, por exemplo, importa saber se o possuidor da coisa tem o *animus* de dono – ou seja, se ele se sente como dono –, pois apenas diante desse "estado de espírito" – essa boa-fé subjetiva – o possuidor poderá adquirir a propriedade do bem.

Na boa-fé objetiva esse aspecto interno é irrelevante. Por isso diz-se que a boa-fé é objetiva, ao contrário da outra, subjetiva.

Para verificar a boa-fé objetiva cumpre aferir, pela análise do comportamento das partes (ou seja, aspectos objetivos), se houve uma conduta correta, na qual se adotou os cuidados normais. Não se questiona, para os fins dessa análise, a boa-fé subjetiva, ou seja, os aspectos psicológicos, as intenções do devedor, o que ele desejava intimamente ou o que passava em sua cabeça.

Essa busca pela conduta honesta é sensível nas obrigações oriundas dos contratos, a principal das fontes das obrigações. O dever de agir de boa-fé funciona como verdadeiro corolário, do qual se irradiam outros deveres, como, por exemplo, o de prestar informações, de proteger a integralidade da coisa antes de sua entrega, o de cooperar para que a prestação seja oferecida da forma perfeita, o de lealdade e confiança.

A inobservância desses deveres, conhecidos como acessórios ou laterais, gera responsabilidades, sendo, portanto, uma fonte de obrigações (adiante, no capítulo relativo às obrigações principais e acessórias, o tema será examinado mais detidamente).

boa-fé como fonte de direitos

Também a boa-fé objetiva, no âmbito das obrigações nascidas de um contrato, foi responsável pelo desenvolvimento do conceito dos deveres anexos, laterais ou acessórios.

Com efeito, a obrigação não é vista apenas como o dever de o devedor oferecer, pura e simplesmente, a prestação principal, mas

---

37   Sobre o tema, no Brasil, Clóvis do Couto e Silva (em trabalho precursor), "O Princípio da Boa Fé no Direito Brasileiro e Português", *in Estudos de Direito Civil Brasileiro e Português*, São Paulo, Editora Revista dos Tribunais, 1980; Judith Martins-Costa, *A boa-fé no direito privado*, São Paulo, Ed. Revista dos Tribunais, 1999; e Teresa Negreiros, *Fundamentos para uma interpretação constitucional da boa-fé*, Rio de Janeiro, Renovar, 1998. O livro paradigma no assunto é o trabalho do civilista português Menezes Cordeiro, *Da boa-fé no Direito Civil*, Coimbra, Livraria Almedina, 1997.

também se relaciona a uma série de outras obrigações, laterais, necessárias ao perfeito adimplemento. Isso se dá, por exemplo, com o dever de informação e o de prestar auxílio, mesmo depois de entregue a prestação. Por esta razão, esse tema já foi examinado quando se tratou das fontes das obrigações. Afinal, não há dúvida de que o dever de atuar conforme a boa-fé cria uma série de deveres.

Uma pessoa se compromete a vender a outra um carro. O vendedor não cumprirá sua obrigação apenas entregando o automóvel. Encontra-se inserido entre seus deveres, por exemplo, o de prestar a adequada informação acerca do objeto do negócio. Indicar o estado de conservação do carro, se o bem já sofreu alguma colisão, entre outros dados que possam interessar ao adquirente. O desrespeito a esse dever de informar – um dever lateral em relação à prestação principal, de entregar o automóvel – pode implicar, se a deficiência da informação for grave, até o desfazimento do negócio.

Além do dever de informação, pode-se citar, como exemplo vivo de dever lateral, o de cuidado (em garantir a integridade pessoal e patrimonial da contraparte) e o de cooperação e auxílio, pelo qual a parte se obriga a atuar de forma a colaborar para o adequado adimplemento (adiante, falaremos, num capítulo específico, acerca das obrigações principais e acessórias).

venire contra factum proprium

A boa-fé chega, como antes se referiu, a ser fonte de direitos. Afinal, a boa-fé objetiva se relaciona ao espírito da efetiva colaboração entre as partes, tudo a fim de que as razoáveis expectativas das partes sejam alcançadas. Esse conceito de razoável expectativa é fundamental. A parte que incute na outra certa crença responde por isso. O Direito vai tutelar e proteger as legítimas expectativas a ponto de criar deveres. Eis, aí, o conceito do *nemo potest venire contra factum proprium*, ou seja, a ninguém é dado vir contra o próprio ato, frustrando uma justa expectativa alheia.[38] Trata-se da aplicação jurídica da máxima referida pelo clássico da literatura *O Pequeno Príncipe*, de Saint Exupéry: "tu te tornas eternamente responsável por aquilo que cativas."

Segundo a doutrina do *venire contra factum proprium*, não se admite que uma pessoa, depois de incutir em outra uma justa expectativa, modifique abruptamente a sua inicial posição. Essa posição já, há muito, é reconhecida pelos Tribunais:

> "Por força da lealdade a que as partes reciprocamente estão coligadas, não se permite que o comportamento prévio de uma delas, gerador de justificada expectativa, seja con-

---

38 Sobre o tema, entre nós, Anderson Schreiber, *A proibição de Comportamento Contraditório*, Rio de Janeiro, Renovar, 2005.

trariado posteriormente, em prejuízo da outra" (TJRS, Ap. Civ. nº 589073956, Relator Desembargador Ruy Rosado de Aguiar).

Portanto, ao aferir a extensão do negócio jurídico, a vontade das partes deve, muitas vezes, ceder, para que prevaleça a confiança. Se alguém emitiu uma declaração num negócio e, com isso, deu à outra parte uma justa expectativa – derivada da confiança –, essa declaração deve ser respeitada, ainda que ela não reflita precisamente a vontade do seu emitente.

O *leading case* relativo ao *venire contra factum proprium* tem um caso bem expressivo: uma determinada empresa alimentícia, exploradora da comercialização de extrato de tomate, todos os anos distribuía sementes de tomates a um grupo de agricultores. No momento da colheita, essa empresa adquiria desses agricultores os tomates plantados. Entretanto, num determinado ano, embora tivesse fornecido as sementes de tomate no momento de semear, a empresa informou, quando chegou a colheita, que não iria adquirir a verdura. Os agricultores, então, ajuizaram uma ação, reclamando uma indenização porque, pelo fato de ter entregue as sementes, como fazia há anos, a empresa havia criado a justa expectativa que iria, depois, comprar os tomates plantados. O caso chegou ao Superior Tribunal de Justiça, que julgou procedente a ação dos agricultores:

> "Contrato. Tratativas. "Culpa in contrahendo". Responsabilidade civil. Responsabilidade da empresa alimentícia, industrializadora de tomates, que distribui sementes, no tempo do plantio, e então manifesta a intenção de adquirir o produto, mas depois resolve, por sua conveniência, não mais industrializá-lo, naquele ano, assim causando prejuízo ao agricultor, que sofre a frustração da expectativa de venda da safra, uma vez que o produto ficou sem possibilidade de colocação. Provimento em parte do apelo, para reduzir a indenização a metade da produção, pois uma parte da colheita foi absorvida por empresa congenere, as instâncias da ré. Voto vencido, julgando improcedente a ação" (TJRS, 5ª c., AP. nº 591028295, Rel. Des. Ruy Rosado de Aguiar Júnior, j. 06.06.1991).

suppressio   Introduzam-se, na oportunidade, os conceitos de *suppressio* e *surrectio*. A *suppressio*, chamada de "*Verwirkung*" pelos juristas alemães, cuida da impossibilidade do exercício de certo direito – ou seja, a sua perda – porque o seu titular jamais o exerceu e, com isso, criou na contraparte a expectativa de que esse direito não seria sequer exigível.

Imagine-se que, num determinado contrato, elegeu-se que seu cumprimento se daria em Salvador, na Bahia, onde está sediado o credor. Entretanto, esse mesmo credor sempre, ao longo de muitos anos, admitiu receber a prestação em Porto Alegre. Entende-se que esse credor não pode considerar inadimplente o devedor que entrega a prestação em Porto Alegre, pois ele mesmo consentiu com isso durante anos. Operou-se a *supressio*.[39]

Para caracterizar a *supressio*, não basta apenas o decurso do tempo sem que o titular do direito o tenha exercido. Fundamental, ainda, que haja uma conduta do titular do direito que tenha incutido no devedor a justa crença de que o direito não seria exercido. Diante disso, ao tentar receber o crédito – que o devedor imaginava, com razão, que jamais seria cobrado –, o titular do direito rompe a justa expectativa que ele próprio havia criado.

A *supressio* já foi reconhecida pelos nossos Tribunais:

> "Administrativo. Serviço público de fornecimento de energia elétrica. Contrato de mútuo firmado pelo usuário e a concessionária. Correção monetária. Cláusula contratual. Princípio da boa-fé. Limitação do exercício do direito subjetivo. *Supressio*. Juros. Termo inicial.
> A *suppressio* constitui-se em limitação ao exercício de direito subjetivo que paralisa a pretensão em razão do princípio da boa-fé objetiva. Para sua configuração, exige-se (I) decurso de prazo sem exercício do direito com indícios objetivos de que o direito não seria exercido e (II) desequilíbrio, pela ação do tempo, entre o benefício do credor e o prejuízo do devedor. Lição de Menezes Cordeiro" (TJRS, Apelação Cível nº 700007665250, Relatora Desembargadora Maria Isabel de Azevedo Souza, julgado em 17.02.04).

surrectio

Na *surrectio*, por sua vez, há a criação de direitos, também pela conduta reiterada das partes num determinado sentido. Tome-se o caso dos sócios que, ao contrário do que estipula o contrato social, dividem os lucros mensalmente. Fazem isso por anos a fio. Pois os sócios terão o poder de reivindicar a divisão com essa periodicidade, com base no fato de que essa conduta reiterada lhes deu uma justa expectativa, que o ordenamento jurídico vai respeitar e proteger.

---

39 Sobre o tema, Guilherme Magalhães Martins, "A supressio e suas implicações", *in RTDC*, vol. 32, Rio de Janeiro, Ed. Padma, 2007, e Marcelo Dickstein, *A Boa-fé Objetiva na Modificação Tácita* da Relação Jurídica: Surrectio e Supressio, Rio de Janeiro, Ed. Lumen Juris, 2010.

A *surrectio* tem, assim como a *supressio*, fundamento na boa-fé. Já assim entendia Ludwig Enneccerus, no começo do século XX:

> "En determinadas circunstancias, de la buena fé puede resultar también que el deber de prestación sea más amplio que el contenido fijado en el contrato o por la ley."[40]

<small>o comportamento como fator de interpretação do conteúdo do negócio</small>

Diga-se mais: o comportamento reiterado e constante de uma das partes num contrato dá à contraparte a justa expectativa de que aquela conduta representa a correta interpretação dos deveres ajustados contratualmente, ainda que não conste nada por escrito no acordo (ou, por vezes até, chega a ser distinto daquilo que se convencionou por escrito).

Se, depois de algum tempo, o contratante, que vinha atuando de certa forma, desejar modificar a sua conduta – até mesmo valendo-se da alegação de o contrato não prever aquele comportamento –, a contraparte poderá alegar que a conduta reiterada resultou na justa expectativa do que seria o efetivo conteúdo do negócio.

Para ilustrar o que se diz, transcreva-se o seguinte acórdão:

> "Processual Civil. Civil. Recurso especial. Pré-questionamento. Condomínio. Área comum. Utilização. Exclusividade. Circunstâncias concretas. Uso prolongado. Autorização dos condôminos. Condições físicas de acesso. Expectativa dos proprietários. Princípio da boa-fé objetiva. (...) Diante das circunstâncias concretas dos autos, nos quais os proprietários de duas unidades condominiais fazem uso exclusivo de área de propriedade comum, que há mais de 30 anos só eram utilizadas pelos moradores das referidas unidades, pois eram os únicos com acesso ao local, e estavam autorizados por Assembléia Condominial, tal situação deve ser mantida, por aplicação do princípio da boa-fé objetiva" (STJ, REsp. nº 356.821/RJ, Relatora Ministra Nancy Andrighi, julgado em 23.04.2002).

A doutrina também reconhece o fenômeno, como bem expõe Fabio Ulhoa Coelho:

> "A execução dada ao contrato serve de referência na interpretação de suas cláusulas. A melhor mostra da intenção das partes deriva do modo como o contrato é executado. Nin-

---

40 *Tratado de Derecho Civil, Derecho de Obligationes*, primer volumen, Barcelona, Libreria Bosch, 1933, p. 19.

guém pode, após cumprir determinada prestação reiteradamente, valer-se de cláusula obscura do instrumento contratual para pretender afirmar a inexistência da obrigação."[41]

No mesmo sentido, Washington de Barros Monteiro:

"A observância do negócio jurídico constitui um dos meios demonstrativos da interpretação da vontade das partes. A melhor interpretação de um contrato é a maneira pela qual os interessados, de comum acordo, o executaram. Os eventos posteriores são a melhor explicação dos fatos."[42]

Os portugueses qualificam essa leitura do negócio – em sintonia com o comportamento pretérito das partes – de "interpretação complementadora" (uma tradução literal da expressão alemã "*erganzende Vertragsauslegung*").[43]

Bem apreciado o tema, essa interpretação complementadora pode ocorrer tanto se não existe, no negócio que vincula as partes, uma disposição específica sobre o tema, assim como ela incide havendo uma regra específica no acordo que, entretanto, foi claramente desconsiderada pelas partes que adotaram um proceder distinto e inequívoco durante um longo tempo. Como bem resume o jurista suíço Pierre Tercier, a regra geral de interpretação dos negócios jurídicos consiste em buscar a efetiva vontade das partes (numa leitura subjetiva da situação); sendo a exceção, que se aplica na hipótese de divergência entre as partes, a apreciação da amplitude e dos contornos do negócio jurídico pelo princípio da confiança (uma expressão da regra da boa-fé), pelo qual se faz uma análise objetiva da situação, avaliando-se o comportamento delas.[44]

Evidentemente, o prévio comportamento da parte não é um dado invencível no momento de interpretar a extensão do contrato – há uma série de outros elementos, até mesmo a questão econômica –, mas não deixa de ser um fator da maior relevância, capaz, até mesmo, como se ressaltou, de criar deveres.

recusa injustificada de contratar

No que se refere especificamente aos deveres decorrentes da boa-fé manifestados antes do contrato – que podem gerar a responsabilidade pré-contratual –, ocupa especial lugar a recusa injustifica-

---

41 *Curso de Direito Civil*, vol. 3, São Paulo, Ed. Saraiva, 2005, p. 140.

42 *Curso de Direito Civil*, vol. 1, 32ª ed., São Paulo, Saraiva, 2003, p. 217.

43 Manuel A. Carneiro da Frada, *Contrato e Deveres de Protecção*, Coimbra, Gráfica da Coimbra Ltda., 1994, p. 69.

44 Pierre Tercier, *Le droit des obligations*, 3ᵉ edition, Geneve, Schulthess, 2004, p. 51.

da de contratar. Conceitualmente, ninguém é obrigado a contratar. Contudo, não raro as partes negociam, esforçam-se e se acertam de tal forma que a negativa abrupta e inesperada de celebrar um contrato pode representar uma ilegalidade. Para alguns autores, essa recusa representa um ato ilícito e, para outros, já se configura uma forma de inadimplemento. De toda sorte, trata-se de fonte de obrigações, pois gera um dano passível de ressarcimento, caso a contraparte tenha justamente acreditado que o negócio seria concretizado.

responsabilidade pós-contratual

Há, como antes se narrou, as hipóteses de responsabilidade pós-contratual; situações nas quais, mesmo depois de celebrado o negócio e oferecida a prestação, observa-se que as partes seguem adstritas a certos deveres, a fim de proteger o perfeito cumprimento da obrigação.

É o que ocorre, para dar um exemplo, nos casos nos quais o contrato é anulado, mas houve a entrega física de um bem. Com o fim do negócio, deve a parte que recebeu a coisa restituí-la, pois já não há justificativa jurídica para que mantenha o bem em seu poder.

Deu-se um caso famoso, na história das lides judiciais brasileiras, que serve de boa mostra do desenvolvimento do tema dos deveres laterais. No começo do século XX, em São Paulo, a Companhia Nacional de Tecidos de Juta propôs uma ação contra a Companhia Paulista de Aniagem e o dono desta, o Conde Álvares Penteado. O referido Conde havia, anos antes, vendido a tal Companhia Nacional de Tecidos de Juta. Pouco tempo depois da venda, o Conde abriu, no mesmo bairro de sua antiga fábrica, uma outra, para atuar no mesmo ramo. O Conde passou a concorrer com o seu antigo negócio. Evidentemente, em pouco tempo, o Conde e a sua nova fábrica tomaram de volta a clientela (que, antes, pertencia à sua antiga empresa).

A Companhia Nacional de Tecidos de Juta, vendo o seu negócio naufragar com a nova concorrência, que capturara todos os seus clientes, ajuizou uma ação reclamando uma atitude desleal do tal Conde. A Companhia defendia que ao alienar a fábrica estava implícita a venda da sua clientela. O Conde, por sua vez, sustentava que a cessão da clientela dependia de uma cláusula expressa, jamais estipulada, de forma que não havia nenhum mal em tê-la reavido.

As partes no processo foram representadas por grandes advogados e juristas. J. X. Carvalho de Mendonça era o patrono da Companhia Nacional de Tecidos de Juta, ao passo que Rui Barbosa atuava em favor do Conde e de sua nova sociedade. O primeiro foi um grande comercialista (autor de um clássico *Tratado de Direito Comercial*, em vários tomos), ao passo que, o segundo, o mais célebre advogado da nossa história.

Em 1913, o Tribunal de São Paulo deu ganho de causa ao Conde, admitindo que ele explorasse o negócio com a sua nova fábrica. Entendeu-se que a obrigação ajustada consistia em alienar as cotas da Fábrica de Juta. Feita essa transferência, a obrigação se concretizara plenamente e de modo perfeito. Em outras palavras, entendeu-se como dever oriundo da obrigação estritamente aquele de entrega da prestação, ou seja, o dever principal, consistente em transferir as cotas da sociedade.[45]

Essa decisão seguramente seria outra nos dias atuais. Hoje, buscar-se-ia garantir o completo adimplemento da obrigação, o que apenas ocorreria sem a concorrência predatória do antigo explorador do negócio. Modernamente observa-se que o adimplemento perfeito não se resume à entrega da prestação principal, mas toda uma atuação no sentido de proteger a satisfação do credor, no que se denomina responsabilidade pós-contratual, ou *culpa post pactum finitum*.

Reconhece-se o dever de as partes guardarem suas condutas, mesmo depois de oferecida a prestação principal, com o objetivo de não frustrar a finalidade do negócio. Cabe ao devedor e ao credor, portanto, cooperar, tudo para que a prestação se concretize do modo completo.

A identificação dessa forma de responsabilidade foi feita a partir de decisões dos Tribunais alemães. Em 1926, o Tribunal alemão entendeu que, mesmo depois de expirado um contrato de edição, não se poderia promover novas edições antes de esgotadas as anteriores; isto é, mesmo extinto o contrato, ele ainda surtia efeitos, pois o titular do direito de fazer novas edições ainda deveria respeitar deveres oriundos daquela relação.

Outro caso julgado pelos Tribunais da Alemanha, que auxiliou na concepção da responsabilidade pós-contratual, se deu em 1955. Um empresário solicitou a um costureiro que fizesse uma série de casacos, com base em um modelo fornecido. O costureiro entregou os casacos, oferecendo sua prestação. Depois, porém, o costureiro ofereceu a um concorrente do empresário o mesmo modelo dos casacos. O empresário lesado levou a questão ao Judiciário. O Tribunal alemão julgou no sentido de que havia uma responsabilidade do costureiro, mesmo depois de já encerrada a relação obrigacional entre ele e o empresário, que o impedia de atuar em prejuízo deste. Logo, foram reconhecidos efeitos ao contrato, mesmo depois do seu fim.[46]

Um bom exemplo do interesse dessa responsabilidade pós-contratual expressa na lei encontra-se no artigo 1.147 do Código Civil, ao tratar da venda do estabelecimento mercantil. Segundo a norma, salvo havendo autorização expressa, quem vende o estabelecimento mercantil não pode concorrer com o adquirente nos cinco anos subseqüentes à transferência do bem.

---

45 Uma excelente análise dessa famosa causa se encontra em Mauricio Jorge Mota, "A pós-eficácia das obrigações", *in Problemas de Direito Civil-Constitucional*, Rio de Janeiro, Renovar, 2000.

46 Antonio Manuel da Rocha e Menezes Cordeiro, *Da pós-eficácia das obrigações. Estudos de Direito Civil*, vol. I, Coimbra, Almedina, 1991.

enriquecimento sem causa

Ainda tratando do alargamento das fontes das obrigações, cumpre tratar do enriquecimento sem causa (na terminologia romana: *verso in rem suam*).

Conceitualmente, o ordenamento jurídico não admite o acréscimo do patrimônio de uma pessoa em detrimento da perda do patrimônio de outra, sem a existência de uma causa jurídica que explique esse deslocamento econômico.

O direito não aceita a transferência ou a perda de riqueza imotivada porque, em última análise, isso refletirá um desequilíbrio injusto. O benefício de uma parte em prejuízo da outra, sem que ocorra uma situação jurídica que justifique essa migração de riqueza, cria uma obrigação (veja-se: o enriquecimento sem causa é fonte das obrigações). A parte lesada passa a ter o direito de reclamar de quem se beneficiou um crédito do tamanho do dano que sofreu.[47] Com isso, visa-se a garantir o equilíbrio patrimonial e evitar uma iniquidade.

Segundo o artigo 473, nº 1, do Código Civil português, "aquele que, sem causa justificativa, enriquecer à custa de outrem é obrigado a restituir aquilo com que injustamente se locupletou".

No nosso ordenamento, o enriquecimento sem causa não foi referido pela Lei Civil de 1916, o que fez muito restrito seu uso. Entretanto, embora não existisse um capítulo específico acerca do tema, as suas hipóteses mais comuns foram registradas no revogado Código Civil. Isso se deu com o pagamento indevido, espécie do gênero enriquecimento sem causa, tratado pelos artigos 964 a 971 da Lei revogada; com o dever de o proprietário indenizar as benfeitorias feitas por terceiros, nos artigos 516 a 519 da Lei de 1916; com a perda de efeito da doação *propter nuptias* (em função das núpcias) se o casamento não se realizar (artigo 1.173 do Código antigo); com o direito de retenção do inquilino (artigo 1.199 da Lei civil revogada).

A dificuldade de aplicação dos casos de enriquecimento não mencionados na lei também se relaciona à atitude reticente do legislador de 1916 sobre o conceito de "causa". Até mesmo porque, no artigo 90 do antigo Código Civil, havia uma confusão dos conceitos de motivo e causa (corrigido pelo atual artigo 140).

A causa é o fim jurídico do ato, ou a sua razão econômica e social. Trata-se do sentido da atividade, sua razão de ser.

---

47 A ação proposta com a finalidade de recompor o enriquecimento sem causa denomina-se *actio in rem verso*.

Segundo uma definição clássica, a causa de um negócio oneroso consiste na obtenção da contraprestação: compra-se um carro – isto é, entrega-se dinheiro ao proprietário do automóvel – para adquirir esse bem – ou seja, para que a propriedade seja transferida.

Nos negócios gratuitos, a causa consiste numa generosidade do instituidor, a vontade de realizar algo de bom ao contemplado.

<small>a atual posição da causa</small>

Para muitos sistemas jurídicos, a causa integra a essência do negócio, de sorte que a ausência de causa o macula. Assim é no Direito francês, segundo o qual a causa é "essentielle à la validité, il faut même dire à l'existence dês conventions",[48] ou seja, trata-se de elemento crucial do negócio.

Bevilaqua, redator do Código de 1916, considerava a idéia de causa "pouco exata e pouco jurídica"[49] e o nosso Código seguiu uma linha anti-causalista, na esteira dos Códigos alemão, suíço e argentino, para os quais a causa não é determinante para a validade do negócio.

Essa orientação não parece prevalecer atualmente. Afinal, se o artigo 421 do Código Civil de 2002 requer do negócio jurídico o cumprimento de uma função social, o ordenamento está a pedir exatamente a existência dessa causa, uma justificativa econômica e social que fundamenta o próprio negócio. De fato, o negócio jurídico, apreciado com os olhos do jurista contemporâneo, deve adequar-se a essa função, revelar a oportunidade de sua "razão de ser", a legitimidade de sua causa. Sem isso, não encontrará proteção do ordenamento jurídico.

<small>causa e motivo</small>

Note-se que, na avaliação da causa, não se procura qualquer elemento interno e psicológico (o "motivo" pelo qual o ato foi feito). Afere-se, apenas, se a atividade de uma pessoa está admitida no ordenamento como apta a gerar um crescimento patrimonial. Se não há causa ou se esta causa é injusta, o enriquecimento está condenado.

O motivo, explique-se, representa o que o agente desejava ao praticar o ato. Para identificar o motivo cumpre penetrar nos aspectos psicológicos da atitude. No nosso ordenamento, seguimos a orientação de não incluir o motivo entre os elementos do negócio jurídico (ao lado da vontade, do objeto e da forma).

O conceito de motivo relaciona-se à vontade, embora não se confunda com ela. Trata-se do propósito psicológico adotado pela pessoa para realizar um ato, como, por exemplo, a pessoa adquiriu um certo trenó de madeira, porque acreditava que aquele objeto lhe pertencera na infância. Esse motivo, em regra, não tem repercussão para validade do negócio, pois, como se disse, o nosso sistema não coloca o motivo como elemento do negócio jurídico. A exceção a

---

[48] G. Baudry-Lacantinerie et L. Barde, *Traité Théorique et Pratique de Droit Civil*, troisième édition, tome premier, Paris, Librarie de la Société du Recueil, 1906, p. 332.

[49] Clóvis Beviláqua, *Direito das Obrigações*, 2ª ed., Bahia, Livraria Magalhães, 1910, p. 204.

isso se dá se as partes ajustaram expressamente que certo motivo funciona como "determinante" num negócio. Diante disso, ensina o artigo 140 do Código Civil, se o motivo não se verificar, o negócio poderá ser anulado. Se as partes houverem ajustado, por escrito, que o negócio fora apenas celebrado porque o adquirente acreditava que aquele trenó lhe pertencera, mas, depois, o mesmo adquirente tiver ciência de que o seu verdadeiro brinquedo de infância fora queimado – e esse erro revelar-se escusável –, o negócio poderá ser desfeito.

Para o ordenamento jurídico, o relevante é a causa. O Direito não tolera que alguém receba vantagem, obtendo acréscimo patrimonial em detrimento de outrem sem uma causa jurídica, isto é, por meio de um ato que não seguiu uma estrutura econômico-social reconhecida pelo ordenamento jurídico.

Assim, se alguém paga algum valor a outrem indevidamente – sem que exista uma razão que abone o ato –, o ordenamento entende que esse enriquecimento, sem uma causa jurídica justificável, lhe é contrário, impondo a quem recebeu a vantagem indevida que a restitua e, com isso, promova o re-equilíbrio patrimonial.

Ademais, admitindo a relação obrigacional como um processo, que exige determinados comportamentos de ambas as partes, a "causa" do negócio não pode ser vista apenas como o interesse da contraprestação ou uma manifestação da liberalidade, mas deve ser compreendida como o intercâmbio negocial cumprindo uma função social.

pressupostos

Verifica-se o enriquecimento sem causa se presentes (a) a vantagem patrimonial propriamente dita, consistente no benefício econômico; (b) o empobrecimento, de outra ponta, que se verifica diante da perda de patrimônio; (c) o nexo causal, consistente no liame entre o enriquecimento de um e o empobrecimento de outro; e, por fim, (d) a ausência de causa.

O artigo 884 do Código Civil de 2002, inovando em relação à Lei revogada, expõe o conceito de enriquecimento sem causa e informa qual a conseqüência jurídica de sua verificação: a obrigação de o beneficiado restituir o que recebeu indevidamente, em montante que não pode exceder o benefício.

Eis a regra:

> "Art. 884. Aquele que, sem justa causa, se enriquecer à custa de outrem, fica obrigado a restituir o indevidamente auferido, feita a atualização dos valores monetários."

O referido dispositivo oferece a regra geral, mas o Código manteve as hipóteses de enriquecimento específicas antes referidas na Lei de 1916, como, para dar exemplos, o dever de indenizar o possuidor de boa-fé pelas benfeitorias (agora nos artigos 1.218 a 1.222) e pagamento indevido (artigos 876 a 883 da Lei de 2002).

Tem direito a reclamar, como se disse, o enriquecimento sem causa, com base nos artigos 1.218 a 1.222, aquele que, de boa-fé (subjetiva), constrói ou planta sobre o terreno alheio. O proprietário do bem deverá ressarcir quem realizou a plantação ou a construção porque, de modo contrário, ele gozava de um benefício sem causa jurídica. Afinal, não é justo que o patrimônio do dono do imóvel tenha a vantagem de ficar com as benfeitorias sem remunerar quem teve os gastos de fazê-las.

No pagamento indevido, uma pessoa, por engano, entrega a outra certo valor. Como houve um erro, não há uma justificativa jurídica que explique a transferência de patrimônio. Imagine-se que alguém descobre em sua conta uma expressiva quantidade de dinheiro, sem sequer imaginar qual teria sido a origem desse incremento. Evidentemente, houve um engano. Alguém, por descuido, aportou na conta bancária equivocada, na crença de que estava depositando em outra. Deu-se, portanto, um pagamento indevido. Sem uma causa que justifique esse depósito, o dinheiro deve ser restituído.

Diante disso, a aplicação direta do instituto, pela incidência do artigo 884 do Código Civil, possui um caráter subsidiário, ou seja, ela vai ocorrer se nenhuma das hipóteses de enriquecimento contempladas na norma escrita se aplicar ao caso específico.

> desaparecimento da causa

Ontologicamente análogo, vale citar a hipótese do desaparecimento da causa. Isso ocorre se deixar de existir a causa que havia no momento de realização do ato. Tome-se o exemplo da perda, sem culpa, do objeto de uma obrigação de dar coisa certa. Sem objeto, extingue-se a obrigação, informa o artigo 234 do Código Civil. Se o devedor já recebeu a prestação, deve restituir o valor ao credor, porque não há mais obrigação, pela perda de objeto. Do ponto de vista do pagamento feito, ele tornou-se sem causa. Nesse sentido, muito corretamente, a regra da segunda parte do artigo 885 do Código Civil, segundo a qual: "A restituição é devida, não só quando não tenha havido causa que justifique o enriquecimento, mas também se este deixou de existir."

> enriquecimento sem causa como fonte

Classicamente, o enriquecimento sem causa era tratado como *quasi contractus*. Essa classificação, contudo, já não encontra espaço na doutrina moderna.[50]

No Código Civil de 2002, o enriquecimento sem causa foi arrolado entre os atos unilaterais, logo depois do pagamento indevido, também inserido entre os atos unilaterais.

Na verdade, trata-se de um duplo equívoco. Para começar, não seria "geograficamente" correto ajustar o pagamento indevido antes do enriquecimento sem causa, uma vez que aquele é espécie deste. Seria o mesmo que, ao expor o reino animal, tratar dos símios antes de falar dos mamíferos.

---

50 Sobre o tema, Giovanni Ettore Nanni, *Enriquecimento sem causa*, São Paulo, Saraiva, 2004.

Além disso, o enriquecimento sem causa não é um tipo de ato unilateral, embora, por vezes, ele possa envolver, como um dos elementos de sua verificação, um ato unilateral (como se dará, por exemplo, no pagamento indevido).

Tampouco o enriquecimento é um negócio jurídico. Não há convergência das vontades das partes direcionada à sua ocorrência. Isso seria um contra-senso, pois o acordo de vontades, por si só, é causa jurídica reconhecida.

Veja-se que, por vezes, o enriquecimento sem uma contraprestação de seu beneficiado ocorre e será admitido pelo ordenamento jurídico, porque a situação se encontra justificada numa norma jurídica. Isso se dá, por exemplo, com o dispositivo legal que admite a usucapião (uma pessoa obtém a propriedade da outra, que a perde sem direito a qualquer indenização). Aqui fica claro o conceito de que o fundamental, no momento de aferir a causa, é observar a existência de um respaldo jurídico para o incremento no patrimônio.

Ressaltou-se, anteriormente, a inexistência, entre nós, de dispositivo genérico acerca do enriquecimento sem causa até o advento do Código Civil de 2002. Agora há menção expressa ao fenômeno. Isso, contudo, não permite dizer que o enriquecimento sem causa passa a ser fonte das obrigações de origem legal. A lei funciona apenas como fonte imediata, registrando o fato como jurígeno, assim como ela arrola os contratos típicos.

Qualificar o enriquecimento sem causa como fonte autônoma das obrigações (como faz o Código Civil português), embora seja uma sedutora solução, parece restringir o conceito de atos ilícitos, que, atualmente, desfruta de acepção ampla. Afinal, na medida em que o ato não encontra um respaldo no ordenamento, ou, em outras palavras, se o ato não cumpre a sua função econômico-social, ele se colocará em situação marginal e, logo, merecerá ser qualificado como ilícito. O que agride o ordenamento jurídico não é lícito, não havendo espaço para um *tertium genus*. Em outras palavras, ou o ato é lícito, ou ilícito; não existe um meio termo.

Assim, parece correta a doutrina que arrola o enriquecimento sem causa entre os atos ilícitos. Afinal, o enriquecimento sem causa contraria o interesse do ordenamento jurídico. Na hipótese específica, a solução dada pelo direito consiste em impor à parte injustamente beneficiada o dever de restituir ao lesado a vantagem indevida.

Tome-se o seguinte exemplo: se uma pessoa alimenta um cão, na crença de que esse animal lhe pertence, mas, em seguida, descobre que o animal é de terceiro. Este – cujo patrimônio não foi decrescido, porquanto não custeou a alimentação de seu cão – gozou de um proveito sem causa, e, logo, tem o dever de reparar o patrimônio de quem gastou para prover o cachorro. Caso contrário, haveria um enriquecimento sem causa. Admitir que o dono do animal pudesse ficar com o seu animal sem reparar quem alimentou seu cão agride o ordenamento jurídico.

Saliente-se, nesse passo, uma distinção fundamental na reparação decorrente do enriquecimento sem causa e da responsabilidade decorrente do ato ilícito (ou aquiliana). Nesta, afere-se o prejuízo do lesado, para que o dano seja plenamente indenizado. No caso do enriquecimento sem causa, a reparação se limita à devolução do benefício ou proveito. Assim, se o prejuízo for maior do que o ganho, o beneficiado somente deve restituir até o limite do seu proveito. De outra ponta, se o enriquecimento for maior do que o empobrecimento, a reparação deve limitar-se ao montante verificado com a perda, e o beneficiado apenas devolve o necessário a impedir que se verifique o dano.

1.2.3. Norma jurídica

O ordenamento jurídico tem interesse no cumprimento das obrigações. Existem, portanto, normas que asseguram o dever de os devedores adimplirem suas obrigações. Mais ainda, há regras jurídicas impondo às partes que atuem de modo correto e leal nas suas relações obrigacionais.

Trata-se de um princípio geral de Direito: as obrigações devem ser cumpridas. Contudo, em função da fonte pela qual a obrigação se origina poderá haver uma ou outra norma mais específica a apreciar o tema. O artigo 927 do Código Civil, por exemplo, impõe uma obrigação de reparar o prejuízo àquele que causar, por ato ilícito, um dano a outrem. Antes, mencionou-se, apenas para citar outro caso, a regra do artigo 884, que trata da obrigação, por parte daquele que obteve um enriquecimento sem causa, de restituir o proveito indevido. São inúmeros os exemplos. Certo é que o ordenamento reconhece e protege as relações obrigacionais.

1.2.4. Vínculo

De um modo bem objetivo, pode-se dizer que o vínculo existente numa relação obrigacional compreende, de um lado, o direito subjetivo do credor (que pode impor ao devedor uma atuação, ou seja, ele tem um poder) e, de outra ponta, um dever jurídico do devedor (que fica sujeito a adimplir a obrigação para satisfazer o credor).

debitum e *obligatio*

Um jurista alemão, mais precisamente de Munique, Aloys Brinz, observou, num trabalho publicado em 1886, que o vínculo obrigacional poderia ser cindido em dois: o "*Schuld*" (ou *debitum*) e a "*Haftung*" (ou *obligatio*); em outras palavras, o débito e o dever de cumprir a prestação.

Brinz estava correto; a relação obrigacional é composta desses dois elementos distinguíveis: o débito (o *debitum*), isto é, a prestação devida, e a *obligatio* (ou "*Haftung*"), o dever de oferecer esta prestação (sendo que, em regra, esses dois elementos caminham unidos, pois o dever de pagar segue a dívida, como a sombra ao corpo, para usar a imagem de Larenz).

"*Haft*", em alemão, significa prisão. "*Haften*" quer dizer estar preso. Pois "*Haftung*" expressa essa vinculação referente ao dever de entregar a prestação. Em tempo, "*Schuld*", em alemão, é dívida (aliás, Nietzsche comenta que a mesma palavra em alemão – "*Schuld*" – significa "culpa". Numa consideração algo profunda, o filósofo alega que haveria a mesma origem dos dois termos: culpa e dívida).

Uma coisa é a dívida e outra estar preso a ela. Uma pessoa pode ter uma dívida, mas não o dever de pagá-la. Outra pessoa pode não ter a dívida, mas ser forçada a efetuar o pagamento.

Essa divisão do vínculo jurídico da obrigação entre o *debitum* ("*Schuld*") e a *obligatio* ("*Haftung*") foi, depois do impulso inicial de Brinz e de muita discussão, desenvolvida por outro civilista alemão, Otto von Gierke – em obra denominada "*Schuld und Haftung*", de 1910. No Brasil, esse conceito foi largamente difundido por Fabio Konder Comparato, que defendeu essa divisão.[51]

Dessa forma, a relação obrigacional é composta pelo efetivo débito, a prestação, objeto do pagamento, e pelo dever de pagar. Alguns autores brasileiros, como San Tiago Dantas[52] e Serpa Lopes,[53] chamam a *obligatio* de "responsabilidade". A denominação não parece adequada. Afinal, a responsabilidade apenas vai ocorrer se o devedor falhar no seu dever de oferecer a prestação, isto é, no inadimplemento. A *obligatio*, contudo, compõe o vínculo natural nas obrigações: observa-se o dever de prestar mesmo naquelas obrigações cumpridas regularmente.

Ordinariamente, esses dois elementos – o *debitum* e a *obligatio* – andam juntos, mas isso não acontece necessariamente em todos os casos.

Tome-se, por exemplo, a fiança. Neste negócio, um terceiro se compromete a pagar uma dívida se o devedor faltar. Embora o devedor seja uma pessoa determinada, um outro, o fiador, também se responsabiliza pelo pagamento. Apenas o devedor tem o *debitum*, mas o fiador se encontra igualmente vinculado ao dever do pagamento e o credor pode exigir que este cumpra a obrigação. O fiador, portanto, também tem a *obligatio*.

Outro caso: não se pode exigir o pagamento das dívidas contraídas em jogo (como dispõe o artigo 814 do Código Civil), embora elas existam. Em outras palavras: o ordenamento reconhece a existência dessas dívidas, mas não admite que o credor exerça seu poder obriga-

---

51 Fabio Konder Comparato, *Essay d'analyse dualiste de l'obligation en droit privé*, Paris, Dalloz, 1964.
52 *Programa de Direito Civil II*, Rio de Janeiro, Ed. Rio, 1978, p. 21.
53 Miguel Maria de Serpa Lopes, *Curso de Direito Civil. Obrigações em Geral*, vol. II, 6ª ed., Rio de Janeiro, Livraria Freitas Bastos, 1995, p. 11.

cional para reclamar o recebimento do devido. Nesses casos, haverá o *debitum* (pois há dívida), mas não a *obligatio*, porquanto não existe o dever de pagar.

Veja-se, ainda, a situação de uma obrigação na qual se ajustou que o devedor deva entregar uma coisa ou outra (as chamadas obrigações alternativas, das quais trataremos adiante). Nelas há um duplo *debitum*, porquanto o devedor se compromete a oferecer alternativamente duas prestações, embora exista dever de prestar apenas sobre uma delas, que será, em algum momento, apontada como o objeto da obrigação. De fato, inicialmente, ambas as coisas são devidas, mas o devedor se libera da obrigação (do *debitum* da coisa remanescente) entregando apenas uma que for a escolhida.

Em algumas situações, essa distinção, do débito e do dever de prestar, revela-se essencial para aferir de quem é exigível o cumprimento da obrigação, ou mesmo se se pode reclamar o adimplemento.

_{garantia}

Cumpre, nesse passo, introduzir outro conceito fundamental do Direito das Obrigações: a garantia.

Numa relação obrigacional, o credor tem a expectativa de receber a prestação, isto é, de que a obrigação seja cumprida e que ele se satisfaça.

Caso o devedor não cumpra a obrigação, o credor poderá solicitar ao Estado que proteja seu crédito. A rigor, se for possível, o credor buscará, no Judiciário, o perfeito adimplemento da obrigação, isto é, impelir o devedor a oferecer a prestação, tal como ela é. Caso isso não seja possível, ou a entrega da prestação não seja mais útil ao credor, este obterá, ao menos, uma indenização que represente a reparação das perdas e danos experimentadas em função de não ter recebido a referida prestação na forma e no momento adequado.

Precisamente para se proteger do inadimplemento, é fundamental ao credor ter presente qual a segurança que ele possui de que a obrigação será realizada, ou, quando muito, que o devedor terá como arcar com a indenização decorrente das perdas e danos.

O patrimônio do devedor oferece essa "segurança" ao credor. Pode-se dizer, também, que aí está a garantia. Assim, em termos gerais, o patrimônio do devedor funciona como garantia de que o credor não amargará prejuízo.

Admite-se, ainda, que as partes ajustem garantias especiais numa relação obrigacional, a fim de proteger o credor, na hipótese de inadimplemento, tudo para assegurar que se receba uma indenização pela falha do devedor.

No capítulo 17 adiante, examinam-se as garantias gerais e as especiais da obrigação.

1.2.5. O objeto das obrigações: o ato humano

O objeto da obrigação é a prestação. Denomina-se prestação aquilo que se ajustou como a atividade (ou a abstenção da atividade) do devedor para satisfazer ao credor. O objeto das obrigações será, em última análise, sempre um ato humano. Trata-se do que o devedor deve realizar.

Comumente, para fins de análise das obrigações nas quais se dá alguma coisa (como se verá adiante, as obrigações de dar representam um dos tipos mais comuns de obrigação), separa-se o objeto imediato e mediato da obrigação. O imediato é a prestação ajustada, a atividade que o devedor encontra-se obrigado a realizar. O objeto mediato, por sua vez, é a coisa, o bem que se entrega ou se coloca à disposição. Assim, caso se convencione que uma pessoa deva entregar um livro a outra, o objeto imediato consiste no ato humano de entregar a coisa, ao passo que o objeto mediato é a própria coisa (no exemplo, o livro).

Nas obrigações nas quais o devedor deva fazer algo, ou deixar de fazer, os objetos imediato e mediato em regra se confundem, não havendo interesse nessa distinção.

determinabilidade

A determinabilidade da prestação é fundamental. Deve haver minimamente a indicação do que consiste a prestação. Se não existe um objeto determinado (ou ao menos determinável), não há crédito, pois a obrigação sequer chegou a se constituir e, logo, ela não existe.

Ultrapassada a apreciação de existência do objeto, passa-se à análise de sua validade. Para que a obrigação seja válida, classicamente se requereu que seu objeto seja possível, lícito e determinável.

possibilidade

De fato, a prestação deve ser física ou materialmente possível. Se essa impossibilidade for absoluta e existir desde o momento em que nasceu a obrigação, a relação obrigacional sequer se estabelece pela falta de um de seus elementos essenciais. Os romanos já diziam: *ad impossibilia nemo tenetur*, isto é, diante da impossibilidade, nada se pode fazer.

Imagine-se o acordo no qual uma pessoa se compromete a voar sem a ajuda de aparelhos. Essa obrigação é impossível e, logo, nula, por força do artigo 166, II, do Código Civil.

Outras vezes, a nulidade material se verifica depois de a obrigação ter nascido. Isto é, no momento inicial, o objeto era possível, mas, posteriormente, tornou-se impossível fisicamente. Nestes casos, a obrigação também não pode ser cumprida, cabendo, contudo, aferir a eventual responsabilidade pela superveniente impossibilidade.

A impossibilidade física pode ser relacionada de forma específica à pessoa do devedor, mas a prestação ter como ser realizada por terceiro. Neste caso, há de se aferir se a obrigação era personalíssima (isto é, caso, pela sua natureza ou por acordo das partes, convencionou-se que ela apenas poderia ser realizada pela pessoa do devedor). Se era personalíssima e o devedor não pode mais cumpri-la, a obrigação extingue-se.

Suponha-se que se contrate uma famosa soprano para certa apresentação, mas a diva perdeu a voz. Evidentemente, ela não pode mais cantar. Como a obrigação era personalíssima, restou impossível oferecer a prestação.

Se o devedor já não pode realizar a atividade, mas o credor se satisfaz com o cumprimento levado adiante por terceiro, compete ao devedor garantir o adimplemento, arcando com o ônus dessa prestação desempenhada por outrem.

Se a obrigação tornou-se impossível materialmente depois de seu nascimento (como o caso de alguém que adquiriu certo cavalo, mas este morreu, antes que fosse entregue), há de se aferir a culpa do devedor nessa superveniente impossibilidade. Conforme haja ou não responsabilidade do devedor, este responderá ou não, como analisaremos adiante.

<small>licitude</small>

Essencial, ainda, que o objeto da prestação seja lícito. O artigo 104 do Código Civil afirma que os negócios jurídicos devem ser lícitos, em harmonia com o ordenamento jurídico e seus valores.

Evidentemente, não se concebe uma obrigação com objeto ilícito. O negócio será nulo, por força do artigo 166, inciso II, do Código Civil. Seria ilegal, por exemplo, obrigar uma pessoa a ser escrava de outra (pois não é lícita a escravidão), ou o negócio no qual uma pessoa se compromete a vender tóxicos.

Aqui também pode acontecer de a ilegalidade se verificar posteriormente ao nascimento da obrigação. Houve o caso da empresa produtora de cachaça a base de cana de açúcar, com elevadíssimo teor alcoólico, que contratou exportar seu produto. Depois de firmado o contrato de exportação, mas antes da entrega da mercadoria, foi promulgada lei no país para onde se destinava a pinga, proibindo bebidas de elevado teor alcoólico, situação na qual se inseria a tal cachaça. Sem culpa de nenhuma das partes, houve o advento de uma norma que tornava ilícito o objeto da obrigação.

Nessas hipóteses, nas quais não se possa imputar a ninguém o fato de que a prestação tornou-se ilícita, a obrigação simplesmente se extingue. Cada parte volta à situação inicial, como se nada tivesse acontecido.

<small>determinabilidade</small>

Já se ressaltou a característica fundamental da prestação de que ela seja determinável, pelo gênero e pela quantidade. Inconcebível uma obrigação na qual não se estabeleça (ou, ao menos, não se forneça um meio de se estabelecer) o seu objeto.

Sequer haverá uma relação obrigacional válida se o devedor se comprometer, por exemplo, a entregar sacas de café, sem indicar quantas sacas ela se refere. Assim, a nada se obrigou se não houver certeza.

Quando muito, como se ressaltou, o objeto da obrigação pode ser determinável. Admite-se, por exemplo, que se ajuste a compra de uma safra, sem que se saiba, de antemão, se a safra será grande ou um fiasco. Nesse caso, determinou-se o objeto: a safra. Apenas não se sabe o seu pleno conteúdo. Aqui, o objeto não foi determinado, porém determinável, o que se admite.

<small>patrimonialidade</small>

Por fim, apontava-se classicamente, entre as características essenciais do objeto, a patrimonialidade da prestação. Indicava-se como necessário que a obrigação traduzisse ou expressasse um conteúdo econômico. O Código Civil italiano, de 1942, no artigo 1.174, faz ressalva nesse sentido, indicando que "a prestação (...) deve ser suscetível de avaliação econômica".

O Código Civil português, entretanto, tem preceito (artigo 308, 2) em sentido diametralmente oposto: "A prestação não necessita de ter valor pecuniário." O Código Civil português, de 1966, oferece, sobre esse tema, um conceito mais moderno, em sintonia com o entendimento contemporâneo.

De fato, até há pouco, muitos reputavam fundamental o predicado da patrimonialidade da prestação das obrigações por um motivo prático: era essencial que a prestação recebesse um valor econômico porque, diante da possibilidade de total inadimplemento, o devedor teria que entregar ao credor o equivalente, em dinheiro, as perdas pela prestação não cumprida.

Pontes de Miranda, entre nós, sempre defendeu que "No sistema jurídico brasileiro, não se pode introduzir a regra jurídica italiana [da necessária patrimonialidade do objeto das obrigações]. Se a prestação é lícita, não se pode dizer que não há obrigação (= não se irradiou) se a prestação não é suscetível de valoração."[54]

Ihering, antes dos demais, apontava o equívoco de requisitar como elemento o valor obrigacional a toda obrigação, o que resultaria em indesejadas conseqüências, como a de deixar alguns interesses sem adequada proteção jurídica e a de dar a falsa idéia de que o patrimônio é o único valor amparado pelo ordenamento jurídico.[55]

Há, de fato, várias obrigações nas quais a característica da patrimonialidade absolutamente não existe. Não são poucas as obrigações cujo interesse é meramente moral. Digamos que duas pessoas celebrem um contrato no qual uma delas se obriga a não cantarolar as obras de Chopin, porque isso trazia enorme tristeza para a outra. Qual o valor econômico dessa obrigação? Certamente nenhum. Todavia, trata-se inquestionavelmente de uma obrigação lícita, que merece o amparo do ordenamento jurídico.

Na verdade, o objeto da obrigação não precisa, desde o seu nascimento, apresentar um valor econômico. Faz-se, contudo, necessário a aferição de um valor econômico se ocorrer o inadimplemento. Isso porque se deverá apontar o valor do dano, ainda que moral, decorrente do descumprimento do dever obrigacional para que se dê a reparação. No exemplo dado acima, se a parte da obrigação assobiar alguma passagem de Chopin, o credor lesado poderá reclamar ao Judiciário que arbitre o montante da indenização.

A necessidade desse atributo de patrimonialidade é, pois, altamente questionável. Mormente hoje, momento no qual o Direito Civil ganha uma feição menos jungida à mera proteção do patrimônio, para amparar valores mais elevados e, por isso mesmo, de impossível aferição econômica.

---

54 *Tratado de Direito Privado*, tomo XXII, 2ª ed., Rio de Janeiro, Editora Borsoi, 1958, p. 41.

55 Rudolf Von Jhering, "Do lucro nos contratos e a supposta necessidade do valor patrimonial das prestações obrigatórias", in *Questões de Direito Civil*, Rio de Janeiro, Laemmert Editores, 1899.

equilíbrio, justiça e moralidade

Consoante se ressaltou, numa visão clássica, os elementos necessários ao reconhecimento da validade de uma obrigação eram substancialmente formais, relacionados à capacidade do agente e a legalidade e possibilidade do objeto determinado (ou determinável), como se encontra expresso no artigo 104 do Código Civil.

Atualmente com mais ênfase, contudo, a análise acerca da validade do negócio reclama um vôo mais amplo, no qual se apreciam outros elementos, como o equilíbrio da relação, a justiça de seu conteúdo e os aspectos morais e éticos envolvidos.

O intérprete deve apreciar a existência de um razoável equilíbrio entre as partes (o discernimento de cada uma delas, a desproporção de poder que pode existir entre elas), a fim de examinar a ocorrência de algum abuso pela parte mais poderosa e forte.

O Código do Consumidor convida o intérprete a apreciar essa possível disparidade material das partes, para o fim de justificar uma aplicação mais severa de suas regras. Trocando em miúdos, a própria aplicação das suas regras dependerá de uma análise do grau de desigualdade existente na relação em exame. De fato, a própria justificativa do Código do Consumidor consiste em evitar abusos do prestador de serviço ou fornecedor mais preparado, em detrimento de um consumidor, por vezes hipossuficiente.

Vale dizer que essa análise, do eventual desequilíbrio material das partes, não deve limitar-se às relações de consumo, porém avançar para as outras áreas do Direito, notadamente a do Direito das Obrigações. Afinal, neste ramo, haverá, quase sempre, a coexistência de duas partes, numa relação de poder e dever em que a eventual fragilidade de uma delas pode dar ensejo a violências e excessos, que o ordenamento deve reprimir.

Cumpre ao intérprete apreciar, também, o grau de comutatividade entre as prestações, verificando se existe uma disparidade que escape ao razoável entre os deveres de cada uma das partes. O ordenamento jurídico fornece ferramentas para isso, que permitem condenar a relação obrigacional que nasce distorcida (como se dá na lesão), assim como naquelas que se modificam extraordinariamente no futuro (a teoria da imprevisão e a resolução por onerosidade excessiva, dos artigos 317 e 478, respectivamente).

Por fim, não se admitem – como nunca se admitiu – obrigações que desafiem a ética e a moral vigentes. Também essas não serão válidas, porque não encontrarão albergue no ordenamento jurídico.

A dificuldade em se aplicar, à apreciação da validade das obrigações, conceitos mais subjetivos, é intuitiva: abre-se espaço para a arbitrariedade. De outro lado, a análise mais subjetiva permite, também, a concretização de respostas mais equânimes e solidárias ao caso concreto. Se a escolha do jurista contemporâneo foi acertada – em reclamar para si a responsabilidade de aplicar o Direito com mais liberdade – apenas o futuro dirá. O certo é que o jurista, o intérprete, o aplicador do Direito e a sociedade constróem, hoje, esse futuro.

2
AS OBRIGAÇÕES NO CÓDIGO CIVIL

O Código Napoleão, de 1804, encontra-se sistematizado da seguinte forma: pessoas, bens e formas de aquisição da propriedade. Primeiro, examinavam-se as pessoas, depois os bens. Por fim, apreciavam-se as formas de aquisição de propriedade. Nesta parte das formas de aquisição eram referidas as obrigações (entre elas, especialmente, o contrato).

No Código alemão, de 1896, a ordem do tratamento das matérias foi outra: inicialmente, havia uma parte geral, na qual se esmiuçava o princípio da relação jurídica. Em seguida, na parte especial, eram tratados, em livros distintos, o Direito das Obrigações, das Coisas, da Família e das Sucessões, nesta ordem. A rigor, foi apenas com o advento do Código Civil alemão que o Direito das Obrigações ganhou autonomia de tratamento.

Teixeira de Freitas, o grande jurista brasileiro do século XIX, havia concebido, antes da promulgação do Código alemão, a idéia de uma divisão da parte geral e da especial. O seu *"Esboço"* não foi aproveitado por nós, mas serviu de base para Vélez Sarsfield, na elaboração do Código Civil argentino.

Beviláqua, na sistematização do Código Civil de 1916, guiou-se pela linha alemã, com um Código que apresentava uma parte geral, antecedente à especial. Entretanto, ao invés de reproduzir também os alemães na ordem de tratamento das matérias – seguramente a mais prática das sistematizações –, Beviláqua optou por examinar as matérias seguindo uma ordem de valores. Por isso, depois da parte geral, o primeiro livro do Código de 1916 cuida do Direito de Família, o segundo do Direito das Coisas, o terceiro das Obrigações e o último, do Direito das Sucessões. Entendeu-se que essa ordem refletia os "valores" da época: a família e a propriedade à frente dos demais.

Essa ordem, contudo, se afasta terrivelmente da praticidade, pois o conceito das obrigações é fundamental para o exame de todos os demais livros, sendo, portanto, natural que se estude primeiro esse fenômeno, para, apenas depois, passar à análise dos demais. Na prática, os estudantes e os tratadistas, ao examinar o nosso ordenamento civil e a Lei, "pulavam" a parte do Direito de Família e o Direito das Coisas para apreciar, logo após a parte geral, o Direito das Obrigações (cujo primeiro artigo era o 863 do Código de 1916).

O Código Civil de 2002 abandonou essa sistematização "valorativa" para adotar uma organização prática. Assim, no Código de 2002, o livro do Direito das Obrigações vem logo após a parte geral, seguindo a ele o Direito da Empresa, os Direitos Reais, o de Família e, finalmente, o Direito das Sucessões.

o livro das obrigações

O Livro das Obrigações, no Código Civil de 2002, é dividido em dez títulos, sendo os quatro primeiros relacionados à parte geral das obrigações, o quinto e o sexto aos contratos (a fonte mais abundante de obrigações), o sétimo aos atos unilaterais (outra fonte de obrigações), o oitavo aos títulos de crédito (documentos que espelham e corporificam uma obrigação), o nono à responsabilidade civil (mais uma fonte de obrigações) e, finalmente, o décimo e último título do Livro das Obrigações trata das preferências e privilégios creditórios (ou seja, como interagem as obrigações de uma pessoa com os credores desta se ela é reconhecida insolvente).

De modo mais específico, a parte geral das obrigações, como acima se disse, está dividida em quatro títulos. No primeiro, Título I, cuidam-se das espécies das obrigações, examinando como devem as partes da relação se comportar conforme o dever seja o de entregar um bem, de fazer uma atividade, ou mesmo o de se abster de realizar um ato. Nesse primeiro título, examinam-se também as situações de os devedores terem que responder pelas dívidas conjuntamente, e a conseqüência de o objeto da obrigação ser um bem indivisível.

No Título II, a lei examina a transmissão das obrigações, que pode ocorrer com a cessão do crédito pelo credor – e a obrigação passa a ter um novo credor – ou com a assunção da dívida por um terceiro, que passa a ocupar a posição do devedor.

O Título III, por sua vez, examina o adimplemento: como a obrigação deve ser cumprida, quem paga, quem recebe, o lugar do pagamento, a data do vencimento, enfim, tudo o que se deve observar para a perfeita entrega da prestação. Este Título ainda arrola os tipos possíveis de extinção do vínculo obrigacional distintos da forma inicialmente ajustada de pagamento, como, por exemplo, a consignação ou a compensação.

Por fim, o Título IV do Livro das Obrigações, o último relativo à sua parte geral, fala do inadimplemento, dos efeitos decorrentes do descumprimento das obrigações.

3
Os Princípios Gerais do Direito das Obrigações

o positivismo jurídico

Floresceu, no século XIX, o positivismo jurídico. Segundo essa corrente, cabia ao Direito oferecer preceitos derivados puramente da razão e da lógica. Como ideal, o Direito não deveria ter lacunas; cumpria à regra enquadrar-se a todas as situações da vida.

Para o positivismo jurídico, a ciência do Direito deveria separar o material jurídico (as normas jurídicas) do que não fosse jurídico, como a moral, a religião e a política.[1]

Os positivistas viam no direito objetivo, na certeza da regra escrita, um valor por si próprio, porquanto entendiam que a sistematização das leis garantia uma segurança fundamental à vida em coletividade.

Assim, "o positivismo jurídico postula que o direito positivo origina-se do próprio direito positivo",[2] ao passo que o fundamento do direito positivo repousa na própria racionalidade da lei. Hans Kelsen, em 1930, lança um notável trabalho, A *Teoria Pura do Direito*, no qual definia: "O problema da Justiça, enquanto problema valorativo, situa-se fora de uma teoria do Direito que se limita à análise do Direito positivo como sendo a realidade jurídica."[3] Separavam-se, portanto, os conceitos de justiça e de direito.

Enquanto a corrente Positivista buscava aproximar o Direito de uma ciência exata, modernamente quer-se dar alguma maleabilidade à aplicação da regra jurídica. Entende-se que o Direito não é um fim, mas um meio. Deu-se, pois, uma pequena revolução da cultura jurídica.

Não se pode deixar de notar o que ocorreu no mundo. Entre 1939 e 1945, a civilização enfrentou uma terrível guerra mundial. A Alemanha, berço de uma plêiade de juristas que influenciou a construção do sistema jurídico adotado pelo ocidente, encontrava-se no epicentro do conflito. Durante o conflito, os nazistas editaram uma série de normas perfeitas do ponto de vista formal, mas que expressa-

---

1   Sobre a evolução do positivismo: José de Oliveira Ascensão, *O Direito*, 13ª ed., Coimbra, Almedina, 2005, p. 182.

2   Marcelo de Campos Galuppo, "O Direito Civil no contexto da superação do positivismo jurídico: a questão do sistema", *in RTDC*, vol. 13, Rio de Janeiro, ed. Padma, 2003, p. 136.

3   *A Teoria Pura do Direito*, 6ª ed., Coimbra, Armênio Amado – Editora, 1984, p. 14.

vam, materialmente, preceitos e valores odiosos, como o preconceito e a discriminação. Depois da experiência nazista, era necessário reorganizar a importância de conceitos como justiça e ética na construção de um sistema jurídico.

<small>análise do Direito pelo problema concreto</small>

Aqui, vale a pena citar o jurista alemão Theodor Viehweg. Em 1952, surge a sua obra *Tópica e Jurisprudência*.[4] Em resumo, Viehweg ressalta que todo o raciocínio jurídico é formulado a partir de problemas. Diante dessas situações problemáticas, o jurista se posiciona. A partir dessa constatação, Viehweg defende que o material jurídico é avesso à sistematização, pois a mais adequada resposta do ordenamento jurídico vai depender exatamente das peculiaridades do problema, isto é, do caso concreto.

Vigora o conceito jurídico segundo o qual ninguém pode tirar vantagem da própria torpeza. Viehweg demonstra que, por vezes, a aplicação desse conceito, sem a análise do problema concreto, pode acarretar um resultado insatisfatório. Imagine-se o agiota que empresta dinheiro a juros acima daqueles permitidos por lei. O conceito – de que ninguém pode tirar proveito da própria torpeza –, aplicado a ferro e fogo, poderia impedir que o agiota recuperasse por completo o capital que emprestou. Isso, contudo, seria injusto, pois quem recebeu o empréstimo teria uma vantagem injustificada, na medida em que ficaria com todo o dinheiro, quando o correto seria devolver ao menos o principal e os juros permitidos. Viehweg advogou que, para se atingir a justiça, a apreciação jurídica deveria partir do caso concreto, analisando as peculiaridades do problema.

Com efeito, para permitir que o ordenamento jurídico ofereça respostas mais justas, ele deve aproximar-se do caso concreto. Em outras palavras, o jurista contemporâneo pretende que o Direito seja um meio para concretizar a justiça, sendo que essa justiça depende de uma análise sensível da norma, atenta às peculiaridades da situação da vida real. A apreciação do problema deveria partir da situação da vida para chegar à resposta do ordenamento jurídico.

Há, de certa forma, um retorno a um discurso jurídico emocional, no qual novos elementos – sociais e ideológicos – passam a ter relevância na entrega da jurisdição.

<small>os princípios</small>

Daí por que uma grande alteração conceitual reside na importância dada aos princípios do Direito, que, ao lado das regras escritas, são fontes do Direito (atente-se que, antes, tratamos das fontes das obrigações e, agora, falamos da fonte dos direitos). Isso mesmo, os princípios de Direito são regras jurídicas, cuja observância se impõe.

Os princípios são as diretrizes maiores do ordenamento jurídico. Eles sobranceiam as normas escritas, muitas vezes oferecendo a elas seu real sentido e alcance.

---

4 Theodor Viehweg, *Tópica e jurisprudência*, Brasília, Departamento de Imprensa Nacional, 1979.

Radbruch, dirigindo-se aos seus alunos de Heidelberg, em 1945, logo após a derrota da Alemanha na 2ª Grande Guerra, alertou que: "Há também os princípios fundamentais de direito, que são mais fortes do que todo e qualquer preceito jurídico positivo, de tal modo que toda a lei que os contrarie não poderá deixar de ser privada de validade."[5]

Atente-se ao momento histórico no qual foi proferida a lição que se acabou de transcrever. Radbruch falava aos estudantes de uma Alemanha ao despertar de um pesadelo, no qual se entendeu que o Direito representava um valor por si só. Isso não era verdade. O Direito protege algo maior do que ele próprio; e os princípios refletem, com mais nitidez, a grandeza dos propósitos que justificam o Direito. Daí por que corretas as palavras de Radbruch: os princípios do Direito estão acima de qualquer regra positiva.

O princípio, por ser mais aberto, permite ao aplicador certa maleabilidade ao reconhecer sua incidência ao caso concreto.

Atualmente, o homem do direito se vale, muitas vezes, da aplicação dos princípios como meio de analisar, com mais sensibilidade, a situação concreta da vida. Mais aberto, o princípio se amolda ao fato de forma mais adequada, porque vai atingir os valores em jogo, os aspectos teleológicos (ou seja, atenta aos fins últimos) do ordenamento jurídico e da sociedade.

Tome-se o seguinte exemplo: uma lei – a regra jurídica positivada – diz que ao alienar o carro, o vendedor deve indicar se há multas pendentes. Trata-se, pois, de um dever pontual, impondo uma prestação específica: informar se há multas. Há, também, um princípio geral do Direito segundo o qual as pessoas devem agir de boa-fé, comportando-se de modo leal e honesto nos seus negócios. O vendedor do carro pode vender seu carro, demonstrando a inexistência de multas pendentes (e aí terá cumprido a lei), mas deixar de informar, por exemplo, que o carro, objeto do negócio, sofreu diversas batidas e seu motor está todo desgastado. Neste caso, o devedor não agiu com correção, pois a informação acerca do real estado do bem, negada ao adquirente, era essencial. Faltou-lhe boa-fé objetiva. Os princípios, por sua abstração, abrangem um número muito superior de situações, permitindo ao aplicador atingir os propósitos da sociedade e do ordenamento jurídico.

Ademais, a regra jurídica específica tem uma aplicação mais inflexível. Ou ela incide sobre determinada situação, ou não incide e ponto final. Os princípios, na lição de Dworkin, têm outra dimensão, estranha às regras, pois para serem aplicados o intérprete deve atentar

---

[5] *Filosofia do Direito*, 6ª ed., Coimbra, Armênio Amado – Editor, 1979, p. 417.

ao peso e à importância.⁶ Com base no valor envolvido, na sua importância, o princípio admite uma aplicação mais severa ou mais branda, o que não ocorre na lei, cujo reconhecimento da incidência existe ou não – é tudo ou nada –, não se concebendo uma aplicação gradativa.

A transmutação do positivismo para um sistema mais aberto pode bem ser resumida no pensamento – incrivelmente atual – de Piero Calamandrei:

> "Não basta que os magistrados conheçam com perfeição as leis tais como são escritas; seria necessário que conhecessem igualmente a sociedade em que essas leis devem viver."⁷

Visa-se, com a importância atual oferecida aos princípios, garantir essa intimidade da aplicação do Direito aos últimos interesses da sociedade.

cláusulas gerais

Um meio de garantir o bom emprego dos princípios gerais do direito está na adoção, pelo legislador, de cláusulas gerais,⁸ ou seja, regras jurídicas mais abertas. Nelas, o seu preceito não se relaciona a um caso específico, porém a uma situação geral. De uma certa forma, ela torna positivo (no sentido de expresso por lei) um conceito aberto, um princípio.

A Constituição Federal de 1988 valeu-se muito dessa técnica legislativa, ao dizer, por exemplo, que "a propriedade atenderá a sua função social" (artigo 5º, XXIII). Trata-se de um conceito aberto.

O Código Civil de 2002, absolutamente inserido nesse conceito de legislar, oferece diversos exemplos de cláusulas abertas, a cristalizarem princípios em dispositivos de lei. Isso ocorreu com os princípios da função social (artigo 421) e da boa-fé objetiva (artigo 422), consoante se verá abaixo com mais detalhe. Procura-se, com essas cláusulas gerais, permitir uma aplicação do Direito mais sensível ao caso concreto.

Ademais, os princípios do direito, como advertiu Norberto Bobbio, atuam como elos de ligação entre as normas, até mesmo para garantir que o ordenamento jurídico não se fragmente, mas se mantenha como um bloco inteiriço e sistemático.⁹

A coerência é fundamental ao ordenamento jurídico e os princípios fornecem as bases que permitem ver o Direito como sistema e

---

6   Ronald Dworkin, *Taking Rights Seriously*, Cambridge, Harvard University Press, 1978, p. 25.

7   *Eles, os juízes, vistos por nós os advogados*, São Paulo, Martins Fontes, 1995, p. 183.

8   Sobre o tema: Judith Martins-Costa, "As cláusulas gerais como fatores de mobilidade do sistema jurídico", *RIF* nº 112, Brasília, 1991, pp. 13-33.

9   *Teoria do Ordenamento Jurídico*, 10ª ed., Brasília, Editora UnB, 1997, p. 75.

não como um grupo desordenado de regras. Da sua coerência o ordenamento jurídico ganha força. Nesse passo, é interessante citar a passagem do livro sobre Jesus, do Papa Bento XVI. O culto pontífice afirma que para entender a Bíblia como uma unidade, entre o Velho e o Novo Testamento, é necessário colocar Jesus como elemento central de interpretação. Somente elegendo esse valor como o maior de todos, ensina o Papa, pode-se compreender as escrituras.[10] Com o Direito não é diferente. Os princípios servem como o norte, verdadeiras amarras que asseguram a unidade, coesão e consistência do ordenamento.

<small>ponderação de valores</small>

Por vezes, princípios podem chocar-se. Nestes casos, cabe ao intérprete observar o caso concreto para analisar qual o princípio deve prevalecer. Num sistema jurídico no qual os princípios gozam de enorme importância, a análise da ponderação dos valores envolvidos é exercício fundamental.

No Direito das Obrigações, essa ponderação é feita muitas vezes pela própria lei, que faz escolhas, como veremos adiante. Isso ocorre, apenas para adiantar uma situação, quando a norma diz ser válida a transferência de propriedade ao adquirente de boa-fé de coisa fungível, mesmo se o bem foi entregue por quem não era dono. Neste caso, há dois valores em conflito: o conceito de que ninguém pode transferir mais direitos do que possui e, de outro lado, a proteção à boa-fé. O parágrafo único do artigo 307 informa que, nestes casos, deve preponderar a proteção à boa-fé, de sorte que a propriedade, mesmo transferida por quem não seja dono, se aperfeiçoa.

Um caso emblemático de ponderação de valores ocorreu nos Estados Unidos, no julgamento da ação Church of the Lukumi Babalu Aye contra City of Hialeah. A situação foi a seguinte: na cidade de Hialeah, no estado americano da Flórida, havia um templo de praticantes de Santeria (uma religião original de Cuba, na qual se combinam elementos do Cristianismo e da religião africana Yoruba. Trata-se, portanto, de religião que se assemelha ao Candomblé). Na Santeria, há o sacrifício de animais. A cidade de Hialeah, contudo, proibiu a prática do sacrifício. Contra isso, o templo de Santeria propôs uma ação, visando a manter o direito de sacrificar animais nos seus cultos. A questão foi julgada pela Suprema Corte dos Estados Unidos (nela, se examinam menos de 100 causas por ano). O caso era clássico de ponderação de valores: de um lado o interesse em proteger a vida dos animais e de outro, o direito de escolher a religião e seguir as tradições dela. Em junho de 1993, o juiz Anthony Kennedy proferiu um lindo voto. Nele, o juiz americano, embora reconhecendo que a prática de sacrifícios animais possa ser abominável para muitos, afirmou não haver necessidade que crenças religiosas sejam aceitáveis, lógicas,

---

10 Joseph Ratzinger, Papa Bento XVI, *Jesus of Nazareth*, New York, Doubleday, 2007, p. XIX.

consistentes ou compreensíveis. As pessoas eram livres para escolhê-las e a liberdade, no caso, era o valor maior a ser protegido. Julgou, portanto, de forma favorável aos praticantes de Santeria.

Outro exemplo de ponderação de valores, oferecido pela Suprema Corte dos Estados Unidos, pode-se ver no julgamento, ocorrido em 21.2.2006, no qual se autorizou os integrantes do Centro Espírita Beneficente União do Vegetal a tomar um chá de ayahusca (que, por sua vez, contém uma droga alucinógena proibida). Como os membros da referida seita alegavam que a ingestão do tal chá fazia parte de sua "compreensão de Deus", a Suprema Corte entendeu que, para aquelas pessoas, a vedação ao uso da droga deveria ceder diante de outro valor: a liberdade de religião.

Reconhecer o valor mais relevante, num eventual conflito, é tarefa fundamental. No clássico cinematográfico "2001 – Uma Odisséia no Espaço" (um filme de Stanley Kubrick, com roteiro de Arthur C. Clarke), um super computador, HAL 9000, recebe a ordem de guiar uma espaçonave até Júpiter "custe o que custasse". Num determinado momento, a tripulação recebe a ordem de desligar o computador. Entretanto, a máquina, dona de uma enorme (e artificial) inteligência começa a matar os tripulantes, um a um. Por quê? Porque o computador percebeu que a ordem de levar a espaçonave a Júpiter, "custe o que custasse", ficaria irremediavelmente prejudicada se ele fosse desligado. A forma que ele tem para "cumprir" sua ordem é matar a tripulação. Faltou à máquina uma ordem de valores. Evidentemente, numa gradação de valores, cumprir a sua missão – e levar a espaçonave a Júpiter – estava em segundo plano diante da proteção à vida dos tripulantes. A máquina não teve a sensibilidade de compreender essa mensuração de valores. O exemplo, tirado da sétima arte, serve bem para demonstrar o desastre de atender a uma ordem sem observar os valores que eventualmente se apliquem à situação. Felizmente, não somos máquinas.

os princípios atinentes ao Direito das Obrigações

Os princípios, portanto, interagem, cabendo ao intérprete apontar a ordem de valores que eles representam no caso concreto, para indicar qual deles deve preponderar.[11]

Os mais relevantes princípios do Direito das Obrigações são o da autonomia, da função social, da boa-fé objetiva e o da responsabilidade patrimonial.[12]

Pode-se dizer que existem, ainda, outros princípios importantes, mas, de uma forma ou de outra, eles decorrem dos quatro antes citados, sendo o segundo e o terceiro – da função social e da boa-fé –

---

11 Sobre o tema, Daniel Sarmento, *A Ponderação de Interesses na Constituição Federal*, Rio de Janeiro, Lumen Juris, 2000.

12 Sobre os princípios de Direito aplicáveis aos contratos, ver José Roberto de Castro Neves, *Contratos I*, Rio de Janeiro, GZ Editora, 2016, pgs. 10 e seguintes.

estritamente relacionados ao objetivo fundamental do Estado, referido no artigo 3º, I, da Constituição Federal, consistente em construir uma sociedade justa e solidária.

autonomia

"Auto", em grego, quer dizer "próprio", "só por si", "em si mesmo". "Nomos", também em grego, significa "regra". Autonomia, portanto, consiste no poder de estabelecer as suas próprias regras, de regular as suas próprias condutas.

O direito objetivo oferece as regras gerais de conduta. São normas abstratas, que se aplicam indistintamente às pessoas. É, entretanto, permitido às pessoas estabelecer, entre si, a forma como devem agir. Esses ajustes, ao contrário das normas jurídicas, são pontuais e se dirigem aos indivíduos específicos. Em outras palavras, o ordenamento jurídico admite que as pessoas convencionem as suas condutas, emprestando uma força especial a esse acordo. Avulta, neste particular, o valor da liberdade individual, que, no mundo jurídico, fica refletida na autonomia privada.

Emprega-se o negócio jurídico para estabelecer essas condutas. O negócio jurídico é o instrumento adequado para a formação desses ajustes de conduta. Nesses negócios jurídicos, as pessoas exercitam essa autonomia. Estipulam a compra de um bem, a prestação de certo serviço, a doação de uma quantia, a promessa de uma recompensa, enfim, o que quer que entendam conveniente. O nosso ordenamento jurídico vê essa autonomia como a exteriorização da liberdade de cada um para agir conforme sua vontade.

O mais comum dos negócios jurídicos é o contrato. Neste instrumento, duas ou mais pessoas convencionam a prática de certo comportamento. A rigor, essas pessoas decidem se irão contratar e qual será o conteúdo dos deveres e direitos desse acordo. Idealmente, há a liberdade da parte em escolher se irá vincular-se ao contrato, assim como há liberdade em decidir a extensão e o conteúdo de suas obrigações.

O contrato pressupõe o consenso das partes envolvidas. Afinal, ele somente se aperfeiçoa se houver o encontro das vontades daqueles envolvidos. Apenas então haverá a efetiva celebração do contrato, que passará a ter efeitos vinculantes às partes.

A autonomia contratual – a rigor, a autonomia da vontade –, como consectário da liberdade, funcionou, durante muito tempo, como justificativa da própria justiça contratual. Dizia-se que "toda a justiça é contratual; quem diz contratual, diz justo".[13]

A Escola dos Pandectas, importante movimento de juristas alemães do século XIX, defendia a "onipotência da vontade individual

---

13 Fouilleé, citado por Georges Ripert, *A Regra Moral das Obrigações*, 2ª ed., Campinas, Bookseller, 2002, p. 54.

na esfera do direito".[14] A autonomia, portanto, representava verdadeiro dogma.

Classicamente, em função de o contrato traduzir um acordo de vontades, entendia-se não ser correto admitir qualquer intervenção no seu conteúdo. Afinal, o conteúdo do contrato espelhava a vontade das partes e esta vontade era a própria razão de ser do negócio.

Hoje, entretanto, embora se reconheça a importância da autonomia (vista, inclusive, como um princípio), a liberdade contratual não é tida como um tabu intocável. Há, cada vez mais, limites impostos à autonomia privada.

Com efeito, vai-se permitir a intervenção na autonomia privada se ela produziu um negócio carente de uma função digna de proteção social (logo adiante se tratará da função social), ou se a autonomia privada gerou negócio diretamente contrário ao ordenamento jurídico (um ato ilícito).

Pietro Perlingieri bem resume a questão:

> "O ato de autonomia privada não é um valor em si; pode sê-lo, e em certos limites, se e enquanto responder a um interesse digno de proteção por parte do ordenamento."[15]

A primazia da vontade foi substituída pela busca do razoável, do justo e do proporcional. De uma visão egoísta, centrada no interesse particular, caminhamos para uma análise social dos negócios: o ato jurídico não é mais somente o que as partes desejam, mas como o ordenamento jurídico aceita aquela emanação de vontade. Portanto, a autonomia das partes não é um princípio absoluto.

Vale, nesse passo, citar o julgamento de um importante caso do Direito inglês. Como se sabe, o Direito inglês, diversamente do nosso, dá prevalência à jurisprudência (os julgamentos dos Tribunais), em detrimento do direito escrito.

Os Tribunais ingleses, ao apreciarem os casos a ele submetidos, estabelecem precedentes ("*case law*"), cujo resultado deve ser seguido pelos demais Tribunais, na medida em que julgarem situações semelhantes. A rigor, o precedente não é a decisão do caso – particular e individual –; o precedente é a razão de decidir, a *ratio dedidendi*, o princípio de direito aplicado na decisão.[16] Esse sistema, denominado "*Common Law*", foi acompanhado pelos países sujeitos à forte

---

14 Orlando Gomes, *Transformações Gerais do Direito das Obrigações*, São Paulo, Ed. Revista dos Tribunais, 1967, p. 66.

15 *Perfis do Direito Civil*, 3ª ed., Rio de Janeiro, Renovar, 1997, p. 279.

16 Sobre o tema, Patrícia Perrone Campos Mello, *Precedentes – O desenvolvimento judicial do direito no constitucionalismo contemporâneo*, Rio de Janeiro, Renovar, 2008.

influência inglesa, como os Estados Unidos, a Austrália, o Canadá (com exceção da província de Quebec) e a Irlanda, entre outros.

Embora vigore na Inglaterra um sistema distinto do nosso, este conhecido como romano-germânico (no qual se filiam todos os demais ordenamentos jurídicos do continente europeu), há importantes pontos de conexão entre essas famílias. Em ambas, observou-se, no século XIX, um exagero da autonomia contratual e, no fim do mesmo século, os primeiros movimentos para frear a ampla liberdade em prol de outros valores.

Nesse contexto, vale a pena narrar o caso conhecido como "The Carbolic Smoke Ball", julgado em 1892. Ocorreu que uma empresa farmacêutica, chamada Carbolic Smoke Ball Company, publicou um anúncio informando que daria um prêmio de cem libras para quem contraísse gripe, caso essa pessoa tivesse, antes de ficar doente, tomado três vezes por dia, durante duas semanas consecutivas, o remédio que ela produzia contra a doença.

Uma tal Sra. Carlill adquiriu o produto da Carbolic Smoke Ball Company e o usou da forma indicada no anúncio. Ainda assim, a referida senhora fora acometida pela gripe. Diante da promessa feita pela empresa farmacêutica, a Sra. Carlill procurou obter seus direitos nos tribunais ingleses e reclamou o prêmio de cem libras. Em sua defesa, a companhia indicou que a sua vontade com o anúncio (seu real interesse ao emitir a declaração) não era o de se vincular, mas apenas o de promover seu produto.

Atualmente, a defesa da empresa farmacêutica pode soar até cínica. Entretanto, na época, vigorava a idéia de que a efetiva vontade era o valor soberano ao se apreciar a existência do vínculo obrigacional. Quando a empresa farmacêutica alegava, em 1892, que não desejava vincular-se, o tribunal inglês viu-se num problema: até então, a vontade subjetiva de cada uma das partes era o elemento central do contrato. Na linha ideológica do liberalismo (então em voga, indistintamente, em todos os sistemas jurídicos), que tanto influenciou o Direito, os ingleses – assim como o direito continental europeu de então – aplicavam a teoria da vontade interna, que eles chamavam de "*will theory*".

O caso do "Carbolic Smoke Ball" ficou famoso porque, nele, a jurisprudência inglesa mudou sua orientação. Entendeu-se que a razoabilidade deveria temperar a busca pela interpretação da vontade das partes. Buscava-se aferir o conteúdo dos contratos pelo que fosse razoável esperar de sua interpretação. No caso, era razoável que os destinatários do anúncio feito pela empresa farmacêutica acreditassem que realmente haveria um prêmio se o produto não funcionasse. Trocando em miúdos, a partir de então, a absoluta "*freedom of contract*" (liberdade dos contratos) deu lugar a "*reasonableness in contract*" (razoabilidade no contrato).

função social
Como se vê, os conceitos mudam. Examina-se, atualmente, como se restringe a autonomia privada, o que nos leva ao segundo grande princípio do direito das obrigações: a função social.

A experiência é verídica: dois macacos foram colocados, lado a lado, cada um em uma jaula. Em cada jaula, havia um monte de pedras. Ensinaram aos macacos que cada pedra poderia ser trocada por um pepino, alimento muito apreciado por eles. Os macacos logo aprenderam aquela relação de troca e estavam felizes, recebendo os pepinos enquanto entregavam as pedras. De repente, para apenas um dos macacos, passou-se a trocar as pedras por uvas. Os macacos gostam muito mais de uvas do que de pepinos (o que é compreensível). O macaco que trocava as pedras pelas uvas, seguiu a sua atividade. O outro símio, observou o que aconteceu com o seu vizinho, que passou a trocar as mesmas pedras por uvas, enquanto ele seguia recebendo os pepinos. O macaco prejudicado se irou: jogou os pepinos com raiva para fora de sua jaula, atirou as pedras, parou de comer, gritou, fez, em suma, tudo o que podia para reclamar. O macaco não tolerou a situação porque ela era injusta.[17] O sentimento de justiça é inato.

O homem vive em busca da justiça. Essa busca não é exatamente racional. Aqui, a emoção sobressai em relação à razão. Veja-se: ao apontar uma pessoa como exemplo de moral, não se destacam suas qualidades intelectuais, mas seu coração. Ao enfrentar dilema de ordem moral, contamos mais com os nossos sentimentos do que com o raciocínio cartesiano ou com a lógica. Logo se vê que o senso de justiça integra a nossa essência. A desigualdade agride as nossas emoções mais primitivas. Evidentemente, o ordenamento jurídico deve estar sensível à nossa natureza.

Nem sempre o que duas partes contratam é o mais justo, assim entendido como o que seja razoável, correto, ético e eqüitativo. Não raro, uma parte tira proveito da outra, seja porque detém mais informação, seja pela posição superior que ocupa. Nesses casos, o acordo contém um conteúdo injusto. Não é certo privilegiar a "esperteza" de alguém, ou legitimar a vantagem decorrente de uma posição de poder que exista de uma pessoa em relação à outra, ainda que não tenha havido violação direta da letra da lei. O Direito anseia por garantir um conteúdo ético nas relações.

O Direito, já se disse, é uma ferramenta. Ele não representa um fim em si próprio. Na essência, o Direito tem o propósito de construir uma sociedade melhor, mais justa e solidária. Ele tem um fim, uma missão. Para atingir ao seu objetivo, o ordenamento jurídico

---

17 A experiência é narrada pelo primatologista Frans de Waal, em *Eu, primata*, São Paulo, Companhia das Letras, 2007, pp. 255-256.

não pode omitir-se diante de um acordo sumamente injusto, de uma obrigação abusiva, da ausência mínima de equidade.

Vista a questão sob outro ângulo, o Direito tem essa missão de proteger a sociedade contra iniquidades. No campo das obrigações, esse propósito do ordenamento jurídico tem enorme repercussão. Afinal, as obrigações apenas cumprirão sua função social enquanto espelharem esse valor de justiça, de razoabilidade. Ao contrário, as obrigações nas quais avulte a injustiça não estarão em sintonia com essa função social, que permita a pavimentação de um caminho, rumo a uma sociedade mais solidária.

Com efeito, a obrigação não pode ser vista como um ato isolado do ordenamento e da vida social. Antes, a obrigação, embora relacionada, na maior parte das vezes, a apenas duas pessoas, traz um enorme reflexo para a coletividade. Socialmente, a obrigação cumpre uma função. Por meio dela, as pessoas se vinculam, criam deveres, estabelecem expectativas. Ao ordenamento jurídico interessa que essas obrigações sejam razoáveis, saudáveis socialmente.

Evidentemente, se a obrigação for ilícita, o ordenamento jurídico a verá com repúdio. Caso as partes não sejam capazes, ou se o objeto for ilícito, por exemplo, o negócio será nulo. Mas, além disso, o negócio deve ser aceito e cumprir uma função na sociedade.

Se, digamos, uma pessoa celebra com outra um contrato para adquirir trigo para fazer pão, pagando, por isso, um justo preço, não há dúvida de que este acordo traz um proveito para a sociedade.

Caso, de outra ponta, uma pessoa contrate com outra que uma delas jamais poderá falar, ficando obrigada a manter-se em perene silêncio, pode-se dizer que este acordo não oferece qualquer vantagem à sociedade. Pior, ele cria uma situação que agride a dignidade de uma das partes. Será que o ordenamento jurídico deve preservar esse acordo? Em outras palavras: quando o contrato não cumprir qualquer função social, mas, ao contrário, for contrário a ela, deve ele subsistir? Evidentemente, não. A dignidade da pessoa humana ocupa o ponto mais alto da hierarquia dos valores que animam o ordenamento jurídico.

razoável equivalência das prestações Tampouco haverá uma obrigação atenta à sua função social se as prestações forem muito díspares, a ponto de uma das partes tirar grande proveito da outra. Ensinava Jhering que: "A mais alta missão da sociedade consiste pois em fazer prevalecer o princípio do equivalente em todas as relações da vida social."[18] O Direito contemporâneo vê com restrição os negócios onde avulte um abismo entre as prestações. "Um vintém de sabedoria comprado com um milhão de sofrimento" – no título de Greene – não parece ser um negócio que atente à função social, diante da desigualdade entre as prestações.

---

18   A *Evolução do Direito*, 2ª ed., Bahia, Livraria Progresso Editora, 1956, p.127.

Ripert, que aborda como ninguém os reflexos das regras morais no âmbito do Direito das Obrigações, conclui: "Se então se chega em última análise a indagar até que ponto é proibido um contratante servir-se das vantagens naturais que lhe dá a situação para concluir um negócio vantajoso, é impossível encontrar outra resposta que não seja esta: a odiosa exploração do próximo é contrária à moral que ensina a tratar os homens como irmãos."[19]

Advém da função social o princípio do equilíbrio econômico do contrato, ou seja, o conceito de que as relações contratuais não podem espelhar uma brutal desproporção. Fundamental apreciar a existência de um razoável sinalagma entre as prestações, de sorte a garantir um mínimo equilíbrio entre elas, tornando-as razoavelmente proporcionais. Evidentemente, tolera-se o bom negócio, porém não se admite o negócio aviltante, no qual uma das partes obtenha proveito sumamente iníquo em relação à outra.

frustração do propósito

Também não haverá função social se o negócio já não puder mais atingir seu fim. De fato, caso, antes de o devedor cumprir sua prestação, o fim – o propósito – do negócio se frustrar, ficará esvaziado o interesse social daquela obrigação.

Imagine o comerciante que convencionou adquirir máscaras para a festa de Carnaval. Entretanto, naquele ano, por um motivo qualquer, foi proibido o uso de máscaras nos bailes carnavalescos. Por um fato superveniente, o negócio (a compra das máscaras) perdeu o seu propósito (pois a venda no Carnaval fora proibida). De que adianta ao comerciante adquirir os apetrechos? O negócio deixou de ter sentido, frustrou-se seu fim e, logo, não se verifica mais nele função social.

Tutela da parte frágil

Hoje, comumente nos deparamos com contratos nos quais sobressai a parte mais preparada e poderosa, gozando de enorme vantagem na relação contratual. Essa força econômica ou poder de informação geralmente reverte em vantagens contratuais, por vezes abusivas. Aqui, a plena autonomia das partes representa uma injustiça. Seria o mesmo que colocar dois lutadores de boxe para um confronto no ringue, sendo um deles peso leve e o outro peso pesado. A falta de equilíbrio entre as partes gera a iniqüidade, de sorte que, nesses inúmeros casos, a liberdade aprisione, ainda que isso possa parecer paradoxal num primeiro momento.

Daí o fundamento de o Direito, por vezes, tutelar a parte mais frágil, evitando que a hipossuficiência seja fonte de excessos. Com razão, Caio Mário da Silva Pereira pontifica que "onde e quando se faz mister a intervenção estatal é no caso de um dos contratantes abusar de sua superioridade".[20]

---

19 Georges Ripert, *A Regra Moral nas Obrigações Civis*, 2ª ed., Campinas, Bookseller, 2002, p. 133.

20 *Lesão nos Contratos*, 6ª ed., Rio de Janeiro, Forense, 2001, p. 106.

A obrigação, portanto, atinge a sua função social se ela expressar um conteúdo justo, em conformidade com a missão do ordenamento jurídico de promoção de uma sociedade justa e solidária, na qual se condena a iniquidade.

o papel da vontade

Vista a mesma questão por outro ângulo, durante muito tempo, o contrato tinha sua legitimidade defendida na medida em que refletia uma manifestação de vontade das partes. A manifestação de vontade, por sua vez, era vista como a expressão da liberdade individual. Mas qual o limite da vontade do homem? Em 1888, Cogliolo já denunciava que o contrato deveria atender a uma *"funzione sociale"*, exatamente para que essa vontade respeitasse alguns limites.[21]

Assim, a função social funciona como um anteparo à plena autonomia das pessoas, na medida em que veda o acordo injusto, prestigiando negócios razoáveis, onde se vedam as cláusulas abusivas e iníquas.

O contrato, uma das mais importantes fontes das obrigações, recebeu, no Código Civil de 2002, o dever, no artigo 421, de cumprir uma função social: "A liberdade de contratar será exercida em razão e nos limites da função social do contrato", diz a lei. A função social é o fundamento e o limite da autonomia contratual.

Tamanha a força desse preceito que o Código de 2002 incluiu, entre as disposições transitórias, regra segundo a qual a exigência do cumprimento da função social, considerado como de ordem pública, atingirá até mesmo os atos realizados antes da sua vigência. O comando, portanto, toca a qualquer negócio, independentemente de quando ele ocorreu:

"Art. 2.035. (...)
Parágrafo único. Nenhuma convenção prevalecerá se contrariar preceitos de ordem pública, tais como os estabelecidos por este Código para assegurar a função social da propriedade e dos contratos."

análise do conteúdo

Nesse contexto, para aferir se há a atenção, no negócio, a essa função, o intérprete do ato fica convidado a analisar o seu conteúdo. Invade-se a intimidade do negócio, para nele identificar a sua justiça, sua razoabilidade, sua ética.

No século IV antes de Cristo, Aristóteles escreveu o surpreendentemente lúcido *Ética a Nicômaco*. Nicômaco era o filho do filósofo, embora o pai de Aristóteles também tivesse o mesmo nome. Acredita-se que o livro foi escrito para o filho (mas, quem sabe, talvez tenha sido para o pai, ou para ambos...). No livro, Aristóteles fala da ética, expondo as virtudes louváveis, paradigmas de comportamento, e os

---

21 Pietro Cogliolo, *Filosofia del Diritto Privato*, Firenze, G. Barberá Editore, 1888, pp. 227-234.

vícios a serem evitados. É nesse livro que Aristóteles oferece a famosa definição de justiça, segundo a qual o justo consiste em tratar os desiguais na medida de suas desigualdades, tudo de forma proporcional.

Pois as obrigações, para atingirem a sua função social, devem atentar a essa proporcionalidade, para que não se transformem em instrumento de iniqüidades. Um negócio cujas prestações sejam acintosamente díspares não estará em sintonia com essa função.

> enriquecimento sem causa

Não seria equivocado sustentar que muitos outros princípios se colhem desse frondoso cacho da função social. Entre eles, pode-se falar do princípio que veda o enriquecimento sem causa, conceito que antes já se examinou, ao se tratar das fontes das obrigações. A idéia de que ninguém pode ter um proveito sem o respaldo de um fundamento jurídico encontra-se atrelado ao valor de que as obrigações devam cumprir uma função social. Afinal, uma relação obrigacional que admitisse a uma das partes angariar vantagem sem uma causa jurídica, tudo em detrimento da outra parte, que amargou prejuízo também ausente de causa, não estaria alinhada com o propósito social do Direito.

Aristóteles identificava três tipos de justiça: primeiro, a justiça distributiva, segundo a qual se deveria tratar cada um na medida de seu mérito (e, logo, cada um de acordo com a extensão de suas peculiaridades). Depois, havia a justiça corretiva, cujo propósito consiste em reparar injustiças, reconduzindo a situação à igualdade, como ocorre se uma pessoa é condenada a indenizar a outra por um dano que gerou. Por fim, Aristóteles menciona a justiça comutativa – também chamada de troca justa –, que resguarda a equivalência entre as prestações de um negócio entre duas pessoas. Esta última justiça protege o razoável equilíbrio econômico das prestações, como uma emanação da justiça.

Como bem ressalta Caio Mário da Silva Pereira, neste particular, a moral e o Direito caminham irmanados, lado a lado:

> "No terreno moral e na órbita da justiça comutativa nada existe de mais simples: se um contrato exprime o aproveitamento de uma das partes sobre outra, ele é condenável, e não deve prevalecer, porque contraria a regra de que a lei deve ter em vista o bem comum, e não pode tolerar que um indivíduo se avantage na percepção do ganho, em contraste com o empobrecimento do outro, a que se liga pelas cláusulas ajustadas."[22]

A mesma atenção à função social impregnou as obrigações derivadas dos atos ilícitos. Uma boa demonstração disso revela-se no repúdio ao abuso de direito.

---

22 Caio Mário da Silva Pereira, *Lesão nos Contratos*, 6º ed., Rio de Janeiro, Forense, 2001, p. 108.

Esse conceito – abuso de direito – é bastante difundido e tem corrente aplicação. O direito deve ser praticado para atingir um fim admitido pelo ordenamento. Sob um outro ângulo, não pode o titular do direito exercê-lo de modo anti-social. Haverá abuso de direito quando o poder conferido pelo ordenamento jurídico for exercido de modo contrário à sua finalidade, consoante a regra do artigo 187 do Código Civil.

Semelhantemente, não se admite o ato emulativo, no qual uma pessoa exerce um direito apenas para constranger outrem, sem um propósito justo (o Código Civil alemão, ao apreciar o fenômeno do abuso de direito, releva os aspectos subjetivos – como se vê do parágrafo 226 –, ou seja, a intenção do agente em prejudicar alguém).

No Brasil, a corrente mais aceita acerca do abuso de direito põe a tônica em dados objetivos, "como a compatibilidade entre o comportamento adotado e o fim econômico ou social visado pela norma atributiva do direito".[23]

Caso alguém busque promover direito em abuso e, com isso, cause dano, o lesado fica legitimado a reclamar indenização decorrente desse ato ilícito. Afinal, o abuso de direito é um ato em contrariedade ao ordenamento jurídico.

boa-fé objetiva

Outro grande princípio consiste na importância dada à boa-fé objetiva.

O Evangelho de São Lucas conta a história do homem que, na estrada de Jerusalém para Jericó, foi atacado por salteadores, que, depois de roubá-lo, o deixaram na estrada, semimorto. Em seguida, passou um sacerdote, que se desviou do pobre e ferido homem, e nada fez para ajudá-lo. Em seguida, foi a vez de cruzar pela estrada um levita (uma pessoa religiosa e com prestígio social), que, embora vendo o homem caído, também nada fez. Finalmente, passou um samaritano (um povo pária para os judeus) que, vendo o coitado no chão, chegou perto dele e apiedou-se. Colocou o homem todo ensangüentado em seu burro e o levou para um lugar seguro, onde cuidou dele.

No Evangelho, Jesus pergunta qual dos três agiu melhor: o sacerdote, o levita ou o samaritano? A boa-fé objetiva trata exatamente disso. Não importa que um seja sacerdote, ou levita. Importa averiguar a conduta objetiva de cada um para aferir se a atuação foi correta. O bom samaritano agiu adequadamente, sendo irrelevante, nesta análise, qual a sua crença ou origem.

Antes já se registrou que a boa-fé objetiva consiste no comportamento leal, colaborativo, correto e transparente que as partes devem

---

23 José Carlos Barbosa Moreira, "Abuso do Direito", in RTDC, vol. 13, Rio de Janeiro, Ed. Padma, 2003, p. 99.

adotar na relação obrigacional. Diferentemente do que ocorre na análise da função social da obrigação, onde se analisa o negócio, ao apreciar a boa-fé foca-se no comportamento da parte, no seu proceder, objetivamente analisado, para aferir se ele é adequado. Afinal, o ordenamento jurídico deseja que as partes atuem da melhor forma possível, com o máximo de correção.

O comportamento em conformidade com a boa-fé objetiva impõe a uma das partes o dever de atuar lealmente, a fim de garantir a satisfação da prestação oferecida. Impõe-se a transferência da plena informação e na garantia da correção da conduta. Logo se vê que o princípio da boa-fé representa um conceito aberto e geral, que visa a estimular e proteger a conduta adequada.

Reconhecem-se três funções principais exercidas pela boa-fé: ela estabelece bases para a interpretação do negócio; cria deveres secundários ou laterais e oferece limites ao exercício de direitos.[24]

De fato, a boa-fé objetiva tem, de início, uma função de guiar a interpretação dos negócios, como registra o artigo 113 do Código:

> "Art. 113. Os negócios jurídicos devem ser interpretados conforme a boa-fé e os usos do lugar de sua celebração."

A boa-fé objetiva passa, também, pelo reconhecimento de que na relação obrigacional deve prevalecer uma ajuda mútua de parte a parte, uma colaboração recíproca entre credor e devedor, tudo a fim de que a prestação seja entregue de modo satisfatório. De fato, a obrigação não é vista como um vetor que deixa o devedor em direção ao credor. A obrigação, na realidade, é um processo, onde há uma interseção de interesses e atuações em conjunto.

Cumpre às partes atuar de acordo com o que a doutrina alcunhou de "princípio da transparência". "Significa clareza, nitidez, precisão, sinceridade." Dessa forma, entre os deveres da parte se insere a obrigação de ser correto e leal. Aliás, os alemães chamam a boa-fé objetiva de *Treu und Glauben*, que significa "lealdade e confiança".[25]

Pelo prisma da boa-fé, chega-se à conclusão de que a obrigação não se resume ao oferecimento da prestação principal do devedor ao credor, mas num conjunto coeso de diversos atos, gerando deveres para todas as partes, direcionados ao cumprimento da obrigação.

---

24 Segundo Antônio Junqueira de Azevedo, a tríplice função da cláusula geral de boa-fé se dá para "ajudar na interpretação do contrato, *adjuvandi*, suprir algumas falhas do contrato, isto é, acrescentar o que nele não está incluído, *supplendi*, e eventualmente corrigir alguma coisa que não é de direito no sentido de justo, *corrigendi*" (*Estudos e Pareceres de Direito Privado*, São Paulo, Saraiva, 2004, p. 153).

25 Sergio Cavalieri Filho, *Programa de Direito do Consumidor*, São Paulo, Atlas, 2008, p. 34.

Ainda sobre boa-fé, atente-se que ela oferece uma adequada perspectiva à fundamental vinculação do credor na relação obrigacional. Este deixa de ser um mero espectador da atividade do devedor, mas tem deveres de auxiliar a contraparte, colaborar naquilo que couber, a fim de que se garanta o melhor resultado na entrega da prestação. Em suma, a boa-fé dá à obrigação um efetivo sentido de integração e reciprocidade entre as partes.

No Código de 2002, a boa-fé objetiva recebeu um dispositivo específico, o artigo 422, que impõe às partes adotar o comportamento correto, nos seguintes termos:

> "Art. 422. Os contratantes são obrigados a guardar, assim na conclusão do contrato, como em sua execução, os princípios de probidade e boa-fé."

A regra reflete uma cláusula geral. Nela não se indica o que seja, concretamente, o princípio da boa-fé. Incide, aí, uma apreciação valorativa do intérprete, necessária para concluir o que, no caso objetivo, reflete um comportamento probo e correto.

Evidentemente, mesmo antes do advento do Código de 2002, as partes deveriam pautar suas condutas pela probidade. O artigo 422 faz mais do que reforçar esse dever; na verdade ele carrega, em si, uma nova acepção desses deveres de lealdade e cooperação, que passam a ter força mais pungente no contexto das obrigações. Atualmente, não há dúvida, o princípio da boa-fé reluz ensolarado, sobranceiro na vida das obrigações, tudo a fim de garantir o integral aproveitamento da prestação.

o dever de auto-informação

Conquanto a boa-fé objetiva deva pautar a conduta das partes numa relação obrigacional, deve-se ter presente que cumpre às partes também se inteirar do negócio, colhendo as informações necessárias, sempre munidas de prudência e atenção.

Essa ressalva tem a maior relevância porque cabe ao ordenamento jurídico oferecer segurança, o que seria impossível caso se admitisse que qualquer suposta falta de informação pudesse representar uma afronta à boa-fé, ensejando uma discussão acerca da correção do negócio celebrado. Muito ao revés, compõe o conceito de comportamento adequado que a parte tome as providências necessárias para cientificar-se do alcance das obrigações que assume. Se o Direito não premia a esperteza, também não dá guarida à displicência.

responsabilidade patrimonial

Ainda como princípio das obrigações pode-se arrolar o da responsabilidade patrimonial. Nas relações obrigacionais, as partes respondem pelos deveres assumidos. Respondem com o dever de cumprir a conduta, a cuja realização elas estão vinculadas, e também, eventualmente, com seu patrimônio. Afinal, em regra, se a parte falhar, ela responderá, como registra o artigo 391 do Código Civil, com todos os seus bens para o ressarcimento dos danos a que deu causa.

Outras vezes, haverá essa responsabilidade patrimonial pelo simples fato de o ordenamento jurídico imputar a certa pessoa esse dever de reparar. Isso é feito com base numa justiça distributiva, atendendo-se em grande parte aos conceitos de que quem tem o bônus deve suportar os ônus, ou a teoria do risco (em contraposição ao proveito).

Em muitas hipóteses, analisadas adiante, ao se tratar do inadimplemento, o ordenamento jurídico impõe a responsabilidade a certa pessoa independentemente de culpa: Isso se dá, por exemplo, em muitos casos nos quais exista uma relação de consumo, onde o fornecedor ou o prestador de serviço respondem pelos danos, mesmo não tendo adotado qualquer conduta errada, porém pelo simples fato de a lei entender que eles devam suportar os riscos do negócio.

4
Obrigação Natural

O Código Civil não tratou especificamente de dois tipos muito comuns de obrigação: as obrigações naturais e as *propter rem*. Elas, contudo, merecem um exame, até porque encontram enorme aplicação prática. Tratemos, inicialmente, da obrigação natural.

Atente-se para a diferença entre as seguintes situações: (a) uma pessoa encontra casualmente um conhecido, que acabou de perder um parente, e sente o dever de apresentar seus pêsames; (b) foi constituída uma dívida há quarenta anos, jamais paga, embora o devedor reconheça a sua existência; e (c) uma pessoa se compromete a vender um carro para outra.

Na primeira hipótese, não se vislumbra uma relação jurídica. Existe apenas um dever social, um impulso moral, proveniente da consciência. A conduta educada e cortês não pode ser exigida judicialmente, porque não existe um dever jurídico de ser sensível e delicado. Cumprimentar uma pessoa que perdeu um parente insere-se entre os atos de cordialidade, sem que daí advenha um dever jurídico.

No terceiro caso, a compra e venda de um bem lícito, celebrada entre pessoas capazes, é um negócio jurídico que, de acordo com o nosso ordenamento, cria vínculos às partes (um direito subjetivo), de sorte que uma delas pode exigir da outra o cumprimento do que foi pactuado (pretensão). No exemplo, deu-se uma relação jurídica obrigacional, na qual as partes têm o poder de exigir, entre si, o adimplemento.

A segunda situação – de uma dívida existente, porém prescrita – não se identifica com as outras hipóteses anteriormente mencionadas. Neste caso, há um vínculo jurídico – pois a dívida existe –, porém o crédito não pode ser exigido; o seu titular não pode constranger o devedor a entregar a prestação.

Esse fenômeno, no qual existe uma dívida despida do direito de exigi-la, é denominado obrigação natural. Nela, a pretensão é encoberta, porém o direito subjetivo permanece íntegro.

Antes, ao se dar notícia do desenvolvimento histórico do Direito das Obrigações, mencionou-se que, num primeiro momento, admitiam-se apenas alguns tipos de fatos como aptos a desencadear uma relação obrigacional. Eram situações típicas que poderiam originar essa relação de poder e dever entre as pessoas, na qual uma delas ficava sujeita à outra. Todas as demais situações, que não fossem contempladas entre aquelas especiais, ficavam numa espécie de limbo. O resultado era o de que o Estado não as reconhecia e, portanto, a parte interessada não tinha como cobrar da outra o cumprimento do dever. O contrato de compra e venda, por exemplo, era conhecido desde os primórdios. Já no Direito Romano entendia-se que as obrigações de compra e venda eram exigíveis entre os contratantes. A simples promessa, entretanto, não gozava da mesma proteção. O que nela se ajustou não podia ser exigido do credor. Num caso, o credor tinha o poder de exigir o cumprimento de seu direito, no outro não.

Ensina Ebert Chamoun que, em Roma, entre os casos de obrigação natural, havia o compromisso assumido pelo escravo. Como o escravo não podia obrigar-se – *cum servo nulla actio est*[1] –, esses débitos não eram passíveis de cobrança, embora fossem relevantes ao mundo jurídico, pois se houvesse pagamento não era possível requerer a restituição. Ou seja: admitia-se a existência da dívida, mas não era permitida a cobrança.

Hoje, o mero acordo de vontades é suficiente para fazer nascer uma obrigação, apta a vincular as partes. Entretanto, existem algumas situações nas quais, embora exista o vínculo jurídico, o credor não tem como exigir do devedor a entrega da prestação. Em outras palavras: existe uma dívida, mas o credor não pode cobrá-la. Daí, na Alemanha, esse tipo de situação ser denominada de obrigação imperfeita. Nós a chamamos de obrigação natural. A origem do nome é romana, pois, na época do Direito Romano clássico, as obrigações desprovidas de uma ação (isto é, do direito de exigência de seu cumprimento pelo seu titular) eram chamadas de *debita natura*.

Para muitos, a obrigação natural é o meio do caminho – um terceiro gênero – entre o dever jurídico de realizar certa atividade (a obrigação) e o dever simplesmente moral.

A distinção entre *debitum* e *obligatio*, que antes examinamos, tem muito interesse na análise das obrigações naturais. Isso porque se consegue visualizar com bastante nitidez que, nas obrigações naturais, há o *debitum*, pois efetivamente a obrigação existe e o devedor deve realizar o ato, mas o credor não pode exigir o adimplemento, isto é, falta a *obligatio*.

São exemplos de obrigações naturais, constantes no Código Civil, a dívida de jogo (referida no artigo 814) e a dívida prescrita (artigo 882). Nessas duas situações, embora a dívida exista, o credor não pode forçar o devedor a efetuar o pagamento.

De fato, com a prescrição não se dá o fim do direito. Afinal, a dívida existe. Apenas o poder de exigi-la fica afetado. Deixa de haver a *obligatio* ou a "*Haftung*", mas a dívida não deixa de existir. Dessa forma, caso se pague uma dívida prescrita, quem pagou não pode reclamar a devolução (alegando a prescrição). Afinal, a dívida existia e o pagamento tinha uma causa jurídica reconhecida. Nada há que se restituir.

---

1   Ebert Chamoun, *Instituições de Direito Romano*, Rio de Janeiro, Forense, 1951, p. 292.

O artigo 882 do Código dispõe que: "Não se pode repetir o que se pagou para solver dívida prescrita, ou cumprir obrigação juridicamente inexigível." A redação é pouco diferente daquela do antigo artigo 970 da Lei revogada, que apenas fazia referência a não ser possível repetir obrigação natural. O Código de 2002, num ostensivo aprimoramento técnico, distingue as dívidas prescritas das demais "juridicamente inexigíveis". Pergunta-se: há diferença entre elas? A dívida prescrita não é juridicamente inexigível? O Professor Marcelo Trindade formula um bom exemplo: pela manhã, antes de sair de casa, uma pessoa enche dois copos d'água – um com água natural e o outro com água gasosa. Ao voltar para sua casa, no fim do dia, essa mesma pessoa encontra os dois copos d'água, já ambos sem gás. No fim do dia, a água é igual nos dois copos. Porém, inicialmente não era. A dívida prescrita é assim: sua origem é distinta dos demais casos de obrigação natural, pois a relação nasceu com força jurídica. Por um fator posterior à sua gênese, ela passou a ser uma obrigação natural. Nos demais casos de obrigações "juridicamente inexigíveis", o ordenamento fez uma opção de não conceder à situação exigibilidade jurídica (retirando a *obligatio* daquele vínculo jurídico). Portanto, há uma distinção na origem, embora isso não acarrete maiores repercussões práticas.

A situação faz lembrar a referência feita por Charles Chaplin, quando, em certa ocasião, ele e Albert Einstein recebiam efusivos aplausos do público. Chaplin, então, teria dito que ele era aplaudido porque todos o entendiam e aplaudiam Einstein porque ninguém o entendia...

Também a dívida oriunda de aposta é considerada uma obrigação natural. Não se admite que o titular do crédito reclame a prestação, mas se o devedor honrar seu dever, tal pagamento será lícito.

Outro conhecido exemplo de obrigação natural é a entrega de alimentos entre parentes afastados. Veja-se que entre parentes próximos, como pais e filhos, há um dever de prestar assistência, que pode, até mesmo, ser cobrado judicialmente. Este dever não se estende aos parentes mais afastados, como entre um tio e seu sobrinho. Neste caso, haveria um dever – cujas raízes se encontram em fontes humanitárias amparadas pelo ordenamento jurídico – que, entretanto, não pode ser exigido judicialmente.

Ainda como caso conhecido de obrigação natural cabe citar o pagamento de juros não convencionados. Os juros funcionam como remuneração do capital; um prêmio dado a quem ficou sem o capital – porque o emprestou – pela privação do valor por certo período. Por vezes, ao se emprestar dinheiro não se ajusta a taxa de juros, embora se reconheça que o pagamento dele espelhe uma justiça e exista um dever jurídico nesse sentido. Dessa forma, caso alguém pague juros não convencionados – em padrões normais do mercado –, mesmo que não tenha havido contrato prévio nesse sentido, entende-se que essa remuneração reflete uma obrigação natural: devida, porém não exigível.

dever de repetição

A grande relevância prática de se reconhecer uma obrigação natural encontra-se relacionada ao dever de repetição. Ocorre que se uma pessoa paga a outra sem uma razão, sem que exista uma verdadeira obrigação que justifique o pagamento, aquele que recebeu fica no dever de devolver. Assim, se uma pessoa, por equívoco, faz um depósito na conta bancária de outra, quando deveria ter feito na conta de uma terceira, quem recebeu sem razão deve devolver o dinheiro. Isso porque o nosso ordenamento jurídico não tolera o enriquecimento sem causa.

O mesmo não ocorre se houve uma razão – uma causa jurídica – para o pagamento. Uma dívida de jogo, por exemplo, representa uma típica obrigação natural: a dívida existe, mas não pode ser cobrada. Se, contudo, o pagamento é feito, esse pagamento atende a uma causa, tem uma razão de ser, e quem pagou não pode reclamar a repetição. Encontra-se na mesma situação quem paga uma dívida prescrita. Depois de efetuado o pagamento, quem pagou não pode reclamar a restituição. Afinal, quem recebeu tinha o crédito, havia causa jurídica a justificar o pagamento.

5
OBRIGAÇÃO PROPTER REM

Tratemos, agora, das obrigações *propter rem*, também conhecidas como *ob rem*, havendo, ainda, quem as qualifique como obrigações reais ou ambulatórias.

A tradução do latim *propter rem* ao português seria "por causa da coisa". Essas obrigações, de fato, se estabelecem, "por causa da coisa". Diferentemente das demais obrigações, elas vinculam a pessoa em decorrência de uma situação dela com um bem. Essa obrigação vai recair sobre uma pessoa em razão de um direito real, isto é, ela se funda na existência de uma situação jurídica do proprietário ou do detentor de um bem.

Quem deve arcar com a contribuição devida ao condomínio do edifício de apartamentos? O proprietário do bem, quem quer que ele seja. Se houver alteração de propriedade, o responsável pelo pagamento será o novo dono. Quem deve pagar os tributos relativos ao automóvel? O dono do carro. Se o bem for vendido, o novo proprietário é que fica responsável pelo imposto. A dívida persegue a coisa, anda com ela; os antigos falavam: *ambulat cum domino* (eis porque alguns a chamam de obrigações ambulatórias).

A principal característica das obrigações *propter rem* é, como se ressaltou, relacionar a obrigação ao titular de um direito real. Daí decorre outra importante particularidade: se o titular do direito real o abandona, cessa a obrigação.

Há uma série de obrigações ligadas à coisa, nas quais o seu titular – credor ou devedor – será identificado a partir do bem. Essas obrigações existem em decorrência da coisa. Há deveres bastante abrangentes, como, por exemplo, o de a coletividade não perturbar a propriedade alheia. Esse dever decorre do fato de que o proprietário tem o direito de manter incólume a sua propriedade. Há outros deveres positivos mais pontuais: o dever de arcar com algum encargo que incida sobre a propriedade, como um imposto ou a contribuição de um condomínio. Todas essas obrigações existem por causa da coisa. O proprietário deve pagar o imposto sobre o bem porque é seu titular. Quem quer que seja o dono da coisa responde pelo mencionado imposto. Sem a coisa, a obrigação não existiria. Logo, para o devedor dessas obrigações, se a coisa sai da sua esfera, a obrigação deixa de existir.

Cumpre, entretanto, fazer uma importante ressalva. O novo proprietário responde pelas obrigações da coisa em relação ao credor dela (o condomínio onde o prédio está situado, por exemplo), mas pode reaver o que pagou para o antigo proprietário, se a origem da dívida ocorreu antes da transferência do domínio. A regra do artigo 502 do Código Civil dispõe que: "O vendedor, salvo convenção em contrário, responde por todos os débitos que gravem a coisa até o momento da tradição." Dessa forma, o novo proprietário arca com a obrigação *propter rem*, ainda que ela tenha nascido antes de ter adquirido a propriedade, mas pode reclamar do antigo dono o que pagou se a dívida se originou antes do recebimento da coisa. Eis, aí, um corolário do princípio que veda o enriquecimento sem causa.

O artigo 1.345 do Código Civil oferece um bom exemplo de como essa situação se resolve. Segundo o referido dispositivo, o "adquirente de unidade responde pelos débitos do alienante, em relação ao condomínio, inclusive multas e juros moratórios". Imagine-se, pois, o caso do adquirente de um apartamento, que descobre, depois de fazer o negócio, que o antigo proprietário devia uma fortuna ao condomínio do edifício onde se situa o tal imóvel. Ele não pode esquivar-se do pagamento da dívida ao condomínio. Afinal, quem deve é o "dono do apartamento". Trata-se de um exemplo clássico de obrigação *propter rem*. Contudo, depois de pagar, o novo dono pode cobrar do antigo o que pagou, se a origem do débito decorrer de fato anterior à transferência da propriedade.

Para evitar, ou, ao menos, diminuir, esse tipo de situação, a Lei nº 4.591, de 16.12.1964 (alterada pela Lei nº 7.182, de 27.03.1984, exige, no parágrafo único de seu artigo 4º, para que se opere a transferência de propriedade no Registro Geral de Imóveis, o fornecimento de declaração, emitida pelo síndico do condomínio do edifício onde se situa a unidade vendida, no sentido de que não há dívidas em relação a esta.

obrigação *propter rem* para ampliação da responsabilidade ambiental

Um recente uso do conceito da obrigação *propter rem* tem sido adotado, pelos tribunais, com o fim de aumentar a responsabilidade ambiental. O artigo 225, § 3º, da Constituição Federal, indica que aquele que causar dano ambiental fica sujeito a repará-lo. A jurisprudência, nesses casos, tem, até mesmo, visto um tipo de obrigação *propter rem* para ampliar essa responsabilidade por dano ambiental, que vai incidir sobre o novo ocupante da área onde se encontre o dano. Isto é, o novo ocupante responderá mesmo que o dano ambiental tenha sido causado pela pessoa que anteriormente ocupava a área.[1-2]

---

1 "Ação Civil Pública – Danos ao Meio Ambiente – Fato de Terceiro – Teoria do Risco Integral – Responsabilidade do Proprietário do Imóvel – Ausência. Em razão da teoria do risco integral adotado pela nossa Constituição Federal, entende-se que o fato de terceiro, ou seja, aquele causado por pessoa diversa daquela que efetivamente deverá arcar com os danos causados ao meio ambiente, não afasta a responsabilidade pelos danos ambientais. Todavia, se a proprietária do imóvel em momento algum se omitiu em relação às práticas lesivas, tomando todas as providências judiciais cabíveis para retomar a posse e a propriedade da área invadida, não pode ser responsabilizada pelos danos ocorridos.

2 "Recurso Especial. Faixa Ciliar. Área de preservação permanente. Reserva legal. Terreno adquirido pelo recorrente já desmatado. Impossibilidade de exploração econômica. Responsabilidade

A obrigação de reparar o dano será de quem for o dono da coisa, ainda que a lesão ao meio ambiente tenha ocorrido antes da aquisição do bem, segundo entendeu o Superior Tribunal de Justiça:

"Administrativo. Dano ao meio ambiente. Indenização. Legitimação ao novo adquirente. 1) A responsabilidade pela preservação e recomposição do meio ambiente é objetiva, mas se exige nexo de causalidade entre a atividade do proprietário e o dano causado (Lei nº 6.938/81). 2) Em se tratando de reserva florestal com limitação imposta por lei, o novo proprietário ao adquirir a área, assume o ônus de manter a preservação, tornando-se responsável pela reposição, mesmo que não tenha contribuído para devastá-la.

Continuação da nota nº 1

(...) A responsabilidade objetiva na esfera ambiental foi recepcionada pela nova ordem constitucional, através do artigo 225, § 3º, da CF, ao dispor que 'as condutas e atividades consideradas lesivas ao meio ambiente sujeitarão os infratores, pessoas físicas ou jurídicas, a sanções penais e administrativas, independentemente da obrigação de reparar os danos causados'. Adotou-se, portanto, a teoria do risco integral.
Corroborando esse entendimento, cumpre transcrever o entendimento doutrinário: 'Não há, pela leitura do dispositivo constitucional, nenhuma incompatibilidade com a lei infraconstitucional (Lei nº 6.938/81). Essa teoria já está consagrada na doutrina e na jurisprudência. Adotou-se a teoria do risco integral. Assim, todo aquele que causar dano ao meio ambiente ou a terceiro será obrigado a ressarci-lo mesmo que a conduta culposa ou dolosa tenha sido praticada por terceiro. Registre-se ainda que toda empresa possui riscos inerentes a sua atividade, devendo, por essa razão, assumir o dever de indenizar os prejuízos causados a terceiros' (*Manual de Direito Ambiental*, Luís Paulo Sirvinkas, Saraiva, 3ª edição, p. 111). Busca-se, com isso, a proteção ao meio ambiente, pois é dele que o homem tira seu sustento para sua sobrevivência e o futuro da humanidade está intimamente ligado à preservação do meio em que vivemos.
Mais a mais, a jurisprudência tem entendido que a supracitada responsabilidade objetiva ambiental é obrigação *propter rem*, ou seja, a obrigação de preservar a área e de repará-la acompanha a propriedade, em busca, também, do meio ambiente sadio e equilibrado, não havendo que se perquirir se foi ou não o proprietário do imóvel o responsável pela degradação ao meio ambiente" (TJ-MG, AC nº 1.0079.04.143539-1/001, Relator Desembargador Eduardo Andrade, julgado em 30.10.2006).

---

continuação da nota nº2

objetiva. Obrigação *propter rem*. Ausência de prequestionamento. Divergência jurisprudencial não configurada. As questões relativas à aplicação dos artigos 1º e 6º da LICC, e, bem assim, à possibilidade de aplicação da responsabilidade objetiva em ação civil pública, não foram enxergadas, sequer vislumbradas, pelo acórdão recorrido. Tanto a faixa ciliar quanto a reserva legal, em qualquer propriedade, incluída a do recorrente, não podem ser objeto de exploração econômica, de maneira que, ainda que se não dê o reflorestamento imediato, referidas zonas não podem servir como pastagens. Não há cogitar, pois, de ausência de nexo causal, visto que aquele que perpetua a lesão ao meio ambiente cometida por outrem está, ele mesmo, praticando o ilícito. A obrigação de conservação é automaticamente transferida do alienante ao adquirente, independentemente deste último ter responsabilidade pelo dano ambiental. Recurso especial não conhecido" (STJ, REsp. nº 343.741-PR, Relator Ministro Franciulli Netto, publicado em 07.10.2002).

3) Responsabilidade que independe de culpa ou nexo casual, porque imposta por lei. 4) Recurso especial provido" (2ª Turma, REsp. nº 28.271-PR (2000/0105532-10, Relatora Ministra Eliana Calmon, julgado em 16.04.2002).

A responsabilidade pelo dano ambiental, segundo o acórdão que se acabou de transcrever, segue o dono da coisa, quem quer que ele seja, num bom exemplo de obrigação *propter rem*.

6
AS ESPÉCIES DAS OBRIGAÇÕES QUANTO AO OBJETO

A mais importante das classificações feita às obrigações diz respeito ao tipo de prestação que o devedor irá oferecer ao credor. Convencionou-se denominar essa classificação de modalidades ou espécies das obrigações. A relevância dessa distinção é fundamental, pois a partir dela se averigua o cumprimento do dever jurídico que nasce com a obrigação e como se deve proceder diante do eventual inadimplemento, isto é, da falha culposa no cumprimento da obrigação.

obrigação de dar, de fazer e de não fazer

Em relação à forma como a prestação pode ser oferecida, há três tipos de obrigação: de dar, de fazer e de não fazer.

Nas de dar, o devedor entrega ou coloca a disposição do credor certo bem.

As obrigações de fazer são aquelas nas quais o devedor presta um serviço ou realiza uma atividade por determinação do credor.

Por fim, nas obrigações de não fazer o devedor se abstém de realizar uma atividade, que, a rigor, tinha condições de realizar.

Ao analisar uma relação obrigacional, a primeira atitude do intérprete deve consistir em identificar qual a espécie de prestação: se de dar, de fazer ou de não fazer. A partir daí se buscará verificar a resposta que o ordenamento jurídico oferece à situação.

a distinção entre as espécies

Em regra, revela-se fácil distinguir entre essas espécies de obrigações. A compra e venda, por exemplo, é uma obrigação de dar, pois o devedor fica vinculado a uma prestação consistente em entregar ao credor o bem, objeto do negócio. Assim, de ordinário, nas obrigações de dar haverá uma coisa envolvida.

Caso se contrate o devedor para proferir uma palestra, ou cantar numa festa, o objeto da prestação será uma atividade, um serviço e, logo, estaremos diante de uma obrigação de fazer.

Por fim, se alguém se compromete com seus condôminos em um edifício, por exemplo, a não entrar no elevador com roupas de banho, haverá, neste caso, uma obrigação de não fazer, pois o devedor se abstém de adotar certa conduta.

Entretanto, em algumas situações, essa distinção revela-se mais complexa. Na hipótese de se contratar um conhecido marceneiro para confeccionar uma porta, o profissional realiza um serviço que se cristaliza em um bem. Ao final, o marceneiro entrega ao credor a coisa, resultado de seu labor, e, assim, ele cumpre a sua obrigação.

Pois nesse caso o devedor realizou uma atividade e entregou a coisa; qual seria, então, a espécie da prestação? De dar ou de fazer? Para casos como o que se acabou de referir, cumpre aferir qual era a intenção das partes, o que, principalmente ao credor, era mais relevante: a atividade prestada pelo devedor (que culminou na confecção de uma coisa), ou simplesmente a coisa, independentemente de quem a fez.

Averigua-se, desse modo, se o mais relevante, psicológica ou economicamente, era a atividade ou a coisa. Em outras palavras, se havia *intuitu rei* ou *intuitu personae*. Se o mais importante era a atividade, a obrigação será de fazer. Caso, de outra ponta, o mais importante for a coisa (*intuitu rei*), a obrigação será de dar.

Na maior parte das vezes, ao se contratar um artesão conhecido, para que realize uma atividade e, ao final, haja a corporificação daquela atividade, a obrigação será de fazer. Ao estabelecer uma obrigação com um pintor, de que ele vá pintar um quadro, o mais relevante é o trabalho do artista e o quadro (a coisa) representa apenas a materialização dessa obrigação de fazer.

Essa distinção – se a obrigação é de dar ou de fazer – possui, como se vem expondo, a maior relevância. Para começar, o Código Civil cuida em dispositivos distintos das relações obrigacionais de dar e de fazer. Assim, há um tratamento legislativo diferenciado para cada caso.

O aspecto mais relevante, entretanto, encontra-se na solução que se dá na hipótese de inadimplemento, isto é, de descumprimento da obrigação. De fato, nas obrigações de dar admite-se, em regra, que o credor insatisfeito reclame o cumprimento específico da obrigação, isto é, que a obrigação seja realizada, com a entrega da coisa, objeto do negócio, ao passo que isso muitas vezes não é sequer possível nas obrigações de fazer, especialmente nas obrigações personalíssimas.

Assim, se alguém deve um certo bem, mas houver a recusa a entregá-lo, o ordenamento jurídico admite que o credor possa reclamar uma atuação do Estado (por meio do Poder Judiciário), a fim de que lhe seja entregue o tal bem. O mesmo não ocorre nas obrigações de fazer, pois não se pode forçar a ninguém a realizar certa atividade (o juiz não tem o poder de enviar alguém que force o devedor a realizar a conduta prometida). Nas obrigações de fazer, a forma de impor ao devedor que cumpra seu dever é indireta, normalmente impondo-se ao inadimplente uma sanção, a fim de constrangê-lo a pagar, ou de garantir ao credor a oportunidade de obter a prestação de terceiro.

6.1. Obrigação de Dar

As obrigações de dar caracterizam-se pelo fato de o devedor ter que entregar ou colocar à disposição do credor um bem. Essa atividade de entregar o bem ou colocá-lo à disposição pode ter por fim transferir a sua propriedade, para facultar seu uso, ou mesmo devolver a coisa. Eis a mais corriqueira das obrigações. Numa sociedade de consumo como a atual, todos os dias as pessoas adquirem bens, isto é, oferecem dinheiro em troca de mercadorias.

Um conceito fundamental técnico, porém de enormes repercussões práticas, é o de que a obrigação, por si só, não gera a transferência de propriedade. Nas obrigações de dar, já se disse, o devedor tem o dever de entregar algo ao credor. Na esmagadora maioria das vezes, esse dever nasce de um contrato. Esse ajuste, entretanto, não tem o condão de alienar a coisa, ou seja, de torná-la alheia, transferindo a sua propriedade para outra pessoa. O contrato apenas faz nascer o dever, não gera *per se* a transferência da propriedade.

Se alguém celebra um contrato de compra e venda de uma casa, por exemplo, isso não faz do comprador o dono do imóvel, mas apenas dá ao comprador o direito de exigir que a propriedade lhe seja transferida.

ius in re e ius ad rem   Mister, nesse passo, ter bem claros os conceitos de direito obrigacional e de direito real. No direito obrigacional há o direito à coisa (*ius ad rem*), ao passo que o direito real consiste no direito sobre a coisa (*ius in re*). A distinção está longe de ser sutil. O proprietário, o dono, é titular de um direito real, ao passo que aquele que contratou (ou seja, ajustou uma obrigação) de dar tem apenas um direito à coisa. Em outras palavras, o credor não é proprietário, apenas tem direito de crédito.

A obrigação confere apenas um direito de receber a coisa, mas não transfere a propriedade. Antes da efetiva transferência da coisa – observando-se um modo preciso prescrito pelo ordenamento jurídico –, o bem pertence ao alienante. O devedor, portanto, mantém a propriedade da coisa até o momento em que a entrega, se o bem for móvel, ou promove a transcrição no competente registro, se se tratar de bem imóvel. Apenas aí ocorrerá a transferência de propriedade.

Desde os romanos entende-se que a translação da propriedade deve efetivar-se por meio de um ato externo, garantindo a sua publicidade, a fim de que aquele ato ganhe conhecimento geral. Afinal, se a coletividade se encontra obrigada a respeitar a propriedade, natural que ela tenha meios de saber quem é o dono. Daí a alienação da propriedade não ser um ato secreto, porém um negócio que necessariamente observe uma forma, um modo.

transferência de propriedade   Vale fazer uma pequena observação sobre a opção adotada pelo nosso ordenamento jurídico acerca da efetivação da transferência de propriedade. No sistema em vigor no Brasil, a propriedade se transfere com a existência de um título (isto é, um fato reconhecido pelo ordenamento jurídico; muitas vezes um contrato no qual se pactuou a transferência) e um modo (uma formalidade que o ordenamento jurídico considera essencial para que se opere a alienação). Antes da realização desse modo, denominado tradição, não há transferência de propriedade, como assinala o artigo 1.267 do Código Civil:

> "Art. 1.267. A propriedade das coisas não se transfere pelos negócios jurídicos antes da tradição."

Se o título for nulo – o contrato de compra e venda for, por exemplo, ilegal –, não haverá transferência de propriedade, como assegura o Código Civil:

> "Art. 1.268. (...)
> § 2º Não transfere a propriedade a tradição, quando tiver por título um negócio jurídico nulo."

Com relação aos bens móveis, normalmente a mera entrega física da coisa é um modo considerado suficiente. Os romanos chamavam essa transferência física de *traditio*, daí por que ainda hoje falamos em "tradição" para se referir a essa entrega física do bem móvel, que acarrete na transferência de propriedade.

Tradere em latim significa "entregar". A palavra "tradição" representa a idéia de que uma geração entrega sua cultura à geração subseqüente. Juridicamente, tradição significa a entrega da prestação e, logo, a transferência da propriedade.

Se uma pessoa empresta a outra um relógio de pulso, por exemplo, há a entrega física da coisa, mas não se opera a transferência de propriedade, porque ausente um título, uma situação jurídica que justifique a alienação de propriedade. Quem receber o relógio estará apenas usando aquele bem, mas não será seu proprietário (o dono segue sendo quem emprestou a coisa). Assim, a mera tradição não gera a transferência de domínio. Deve haver a cumulação dos dois elementos: o título e o modo.

Com relação aos bens imóveis, o modo opera-se de outra forma: exige-se que o título seja registrado em um cartório público, o Registro Geral de Imóveis, onde o bem estiver inscrito. A esse procedimento denomina-se transcrição (ou simplesmente registro). Essa transcrição garante a segurança e a publicidade. Afinal, para saber quem é o proprietário de determinado bem imóvel, basta ver em nome de quem o bem se encontra registrado.

Assim, em resumo, a propriedade de bens móveis se opera com a tradição e a dos bens imóveis com a transcrição no Registro Geral de Imóveis competente (de onde estiver localizado o imóvel).

Alguns bens móveis, pela sua característica, exigem, também, que o modo da transferência de propriedade se dê com alguma formalidade além (ou mesmo distinta) da tradição. Isso ocorre, para falar de um comum exemplo, com a venda do carro, na qual se requer, para efetivar a alienação, o assento da transferência nos registros do Departamento de Transportes (Detran). Até o momento do registro no Detran, não há a transferência da propriedade do automóvel.

Por vezes, admite-se que a tradição física – também chamada real – seja substituída por uma simbólica. Isso se dá, por exemplo, com a entrega das chaves de um automóvel. Nesse caso, reconhece-se a transferência da propriedade por uma convenção, por um ato simbólico, porém expressamente reconhecido pelas partes como apto a gerar a tradição.

Assim, se alguém convenciona uma obrigação na qual o devedor deve entregar, por exemplo, um anel, a mera assinatura do instrumento do contrato (no qual se fixou a obrigação) não faz do credor o dono do objeto. Necessário, ainda, que se dê a transferência física do bem, o que marcará a troca de proprietário. Até a tradição, a coisa pertence ao devedor.

<small>sistemas de aquisição de propriedade</small> Em muitos países – inclusive em países cujos sistemas jurídicos influenciaram bastante o nosso, como o francês, o italiano e o português –, o contrato tem eficácia real. Com isso, a mera celebração de um contrato, no qual se pactuou uma obrigação de dar, resulta na transferência da propriedade, não havendo necessidade de outra formalidade. Com isso, a alienação da propriedade torna-se bem simplificada.

Em resumo, há, no mundo jurídico ocidental, três sistemas distintos em relação à aquisição de propriedade. No sistema francês, o contrato, por si só, transfere a propriedade. Além da França, Itália e Portugal seguem essa orientação. Diferentemente, no sistema romano, apura-se a transferência da propriedade a partir da análise de dois elementos: o título (o negócio jurídico que expressa a vontade de transferir o domínio) e o modo (um ato formal considerado apto a gerar a transferência). Os dois elementos são relevantes para o sistema romano. Se o contrato é nulo, ou se não houve a tradição, a propriedade não se transfere. O último sistema é o alemão. Embora semelhante ao romano, pois se dá importância ao título e ao modo, prepondera este último. O elemento mais importante é o modo, que se opera, nos bens imóveis, pela escritura. Feita a escritura, há presunção absoluta de que a propriedade se transferiu. Este sistema dá ênfase à segurança, pois pelo registro pode-se apontar quem seja o proprietário.

O nosso ordenamento, mais próximo ao conceito alemão nesse ponto, preferiu seguir um sistema que oferecesse maior segurança e, por isso, faz questão do modo. Aliás, mesmo na França, a transferência de bens imóveis, para ser efetivada, necessita a transcrição em registro, segundo a Lei de 23.03.1855, que visou a garantir maior segurança na aquisição desses bens.

6.1.2. Obrigação de dar coisa certa

As obrigações de dar podem ser de dar coisa certa ou coisa incerta. Ao se dizer "coisa incerta" não significa que o credor possa dar "qualquer coisa". A incerteza, que qualifica a obrigação, se relaciona à plena identificação da coisa dentro do seu gênero. Ao se ajustar, por exemplo, que o devedor irá vender uma camisa branca, o credor não sabe, ainda, qual, das muitas milhões de camisas brancas existentes no mundo, lhe será entregue. Entretanto, se o devedor identificar perfeitamente a camisa branca sobre a qual irá recair a obrigação (informando os detalhes do bem a ponto de torná-lo único e inconfundível), a obrigação se tornará de dar coisa certa.

Nos bens imóveis – até por serem infungíveis por natureza – haverá sempre uma obrigação de dar coisa certa. Nestes casos, o credor celebrou o negócio já com ciência do bem específico que receberá por ocasião do adimplemento.

Nas obrigações de dar coisa certa, cabe ao devedor entregar ao credor um bem específico, já individualizado. Evidentemente, esse bem pode pertencer a uma certa espécie, onde há vários semelhantes, ou mesmo iguais. Contudo, nas obrigações de dar coisa certa, esse bem já foi destacado e identificado, na sua singularidade, de alguma forma.

Se alguém, por exemplo, vende um carro, indicando a sua marca e ano de fabricação, ainda não há identificação precisa de uma coisa certa (pois existem muitos automóveis feitos no mesmo ano e da mesma marca). É necessário que se indique o número do chassis do automóvel, pois esse número o distingue de todos os demais carros existentes e torna certa a coisa.

acessórios

No Código Civil, o primeiro dispositivo relativo às obrigações trata precisamente da obrigação de dar coisa certa. De fato, o artigo 233 inaugura o Livro do Direito das Obrigações indicando um importante princípio: nas obrigações de dar coisa certa, os acessórios da coisa deverão seguir o mesmo destino desta no momento da entrega, ainda que isso não seja expressamente mencionado.

O bem acessório é aquele, segundo a definição do artigo 92 do Código Civil, cuja existência supõe a do principal. A xícara de chá pressupõe a chaleira, do seu jogo; a caixa do CD pressupõe o próprio CD. Os primeiros são acessórios dos segundos.

Assim, ao se adquirir certo bem que tenha acessórios, estes seguirão o destino da coisa principal. O princípio geral era registrado no artigo 59 do Código Civil de 1916, ao se tratar dos bens considerados entre si, mas não foi renovado na Lei Civil de 2002. De toda a forma, a máxima referida por Gaio no Digesto,[1] segundo a qual *accessorium sequitur suum principale* – ou seja, o acessório segue o seu principal – tem absoluta valia.

Muito acertadamente, o mesmo artigo 233 do Código Civil, ao final, faz uma ressalva à regra geral: esse princípio da acessoriedade, segundo o qual o acessório seguirá o principal, não se aplica em duas hipóteses. Primeiro, no caso de as partes terem expressamente ressalvado a sua exclusão; isto é, as partes pactuaram que, na situação específica, o acessório não teria o mesmo destino da coisa principal. A segunda hipótese ocorrerá se, pelas circunstâncias do caso, for possível identificar que o acessório não acompanharia a coisa principal.

Muitas vezes, analisando a situação concreta, pode-se verificar que não era interesse do devedor entregar o acessório e o credor tinha ciência disso, ou, ao menos, era razoável que tivesse. Nesses casos, excepciona-se a regra e o devedor fica com o acessório.

Como exceção, todavia, essa ressalva deve ser vista de forma restritiva: apenas o acessório não será transferido se quedar muito claro a inexistência de intenção que ele acompanhasse o destino da coisa principal.

pertenças
O Código Civil distingue os acessórios das pertenças. Estas, segundo a definição do artigo 93, são bens que, embora tenham a função de melhorar o uso de outro, não constituem parte integrante dele. São exemplos de pertenças os tratores de uma fazenda, ou as estátuas de uma casa.[2]

Com relação às pertenças, registra o artigo 94 do Código Civil, não se aplica o princípio da gravitação jurídica incidente nos acessórios (ao contrário do que ocorre com os acessórios). Logo, as pertenças não seguirão o destino da coisa principal, salvo se as partes ajustarem nesse sentido, ou se isso decorrer das circunstâncias do caso, ou, ainda, se derivar da lei.

perda da coisa certa
Nas obrigações de dar coisa certa, a identidade da coisa tem função relevantíssima. É sobre esta coisa certa que recai o interesse do credor (de recebê-la) e o do devedor (de entregá-la). Assim, a obrigação de dar coisa certa padece de uma crise incontornável se a coisa certa, por algum motivo, perecer. Nessas obrigações, a perda do bem significa a impossibilidade do cumprimento da obrigação.

---

1. A rigor, eis o que consta do *Digesto*: "*Nam quae accessionum locum obtinent, extinguuntur, cum principales res peremtae fuerint*", que pode ser traduzido livremente como o conceito de que o acessório segue o destino do principal. Ver Digesto, Livro XXXIII, título VIII, 2 – *Les Cinquante Livrés du Digeste ou des Pandectes*, tome quatrième, traduit en français par M. Hulot, Metz, Chez Behmer et Lamort, 1804, p. 587.

2. Para ver outros exemplos: Paulo Nader, *Curso de Direito Civil*, vol. I, 5ª ed., Rio de Janeiro, Forense, 2008, p. 269.

Para solucionar essa crise, o primeiro passo a ser seguido, segundo o conceito adotado pelo nosso ordenamento jurídico, consiste em responder à seguinte pergunta: quem é o culpado pela perda da coisa?

Seguimos, em regra, o sistema de responsabilidade subjetiva, isto é: responde pelo dano o seu causador, aquele que o gerou. Se o bem (a coisa certa) se perdeu sem culpa do devedor – e este não cometeu nenhuma atitude ou omissão cuja conseqüência foi a perda do bem –, o ordenamento jurídico entende que não seria justo que ele respondesse pelo fato. Em outras palavras, se a coisa deixa de existir, mas o devedor não teve qualquer participação nesse fato, ele não responde pela perda e a obrigação se extingue, diante da inexistência de objeto.

Se, de outra ponta, o devedor for, de alguma forma, culpado pela perda da coisa, ele responderá pelos danos sofridos pelo credor decorrentes dessa inexistência superveniente da coisa.

culpa

Logo se vê que é fundamental ter claro o conceito de culpa, pois a partir daí se irá delinear a responsabilidade do devedor. A culpa será tratada com mais profundidade adiante, ao se examinar o inadimplemento. Por ora, se dirá que haverá culpa sempre que o devedor desviar-se do comportamento normal de atenção e cuidado que se espera das pessoas.

Se a coisa se perde e existe culpa do devedor, este, então, responderá pelas perdas e danos experimentadas pelo credor. "Perdas e danos", tenha-se presente, consiste no equivalente econômico, em moeda corrente, ao prejuízo sofrido, como adiante se verá de forma detalhada.

O artigo 234 do Código Civil, referente aos efeitos da perda da coisa certa, impõe, aliás, ao devedor culposo arcar com o "equivalente e mais as perdas e danos". Essa redação quer enfatizar que a reparação, devida ao credor lesado, é ampla e deve cobrir toda a efetiva perda. A rigor, no conceito de perdas e danos já estão inseridos todos os prejuízos, inclusive, claro, a devolução do que o credor tiver previamente desembolsado pela coisa, que a norma chama de "equivalente".

Caso, contudo, o credor ainda não tiver pago pela coisa, mas esta se perder, o devedor não deverá responder com o "equivalente" em dinheiro, pois, se assim fosse, o credor iria desfrutar de vantagem econômica com a perda da coisa, o que não se admite.

Se alguém contratou a compra de certo animal, mas, antes de pagar por ele, o animal morre por culpa do devedor, o credor está autorizado a reclamar apenas as perdas e danos, que tenha eventualmente sofrido. Ou seja: o devedor fica obrigado a ressarcir ao credor pelo dano que este sofreu por não receber a coisa. Caso, contudo, o credor já tivesse pago pelo animal, ele teria direito a receber as mesmas perdas e danos, acrescidos, neste caso, do equivalente em dinheiro (corrigido monetariamente) ao que pagou pela coisa, objeto do negócio.

res perit domino

Outra questão fundamental: quem suporta o risco da perda da coisa depois do nascimento de uma obrigação de dar? Vige o conceito de que o proprietário arca com o risco da perda (*res perit domino*, isto é, a coisa perece para o dono).

As partes ajustam, imagine-se, a venda de um determinado pássaro (obrigação de dar coisa certa). Imediatamente após a tradição – da entrega do bem, que acarreta a transferência da propriedade –, o pássaro morre. Ninguém pode ser culpado pelo fato. O credor, que acabara de receber a ave, perde o bem. A obrigação, nesse caso, já se aperfeiçoou, com a entrega e cumprimento da prestação. Não há que se falar em devolução do preço pago pelo animal.

Outra situação ocorre se, depois de feito o acordo, no qual o devedor se comprometeu a entregar o pássaro ao credor, porém antes de se dar a tradição (a transferência do bem), o animal falecer. Neste caso, o devedor sofre a perda do bem porquanto ainda não houve a transferência da propriedade (ele ainda era o dono da ave). Se o devedor já tiver recebido pela coisa, deve simplesmente devolver o valor.

Em ambos os casos, aplicou-se o princípio segundo o qual *res perit domino* – a coisa perece para o dono. O proprietário, portanto, arca com o risco da perda sem culpa. Nesse sentido, aliás, o artigo 492 do Código Civil:

> "Art. 492. Até o momento da tradição, os riscos da coisa correm por conta do vendedor, e os do preço por conta do comprador."

E se a coisa perece, sem culpa, enquanto pendente condição suspensiva? A condição suspensiva, como se sabe, é uma modalidade do negócio jurídico, que subordina a eficácia desse negócio a um fato futuro e incerto. Pode-se ajustar que um negócio apenas ganhe eficácia se certo evento ocorrer, na forma registrada pelo artigo 125 do Código Civil. Imagine-se a convenção pela qual se estabeleça que a venda de uma vaca premiada apenas ocorrerá se for liberado um empréstimo de uma instituição financeira. Enquanto não houver a liberação do dinheiro, o negócio fica suspenso, sujeito ao implemento dessa condição. Se a vaca morre, sem culpa de ninguém, antes de verificada a condição – e, logo, antes da transferência do bem –, a obrigação se resolve, sem que nenhuma das partes possa exigir nada da outra.

deterioração

Pode ocorrer de a coisa certa não se perder por inteiro, mas se deteriorar, isto é, ter sua integridade comprometida, sem, entretanto, perder-se por completo.

Tome-se a hipótese de alguém adquirir uma obra de arte, mas esta, antes da entrega, sofrer um arranhão. Momentos antes de dar o carro, o devedor experimenta uma pequena colisão que amassa a lataria. Os exemplos são infinitos de situações nas quais a coisa não se perde, porém se deteriora. Nestes casos, também, o primeiro passo consiste em analisar se a coisa certa se deteriorou por culpa do devedor.

Ausente a culpa do devedor – ou seja, ele não contribuiu para que a coisa certa fosse danificada –, pode o credor, diz o artigo 235 do Código Civil, resolver a obrigação, extinguindo o vínculo, ou, se preferir, ficar com a coisa deteriorada, mas receber um abatimento do seu preço.

A solução dada pela lei é inteligente. Não seria justo impor ao credor que ficasse com a coisa danificada, razão pela qual a norma lhe faculta a possibilidade de extinguir o vínculo.

Caso, contudo, ele deseje ficar com o bem, mesmo que deteriorado, justo que o seu preço seja diminuído, adequando-se à realidade do seu novo valor, agora correspondente a um bem imperfeito. O valor de um automóvel em estado ideal não é o mesmo de um abalroado.

Se, todavia, o devedor for culpado, a norma do artigo 236 do Código permite ao credor fazer uma opção distinta: ou reclama a devolução do equivalente ao valor da coisa no estado que ela se encontrava antes da deterioração, ou recebe a coisa, com o preço abatido. Nas duas hipóteses, havendo culpa, o credor tem direito a reclamar uma indenização, na qual se aferirão as perdas e os danos sofridos.

melhoramentos

Anteriormente ressaltou-se que, até a transferência da coisa – mesmo depois de nascida a obrigação de dar –, a propriedade seguia sendo do devedor. Não raro, antes de se operar essa transferência, a coisa recebe melhoramentos. E nesses casos? Deve o credor pagar por eles? Afinal, houve aumento do valor da coisa. O nosso ordenamento jurídico entende que sim.

Considera-se injusto que o credor receba o bem, com melhorias e acrescidos – que aumentaram seu valor –, e nada pague por isso. O artigo 237 do Código Civil indica que, nos casos de melhorias e acrescidos, o devedor pode exigir o aumento do preço da obrigação, para que ele reflita o benefício auferido pelo credor com o recebimento da coisa, agora mais valiosa.

Melhoramentos, como o próprio nome indica, engloba tudo o que se faça ao bem e lhe aumente o valor. As benfeitorias, por exemplo, são melhoramentos, porém feitas em bem alheio. Os acrescidos relacionam-se a tudo o que se junta à coisa.

Diz a lei que cabe ao devedor – o dono da coisa – apontar o seu novo preço, depois das melhorias e acréscimos. Se o credor se recusar a pagar pelo acréscimo ou pelas melhorias, o devedor pode resolver a obrigação e o negócio se extingue.

O ordenamento jurídico tem ojeriza ao benefício sem uma causa justa e isso poderia ocorrer se o credor ficasse com a coisa mais valiosa do que o preço por ela pago.

Há, entretanto, um risco na aplicação cega desse dispositivo: a eventual má-fé do devedor, que pode criar desnecessariamente um melhoramento para tornar a coisa mais cara ao credor.

Muito corretamente, o Código Civil argentino indica que se deve atentar à boa-fé das partes para analisar a cobrança do acréscimo do preço pelos melhoramentos.

Entre nós, embora não exista um dispositivo expresso nesse sentido, é certo que, como o princípio da boa-fé permeia todo o nosso ordenamento jurídico, a leitura do artigo 237 do Código Civil não se pode fazer sem atentar ao conceito de que as partes devam sempre nortear suas condutas pela lealdade. Importa, pois, aferir se a melhoria ou o acréscimo ocorreu de forma natural, sem a intenção espúria do devedor, ou se o acrescido sobreveio sem uma razão objetiva que o justifique, para se reconhecer que o devedor possa, efetivamente, reclamar o aumento do preço.

Tome-se o exemplo do vendedor que, poucos dias antes de entregar o imóvel que acabara de vender, informa ao credor que folheou de ouro a banheira existente no imóvel e, em função disso, reclama a majoração no preço da coisa. Evidentemente que essa atitude do devedor não faz qualquer sentido. Justifica-se, até mesmo, a reclamação do credor que se desfaça o "melhoramento". A resposta, todavia, seria outra se o devedor desse imóvel informasse que foi forçado, depois de vendida a coisa, porém antes de transferir a propriedade, a consertar o encanamento do imóvel, que, roto, estava prestes a estourar. Aqui, é razoável reclamar o acréscimo do preço.

Os artigos 1.219 e 1.220 do Código Civil, relativos aos direitos de indenização do possuidor, oferecem bons parâmetros para entender o direito à reclamação dos acréscimos e melhoramentos, referidos no artigo 237. Os citados dispositivos mandam examinar a existência de boa-fé ou má-fé por parte do possuidor, assim como a natureza do melhoramento (se necessário – ou seja, fundamental ao bem –, útil – que auxilie o uso da coisa –, ou meramente voluptuário – se a melhoria visava apenas a aformosear), para indicar se ele, possuidor, pode reclamar do proprietário alguma indenização pelas benfeitorias.

Evidentemente, se o melhoramento for apenas um capricho, não é razoável exigir do credor que pague pelo aumento do preço da coisa, podendo, nesses casos, o credor reclamar, até mesmo, o desfazimento da melhoria.

Dessa forma, em resumo, os melhoramentos que justificam o acréscimo do preço são aqueles que derivam de obras necessárias ou, quando muito, úteis, desde que feitos de boa-fé.

Caso o melhoramento acrescido à coisa de boa-fé não puder ser dela retirado e tenha havido aumento de seu valor, o credor pode justamente desistir do negócio. De outra forma, se o melhoramento adveio de má-fé e não puder ser retirado da coisa, o credor está autorizado a desistir do negócio, com direito, inclusive, a reclamar do devedor os danos que eventualmente tenha sofrido.

frutos Situação diversa ocorre com os frutos. Frutos, como se sabe, são coisas geradas a partir de outra que, uma vez retiradas, não alteram a substância da coisa original. Uma maçã não afeta a integridade da macieira. O aluguel de um bem, também se extrai da coisa sem comprometê-la. Os frutos podem, pois, ser naturais ou civis, em função da sua origem.

Para os frutos, aplica-se a seguinte regra: os percebidos são do devedor, ou seja, os frutos que foram colhidos antes da transferência da propriedade ficam com o seu dono da época, o devedor. Já os pendentes serão do credor, consoante o parágrafo único do artigo 237.

Salvo convenção em contrário, ao adquirir uma vaca prenha, se o bezerro nasce antes da tradição – da entrega física do animal –, o rebento é do vendedor (o devedor da vaca), pois se trata de fruto percebido. Caso, todavia, o animal apenas dê a luz depois de sua propriedade transferida, o bezerro será do comprador, porquanto haveria, nessa hipótese, um fruto pendente.

obrigação de restituir As obrigações de restituir são uma espécie das obrigações de dar coisa certa. Nesta modalidade, o devedor se compromete a devolver a coisa certa que pertence ao credor, mas cuja posse, por algum motivo, ele momentaneamente recebe.

Há contratos de muito uso prático nos quais se estabelece esta obrigação de restituir, como a locação, o penhor, o comodato, o empréstimo e o depósito.

Enquanto nas obrigações de dar coisa certa haverá a transferência da propriedade, nas obrigações de restituir a propriedade não se altera, ela é sempre do credor. Apenas a posse física do bem certo é entregue a outra pessoa, que passa a ter o dever jurídico de restituir essa mesma coisa.

No aluguel de um carro, por exemplo, a propriedade jamais se transfere. O devedor da obrigação (quem recebe o carro em aluguel) fica na posse do automóvel e tem o dever de devolvê-lo num certo momento futuro. Sua obrigação, pois, é de restituir.

Em todos os casos de obrigação de restituir há, em comum, o fato de que a coisa certa não pertence ao devedor, mas ao credor, que fica obrigado a devolvê-la.

A coisa certa, que deve ser restituída, pode perder-se e, neste caso também, cumpre avaliar se houve culpa do devedor. Em caso negativo, a obrigação se extingue, mas quem sofre a perda da coisa é o credor, por ser ele o dono. Deve-se ter presente o conceito acima ressaltado de que o dono sofre os riscos da perda sem culpa (*res perit domino*). Nas obrigações de restituir, o dono é o credor e, logo, se não houve culpa, ele arca com o risco.

Assim, se alguém emprestou o carro a um amigo para passear e este se acidentou sem culpa, o dono do carro, que esperava a restituição do automóvel, nada pode reclamar de seu amigo. É o dono do carro, credor da obrigação de restituir, quem amarga o prejuízo com a perda, consoante ensina o artigo 238 do Código Civil.

Se, de outro lado, houve culpa do devedor, este fica obrigado a arcar com o equivalente do valor do bem, somando-se, ainda, as perdas e danos sofridos pelo credor (artigo 239).

Há ainda a possibilidade de a coisa a ser restituída se deteriorar. Se isso ocorrer sem culpa, o credor recebe a coisa no estado em que ela se encontra. Presente a culpa, o artigo 240 do Código Civil manda observar o mesmo conceito adotado no artigo 239, isto é, o culpado deve dar ao lesado o correspondente em dinheiro às perdas e danos. Esta solução, entretanto, não parece ser a melhor. Isto porque no caso de perda, como trata a hipótese do artigo 239, é razoável que o devedor culpado dê ao credor lesado o equivalente, mas se a coisa se deteriorou, pode ser interesse do credor recebê-la, mesmo danificada, acrescida, evidentemente, de uma reparação. A solução nos dois casos – perda e deterioração – não é a mesma e, nesse passo, andou mal a lei.

Natural que o credor lesado pudesse escolher entre ficar com a coisa deteriorada ou receber o equivalente (ou seja, o preço da coisa em perfeito estado), sempre acrescido das perdas e danos.

O artigo 241 do Código Civil fornece a regra segundo a qual, nas obrigações de restituir, se houve melhoramento na coisa sem despesa ou trabalho do devedor, o credor pode receber a coisa, mais valiosa, mas nada deve indenizar ao devedor.

Se o devedor, ao contrário, contribuiu de alguma forma para o aumento do valor da coisa a ser restituída, este pode reclamar uma indenização, valendo-se, consoante registra o próprio artigo 242, dos mesmos princípios que regulam o ressarcimento pelas benfeitorias, conforme haja boa-fé ou má-fé. Neste caso, como se vê, a lei faz referência aos conceitos dos artigos 1.219 e 1.220 do Código, acima já mencionados.

direito de retenção • Reconhece-se ao possuidor de boa-fé, que tenha efetuado melhorias, o direito de retenção, caso o credor se recuse a indenizá-lo pela benfeitoria. Com isso, o devedor tem o direito de não restituir a coisa até receber o valor da benfeitoria necessária ou útil.

O direito de retenção é uma prerrogativa do possuidor de boa-fé, autor de melhorias na coisa, de se manter com ela até obter o ressarcimento do proprietário. Suponha-se que uma pessoa recebeu um imóvel emprestado, mediante contrato de comodato. Durante o período em que esteve na posse do bem, o possuidor efetuou uma série de benfeitorias necessárias na coisa. No momento em que o dono do imóvel (credor da relação, pois, pode reclamar a obrigação de o ocupante restituir o bem) solicitar a entrega da coisa, o possuidor, por sua vez, encontra-se autorizado a exigir o reembolso pelas benfeitorias realizadas. Se o proprietário se recusar a pagar, o possuidor tem o direito de não devolver o bem até receber o ressarcimento, no que se denomina direito de retenção.

Com relação aos frutos da coisa a ser restituída, observa-se, aqui também, as regras atinentes ao possuidor de boa-fé ou má-fé, informa o parágrafo único do artigo 242 do Código Civil.

6.1.3. Obrigação de dar coisa incerta

As obrigações de dar coisa incerta também são conhecidas como dívidas de gênero. Isso porque o devedor se compromete a entregar uma coisa determinada apenas pelo gênero e pela quantidade. Em outras palavras, nas obrigações de dar coisa incerta, o credor tem o direito de receber uma coisa da qual existem outras semelhantes. O devedor não se compromete a entregar "a" coisa, mas "uma" coisa (atente-se à distinção do artigo definido "a", para o indefinido "uma"). Ao se convencionar a entrega de uma dúzia de maçãs argentinas, não se indicam quais, entre as muitas e muitas milhares dessa fruta, se irão entregar. O devedor, ao oferecer a dúzia dessas maçãs argentinas, cumpre o seu dever.

obrigação pecuniária

A mais comum das obrigações de dar coisa certa é a obrigação pecuniária, ou seja, aquela na qual o devedor se compromete a entregar ao credor certa soma de dinheiro. Dinheiro é coisa incerta por excelência.

escolha

Em regra, compete ao devedor fazer a escolha da coisa entre o conjunto de seus semelhantes. Ao se estipular que o devedor deva entregar uma bola de futebol ao credor, é o devedor quem irá escolher qual das muitas bolas existentes será dada.

Naturalmente, as partes podem pactuar que, na obrigação de dar coisa incerta, tocará ao credor fazer a escolha da coisa. O credor, nesses casos, identificará a coisa.

O momento crucial das obrigações de dar coisa incerta é o da individualização do bem. Afinal, há um momento no qual se indica a coisa específica, que será o objeto de prestação. A partir desse momento, a coisa foi individualizada e a obrigação passará a ser de dar coisa certa. Dessa forma, com a escolha do bem, a obrigação, que era de dar coisa incerta, passará a ser regida como obrigação de dar coisa certa.

media aestimationes

Quem escolhe não precisa dar a melhor coisa do gênero, mas tampouco pode dar a pior. Um bom exemplo se dá com a ninhada de uma cadela, da qual o devedor se comprometeu a dar um filhote ao credor. Trata-se de uma obrigação de dar coisa incerta, pois a cadela pariu alguns filhotes e cabe ao devedor entregar qualquer um deles. Admitindo-se que uma cria tenha nascido defeituosa, o devedor não pode oferecê-la ao credor, por força dessa regra, contida na última parte do artigo 244 do Código Civil, de que acima se deu notícia, segundo a qual, nas dívidas de gênero, quem escolhe não pode optar pelo pior do gênero. Assim, aquele a quem tocar a escolha não precisa entregar o melhor, mas está proibido de dar o pior; pode-se indicar o meio termo entre o melhor e o pior. É o que se entende por *media aestimationes*.

Por esse motivo, cumpre ao interessado (na maior parte das vezes, o credor) identificar a coisa, dentro de seu gênero, da melhor forma possível. Caso se ajuste que o devedor deva entregar um quilo de arroz, é interesse do credor explicitar qual a qualidade do grão, suas propriedades, tudo a fim de garantir o recebimento de algo melhor.

Essencial, como se mencionou ao tratar do objeto das prestações, indicar a quantidade. Sem esta indicação, sequer a obrigação chegará a se constituir, pela falta de um de seus elementos. "Prometo dar sacas de café": neste caso, a obrigação não se aperfeiçoa, pela ausência de objeto. Afinal, não se sabe se a prestação se compõe de duas ou de muitas milhares de sacas de café.

Depois de feita a escolha, identificando-se o bem específico, a obrigação, já se disse, passa a ser de dar coisa certa, indica o artigo 245 do Código Civil.

momento da identificação

O Código de 2002 trouxe uma salutar alteração quando informa que o fundamental, para verificar o preciso momento no qual as obrigações de dar coisa incerta se transformam em de dar coisa certa, é o da ciência da escolha, isto é, o momento no qual a parte, a quem cabia fazer a escolha, informa a outra que identificou, entre as várias coisas que pertencem ao gênero, uma sobre a qual a obrigação deva recair.

Imagine-se o pai que promete dar ao filho uma bicicleta de aniversário. Trata-se de uma obrigação de dar coisa incerta, pois existem milhões (possivelmente bilhões, considerando que a bicicleta é o meio mais popular de transporte na China) de bicicletas no mundo. O filho, então, vai à loja e escolhe uma. No momento em que ele indica ao pai que "aquela" bicicleta é a que ele deseja adquirir, o pai (no caso, o devedor) é, para repetir a redação legal, "cientificado da escolha". A partir daí a obrigação passa a ser de dar coisa certa.

Assim, em suma, o momento no qual a informação é dada – acerca da identificação da coisa – marca o início da obrigação de dar coisa certa.

genus non perit

A relevância dessa transformação, de coisa incerta para coisa certa, não é pequena. Afinal, na obrigação de dar coisa certa, se o bem perece, inicia-se a análise acerca da culpa do devedor, para fins de apurar a responsabilidade. Se o devedor não for considerado culpado, a obrigação se extingue, pela perda do objeto. Diferentemente, se a obrigação for de dar coisa incerta, jamais haverá a perda da coisa, pois o gênero não perece e sempre restarão exemplares do objeto do negócio. Isso mesmo, os romanos já assinalavam: *genus non perit* ou *genera non pereunt*. Dessa forma, se alguém se compromete a entregar a outra uma coleção de discos dos Beatles e, até mesmo, adquire essa coleção com essa finalidade, o fato de perder esses discos (independentemente da existência ou não de culpa) não extingue a obrigação, por se tratar de dever de entregar coisa incerta. O devedor terá que adquirir outra coleção para cumprir a sua obrigação.

Como se vê, nas obrigações de dar coisa incerta, o credor não sofre qualquer risco de ficar sem a prestação, pois é irrelevante se a coisa se perdeu. Cabe ao devedor obter outra para satisfazer a obrigação.

O risco do devedor é, portanto, maior. Uma das formas que o devedor tem de se proteger é, se couber a ele a escolha da coisa, identificar ao credor, o quanto antes, qual a coisa que entregará. Se o devedor combinou dar um cavalo de seu haras, por exemplo, o melhor para o devedor será indicar, o quanto antes, ao credor, qual o animal lhe será dado, tornando aquela obrigação – que inicialmente era de dar coisa incerta – em um dever de dar coisa certa.

Enquanto a obrigação for de dar coisa incerta, de nada adiantará ao devedor o fato de que, por exemplo, parte considerável dos cavalos que vivem em seu haras ter morrido. O devedor seguirá tendo que dar algum cavalo sobrevivente ao credor para adimplir a sua obrigação (confira, a propósito, o artigo 246 do Código Civil). Em resumo, não há que se falar em perda da coisa se a obrigação for de dar coisa incerta. A dívida não é de uma coisa específica, mas de todo o gênero.

A regra segundo a qual o gênero não perece – *genus non perit* – não pode, contudo, ser aplicada cegamente. Por vezes, a dificuldade extraordinária deve equiparar-se à impossibilidade. Afinal, é admissível que a perda de coisa incerta seja de dificílima reposição, a ponto de criar um ônus insuportável ao devedor. São hipóteses de fungibilidade escassa ou limitada. Nestes casos, justo reconhecer os efeitos da perda da coisa certa à incerta.

Tome-se o exemplo de um colecionador de selos, que acerta alienar um raro selo, do qual restam somente alguns exemplares. Embora o filatelista tenha um desses selos raros, o contrato não indica qual dessas poucas estampilhas será objeto do negócio, de sorte que se ajusta uma obrigação de dar coisa incerta. Imagine-se que o devedor perca o selo. Se for possível ao devedor adquirir outro exemplar para entregar ao credor, então a obrigação será satisfeita. Contudo, pode ocorrer de isso já não ser possível, ou mesmo essa aquisição passar a depender de um custo elevadíssimo, muito superior ao do negócio entabulado. Neste último caso, razoável equiparar a extrema dificuldade à impossibilidade, para o fim de a obrigação se resolver em perdas e danos, conforme houver ou não culpa do devedor com a perda da coisa.

<small>acessórios</small>

Vale fazer uma ressalva acerca da incidência, também nas obrigações de dar coisa incerta, do princípio mencionado no artigo 233 do Código Civil, segundo o qual a obrigação de dar alguma coisa abrange os acessórios desta. Embora esse dispositivo esteja arrolado na seção das obrigações de dar coisa certa (e, até mesmo, faça uma referência expressa a esse tipo de obrigação de dar) é certo que o conceito também vai incidir nas dívidas de gênero.

6.2. Obrigação de Fazer

Nas obrigações de fazer o devedor fica sujeito a realizar uma atividade ao credor. O objeto dessas obrigações é um comportamento, um serviço, um trabalho, uma ação que o devedor deva praticar, seja ela intelectual ou física. Ao contratar um serviço, por exemplo, acerta-se uma obrigação de fazer.

Pode ser qualquer ato humano possível, físico ou psíquico, mas apenas podem ir até onde o homem possa chegar (*ultra posse nemo obligatur*). Isto é, não pode a prestação superar os limites físicos e psicológicos do homem destinado a praticar a atividade.

Pontes de Miranda diz que, na realidade, existem apenas dois tipos de obrigação: as de fazer e as de não fazer.[3] As de dar, bem vistas as coisas, seriam, segundo o jurista, apenas uma espécie de obrigação de fazer, na qual o devedor "faz" algo: ele entrega um bem.

Esta afirmativa não parece correta. Afinal, o Direito tem noções próprias. Embora dar pressuponha um fazer, não há possível confusão entre as obrigações de dar e a de fazer. Até mesmo por uma questão prática, a identificação das obrigações de dar como uma categoria apartada apresenta vantagens. Afinal, há uma série de peculiaridades nas obrigações de dar que justificam a sua autonomia.

<small>obrigações personalíssimas</small>

Faciunt favos et vespae, diziam os romanos: "as vespas também fazem favos". De fato, tanto vespas como as abelhas produzem favos, mas apenas se encontra mel nos favos das últimas. Com a locução, indica-se que certas atividades apenas podem ser praticadas por quem tem a aptidão, não importa que aparentemente haja semelhança. Nos favos das vespas não há mel. Apenas as abelhas sabem fazê-lo.

Nas obrigações de fazer há grande relevância em se apontar se há um acordo de que certa pessoa, especificamente, deva praticar a

---

[3] *Tratado de Direito Privado*, tomo XXII, 2ª ed., Rio de Janeiro, Editora Borsoi, 1958, p. 8.

atividade, ou se a atividade, a prestação da obrigação de fazer, pode ser desempenhada por terceiro.

Normalmente isso ocorre porque o credor deseja obter um serviço que apenas o devedor pode oferecer, somente ele tem a aptidão. Não importa, aqui, se terceiro sabe fazer parecido, ou até melhor. Isso é irrelevante. Integra o objeto da prestação que ela seja desempenhada por uma pessoa específica.

As obrigações de fazer, portanto, podem ser ou não personalíssimas, ou *intuitu personae*, conforme seja necessário que se ofereça a prestação por uma pessoa específica.

De fato, pode ser interesse do credor que a obrigação de fazer seja realizada apenas pelo devedor. Isto é, que a atividade objeto da obrigação seja desempenhada somente pela pessoa do devedor, e por mais ninguém.

O artigo 878 do Código Civil de 1916 tratava especificamente do tema:

> "Art. 878. Nas obrigações de fazer, o credor não é obrigado a aceitar de terceiro a prestação, quando for convencionado que o devedor a faça pessoalmente."

Não existe dispositivo análogo no Código de 2002, embora o conceito siga indisputavelmente válido.

Caso se contrate certo cantor famoso, para que ele se apresente em uma festa, o credor daquela obrigação deseja, claro, que o próprio cantor ofereça a prestação. Neste caso, diz-se que a obrigação é personalíssima. Se qualquer outra pessoa se apresentar – até mesmo intérpretes mais talentosos –, o credor pode denunciar o descumprimento da obrigação.

Diversamente, a obrigação de fazer pode, por vezes, ser realizada por pessoa diferente do devedor, sem que isso tenha qualquer importância. Se a obrigação de fazer não reclama que uma pessoa específica cumpra a obrigação, qualquer pessoa, a pedido do devedor, pode efetuá-la, e a prestação estará satisfeita. Assim, caso se contrate um operário para pintar um muro de branco, mas, no dia de realizar a prestação, outro apareça para prestar o serviço, sem que isso tenha qualquer relevância, a obrigação será cumprida. Nesta última hipótese, a obrigação de fazer não era personalíssima.

O artigo 247 do Código fala que arca com as perdas e danos o devedor que se recusar a prestação a ele imposta ou (atente-se, agora) a prestação que só por ele era exeqüível. A lei, assim, fala da prestação que, por sua natureza ou por acordo entre as partes, apenas o devedor poderia realizar. São essas, como se disse, as obrigações *intuitu personae*, ou personalíssimas.

A relação pode ser personalíssima porque assim se estipulou, ou porque, pela sua natureza, ela apenas poderia ser prestada pelo devedor. Ao se contratar um determinado "craque" de futebol, o clube deseja que apenas aquele jogador entre em campo. Seria impensável que o jogador pedisse, por exemplo, que um amigo dele fosse jogar em seu lugar. É como diz a música popular americana, imortalizada por Frank Sinatra: "It had to be you, wonderful you, it had to be you..."

A mitologia clássica registra o drama de Penélope, mulher de Ulisses, rei de Ítaca. Como seu marido não voltava da guerra de Tróia, quase todos já o tinham por morto. Daí vários pretendentes aboletavam o palácio de Ítaca e insistiam que Penélope logo contraísse novas núpcias. A mulher, fiel ao seu marido mesmo sem saber se ele ainda vivia, disse que se casaria com aquele que conseguisse atirar com o arco de Ulisses. Tratava-se de um arguto estratagema: o arco de Ulisses era muito peculiar. Pesado, apenas Ulisses – só ele e ninguém mais – conseguiria cumprir aquela tarefa. Dito e feito: muitos pretendentes tentaram, mas somente Ulisses, que acabou voltando para Ítaca e para sua Penélope, tinha aptidão para empunhar o arco. Tratava-se, pois de uma obrigação personalíssima, apenas realizável por uma determinada pessoa.

O reconhecimento da natureza personalíssima da obrigação tem enormes repercussões na verificação do inadimplemento.

Se uma obrigação for personalíssima e o devedor se negar a cumpri-la, o credor não terá como se satisfazer plenamente. Afinal, o adimplemento perfeito depende exclusivamente do devedor. O nosso ordenamento jurídico não admite que se imponha a alguém, a força, que cumpra uma prestação de fazer. Nesses casos, fica o devedor responsável por arcar com os danos decorrentes de sua abstenção (artigo 247 do Código Civil). O artigo 821 do Código de Processo Civil tem preceito semelhante:

> "Art. 821. Na obrigação de fazer, quando se convencionar que o executado a satisfaça pessoalmente, o exequente poderá requerer ao juiz que lhe assine prazo para cumpri-la."

O Código Civil indica o direito material, ao passo que o Código de Processo Civil informa o procedimento para "materializar" esse direito. Na parte que trata das diversas espécies de execução, o Código de Processo Civil, nos artigos 806 a 823, cuida precisamente de como o credor interessado pode executar essas prestações de dar (artigos 806 a 813), de fazer (artigos 814 a 821) e de não fazer (artigos 822 e 823).

Como acima se ressaltou, nas obrigações de fazer personalíssimas, ninguém pode constranger o devedor de modo físico a cumprir a prestação – *nemo ad factum precise cogi potest*. Se o devedor deixar de oferecer a prestação só por ele exeqüível, responderá pelos danos que seu inadimplemento der causa.

Evidentemente, o devedor de uma obrigação personalíssima não ficará sujeito à reparação se demonstrar que não pôde cumprir a obrigação por fato a ele não imputável, ou seja, se demonstrar a ausência de culpa.

Da mesma forma, se a obrigação de fazer se tornar impossível, sem culpa do devedor, o vínculo se extinguirá. Isso vai ocorrer, por exemplo, se o fato a que se obrigou o devedor tornar-se, depois de ajustada a obrigação, ilícito.

Suponha-se a hipótese de um famoso engolidor de chamas, contratado para fazer um show. Antes, todavia, da data da apresentação, sobrevém uma lei que considera ilegal o seu mister, proibindo a atuação dos engolidores de chama. A prestação não poderá mais ser cumprida, por fato alheio à responsabilidade do artista. A obrigação se extinguirá.

Caso, todavia, a obrigação se torne impossível por culpa do devedor, então ele será responsabilizado e deverá arcar com as perdas experimentadas pelo credor (confira-se o artigo 248 do Código Civil).

> impossibilidade moral

Registre-se, nesse passo, a evolução da doutrina alemã que cogita da hipótese da impossibilidade moral. Isso ocorrerá nas obrigações de fazer personalíssimas, nas quais o devedor sofrer algum revés que torne extremamente penoso o oferecimento da prestação. O exemplo fornecido pela doutrina é a da soprano que se nega a cantar numa apresentação porque pouco antes teve a notícia de que seu filho corria risco de vida, por contrair doença gravíssima.[4] Em casos como o referido no exemplo, em que o devedor sofre abalo psicológico que tornaria um suplício o cumprimento do dever obrigacional, parece razoável admitir que o devedor possa recusar-se a entregar a prestação original (respondendo, entretanto, com as perdas e danos).

Bem apreciada a situação, há, nesses casos, uma ponderação de valores, no qual, de um lado, figura o interesse do credor (muito justo, de receber a prestação) e, de outra ponta, a situação de "impossibilidade moral" que o devedor pode encontrar-se em função de um advento qualquer que lhe abale psicologicamente.

> declaração de vontade

Comumente, a obrigação de fazer se constitui da declaração de vontade, como oferecer uma quitação, ou transferir a propriedade imóvel (como já vimos, é necessário, para transferir o domínio de bens imóveis que, além do contrato, haja um modo: a transcrição no Registro de Imóveis onde se situa o bem). Nestes casos, o credor des-

---

4 Richard Zimmermann, *El Nuevo Derecho Alemán de Obligationes*, Barcelona, Bosch, 2008, p. 52.

sa declaração pode solicitar ao Poder Judiciário, se o devedor negar o cumprimento de seu dever, que supra essa declaração. A sentença, emanada pelo juiz, produzirá o mesmo efeito da declaração, injustamente negada pelo devedor, como registra o artigo 501 do Código de Processo Civil:

> "Art. 501. Na ação que tenha por objeto a emissão de declaração de vontade, a sentença que julgar procedente o pedido, uma vez transitada em julgado, produzirá todos os efeitos da declaração não emitida."

Uma novidade digna de nota do Código de 2002 foi a de introduzir o artigo 464, inserido no contexto do contrato preliminar. Segundo o dispositivo, se as partes já houverem ajustado todos os requisitos essenciais ao negócio (não existindo nele cláusula de arrependimento), porém não tiverem celebrado o acordo definitivo, a parte que tiver interesse na concretização do contrato pode exigir da outra um prazo para firmá-lo. Passado o prazo sem a celebração do negócio, o mencionado dispositivo permite ao juiz suprir a vontade da parte omissa, "conferindo o caráter de definitivo ao contrato preliminar". Com isso, essa obrigação de fazer – de firmar o negócio – é oferecida pelo juiz, que supre a vontade da parte que se negou a celebrar o contrato definitivo e o negócio se aperfeiçoa.

cumprimento por terceiro

Se não for essencial que o devedor efetue a prestação – logo, uma obrigação fungível e não personalíssima –, o credor pode obter o cumprimento de terceiro, que executará o ato, objeto da prestação, às custas do devedor.

Acima se deu o exemplo da pessoa que contrata outra para pintar seu muro de branco. Se o devedor não comparece para cumprir seu dever, o credor está autorizado a solicitar que outra pessoa realize a pintura e mande a conta ao devedor inadimplente, que arca, não apenas com o custo incorrido, mas também com o eventual dano que o credor teve com a sua falha (artigo 249). Dessa forma os artigos 817 e 818 do Código de Processo Civil:

> "Art. 817. Se a obrigação puder ser satisfeita por terceiro, é lícito ao juiz autorizar, a requerimento do exequente, que aquele a satisfaça à custa do executado."

Como ressalva o referido dispositivo do Código de Processo Civil, esse poder de o credor exigir que terceiro realize a atividade deve ser autorizado pelo Judiciário.

<small>casos de urgência</small>

Merece realce a inovação do Código de 2002 nesse particular, num dispositivo de grande interesse prático. O parágrafo único do artigo 249 admite que, se houver urgência, o credor, nesses casos de obrigação de fazer fungíveis, execute, ou mande que executem o fato, independentemente de autorização do Judiciário, e depois reclame o ressarcimento.

Eis a cena: uma pessoa tem seu apartamento tomado de goteiras, por conta de uma inundação na unidade de cima. Ela solicita ao seu vizinho de cima que tome as providências, porque sua casa está debaixo d'água, mas o seu vizinho nada faz. Note-se que esse vizinho de cima é, neste caso, devedor de uma obrigação de fazer (consistente em consertar o vazamento). Como o caso é urgente, esse morador de baixo (credor na relação) poderia valer-se dessa regra do parágrafo único do artigo 249 e resolver o problema diretamente, para, depois, reclamar o ressarcimento.

Quis a lei proteger as situações emergenciais, no que andou muito bem. A lei civil buscou garantir a efetividade da obrigação, preocupação já refletida pela lei processual. O artigo 497 do Código de Processo Civil cuida precisamente da tutela específica das obrigações de fazer e de não fazer, isto é, de como o credor dessas obrigações pode solicitar ao Poder Judiciário uma enérgica proteção dessas prestações.

Ocorre que, muitas vezes, essas obrigações de fazer e de não fazer apenas têm sentido se seu cumprimento se der de imediato. Imagine-se o produtor de um espetáculo, que tenha contratado um canal de televisão para anunciar seu show. Acontece que o canal de televisão deixa de exibir o anúncio e o show acontecerá em breve. Para o empresário, apenas há o interesse no cumprimento da obrigação de fazer – consistente em exibir o anúncio – se ela ocorrer antes do espetáculo. Assim, ou o devedor cumpre a prestação, ou já não haverá mais interesse na atividade. Para casos como esse, o credor poderá socorrer-se dos artigos 497, 499 e 500 do Código de Processo Civil:

<small>tutela específica da obrigação</small>

"Art. 497. Na ação que tenha por objeto a prestação de fazer ou de não fazer, o juiz, se procedente o pedido, concederá a tutela específica ou determinará providências que assegurem a obtenção de tutela pelo resultado prático equivalente.
Art. 499. A obrigação somente será convertida em perdas e danos se o autor o requerer ou se impossível a tutela específica ou a obtenção de tutela pelo resultado prático equivalente.
Art. 500. A indenização por perdas e danos dar-se-á sem prejuízo da multa fixada periodicamente para compelir o réu ao cumprimento específico da obrigação."

Atente-se, especificamente, ao disposto no artigo 499 do Código de Processo Civil: coloca-se o interesse do credor em destaque, permitindo-se que ele cobre a prestação, tal como pactuada, salvo se preferir reclamar perdas e danos, ou já não houver interesse ou utilidade nessa prestação.

Além de garantir ao poder ao Judiciário o poder de impor o pronto cumprimento dessa obrigação de fazer ou de não fazer, dá ao juiz, na fase de cumprimento de sentença, a faculdade de impor multas a fim de constranger o devedor a praticar a prestação mesmo sem a provocação da parte interessada:

> "Art. 536. No cumprimento de sentença que reconheça a exigibilidade de obrigação de fazer ou de não fazer, o juiz poderá, de ofício ou a requerimento, para a efetivação da tutela específica ou a obtenção de tutela pelo resultado prático equivalente, determinar as medidas necessárias à satisfação do exequente.
> § 1º Para atender ao disposto no caput, o juiz poderá determinar, entre outras medidas, a imposição de multa, a busca e apreensão, a remoção de pessoas e coisas, o desfazimento de obras e o impedimento de atividade nociva, podendo, caso necessário, requisitar o auxílio de força policial.
> § 2º O mandado de busca e apreensão de pessoas e coisas será cumprido por 2 (dois) oficiais de justiça, observando-se o disposto no art. 846, §§ 1º a 4º, se houver necessidade de arrombamento.
> § 3º O executado incidirá nas penas de litigância de má-fé quando injustificadamente descumprir a ordem judicial, sem prejuízo de sua responsabilização por crime de desobediência.
> § 4º No cumprimento de sentença que reconheça a exigibilidade de obrigação de fazer ou de não fazer, aplica-se o art. 525, no que couber.
> § 5º O disposto neste artigo aplica-se, no que couber, ao cumprimento de sentença que reconheça deveres de fazer e de não fazer de natureza não obrigacional.
> Art. 537. A multa independe de requerimento da parte e poderá ser aplicada na fase de conhecimento, em tutela provisória ou na sentença, ou na fase de execução, desde que seja suficiente e compatível com a obrigação e que se determine prazo razoável para cumprimento do preceito.
> § 1º O juiz poderá, de ofício ou a requerimento, modificar o valor ou a periodicidade da multa vincenda ou excluí-la, caso verifique que: I – se tornou insuficiente ou excessiva; II – o obrigado demonstrou cumprimento parcial superveniente da obrigação ou justa causa para o descumprimento.

§ 2º O valor da multa será devido ao exequente.

§ 3º A decisão que fixa a multa é passível de cumprimento provisório, devendo ser depositada em juízo, permitido o levantamento do valor após o trânsito em julgado da sentença favorável à parte ou na pendência do agravo fundado nos incisos II ou III do art. 1.042.

§ 4º A multa será devida desde o dia em que se configurar o descumprimento da decisão e incidirá enquanto não for cumprida a decisão que a tiver cominado.

§ 5º O disposto neste artigo aplica-se, no que couber, ao cumprimento de sentença que reconheça deveres de fazer e de não fazer de natureza não obrigacional."

Evidentemente, a pena imposta pelo juiz não pode ultrapassar o valor da obrigação. Afinal, a natureza dessa multa não é outra que a da cláusula penal, devendo ficar constrita à regra do artigo 412 do Código Civil, segundo o qual o valor da multa não pode exceder ao da obrigação (adiante, ao tratar do inadimplemento, falaremos com mais vagar da cláusula penal).

Cabe ao juiz ser sensível para estipular multa suficiente para constranger o devedor a cumprir seu dever, porém não tão elevada a ponto de tornar mais interessante ao credor receber a multa do que o próprio adimplemento.

Complementando o conceito, refira-se, outra vez, ao artigo 501 do Código de Processo Civil, segundo o qual "Na ação que tenha por objeto a emissão de declaração de vontade, a sentença que julgar procedente o pedido, uma vez transitada em julgado, produzirá todos os efeitos da declaração não emitida." Como se vê, caso a obrigação de fazer seja a de declarar uma vontade, ela pode ser totalmente substituída pela decisão do Judiciário.[5]

6.3. Obrigação de Não Fazer

Segundo se sustenta, a nossa civilização ocidental se funda numa obrigação de não fazer, ao final descumprida. Logo após criar Adão e Eva, nossos ancestrais, o próprio Deus estabeleceu uma obrigação de não fazer: "Não comam daquele fruto". Com isso, Adão e Eva ficaram obrigados a uma abstenção, a um não fazer. Esse dever negativo, contudo, foi descumprido o pecado original é o primeiro inadimplemento documentado na história – e, até hoje, enfrentamos as conseqüências. Nossa mísera condição, nosso esforço diário, tudo por conta de uma obrigação de não fazer...

---

5   Ver, sobre as alterações do Novo Código de Processo Civil na matéria, Elias Marques de Medeiros Neto et al, Curso de Direito Processual Civil, Vol. II, São Paulo, Verbatim, 2016, p. 413 a 421.

Nas obrigações de não fazer o devedor deve abster-se de realizar uma atividade que, a rigor, poderia adotar. Não raro, essa obrigação se relaciona a uma tolerância do devedor. Essas obrigações de tolerar (*obligatio ad patiendum*) são, a rigor, uma espécie de obrigação de não fazer. Nestas se ajusta que o devedor não irá opor-se, ou não irá resistir a certo ato praticado pelo credor. Assim, em resumo, as obrigações de não fazer podem consistir numa abstenção (o devedor se compromete a deixar de realizar certo ato) ou numa tolerância (o devedor se obriga a não se opor a certa atividade do credor ou de terceiros).

Há diversas fontes desse tipo de obrigação. Podem as partes ajustar uma conduta negativa. Em muitas convenções de condomínio de apartamentos, por exemplo, fixa-se que os condôminos não poderão entrar nos elevadores sociais com trajes de banho. Neste caso, estabeleceu-se uma obrigação de não fazer. Um dos casos mais famosos de ajuste de obrigação de não fazer ocorreu na Hollywood dos anos 40, quando, pela primeira vez, um grande estúdio celebrou com uma artista negra, Lena Horne, um contrato de longo prazo. A artista fez constar do seu acordo que não interpretaria índias, escravas, selvagens, empregadas, ou outros estereótipos raciais. Eis uma clássica obrigação de não fazer.

Muitas vezes, uma sentença judicial impõe uma obrigação de não fazer, como ocorre, por exemplo, na dissolução de uma sociedade, na qual o Judiciário impede que um dos sócios use o nome da antiga empresa.

Contudo, a mais abundante das fontes dessas obrigações negativas é a lei. A lei impõe uma série dessas abstenções, até mesmo o conceito de que não se deva turbar a coisa alheia. Para muitos, contudo, a promessa de deixar de fazer o que a lei já veda não constitui exatamente uma obrigação de não fazer. Com efeito, nas obrigações de não fazer, o devedor se compromete a deixar de fazer aquilo que, de ordinário, poderia fazer. Abster-se de cumprir a lei resulta de um dever jurídico geral.

A princípio, admite-se qualquer estipulação de abstinência, desde que ela não afete a lei e a moral.

Se o devedor realizar a atividade da qual ele deveria abster-se haverá, por óbvio, o descumprimento da obrigação. Nesses casos, o credor pode exigir que o devedor desfaça o que fez. Imagine-se que o devedor se comprometera com seus vizinhos a não dar festas em sua casa depois da meia-noite. Se a festa avançar esse horário, os vizinhos (credores nessa relação) podem reclamar do devedor que promova o fim do evento.

Em muitos casos, essa obrigação de não fazer não admite, pela sua natureza, ser "consertada". Isto é, nas obrigações de dar e de fazer, em regra, se o devedor deixa de oferecer sua prestação, o credor tem como constrangê-lo, ainda que tardiamente, a cumprir a obrigação. Nas obrigações de não fazer isso muitas vezes não é possível. O exemplo mais colorido são as obrigações de guardar segredo, tão comuns nas relações empresariais e comerciais. Imaginemos a pessoa que detém o segredo dos ingredientes da Coca-Cola. Este tem uma obrigação com a Coca-Cola de não revelar sua fórmula. Acontece que essa pessoa, por algum motivo vil, faz publicar a fórmula num jornal de grande circulação. Neste caso, o descumprimento da obrigação de não fazer é absoluto. Pior, revela-se impossível desfazer o que foi feito. Para esses casos, o remédio é condenação do devedor a indenizar o credor a ressarcir os danos gerados pelo seu ato, como se extrai do artigo 251 do Código Civil.

<small>razoabilidade</small>

Evidentemente, ao se estabelecer uma obrigação de fazer – e exigir seu cumprimento – cumpre apreciar a sua razoabilidade. Permita-se recorrer a um exemplo prático para tratar do tema. Muitos condomínios de apartamento têm, em sua convenção, regra proibindo animais no prédio. Trata-se de obrigação de não fazer, pois cria um dever negativo, uma abstenção aos condôminos.

Entretanto, os Tribunais têm temperado essa obrigação de não fazer, dando a ela uma leitura inteligente, para que a proibição genérica feita aos animais seja interpretada apenas para restringir os animais que criem problemas aos demais condôminos:

> "Condomínio de edifício. Animal em apartamento. Convenção condominial. Interpretação de cláusula. Inocorrência de prejuízo. Recurso provido. Condomínio. Convenção. Animal. Cláusula proibitiva indistinta. Interpretação.
> 1. A convenção de condomínio compõe-se de cláusulas livremente estabelecidas pelas partes e dispõe sobre interesses de caráter privado com a finalidade de proporcionar o bem-estar de seus condôminos, o que exige que se considere a intenção das partes (art. 85 do Código Civil) para interpretar a proibição indistinta da permanência de animais em suas unidades. 2. Essa intenção revela-se na preservação da segurança, sossego e saúde dos condôminos (art. 558 do Código Civil), que não se afetam com a presença de animal pequeno, dócil, não agressivo, não barulhento e tratado com higiene. 3. Neste aspecto, a manutenção de caráter restritivo absoluto dessa proibição cria a desarrazoada situação de proibir a permanência de animal que agrada ao seu dono sem desagradar aos demais condôminos, o que atenta contra o bem-estar de todos e, como conseqüência, afronta a finalidade dessa cláusula. 4. Consideradas essas circunstâncias, a manutenção de cachorro de pequeno porte que não interfere no sossego, na segurança e na saúde dos demais condôminos harmoniza-se com a respectiva convenção e afasta a imposição de penalidade por este

motivo" (TJRJ, Apelação Cível nº 2001.001.04636, – Relator Desembargador Milton Fernandes de Souza, julgado em 13.06.2001).[6]

O acórdão que se acabou de transcrever oferece um bom exemplo prático de como as obrigações devam ser lidas, atravessando o prisma da razoabilidade, para que se atinja o objetivo útil dos credores e não servir como fonte de abusos, no qual o credor possa reclamar alguma vantagem que em nada o aproveita.

casos urgentes

O parágrafo único do artigo 251 apresenta regra semelhante à do parágrafo único do artigo 249 do Código Civil, relativa à urgência. Também nas obrigações de não fazer, se houver premência e for possível o desfazimento, poderá o credor adotar as providências para garantir o adimplemento (a fim de que prevaleça a abstinência do devedor), mesmo sem a autorização do Judiciário. Para que isso seja legítimo, o credor deve apenas atender aos conceitos de imediatez e proporcionalidade, ou seja, a resposta do credor deve ser pronta (a justificar a urgência) e sua atuação, a fim de garantir o adimplemento da obrigação de não fazer, deve guardar uma proporcionalidade entre o conserto e o dano a que se quer evitar.

impossibilidade de prestação

Na hipótese de a obrigação de não fazer tornar-se impossível ao devedor, sem que a ele se possa imputar qualquer culpa por isso, a relação se extingue. É o caso, para dar um exemplo, da pessoa que se comprometeu a jamais segurar numa arma de fogo, mas, para defender a sua vida, viu-se compelido a apontar o revólver a quem o ameaçava (confira-se, a respeito, a regra do artigo 250).

prazo prescricional

Por fim, cumpre chamar a atenção de que o prazo prescricional para reclamar o adimplemento de uma obrigação de não fazer apenas se inicia no momento em que ela é descumprida. De fato, a prescrição começa a fluir a partir do nascimento da pretensão. A pretensão do credor, nas obrigações de não fazer, consiste na abstinência, na tolerância do devedor, que ajustou deixar de praticar uma atividade. Essa pretensão apenas surge se o devedor praticou o ato do qual se deveria abster. Apenas a partir de então flui o prazo prescricional.

Duas empresas vizinhas contratam que uma delas não irá confeccionar certo produto. Trinta anos se passam, quando, então, a empresa devedora dessa obrigação de não fazer passa a confeccionar o exato produto, objeto do negócio. Somente a partir de então corre o prazo prescricional para que a credora reclame o inadimplemento. Afinal, apenas passou a haver interesse em reclamar a prestação (a

---

6   No mesmo sentido, entre outras, TJRJ, Agravo de Instrumento nº 2007.002.00907, Relator Desembargador Roberto Felinto, julgado em 13.02.07; e TJRJ, Apelação Cível nº 2000.001.01188, Relator Desembargador Luiz Fux, julgado em 13.06.00.

pretensão) a partir do inadimplemento e, logo, somente então passa a fluir o prazo prescricional.

<small>obrigação de não fazer não convencionada</small>

Um aspecto interessante das obrigações de não fazer está em que, muitas vezes, elas não se encontram expressamente convencionadas, mas decorrem naturalmente da essência do negócio. Notadamente no fim de uma relação comercial, ou mesmo numa relação de trabalho, há uma série de informações confidenciais, ou mesmo privilegiadas, que as partes não devem, pelo princípio da boa-fé, dividir com terceiros.

Se um alto executivo de uma sociedade a deixa, ele leva consigo uma série de preciosas informações. Ainda que ele não tenha contratado expressamente que deva abster-se de transferir essas informações, manter sigilo (uma clara obrigação de não fazer) acerca desses dados decorre naturalmente do dever geral de se conduzir de forma correta e leal.

A hipótese acima referida é um bom exemplo de uma obrigação lateral de não fazer, que segue viva mesmo depois do fim do contrato inicial que vinculava as partes, num caso de uma obrigação *post pactum finitum*.

7
Obrigações Simples, Cumulativas, Alternativas e Facultativas

Ao se examinar as obrigações de dar, fazer e não fazer, deu-se ênfase à forma de cumprimento da prestação. Essa divisão, como se observou, é fundamental para aferir qual a solução jurídica para o adimplemento e para o inadimplemento.

Outra importante classificação – igualmente com grande repercussão prática – diz respeito à relação entre as prestações num mesmo vínculo obrigacional.

obrigação simples

Se o devedor se compromete a dar ao credor um coelho chinchila, pura e simplesmente, há uma obrigação simples. Isso porque há apenas uma prestação, no caso, uma obrigação de dar. Isto é, naquele vínculo há somente uma prestação exigível.

obrigação cumulativa

Pode ocorrer, entretanto, que, no mesmo vínculo obrigacional, se tenha ajustado mais de uma prestação. Digamos que o devedor se comprometeu a entregar uma casa e um carro ao credor. Essa obrigação apenas será plenamente satisfeita no momento em que o credor receber do devedor a casa e o carro (duas prestações de dar).

Nada impede que se convencionem prestações de naturezas diversas, inclusive misturadas, como duas obrigações de dar e outra de fazer, e assim por diante. Nesses casos, há uma obrigação cumulativa, pois no mesmo vínculo existem duas ou mais prestações exigíveis.

Uma espécie de obrigação cumulativa muito comum é a obrigação periódica. Nesta, a obrigação se renova periodicamente, como ocorre, para dar um exemplo comum, nas obrigações de pagar a "contribuição" de condomínio. Essa obrigação renasce mensalmente e o devedor, periodicamente, fica com o dever de quitá-la (o que veremos adiante, no capítulo 10).

obrigação alternativa

Ou se tem chuva e não se tem sol
Ou se tem sol e não se tem chuva!
Ou se calça a luva e não se põe o anel,
ou se põe o anel e não se calça a luva!
Quem sobe nos ares não fica no chão,
quem fica no chão não sobe nos ares.
É uma grande pena que não se possa
estar ao mesmo tempo em dois lugares!
Ou guardo o dinheiro e não compro o doce,
ou compro o doce e gasto o dinheiro.

> Ou isto ou aquilo: ou isto ou aquilo...
> e vivo escolhendo o dia inteiro!
> Não sei se brinco, não sei se estudo,
> se saio correndo ou fico tranqüilo.
> Mas não consegui entender ainda
> qual é melhor: se é isto ou aquilo."

Cecília Meirelles tratou desse grande dilema humano: ou isto ou aquilo. Admite-se que se ajuste uma obrigação na qual duas ou mais prestações são indicadas, porém apenas uma delas deverá ser cumprida. Ou uma ou outra. São as chamadas obrigações alternativas.

O Código Civil oferece um tratamento especial às obrigações alternativas (também conhecidas como disjuntivas). Nestas, a obrigação indica duas ou mais prestações, mas o devedor se livra do vínculo cumprindo apenas uma delas. Há, então, múltiplo objeto, mas o devedor deve realizar apenas um. O termo "alternativa", que qualifica esse tipo de obrigação, é muito propício. Afinal, de fato, há uma alternatividade, pois o devedor deve uma coisa ou outra.

Os romanos falavam: *pluras sunt in obligatione, sed una tantum in solutione*, ou seja, embora exista mais de uma prestação prevista, apenas uma basta para o adimplemento.

Contrata-se uma pessoa para entregar um quadro ou cantar numa festa. Empregando a conjunção alternativa "ou" (ou, ainda, outra construção que transmita com perfeição a existência de uma opção), o devedor não deverá as duas prestações: ele não ficará impelido a entregar o quadro e, ainda por cima, cantar na festa. É uma prestação ou a outra.

Pode-se, aqui também, recorrer aos conceitos de *debitum* e *obligatio*. Nas obrigações alternativas há apenas uma *obligatio*, embora se observem mais de um *debitum*. Afinal, o devedor deve uma ou outra coisa (daí mais de um *debitum*), mas apenas poderá ser exigido dele que cumpra uma das prestações.

concentração

O momento crucial nestas obrigações é aquele no qual se escolhe qual das prestações (entre as opções) será, efetivamente, devida. Denomina-se esse fenômeno de concentração, porque, de fato, sobre uma obrigação concentra-se o dever obrigacional.

A partir da concentração, a obrigação perde sua característica de alternatividade, para tornar-se uma obrigação simples, na qual o devedor deve apenas uma prestação.

Com efeito, enquanto nas obrigações há, em regra, dois momentos cruciais (o da criação do vínculo e o do seu cumprimento), nas obrigações alternativas observa-se um terceiro momento importante, que ocorre entre o nascimento do vínculo e o seu cumprimento. Trata-se da concentração, na qual se aponta qual a prestação devida.

Cumpre apontar, com precisão, qual será o momento da concentração. Admitindo-se que uma das partes terá o poder de indicar à outra qual a prestação devida, essa concentração apenas pode dar-se quando há uma comunicação, valendo-se recorrer ao conceito do artigo 245 do Código Civil, antes referido ao tratar das obrigações de dar coisa incerta. Segundo essa regra, o momento crucial é aquele no qual a outra parte for cientificada.

A Lei civil traz algumas restrições acerca da concentração. Não se admite, por exemplo, que o devedor obrigue o credor a receber parte de uma prestação e parte de outra. Caso se tenha fixado uma obrigação alternativa na qual o devedor deva, por exemplo, dar dez maçãs ou dez pêras, não se admite que o devedor escolha pagar cinco maçãs e cinco pêras. Uma coisa ou outra, garante o § 1º do artigo 252.

O § 2º desse mesmo dispositivo, contudo, permite que a escolha (sobre a totalidade) da obrigação se altere se a obrigação for periódica. Dessa forma, se a obrigação de entregar dez maçãs ou dez pêras for anual, poderá o credor num ano entregar as dez maçãs e, no ano seguinte, a dezena de pêras.

escolha do devedor

O artigo 252 do Código Civil informa que, salvo ajuste em contrário, caberá ao devedor indicar sobre qual das prestações ajustadas irá concentrar-se a obrigação. Trata-se, como se extrai da própria redação da norma, de uma regra de caráter supletivo, ou seja, nada impede que se convencione de modo distinto, dando-se ao credor o poder de indicar a prestação numa obrigação alternativa.

O Código do Consumidor (Lei nº 8.079, de 11.09.1990) indica, no seu artigo 54, § 2º, que, nos contratos de adesão — aqueles nos quais uma das partes estipula todas as cláusulas, ao passo que a outra apenas a ele adere —, se houver o ajuste de cláusula resolutória (admitindo o fim do negócio), ela deve ser alternativa, cabendo, neste caso, a escolha ao consumidor, que pode escolher entre o fim do negócio ou a sua manutenção. A lei, aqui, informa que a escolha da alternatividade apenas pode recair sobre o consumidor.

escolha do credor

Se cabia ao credor a escolha e ele se omitiu, cumpre ao devedor notificá-lo, concitando-o a fazer a eleição. Se o credor seguiu omisso e a obrigação for de dar, pode o devedor consignar a coisa em pagamento, ou seja, depositar em Juízo uma das coisas que ele, devedor, escolher (como se vê da inteligência do artigo 342 do Código e adiante se analisará mais detidamente).

pluralidade de optantes

O Código Civil de 2002 inovou no § 3º do artigo 252, prevendo a possibilidade de não haver consenso entre uma pluralidade de optantes quanto a qual das prestações deva concentrar-se a obrigação. Essa situação vai ocorrer se a escolha recair num dos pólos da obrigação composto por mais de uma pessoa e houver, entre elas, dissenso em relação à qual das prestações deva ser eleita. Isso pode dar-se tanto no pólo passivo como no ativo da relação obrigacional.

Neste caso de ausência de acordo, a escolha tocará a um juiz. O mesmo ocorrerá, indica o § 4º do referido artigo 252, se era terceiro quem deveria ter feito a escolha, mas este se nega ou não pode fazê-la. Aqui também, o juiz irá suprir a falta do terceiro, para apontar qual prestação deverá ser cumprida.

<small>impossibilidade das prestações</small>

Nas obrigações alternativas, pode ser também que uma ou mesmo as duas prestações se impossibilitem. Qual a solução para a hipótese? O primeiro passo, aqui, é saber a quem toca a escolha, se ao credor ou ao devedor. Caso não tenha havido qualquer estipulação nesse sentido, a escolha caberá ao devedor, por força do *caput* do artigo 252.

Iniciemos, pois, por examinar a situação se o devedor escolher: imagine-se que existam duas prestações alternativas; ou o devedor entrega um certo bode, ou ele faz uma apresentação de canto. Ocorre que o bode (coisa certa neste exemplo) morre. Neste caso, como a escolha cabe ao devedor, há uma concentração automática na prestação remanescente (a única que sobrou), e a obrigação passa a ser simples: o devedor fica com o dever de fazer a tal apresentação de canto.

A partir daí, a situação passa a ser regida como ordinariamente ocorre com as obrigações simples.

Caso a escolha toque ao credor, a situação é mais complexa. Se uma das prestações se impossibilitar, deve-se analisar se houve culpa do devedor. Em caso negativo, haverá a concentração na prestação remanescente (afinal, a obrigação se resolve quando extinta pela impossibilidade da prestação sem culpa da parte).

Se, de outro lado, houve culpa do devedor, o credor terá a opção de ficar com a prestação subsistente (que ainda pode ser oferecida) ou de reclamar o valor da prestação que se impossibilitou, acrescido das perdas e danos, como se extrai do artigo 255 do Código Civil.

Tornando-se ambas as prestações inexeqüíveis por culpa do devedor e cabendo ao credor a escolha, o credor pode optar pelo valor de qualquer uma das duas, sempre acrescido das perdas e danos (veja-se a segunda parte do artigo 255).

No caso acima, a lei não se importa com a temporalidade, isto é, com a ordem cronológica pela qual as prestações se impossibilitaram. Com isso, ela onera o devedor negligente, que falhou duplamente em conservar a possibilidade de oferecer as prestações previstas na obrigação alternativa.

A escolha do legislador, neste particular, não foi apontar a concentração na última das prestações que se impossibilitou, porém garantir ao credor a opção de escolher a indenização por qualquer uma das prestações cujo inadimplemento foi vedado pela falha do devedor.

Por fim, se ambas as prestações se impossibilitarem sem culpa do devedor, extingue-se a relação obrigacional, como registra a clara redação do artigo 256, segundo a regra geral.

<small>obrigações facultativas</small>

Distintas das obrigações alternativas embora semelhantes, são as obrigações facultativas, também chamadas de obrigações com faculdade alternativa. Nestas, o devedor se compromete a entregar apenas uma coisa, sendo essencialmente uma obrigação simples. Entretanto, o devedor convenciona a possibilidade de, a sua exclusiva opção, ter o poder de oferecer outra prestação ao credor e, com isso, resolver a obrigação. Os romanos clássicos definiam com perfeição o fenômeno: *una res in obligatione, due in solutione*, ou seja, uma prestação devida, porém duas prestações aptas a satisfazer a obrigação.

Imagine-se que uma pessoa está prestes a vender a sua casa, embora tenha dúvida se pretende, de fato, alienar esse bem, para ela tão querido. Assim, pactua que venderá a casa, mas embute no contrato uma obrigação facultativa: se desejar, ele, devedor, poderá, ao invés de entregar a casa, dar outro imóvel. No dia do vencimento, o devedor poderá escolher se cumpre a prestação principal, ou se entrega a coisa referida na obrigação facultativa.

O nome "obrigação facultativa" existe precisamente por conta dessa faculdade do devedor.[1] Ele deve um carro, mas convenciona que pode, ao invés de entregar o carro, dar um barco. O credor fica vinculado a essa possibilidade do devedor e não pode recusar-se a receber a outra prestação, diferente da principal, e, com isso, extingue a obrigação.

Atente-se que não há uma alternatividade. O devedor deve apenas uma prestação. Se esta, a principal, por algum motivo se impossibilitar sem culpa, a obrigação se extingue, ainda que seja possível oferecer a prestação facultativa. Existe somente uma faculdade do devedor, sempre e só deste, consistente em cumprir outra prestação, substituindo um objeto por outro.

Nesse ponto há outra grande diferença em relação às obrigações alternativas, pois o perecimento de uma das prestações nas obrigações alternativas não acarreta o seu fim, havendo, em regra, a concentração na prestação cujo adimplemento seguir possível.

Se a prestação facultativa – aquela que o devedor poderia oferecer em substituição da principal – tornar-se inexeqüível, a obri-

---

1 Mario Julio de Almeida Costa, *Direito das Obrigações*, 9ª ed., Coimbra, Almedina, 2004, p. 675, registra que pode haver obrigações facultativas também para o credor. Como o tema não é tratado pela nova lei civil (também não o era pela Lei de 1916), nada impede que se convencione essa situação em benefício do credor, embora ela não seja usual, ao contrário da obrigação facultativa para o devedor, bem mais comum.

gação principal seguirá inabalada, apenas não existirá mais a opção para o devedor.

A obrigação facultativa não foi prevista no nosso Código – assim como não havia referência a ela no Código de 1916 –, embora ela seja comum.[2]

---

2   No julgamento do Recurso Especial nº 59.489, julgado em 18.11.99, pelo STJ, Relator o Ministro Barros Monteiro, foi feita uma distinção lapidar entre as obrigações alternativas e facultativas, indicando-se a mais autorizada doutrina. Eis o seguinte trecho do acórdão:
"Depois, não se pode ter como configurada no caso a 'obrigação facultativa' ou a 'faculdade de substituição', como pretendem fazer prevalecer os réus-recorrentes. Segundo se colhe dos autos, não restou estipulado que ao devedor era permitido substituir meramente uma prestação por outra. Não; na hipótese em julgamento, impossibilitado o cumprimento da primitiva obrigação, ficou estabelecido que aos compromissários-compradores era lícito substituir o apartamento nº 301 do 'Edifício Villa Del Vento' por outro, mas a critério da promitente-vendedora, ou seja, a depender do consentimento desta. Além disso, o imóvel substitutivo devia ter o valor equivalente a 5.873,669730 ORTN´s."

8
Obrigações de Meio e de Resultado

Comumente, as obrigações de fazer consistem na prestação de um serviço, muitas vezes remunerado. Nesses casos, há uma importância fundamental em identificar se o devedor encontra-se vinculado a um resultado (que a sua atividade deve atingir) ou se o devedor apenas se compromete a adotar os melhores esforços, independentemente do resultado. Em outras palavras, se, nessas obrigações de fazer, o devedor apenas cumprirá sua obrigação se alcançar certo resultado, ou se há apenas um dever de se esforçar para que esse resultado seja atingido, sem, entretanto, que o fato de atingir o resultado importe inadimplemento. Distinguem-se, assim, as obrigações de meio e de resultado.

O médico, por exemplo, que opera pacientes em estado de saúde crítico, não pode garantir que salvará todos os seus clientes. O mesmo se pode dizer do advogado; por melhor que seja, não tem como assegurar que vencerá a causa. Nesses casos, o devedor dessa obrigação, deve apenas fazer o melhor. Trata-se de uma obrigação de meio.

Diferentemente, o prestador de serviço pode comprometer-se pelo resultado. O pleno adimplemento, nestes casos, apenas ocorrerá se o objetivo for atingido. Em regra, o corretor, que busca vender os imóveis de seus clientes, apenas tem direito a uma remuneração se conseguir o objetivo de alienar o bem. Sua obrigação é de resultado.

Atribui-se o desenvolvimento dessa distinção entre as obrigações de meio e de resultado à doutrina francesa. Cita-se a decisão da Corte de Cassação francesa, de 1936, da qual foi relator o civilista Louis Josserand,[1] na qual se delineou o conceito: nas obrigações de resultado, para que o devedor afaste a sua responsabilidade, deve demonstrar que o resultado desejado deixou de ocorrer por fato que não lhe pode ser imputado, ao passo que nas obrigações de meio, cabe ao credor provar a falta de diligência do devedor.

Observou-se o caso do médico que visava a salvar uma vida. Trata-se, claro, de uma obrigação de meio: o médico apenas responde por ter

---

[1] Gisela Sampaio da Cruz, "Obrigações alternativas e com faculdade alternativa. Obrigações de meio e de resultado", *in Obrigações – Estudos na Perspectiva Civil-Constitucional*, Rio de Janeiro, Renovar, 2005, p. 169.

adotado o melhor cuidado, sem falhas. O resultado de sua intervenção não depende exclusivamente dele.

A situação, todavia, pode ser outra se a cirurgia tem uma finalidade estética. Nestes casos, o prestador do serviço, devedor da obrigação de fazer, normalmente se responsabiliza por um fim. Se o objetivo não for atingido, ele pode ser responsabilizado, como ocorreu no caso abaixo, julgado pelo Tribunal de Justiça de São Paulo:

> "Erro médico – Cirurgia de Miopia – (...) – Erro médico reconhecido – Prova dos autos que comprovam o insucesso do procedimento – Cirurgia de miopia que se assemelha a cirurgia plástica e, portanto, além de meio, se exige o resultado – Falta de prova de o réu ter prestado todas as informações sobre o risco do procedimento – Responsabilidade reconhecida (...)" (Apelação nº 445.477.4/6-00/SP, Relator Desembargador Beretta da Silveira).

Em idêntico sentido, eis, ainda, o seguinte acórdão:

> "Responsabilidade Civil. Cirurgia plástica. Obrigação de resultado. Danos materiais e morais. Ação ordinária em que objetiva a autora reparação por danos morais e materiais que teria sofrido, em virtude de alegado erro medido em cirurgia plástica de mamas a que se submeteu perante o réu. Preliminar de nulidade da sentença afastada. A responsabilidade dos profissionais liberais, em princípio, é baseada na culpa (art. 14, § 4º do Código de Defesa do Consumidor), mas, nos casos de cirurgia estética ou plástica, o cirurgião assume obrigação de resultado. Conjunto probatório dos autos que permite concluir ter sido insatisfatório o resultado obtido pela autora através da cirurgia plástica de mamas realizada pelo cirurgião-réu, o que lhe acarretou, inclusive, cicatrizes irregulares e assimetria mamária, consoante apontado pela prova técnica. Serviço mal prestado. Obrigação de indenizar caracterizada. Danos materiais demonstrados. Dano moral e estético igualmente configurados. Quantificações dotadas de proporcionalidade e razoabilidade, diante das circunstâncias do caso concreto, a não merecer modificação. Os juros moratórios devem incidir a partir da citação, por versar a hipótese ilícito contratual. Sentença mantida. Desprovimento dos Recursos" (TJRJ, Apelação Cível nº 2007.001.08531, Relatora Desembargadora Maria Inês da Penha Gaspar, julgado em 21.03.07).

Contudo, não se pode perder de vista, todavia, que, mesmo nas intervenções médicas consideradas estéticas – e, a partir disso, se entenda que se trata de uma obrigação de resultado –, a responsabilização do profissional deve ser admitida com prudência, permitindo que o médico demonstre que adotou todos os cuidados normais para atingir o fim prometido, embora isso não tenha ocorrido por motivos que não lhe podem ser imputados. A melhor orientação parece ser a de identificar a responsabilidade nesses casos concretamente, ou seja, a partir de uma análise efetiva dos fatos.

Nesse sentido, a opinião do Professor e Ministro Carlos Alberto Menezes Direito, para quem "não é possível estabelecer, talqualmente em direito não o é, um padrão de resultado uniforme em todos os pacientes, mesmo em se tratando de cirurgia em subespecialidade diversa da estética, dependendo o resultado, sempre, de muitos fatores, até mesmo do comportamento do paciente."[2]

Na mesma linha posiciona-se o STJ:

> "Cirurgia Estética. Obrigação de meio. O profissional que se propõe a realizar cirurgia, visando a melhorar a aparência física do paciente, assume o compromisso de que, no mínimo, não lhe resultarão danos estéticos, cabendo ao cirurgião a avaliação dos riscos. Responderá por tais danos, salvo culpa do paciente ou intervenção de fator imprevisível, o que lhe cabe provar" (STJ Ag Rg no Ag 37060/RS, Relator Ministro Eduardo Ribeiro, data do julgamento 28.11.1994).

A distinção entre as obrigações de meio e de resultado tem relevância, claro, para aferir o inadimplemento. Conforme a obrigação seja qualificada como de meio ou de resultado, pode, ou não, haver o descumprimento. Como se viu no acórdão acima, porque se entendeu que o caso era de obrigação de resultado, apontou-se a responsabilidade do devedor. Se a obrigação fosse considerada de meio, a resposta seria diametralmente oposta.

<small>obrigação de meio com remuneração sujeita ao resultado</small>

Cumpre, por fim, distinguir a situação da obrigação de meio, porém com a remuneração sujeita ao resultado. Nesses casos, embora o dever do devedor da obrigação de fazer esteja na adequada prestação, convenciona-se que sua remuneração apenas se dará caso seja alcançado certo objetivo.

Isso ocorre comumente com os honorários dos advogados, cuja maior remuneração fica, em regra, vinculada ao sucesso na causa.

---

2   "A Responsabilidade Civil em Cirurgia Plástica", *in Revista de Direito da Renovar*, nº 7, Rio de Janeiro, Renovar, 1997.

Por óbvio, o advogado que perde a causa não está inadimplente com o seu dever. Se ele adotou todos os cuidados e perdeu a causa, ele segue cumpridor de sua obrigação. Apenas não receberá a sua remuneração porquanto esta quedou atrelada ao êxito na causa.

9
Obrigações Puras, Condicionais, a Termo e Modais

Os negócios jurídicos podem estar sujeitos às modalidades: condição, termo ou modo (também chamado encargo).

As modalidades do negócio jurídico estão arroladas no Código Civil nos artigos 121 a 137.

<small>obrigações puras</small>

As obrigações sem qualquer modalidade incidente são as puras. Ao se ajustar, por exemplo, que o devedor deve um gato ao credor, estamos diante de uma obrigação pura. O devedor fica sujeito a entregar a prestação sem qualquer ressalva. O credor pode exigir o pagamento de imediato.

<small>obrigações sujeitas a condição</small>

A obrigação se sujeita a uma condição. Neste caso, a sua eficácia ficará subordinada à ocorrência de um fato futuro e incerto. Pode-se estipular que o devedor dará um gato ao credor quando o Brasil ganhar novamente a Copa do Mundo. Trata-se de um fato (desejado por todos nós) cuja verificação não se sabe se ou quando ocorrerá. A obrigação apenas terá eficácia com o advento do fato, a vitória na Copa. Verificada a condição suspensiva, o credor adquire o direito.

Como se sabe, o evento apontado como condição não pode ficar subordinado à vontade exclusiva de uma das partes. *Nulla promissio potest consistere quae ex voluntate promittentis statum capi*, registravam os romanos. Afinal, isso seria o mesmo que admitir que a obrigação fosse cumprida se uma parte assim desejasse. Historicamente não aceitavam as condições *si volam* ou *si voluero*, isto é, "se eu quiser". O Digesto preconizava: *Sub hac conditione Si volam nulla fit obligatio*.[1] São as chamadas cláusulas puramente potestativas, vedadas pelo artigo 122 do Código Civil, que sujeitam a eficácia dos contratos "ao puro arbítrio de uma das partes".

Aliás, se o evento futuro, objeto da condição, for uma determinação da lei, haverá, a rigor, uma *conditio iuris*.

<small>obrigações sujeitas a termo</small>

Comumente, as partes fixam que a obrigação somente ganhará eficácia com a ocorrência de certo termo, que pode ser a chegada de uma data, ou a ocorrência de um fato futuro, porém certo. Como se

---

1 Digesto, Livro XLIV, título VII, 6, 8 – *Les Cinquante Livrés du Digeste ou des Pandectes*, tome sixième, traduit en français par M. Hulot, Metz, Chez Behmer et Lamort, 1804, p. 602.

sabe, a diferença crucial entre a condição e o termo é a certeza deste último. O termo acontecerá: as partes podem até não saber quando ele se dará, mas sabem que o seu dia irá chegar.

Ao se pactuar que a obrigação será devida num certo dia, no futuro, haverá um termo. Na data apontada, caberá ao devedor cumprir a prestação. Antes, entretanto, do termo, o credor não poderá exigir a prestação. Assim a regra do artigo 131 do Código Civil.

obrigações modais

Finalmente, a eficácia da obrigação pode estar vinculada a um modo (ou encargo). Esta modalidade do negócio jurídico nasce com negócios gratuitos, onerados de alguma forma pelo seu instituidor. Alguém doa um jardim, porém estipula que o donatário terá o encargo (veja-se: uma obrigação) de cuidar das flores. No caso do exemplo, o encargo consiste numa obrigação de fazer.

Não custa lembrar que se o encargo for ilícito ou impossível, ele deve ser desconsiderado e a obrigação deve ser tida como pura (artigo 137 do Código Civil). Contudo, todo o negócio será invalidado se esse encargo nulo ou impossível for o motivo determinante da liberalidade.

10
Obrigações de Execução Instantânea, Diferida e Continuada

obrigações de execução instantânea

Em regra, as obrigações são exigíveis de imediato, ou seja, o credor poderá reclamar a prestação logo após o nascimento da relação obrigacional, na forma do artigo 331 do Código Civil. Quando uma pessoa vai a uma livraria e adquire um livro, ela normalmente recebe o bem de pronto. Essas prestações se denominam instantâneas: nelas a prestação se dá de uma só vez e em seguida ao momento em que surge a obrigação.

obrigações de execução diferida

Por vezes, porém, a entrega da prestação fica relegada a um momento futuro. Isso pode ocorrer porque se ajustou dessa forma, ou mesmo pela natureza do objeto da prestação, que apenas pode ser oferecido em momento posterior.

Ao se pactuar a compra de uma colheita, a prestação somente poderá ser oferecida no futuro, quando houver a colheita (antes, o objeto da prestação sequer existe). Também comumente as partes da relação convencionam que ela será cumprida numa certa data, como nos muitos casos, por exemplo, nos quais se pactua a entrega do bem adquirido num momento futuro. Nesses casos, diz-se que a obrigação tem sua execução diferida.

obrigações de execução continuada

Admitem-se, ainda, as obrigações de prestações continuadas, fenômeno que se dá se a prestação se renovar periodicamente. O adimplemento, nesses casos, ocorre com atos reiterados e repetidos, todos decorrentes da mesma relação obrigacional. No caso da contribuição de condomínio edilício, por exemplo, que se renova mensalmente, a obrigação do proprietário renasce periodicamente. Ele se encontra adimplente com os demais condôminos até o surgimento da nova prestação e daí por diante. Eis porque essa obrigação também é chamada de periódica ou de trato sucessivo.

Na ação que tiver por objeto cumprimento de obrigação em prestações sucessivas, diz o artigo 323 do Código de Processo Civil, "considerar-se-ão elas incluídas no pedido". Eis uma relevante peculiaridade dessas obrigações, com repercussão no Direito Processual Civil. Afinal, o direito processual indica que os pedidos, formulados pelo autor nas demandas judiciais, são interpretados restritivamente e devem ser determinados (artigo 324 do Código de Processo Civil). Abre-se, contudo, uma exceção nas obrigações periódicas. A parte credora pode pedir apenas as prestações já vencidas, mas as vincendas, por força da norma suscitada, também poderão ser incluídas na condenação.

<small>conseqüências da distinção</small>

Evidentemente, a primeira função da distinção entre as obrigações de execução instantânea, diferida ou continuada consiste em apontar, com maior precisão, o momento em que o dever jurídico obrigacional pode ser exigido.

Contudo, além disso, há uma importante conseqüência que se extrai dessa distinção. Ocorre que nas obrigações de execução diferida ou continuada admite-se a intervenção do Judiciário para rever as suas bases. Isso vai ocorrer se, entre o momento em que ela surge e aquele no qual deve ser oferecida a prestação, sobrevier algum fato extraordinário que altere a sua razoável equivalência. De fato, se a prestação é postergada para um momento futuro, pode acontecer de, entre os dois momentos – o do nascimento da obrigação e o do seu adimplemento –, surgir um fato que tire do negócio o equilíbrio que existia no início, quebrando o razoável equilíbrio do sinalagma do negócio e corroendo as suas bases. Eis porque o Código de 2002 trata especificamente da teoria da imprevisão, no seu artigo 317 (o tema é examinado adiante com vagar), permitindo ao juiz, mediante provocação da parte lesada, alterar as bases do negócio se "sobrevier desproporção manifesta entre o valor da prestação devida e o do momento da sua execução". Essa prerrogativa não se vê nas obrigações de prestação instantânea, pois, afinal, não há um período que separa o surgimento da obrigação e a entrega da prestação. Por razões óbvias, portanto, nada pode ocorrer entre esses dois momentos, que, na prática, dar-se-ão simultaneamente.

O Código Civil também trata diferentemente das obrigações de execução diferida e continuada, em relação àquelas de execução instantânea ao apreciar a resolução por onerosidade excessiva, referida no artigo 478 (outro tema abordado a frente). O conceito, aqui, é semelhante: diante de uma alteração radical da realidade do negócio, "nos contratos de execução continuada ou diferida", admite-se que a parte prejudicada possa reclamar a extinção da obrigação. Isso não se dará nas obrigações de execução instantânea.

O ordenamento jurídico, portanto, está sensível às alterações das circunstâncias que podem ocorrer entre o momento do nascimento e o da execução das obrigações.

11
Obrigações Principais e Acessórias

<small>obrigação principal</small>

A obrigação principal é aquela indicada como objeto central da prestação. Ao se vender, digamos, um piano, a obrigação principal consiste em transferir a propriedade da referida coisa. Ao redor desta obrigação principal gravitam outras, que a complementam. O devedor do piano tem, por exemplo, o dever de informar ao credor que aquele instrumento musical sofreu um acidente numa mudança e seu som foi comprometido.

Em função da obrigação principal se irá apontar qual a sua espécie em relação ao objeto: se uma obrigação de dar, de fazer ou de não fazer.

<small>obrigação acessória</small>

Como se ressaltou previamente, com o incremento dos deveres decorrentes da boa-fé objetiva, as obrigações acessórias – também chamadas laterais – alcançaram um justo local de destaque.

Muitas vezes, se a falha do cumprimento de uma obrigação lateral for grave, poderá a parte lesada reclamar, até mesmo, o descumprimento total da obrigação. Isso se dará, principalmente, se a falha na obrigação acessória comprometer a satisfação adequada da obrigação principal.

A mitologia grega registra a lenda segundo a qual o deus Apolo se apaixona pela bela Sibila, uma sacerdotisa de um templo que lhe era dedicado na cidade de Cumae. Para impressionar Sibila, Apolo pediu que ela lhe fizesse um pedido. Sibila, então, requer do deus que sua vida seja longa em anos como os muitos grãos de areia que ela guardava em suas mãos. O desejo foi concedido prontamente. Contudo, quando, em seguida, Sibila se recusa a deitar-se com Apolo, o vingativo deus, embora mantendo sua palavra, não concede à sacerdotisa a juventude, de forma que ela envelhece gradual e inexoravelmente, embora ainda viva durante centenas de anos, diminuindo de tamanho, encarquilhada pelo tempo, até ficar tão pequena que desaparece. Sobra apenas a sua voz. Na lenda, Apolo cumpriu a obrigação principal, consistente em dar à Sibila tantos anos de vida como o punhado de grãos que ela guardava em sua mão. Porém, sem a obrigação acessória de conceder também a juventude nesses tantos anos, a obrigação principal acabou tornando-se um ônus.

Permita-se, a propósito, relatar um famoso julgado do Direito inglês, conhecido como "Moorcock case" (no Direito anglo saxão, ao invés de se invocar determinado artigo de lei, fala-se do nome do caso. Os advogados e estudantes de Direito na Inglaterra e nos Estados Unidos evocam, pelo nome das partes, o caso – ou melhor, os precedentes que eles estabeleceram – para discutir certo tema legal, assim como nós falamos dos dispositivos legais).

Moorcock é o nome de um navio. O seu dono ajustou que receberia uma mercadoria dos proprietários de um porto, na beira do Rio Tamisa. Enquanto o navio estava no porto, sobreveio uma baixa do leito e a embarcação se chocou com as pedras existentes nas bordas do rio. Para cobrir as despesas da avaria, o dono do navio reclamou uma indenização dos proprietários do porto. Afinal, seu barco sofrera um dano enquanto tentava cumprir o contrato de embarcar as mercadorias.

O tribunal inglês, em 1889, julgou procedente o pedido de indenização do dono do barco. Entendeu-se que havia subentendido no contrato o dever, por parte dos donos do porto, de garantir a segurança física das embarcações que estivessem fundeadas no seu cais (os ingleses chamam esse fenômeno de "implied terms" – termos implícitos –, sendo esse "Moorcock case" o primeiro precedente nesse sentido).

Evidentemente, para que o contrato de embarque e desembarque de mercadoria pudesse ocorrer, era necessário que houvesse a segurança dos barcos fundeados no porto. Isso era da essência do negócio, ainda que não houvesse, no contrato, cláusula expressa nesse sentido. Esse dever, portanto, encontrava-se subentendido. Era, também, um dever lateral da obrigação, porquanto o dever principal era o objeto central do negócio, consistente no carregamento de mercadorias para a embarcação.

Na elaboração científica do conceito, não se pode deixar de mencionar Staub. Em 1902, Staub lançou, na Alemanha, trabalho intitulado *Positive Vertragverletzung*, no qual explicita o conceito de que existem elementos de cooperação a serem adotados pelas partes a fim de alcançar o perfeito adimplemento da obrigação. Esse conceito está inserido na idéia de boa-fé, que deve animar as partes da relação obrigacional e atua como fonte autônoma de deveres e direitos. A referida obra de Staub é considerada um marco no desenvolvimento do que chamamos de deveres laterais.

Denominam-se, pois, deveres acessórios, laterais ou secundários essa gama de obrigações que derivam da boa-fé objetiva. São assim chamados – deveres laterais do contrato – para distingui-los do dever principal do contrato, representado pelo dever de oferecer a prestação (ou seja, a conduta principal que o devedor se comprometeu a adotar).[1]

---

1 José de Aguiar Dias já examinava o tema dos deveres laterais: *Da Responsabilidade Civil*, 10ª edição, Rio de Janeiro, Forense, 1997, pp. 133-134.

Imagine-se que uma pessoa compra de outra um imóvel, uma casa, por exemplo. O comprador é credor da casa, ao passo que o vendedor, nessa relação, figura como devedor. A prestação, ajustada na obrigação de compra e venda, consiste na entrega de uma coisa: a casa. Este, o dever principal. Ao entregá-la o devedor cumpre a obrigação. Entretanto, imagine-se que o devedor entregou o imóvel com sérios problemas no seu encanamento, ao ponto de não haver água. Embora tenha havido adimplemento quanto à obrigação principal – pois se transferiu a propriedade da casa –, houve falha do devedor em garantir que o cumprimento da obrigação se desse do modo perfeito. Diz-se, diante de hipóteses como aqui se acabou de narrar, que houve violação dos deveres laterais ou secundários da obrigação, cujo adimplemento é igualmente relevante para o cumprimento ideal da obrigação. Afinal, não há dúvida de que, mesmo se o devedor ofereceu a prestação principal, ele pode responder por danos que gerou ao credor se deixar de atentar a outros deveres secundários, que gravitavam ao redor do dever principal, ou mesmo que poderiam ser exigidos isoladamente.

Acerca do tema, vale repetir uma lição clássica, de Ludwig Ennecerus, um civilista alemão do começo do século XX:

> "El que promete una prestación *positiva*, por ejemplo, la entrega de um caballo para el primero del mes próximo, no debe unicamente: (a) ejecutar la acitividad que procura inmediatamente al acreedor la cosa debida, o se ala entrega, sino que además, (b) tiene que omitir todo aquello que pudiera frustrar o poner en peligro el fin de la obligación, como, por ejemplo, hacer trabajar excessivamente al caballo; (c) en su caso, también tiene que adoptar las medidas positivas conducentes a conservar la posibilidad de la prestación, por ejemplo, alimentar al caballo y pasearlo."[2]

Assim, entende-se, com razão, que nem sempre a entrega da prestação principal (o objeto da obrigação) representará o pleno adimplemento. O devedor não se encontra obrigado apenas a realizar a prestação de um modo restrito, mas cabe a ele também garantir a satisfação do credor, mesmo que, para isso, tenha que adotar outras condutas, não contempladas inicialmente, que não tenham sido referidas de modo expresso.

De fato, "é hoje um dado adquirido da ciência jurídica que a relação jurídica obrigacional alberga no seu seio, sem prejuízo da sua

---

2 *Tratado de Derecho Civil, Derecho de Obligationes*, volumen primeiro, Barcelona, Libreria Bosch, 1933, pp. 19-20.

unidade, uma pluralidade de elementos autonomizáveis com utilidade para captação do seu regime, constituindo, por isso, uma realidade complexa."³

<small>deveres que antecedem e sobrevivem ao negócio</small>

A boa-fé objetiva, constante do artigo 422 do Código Civil, impõe às partes que atuem corretamente nos momentos que antecederem o ajuste das suas obrigações (no que se denomina de responsabilidade pré-contratual), assim como na execução da prestação. O mesmo princípio também projeta esse dever ético para o futuro, determinando às partes que, por atos posteriores à entrega da prestação, não frustrem o negócio.

Suponha-se que uma pessoa venda a outra determinado segredo comercial – a fórmula de um produto químico, por exemplo. A prestação será entregue no momento em que a receita secreta for fornecida. Se, no futuro, o devedor – quem forneceu a receita – revelar esse segredo a terceiro, haverá, naquele momento, o descumprimento da obrigação. Um descumprimento que se efetivou depois de entregue a prestação principal. Na doutrina, comumente se refere a essa situação como responsabilidade *post pacto finitum*.

Dessa forma, há deveres que antecedem o contrato, deveres laterais que se manifestam no momento da execução do negócio e deveres existentes mesmo após cumprida a prestação.

<small>deveres de informação, lealdade e proteção</small>

Em geral, diz-se que esses deveres laterais ou acessórios se dividem entre as obrigações de esclarecimento (informação), lealdade e proteção.

Observam-se deveres laterais de esclarecimentos, consistentes na obrigação de prestar as adequadas informações, o que se manifesta em todas as fases da relação. A todo tempo, ambas as partes têm o dever de informar à outra acerca dos fatos relevantes do negócio. Se uma pessoa vende a outra uma casa e, antes da entrega do bem, o imóvel sofre uma avaria, compete ao vendedor dar conta da situação ao comprador, sob pena de violar esse dever de informação.

Também são comuns os deveres de sigilo em relação a aspectos da relação, a segredos comerciais das partes e mesmo a circunstâncias preliminares do negócio. Esses deveres em regra estão implícitos.

Outro dever secundário importante é o de lealdade. Evidentemente, as partes devem atuar de forma correta e honesta. Nisso se inclui a obrigação de colaborar e cooperar a todo o tempo para o adequado adimplemento.

---

3   Manuel A. Carneiro da Frada, *Contrato e Deveres de Protecção*, Coimbra, Gráfica da Coimbra Ltda., 1994, p. 36.

> responsabilidade advinda da violação dos deveres laterais

Identificam-se, ainda, os deveres laterais de proteção,[4] consistentes em evitar ou atenuar as situações de perigo, que coloquem em risco o negócio, assim como o dever de conservação, protegendo o objeto da obrigação.

Caso o devedor deixe de atentar a esses deveres laterais e isso cause danos ao credor, este poderá reclamar uma indenização. Assim, esses deveres laterais não são apenas regras morais ou de etiqueta, porém deveres jurídicos, obrigações legais, cuja inobservância permite ao credor buscar o adimplemento delas, ou, eventualmente, uma reparação.

---

4   Sobre o tema, Manuel A. Carneiro da Frada, *Contrato e Deveres de Proteção*, Coimbra. Separata do volume XXXVIII do Boletim da Faculdade de Direito de Coimbra, 1994.

12
Obrigações Divisíveis e Indivisíveis

Até aqui se deu ênfase à multiplicidade de prestações. Examine-se, a partir de agora, a situação de haver mais de uma pessoa nos pólos ativo e passivo da relação obrigacional.

De fato, é até comum encontrar mais de um credor, ou mais de um devedor na mesma relação obrigacional. Revela-se fundamental, portanto, familiarizar-se com o procedimento nessas situações.

Uma pessoa contraiu um empréstimo com outras duas de R$ 100 reais. Como ela devolverá o dinheiro? Pode entregar tudo para apenas um dos seus credores? Pode dar a maior parte para um deles?

concursu partes fiunt

O Código Civil tem uma regra geral para a hipótese de haver mais de um credor: princípio que se sintetiza na regra *concursu partes fiunt*: a prestação se divide em tantas quantas forem as partes existentes em cada pólo.

Serpa Lopes bem define a situação: "Aparentemente a obrigação parece ser uma só; na realidade, porém, encerra em si um agregado de tantas obrigações separadas e independentes, quantas forem as pessoas dos credores e devedores."[1]

Se o devedor tem que pagar R$ 100 para os seus dois credores, ele fica, na prática, obrigado a dar R$ 50 para cada um. Este o conceito perfeitamente exposto na redação do artigo 257 do Código Civil:

> "Art. 257. Havendo mais de um devedor ou mais de um credor em obrigação divisível, esta presume-se dividida em tantas obrigações, iguais e distintas, quantos os credores ou devedores."

Há diversos corolários dessa regra geral adotada pelo Código, referente às obrigações divisíveis (também chamadas de fracionárias).

Para começar, cada credor pode exigir apenas a sua parte da prestação. No exemplo acima, cada um dos dois credores de uma dívida comum de R$ 100 somente pode exigir a metade do valor, ou seja R$ 50. Isso porque, como se disse, a dívida se divide em tantas quantas forem as partes.

---

1 Miguel Maria de Serpa Lopes, *Curso de Direito Civil, Obrigações em Geral*, vol. II, 6ª ed., Rio de Janeiro, Livraria Freitas Bastos, 1995, p. 99.

Por outro lado, o devedor apenas está obrigado a dar a sua parte. Se houver vários credores, o devedor deve dar a cada um a sua cota. Se entrega a mais, terá efetuado o pagamento à pessoa errada (pois um dos co-credores não era titular da totalidade do valor devido) e isso não servirá de escusa para deixar de pagar à pessoa certa, quando cobrado. Assim, se o devedor, por equívoco, paga tudo a só um credor, ele não se desobriga com o outro (ou outros).

Ainda como efeito do princípio de que a obrigação se divide em tantas quantas forem as partes em cada um dos pólos, pode-se apontar que a insolvência de um co-devedor não afeta a situação dos demais. Dessa forma, se um dos co-devedores não puder honrar a sua parte na dívida, os demais co-devedores não têm a sua situação agravada com essa situação. Eles seguem devendo apenas a sua parte.

Portanto, se uma pessoa tem dois devedores de uma mesma dívida e um deles não tiver patrimônio para saldar a obrigação, o credor poderá cobrar do devedor solvente apenas até o limite da parte deste. A situação de dificuldade financeira de um dos devedores não agrava a situação do outro. Perde o credor.

Da mesma forma, a suspensão e a interrupção da prescrição, que eventualmente afete a um dos co-devedores, não irá surtir efeitos nas demais relações entre os outros co-devedores e o credor (ou co-credores).

Se, por exemplo, um dos credores for menor, não flui para ele o prazo prescricional, mas corre para os demais. Portanto, se a obrigação for divisível, pode haver prescrição para um dos credores, mas não para o outro (assim a inteligência do artigo 201 do Código Civil).

Como se vê, há, ao fim, um feixe de relações que emanam da obrigação inicial, na qual havia pluralidade em um ou em ambos os pólos ativo e passivo. Cada uma dessas relações ganha autonomia.

exceções ao princípio da divisibilidade

O princípio geral da divisibilidade sofre duas importantes exceções, aliás, são muito comuns. A rigor, são, na prática, mais comuns do que a regra geral. São elas a indivisibilidade e a solidariedade. Nessas exceções, a prestação, independentemente de haver pluralidade de sujeitos nos pólos ativo ou passivo da obrigação, pode ser dada ou recebida por inteiro.

Pode-se dizer que o motivo de as exceções serem tão comuns encontram-se na dificuldade advinda da multiplicidade de relações geradas pela regra geral. Imagine-se a situação na qual existam três ou quatro devedores de um lado e outros tantos credores do outro. Cada um dos co-credores poderia exigir a sua parte na dívida e, mesmo assim, a cota restrita de cada devedor. A dificuldade de concluir a obrigação é evidente.

As duas exceções – a indivisibilidade e a solidariedade – evitam a confusa situação do fracionamento da prestação, facilitando, principalmente, a situação dos credores.

> indivisibilidade

Se alguém emprestou, digamos, R$ 100 a dois amigos, cada um deles deverá devolver R$ 50, como se acabou de ver. A obrigação, em regra, subdivide-se. E o que acontece se essa pessoa emprestou um cavalo, ou uma certa obra de arte? Não se admite, nesses casos, que cada um dos amigos devolva a coisa em parte, porque o bem entregue não permite divisão sem perda da sua existência. Diz-se, em situações como esta, que a obrigação é indivisível. Na realidade, bem vistas as coisas, indivisível é a prestação.

A indivisibilidade encontra-se definida no artigo 258 do Código Civil (o que não acontecia no Código de 1916):

> "Art. 258. A obrigação é indivisível quando a prestação tem por objeto uma coisa ou um fato não suscetíveis de divisão, por sua natureza, por motivo de ordem econômica, ou dada a razão determinante do negócio jurídico."

O conceito, proveniente de uma lógica cortante, é de uma singeleza ímpar: caso a prestação, por algum motivo, não admita divisão, esta será indivisível e, por conseqüência, poderá ser paga ou recebida integralmente.

> fatores de indivisibilidade

Vários fatores impõem essa indivisibilidade: pode dar-se por um motivo físico, econômico, contratual ou judicial.

Física será a indivisibilidade se esta decorrer da própria natureza da prestação, que não admite divisão sem perder a sua substância. Caso duas pessoas adquiram um cavalo, a prestação não poderá ser entregue separadamente. Nesta obrigação de dar, o animal não permite ser repartido e a entrega se dará, necessariamente, de uma só vez. Em situações como esta, pode-se dizer que *res ipsa loquitur*, ou seja, a coisa fala por si.

A indivisibilidade pode ser econômica se a prestação, embora naturalmente divisível, perder substancialmente seu valor se cindida. O exemplo mais vivo da situação em que isso acontece é a da entrega de um diamante. O diamante, como se sabe, pode ser dividido em outros diamantes menores. Entretanto, o diamante mais caro é o maior; uma vez diminuído ele perde seu valor econômico. Neste caso e em muitos outros, a divisão faz a prestação diminuir seu valor e, portanto, pode ser considerada como indivisível.

Muitas vezes, é o contrato, que vincula as partes da relação obrigacional, que impõe a indivisão. Credores e devedores acertam que a prestação não será dividida, porém paga de uma única vez, na sua integralidade.

Por fim, a indivisibilidade pode advir de uma decisão judicial, de uma ordem do Poder Judiciário que imponha o pagamento de uma só vez, embora exista mais de um credor, ou mais de um devedor.

Em todos estes casos, qualquer um dos credores (se houver mais de um) pode exigir a dívida por inteiro, como se vê do artigo 259, assim como qualquer um dos devedores (se houver mais de um) será obrigado a oferecer a totalidade da prestação, respondendo pela integralidade da dívida.

No caso de indivisibilidade, a prescrição aproveita a todos. Como a prestação deve ser fornecida de uma só vez do pólo passivo ao pólo ativo da relação, o prazo corre para todos indistintamente e não há possibilidade de divisão de prazos, como ocorre nas obrigações divisíveis.

a dinâmica da relação indivisível

A dinâmica da indivisibilidade é mais simples no que diz respeito à relação entre credores e devedores, mas, por outro lado, revela-se mais complexa na relação entre aqueles que se situam no mesmo pólo, ou seja, entre os co-credores ou entre os co-devedores.

Como se esclareceu, se a dívida é indivisível, o credor pode exigir a totalidade dela de qualquer dos devedores. Isso pode parecer injusto – e, por vezes, é –, pois, afinal, um só devedor fica responsável por pagar tudo. De outro lado, essa é a única forma de garantir o efetivo pagamento.

Imagine-se, como se disse no exemplo acima, que dois devedores vendem um cavalo a um credor (atente-se: a venda não significa imediatamente a transferência de propriedade). Este credor tem o poder de exigir de qualquer um dos co-devedores a totalidade da prestação, pois o cavalo é indivisível por natureza. Uma vez que um dos co-devedores entrega o cavalo, rompe-se o elo que havia entre credor, de um lado, e os devedores, do outro. A relação obrigacional se extinguiu com o perfeito adimplemento. Uma outra relação, entretanto, nasce, desta feita entre os co-devedores. Isto porque apenas um deles efetuou o pagamento. Há, portanto, uma situação que precisa ser ajustada no âmbito dos sujeitos do pólo passivo da relação obrigacional.

O ordenamento jurídico, então, imaginou a seguinte forma de resolver essa situação: o devedor, que pagou a dívida por inteiro, passa a ocupar a situação de credor em relação ao outro co-devedor (ou dos outros), com o direito de cobrar dos demais co-devedores a parte que pagou em benefício destes.

No exemplo do co-devedor que entregou o cavalo, este poderá, descontado o valor em dinheiro da sua parte, cobrar do outro co-devedor o valor (em dinheiro) que cabia a este. Caso o cavalo custe, imagine-se, R$ 1 mil e cada um dos co-devedores deva a metade do animal, quem entregou o animal terá o direito de reclamar do outro co-devedor R$ 500. O co-devedor, que nada pagou, fica com o dever de arcar com a sua parte na dívida.

O parágrafo único do artigo 259 indica que o co-devedor que pagou se sub-roga no lugar do credor em relação aos demais co-obrigados. Assim, o antigo co-devedor que entrega a coisa indivisível passa de companheiro no pólo passivo para a posição de credor.

Como se ressaltou, a indivisibilidade torna a relação entre os pólos mais simples. Não haverá mais um emaranhado de relações entre co-devedores e co-credores, pois qualquer um dos co-credores tem o condão de exigir a dívida por inteiro, pondo fim à relação. Entretanto, a partir daí, a relação entre os co-devedores fica mais complexa, pois quem pagou a integralidade da prestação pode cobrar dos demais as respectivas partes.

O mesmo ocorre na existência de vários credores em uma obrigação indivisível. Cada um deles pode cobrar a totalidade da prestação. Uma vez que apenas um recebe, este fica no dever de entregar aos demais a parte, em dinheiro, que toque a cada um, como registra o artigo 261. Como a coisa recebida pelo co-credor não admite divisão, resta a ele repartir com os demais co-credores apenas o equivalente em dinheiro.

O artigo 260 do Código Civil fornece o conceito de que qualquer um dos credores pode exigir, nas obrigações indivisíveis, a totalidade da prestação, do devedor (se apenas houver um) ou de qualquer um dos devedores (se forem mais de um). Diz o referido artigo que os devedores se desobrigarão pagando:

> "Art. 260. (...)
> I – a todos conjuntamente;
> II – a um, dando a este caução de ratificação dos outros credores."

Dessa forma, se o devedor colher a quitação de todos os credores ao oferecer a prestação indivisível, ele estará desobrigado. A princípio, portanto, haverá um pagamento coletivo. Caso contrário, como registra o inciso II acima transcrito, o devedor apenas se libera se receber daquele co-credor, a quem entregou a prestação, uma garantia que cubra a parte do crédito dos demais co-credores, na qual se aponte a ratificação dos demais co-credores que aceitaram o pagamento daquela forma. Embora a lei não faça uma referência expressa, é claro que a caução oferecida deve ser idônea, sob pena de não haver a exoneração.

A lei, nesta passagem, busca proteger os demais co-credores que não receberam prestação indivisível. Imagine-se se um só dos credores recebesse a coisa indivisível, mas, em seguida, sumisse com ela ou ele próprio desaparecesse. Qual a segurança dos demais co-credores? Por isso, a lei civil instituiu que o co-credor que, isoladamente, desejar receber a prestação indivisível deve oferecer uma garantia ao devedor, deixando segura a situação dos demais co-credores. Oferecida caução idônea, o devedor ficará desobrigado.

Se, entretanto, o pagamento for feito a um dos credores sem essa garantia, o devedor seguirá responsável perante os demais co-credores, pois não poderia ter efetuado o pagamento sem atender às exigências do artigo 260. Dessa forma, o devedor não estará obrigado a efetuar o pagamento ao co-credor que se recusar a oferecer a caução.

<small>perdão</small>

Na hipótese de um dos co-credores perdoar a sua parte na dívida, esse ato se resume à sua cota da obrigação e se relaciona aos efeitos do pagamento a ele destinados, assegura o artigo 262 do Código Civil. A obrigação não se extingue em relação aos demais credores, que continuarão podendo cobrar a totalidade da dívida do devedor (pois, afinal, trata-se de uma prestação indivisível).

Veja-se que, com o perdão, o devedor passou a ser titular de uma parte do valor da prestação. Se se tratava de uma obrigação de dar – e a prestação era uma coisa –, com o perdão de um dos credores, o devedor passa a ser dono de uma fração dessa coisa – mais precisamente a fração que cabia ao credor que o perdoou. Caso a prestação fosse de fazer – e houvesse uma atividade a ser desempenhada –, com a remissão, o perdão, uma parte do valor dessa atividade deslocou-se para o patrimônio do devedor. Por isso, para que os co-credores (aqueles que não perdoaram) possam cobrar a dívida – com o oferecimento da prestação indivisível – devem, antes, pagar ao devedor a cota relativa ao credor remitente, ou seja, daquele que perdoou.

Suponha-se que uma pessoa deva uma obra de arte, avaliada em R$ 100 mil, a outras duas. No exemplo, há um devedor e dois credores de uma obrigação indivisível, pela própria natureza do objeto, pois, se um dos co-credores perdoar a dívida, o devedor passará a ser proprietário da metade da obra de arte. O credor remanescente seguirá podendo cobrar a prestação, mas, para tanto, terá que pagar ao devedor a cota referente ao seu co-credor que perdoou.

<small>perda da indivisibilidade</small>

A indivisibilidade, como se observou, é um fenômeno que tem diversas causas, sempre relacionadas a um fato que tornou una a prestação. Seja pela natureza desta, por força do contrato, por um motivo econômico, ou mesmo por ordem do juiz.

Caso a prestação não possa ser cumprida e a obrigação se resolva em perdas e danos, o motivo, a razão de ser dessa indivisibilidade cessará, deixará de existir. Assim, a obrigação perderá essa qualidade de indivisível. Nas perdas e danos, a obrigação voltará a reger-se pela regra geral, dividindo-se em tantas quantas forem as pessoas existentes em cada pólo, consoante o artigo 263 do Código Civil.

Duas pessoas compraram de outras duas um certo quadro. A obra de arte, entretanto, pereceu, por culpa de um dos co-deveres, que não cuidou do quadro como deveria. A prestação, que, antes, era indivisível, pela natureza do quadro (que, por óbvio, não pode ser retalhado sem perder a sua substância), perde essa característica. A obrigação se resolverá em perdas e danos. Apurar-se-á qual o prejuízo sofrido pelos co-credores para que eles sejam ressarcidos. Entretanto, garante a lei civil que, no que for acrescido por conta da indenização pelo não cumprimento da obrigação, apenas deve responder o co-devedor que agiu culposamente e deu causa ao inadimplemento.

Aqui também o ordenamento mostra coerência. O co-devedor, que não contribuiu para o inadimplemento, não responde pelas perdas e danos. Afinal, não se justifica, neste caso, a responsabilidade por aquele que em nada contribuiu para o resultado, como registra o § 2º do artigo 263 do Código Civil.

A razão de ser da indivisibilidade se encontra na prestação. Por algum motivo, a prestação deve ser oferecida de uma só vez. Em seguida, vamos passar a examinar a solidariedade. Neste fenômeno, a prestação pode ser exigida ou paga de uma só vez, embora existam mais de uma pessoa nos pólos ativo ou passivo da relação, por conta do vínculo. Em resumo, portanto, a solidariedade afeta o próprio vínculo da relação obrigacional, ao passo que a indivisibilidade se justifica pela natureza da prestação.

13
Solidariedade

Em 1980, um movimento sindical polonês chamado "Solidarnosc" (solidariedade) fez história no estaleiro da cidade de Gdansk, na Polônia. Os metalúrgicos gritavam por solidariedade, uma palavra linda, cujo significado é o de atuar em proveito de outrem, ou aderir à causa de outrem. No ato solidário, o agente se despe de seu interesse particular para abraçar outro, que não é seu, mas de terceiro. Solidariedade é se posicionar ao lado de alguém. Trata-se, pois, de um elevado ato de altruísmo.

No direito obrigacional, a solidariedade é o fenômeno no qual um grupo, que se encontra no mesmo pólo da relação responde em conjunto, em comunhão, como se fossem uma só pessoa. É como no lema dos mosqueteiros: "um por todos e todos por um".

A definição se encontra no artigo 264 da lei civil:

> "Art. 264. Há solidariedade, quando na mesma obrigação concorre mais de um credor, ou mais de um devedor, cada um com direito, ou obrigação, à dívida toda."

O nome do fenômeno é feliz: ele vem do latim *solus*, de só, único. Afinal, o pagamento é feito de uma só vez, integralmente.

Havendo o pagamento de um dos devedores solidários ao credor, a obrigação se extingue.

Como indica a norma, a solidariedade pode ser passiva, se cada um dos co-devedores responde a dívida por inteiro; ativa, se cada um dos co-credores tem o poder de exigir a integralidade do pagamento; ou mista, na qual, havendo pluralidade de credores e devedores, quaisquer deles podem cobrar ou pagar a dívida integralmente.

Há, no Código, um capítulo exclusivo examinando a solidariedade. Depois das disposições gerais, uma seção trata da solidariedade ativa e, em seguida, outra seção cuida da solidariedade passiva.

elementos da solidariedade

São, pois, os elementos da solidariedade, (a) a multiplicidade de partes; (b) a unidade de prestação; e (c) a co-responsabilidade dos interessados.

solidariedade não se presume

Um conceito fundamental da solidariedade é que ela não se presume, mas decorre da lei ou da vontade das partes, consoante a regra do artigo 265 do Código Civil. Assim, ou existe uma expressa referência à solidariedade na lei ou no acordo que criou a obrigação, ou não há que se falar em solidariedade e aplica-se a regra geral, de que a obrigação se divide em tantas quantas forem as partes existentes em cada pólo da relação.

A ressalva que se faz é a situação de haver um acordo posterior ao nascimento da obrigação no qual as partes pactuaram a solidariedade.

Um exemplo bastante conhecido de solidariedade existente na lei civil é o do artigo 942 do Código Civil:

> "Art. 942. Os bens do responsável pela ofensa ou violação do direito de outrem ficam sujeitos à reparação do dano causado: e, se a ofensa tiver mais de um autor, todos responderão solidariamente pela reparação."

Portanto, ficam solidariamente responsáveis pela reparação do dano aqueles que, em conjunto, tiverem praticado algum ilícito (a chamada solidariedade *ex-delicto*).

Outro bom exemplo é aquele encontrado nos artigos 18 e 19 do Código do Consumidor (Lei nº 8.078, de 09.11.1990). As mencionadas normas impõem uma responsabilidade solidária, perante o consumidor, de toda a cadeia dos fornecedores do produto – fabricante, produtor, vendedor etc. – por quaisquer danos sofridos pelo consumidor, decorrentes de vícios de qualidade ou quantidade do produto. O consumidor, em função da lei, pode reclamar de qualquer um deles a integralidade de seu prejuízo.

Vale notar que em outros sistemas jurídicos, como o alemão, contempla-se a presunção de solidariedade em alguns casos (o artigo 1.294 do Código Civil Italiano prevê que a solidariedade entre os co-devedores é a regra, sendo exceção o contrário). No Direito Civil brasileiro, não. A solidariedade, registra a norma, não se presume: ou é expressa ou não existe.

Se houver alguma dúvida acerca da sua incidência, não haverá solidariedade.

situação diferenciada

Embora a característica principal da solidariedade seja a responsabilidade integral de cada uma das pessoas envolvidas nos respectivos pólos, o artigo 266 informa que se admite que cada um dos devedores tenha uma situação diferenciada no que se refere às modalidades e ao local de pagamento.

Admite-se, portanto, que para um dos co-devedores solidários exista uma condição, que subordine a cobrança, ou que o local do pagamento para um seja distinto dos demais.

Para compreender o fenômeno é, pois, importante ter presente que a obrigação, havendo mais de uma pessoa nos pólos ativo ou passivo, irá subdividir-se. A distinção está em que, nas obrigações solidárias, qualquer uma das partes pode exigir ou deve pagar integralmente a prestação, como se fosse a única pessoa de cada um dos pólos. Qualquer um dos credores pode exigir tudo, assim como qualquer um dos devedores deve pagar tudo. Neste momento também vale observar a distinção entre *debitum* ("Schuld") e *obligatio* ("Haftung"), antes referida. O devedor solidário tem a *obligatio* sobre a inteireza da dívida, não obstante o seu verdadeiro débito (*debitum*) ser menor.

Dessa forma, nada impede que o credor exija do devedor solidário o pagamento apenas da parte deste – porque, afinal, a prestação pode ser divisível –, embora o credor tenha o poder de reclamar a integralidade da prestação por inteiro.

Atente-se, ainda, que a apreciação do *debitum* e da *obligatio* no âmbito das obrigações solidárias permite identificar que, tal como na regra geral do artigo 257 do Código Civil, a obrigação se divide em tantas quantas forem as partes. O *debitum* do devedor solidário consiste apenas naquilo que efetivamente compõe a sua parcela do débito geral, porém ele se encontra obrigado a pagar tudo, pois a *obligatio* abarca a inteireza da dívida por força da estipulação de solidariedade.

"acerto de contas"

Evidentemente, uma vez feito o pagamento integral por qualquer um dos devedores solidários, este passa a ter um crédito em relação aos demais co-devedores, para cobrar a cota parte de cada um. Semelhantemente, o credor solidário que apura a totalidade da prestação, passa, a partir de então, a ser obrigado a dar a cada um dos demais co-credores a parte de cada um. Portanto, opera-se, depois do pagamento, um acerto de contas interno entre cada um dos pólos, ativo e passivo.

13.1. Solidariedade Ativa

O artigo 267 do Código, o primeiro dispositivo a examinar especificamente a solidariedade ativa, expõe o principal distintivo do fenômeno: qualquer um dos co-credores solidários pode exigir a totalidade da dívida, tal como se houvesse uma procuração outorgada reciprocamente entre os co-credores, de tal sorte que cada um, isoladamente, poderia, em nome de todos, requerer a prestação do devedor.

O outro lado desse mesmo conceito é o de que o devedor pode desobrigar-se pagando a qualquer um dos co-credores. A rigor, o devedor pode, até mesmo, constranger um dos co-credores solidários a receber a totalidade da dívida. Afinal, o devedor tem todo o interesse em efetuar o pagamento e livrar-se do seu dever. Sendo o co-credor solidário pessoa certa, o devedor tem como pagar a totalidade da prestação a este e extinguir a relação. Este pagamento extingue a relação obrigacional.

O co-credor solidário, já se disse, pode exigir a integralidade da prestação, mas pode, também, receber apenas parte dela, se assim consentir. Neste caso, a obrigação será quitada apenas até a parte paga, remanescendo a dívida, para o outro ou os outros co-devedores, quanto ao restante. Na clara redação do artigo 269: "O pagamento feito a um dos credores solidários extingue a dívida até o montante do que foi pago".

A regra de que o devedor poderá pagar a qualquer um dos co-credores e, com isso, cumprir com seu dever deixa de valer, porém, se o devedor for acionado – isto é, cobrado judicialmente – por um dos co-credores. A partir desse momento – que a doutrina chama de princípio da prevenção judicial[1] –, o devedor deve apenas pagar àquele co-credor que iniciou o procedimento judicial, como se extrai da redação do artigo 268.

Evidentemente, os demais co-credores não precisam aguardar até o desfecho do processo judicial. Eles podem intervir no feito, passando a integrá-lo, a fim de, juntamente com o credor que iniciou a demanda, cobrar a prestação.

Caso a ação judicial se extinga, sem a apreciação de seu mérito, volta a vigorar a regra geral segundo a qual qualquer dos co-credores tem como exigir a prestação do devedor.

Como cada um dos co-credores tem como exigir o pagamento total da dívida, cada um deles pode também adotar os atos necessários para proteger a integralidade do crédito. Se o devedor estiver, por exemplo, alienando bens de forma fraudulenta e, com isso, pondo em risco a sua solvência (tornando mais arriscado o pagamento da dívida), qualquer um dos credores poderá, por exemplo, propor ação pauliana (artigo 158 do Código Civil), a fim de requerer a anulação dos atos que possam frustrar o pagamento da dívida.

Também corolário da situação indivisa dos credores, deve-se apontar que a interrupção da prescrição aproveita a todos, assim como a constituição em mora também.

Se um dos co-credores solidários adotar algum ato para evitar a prescrição da dívida, os demais co-credores também aproveitarão disso. Se um dos co-credores colocar em mora o devedor, essa mora vale para todos os outros co-credores.

herdeiros do credor solidário

Na morte de um dos co-credores solidários, seus herdeiros não mais participam da solidariedade, mas apenas têm direito a reclamar a sua específica cota, correspondente ao seu quinhão hereditário, registra o artigo 270. Volta-se, assim, à regra geral preconizada pelo artigo 257 do Código Civil, pois a solidariedade não se transfere aos

---

1 Gustavo Tepedino e Anderson Schreiber, *Código Civil Comentado*, vol. IV, São Paulo, Ed. Atlas, 2008, p. 119.

herdeiros. Assim, cada herdeiro poderá reclamar apenas a cota que lhe caiba da herança, como se vê da decisão abaixo do Tribunal do Paraná:

> "Conta de caderneta de poupança conjunta. Solidariedade ativa. Morte de um dos credores solidários. Direito dos herdeiros à parte do falecido. Apelação improvida. Sentença confirmada. Na caderneta de poupança conjunta há solidariedade ativa entre os depositantes, e, por força da relação jurídica interna que os envolve, falecendo um dos credores solidários, seus herdeiros ficam com direito à sua quota no crédito" (TJPR, Ap. 1.394-85, 4ª Câm. Civ., Relator Desembargador Miguel Maranhão, julgado em 18.12.1985).

Essa característica da solidariedade, entretanto, se manterá para os herdeiros mesmo na hipótese de falecimento do credor solidário, caso a prestação seja indivisível. Neste caso, os herdeiros, que receberam por herança o crédito, poderão reclamar a totalidade da dívida, entretanto agora por outro fundamento.

Da mesma forma, haverá a possibilidade de se requerer a integralidade da dívida se quem postular o pagamento for o espólio do falecido co-credor solidário. Afinal, o inventariante, em nome do espólio do falecido, encontra-se autorizado a adotar as medidas necessárias a recuperar os créditos do morto. Entre esses créditos, arrola-se aquele em solidariedade. Depois de recebido esse crédito, deve-se, evidentemente, repassar aos demais co-credores a parte de cada um deles.

Há quem defenda que o direito de cobrar a totalidade da dívida se mantém, mesmo depois da morte do co-credor solidário, se todos os herdeiros agirem em conjunto ou se houver apenas um herdeiro.[2] Essa, contudo, não parece ser a melhor leitura do artigo 270 do Código Civil. Afinal, o propósito da norma consiste em estabelecer que a morte de um co-credor extingue a solidariedade. Nos pólos da solidariedade, ativo ou passivo, existe, ao menos idealmente, uma confiança. O credor admite a solidariedade com outro porque confia neste. Tem a crença de que se seu co-credor receber a integralidade da dívida irá, em seguida, entregar-lhe o seu quinhão, a sua cota do total. Essa relação de confiança não se transmite aos herdeiros. A história, aliás, narra diversos casos nos quais o pai querido e respeitado é sucedido por um filho odiado: Henrique II da Inglaterra foi pai de João-Sem-Terra, um dos reis mais execrados da história inglesa (tanto que acabou conhecido como o vilão mor de Robin Hood);

---

[2] Assim, Arnaldo Rizzardo, *Direito das Obrigações*, 2ª ed., Rio de Janeiro, Forense, 2004, p. 224.

Marco Aurélio foi um aclamado imperador romano (era, ademais, um filósofo erudito), mas seu filho, Cômodo, que herdou dele o trono romano, passou para a história por sua inabilidade e como o responsável pelo fim da paz de Roma.

Imagine-se que dois amigos, cuja confiança recíproca fosse extrema, acertassem emprestar dinheiro a terceiro. Exatamente em função da confiança, ajustou-se que a obrigação seria solidária (com efeito, ausente essa boa-fé recíproca, jamais se estipularia a solidariedade ativa). Se um dos dois amigos vem a falecer, nada garante que o filho deste goze da mesma credibilidade. Não faz sentido que se mantenha a solidariedade. E se o filho for um doidivanas, um irresponsável? Por que o co-credor sobrevivente deve ficar exposto a esse risco?

Dessa forma, parece ser mais razoável, em consonância com a natureza do instituto que, com a morte de um co-credor, extinga-se, em relação aos herdeiros ou herdeiro dele, a solidariedade.

solidariedade no inadimplemento

Ainda que a obrigação se resolva em perdas e danos (ou seja, houve o inadimplemento e o dever do *solvens* passou a ser o de indenizar, em dinheiro, o valor do dano experimentado pelo credor do lesado), subsiste a solidariedade.

O artigo 271 do Código Civil possui dispositivo enfático com esse teor, garantindo que subsiste a solidariedade, "para todos os efeitos", se a prestação se converter em perdas e danos. Assim, caso a prestação estipulada inicialmente não possa mais ser entregue e a obrigação seja apurada por perdas e danos, qualquer um dos co-credores pode exigir a totalidade da indenização.

o co-credor que recebe

O co-credor solidário, que receber a prestação, fica com o dever de repartir o que obteve com os demais co-devedores. Ao receber a totalidade da prestação, a relação entre credores e devedor (ou devedores) se extingue, pois, afinal, houve o adimplemento. Inicia-se, a partir de então, uma nova relação, apenas entre os credores, de divisão do patrimônio obtido.

Cabe, evidentemente, a quem recebeu a integralidade do pagamento entregar, a cada um dos demais co-credores, a respectiva parte. Bem vistas as coisas, nasce uma nova obrigação, na qual o co-credor que recebeu a prestação passa a ser o devedor e os demais co-credores seus credores.

Esta nova obrigação não é solidária, porquanto, como se viu, a solidariedade não se presume. Cada co-credor pode exigir do co-credor que recebeu a totalidade da prestação apenas a sua cota do total.

perdão

O co-credor solidário, da mesma forma que pode receber a prestação por inteiro, tem direito a perdoá-la integralmente. Neste caso também, ele se acerta com os demais co-credores, para quem essa remissão não possui qualquer repercussão econômica. Afinal, quem perdoou que arque com as conseqüências do ato (confira-se, a propósito, o artigo 272).

<small>defesas particulares</small>

O devedor pode opor ao co-credor as suas exceções. Se, por exemplo, um devedor for, ao mesmo tempo, credor do co-credor, ele pode invocar a compensação das dívidas. Essa defesa, entretanto, o devedor pode apresentar ao específico co-devedor contra quem a referida defesa seja pertinente. Logo, o devedor não pode opor a um dos co-credores a defesa que teria contra outro co-credor. Como informa o artigo 273, essas exceções são pessoais.

<small>situação do co-credor em relação aos demais</small>

O artigo 274 do Código Civil, inovando em relação ao Código de 1916, que não tratava da matéria, oferece um preceito de direito processual, informando os efeitos da coisa julgada, ou seja, da força de uma decisão judicial definitiva, que, em regra, impede às partes renovar o seu pleito para ver a matéria novamente apreciada.

Segundo o dispositivo, o julgamento contrário recebido por um dos co-credores não afeta os demais co-credores. Isto é, se um deles perder uma demanda judicial, esse resultado não impede que os demais co-credores cobrem a dívida. Não há, pois, uma vinculação de resultados negativos.

Quer a norma evitar que um co-credor tenha uma perda determinada num processo judicial do qual não tomou parte.

De outro lado, se a ação proposta por um dos co-credores for julgada procedente, esta decisão pode ser aproveitada pelos demais co-credores, salvo, claro, se a questão debatida se relacionar a aspectos pessoais do co-credor e do devedor.

Ressalve-se que, julgada procedente a ação de cobrança movida por apenas um dos co-credores, o devedor deve pagar apenas ao autor da demanda. Este, depois de receber a totalidade da dívida, entregará aos demais co-credores a cota parte de cada um.

Alerte-se, para encerrar o tema da solidariedade ativa, que esta situação vem caindo em sensível desuso, notadamente em função da falta de segurança que ela dá aos co-credores. São, a rigor, hipóteses raras nas quais esse tipo de solidariedade se encontra referida na legislação (como ocorre, para dar um exemplo, no artigo 2º da Lei nº 8.245, de 18.10.1991, relativa à locação de imóveis urbanos).

13.2. Solidariedade Passiva

O conceito da solidariedade passiva encontra-se exposto no artigo 275 do Código: o credor pode exigir a totalidade da dívida de qualquer um dos co-devedores. Se o credor cobrar apenas parte dela, os co-devedores seguem solidários em relação ao restante.

Depois de efetuado o pagamento da totalidade da dívida por qualquer um dos co-devedores, o que pagou reclama dos demais integrantes do pólo passivo da relação obrigacional solidária a parte de cada um na totalidade da dívida.

A rigor, a mais comum das solidariedades é a passiva. Tão comum que se pode dizer, sem medo de errar, que, na maior parte das vezes nas quais existe mais de um devedor, ajusta-se uma solidariedade passiva.

E por que é assim? Ora, porque dessa forma o credor tem uma proteção muito mais efetiva. Imagine-se o credor que possui, na mesma obrigação, quatro devedores. Se não houvesse solidariedade, o credor poderia cobrar de cada um desses co-devedores apenas a cota deles. Se um morasse em João Pessoa, o outro no Rio Grande do Sul, enquanto os demais em Belo Horizonte, o credor teria que se desdobrar para exigir, em cada um desses lugares, a parte do seu crédito. Vamos piorar a situação: um desses devedores sumiu e outro foi declarado insolvente (ou seja, ficou reconhecido que suas dívidas superam seu patrimônio ativo). Nesta hipótese, o credor sequer poderá cobrar parte do que tem a receber. Para evitar esses possíveis problemas e incertezas, é muito mais fácil ao credor estabelecer a solidariedade passiva da obrigação. Com isso, ele pode cobrar a inteireza da dívida de qualquer um dos co-devedores, da forma que lhe parecer mais seguro, evitando os riscos inerentes à divisão das relações com os co-devedores.

Na prática, a solidariedade passiva parece ter a substância de uma fiança mútua, pois, em relação ao credor, cada um dos co-devedores responde individualmente pela integralidade da dívida.

As partes dos co-devedores presumem-se iguais, até prova em contrário. Em outras palavras, se não houver uma referência acerca do tema, entende-se como igual a parte de cada um dos co-devedores na dívida geral. Essa presunção se justifica porque se as cotas fossem desiguais, "teriam os contractantes o elementar cuidado de esclarecer esse ponto; a contribuição de cada qual, para evitar prejuízos."[3]

Como presunção relativa, admite-se prova em contrário, a fim de demonstrar a diferença entre a cota-parte dos co-devedores.

Trata-se, pois, de uma escolha do credor (ou dos credores) contra quem solicitar o pagamento. Em regra essa pretensão se dirigirá contra o co-devedor que tiver mais recursos, ou cuja cobrança seja mais simples, pela localização do próprio co-devedor ou a de seus bens.

Como se disse, a solidariedade não se presume. Ela deriva da lei ou da vontade das partes, que a estipularam em contrato. Há, de fato, muitos casos previstos na lei nos quais se aponta a solidariedade passiva. O artigo 639 do Código Civil, por exemplo, indica

---

[3] J. M. de Carvalho Santos, *Código Civil Brasileiro Interpretado, Direito das Obrigações*, vol. XI, 2ª ed., Rio de Janeiro, Livraria Editora Freitas Bastos, 1937, p. 228.

que, no contrato de mandato, se há mais de um procurador, haverá solidariedade entre eles. Dessa forma, caso uma pessoa outorgue a outras duas procuração para atuarem representando-a, essas duas pessoas – os mandatários – responderão solidariamente perante o outorgante.

Outro exemplo se dá no comodato – o empréstimo gratuito de coisa infungível. Se há mais de um comodatário, informa o artigo 585 da Lei civil, eles serão solidariamente responsáveis em relação ao comodante, que lhes cedeu graciosamente o bem. Imagine-se que alguém empresta sua casa a outras três pessoas. A casa é depredada, gerando grandes danos ao proprietário, que cedera o imóvel em comodato. A lei garante que o proprietário pode cobrar a totalidade dos danos sofridos de qualquer um dos comodatários. Com isso, claro, protege-se o comodante.

Outra forma de instituir a solidariedade se dá pelo acordo. Normalmente, os contratos farão uma referência no sentido de que os devedores responderão solidariamente. Não raro, os contratos adotam outros termos, como "todos poderão responder pela integralidade da dívida", ou qualquer outra construção que demonstre o interesse das partes no sentido de estabelecer a solidariedade entre os devedores.

Veja-se que, na solidariedade passiva, há um *debitum* limitado, porém a *obligatio* abarca a totalidade da obrigação. Assim, a totalidade da prestação pode ser cobrada de qualquer um dos co-devedores.

O fato de cobrar de um dos co-devedores não inibe o credor de cobrar de outro. O que o credor, entretanto, não pode fazer é receber a prestação mais de uma vez.

cobrança dos devedores O parágrafo único do artigo 275 garante ao credor que, ao acionar – entenda-se: propor uma ação judicial para cobrar a dívida – um dos co-devedores, ele não fica impedido de acionar os demais. O credor, contudo, encontra-se vedado de propor, ao mesmo tempo, ações distintas, contra mais de um co-devedor, para cobrar o mesmo crédito. O credor tem como acionar os co-devedores, ou alguns deles, em conjunto, mas não separadamente e ao mesmo tempo. Essa regra é lógica: não se admitiria que o credor fizesse a máquina do Poder Judiciário atuar diversas vezes para satisfazer o mesmo crédito. Mais ainda, o credor tem direito de receber apenas uma vez o crédito, jamais além disso (evitando-se, dessa forma, que o credor receba o mesmo crédito em duplicidade, gerando um benefício sem causa jurídica).

A propositura da demanda contra apenas um dos co-devedores não acarreta absolutamente a extinção da solidariedade. O ajuizamento da ação contra somente um dos co-devedores significa que o credor decidiu cobrar apenas de um a totalidade da dívida, fazendo uso de uma prerrogativa advinda da solidariedade.

O co-devedor acionado pode opor as suas exceções pessoais, bem como as comuns a todos, mas não as pessoais de outro co-devedor, indica o artigo 281 do Código Civil. Dessa forma, o co-devedor, citado para pagar a dívida de todos, tem, por exemplo, como suscitar uma compensação com o credor, mas não pode fazer o mesmo se a compensação for relativa a um dos outros co-devedores.

pagamento parcial

Pode ocorrer de o co-devedor pagar apenas parte da dívida ao credor. Isso, em regra, não o exonera do restante da prestação. Normalmente, se um dos co-devedores paga uma parte, o credor irá reclamar dos demais co-devedores o restante. Contudo, nada impede que ele decida cobrar daquele mesmo co-devedor, que já pagou uma parte, o saldo remanescente do crédito. Em suma, o fato de o credor receber o pagamento parcial de um dos co-devedores não significa que o perdoou de pagar o restante (até mesmo porque os atos de renúncia são interpretados restritivamente, consoante a regra do artigo 114 do Código Civil). O credor apenas ficará impedido de efetuar a cobrança se houver dado uma quitação total àquele co-devedor, excluindo-o da relação.

renúncia da solidariedade

Os co-devedores, já se disse, respondem por toda a prestação. Nada impede, como se registrou, que o credor aceite o pagamento parcial feito por um dos co-devedores.

O credor tem o poder de renunciar a solidariedade em favor de um ou de um grupo de co-devedores, garante o artigo 282 (a solidariedade subsiste, atente-se, em relação aos demais). Neste caso, os demais co-devedores ficam sujeitos, solidariamente, a responder pelo restante da dívida, abatida a parte que tocava ao co-devedor afastado da solidariedade.

O co-devedor eximido da solidariedade passa a responder apenas pela sua cota-parte como se fosse uma dívida autônoma.

perdão

O mesmo se dá no caso de um ou de alguns dos co-devedores receberem o perdão da sua parte na dívida. Essa remissão, garante o artigo 277 do Código, não prejudica os demais co-devedores, que seguirão devedores solidários apenas do remanescente.

Nesse particular, fica muito claro que nas relações solidárias vai haver um *debitum* limitado para cada co-devedor, porém uma *obligatio* que abrange a totalidade da dívida. Internamente, no âmbito da relação entre os co-devedores, cada qual apenas deve uma parte da dívida, contudo, todos eles podem ser exigidos pelo todo. O credor, a rigor, tem como perdoar a integralidade da dívida, porém se o credor perdoa apenas um dos co-devedores solidários, ele estará perdoando apenas o *debitum* específico daquele co-devedor. Essa parte do *debitum* ficará excluída da dívida, diminuindo o montante da prestação.

Imagine-se que uma pessoa tinha três devedores, que lhe deviam R$ 900,00. Internamente no pólo passivo da relação, cada um dos co-devedores tinha um *debitum* de R$ 300,00. Como havia uma relação solidária, qualquer um dos co-devedores poderia ser exigido da totalidade da dívida (logo, a *obligatio* era integral). Se o credor perdoa um dos co-devedores, remite-se o *debitum* deste, de sorte que esse co-devedor exonerado fica liberado do seu dever e o seu *debitum* deixa de integrar a dívida. Logo, os dois co-devedores remanescentes terão uma dívida, em comum, de apenas R$ 600,00, diminuindo a *obligatio*, embora o *debitum* de cada um siga o mesmo. Essa resposta da lei reflete, inclusive, o corolário do artigo 278 do Código Civil, no sentido de que uma estipulação que favorece algum dos co-devedores não poderá, em hipótese alguma, prejudicar os demais co-devedores.

<small>exoneração da solidariedade e perdão</small>

Vale salientar a distinção entre a exoneração (ou renúncia) à solidariedade e o perdão, fenômenos muito distintos. Na renúncia à solidariedade, o co-devedor segue obrigado a pagar a dívida, porém apenas da parte que lhe toca, ao passo que no perdão o co-devedor remido está exonerado da relação. O que há, entretanto, de comum é que os demais co-devedores seguirão respondendo pela totalidade da dívida, porém excluída a cota-parte que competia ao co-devedor perdoado ou exonerado. Em nenhum dos casos, os demais co-devedores terão sua situação agravada pela liberalidade do credor.

<small>estipulações particulares</small>

A regra geral, no caso da solidariedade passiva, é a de que as estipulações feitas entre credor e algum dos co-devedores, qualquer que seja ela, não podem agravar a situação dos demais co-devedores, salvo com o consentimento destes, como se vê do artigo 278.

Credor e um dos co-devedores têm o poder de ajustar alguma modalidade à dívida, como, por exemplo, uma condição. Esse ajuste particular, contudo, não deve afetar, de forma negativa, a situação dos demais co-devedores, que ficaria onerada com a estipulação.

<small>impossibilidade da prestação solidária</small>

Ao se impossibilitar a prestação, sem culpa, a obrigação se extingue. Entretanto, se houve culpa dos co-devedores, ou de um deles, a obrigação se resolve em perdas e danos. Todos os co-devedores respondem, independentemente de quem tiver sido o culpado, pelo equivalente, isto é, pela restituição, em dinheiro, do que se recebeu pela prestação. As perdas e danos, contudo, são suportadas apenas pelo culpado, diz o artigo 279 do Código Civil.

Neste ponto, a norma seguiu a orientação, tida como padrão no Código Civil, de que somente o culpado responde pelas perdas e danos. Os co-devedores sem culpa pelo inadimplemento apenas pagam o correspondente ao valor que receberam.

Imagine-se que três pessoas receberam R$ 3 mil por um certo quadro. Não importa quem pegou o dinheiro, o fato é que um, e apenas um, dos co-devedores deixou de cuidar da obra de arte que, por isso, acabou perecendo. Como, no exemplo, havia uma obrigação de dar coisa certa, a perda do bem acarreta a impossibilidade da prestação e a obrigação resolve-se em perdas e danos. Pois o credor pode cobrar de qualquer um dos co-devedores a totalidade do que pagou pelo quadro, mas a reparação pelos danos pode ser exigida apenas do co-devedor responsável pela perda da coisa.

A jurisprudência respeita o conceito de que, pelos danos oriundos do inadimplemento, responde apenas o co-devedor culpado:

> "A conta bancária em conjunto não acarreta responsabilidade solidária para o parceiro correntista na execução de cheques emitidos sem a suficiente provisão de fundos desde que provado não ter sido ele também emitente" (TARJ, ms 1.323, Relator Juiz Julio da Rocha Almeida, julgado em 24.03.81, *RT* 574/236).

O mesmo conceito se aplica ao caso de mora, o inadimplemento parcial – e, logo, defeituoso e incompleto – da prestação. Todos os co-devedores respondem pela totalidade da prestação, mas apenas o culpado responde pela indenização decorrente do inadimplemento parcial.

Se o caso de mora se dever ao atraso temporal no pagamento em dinheiro e houver acréscimo de juros, todos os co-deveres poderão ser cobrados por esse acréscimo, mas, posteriormente, podem reclamar esse aumento do co-devedor culpado pela mora (artigo 280). Aqui se entende que qualquer um dos devedores poderia ter saldado a dívida; não é justo, portanto, que os co-devedores se eximam de arcar com os juros.

relação entre os co-devedores

O co-devedor que paga a integralidade da dívida pode, em seguida, cobrar dos demais co-devedores a parte de cada um deles.

A norma do artigo 283 da Lei diz que "O devedor que satisfez a dívida por inteiro tem o direito de exigir de cada um dos co-devedores a sua quota ..." Evidentemente, o devedor não precisa ter satisfeito a integralidade da dívida para cobrar algo dos demais co-devedores. Nesse ponto, a lei, que repete a redação do artigo 913 do Código de 1916, poderia ter sido mais clara. Basta que o co-devedor tenha feito o pagamento acima de sua parcela para que possa cobrar dos demais integrantes do pólo passivo a cota de cada um, até o limite do que desembolsou.

Diz a segunda parte do artigo 283 que, caso um dos co-devedores se torne insolvente, os demais co-devedores irão ratear a parte deste. A norma é muito justa. Ela visa a impedir que o co-devedor que pagou a totalidade da prestação arque, sozinho, com os riscos da insolvência de outro co-devedor. Por isso, ele garante a divisão, entre os co-devedores, da parte do co-devedor insolvente.

Uma boa discussão consiste em saber se o mesmo princípio do artigo 283 do Código Civil pode ser adotado no caso do co-devedor desaparecido. A *ratio* é a mesma.

Com efeito, caso um dos co-devedores solidários seja declarado insolvente, todos são chamados a contribuir, de acordo com a sua fração do total da dívida, para repartir a parte daquele co-devedor, tudo a fim de não onerar demasiadamente o co-devedor que quitou a dívida com o credor. O mesmo fundamento, que animou essa segunda parte do artigo 283, encontra-se presente se um dos co-devedores estiver definitivamente desaparecido, sem que se possa apontar seu paradeiro. Não há necessidade, no caso, de um reconhecimento judicial de ausência, bastando que, de boa-fé, se demonstre a impossibilidade de encontrá-lo para que, aplicando-se analogicamente o artigo 283, o co-devedor que saldou a dívida possa exigir dos demais integrantes do pólo passivo que, de acordo com a fração de cada um, dividam a parte do co-devedor desaparecido.

Certo é que, por força do artigo 284, contribuem com o rateio mesmo os co-devedores exonerados da solidariedade. Nesse ponto, vale o conceito antes mencionado de que o eventual benefício que o credor conceda a um dos co-devedores não pode prejudicar a situação dos demais.

No caso desse rateio da parte do insolvente, de que trata a segunda parte do artigo 283 e o artigo 284, a lei, neste segundo dispositivo, fala apenas do co-devedor exonerado da solidariedade. O devedor perdoado recebe um outro tratamento. Como não seria justo, por força do artigo 278, que os demais co-devedores ficassem prejudicados pelo perdão concedido a um co-devedor, entende-se que, no eventual momento do rateio, deve o credor que perdoou ser chamado para arcar com a fração daquele co-devedor por ele remitido. Com isso, o credor suporta os efeitos de seu ato, sem que os demais co-devedores fiquem onerados com a liberalidade.

interesse de apenas um co-devedor

Comumente, a dívida, embora solidária, interessa a apenas um dos co-devedores. Pode ocorrer – e o caso é até comum – de um empréstimo ter sido tomado por uma pessoa, mas outra assume, solidariamente, o dever de restituir o valor a quem emprestou. Em casos como o que se acabou de mencionar, o credor poderá exigir o pagamento de qualquer um dos co-devedores, independentemente de quem seja o beneficiado do negócio.

Entretanto, consoante registra o artigo 285 do Código Civil, o co-devedor que pagar (caso não seja o único interessado) poderá exigir a totalidade do valor despendido àquele co-devedor que for o único interessado.

falecimento do co-devedor solidário

A solidariedade passiva não se transfere com o falecimento do co-devedor. Seus sucessores não ficam obrigados a pagar a totalidade da dívida, porém apenas a parte de cada um, como se fosse uma obrigação não solidária (artigo 276), salvo se a prestação for indivisível (a norma, aliás, fala em obrigação indivisível, porém indivisível, como já se mencionou, é a prestação).

Tenha-se presente que os herdeiros apenas respondem até as forças da herança, isto é, eles somente ficam vinculados a arcar com as dívidas suportáveis pelo montante que receberem, consoante se vê da conhecida regra do artigo 1.792 do Código Civil. Os bens particulares dos herdeiros, que já integravam o patrimônio destes antes do recebimento da herança, não serão tocados para arcar com as dívidas do falecido.

Logo em seguida da morte, os bens do falecido participam do processo do inventário no qual se apura a forma de os partilhar entre os herdeiros. Forma-se, naquele momento, uma massa de bens, denominada espólio. Enquanto perdurar o processo de inventário, o credor poderá habilitar seu crédito – a integralidade dele, se o falecido era co-devedor solidário – e receber a totalidade da dívida do espólio, como registra o artigo 1.997 do Código Civil.

Evidentemente, se o espólio arcar com a totalidade da dívida, este poderá, em seguida, cobrar dos demais co-devedores solidários a parte que saldou de cada um deles.

14
A Transmissão das Obrigações

Esaú e Jacó, conta a Bíblia, eram filhos de Isaac, sendo Esaú o primogênito. Entretanto, Esaú vende seu direito de primogenitura ao seu irmão, por um prato de comida. Sem entrar no mérito da razoável equivalência econômica das prestações desse acordo narrado pelo Velho Testamento, por meio desse negócio, Jacó adquiriu o direito que antes era de Esaú. Houve, aqui, uma transferência de direitos: Esaú tinha o direito à primogenitura e o cedeu ao seu irmão. Negociou-se uma posição jurídica. O ordenamento jurídico reconhece e regula essa situação.

A transferência de obrigações pode dar-se de forma universal ou singular. A universal ocorre se todo o patrimônio da pessoa é transferido. Na morte, em regra, as obrigações da pessoa se transferem aos seus herdeiros (afinal, não é possível haver direito sem sujeito). Se uma pessoa jurídica se extingue, todas as suas obrigações são também passadas para novos titulares. Diferentemente, pode-se transferir, do patrimônio de uma pessoa, apenas uma específica obrigação: diz-se, então, que se trata de uma transmissão singular. Isso se dá, por exemplo, com a cessão de crédito, hipótese que estudaremos logo a seguir, na qual uma pessoa acerta dar a outra um crédito, de sorte que quem o recebe assume a posição de credor.

Na Roma clássica, havia restrição em relação à transferência das obrigações. Ela não se transmitia negocialmente.[1] Em regra, a obrigação nascia e se extinguia entre as mesmas pessoas, sem alteração subjetiva, ressalvando-se apenas a sucessão por morte de qualquer das partes. A obrigação, portanto, uma vez estabelecida entre credor e devedor, os unia *ut lepra corpori*, ou seja, como a lepra à pele.

Para burlar essa restrição, os romanos se valiam dos mandatos, isto é, transferiam suas obrigações constituindo procuradores. O procurador acabava, na prática, com o poder de exercer o crédito. Tratava-se do mandato *in rem suam*, hoje chamado de procuração em causa própria. Neles, o procurador adquire o poder de atuar como o mandante, sem a necessidade de prestar contas.

No direito moderno, contudo, admite-se, em regra, a transferência das obrigações. Veja-se que não se trata, aqui, da transferência

---

[1] Ebert Chamoun, *Instituições de Direito Romano*, Rio de Janeiro, Forense, 1951, p. 297.

de uma coisa específica, mas de uma situação obrigacional: ou a pessoa passa a ser o credor ou o devedor.

A rigor, as obrigações podem ser transferidas por determinação da lei, por ordem judicial ou por convenção das partes. No Livro dos Direitos das Obrigações, no Código Civil, examina-se esta última situação: a transmissão da obrigação oriunda de um acordo entre as partes.

Há duas figuras que cuidam do assunto: a cessão de crédito, que ocorre na alteração do sujeito ativo da relação, e a assunção de dívidas, se a alteração se dá no polo passivo, substituindo-se um devedor por outro.

O Código Civil de 1916 tratava apenas da cessão de crédito, embora, claro, não fosse vedado por lei a assunção de dívida. O Código de 2002 examina essas duas formas de alteração das pessoas que compõem o polo ativo e passivo de uma relação obrigacional.

14.1. Cessão de Crédito

O crédito compõe o patrimônio do credor. Trata-se de um ativo, que o credor pode, em regra, negociar. Uma pessoa ajustou receber de outra certa quantia em dinheiro. Pode este credor transferir, gratuita ou onerosamente, seu crédito a terceiro. Este, então, passará a ser o credor daquela relação. Opera-se, assim, a cessão de crédito: um negócio pelo qual o credor transfere a outro o seu crédito. A partir de então, o cedente (o antigo credor) não pode mais pleitear o direito, que já não lhe pertence. O direito, com a cessão, passa a ser do cessionário, o novo credor.

Não se pode perder de vista que a cessão não cria direitos, nem os transforma; há apenas a transmissão deles. O direito passa a ter outro titular, eis tudo.

cessão total ou parcial

A cessão pode ser parcial ou total, conforme o cedente tiver transferido parte ou integralmente seu direito.

cessão onerosa ou gratuita

Também a cessão se subdivide entre a gratuita ou onerosa, se, por ela, o credor primitivo tiver ou não recebido alguma contraprestação.

cedente, cessionário e cedido

Os personagens dessa relação recebem nomes específicos: quem transfere o crédito é o cedente. Aquele que recebe o crédito, passando a ocupar a situação de novo credor, é o cessionário. Finalmente o devedor, que antes devia a um e, com a cessão, passou a dever a outro, é o cedido. Cedente, cessionário e cedido, eis a tríade da cessão de crédito.

restrições à cessão

Em regra, já se disse, as obrigações podem ser livremente cedidas. Há, contudo, importantes exceções a esse conceito. O artigo 286 do Código Civil apresenta limitações à transferência do crédito.

Isso não poderá ocorrer se (a) houver uma restrição em decorrência da natureza da prestação; (b) existir impedimento legal; ou (c) as partes da relação tenham convencionado no sentido de não permitir a cessão.

De fato, se a obrigação era personalíssima e couber apenas ao credor receber a prestação, esta não poderá ser cedida. Nas obrigações de alimentos, por exemplo, pela sua própria natureza, o alimentado não pode cedê-la, sob pena de frustrar a própria razão de ser daquela relação. O mesmo ocorre com o crédito decorrente do salário, por razões semelhantes.

Noutros casos, a lei veda a transferência do pólo ativo da obrigação. Tome-se, para dar um exemplo, a situação das indenizações por acidente de trabalho; nestas a lei impede que o titular (o acidentado) ceda seu crédito. Entende-se, com razão, que essas relações têm um propósito, que seria frustrado se houvesse a cessão do referido crédito.

Há, ainda, casos nos quais, embora seja possível a transmissão das obrigações, a lei impõe que essa cessão apenas poderá ocorrer com a autorização do devedor, como ocorre no mandato, pois o procurador, em regra, apenas pode transferir seus poderes a terceiro com o consentimento do mandante.

Por fim, se a origem do crédito é contratual, as partes podem ajustar que, em certo negócio, não se admitirá a cessão, o pacto *de non cedendo*.

Com relação a esta última limitação, o Código Civil de 2002 trouxe uma inovação. A última parte do artigo 286 informa que a cláusula proibitiva de cessão não poderá ser oposta ao cessionário de boa-fé, se esta não constar do instrumento da obrigação. Ocorre que, por vezes, a cláusula contratual que vedou a cessão encontra-se em documento apartado, distinto do instrumento no qual se estipulou o negócio obrigacional. A lei, de modo inteligente, busca proteger aquele que, de boa-fé, sem a ciência da proibição, adquiriu o crédito. O cessionário, que não teve acesso à cláusula que impedia a transferência por cessão, não terá a sua situação jurídica abalada. Neste caso, não se considerará eficaz a restrição e valerá a cessão, para todos os fins.

acessórios

O artigo 287 do Código repete a noção de que, salvo disposição em contrário, a cessão de um crédito abrange todos os seus acessórios. O dispositivo repete a regra geral de Direito Civil segundo a qual o acessório segue o principal. Dessa forma, ao ceder o crédito, os seus acessórios também se incluem na transferência.

Essa regra tem enorme repercussão. Afinal, entre os acessórios se incluem as garantias da obrigação, como a hipoteca, o penhor, a fiança (figuras que trataremos com mais calma adiante), a cláusula penal e os juros.

Evidentemente, pode-se transferir o crédito excluindo os acessórios, desde que se faça expressa referência a isso.

forma da cessão A cessão é feita por contrato. Deve, claro, haver o consentimento entre o cedente, o titular do crédito, e o cessionário, que recebe o crédito.

Para que a cessão tenha publicidade, necessário que ela seja transcrita no Registro de Títulos e Documentos situado no domicílio das partes contratantes. Segundo o artigo 129, 9, da Lei dos Registros Públicos (Lei nº 6.015, de 31.12.73):

> "Estão sujeitos a registro, no Registro de Títulos e Documentos, para surtir efeitos em relação a terceiros: (...) os instrumentos de cessão de direitos e de créditos..."

Por esse motivo, normalmente as cessões são levadas a registro e, com isso, garante-se a publicidade do ato, isto é, terceiros não poderão alegar que a desconhecem.

Segundo o artigo 130 da mencionada Lei dos Registros Públicos (Lei nº 6.015, de 31.12.1973), o registro deve ser feito em até 20 dias da celebração do negócio e se as partes tiverem domicílio distinto, deverá haver registro em todos eles.

cessão de direitos hereditários Vale, entretanto, fazer a ressalva da cessão de direitos hereditários. Não raro, o herdeiro deseja ceder o seu direito à herança (atente-se: isso é apenas lícito depois da morte do autor da herança. Não se admite negociar a herança de pessoa viva, registra o artigo 426). Ocorre que o artigo 80, II, do Código Civil considera imóvel o direito à sucessão aberta. Por força do artigo 108 do Código, faz-se necessária a escritura pública para a transferência de bens imóveis. Logo, a cessão de direitos hereditários reclama essa formalidade da escritura pública para a sua validade. Além disso, se a transferência é de bens imóveis há a necessidade da outorga do cônjuge.

importância da notificação do devedor Na cessão de crédito, há um momento de grande relevância. Este se dá com a notificação ao devedor de que houve a transferência do crédito; apenas então o devedor passa a integrar o negócio. Vale, desde já, frisar que o consentimento do devedor não é essencial ao negócio. Por vezes, a cessão de crédito ocorre até mesmo contra a vontade do devedor. A lei apenas concede ao devedor a possibilidade de se proteger de algum prejuízo com a cessão, como adiante se examinará.

A cessão é um negócio celebrado entre o cedente (o antigo credor) e o cessionário (o novo credor). O devedor, inicialmente, é estranho a essa relação. Assim, até o instante em que o devedor é cientificado da cessão, ele tinha o dever de entregar a prestação ao credor inicial. Com a informação dada ao devedor acerca da cessão do crédito cedido, ele passa a dever ao novo credor e só a este.

Imagine-se que uma pessoa cede a outra o seu crédito. O devedor, inicialmente, é estranho àquela situação. Para pagar ao novo credor (o cessionário), o devedor precisa ser informado de que houve a mudança da pessoa que ocupava o pólo ativo. O pagamento feito ao antigo credor pelo devedor, antes da ciência da cessão, é plenamente válido e eficaz, como garante o artigo 292 do Código. Como registra Serpa Lopes: "a notificação ao devedor, enquanto não ocorrida, é como se o crédito não houvesse sido transferido."[2]

Entretanto, depois de notificado da cessão, o devedor apenas pode pagar ao novo credor. Só a ele. Se pagar ao antigo credor, o devedor terá feito o pagamento à pessoa errada e, por isso, nada obstará que o novo credor (cessionário) lhe cobre a dívida.

Crucial, portanto, observar o momento no qual o devedor foi informado da cessão. Essa ciência do devedor pode dar-se não apenas pela notificação com essa expressa finalidade, mas também se o devedor demonstrou ter conhecimento da cessão (confira-se o artigo 290). Caio Mário sustenta que "A notificação consiste em qualquer meio, pelo qual a operação de transferência é comunicada ao devedor."[3] Se o devedor, em algum documento, ou mesmo num ato confirmado por testemunhas idôneas, demonstrou inequivocamente a ciência da cessão, ele passa a ficar vinculado àquele negócio, e não mais poderá pagar ao cedente, isto é, ao primitivo credor. Dessa forma, a notificação pode ser expressa ou presumida.

Advirta-se que mesmo se a cessão for pública (onde há registro e presunção de publicidade) não se dispensa a notificação do devedor.

A notificação, atente-se, não é da essência da cessão. Sem ela, o negócio segue válido. Porém, trata-se de um fator de eficácia em relação ao devedor (que, como se apontou, pode ser superado caso se demonstre de forma inequívoca a ciência, pelo devedor, da cessão).

defesas do cedido

Outro motivo pelo qual o ato da informação ao devedor merece ênfase está em que ele marca o momento limite de o devedor opor eventuais defesas pessoais que tenha contra o credor primitivo.

Explique-se melhor: para o devedor, a cessão do crédito não piora a sua situação. Ele continuará devendo a mesma coisa e nas mesmas condições. Já se disse que a cessão não altera a natureza do crédito, nem sana os seus vícios. Bevilaqua doutrina, com razão, que "A exceção não exerce influência purificadora."[4]

---

2   Miguel Maria de Serpa Lopes, *Curso de Direito Civil, Obrigações em Geral*, vol. II, 6ª ed., Rio de Janeiro, Livraria Freitas Bastos, 1995, p. 435.

3   Caio Mário da Silva Pereira, *Instituições de Direito Civil*, vol. II, 20ª ed., Rio de Janeiro, Forense, 2005, p. 370.

4   Clovis Bevilaqua, *Código Civil dos Estados Unidos do Brasil*, 11ª ed., vol. IV, Rio de Janeiro, Livraria Francisco Alves, 1957, p. 185.

O crédito é plenamente transferido ao novo credor, o cessionário, tal como ele era.

Se o crédito cedido tinha vícios relacionados à validade e à eficácia da obrigação – tais como incapacidade das partes ou prescrição, por exemplo –, o devedor poderá suscitá-los em defesa independentemente de quem seja o credor, ou seja, antes ou depois da cessão. Em outras palavras, as exceções (o Código Civil usa esse termo como sinônimo de quaisquer defesas) podem ser oferecidas pelo devedor a todo tempo, pois, como se disse, a cessão não é panacéia, não sana vício algum. Se o defeito existia antes da cessão, ele seguirá presente depois dela. O artigo 294 garante ao devedor o direito de opor ao cessionário todas as "exceções que lhe competirem."

Há, contudo, exceções pessoais. São defesas que não se relacionam ao crédito, mas a uma situação específica que exista entre o credor e o devedor. O devedor, de fato, pode ter contra o credor primitivo defesas, como, por exemplo, a compensação (isto é, o devedor teria, por sua vez, um crédito contra o mesmo credor, de sorte que as duas obrigações seriam abatidas, extinguindo-se ao menos parcialmente). Essa mesma defesa pode não servir contra o novo credor, o cessionário, pois se trata de uma exceção pessoal. Segundo o artigo 294, todas essas defesas pessoais poderão ser suscitadas pelo devedor no momento em que ele tomar ciência da notificação.

Orlando Gomes comenta que a norma, neste particular, é inteligente e justa.[5] Afinal, ela visa a impedir que um credor, ciente de que seu crédito poderia ser esvaziado com uma defesa pessoal, transfira seu direito, a fim de frustrar a oposição do devedor.

Entretanto, o referido artigo 294 do Código Civil informa que apenas poderão ser opostas as defesas contra o credor primitivo – o cedente – que existiam quando o devedor foi notificado da cessão.

O devedor, ao receber a notificação informando da cessão, deve, se tiver alguma exceção pessoal, indicá-la naquele momento ao cedente e ao cessionário. Com isso, ele mantém a sua defesa. Se, distintamente, o devedor nada alegar, não poderá mais, no futuro, apresentar essa defesa pessoal e nada mais poderá opor ao cessionário.

A notificação ao devedor, informando da cessão, não acarreta o vencimento antecipado. O prazo para o pagamento segue sendo o mesmo. Abre-se, apenas, um espaço para que o devedor informe as suas eventuais defesas pessoais contra o credor primitivo e, dessa forma, protege-se a situação do devedor.

Não custa frisar que o dever de o devedor notificar ou protestar o cedente e o cessionário abrange apenas as defesas pessoais. Somente estas, caso não sejam argüidas naquele momento, ficarão

---

5 Orlando Gomes, *Obrigações*, 16ª ed., Rio de Janeiro, Forense, 2004, p. 209.

prejudicadas, a ponto de o devedor não mais poder invocá-las. As exceções gerais do crédito, contudo, poderão ser suscitadas a qualquer momento.

Se outros fatos ocorreram em relação ao credor primitivo após a notificação da cessão, o devedor já nada mais poderá reclamar em sua defesa. A cientificação da cessão marca, pois, esse prazo: o momento no qual o devedor deve indicar que existem defesas pessoais contra o credor primitivo, cedente no contrato de cessão.

Se, por exemplo, surgir, depois de aperfeiçoada a cessão com a ciência do *solvens*, uma compensação entre o devedor e o primitivo credor, que já cedeu o crédito, esse tema não poderá ser abordado como defesa do devedor. As defesas pessoais futuras contra o cedente, portanto, não podem ser alegadas, apenas aquelas que já existiam quando o devedor foi cientificado da cessão e que ele indicou oportunamente.

Assim, quando o devedor tiver que pagar uma dívida pessoal cedida, ele terá como oferecer as exceções gerais do crédito, como os vícios que eventualmente o inquinem, as defesas que tem contra o novo credor (o cessionário), bem como aquelas que tinha contra o antigo credor (cedente) até a data em que foi cientificado da cessão e que foram objeto de notificação específica, na qual se apontaram essas defesas.

pluralidade de notificação

Imagine-se outra hipótese: um devedor recebe diversas notificações, de pessoas distintas, cada qual indicando que passou a ser o credor de uma mesma obrigação. Ou seja: várias informações de que houve a cessão do mesmo crédito. Neste caso, dizem os artigos 291 e 292, o pagamento será bem feito se o devedor entregar a prestação à primeira pessoa que aparecer com o título da cessão.

Assim, será eficaz o pagamento feito pelo devedor de boa-fé, se recebeu mais de uma notificação dando ciência da cessão, a quem lhe apresenta o título de obrigação cedida (regra que também se extrai do artigo 292). O título, por exemplo, pode ser um cheque, ou uma nota promissória. Pois nesses casos, o pagamento será perfeito se o devedor oferecer a prestação a quem lhe apresentar esse documento, que corporifica o crédito.

Tenha-se presente, contudo, a regra da última parte do artigo 292, segundo a qual, se a cessão for pública, prevalecerá o dever de pagar à pessoa que primeiro enviou a notificação. Trata-se de uma exceção à regra de que se deve pagar a quem oferecer o título em primeiro lugar, oferecendo-se a primazia à primeira notificação.

No caso de mais de uma pessoa se habilitar como credor, nada impede que o devedor promova o pagamento por consignação, entregando a prestação em juízo, até que se aponte, com certeza, quem seja o verdadeiro titular do crédito. Adiante, ao tratar das formas de pagamento, será analisado o pagamento por consignação.

terceiros

Com relação aos terceiros, a cessão apenas tem eficácia se celebrada por instrumento público, ou por particular (nos quais se impõe, contudo, observar as solenidades previstas no § 1º do artigo 654 do Código: deve o instrumento fazer referência ao local onde o negócio foi celebrado, à sua data, à qualificação do cedente, aos objetivos e à extensão da cessão).

Em outras palavras, a cessão, com relação aos terceiros, apenas terá força depois de ela se tornar pública, o que se dará com o registro (consoante se vê do artigo 221 do Código Civil). A relevância disso está em que terceiros podem opor-se à cessão, quando esta lhes prejudicar.

Imagine-se a situação de terceiro que tenha um crédito com o credor de uma dívida, sendo esta dívida o maior, ou mesmo o único ativo do patrimônio desse credor (veja-se: numa relação este é credor, mas noutra devedor). A cessão do crédito pode afetar consideravelmente o patrimônio desse credor, a ponto de comprometer a sua solvência. Eventualmente, a cessão implica, até mesmo, em fraude aos credores. Por esse motivo, importante que se dê ciência ao credor de um cedente acerca do negócio, a fim de que ele possa intervir se a cessão lhe for nociva, eventualmente questionando a legalidade do ato. Na maioria dos casos, os terceiros afetados com a cessão serão os credores do cedente, pois este deixará de conter um ativo em seu patrimônio (o crédito), que será transferido ao cessionário. Essa transferência de patrimônio pode ser lesiva ao credor.

A regra do artigo 288 do Código Civil, portanto, indica ser ineficaz a cessão, em relação aos credores do cedente, se não houve uma adequada publicidade do ato. Busca-se, dessa forma, proteger os credores de uma cessão feita às sombras, cujo desfecho lhes seja daninho.

No exemplo que se acabou de oferecer, do credor que contava com um crédito de seu devedor, pode bem ocorrer de esse credor apenas se inteirar de que seu devedor já não possui qualquer ativo quando for reclamar a prestação. Neste momento, ele pode tomar ciência de que a cessão de crédito, feita pelo seu devedor, foi a responsável pelo comprometimento do patrimônio. Assim, se não houve publicidade da cessão, a parte prejudicada pode reclamar a sua anulação, para o fim de assegurar o pagamento. Veja: para o terceiro, a cessão apenas terá eficácia quando pública.

Ainda com relação à publicidade, aquele que recebe um crédito garantido por hipoteca tem direito de fazer constar a cessão do registro de imóveis, indica o artigo 289. Assim, quem quer que veja o título do imóvel saberá que aquele bem se encontra hipotecado e terá ciência de quem é o credor da dívida que onera a coisa.

proteção de cessionário

Embora a informação da cessão seja, como se ressaltou, fundamental, tanto para o devedor como para terceiros, o cessionário, mesmo antes da notificação, pode realizar os atos necessários à preservação de seu crédito, garante o artigo 293 do Código.

Suponha-se que uma pessoa adquiriu os créditos futuramente apurados com a comercialização de um determinado filme. Entretanto, antes de o filme estrear – e, logo, antes de haver como o cessionário receber seu crédito –, inicia-se uma discussão acerca da possibilidade do lançamento da obra (um problema de direitos autorais, por exemplo). O artigo 293 admite que o cessionário atue para proteger o seu futuro direito. O titular do crédito pode tomar as providências necessárias para garantir a estréia do filme e, com isso, preservar seu crédito.

<small>efeitos de cessão</small>

Os efeitos da cessão consistem em transferir o crédito, alterando o sujeito que ocupa o pólo ativo da relação obrigacional. O novo credor assume a posição daquele que lhe cedeu o crédito.

<small>responsabilidade pela existência do crédito cedido</small>

O cedente, além de capaz – o que é necessário para garantir a validade de qualquer ato –, deve ter o direito que está transferindo. "Ninguém pode transferir mais do que tem", esse axioma jurídico decorre de uma lógica afiada. Se uma pessoa não é titular de certo crédito, não será possível transferi-lo.

Nas cessões onerosas, o cedente responde pela existência do crédito cedido, ainda que não se responsabilize por isso. De fato, se o cedente alienou seu crédito, o mínimo que se pode esperar é que o crédito exista ao tempo em que ocorreu a transferência do direito. Caso, depois do ato de cessão, se verifique que a dívida era nula, por qualquer motivo, a cessão considera-se ineficaz.

Atente-se que não se questiona, aqui, a boa-fé subjetiva do cedente. Afere-se somente a existência ou não da dívida cedida. Caso contrário, a cessão será imperfeita.

O conceito de "existência" do crédito, referido pelo artigo 295, tem um significado amplo: ele abrange o efetivo recebimento do crédito. Se o crédito cedido for compensado, impugnado, se esse mesmo crédito já foi transferido a outrem, enfim, em todos os casos nos quais se impossibilite o recebimento do crédito, pode-se reclamar a responsabilidade do cedente.

Se não havia crédito, o negócio de cessão é inexistente pela ausência de objeto.

Nas cessões gratuitas, informa a segunda parte do artigo 295, o cedente apenas responde pela existência do crédito se houver atuado de má-fé, ou seja, caso tenha cedido o crédito sabendo que ele não existia. A *contrario sensu*, se a cessão foi onerosa, o cedente responderá sempre.

<small>exclusão de responsabilidade</small>

Cumpre, contudo, ressalvar que essas situações cuidam dos casos nos quais não foi feita qualquer ressalva de exclusão da responsabilidade no instrumento de cessão. Ora, podem as partes da cessão (cedente e cessionário) convencionar, de forma expressa, que o cedente não se responsabiliza pela existência da dívida. Nestes casos, geralmente, a cessão é feita com enorme desconto, precisamente diante da dúvida acerca do efetivo crédito. Aqui, afastou-se, por convenção, a força do artigo 295 do Código Civil.

Evidentemente, esse acordo jamais poderá ser fonte de um golpe, ou servir de guarida para a má-fé. Se o cedente, de caso pensado, enganou o cessionário, pois tinha absoluta ciência da inexistência do crédito, o ato pode ser invalidado por dolo e estaremos diante de um caso de nulidade do negócio, pela falta de objeto.

solvência do devedor

Situação distinta se relaciona à solvência do devedor. Aqui, segundo o artigo 296, apenas responderá o credor pelo devedor insolvente se expressamente houver assim convencionado. No silêncio das partes a respeito desse tema, o credor não responderá pela insolvência do devedor. Cabe ao cessionário estar atento à situação patrimonial do devedor antes de adquirir o crédito.

Evidentemente, esta regra não pode ser interpretada como o salvo-conduto da espertaza. Se o cessionário foi induzido em erro pelo cedente, que criou falsas expectativas em relação às chances de receber o crédito, é claro que novo credor pode até mesmo suscitar a anulação do ato com base em dolo, ou mesmo reclamar indenização.

De outra ponta, não se pode perder de vista que um dos mais freqüentes motivos da cessão é a dificuldade de o credor original exigir o pagamento. Dessa forma, ordinariamente existe um abatimento entre o valor do crédito e o valor pelo qual ele foi negociado com o cessionário na cessão. Não raro, o cessionário sabia, ou deveria saber, das dificuldades em receber o crédito.

Nos casos de insolvência do devedor, havendo vários credores em comum, pode ocorrer de alguns destes adquirirem outros créditos, por cessão, para, dessa forma, ter uma parcela maior entre os credores. Nesses casos, já se sabe de antemão da dificuldade em reaver a totalidade do crédito, razão pela qual eles são negociados por quantia menor do que o seu efetivo "valor de face".

Na hipótese, contudo, de o cedente se responsabilizar pela solvência do devedor, este ficará obrigado a indenizar o cessionário apenas até o limite do que recebeu, acrescido de juros, além de responder pelo que o cessionário gastou na cobrança do crédito, preconiza o artigo 297 do Código.

cessão de posição contratual

Examine-se, agora, a situação da cessão de posição contratual, situação que não foi regulada expressamente no nosso Código Civil, embora tenha recebido exame, com esse nome, pela Lei civil portuguesa, nos seus artigos 424 e seguintes.

Como se vem expondo, o crédito é parte importante do patrimônio das pessoas. Diante disso, ele pode, em regra, ser objeto de negociação. O contrato é um instrumento pelo qual as pessoas se vinculam, criando deveres e obrigações. Muitas vezes, o contrato reflete um direito com enorme repercussão econômica. Logo, ocorre de o titular de uma posição contratual desejar aliená-la para terceiro, que passará, como novo titular, a ter os direitos e deveres contidos no tal contrato.

Na cessão de posição contratual opera-se a transferência não apenas de um específico crédito, mas de uma posição – o conjunto de direitos e obrigações – de que uma pessoa é titular, em função de um contrato ou de um grupo de contratos, do qual é parte. "A cessão da posição contratual corresponde, assim, à transmissão por via negocial da situação jurídica complexa de que era titular o cedente em virtude de um contrato celebrado com outrem."[6]

Não raro, nos casos de cessão de posição contratual, a situação do titular ainda não está definida; não se sabe, no momento da celebração do negócio, a extensão do crédito, que, a rigor, poderá nem sequer se materializar.

Imagine-se a pessoa que tem o direito a receber os eventuais frutos de um investimento. Ainda não se sabe se esses frutos serão percebidos, mas nada impede que ela ceda a sua posição, como tem reconhecido a jurisprudência:

> "A celebração entre as partes de cessão de posição contratual, que englobou créditos e débitos, com participação da arrendadora, da anterior arrendatária e de sua sucessora no contrato, é lícita, pois o ordenamento jurídico não coíbe a cessão de contrato que pode englobar ou não todos os direitos e obrigações pretéritos, presentes ou futuros, inclusive eventual saldo credor remanescente da totalidade de operações entre as partes envolvidas (...)" (STJ, REsp. nº 356.383/SP, Relatora Ministra Nancy Andrighi, publicado em 06.05.02).

Resta clara a característica desses negócios de transferência de uma gama de créditos e débitos. Não se aliena este ou aquele crédito ou débito, mas um conjunto deles, que estavam inseridos numa determinada posição contratual. Como há dívidas assumidas pelo novo titular daquela posição, necessário que a outra parte do contrato consinta expressamente com a transferência, sob pena de o negócio não se aperfeiçoar.[7]

crédito como garantia

Uma última referência à cessão se relaciona à possibilidade de empenhá-la (ou seja, que ela sirva como uma garantia de outro negócio). De fato, o crédito compõe o patrimônio de uma pessoa e,

---

6   Luiz Manuel Teles de Menezes Leitão, *Direito das Obrigações*, vol. II, 3ª ed., Coimbra, Almedina, 2005, p. 74.

7   Sobre o tema, Hamid Charaf Bdine Júnior, *Cessão da Posição Contratual*, 2ª ed., São Paulo, Saraiva, 2008.

portanto, pode servir como garantia de uma dívida. Afinal, não raro, o maior ativo de uma pessoa é um crédito que ela possui.

Admite-se, ainda, que o direito a um crédito seja objeto de penhora, para garantir o juízo em uma ação. Pois se o crédito for penhorado, o credor, diz o artigo 298, não pode mais transferi-lo (sobre a distinção entre penhor e penhora – fenômenos bem distintos, embora com nomes semelhantes –, veja adiante, ao se tratar das garantias).

Aqui, também, notificar o devedor da penhora é fundamental, pois, até a sua notificação do gravame, o pagamento que ele fizer ao credor é válido, situação na qual os direitos do terceiro subsistem apenas contra o credor satisfeito.

14.2. A Assunção de Dívida

O Código Civil de 1916 não cuidava da assunção de dívida. Trata-se de uma inovação do Código de 2002. Evidentemente, o fato de o Código de 1916 não tratar da assunção de dívida não significa que ela era proibida. Nada disso. A assunção de dívida existia, porém não era regulada especificamente na Lei civil.

O conceito é intuitivo: admite-se que o devedor transfira a sua dívida, mas desde que o credor aceite essa alteração de devedores, como se encontra expresso no conceito do artigo 299 da Lei civil:

> "Art. 299. É facultado a terceiro assumir a obrigação do devedor, com o consentimento expresso do credor, ficando exonerado o devedor primitivo, salvo se aquele, ao tempo da assunção, era insolvente e o credor o ignorava."

Como se vê, a autorização do credor é da essência desse negócio. A permissão do credor, ademais, deve ser expressa e inequívoca. Não existe presunção de consentimento neste caso; a autorização para que seja alterado o pólo passivo da obrigação deve ser clara e inquestionável. A lei não poderia ser diferente. Afinal, a primeira – e, muitas vezes, a exclusiva – garantia do credor é o patrimônio do devedor. Nas relações obrigacionais que derivam de um contrato, por exemplo, o credor sabe, desde o início, quem é o devedor e qual o patrimônio dele. Assim, não seria sequer justa a alteração do devedor, sem a concordância direta do credor.

De acordo com o parágrafo único do artigo 299, se as partes ajustaram um período para colher a autorização do credor, o silêncio deste é interpretado como recusa à assunção da dívida.

No caso mais corrente de assunção de dívida, que se dá com a morte do devedor – quando seus herdeiros assumem a dívida, na medida da força da herança –, contudo, não existe a necessidade da aceitação do credor. Nas hipóteses de assunção de dívida entre vivos, contudo, essa outorga, já se disse, é essencial.

Por outro lado, não haverá necessidade de consentimento expresso do credor, se a assunção de dívida nasceu de um acordo dele com um novo devedor. Neste caso, o devedor primitivo é apenas informado de que houve a assunção de dívida, que o liberou do dever obrigacional.

Imagine-se que o credor e terceiro – alguém que queira o bem do devedor – acordem em que esse terceiro passe a responder pela dívida. Na hipótese, é o próprio credor quem promove a transferência do pólo passivo da relação.

> efeitos da assunção

Em regra, com a assunção de dívida, o devedor inicial fica liberado da obrigação. A partir da celebração do referido negócio, o credor apenas poderá cobrar do segundo e novo devedor, que assumiu a dívida. Há, contudo, a assunção "cumulativa", na qual o devedor primitivo segue obrigado a pagar, juntamente com o novo devedor. Para que assim seja, as partes devem convencionar expressamente.

> exceção da regra

Vale fazer, contudo, a ressalva constante do artigo 303. Segundo o dispositivo, o adquirente de um imóvel hipotecado pode assumir a dívida garantida pelo bem. A lei dá esse poder para que o novo proprietário possa "limpar" a situação de seu bem, que, com o pagamento da dívida garantida pela hipoteca, perderá o gravame.

A citada regra dá ao credor trinta dias para impugnar a transferência do débito, entendendo-se, neste caso, que o seu silêncio serve como aquiescência à assunção. Na hipótese, portanto, o silêncio tem efeito distinto daquele da regra geral acima referida.

> novo devedor insolvente

Tamanha a preocupação da norma em proteger o credor que o artigo 299, segunda parte, informa que o devedor primitivo não ficará desonerado se o novo devedor for insolvente e disso não sabia o credor. Há, por suposto, uma presunção de que o credor não admitiria a assunção de dívida se tivesse ciência do estado negativo do patrimônio do novo devedor. O devedor, portanto, responde pelo estado de solvência do novo devedor se o credor o ignorava.

> extinção das garantias

Com a assunção de dívida, salvo disposição em contrário – no caso, uma manifestação expressa do antigo devedor –, consideram-se extintas as antigas garantias, que incidiam na relação obrigacional com o antigo devedor, informa o artigo 300 do Código. Tem fim, ordinariamente, a fiança, a hipoteca, o penhor, ou outra garantia especial que eventualmente incida na obrigação transferida. Atente-se que os demais acessórios da relação obrigacional não se extinguem com a assunção. Se corriam juros, ou havia a previsão de cláusula penal, por exemplo, esses acessórios seguirão incidindo sobre o negócio assumido. O artigo 300 menciona que apenas as garantias especiais não se transferem.

Essa manifestação do devedor primitivo é necessária porque, em regra, as garantias concedidas irradiavam dele. Se havia, por exemplo, um fiador, isso decorria, em regra, da relação de confiança do antigo devedor e do fiador, e não necessariamente do novo.

Outro corolário da nova relação, que surge com a assunção de dívidas, é o de que o novo devedor não pode opor ao credor as exceções próprias do antigo, registra o artigo 302. Assim, se o primitivo devedor poderia, por exemplo, compensar a dívida com o credor, mas não o fez, o novo devedor não terá, no momento do pagamento, como suscitar essa defesa. O que for pessoal, portanto, não se transfere. Todos os demais vícios e exceções, contudo, poderão ser alegados, ainda que a sua origem tenha ocorrido antes da assunção.

Imagine-se que certa dívida foi assumida, porém, depois da transferência, deu-se a prescrição do direito de exigir o seu adimplemento. O prazo de prescrição começou a fluir ainda quando a dívida poderia ser exigida do primeiro credor, mas apenas se findou com o devedor que assumiu a obrigação. Por todas as razões, o novo devedor – aquele que assumiu a dívida – pode defender-se, se exigido o cumprimento, alegando a prescrição.

efeitos da nulidade da assunção

Na hipótese de ser anulada a assunção, restaura-se a situação ao estado anterior, com todos os seus acessórios, diz o artigo 301. Haverá, neste caso, o renascimento da dívida antiga, com o primitivo titular, como se a cessão anulada jamais tivesse existido.

Ressalva-se, entretanto, a situação das garantias prestadas por terceiro. Neste caso, se houve a assunção, mesmo se for anulada, esta garantia não ressuscita. A *ratio* da lei é a seguinte: não se quer surpreender o terceiro que, com a transferência do devedor por ele garantido e a sua conseqüente exoneração do ônus, veja, de um momento para o outro, o retorno da situação que lhe é ruim, quando ela já a imaginava encerrada.

Tome-se a pessoa que se prontificou a ser fiadora de seu amigo. Evidentemente, a fiança é um ônus, pois o fiador, embora nada deva, tem o dever de prestar (*obligatio*) em relação ao credor. Pois, no exemplo, o devedor informa ao seu fiador que a dívida foi assumida por outrem e, logo, já não persiste a fiança. Natural que o fiador se organize, uma vez que ele não mais suportará o encargo. Se, adiante, descobrir-se que a assunção é nula, entende-se que se restaura o débito do devedor original, com todas as suas garantias, com exceção daquelas garantias prestadas por terceiro.

O terceiro somente não será eximido, ressalva o artigo 310, caso se prove que ele tinha ciência do vício que inquinava o negócio da assunção de dívida, pois, neste caso, o ordenamento jurídico não poderia premiar a má-fé.

15
O ADIMPLEMENTO

Há dois possíveis desfechos para as obrigações: ou são cumpridas ou descumpridas. Em outras palavras, ou há o adimplemento, ou o inadimplemento. Ao estudar o fenômeno das obrigações, analisam-se as duas possibilidades, começando-se pelo adimplemento, a solução ideal das relações obrigacionais.

O adimplemento consiste no cumprimento da obrigação, pelo oferecimento da prestação no tempo, no lugar e na forma devida. Eis o modo mais desejável do fim de uma relação obrigacional e, felizmente, trata-se da forma ordinária de extinção das obrigações. Não sem bom motivo, Clóvis do Couto e Silva inicia seu trabalho clássico, *A Obrigação como Processo*, com a seguinte constatação: "O adimplemento atrai e polariza a obrigação. É o seu fim."[1]

O nome técnico que se dá ao oferecimento da prestação é pagamento. Ao pagar a dívida, o devedor se libera do vínculo, pondo termo à relação com um final feliz.

Com o oferecimento da prestação, o credor fica satisfeito e o devedor se livra do dever. Os romanos chamavam o pagamento, a execução voluntária da prestação, de *solutio* – que vem de *solvere*, isto é, dissolver, decompor, desprendimento, liberdade.

o conceito atual de adimplemento

Cumpre, desde já, ao introduzir o tema de adimplemento, frisar que, hoje, a noção de cumprimento da obrigação é muito mais ampla do que a sua idéia clássica.

Com efeito, durante muito tempo vigorou o conceito de que haveria o adimplemento perfeito se o devedor oferecesse a prestação principal ao credor. Atualmente, entretanto, entende-se que o dever do devedor não se limita à obrigação principal. Como assinala Anderson Schreiber, hoje, "reconhece-se que a obrigação transcende, em muito, o dever consubstanciado na prestação principal."[2] Predomina a noção de que a obrigação resulta numa série de deveres – de

---

1   *A Obrigação como Processo*, Rio de Janeiro, Editora FGV, 2006, p. 17. Rendendo uma justa homenagem, Judith Martins-Costa começa seus comentários ao Código Civil, na parte do inadimplemento, com a mesma frase (ver *Comentários ao Novo Código Civil*, vol. V, Rio de Janeiro, Forense, 2003, p. 1).

2   *A tríplice transformação do adimplemento*. "Adimplemento substancial, inadimplemento antecipado e outras figuras", *in RTDC*, vol. 32, Rio de Janeiro, Ed. Padma, 2007, p. 8.

ambas as partes –, num processo dialético e dinâmico entre credor e devedor, composto, claro, pela prestação principal, mas na qual também têm lugar os deveres laterais e anexos, cuja observância compõe e integra o adequado adimplemento.

Permita-se um exemplo: uma pessoa adquire de outra ações de certa sociedade. O vendedor promove o registro da venda no livro de ações da empresa, operando a efetiva transferência daquele bem e, com isso, entrega a prestação principal (as ações). O vendedor, contudo, deixou de informar o adquirente de alguns problemas da sociedade, ou de limitações atinentes àquelas ações, que representam um estorvo ao novo titular. Embora tenha cumprido a prestação principal, o vendedor deixou de atentar a alguns deveres de informação, lesando o comprador. Possivelmente o adquirente teria celebrado o negócio, mas de certo em outras bases. Cumpriu-se a prestação principal, mas não se cuidou de importante dever acessório.

Pois suponha-se, ainda seguindo no exemplo, que o vendedor das ações, depois de alienar a sua participação societária, constitua nova sociedade para concorrer com a sua antiga – cujas ações ele acabara de vender – e, com isso, frustre o objetivo último do negócio. Nesse caso, uma vez mais, haverá o cumprimento da prestação principal, porém o objetivo do negócio não se alcançará. Aqui, também, pode-se falar em inadimplemento, pois o cumprimento não foi perfeito.

O conceito de adimplemento, portanto, ganha amplitude – passa a ser um processo dinâmico –, para que sua análise seja mais inteligente, para nele se incorporar, estruturalmente, a noção de função social: haverá adimplemento se atingido o legítimo propósito das partes.

legítima expectativa

Averigua-se o que razoavelmente as partes esperavam uma da outra, a legítima expectativa que nutriam acerca do comportamento da contraparte, para, a partir daí, verificar se esse comportamento, com vistas a cumprir os deveres obrigacionais, foi condizente e adequado.

Era legítimo que o comprador das ações esperasse que o vendedor delas o informasse acerca das peculiaridades do bem alienado? Sim. Logo, houve uma falha do devedor, que deixou de prestar informações. Era legítimo ao comprador das ações esperar que o antigo proprietário do negócio não fosse, logo após a venda, competir com ele? Sim. Houve, então, o descumprimento.

A partir dessa visão mais vasta de adimplemento, passamos a estudar o tema.

15.1. A Natureza Jurídica do Pagamento

Na melhor das hipóteses, o devedor, quando for o momento adequado, realiza a atividade objeto da prestação e o credor fica plenamente satisfeito. Aí haverá o adimplemento. Numa sociedade avançada e perfeita – algo utópica –, esta seria a forma de extinção de todas as relações obrigacionais. A essa execução voluntária da prestação, o oferecimento dela ao credor, denomina-se pagamento.

<small>adimplemento e pagamento</small>

Embora, para muitos, os termos adimplemento e pagamento sejam utilizados indistintamente, é possível ver uma distinção entre eles. Evidentemente, como se mencionou, ambos os conceitos se associam ao cumprimento da prestação e, portanto, é razoável que, muitas vezes, eles sejam adotados como sinônimos. Contudo, o adimplemento é algo maior, relacionado ao pleno cumprimento da obrigação, com a satisfação do credor. O pagamento, por sua vez, pode ser visto como o oferecimento da prestação principal.

De ordinário, o pagamento e o adimplemento ocorrerão em conjunto, ao mesmo tempo. Contudo, pode ocorrer de o devedor entregar a prestação principal – pagando a dívida –, mas, por exemplo, falhar no cumprimento de um dever lateral, de sorte que ficará inadimplente.

Imagine-se a pessoa que adquire as cotas da única sorveteria de pequena cidade turística. O devedor, antigo dono da sorveteria, faz a transferência das cotas, contra um certo valor, e, com isso, conclui o pagamento. A entrega das cotas representa, no exemplo, o pagamento da prestação. Entretanto, pouco tempo depois, o tal antigo dono da sorveteria abre uma nova sorveteria na mesma cidade, exatamente ao lado da antiga, com quem passa a concorrer direta e violentamente. O perfeito adimplemento ficou comprometido. Afinal, alterou-se a razoável satisfação do credor, que ele justamente nutriu no momento em que concretizou o negócio, por atitude do devedor.

Portanto, a partir da expansão do conceito de adimplemento, pode-se visualizar, eventualmente, a sua distinção do pagamento. De toda forma, em regra e como se viu, pode-se denominar de adimplemento ou de pagamento a entrega da prestação.

<small>causa do pagamento</small>

O pagamento representa o último capítulo da relação obrigacional. É o seu desfecho natural. Faz-se o pagamento em função da obrigação. Assim, trata-se de ato cuja causa é a dívida existente na relação obrigacional. Se a obrigação for nula ou se a obrigação se extinguir, não há que se falar em pagamento, pois deixará de haver uma causa para o ato. Em suma, o pagamento apenas existe e se justifica em função da dívida.

<small>*animus solvendi*</small>

Naturalmente, para que o ato do devedor tenha o efeito do pagamento, faz-se necessário que exista, por parte dele, o desejo de ver sua dívida quitada, o que se faz normalmente pela prática do comportamento ajustado como prestação. Isso pode dar-se, por exemplo, com a transferência de patrimônio ao credor, como contraprestação, ou com o oferecimento de um serviço. A isso se chama *animus solvendi*: o propósito de pagar.

Tome-se, por exemplo, a pessoa que deve a outra certa quantia em dinheiro. Suponha-se que esse devedor deposite, na conta bancária de seu credor, um valor. Presume-se que esse depósito foi feito para pagar a dívida existente. Existindo uma relação obrigacional, presume-se que qualquer entrega de bens (fungíveis com o objeto da prestação), feito pelo devedor ao credor, foi realizado com o objetivo de servir como pagamento. Entretanto, imagine-se que, nesse exemplo, o depósito feito na conta do credor tinha outro fim: o devedor queria fazer uma doação, independentemente da relação obrigacional. Evidentemente, é lícita essa doação. Essa transferência de patrimônio não representará o pagamento da dívida, porque não houve o desejo do devedor (o referido *animus solvendi*) de quitar a obrigação com o ato do depósito.

Assim, o pagamento é o oferecimento da prestação, acompanhado do *animus* de pagar.

natureza jurídica do pagamento

Discute-se a natureza jurídica do pagamento. Para alguns, o pagamento nada mais é do que um fato jurídico, o cumprimento de uma deliberação anterior, cujo resultado é o de por fim à relação obrigacional. Para outros, que parecem estar corretos, o pagamento é um ato jurídico, até porque nele deve estar presente uma manifestação de vontade, o *animus solvendi*.[3]

Melhor apreciada a questão, pode-se dizer que, dependendo da atividade desempenhada pelo devedor no momento de extinguir a relação, varia a natureza jurídica do ato de pagar.

Tome-se a hipótese de o adimplemento se efetivar por uma declaração de vontade do devedor, que ajustou contratualmente emiti-la. Se o devedor obrigou-se a assinar um documento reconhecendo, por exemplo, que os vinhos franceses são melhores que os italianos, o pagamento, neste caso, resultará num outro ato jurídico. Isso mesmo, um negócio jurídico dentro de outro (o contrato no qual o devedor ajustou emitir a declaração é um ato jurídico e a declaração – no caso, a prestação –, por sua vez, é outro).

Se, por exemplo, o pagamento for feito por pessoa absolutamente incapaz, o ato de pagar será nulo (porquanto realizado por pessoa absolutamente incapaz, consoante a regra do artigo 166, I, do Código Civil). Avaliada a situação especificamente do ponto de vista da relação obrigacional, aquele pagamento não terá o condão de extinguir a relação, especificamente porque o "ato jurídico pagamento" está viciado.

O reconhecimento desse fenômeno possui grande relevância. Afinal, sempre se pode aferir a validade e eficácia dos negócios jurí-

---

3   Roberto de Ruggiero, *Instituições de Direito Civil*, vol. III, São Paulo, Livraria Acadêmica Saraiva, 1942, p. 87.

dicos isoladamente. Se o pagamento, por si só, pode ser um negócio jurídico, a sua regularidade é suscetível de exame *per se*.

<small>existência, validade e eficácia</small>

A análise dos negócios jurídicos deve dar-se em três estágios sucessivos: primeiro aprecia-se se o negócio existe, depois se ele é válido e, finalmente, se tem eficácia.

Para que o negócio exista, necessário que nele se apresentem seus elementos essenciais, como as partes e o objeto. Sem objeto ou partes o negócio sequer chega a existir. Depois, as partes devem ser capazes, o objeto deve ser lícito, ou seja, os elementos, além de existentes, devem estar em consonância com o ordenamento jurídico, sob pena de o negócio não ser válido. Por fim, pode ser que o negócio exista e seja válido, porém não tenha eficácia, isto é, seus efeitos estão suspensos por algum motivo. Se o pagamento consistir, por si só, num negócio, cumpre ao intérprete apreciar se ele existe, é válido e eficaz.

Por vezes, o pagamento vai ocorrer com a entrega de um bem – um valor em dinheiro, digamos. Nessa situação, haverá apenas um ato, uma etapa da relação obrigacional, cuja conseqüência jurídica consistirá no adimplemento de uma obrigação.

Para o credor, o ato de pagar, independentemente de sua validade, pode ser eficaz ou não. Revela-se fundamental a compreensão do ato de pagar, portanto, como uma fase da relação obrigacional. Normalmente, a derradeira fase. Assim, inserido no contexto da relação obrigacional, o pagamento pode ser eficaz ou ineficaz.

Imagine-se, por exemplo, se o devedor entrega ao credor, com o propósito de efetuar o pagamento, bem sobre o qual não é proprietário. Nessa hipótese, o artigo 307 do Código registra que o pagamento não terá eficácia. Afinal, ninguém pode transferir mais direitos do que tem (como registravam os clássicos: *nemo dat quod non habet*).

Em alguns casos, o adimplemento, isoladamente considerado, pode não constituir qualquer ato. Não raro, o cumprimento da obrigação se dará exatamente num não-ato, numa abstenção do devedor (como ocorre nas obrigações de não fazer). Nesses casos, haverá o pagamento – ou seja, o cumprimento da obrigação – se o devedor nada fizer.

Assim, a natureza jurídica do pagamento vai variar de acordo com a suas peculiaridades, embora, em regra, ele seja um ato jurídico, sujeito à análise de existência, validade e eficácia, como qualquer outro negócio. Efetuado o pagamento válido e eficaz, o seu efeito jurídico consiste em extinguir o vínculo obrigacional.

15.2. Quem Deve Pagar

Conta-se que, certa vez, um mendigo bateu as portas da mansão do Barão de Rothschild, um dos homens mais ricos de seu tempo. O mordomo atendeu. O mendigo, então, disse que queria falar com o próprio Barão. Veio a secretária e, mais uma vez, o mendigo insistiu em ter com o milionário. Finalmente, apareceu o Barão de Rothschild, que indagou ao pobre homem o que ele queria. O mendigo, muito direto, pediu um dinheirinho. "Ora – disse o Barão –, se era isso, você poderia ter falado com meu mordomo, ou mesmo com a minha secretária. Não havia necessidade de me chamar!" O mendigo replicou: "Meu caro Barão, você pode ser o maior financista do mundo, mas não me venha ensinar como pedir esmolas...". Pedir à pessoa certa é fundamental. A parte do Código Civil destinada ao pagamento das obrigações começa exatamente respondendo: quem deve pagar; a quem se pode cobrar o adimplemento.

Com efeito, depois de examinar as espécies das obrigações (o que é feito no Título I do respectivo Livro) e de tratar da forma como as obrigações podem ser transferidas (objeto do Título II), o Código Civil passa a cuidar do adimplemento, ou cumprimento da obrigação, o que faz no título III do mencionado Livro. Logo no primeiro capítulo, ataca-se o seguinte tema: quem deve pagar.

devedor

Evidentemente, quem deve pagar é o devedor, que os romanos chamavam de *solvens*. Sobre ele recai o dever de realizar a atividade objeto da obrigação. Em regra, o credor apenas pode exigir o adimplemento do devedor.

Se a obrigação for personalíssima, isto é, se, pela natureza dela ou se assim se ajustou, apenas a pessoa específica do devedor possa realizar a atividade objeto da obrigação, não será sequer possível que terceiro faça o pagamento. Os romanos falavam, para identificar essas obrigações personalíssimas, em *intuitu personae debitoris*.

Nas obrigações de fazer, é comum que se contrate uma determinada pessoa com o objetivo de receber o serviço especificamente dela. Convencionou-se com certo cantor que ele faria uma apresentação. Em casos como esse, nos quais a obrigação é personalíssima, não há que se falar em possibilidade de terceiro oferecer o pagamento, salvo, claro, com a aquiescência do credor. Afinal, caso se admitisse a entrega da prestação por terceiro, o objeto da prestação seria distinto daquele ajustado, o que afrontaria a regra do artigo 313 do Código (que logo adiante se examinará).

terceiros

Entretanto, tirante a hipótese de uma obrigação que apenas o devedor possa cumprir, admite-se que terceiro ofereça a prestação. Aliás, a sociedade, de um modo geral, tem interesse de que as obrigações sejam adimplidas, senão diretamente pelo devedor, por outra pessoa. Há, em outras palavras, um interesse social no cumprimento das obrigações.

O Direito Civil, ao tratar da possibilidade de terceiro efetuar o pagamento, distingue três situações: (a) o terceiro que tenha interesse jurídico no pagamento; (b) o terceiro que não tenha interesse jurídico no pagamento, mas paga em nome do devedor; e (c) o terceiro

terceiro
interessado

que não tem interesse jurídico no pagamento e paga em nome dele próprio. Há sensíveis diferenças para essas três hipóteses.

O artigo 304 do Código Civil expressamente assegura que qualquer interessado pode pagar a dívida. O interesse referido na norma, bem entendido, não é o interesse moral ou filantrópico. É natural que se deseje bem às pessoas queridas. Uma pessoa não deseja que seu amigo possua dívidas na praça, assim como, de ordinário, as mães não querem que seus filhos sejam devedores de nada. Contudo, o interesse mencionado no Código Civil neste particular é o jurídico.

De fato, o artigo 304 do Código Civil diz que "qualquer interessado na extinção da dívida pode pagá-la". Não se trata, aqui, do interesse moral ou emocional, mas do interesse jurídico. Este interesse jurídico, atente-se, é aquele caracterizado pelo fato de a situação jurídica do terceiro sofrer repercussões com a relação obrigacional existente entre credor e devedor.

Tome-se, para dar um caso conhecido, a situação do fiador. Este se comprometeu a pagar a dívida no caso de o devedor principal falhar. Veja-se, portanto, que o fiador suporta imediatos efeitos jurídicos se houver o inadimplemento, pois ficará obrigado a pagar no lugar do devedor afiançado. O Direito, então, dá um tratamento diferenciado ao fiador porque o vê como um terceiro interessado.

Tem também interesse jurídico o co-obrigado, ou o proprietário do bem dado em garantia na obrigação que vincula o devedor, ou ainda o credor do devedor, entre outros.

Hoje há um conceito mais aberto do que se entende por terceiro interessado, para incluir, até mesmo, aquele "que esteja diante da possibilidade do agravamento de sua situação, apontando-se, como exemplo, o sublocatário".[4]

Esse terceiro interessado tem o direito de pagar a dívida. Se o credor se recusar a receber o pagamento dele, este terceiro poderá adotar os meios adequados para cumprir a prestação, como se ele fosse o devedor. Com efeito, o artigo 304 do Código Civil garante que qualquer interessado na extinção da dívida – juridicamente interessado, como se viu – pode pagá-la, ainda que contra a vontade do credor.

O terceiro interessado paga ao credor e, depois, fica com o direito de reaver do devedor o que deu no lugar deste. Na verdade, o pagamento do terceiro interessado faz nascer uma outra obrigação, desta feita vinculando-o ao devedor. Este passa a dever ao terceiro interessado o que foi pago para saldar sua dívida, em fenômeno denominado sub-rogação, referido no artigo 346, III, que analisaremos adiante.

---

4 Gustavo Tepedino *et al*, *Código Civil Interpretado Conforme a Constituição da República*, vol. I, Rio de Janeiro, Renovar, 2004, p. 593.

terceiro não interessado

Situação um pouco diversa tem o terceiro não interessado, que desejar pagar a dívida. A lei distingue o seu caso.

O terceiro não interessado, por sua vez, é aquele cuja esfera jurídica não é afetada pela relação jurídica obrigacional que vincula o credor e o devedor.

O terceiro não interessado, por sua vez, pode pagar a dívida nas mesmas condições que o terceiro interessado se o fizer em nome do devedor. Isto é, dá-se ao terceiro não interessado o mesmo poder de extinguir a obrigação pelo adimplemento se ele o fizer em nome do devedor (parágrafo único do artigo 304).

interesse jurídico e interesse econômico

Tenha-se presente que o interesse econômico não se confunde com o interesse jurídico, embora o interesse jurídico tenha, normalmente, conseqüências econômicas. Pode ser que terceiro tenha um benefício econômico em que se dê rapidamente o pagamento, porque, digamos, ele gostaria de abrir uma empresa com o credor, que depende, para concretizar o negócio, do recebimento do seu crédito. Isso, entretanto, não representa um interesse jurídico.

O interesse jurídico, acima se disse, se caracteriza pela alteração na esfera jurídica de uma pessoa em decorrência do adimplemento ou do inadimplemento. O fiador, por exemplo, tem o dever de arcar com a dívida se o devedor principal faltar. Assim, a sua situação jurídica é perturbada pelo inadimplemento, pois ele poderá ser cobrado pelo credor. De outra ponta, um bom amigo do devedor pode desejar que a dívida seja paga (e ter o mais profundo interesse nisso), mas se o devedor ficar inerte, a esfera jurídica desse bom amigo em nada será afetada (e, logo, ele não tem interesse jurídico).

oposição

A Lei, no parágrafo único do artigo 304, apenas restringe esse pagamento feito por terceiro não interessado se houver oposição do devedor. De fato, o devedor pode opor-se ao pagamento feito pelo terceiro não interessado, como admite a última frase do parágrafo único do artigo 304, acima referido. A oposição ocorre se o devedor, por um motivo justo, informa ao credor que não aceita que aquele terceiro não interessado efetue o pagamento em seu nome.

O nosso Direito não arrola os motivos que justificariam a oposição. Na prática, não é comum que o devedor se oponha a que terceiro faça o pagamento em seu nome. De outro lado, o credor costuma alegrar-se com o pagamento, embora, claro, possa recusar-se a receber de terceiro se a obrigação for personalíssima.

Suponha-se que o devedor tenha um inimigo capital; seria razoável que ele não queira que esse desafeto pague a sua dívida, o que possivelmente apenas seria feito por um motivo mesquinho e fútil. Pode ocorrer, ainda, que o devedor entenda que a dívida está prescrita; logo, ele não quer que ninguém pague o débito. Se, por que motivo seja, ficar caracterizada uma boa e fundamentada razão, – a lei de 1916, no artigo 932, exigia um "justo motivo" –, o devedor pode opor-se ao pagamento.

Como o artigo 304 do Código Civil garante ao terceiro interessado e ao terceiro não interessado (que o fizer em nome do devedor) o direito de pagar, estes poderão, até mesmo, efetuar o pagamento forçado da prestação (fazendo uso da consignação em pagamento, examinada logo à frente).

Feito o pagamento, o terceiro terá direito de reclamar ao devedor o que pagou em seu benefício.

<small>terceiro pagando em seu próprio nome</small>

O artigo 305 do Código examina a situação de o terceiro não interessado pagar em seu próprio nome. Trata-se, aqui, da situação da pessoa que paga uma dívida de outrem, passando, por esse motivo, a ser o novo credor. Na prática, a situação muito se assemelha à cessão de crédito, pois se opera uma alteração de credores. Entretanto, o terceiro que pagou em nome próprio apenas tem direito a reaver do devedor o que deu para saldar a dívida, nem um centavo a mais, ainda que tenha conseguido quitar dívida maior.

Vale ressaltar a diferença: na cessão de crédito, o novo credor pode cobrar a totalidade da dívida (ainda que tenha adquirido o crédito por valor menor). No caso do terceiro que paga dívida em nome próprio, ele apenas poderá cobrar do devedor aquilo que despendeu, nada mais.

Há, contudo, importantes distinções da situação do terceiro interessado e do terceiro não interessado que paga em nome do devedor: quem paga dívida de terceiro em seu nome não pode exigir do credor que receba a prestação. Explique-se melhor. Como antes se falou, ao tratar do artigo 304, pagar a dívida é um dever, mas também um direito do devedor. Afinal, o devedor, de boa-fé, quer livrar-se do seu dever e pode, até mesmo, forçar o credor a aceitar o pagamento. O ordenamento jurídico fornece remédios ao devedor que pretenda pagar, mas recebe uma resistência do credor. Esse direito, todavia, de fazer um "pagamento forçado", não é concedido ao terceiro que paga dívida em seu próprio nome.

Além disso, o terceiro não interessado que paga nestas condições – em seu próprio nome – não se sub-roga nos direitos do credor, isto é, ele não passa a ocupar a mesma posição do credor na relação que antes existia. Trata-se, pois, de uma relação obrigacional inteiramente nova. Se havia, por exemplo, uma garantia real – uma hipoteca, por exemplo – protegendo a dívida, esta deixará de existir com o pagamento deste terceiro em nome próprio.

O terceiro não interessado apenas poderá cobrar aquilo que pagou, nada além, assim como apenas poderá exigir o ressarcimento do que pagou, caso tenha pago antes do vencimento da dívida, quando esta se vencer (confira-se parágrafo único do artigo 305).

<small>pagamento com oposição do devedor</small>

O artigo 306 do Código Civil cuida da hipótese de pagamento feito por terceiro com desconhecimento ou oposição do devedor. O dispositivo, ao contrário do que faz o anterior, não informa qual a qualidade do terceiro referido: interessado ou não interessado. A interpretação mais adequada parece ser a de que o dispositivo se aplica apenas ao terceiro não interessado.

O ponto nevrálgico da regra, entretanto, consiste em saber o que acontece nesses pagamentos – feitos sem o conhecimento ou com a oposição do devedor – caso o *solvens* possa ilidir a cobrança.

Pode ocorrer, por exemplo, de o devedor entender que a dívida se encontra paga, ou ele, devedor, ter contra o credor um crédito, de sorte que as obrigações poderiam compensar-se. Há, enfim, uma série de situações nas quais o devedor tem como obstar o exercício do crédito e, logo, não deseja que terceiro pague a dívida. Nesses casos, o pagamento feito por terceiro, interessado ou não, lhe trará um prejuízo.

O efeito desse pagamento por terceiro nessas condições é a liberação de o devedor reembolsá-lo. Evidentemente, o devedor seguirá vinculado ao credor, contra quem ele deverá opor a resistência a fim de extinguir o vínculo.

Caberá, então, ao terceiro (que buscou pagar a dívida), reaver do credor o que pagou e não obteve reembolso, sob pena de o credor desfrutar de uma vantagem indevida, pois receberá duas vezes pelo mesmo crédito.

Há, ainda, a situação de o devedor não ter como ilidir a dívida, mas o pagamento feito por terceiro lhe causar um prejuízo. A hipótese não é de todo rara. Tome-se uma pessoa com uma dívida cujo valor varia em função do mercado (a cotação da tonelada de açúcar, por exemplo). O devedor pode entender que vale a pena aguardar uma determinada época para efetuar o pagamento, pois crê numa futura diminuição do valor do produto, que é flutuante. Se um terceiro faz o pagamento sem a ciência do devedor, é justo entender que o mesmo conceito do artigo 306 deva incidir. Veja-se que, na hipótese acima referida, não houve poder de ilidir a dívida, como menciona expressamente o dispositivo legal, mas a *ratio* – a razão de ser – da norma encontra-se presente.

Convém, em tempo, ressaltar que a oposição a que terceiro efetue o pagamento pode ser feita pelo credor (e não apenas pelo devedor). Se a obrigação for personalíssima, ou se houver disposição específica no contrato que vincule as partes no sentido de que apenas o devedor possa efetuar o pagamento, correto que o credor se oponha a terceiro que pretenda cumprir a prestação.

A oposição, vista de outro ângulo, não pode transformar-se numa forma de abuso do credor, que, sem um motivo razoável, obsta a que terceiro promova o pagamento apenas para manter o vínculo com o devedor. Se o credor, entretanto, fundar sua oposição numa situação justa, admite-se a recusa de receber o pagamento de terceiro.

De toda sorte, parece certo que se as duas partes, credor e devedor, se opuserem ao pagamento, terceiro não poderá efetuá-lo. Nesse caso, há um consenso entre as partes de que o pagamento não deve ser feito. O terceiro seria "mais realista do que o rei".

<small>pagamento defeituoso</small>

Por derradeiro, a seção intitulada "De quem deve pagar" trata, no artigo 307, da situação de o devedor entregar ao credor, para fins de extinguir a relação obrigacional, bem que não poderia ser alienado, seja porque está fora do comércio, seja porque o devedor não tem disposição sobre a coisa. O dispositivo reflete regra fundamental de Direito, segundo a qual ninguém pode transferir mais direitos do que tem, e, logo, ninguém pode transferir direitos que não têm. Os romanos velavam o princípio segundo o qual *nemo plus iuris alium transferre, quam ipse haberet*, que espelhava esse conceito, algo intuitivo, de que ninguém pode dar mais do que tem.

O conceito, aliás, é intuitivo: se uma pessoa não é dona da coisa, não pode transferi-la. Dessa forma, apenas quem tiver disposição sobre o bem poderá entregá-lo em pagamento de modo eficaz.

Atente-se: nada impede que uma pessoa se comprometa a entregar algo que não lhe pertence. Entretanto, o pagamento da coisa – isto é, o ato de alienação do bem – apenas pode ser feito de forma eficaz por quem tem disponibilidade sobre o bem. Para dar um exemplo: uma pessoa pode celebrar um contrato prometendo entregar uma certa estátua, ainda que não seja ela a dona do bem. Caso, na data fixada para a entrega da prestação, o devedor não tiver a disposição do bem, objeto do negócio, a obrigação não poderá ser cumprida, convertendo-se em perdas e danos (não é o caso de invalidade do negócio, porém apenas de impossibilidade de sua execução). O pagamento, como se disse, apenas será adequado se quem tiver a disponibilidade sobre a estátua a entregar.

O artigo 1.268, que se encontra na parte do Código Civil no qual se examina a transferência de propriedade, apresenta, na mesma linha da regra do artigo 307, a seguinte redação:

> "Art. 1.268. Feita por quem não seja proprietário, a tradição não aliena a propriedade, exceto se a coisa, oferecida ao público, em leilão ou estabelecimento comercial, for transferida em circunstâncias tais que, ao adquirente de boa-fé, como a qualquer pessoa, o alienante se afigurar dono."

O pagamento, no qual o devedor dá coisa da qual não tem disposição, não terá eficácia e, logo, não terá o condão de terminar a relação obrigacional. O devedor seguirá obrigado a satisfazer o credor, entregando – sim, porque essa situação ocorrerá apenas nas obrigações de dar – ao credor um bem cuja propriedade ele possa efetivamente transferir, ou a obrigação se resolverá em perdas e danos.

Evidentemente, o verdadeiro proprietário (o *verus dominus*) da coisa entregue poderá reclamar o bem do credor que o recebeu. Eis uma característica dos Direitos Reais, que permitem ao proprietário perseguir a sua coisa, onde quer que ela esteja (o denominado direito de seqüela, referido no final do *caput* do artigo 1.228).

O parágrafo único do artigo 307 do Código Civil cuida da situação prática: o que ocorre se a coisa entregue pelo devedor – que não era dono do bem – para pagamento ser consumível e tiver sido consumida pelo credor. Imagine-se que uma pessoa transfere a outra um bolo (o objeto da prestação). O credor, ao receber a guloseima, logo a ingeriu. Entretanto, quem entregou o bolo não era seu dono. E aí? Aquele bolo já não poderá ser restituído.

Nessa hipótese, o verdadeiro proprietário não poderá mais reaver o bem porque ele deixou de existir. A lei, muito corretamente, manda examinar a boa-fé do credor. A boa-fé aqui referida deve ser tanto a subjetiva como a objetiva, pois se avalia a crença do credor de que o devedor tinha a disposição sobre o bem transferido (ou seja, o aspecto subjetivo), como igualmente se analisa a atitude do credor, isto é, se ele agiu com a prudência que se espera das pessoas ao receber e consumir o bem.

Se o credor recebe o bem de boa-fé e o consome, o verdadeiro proprietário, ensina o parágrafo único do artigo 307 do Código, não poderá reclamar o bem do credor, mas deverá, como reparação, exigir o equivalente em dinheiro do devedor.

Todavia, se o credor estava de má-fé – recebeu coisa que sabia não pertencer ao devedor –, é deste credor que o proprietário do bem irá reclamar uma indenização, que repare o prejuízo econômico experimentado com a perda da coisa consumível.

15.3. A Quem se Deve Pagar

credor

Assim como, em regra, o devedor paga a dívida, cabe ao credor receber a prestação objeto da obrigação. O artigo 308 do Código Civil, que inicia a seção relativa a quem deva receber o pagamento, apresenta esse conceito. Credor é o titular do direito subjetivo ativo contido na relação obrigacional, é aquele que detem o crédito.

Vale ressalvar que o credor não é necessariamente aquele que inicialmente detinha o crédito. A obrigação pode nascer com um credor, mas o poder subjetivo migrar para outrem. Os créditos, como já vimos, podem passar de mãos. O credor, portanto, será aquele que, no momento do pagamento, for o titular do crédito.

O dispositivo do artigo 308 indica, ainda, que o pagamento pode ser feito ao representante do credor. Este age em nome do credor. De fato, o credor pode receber diretamente a dívida, ou indicar outra pessoa que a receba em seu nome.

> presentação e
> representação

Vale, aqui, fazer uma importante distinção entre representação e presentação. Na representação, uma pessoa age em nome de outra. O representante não se confunde com quem o apontou. Na presentação, uma pessoa é a outra. Explique-se: a pessoa jurídica – perdoe-se o óbvio – não tem braços, nem pernas ou boca. Os seus atos físicos são desempenhados pelas pessoas físicas que a compõem. Se o presidente da empresa assina um contrato por esta, esse presidente não age em nome próprio – nem mesmo por representação –, mas, ao firmar o acordo, ele é a empresa. O presidente presenta a sociedade. Não é, pois, uma pessoa que indica outra, mas a própria pessoa que age por seus membros. Nos casos de pagamento feito a quem presenta um credor pessoa jurídica, o pagamento é feito ao próprio credor.

Na representação, como se disse, o pagamento é feito à pessoa distinta do credor, mas o ato é eficaz para o fim de extinguir a relação, porque o representante recebe em nome do credor.

A representação pode ser de várias espécies: na representação legal, a própria lei indica que uma pessoa representará outra. Isso ocorre, por exemplo, com os pais que representam seus filhos absolutamente incapazes, como registra o artigo 1.634, V, do Código Civil. Caso se tenha que entregar uma prestação a um bebê, o pagamento deve ser feito aos pais deste, que o representam. Afinal, o bebê não tem capacidade para os atos da vida civil e seus pais são os responsáveis por ele. O mesmo se dá com os tutores – aqueles que representam os menores que não puderem contar com os pais – e os curadores – que representam os maiores incapazes ou ausentes.

Judicial será a representação se sua origem for uma ordem emanada de órgão do Poder Judiciário, como nas hipóteses nas quais o juiz indica um síndico para administrar a massa falida, ou o inventariante, que representará o espólio (o conjunto de bens de um morto antes da divisão entre os herdeiros).

Finalmente, a representação pode ser convencional, nos casos, muito comuns, de uma pessoa designar outra para que esta atue em seu nome. O credor firma um documento, denominado procuração, no qual indica que um terceiro – normalmente o portador do documento – está autorizado, em nome dele, a receber o pagamento do devedor (o artigo 653 define o mandato). Se, por exemplo, uma pessoa tiver que receber uma dívida em local distante, poderá constituir seu procurador um terceiro, que, munido da procuração, cobrará a dívida em nome de seu representado.

Também terá legitimidade para receber a dívida o sucessor do credor. De fato, o credor pode passar adiante seu direito de crédito, tanto por ato *inter vivos* – como ocorre na cessão de crédito, que já analisamos anteriormente –, como pela sua morte, situação na qual os seus herdeiros e legatários sucederão seus créditos.

Se o pagamento for feito à pessoa que não representava o credor, este ato não terá efeito de extinguir a relação obrigacional, até que o credor ratifique o pagamento, isto é, até que o credor (diretamente ou por seu efetivo representante) reconheça a correção daquele pagamento.

Mesmo que não se dê a ratificação, deve-se considerar válido e eficaz o pagamento quando se demonstrar que dele o credor tirou proveito. Em outras palavras, mesmo que o pagamento ocorra de forma imperfeita – quando, por exemplo, entregue à pessoa errada –, caso se comprove que ele foi auferido, em última análise, pelo credor, o ato deverá ser reputado eficaz, até mesmo para evitar que o credor goze de um enriquecimento sem causa (e não receba duas vezes o mesmo crédito).

portador da quitação

Difere da representação o caso de uma pessoa, distinta do credor, possuir uma quitação da obrigação. Trata-se da hipótese mencionada pelo artigo 311 do Código Civil. Aqui, não se fala em representante, mas apenas no portador da quitação, que, ao receber o pagamento, entrega a quitação ao devedor.

Sob uma perspectiva, cabe afirmar que o pagamento deve ser feito à pessoa que possa oferecer a quitação da dívida. A quitação é a carta de alforria do devedor. Trata-se do documento que prova o fim da obrigação, no qual o credor libera o devedor do vínculo. Assim, justamente, o devedor pode, até mesmo, negar-se a cumprir a sua prestação se houver recusa do credor em lhe fornecer a quitação. Dessa forma, é fundamental ao devedor saber se a quitação oferecida é legítima, válida e eficaz. Em outras palavras, ter certeza de que quem oferece a quitação tem poderes para tanto.

Pode ocorrer, como se dizia, que um terceiro tenha a quitação. Segundo o artigo 311 do Código, considera-se autorizado o terceiro, portador da quitação, a receber o pagamento, salvo se "as circunstâncias contrariarem a presunção daí decorrente." Trata-se, como se vê, de uma presunção relativa de que quem se encontra com a quitação (ou recibo, como preferem os alemães, que, na sua lei, fazem menção ao "portador do recibo") está apto a cobrar a dívida.

Imagine-se que uma pessoa foi assaltada e os gatunos levaram um recibo, previamente feito pela vítima do roubo, destinado a ser entregue a seu devedor, por ocasião do reconhecimento da dívida. Nesse caso, cumpre àquele que teve o recibo furtado, com a brevidade possível, informar ao seu devedor que se abstenha de pagar a quem aparecer com o documento. Se o credor assim não agir, pode o devedor, de boa-fé, entregar a prestação a quem lhe oferecer o recibo, este pagamento será válido.

pagamento a terceiro

Registre-se, em tempo, a hipótese de o próprio título da obrigação fazer menção de que a prestação deva ser entregue a terceiro. Trata-se da situação do *adjectus solutionis causa*, de que antes já se tratou. A situação de forma alguma se confunde com a cessão de crédito. Neste caso, desde o início, a prestação está destinada a terceiro, de sorte que o pagamento, para que seja correto, deve ser feito a esse terceiro.

_{sucessão} Como anteriormente se examinou, o credor, em regra, pode transferir seu crédito. Operada a cessão, o cessionário passa a ser o titular do crédito e a ele deve ser feito o pagamento.

Em caso de falecimento do credor, deve-se pagar aos seus sucessores.

_{credor putativo} O Código faz referência, no artigo 309, ao credor putativo, isto é, a pessoa que, embora de fato e de direito não seja o credor, aparenta ao devedor como sendo a titular do crédito. O devedor, na suposição de que o credor putativo é o verdadeiro credor, efetua o pagamento àquele, a pessoa errada. O Direito, nesse caso, protege a boa-fé do devedor, desde que seja efetivamente razoável ao devedor supor que o credor putativo fosse o real credor.

Há, nesses casos, duas realidades: uma exterior, que se estabelece pelos fatos conhecíveis ao público (e, principalmente, ao devedor) e outra interior, que se ignora. A situação aparente – que indica uma certa pessoa como o titular do crédito – pode incutir no devedor a crença de que ao pagar àquela pessoa, estará entregando a prestação corretamente.

Shakespeare explorou essa confusão. Na sua comédia de erros, "Noite de Reis", dois gêmeos, Sebastião e Viola, se perdem em um naufrágio e chegam a um reino, sem saber um que o outro havia sobrevivido. Viola, uma moça, decide, para proteger a sua identidade, fantasiar-se de homem e adota o nome de Cesário. Com a fantasia, os gêmeos Sebastião e Viola – esta travestida de Cesário – ficam idênticos e, a partir daí, começa toda uma série de desencontros, que apenas termina quando as identidades são reveladas e desfeitos os mal-entendidos.

Não são raras, na vida prática, essas situações. Imagine-se o empregado do locador de um imóvel que vem, todo mês, a casa do locatário cobrar o pagamento do aluguel. Faz isso durante anos. O locatário paga ao empregado porque sabe que ele representa o proprietário. Num determinado dia, bate na porta do locatário o proprietário, pedindo o pagamento dos últimos dois meses. O inquilino, então, informa que já efetuou o pagamento ao empregado, o mesmo empregado que durante anos cobrou o aluguel. Naquele momento, então, o proprietário informa que o tal empregado fora demitido exatamente há dois meses. O locatário havia pago à pessoa errada, mas na justa crença de que entregava o pagamento à pessoa correta, ao verdadeiro representante do credor. Aí está um caso típico de credor putativo. A lei protege, nessa hipótese, o devedor de boa-fé. Deve o verdadeiro credor buscar receber a prestação do credor putativo, liberando-se o devedor do dever obrigacional.

representante putativo

Pelos mesmos motivos que se considera válido e eficaz o pagamento feito ao credor putativo, também se poderá reputar bom o pagamento oferecido ao representante putativo, isto é, à pessoa que o devedor tinha justificado motivo para crer como sendo o representante do credor, capacitado para receber a prestação.

Neste caso também, vai-se observar se o devedor tinha motivos razoáveis, a partir dos ditames da boa-fé, para acreditar que certa pessoa representava o credor (o que se revelou falso). Se o devedor agiu diligentemente e de boa-fé, o pagamento será válido e caberá ao credor buscar o valor com quem recebeu a prestação, fazendo-se passar por seu procurador. De outro lado, se não houver fundamento para a crença do devedor, caberá a ele pagar a dívida ao verdadeiro credor, e reclamar uma restituição a quem recebeu o pagamento de forma indevida.

teoria da aparência

Vale, nesse passo, tecer uma breve consideração acerca da teoria da aparência. Ela tem lugar nas situações nas quais há um conflito de valores, duas orientações jurídicas que, aparentemente, colidem: de um lado, o conceito de que ninguém pode transferir mais direitos do que tem e, de outro, a proteção daqueles de boa-fé.

Antes, apresentou-se o conceito, encontrado no artigo 307 do Código Civil, segundo o qual ninguém pode transferir mais direitos do que tem. Eis um axioma jurídico. Há outro vetor jurídico que propugna a proteção à pessoa de boa-fé, com bons propósitos e que realizou um negócio na justa crença de que efetuava um ato lícito e plenamente eficaz.

Pouco antes se mencionou – a rigor, transcreveu-se – o teor do artigo 1.268 do Código Civil, um corolário, na parte dos direitos reais, do conceito expresso no artigo 307, uma vez que não reconhece a tradição de coisa se efetuada por quem não tinha a sua disposição. Resguarda, entretanto, o dispositivo do artigo 1.268 que a tradição feita por quem não é proprietário se opera se a coisa, "oferecida ao público, em leilão ou estabelecimento comercial, for transferida em circunstâncias tais que, ao adquirente de boa-fé, como a qualquer pessoa, o alienante se afigurar dono." Veja-se, portanto, que a lei protege o terceiro de boa-fé, mesmo contra outra regra jurídica. Neste caso, o legislador observou dois valores jurídicos, ponderou (como se pesasse ambos numa balança) e acabou por entender que deveria, nesse conflito, prestigiar a boa-fé, ao ponto, até mesmo, de admitir que se efetive a transferência de propriedade por quem não tinha disposição sobre a coisa. Os antigos falavam: *error comunis facit ius*, ou seja, aquele equívoco justificado, "erro comum", seguido por toda a coletividade, deve receber o amparo do ordenamento jurídico.

De fato, muitas vezes, uma pessoa ajusta um negócio, na crença de que o efetua corretamente (porque tem bons motivos para acreditar nisso), todavia, depois, verifica a existência de um vício, um problema, que compromete o ato. Acima, examinamos o pagamento ao credor putativo, referido no artigo 309. O devedor tem motivos para crer que oferece o pagamento à pessoa certa (embora equivocado).

Atente-se que, no caso, falamos da boa-fé subjetiva, daquilo que passa na cabeça do devedor: quem paga acredita que entrega a prestação ao verdadeiro credor ou ao seu real representante, porque há uma justa aparência de que aquelas pessoas sejam as verdadeiras destinatárias da dívida. Neste caso, o conflito se dá da seguinte forma: de uma banda, o conceito de que se deve pagar à pessoa certa e, de outro, mais uma vez, o princípio de que o direito socorre a quem se encontra de boa-fé. No caso do credor putativo, mencionado no artigo 309, ampara-se o devedor de boa-fé, que se fiou na razoável aparência daquele que ele supunha ser o credor.

Há uma referência na parte geral do Código Civil que preserva a aparência, visando a amparar quem de boa-fé. O § 2º do artigo 167 do Código, inovando em relação à Lei de 1916, informa que se ressalvam os direitos do terceiro de boa-fé em relação aos contraentes nos negócios simulados.[5] A lei, assim, protege aquele de boa-fé.

No mesmo sentido, o artigo 1.817 do Código Civil, na parte relativa às sucessões, considera válidas as alienações onerosas de bens hereditários a terceiros de boa-fé.[6]

Como se vê, a Lei Civil encontra-se permeada de dispositivos que consagram a teoria da aparência.[7] Elas, de modo direto, protegem a boa-fé da parte. Evidentemente, a teoria da aparência apenas terá vez se ficar demonstrado que a parte "enganada" tinha justas razões para atuar em erro. O seu equívoco precisa ser àquele que "qualquer pessoa iria incidir", um erro substancial, pois apenas nesta hipótese o ato obteria a proteção do Direito.

No artigo 309, a Lei diz que o pagamento feito de boa-fé ao credor putativo é válido. Na verdade, a situação não ataca o âmbito da validade, porém o da eficácia. Afinal, não se discutem os aspectos de correção dos elementos do pagamento (como a capacidade dos agentes e a legalidade do objeto), mas questão relativa à possibilidade de o ato surtir efeitos. Esses efeitos, saliente-se, manifestam-se ao verdadeiro credor e ao putativo. Se houver boa-fé por parte do devedor, o negócio terá plena eficácia.

---

5 "Art. 167. (...)
§ 2º Ressalvam-se os direitos de terceiros de boa-fé em face dos contraentes do negócio jurídico simulado."

6 "Art. 1.817. São válidas as alienações onerosas de bens hereditários a terceiros de boa-fé, e os atos de administração legalmente praticados pelo herdeiro, antes da sentença de exclusão; mas aos herdeiros subsiste, quando prejudicados, o direito de demandar-lhe perdas e danos."

7 Sobre o tema, Maurício Jorge Pereira Mota, *A teoria da aparência jurídica*, in *O Direito e o Tempo: Embates Jurídicos e Utopias Contemporâneas*, Rio de Janeiro, Renovar, 2008.

Nesse ponto, o Código poderia ter seguido o exemplo do que fez ao tratar do artigo 307, no qual se ofereceu um texto mais técnico e colocou-se a questão no plano da eficácia.

<small>credor incapaz de quitar</small>

O artigo 310 do Código examina a situação de o pagamento ser feito ao credor incapaz de quitar, quando o devedor disso tinha ciência. Esse pagamento não terá eficácia (o dispositivo fala "não vale", mas, inquestionavelmente, a hipótese é de ausência de eficácia). Essa primeira parte da regra legal apresenta um conceito óbvio, pois é claro que não terá força extintiva do pagamento feito a quem não podia quitar e o devedor disso tinha ciência. A segunda parte da norma, contudo, oferece um comando mais inteligente, que permite ao devedor livrar-se da obrigação se conseguir provar que o pagamento beneficiou o credor.

Tome-se a situação de quem faz um depósito na conta de um menor incapaz, visando a pagar uma dívida. O menor não tem capacidade para outorgar a quitação, porém quem paga consegue demonstrar a existência do valor depositado na conta bancária, com inequívoco proveito do credor, de sorte que se deve reconhecer o pagamento.

<small>crédito penhorado</small>

Por fim, mencione-se a hipótese referida no artigo 312 da Lei civil. Trata-se de dispositivo de alta relevância dentro do contexto "a quem se deve pagar". Explique-se: já se disse que o crédito compõe o ativo de uma pessoa, isto é, integra o patrimônio de seu titular.

Uma pessoa pode – e isso é até comum – pagar uma dívida oferecendo um crédito que tenha com terceiro. Também é possível que o titular de um crédito o ofereça a juízo para garantir uma cobrança. Isto é, aquele cobrado judicialmente, discordando do pleito, pode indicar esse crédito (um bem) como garantia. Isso é relevante porque, no processo de execução, o executado – de quem se cobra certa dívida – apenas poderá requerer que a sua defesa (denominada embargos) suspenda o processo de execução depois de apresentar ao juízo uma garantia, informa o artigo 919, § 1º, do Código de Processo Civil.

Se, ao final do processo de execução, entender-se que a cobrança era correta, a garantia será transformada em dinheiro para pagar o exeqüente. O nome dado a essa garantia ao juízo nas execuções é penhora.

Admite-se que o credor ofereça um crédito seu em penhora. Neste caso, deve o devedor desse débito dado em penhora ser intimado. A partir de então, cabe ao devedor efetuar o pagamento ao juízo e não ao seu credor. Depois de cientificado da penhora, o pagamento feito pelo devedor ao credor – que dera seu crédito à penhora – não terá eficácia para os terceiros, cuja dívida com o credor era garantida. Diga-se mais: esses terceiros poderão até mesmo cobrar do devedor que pague novamente a sua dívida, desta feita ao juízo. Claro que o devedor, forçado a pagar novamente, poderá cobrar do credor o primeiro pagamento, entregue indevidamente. Mas isso apenas depois de pagar a dívida à "pessoa certa".

Corre mundo o ditado "quem paga mal, paga duas vezes". Pois esse brocardo tem algo de certo e algo de errado também. De fato, se o devedor paga à pessoa errada, isto é, a quem não era o verdadeiro credor, este, que realmente era o titular do crédito, está autorizado a reclamar o pagamento, e o devedor não poderá defender-se alegando que pagou a terceiro. Assim, naquele momento, o devedor terá que pagar duas vezes.

Entretanto, o devedor tem o poder de reclamar a devolução do que pagou "mal" de quem equivocadamente recebeu. Assim, o devedor não paga duas vezes, pois ele pode reaver o primeiro – e errado – pagamento.

15.4. O Objeto do Pagamento e a sua Prova

existência

Ao se examinar o pagamento, o Código Civil traz um capítulo dedicado ao "objeto do pagamento". Aqui, atente-se, a lei trata da prestação em si.

Em primeiro lugar, o objeto da obrigação deve existir. Sem objeto, não há obrigação. O objeto, já se viu, insere-se no rol dos elementos constitutivos da relação jurídica obrigacional.

Com efeito, como se expôs ao examinar os elementos da relação jurídica obrigacional, o objeto será sempre um ato humano de dar, fazer ou não fazer. De uma forma simplificada, a conduta humana corresponderá à entrega de uma coisa (nas obrigações de dar), ao desempenho de uma atividade (nas obrigações de fazer) ou a uma abstenção (nas obrigações de não-fazer).

coisa futura

Não pode haver obrigação sem objeto, contudo, nada impede que a obrigação nasça embora o seu objeto do pagamento apenas venha a existir no futuro. Nesse momento, fica clara uma distinção entre o objeto da obrigação e o objeto do pagamento: apenas o primeiro deve sempre existir.

O artigo 1.030 do Código Civil francês é, aliás, expresso no sentido de que "Les choses futures peuvent être l'object d'une obligation" (as coisas futuras podem ser objeto de uma obrigação). Pode-se, por exemplo, adquirir um quadro que ainda vá ser pintado, ou a colheita de uma safra sequer plantada (como se menciona no artigo 458). O objeto da obrigação existe, e apenas o objeto do pagamento ainda será determinado.

coisa de terceiro

Tampouco há qualquer ilegalidade na obrigação que tenha por objeto bem de terceiro. Admite-se que uma pessoa obrigue-se a dar bem cuja propriedade seja de outrem. Essa obrigação não é ilícita. O possível problema, aqui, pode dar-se no momento do adimplemento, pois o devedor talvez não tenha a disposição da coisa, objeto do negócio, para entregar ao credor. Afinal, ninguém pode transferir mais direitos do que tem.

Imagine-se que uma pessoa contrate entregar certa obra de arte, que não seja sua, mas de terceiro. O negócio é válido. Até o dia pactuado para o adimplemento, o devedor deve obter a coisa para o fim de entregá-la. Se não conseguir, ficará inadimplente. Claro que o credor não poderá reclamar a entrega da coisa do terceiro, proprietário do bem, estranho à relação.

objeto lícito Fundamental, ainda, que o objeto do pagamento seja lícito e não viole o conceito de bons costumes.

princípio da identidade da prestação O Código Civil de 1916 iniciava o Livro das Obrigações com o artigo 863, que trazia uma regra – *rectius*, verdadeiro princípio – segundo a qual o credor não era obrigado a receber nada diferente daquilo que fosse efetivamente devido.

Trata-se de princípio cardeal do Direito das Obrigações, relativo à identidade da prestação. Na feliz definição de Caio Mário, "O pagamento há de coincidir com a coisa devida."[8] Esse conceito, no Código de 2002, foi remanejado para a seção III do título do Livro das Obrigações referente ao adimplemento, colocado, mais especificamente, na parte atinente ao objeto do pagamento. O atual artigo 313 registra esse fundamental conceito da identidade da prestação, também chamado de princípio da exatidão.

De fato, se o credor ajustou que receberia um carro popular, ele, a rigor, pode recusar-se a receber do devedor um automóvel de luxo, porquanto o automóvel de luxo não reflete o objeto ajustado da prestação. É irrelevante se o devedor pretende oferecer algo melhor, mais valioso ou mais útil.

Assim, o pagamento deve ser oferecido na forma prevista no contrato que o originou ou na lei que o estabeleceu. Assim já constava do Digesto, que, nesse ponto, colheu a opinião do jurisconsulto Paulo: *aliud pro alio invicto creditore solvi non potest*,[9] trocando em miúdos, o credor não está obrigado a receber nem pode requerer coisa diversa do objeto da prestação.

Vale o registro de que, inicialmente no Direito Romano, o devedor de uma dívida em dinheiro que não tivesse espécie para saldar a sua dívida, poderia entregar um imóvel. Era o *beneficium dationis in solutum*, pois, de fato, era um benefício concedido ao devedor, que poderia dar um imóvel em vez de dinheiro. Já há mui-

---

8 Caio Mário da Silva Pereira, *Instituições de Direito Civil*, vol. II, 20ª ed., Rio de Janeiro, Forense, 2005, p. 183.

9 Digesto, Livro 12, Titulo 1, 2, § 1º – *Les Cinquante Livrés du Digeste ou des Pandectes*, tome premier e second, traduit en français par M. Hulot, Metz, Chez Behmer et Lamort, 1804, p. 173.

to isso não é possível, pois se preserva o princípio da identidade: salvo ulterior ajuste entre as partes, o devedor é obrigado a oferecer exatamente o objeto da prestação, ao passo que o credor não pode exigir nada diferente dela.

Evidentemente, o credor encontra-se autorizado – e muitas vezes, até consentiria – a receber prestação distinta daquela devida, se essa nova prestação for melhor ou mais valiosa. Entretanto, a lei dá ao credor o poder da recusa. Não fosse assim, haveria espaço para uma discussão infindável e subjetiva do que seria melhor ou pior, do que é mais caro ou mais barato. O Direito não quer isso.

O artigo 313 do Código ainda oferece um conceito, algo ultrapassado, do Direito das Obrigações, no qual se buscava atender principalmente os interesses do credor. Afinal, a regra registra ser um direito do credor recusar a prestação distinta. Vale, contudo, ressaltar que o mesmo princípio da identidade da prestação – ou da exatidão da prestação – se aplica ao devedor. Este, também, pode exigir que o credor receba a exata prestação devida, nada diferente dela. Assim, se o credor estiver, indevidamente, exigindo do devedor que entregue prestação diversa daquela devida, o mesmo conceito pode ser invocado para proteger o devedor.

Complementa o conceito da identidade o comando do artigo 314 do Código. De fato, o conceito de identidade da prestação abrange também a forma como é feito o pagamento. Trata-se do conceito, corolário do princípio da identidade, de que a obrigação, se não houver disposição em contrário ou se isso não afrontar a sua natureza, é indivisível e deve ser oferecida ao credor de uma única vez. Se o devedor ajustou que entregaria certa soma em dinheiro no dia do vencimento da obrigação, o devedor não se encontra autorizado a pagar os valores em parcelas.

A regra geral, portanto, é a de que credor e devedor podem exigir-se mutuamente que aceitem receber e pagar exatamente o objeto da prestação no tempo, lugar e forma identificadas no negócio que os vincula. Qualquer alteração desse conceito – da identidade da prestação – dependerá do consentimento das partes da relação obrigacional.

Shakespeare. Voltemos a Shakespeare: Em "O Mercador de Veneza", Antônio pega dinheiro emprestado com Shylock, ajustando que se o dinheiro não for pago em três meses, Shylock, o credor, poderá confiscar uma libra de carne do devedor. Antônio não consegue o dinheiro e Shylock exige a libra de carne. A questão é julgada pelo Duque de Veneza, que permite a Shylock retirar a libra de carne de Antônio. Entretanto, como a prestação é composta por apenas uma libra de carne (e nada mais), o credor não estaria autorizado a receber nada além, como, por exemplo, o sangue do devedor. Evidentemente, seria impossível a Shylock recolher a libra de carne sem fazer com que, junto dela, viesse o sangue de seu devedor. Diante disso, a garantia não pôde ser exercida. Na verdade, aplicou-se aqui o conceito da identidade das prestações, para admitir que o credor pudesse exercer seu direito no exato limite do ajustado, nem uma gota a mais.[10]

Nosso ordenamento, como se vê, não admitiu o adimplemento parcial. Ou se paga tudo na forma da obrigação, ou há o descumprimento da obrigação. Se a dívida vence num determinado dia, é nessa data que o devedor deve entregar a prestação, salvo se o credor concordar com a alteração. O credor, como se viu, não é forçado a receber em partes, fracionando a prestação, ainda que esta seja divisível.

Cumpre, entretanto, abrir parênteses para a teoria do adimplemento substancial, que ganha, justamente, espaço e defensores[11] (o tema será abordado também adiante, na parte deste trabalho referente ao inadimplemento).

A teoria, que tem sua origem no "substancial performance", do Direito anglo-saxônico, considera as situações nas quais a quase totalidade da prestação foi cumprida, ficando de fora uma parcela minúscula, isto é, quando a falha do devedor é mínima.[12]

Imagine-se a situação de uma pessoa que adquiriu uma casa por muitas dezenas, digamos setenta e duas prestações (o que a fez pagar, mês a mês, durante seis anos pelo imóvel). Por um motivo qualquer, o devedor não conseguiu arcar com a última das parcelas, embora tenha adimplido com as demais setenta e uma parcelas. Para casos como esses, admite-se a invocação da teoria do adimplemento substancial, porquanto a obrigação foi substancialmente cumprida.

Se isso acontecer, o credor não mais poderá reclamar a resolução da obrigação, mas apenas uma indenização do devedor, referente à parte mínima que não foi entregue.

No exemplo oferecido acima, aquele que vendeu a casa em múltiplas prestações não estará autorizado a pleitear o fim do negócio, para ficar com o imóvel. Diante do adimplemento substancial, o credor

---

10 Ver José Roberto de Castro Neves, Medida por Medida – O Direito em Shakespeare, 4ª ed., Rio de Janeiro, GZ Editora, 2015.

11 Ver, sobre o tema: Judith Martins-Costa, *Comentários ao Novo Código Civil*, vol. V, tomo I, Rio de Janeiro, Forense, 2003, pp. 101-110 e Eduardo Luiz Bussatta, *Resolução dos Contratos e Teoria do Adimplemento Substancial*, São Paulo, Saraiva, 2007.

12 Clóvis do Couto e Silva ("O Princípio da Boa Fé no Direito Brasileiro e Português", *in Estudos de Direito Civil Brasileiro e Português*, São Paulo, Editora Revista dos Tribunais, 1980, p. 68) registra que o princípio do adimplemento substancial se escora no princípio da boa-fé.

apenas terá como solicitar o pagamento das parcelas faltantes, acrescido dos danos que sofreu pelo atraso no cumprimento da prestação.

Nesse sentido, prestigiando o conceito do adimplemento substancial, já entendeu o Superior Tribunal de Justiça:

> "Seguro. Inadimplemento da segurada. Falta de pagamento da última prestação. Adimplemento substancial. Resolução.
> A companhia seguradora não pode dar por extinto o contrato de seguro, por falta de pagamento da última prestação do prêmio, por três razões: a) sempre recebeu as prestações com atraso, o que estava, aliás previsto no contrato, sendo inadmissível que apenas rejeite a prestação quando ocorra o sinistro; b) a segurada cumpriu substancialmente com a sua obrigação, não sendo a sua falta suficiente para extinguir o contrato; c) a resolução do contrato deve ser requerida em juízo, quando será possível avaliar a importância do inadimplemento, suficiente para a extinção do negócio. Recurso conhecido e provido" (REsp. nº 76.362-MT, Relator Ministro Ruy Rosado de Aguiar, julgado em 11.12.1995).

Evidentemente, a teoria do adimplemento substancial não significa que o devedor se encontra apenas obrigado a oferecer a parte mais representativa da prestação. Nada disso. O devedor segue obrigado a pagar integralmente a obrigação. Entretanto, se o pagamento foi feito na sua parte mais representativa, o credor não poderá mais reclamar o fim do vínculo pela falha do devedor. A única medida que terá o credor, nessas circunstâncias, é cobrar o que falta.[13]

---

13 Eis os seguintes acórdãos nos quais se aplica fundamentadamente o conceito do adimplemento substancial:
"Financiamento de casa própria. Depósito das prestações em atraso no pagamento. Eficácia. Declaração de inexistência de débito. Contrato. Interpretação. Financiamento da casa própria. Pagamento das prestações efetuadas mediante depósito em conta bancária destinada a esse fim. Depósitos feitos com atraso mas em valores informados por prepostos do banco. Recusa do credor de aceitar os depósitos como pagamento. *Venire contra factum proprium*. Adimplemento substancial e útil ao credor. Eficácia do pagamento. A melhor interpretação de um contrato é a maneira pela qual os interessados, de comum acordo, o executarem. Os eventos posteriores são a melhor explicação dos fatos. Assim, evidenciado que, não obstante o atraso, as prestações foram depositadas na conta bancária destinada a esse fim, com valores acrescidos dos encargos contratuais, mediante informação dos prepostos do próprio credor, é de se concluir pela eficácia desses pagamentos em homenagem aos princípios da boa-fé, transparência e confiança. Mesmo que assim não fosse, não poderia o credor invocar a cláusula contratual de vencimento antecipado de toda a dívida em razão do mero atraso no pagamento da prestação, com perda das quantias pagas e leilão extrajudicial do imóvel porque houve adimplemento substancial do contrato, quitação

A dificuldade da aplicação do conceito do "substantial performance" está na falta de um padrão pré-fixado de que parte da dívida deva ser paga para reconhecer o adimplemento substancial. Não existe uma regra determinada que exija, digamos, 90 ou 95% da prestação para poder suscitar o adimplemento substancial. Evidentemente, a solução do caso dependerá de uma análise da situação concreta, levando-se em consideração a idéia de que o descumprimento deve ser mínimo, de pouca relevância. Citando o artigo 1.445 do Código Civil italiano, quando trata do adimplemento substancial, o defeito do cumprimento deve ser de *scarsa importanza*,[14] ou seja, de pequena importância. Visto sob um outro ângulo, deve-se atentar para a qualidade do adimplemento.

o artigo 313 e o abuso

Tenha-se presente que o artigo 313 do Código Civil não pode ser suscitado como fonte de abuso. Por vezes, a prestação se revela difícil ou mesmo impossível ao devedor que, então, oferece algo melhor ao credor, mas se atingirá ao mesmo fim. Jorge Cesa Ferreira da Silva dá dois exemplos nesse sentido: a situação da empresa aérea que, num vôo lotado, oferece ao seu cliente um

---

de mais de 75% do valor do imóvel de forma útil e proveitosa para o credor. Embora não seja inconstitucional o Decreto-Lei nº 70/66, não pode ser aplicado de forma abusiva e extremamente desastrosa para o devedor. A cláusula de decaimento é abusiva, vedada pelo art.53 do CDC, razão pela qual impor-se-ia, no mínimo, a devolução das quantias pagas ao promitente comprador. Provimento parcial do recurso (2003.001.19486, 2ª CCTJ, Relator Desembargador Sergio Cavalieri Filho, julgamento em 15.10.2003).

"Ementa: Ação de cobrança. Inadimplemento de parte do valor devido em decorrência da compra de um imóvel. 1. Imperioso reconhecer que a sentença excedeu aos limites do pedido, concedendo valor maior do que o pleiteado na inicial. Necessária, pois, a readequação da decisão aos limites da lide, afastando a proposição excedente. 2. De qualquer modo, contudo, o valor da condenação deve ser reduzido, na medida em que os réus comprovavam o adimplemento de parte substancial do débito. 3. As partes repactuaram o valor devido, em 26.05.2003. Subtraindo-se da dívida remanescente ao tempo da repactuação (R$ 13.100,00) os valores comprovadamente pagos pelos réus após tal data (R$ 10.866,00), verifica-se que remanesce uma dívida no montante de R$ 2.234,00. Recurso parcialmente provido" (Recurso Cível nº 71001161173, Primeira Turma Recursal Cível, Turmas Recursais, Porto Alegre, Relator: Eduardo Kraemer, julgado em 07.03.2008).

"Ementa: Ação de rescisão de contrato cumulada com reintegração de posse e indenização por perdas e danos. Cessão de direitos e obrigações sobre promessa de compra e venda de imóvel. Pedido indeferido ante a aplicabilidade da teoria do adimplemento substancial do contrato, no caso, pagamento de mais de 90% do preço. Possibilidade de a autora postular o saldo da dívida na via própria. Descabida a rescisão do contrato, não há falar em reintegração na posse do bem e nem em indenização pela ocupação do imóvel. Sentença reformada. Deram provimento à apelação (Apelação Cível nº 70020730479, Décima Nona Câmara Cível, Tribunal de Justiça do RS, Relator Desembargador José Francisco Pellegrini, julgado em 16.09.2008).

---

14   Eis a citada regra do artigo 1.455 do Código italiano: "Il contratto non si può risolvere se l'inadimpiemento di una delle parti ha scarsa importanza, avuto risguardo all'interesse dell'altra."

assento numa classe superior, ou do hotel, também cheio, que proporciona um quarto melhor, sendo que isso sem aumento do preço pelo credor.[15] Nesses casos, embora a prestação seja distinta, a recusa delas como substitutiva da prestação original pode ser vista como um abuso do direito, pois, afinal, é difícil imaginar qual seria a desvantagem do credor em receber, nesses exemplos, a nova prestação oferecida.

Cabe ao intérprete analisar a situação com inteligência e sensibilidade, para separar as hipóteses nas quais há um exercício abusivo da do artigo 313, daquelas nas quais o credor justamente pretende resguardar a identidade da prestação. Caso se verifique não haver justo motivo para a recusa, o credor pode ser forçado a receber a nova – e melhor – prestação.

obrigações pecuniárias

O Código Civil, com razão, oferece um tratamento especial às obrigações de pagar dinheiro, também conhecidas por obrigações pecuniárias. Esse cuidado especial se justifica diante do grande número de obrigações que se resolvem com a entrega, pelo devedor, de uma quantia em dinheiro ao credor.

Para começar, o artigo 315 do Código estipula que as dívidas de dinheiro são devidas na data de seu vencimento. De fato, não há nada o que liquidar num documento que aponta, com exatidão, um valor e a data em que este montante deva ser oferecido ao credor. Assim, chegado o dia do pagamento, compete ao devedor entregar a quantia ao credor.

aumento progressivo

É lícito, todavia, ajustar o aumento progressivo das prestações sucessivas, consoante o artigo 316 da Lei. Admite-se, assim, ajustar um aumento gradual das prestações, se o contrato for de execução continuada no tempo. Pode-se, pois, ajustar que a locação de certo imóvel, terá um valor no primeiro ano, outro valor no ano seguinte e ainda um terceiro no ano subseqüente. Embora a lei tenha falado em "aumento progressivo", nada impede que se dê a redução progressiva, nos mesmos moldes.

curso forçado da moeda

Outra fundamental regra contida na mencionada norma do artigo 315 se refere ao curso forçado da moeda nacional. Até mesmo para proteger a economia nacional, impõe-se que os negócios realizados no país se efetuem na moeda em curso, no nosso caso, o Real, a unidade monetária nacional desde 1º.07.1994.

A determinação de que se aplique, nos negócios realizados no Brasil, com exclusividade a moeda corrente é antiga. Surgiu, entre nós, com o Decreto nº 23.501, de 27.11.1933, e havia o dispositivo semelhante do artigo 947 do Código de 1916.

Assim, não será lícita a cláusula que estipular o negócio em

---

15   Jorge Cesa Ferreira da Silva, *Adimplemento e Extinção das Obrigações*, São Paulo, Ed. Revista dos Tribunais, 2007, p. 127.

Dólar norte-americano ou em Euro, para citar duas importantes moedas. O pagamento deve sempre dar-se em Real.

<small>cláusula de reajuste</small>

O artigo 318 do Código Civil (outro dispositivo que, ao lado do artigo 315, cuida das obrigações pecuniárias) indica, de forma muito explícita – inovando, em relação à ênfase, ao Código de 1916 –, que são nulas as convenções que estipulem o pagamento de acordo com a cotação do ouro, ou à moeda estrangeira. Veda-se, dessa forma, o pacto que, de alguma forma, vincule o pagamento, por exemplo, à cotação do ouro – as denominadas "cláusulas-ouro" –, ou à moeda estrangeira.

Também não se admitem as cláusulas de reajuste, na qual se indique uma moeda estrangeira para funcionar como padrão, ainda que o efetivo pagamento se efetue em moeda nacional.

Nesse sentido o artigo 6º da Lei nº 8.880, de 28.05.94:

> "Art. 6º É nula de pleno direito a contratação de reajuste vinculado à variação cambial, exceto quando expressamente autorizado por lei federal e nos contratos de arrendamento mercantil celebrados entre pessoas residentes e domiciliadas no País, com base em captação de recursos provenientes do exterior."

Nulo, por exemplo, o contrato que estipule um pagamento no equivalente a "tantos" Pesos argentinos, ou a "tantos" Dólares.

O pagamento será sempre em Real, assim como os reajustes da moeda – pois a moeda pode ganhar ou perder seu valor no curso do tempo – deve atentar aos índices admitidos oficialmente pela Administração Pública.

Antes do advento do Código de 2002, havia manifestações do Superior Tribunal de Justiça no sentido de permitir acordos em moeda estrangeira, desde que o pagamento se desse em Real.[16] Nesses casos, a moeda alienígena serviria como índice de reajuste. Com o advento do artigo 318, contudo, essa orientação do STJ parecia superada.Uma interpretação literal não admite o uso de moeda estrangeira, sequer como fonte de correção.

Cuida-se de matéria de ordem pública e, portanto, as partes não podem ajustar de forma distinta. Afinal, há um interesse do Estado em garantir o curso da moeda. Interessa à economia de uma nação que sua moeda seja forte, que as pessoas acreditem nela. Se não houvesse o curso forçado do Real, é possível que muitos preferissem

---

16   Eis como era a orientação do Superior Tribunal de Justiça antes do Código Civil de 2002: "CIVIL. OBRIGAÇÕES. INDEXAÇÃO EM MOEDA ESTRANGEIRA.
A moeda estrangeira não pode ser adotada como meio de pagamento, mas serve como indexador. Recurso especial não conhecido." (REsp 239238/RS, Rel. Ministro Ari Pargendler, Terceira Turma, julgado em 16.05.2000, DJ 01.08.2000, p. 271)

adotar outra moeda, que consideram mais sólida e segura. Isso traria enorme dano ao Estado, que teria fragilizada a sua moeda e, por conseqüência, sua economia. Assim, a exigência de que se adote o Real como única moeda válida visa a proteger a economia nacional. A matéria é, pois, inderrogável pela vontade das partes.

Entretanto, o Superior Tribunal de Justiça tem entendido que, nos casos de celebração de contrato em moeda estrangeira, o pagamento deva dar-se na moeda nacional.[17]

nulidade "inteligente"

Ao se identificar um negócio celebrado em moeda estrangeira – salvo as exceções previstas em lei das quais se darão notícia logo adiante – caberá ao juiz reconhecer a sua nulidade, porque assim impõe a lei. Caso a situação prática permita ao juiz determinar o retorno à situação anterior – ao *status quo ante* –, tanto melhor. Contudo, por vezes, isso já não é possível. Ocasionalmente, considerar nulo o negócio pode gerar uma injustiça, pois uma das partes, com muita probabilidade, já ofereceu a prestação e aguardava a contraprestação em moeda estrangeira, sendo impossível reverter a

---

17 "Recurso Especial. Civil e comercial. Contrato celebrado em moeda estrangeira. Admissibilidade desde que o pagamento se efetive pela conversão na moeda nacional. Conversão. Data do pagamento e não em data anterior.
– é válida, no brasil, a contratação de pagamento em moeda estrangeira, desde que seja feito pela conversão em moeda nacional.
– A jurisprudência do STJ entende que, em se tratando de obrigação constituída em moeda estrangeira, a sua conversão em moeda nacional deve ocorrer na data do efetivo pagamento e não em data pretérita.
Recurso especial provido." (STJ, REsp 680.543/RJ, Rel. Min. Nancy Andrighi, julgado em 16.11.2006)
"Direito civil e processual. Embargos do devedor à execução de título judicial. Acordo homologado em separação judicial. Embargos de declaração. Rejeição. Prequestionamento. Contratação em moeda estrangeira. Curso forçado da moeda nacional. Momento da conversão. Data do pagamento.
(...)
– A peculiaridade do processo reside em acordo firmado entre as partes em sede de separação judicial, no qual a moeda americana serviu apenas como paradigma para estipulação dos valores a serem pagos pela conversão em moeda nacional.
- Ressalte-se que não trata a discussão a respeito de estar o acordo inserido ou não nas hipóteses que excepcionam o comando do art. 1º do Dec.-Lei n.º 857/69, previstas no art. 2º e seus incisos, o que obsta a análise da questão sob a ótica das exceções legais e de sua aplicabilidade ou não ao processo.
- Da mesma forma, salutar definir que não se trata de indexação em moeda estrangeira, o que é rechaçado pelo art. 27 da Lei n.º 9.069/95 (Lei do Plano Real) ao atrelar a correção monetária à variação acumulada do Índice de Preços ao Consumidor - IPC.
– Desde que expressamente previsto que o pagamento realizar-se-á por meio da respectiva conversão em moeda nacional, é válida a contratação em moeda estrangeira, consideradas as peculiaridades do processo.
– A obediência ao curso forçado da moeda nacional implica na proibição do credor de se recusar a receber o pagamento da dívida em reais e faz surgir a conclusão de que o momento da conversão em moeda nacional é o do pagamento da dívida e não o do ajuizamento da execução.
Recurso especial não conhecido." (STJ, REsp 647.672/SP, Rel. Min. Nancy Andrighi, julgado em 14.02.2007)

situação. Tome-se o exemplo de um cantor (logo, um prestador de serviço) que ajustou sua contraprestação em dólar norte-americano. Pois esse prestador de serviço apresentou-se e, na hora de receber o cachê, foi surpreendido por quem o contratou, que se recusa a pagar a dívida sob o argumento de que ela teria sido estabelecida em dólar (e, logo, nula, por força do artigo 318 do Código Civil). Decretar a nulidade desse negócio, sem permitir ao prestador de serviço receber a sua contraprestação geraria um benefício injusto ao devedor. Na mesma linha, esse devedor estaria obtendo uma vantagem de uma atitude torpe (pois, afinal, ele também pactuou em moeda estrangeira e apenas suscitou a irregularidade no momento de pagar, depois de ter recebido a prestação). Nesses casos, cumpre ao Judiciário aplicar a nulidade de forma inteligente, permitindo ao credor – que já ofereceu a sua prestação e sendo impossível às partes retornar a situação anterior – receber a sua remuneração, vertendo para a moeda corrente a quantia a ele devida. Na prática, garante-se que o reconhecimento de nulidade não seja uma fonte de iniquidade.

>exceções ao curso forçado da moeda

Evidentemente, admitem-se alguns casos nos quais, pelas suas peculiaridades, pode haver ajuste e pagamento em moeda estrangeira. Em algumas situações, portanto, a Lei admite excepcionalmente a possibilidade de fixar o preço em moeda diferente do Real. O próprio artigo 318 do Código Civil faz referência aos casos excepcionais, previstos em legislação especial.

O rol mais importante dessas exceções, nas quais se admite adotar moeda estrangeira, se encontra no Decreto nº 857, de 11.09.1969.

O artigo 1º desse Decreto repete o conceito de que são nulos de pleno direito os contratos ou qualquer outro documento que estipulem o pagamento em ouro, em moeda estrangeira, ou que restrinjam ou recusem o curso legal do "cruzeiro" (isso mesmo, a norma, que é de 1969, fala expressamente da moeda então em uso, o falecido "cruzeiro"). Entretanto, o seu artigo 2º cuida das exceções à regra. Indica a norma que se tolera a atualização do crédito em moeda estrangeira se, por exemplo, se tratar dos negócio de importação ou exportação de mercadorias (inciso I) ou no negócio no qual uma das partes for residente e domiciliada no exterior (inciso IV).

Nos casos de dívida em moeda estrangeira – veja-se, naquelas situações nas quais a dívida em moeda estrangeira foi contraída legalmente –, o pagamento, contudo, deve ser feito em Real, a nossa moeda corrente.[18]

A "famosa" correção monetária, atente-se, não representa um

---

18 Assim a posição do Superior Tribunal de Justiça:
"Civil. Contrato de cessão de direito de imagem. Clube de futebol. Atleta profissional. Cláusula contratual que atrela a correção monetária à variação cambial de moeda estrangeira. Pagamento efetuado

correção
monetária

aumento do valor, mas apenas a sua atualização, seu reajuste, a equiparação de seu valor no tempo, de forma que, idealmente, o dinheiro tenha o mesmo poder aquisitivo que tinha, no momento inicial, quando se ajustou a dívida. O artigo 1º da Lei nº 6.899, de 8.4.1981, garante a aplicação de correção monetária sobre qualquer débito resultante de decisão judicial. Nesse sentido, também, apontam os tribunais:

> "A correção monetária não é um *plus*, mas um *minus* que se agrega ao valor do crédito para evitar a desvalorização da moeda, em decorrência de processo inflacionário. Deve, portanto, incidir em todos os créditos para evitar o enriquecimento sem causa do devedor" (STJ, 1ª Turma, REsp. nº 283.094, Relator Ministro Milton Luiz Pereira, julgado em 06.08.2002).

Há, entretanto, uma importante vedação legal à correção monetária, no que toca a sua periodicidade: a Lei nº 9.069, de 29.6.1995, (a que criou o Plano Real) proíbe a cláusula contratual que estabeleça correção monetária em prazo inferior a um ano. A Lei nº 10.192, de 16.2.2001, seguiu a mesma linha. A finalidade dessas regras legais salta aos olhos: elas visam a impedir o constante aumento de preços, o que pode deflagrar uma corrente inflacionária, precisamente aquilo que a instituição do Plano Real procurou evitar. Afinal, com isso, reduz-se o constante aumento de preços, prática que alimenta a cadeia inflacionária.

Há um manancial de índices que buscam oferecer critérios de reajuste da moeda, tudo a fim de que a sua expressão nominal reflita o mesmo valor – o real valor de compra – que tinha a prestação originalmente. Qual o valor, hoje, de R$ 100,00 de cinco anos atrás? Aplica-se um índice de reajuste para oferecer essa resposta.

Os Tribunais, normalmente, tem seus próprios índices. No Rio

---

em moeda nacional, com base na cotação de câmbio. Legalidade. Decreto-Lei nº 857/69, art.1º. Exegese. Precedentes. Agravo desprovido.
– Na linha dos precedentes deste Tribunal, é válida a contratação em moeda estrangeira, desde que o pagamento seja efetuado mediante a devida conversão em moeda nacional" (STJ, Ag.REg. no REsp. nº 466.801/RJ; Agravo Regimental no Recurso Especial nº 2002/0101663-2, Relator Ministro Sálvio de Figueiredo Teixeira, publicado em 29.09.2003).
"Recurso Especial. Civil e comercial. Contrato celebrado em moeda estrangeira. Admissibilidade desde que o pagamento se efetive pela conversão na moeda nacional. Conversão. Data do pagamento e não em data anterior.
– é válida, no Brasil, a contratação de pagamento em moeda estrangeira, desde que seja feito pela conversão em moeda nacional.
– A jurisprudência do STJ entende que, em se tratando de obrigação constituída em moeda estrangeira, a sua conversão em moeda nacional deve ocorrer na data do efetivo pagamento e não em data pretérita.
Recurso especial provido." (REsp 680543/RJ, Rel. Ministra Nancy Andrighi, Terceira Turma, julgado em 16.11.2006, DJ 04.12.2006).

índices de atualização monetária

de Janeiro, aplica-se, atualmente, a Unidade Fiscal de Referência, conhecida como UFIR. Com base nesse índice, o Tribunal calcula o reajuste da moeda no tempo.

É lícito às partes ajustar, de antemão, qual o índice de reajuste que incidirá na dívida em dinheiro, desde que, claro, o índice adotado seja aceito.

salário mínimo

Não se admite, por exemplo, a adoção do salário-mínimo como fator de indexação. Isso quem faz é a própria Constituição Federal, no seu artigo 7º, IV (ressalvando-se que essa prática já era proibida pela Lei nº 6.205, de 30.7.1975). A jurisprudência, entretanto, vem admitindo a adoção do salário como parâmetro se a prestação devida tem natureza de salário ou alimentícia:

> "A vedação da vinculação do salário-mínimo, constante no inc. IV do art. 7º da Carta Federal, visa a impedir a utilização do referido parâmetro como fator de indexação para obrigações sem conteúdo salarial ou alimentar. Entretanto, não pode abranger as hipóteses em que o objeto de prestação expressa em salários-mínimos tem a finalidade de atender as mesmas garantias que a parte inicial do inciso concede ao trabalhador e a sua família, presumivelmente capazes de suprir as necessidades vitais básicas.
> A fixação de pensão alimentícia tem por finalidade garantir aos beneficiários as mesmas necessidades básicas asseguradas aos trabalhadores em geral pelo texto constitucional. De considerar-se afastada, por isso, relativamente a essa hipótese, a proibição da vinculação ao salário-mínimo, prevista no inciso IV do artigo 7º da Carta Federal" (STF, 1ª T., RE.134.567-PR, Relator Ministro Ilmar Galvão, julgado em 19.11.1991).

Entretanto, a jurisprudência aceita o uso de salários mínimos como unidade para fixar a indenização dos danos morais:

> "Danos Morais. Indenização. Salários Mínimos.
> A fixação do valor de indenização por danos morais pode ser em salários mínimos, pois não há vedação legal; o que não é admitido é sua utilização como fator de correção monetária" (REsp 959.072-MS, Relator Ministro Castro Meira, julgado em 3.6.2008).

pagamento em mercadoria

Embora a Lei não admita o pagamento em moeda estrangeira, não há restrição ao pagamento em certa mercadoria. Pode-se, portanto, convencionar que o pagamento seja feito em tantas cabeças de gado ou tantas toneladas de açúcar, por exemplo. Isso não agride o curso forçado da moeda.

Enquanto nas obrigações pecuniárias (ou dívidas de dinheiro) a prestação corresponde a certa quantidade de unidades monetárias (uma determinada cifra), nas dívidas de valor o débito é de uma soma equivalente a um bem, cuja quantia ainda está por se apurar.

dívidas de valor

Caso as partes ajustem que o pagamento será apurado de acordo com o valor da arroba do boi gordo no dia do pagamento, haverá, inicialmente, uma dívida de valor, que apenas se transformará em dívida pecuniária no momento em que for transformada em "cifras".

Nas dívidas de valor não há, evidentemente, correção monetária, pois, até o momento em que ela se transforma em dívida pecuniária, não há dinheiro a ser corrigido.

Nas obrigações oriundas de um ato ilícito ou de descumprimento contratual – nas quais cumpre ao devedor identificar o montante do prejuízo que causou ao lesado para, então, reparar –, há uma dívida de valor, pois será oferecido um *quantum* (em dinheiro) correspondente ao dano sofrido. Conceitualmente, não se deve o dinheiro, porém a quantidade em dinheiro equivalente ao dano, eis porque se qualifica esta dívida como de valor.

Nas dívidas pecuniárias, os juros – tema que será abordado com mais profundidade adiante – correm desde o seu início (ou seja, desde quando a dívida é exigível). Diferentemente, nas dívidas de valor, os juros apenas passam a incidir a partir da liquidação do montante.

pagamento antecipado

Inserido no conceito da identidade da prestação encontra-se o momento no qual ela deve ser oferecida. A rigor, o credor pode desejar apenas receber a prestação no momento ajustado, nem antes, nem depois. É razoável supor que, em muitos casos, seja vantajoso ao credor receber a prestação antes da data fixada para o pagamento. Noutras vezes, para o credor, será melhor que a entrega da prestação se dê somente no seu termo. Imagine-se o credor de um carregamento de soja, por exemplo. Ele apenas terá local para armazenar a soja no dia marcado para o pagamento, de sorte que a entrega, antes do prazo, será nociva para ele. De ordinário, portanto, para que se admita o pagamento antecipado, e manter vivo o artigo 313, deve haver o consentimento do credor.

os juros no pagamento antecipado

Comumente, ao se ajustar o pagamento em dinheiro para uma data futura, embute-se no valor da dívida os juros (uma remuneração pela privação do capital, como veremos adiante ao tratar especificamente do assunto). Assim, por exemplo, se o devedor tomou emprestado R$ 100, ele ajusta receber, ao fim de um ano, R$ 112, pois se acrescem os juros ao valor principal. Se o pagamento antecipado for de dinheiro, pode ocorrer de o devedor ter que pagar a totalidade da dívida ajustada – no caso do exemplo, os R$ 112 –, embora o montante apenas se justifique porque se imaginou que o pagamento se daria ao momento incialmente fixado. Nesses casos, admitindo-se pelas partes o pagamento antecipado, parece razoável haver um reajuste do valor da dívida, para diminuí-la proporcionalmente. Caso contrário, o credor terá uma vantagem sem causa, pois ele apenas teria direito a receber a totalidade da dívida pactuada porque os juros – devidos pelo tempo em que ficaria privado de seu capital – estavam embutidos. Para seguir no exemplo, se a dívida fosse paga em seis meses, seria correta a sua redução, de forma proporcional, para R$ 106. Denomina-se *interusurium* essa diferença entre o valor da prestação (tal como previsto na data de seu pagamento) e o valor no momento em que ela é paga antecipadamente, conceito que tem grande valia nos casos nos quais se aceita o vencimento abreviado.

15.4.1. Teoria da imprevisão e correlatas

Acima se deu notícia de que a moderna teoria do Direito das Obrigações se assentou sobre uma ideologia liberal, onde se enaltecia a plena liberdade das partes para estabelecer seus negócios. Nesse contexto, o ordenamento visava a proteger plenamente o acordo firmado entre as partes, mesmo que ele, depois de fixado, se revelasse injusto para um dos contratantes. Inicialmente, preocupava-se em garantir que o negócio fosse respeitado, independentemente de qualquer outra consideração. Cuidava-se da aplicação cega do princípio do *pacta sunt servanda*, isto é, os contratos devem ser cumpridos.

Esse enfoque, contudo, não sobreviveu à visão contemporânea, que almeja um Direito mais próximo da justiça. Passa-se a se sensibilizar com as situações nas quais, depois de entabulado um negócio, ocorre algum fato que o torna absolutamente injusto para uma das partes, situações nas quais o conceito de *pacta sunt servanda* pode ceder.

Digamos, por exemplo, que, logo após ajustar a compra de um imóvel situado em uma bela e isolada praia, cujo pagamento e transferência do bem se darão no futuro, anuncia-se que, no terreno vizinho, será construída uma usina nuclear. Ora, o local perderá substancialmente seu valor econômico. Será justo ao adquirente reclamar uma alteração no preço pactuado? Parece que sim. Afinal, com o advento do fato inesperado, uma das partes passou a gozar de um benefício indevido. Caso se obrigue o adquirente, a ferro e fogo, a levar adiante o negócio na forma como inicialmente se convencionou, este pagará mais pelo bem do que seu efetivo valor. Diante do desequilíbrio não imaginado no momento em que se celebrou o negócio, razoável que o acordo seja adaptado à nova realidade.

O Direito cuida dessa situação – da mudança substancial da situação a ponto de comprometer o equilíbrio do negócio – com a teoria da imprevisão. Nesses casos, o ordenamento jurídico observa um conflito entre dois importantes conceitos: o da segurança jurídica, de um lado, e o da justiça material, de outro.

O conceito traduzido pela teoria da imprevisão é intuitivo: se, depois de celebrado o negócio, sobrevier fato extraordinário, que altere radicalmente as bases do negócio, a parte prejudicada está autorizada a requerer a sua revisão, a fim de restaurar o equilíbrio.

Resta saber como e em que circunstâncias o ordenamento jurídico vigente aceita essa modificação no objeto do negócio.

Como se disse, inicialmente – isto é, na ordem jurídica preconizada pelo Código Napoleão, no princípio do século XIX –, a alteração superveniente do objeto dos negócios era impensável. Sequer se tratava dela. O Código Civil da Saxônia (uma parte do que hoje é a Alemanha, porém antes da unificação) previu expressamente, em 1863, que a alteração desproporcional das circunstâncias não poderia ser alegada por qualquer das partes como fundamento para descumprir a obrigação ajustada.

Nesse contexto, vale citar um julgamento histórico da Corte de Cassação francesa, o mais alto tribunal daquele país, conhecido como o caso "Canal de Craponne". Ocorreu que, no século XVI, a tal família Craponne se comprometeu por contrato a garantir, perpetuamente, a irrigação de certos canais em Arles. No século XIX, a mesma família Craponne requereu a revisão da remuneração daquele contrato, pois, passados alguns séculos, era clara a defasagem. A Corte francesa, contudo, entendeu, naquela ocasião, que o contrato deveria ser mantido, tal como fora pactuado.[19]

Foi necessário algum tempo para verificar ser sumamente injusta a exigência de cumprimento das obrigações da forma como ajustada se houvesse excepcionais circunstâncias externas, que alteravam a realidade dos fatos.

A Primeira Guerra Mundial teve um papel nesse desenvolvimento. Ocorreu que a guerra trouxe enormes – e nefastas – repercussões para a França, cujo solo testemunhara as mais sangrentas batalhas daquele confronto. A economia do país fora arruinada. Para muitas pessoas, que firmaram contratos, não era possível oferecer a prestação, devido às conseqüências da guerra. O que fazer?

Nesse contexto, editou-se, na França, em 21.01.1918, a Lei Failliot. A norma, portanto, data de antes do fim da Guerra. Segundo a Lei, era possível, em decorrência do conflito mundial, rever os termos dos contratos. A Itália, aliás, teve uma lei semelhante, o

---

19 O caso é narrado por Carlos Gustavo Vianna Direito, *Do Contrato*, Rio de Janeiro, Renovar, 2007, p. 25.

Decreto nº 731, de 27.05.1915, que considerava a guerra como um caso de "forza maggiore".

Na Inglaterra, houve um curioso caso, julgado em 1903: Krell v. Henry, conhecido como "Coronation Case", ou o caso da coroação. Ocorreu que o Sr. Krell alugou, a peso de ouro, um quarto do Sr. Henry, exatamente para poder ver a passagem do cortejo que levaria o rei inglês Eduardo VII, no dia de sua coroação. Ambas as partes tinham plena ciência de que o motivo do aluguel era a possibilidade de, a partir do quarto, assistir à parada da coroação. Contudo, o rei ficou doente e não houve a procissão. As partes, então, passaram a discutir se o acordo poderia ser revisto. O Sr. Krell, naturalmente, não queria mais arcar com o vultoso aluguel. O tribunal inglês entendeu que houve uma alteração nas bases do contrato, em decorrência de um fato inesperado. Assim, liberou-se o Sr. Krell da obrigação.[20]

Posteriormente, os ordenamentos de origem anglo-saxã aprimoraram a doutrina para o conceito de "frustration of purposes" - isto é, frustração dos propósitos. Segundo essa orientação, o contrato pode ser resolvido se um fato superveniente à sua criação impeça a consecução do objetivo do negócio.

Na Alemanha, deu-se uma famosa decisão do seu Supremo Tribunal, que, em 28.11.1923, admitiu corrigir monetariamente um valor de um negócio, em função da crise econômica – a "Aufwertung", reavaliação da moeda –, que assolou aquele país após a Primeira Grande Guerra.

Vê-se, pois, que o direito sensibilizou-se com o advento do extraordinário, do imprevisível, que altera as bases do negócio e, com isso, cria uma situação nova. A manutenção dos mesmos termos do negócio, quando a realidade passa a ser outra, não é razoável. Admissível, portanto, que se altere o negócio, a fim de que ele se harmonize à nova realidade.

Foi com base nesses conceitos que se desenvolveu a teoria da imprevisão.[21] Caso, depois do nascimento do negócio, sobrevenham fatos que tornem sumamente injustas as bases da relação, poderá a parte lesada reclamar uma revisão do acordo, a fim de restaurar a justiça entre as prestações.

Costuma-se afirmar que essa possibilidade de alteração do negócio em decorrência de fatos extraordinários é um desenvolvimento da cláusula *rebus sic stantibus*,[22] isto é, "se as coisas perma-

---

20　Cheshire, Fifoot and Furmston, *Law of Contract*, London, Butterworths, 1989, pp. 555-556.

21　No Brasil, a obra clássica é de Arnoldo Medeiros da Fonseca, *Caso Fortuito e Theoria da Imprevisão*, Rio de Janeiro, Typografia do Jornal do Commercio, 1932.

22　Arnoldo Medeiros da Fonseca, *Caso Fortuito e Theoria da Imprevisão*, Rio de Janeiro, Typografia do

necerem como estão". Defende-se que, em todo contrato, haveria essa cláusula latente e implícita, de sorte que as partes devem cumprir o que ajustaram, "se as coisas permanecerem como estão". Havendo uma alteração fática considerável, seria possível rever o acordo.

_{imprevisão e lesão}

Vale destacar a diferença fundamental entre a teoria da imprevisão e a lesão, esta referida no artigo 157 do Código Civil. Nesta, a substancial falta de equivalência entre as prestações existe desde o início do negócio. Nas situações nas quais se reclama a aplicação da teoria da imprevisão, as prestações guardam, entre si, um inicial equilíbrio sinalagmático, mas perdem essa característica com algum fato externo, que as partes não previam, a ponto de tornar a relação obrigacional injusta.

_{erro sobre as bases do negócio}

Também não se confunde com a teoria da imprevisão, a hipótese de erro sobre os fatos que constituem a base do negócio.[23] Nestes casos, há um vício da vontade (o erro), pois o contratante desconhece a realidade dos fatos. Esse vício inquina a validade do negócio. Diferentemente, se sobrevém uma situação extraordinária, que altere as circunstâncias, não há vício de vontade, não há que se falar em invalidade – o negócio segue plenamente válido, porém apenas passa a refletir uma injustiça material.

_{a teoria da imprevisão no Código de 2002}

No Brasil, a teoria da imprevisão foi, em primeiro lugar, prestigiada pelos Tribunais. Com efeito, antes mesmo de qualquer regra positivada, os Tribunais – fazendo justiça ao dito de Cícero, que qualificou a magistratura como o órgão vivo da lei, *judex lex loquens* – passaram a adotar o conceito e, assim, promover o re-equilíbrio de relações obrigacionais, cuja relativa paridade das prestações se perdeu por fatos supervenientes e inusitados.

Apenas com o Código Civil de 2002, a teoria foi positivada no Direito Civil, o que é feito no artigo 317.[24] A referência legal marca um novo enfoque do direito sobre o tema, no qual se dá absoluta ênfase à justiça do conteúdo da obrigação.

O Código de 2002 elegeu o juiz – ou seja, o Judiciário – como árbitro dessa desigualdade do valor econômico que se dá entre o momento em que a obrigação é constituída e o momento de seu pagamento. Segundo o artigo 317, o juiz, a pedido da parte, fica autoriza-

---

Jornal do Commercio, 1932, p. 9.

23 Sobre o tema, André Silva Seabra, "As Consequências da Alteração das Circunstâncias", in *Estudos de Direito do Consumidor*, nº 8, Coimbra, 2007, p. 401.

24 O artigo 6º, V, do Código do Consumidor, Lei nº 8.078, de 11.09.90, já autorizava o juiz a modificar cláusulas contratuais "em razão de fatos supervenientes que as tornem excessivamente onerosas."

do a corrigir o valor da prestação, tudo a fim de garantir a razoável equivalência das prestações.

Para que se aplique a teoria da imprevisão, a disparidade entre as prestações deve ocorrer por motivos inesperados, excepcionais e inusitados. Se o contrato for daqueles nos quais seja possível haver uma divergência entre os valores das prestações, pela sua própria natureza, não há que se invocar a teoria.

Imagine-se que uma pessoa adquire o direito de receber o futuro filho de um cavalo de corrida campeão. Claro que o adquirente faz o negócio – e paga um bom preço – na esperança de que a cria seja tão boa como o pai, embora haja uma álea nesse negócio. Se, nascido o potrinho, logo se verificar que o animal não tem a aptidão de seu progenitor, o comprador não terá como suscitar a teoria da imprevisão, alegando que pagou o preço de um cavalo campeão e não foi isso o que recebeu. No caso, era absolutamente razoável imaginar que o cavalo poderia não nascer com os predicados do pai.

Vale, nesse passo, dar conta de importante precedente ocorrido nos nossos tribunais. Ocorreu que, a partir do Plano Real, o brasileiro viveu uma estabilidade da moeda a que não estava acostumado. Experimentou, inclusive, uma sensação de força da nossa moeda em relação ao Dólar norte americano. Muitos, contentes com a situação, adquiriram carros importados, na forma de *leasing*, pagando o preço em prestações. Ocorreu que, entrementes, em janeiro de 1991, o Real sofreu uma razoável desvalorização frente ao Dólar. Com isso, o valor das prestações do *leasing*, pagos em Real de acordo com a cotação do Dólar (afinal, comprava-se um carro importado), tornou-se altamente oneroso.

Os consumidores passaram a reclamar do aumento das prestações (embora isso fosse previsto desde o início). Os comerciantes que haviam adquirido os automóveis no exterior e feito seus investimentos com base na moeda estrangeira, também pleiteavam que os tribunais mantivessem o negócio tal como ele fora entabulado, pois, caso contrário, amargariam injusto prejuízo. Bem vistas as coisas, havia algo de correto nos dois lados.

O Superior Tribunal de Justiça acabou adotando uma solução salomônica, na qual dividiu o prejuízo entre as partes:

> "*Leasing*. Variação cambial. Fato superveniente. Onerosidade excessiva. Distribuição de efeitos. A brusca alteração da política cambial do governo, elevando o valor das prestações dos contratos de longa duração, como o *leasing*, constitui fato superveniente que deve ser ponderado pelo juiz para modificar o contrato e repartir entre os contratantes os efeitos do fato novo. Com isso, nem se mantém a cláusula da variação cambial em sua intei-

reza, porque seria muito gravoso ao arrendatário, nem se a substitui por outro índice interno de correção, porque oneraria demasiadamente o arrendador que obteve recurso externo, mas se permite a atualização pela variação cambial, cuja diferença é cobrável do arrendatário por metade. Não examinados os temas relacionados com a prova de aplicação de recursos oriundos do exterior e com a eventual operação de *hedge*. Recurso conhecido em parte e parcialmente provido" (STJ, REsp. nº 432.599/SP, Relator Ministro César Asfor Rocha, Relator p/ Acórdão Ministro Ruy Rosado de Aguiar, julgado em 11.01.2003).

Eis outra decisão, também do Superior Tribunal de Justiça, no mesmo sentido, desta feita tratando do caso sob a ótica da relação de consumo:

> "Direito do Consumidor. *Leasing*. Contrato com cláusula de correção atrelada à variação do dólar americano. Aplicabilidade do Código de Defesa do Consumidor. Revisão da cláusula que prevê a variação cambial. Onerosidade excessiva. Distribuição dos ônus da valorização cambial entre arrendantes e arrendatários. Recurso parcialmente acolhido.
>
> I – Segundo assentou a jurisprudência das Turmas que integram a Segunda Seção desta Corte, os contratos de *leasing* submetem-se ao Código de Defesa do Consumidor.
>
> II – A cláusula que atrela a correção das prestações à variação cambial não pode ser considerada nula *a priori*, uma vez que a legislação específica permite que, nos casos em que a captação dos recursos da operação se dê no exterior, seja avençado o repasse dessa variação ao tomador do financiamento.
>
> III – Consoante o art. 6º, V, do Código de Defesa do Consumidor, sobrevindo, na execução do contrato, onerosidade excessiva para uma das partes, é possível a revisão da cláusula que gera o desajuste, a fim de recompor o equilíbrio da equação contratual.
>
> IV – No caso dos contratos de *leasing* atrelados à variação cambial, os arrendatários, pela própria conveniência e a despeito do risco inerente, escolheram a forma contratual que no momento da realização do negócio lhes garantia prestações mais baixas, posto que o custo financeiro dos empréstimos em dólar era bem menor do que os

custos em reais. A súbita alteração na política cambial, condensada na maxidesvalorização do real, ocorrida em janeiro de 1999, entretanto, criou a circunstância da onerosidade excessiva, a justificar a revisão judicial da cláusula que a instituiu.

V – Contendo o contrato opção entre outro indexador e a variação cambial e tendo sido consignado que os recursos a serem utilizados tinham sido captados no exterior, gerando para a arrendante a obrigação de pagamento em dólar, enseja-se a revisão da cláusula de variação cambial com base no art. 6º, V, do Código de Defesa do Consumidor, para permitir a distribuição, entre arrendantes e arrendatários, dos ônus da modificação súbita da política cambial com significativa valorização do dólar americano (STJ, Quarta Turma, Resp. nº 437.660/SP, Relator Ministro Sálvio de Figueiredo Teixeira, julgado em 08.04.03).

Atualmente, o conceito entre nós mais conhecido como teoria da imprevisão, segundo o qual é permitido rever as bases do negócio se algum fato externo quebra substancialmente o equilíbrio que de início existia na relação, é acolhido nos principais ordenamentos jurídicos: alemão, francês, italiano, suíço, inglês, holandês, grego, entre muitos outros.[25] Essa atenção revela, inequivocamente, um passo do direito contemporâneo em direção a um direito vestido como instrumento da justiça, antes mesmo de expressar a emanação da liberdade individual.

requisitos

Em resumo, os requisitos para reconhecer a pertinência da revisão são: (a) a situação de o contrato ser de duração, ou de execução continuada, abarcando tanto aqueles cuja prestação de uma parte já se deu, mas a da outra se dará no futuro, como aqueles contratos nos quais existam prestações continuadas; e (b) o advento de um fato extraordinário, superveniente ao negócio, não imputável a nenhuma das partes, que alterou profundamente o equilíbrio do referido negócio.

Embora se tenha consagrado o termo teoria da imprevisão, o fato extraordinário, a rigor, não necessita ser imprevisível. Consoante entende a melhor doutrina e também o Superior Tribunal de Justiça, a imprevisibilidade está relacionada não ao fato, mas ao seu resultado.

Sabe-se que as chuvas castigam o Rio de Janeiro nos meses de março. Este fato é previsível. As águas de março foram até fonte de inspiração musical de Tom Jobim. Contudo, a gravidade da tempestade e os efeitos dela decorrentes podem não ser, de sorte que a

---

25 Sobre a teoria da imprevisão no direito comparado, Jacques Ghestin, *Lês Effets du Contrat*, Paris, L.G.D.J., 1980, pp. 358-364.

teoria da imprevisão tem aplicação aqui também, caso se verifique o resultado extraordinário advindo da intempérie.

Diante de uma situação na qual se recomende aplicar a teoria da imprevisão, será sempre preferível rever o negócio, ao invés de selar a sua resolução. Isso porque se deseja, idealmente, preservar os negócios, ainda que se faça necessário invadir seu conteúdo para incutir-lhe uma essência justa.

O Código Civil de 2002 inovou nos artigos 478 a 480 ao tratar, de forma expressa, da resolução por onerosidade excessiva; isto é, admite-se que, nos contratos de execução continuada ou diferida, diante da superveniência de fatos extraordinários, que tornem a prestação excessivamente onerosa para uma das partes, esta parte prejudicada reclame o fim do negócio.

Enquanto o artigo 478 fornece o conceito da resolução, os artigos 479 e 480, inseridos no conceito moderno que busca, quando possível, preservar o negócio, indicam o poder de a outra parte, aquela que teria o proveito, admitir rever o negócio, a fim de que o contrato recupere seu equilíbrio e, dessa forma, mantenha-se vivo, embora remodelado.

Portanto, diante de um negócio continuado ou diferido, que se transformou por um fato imprevisto, tornando-se desigual para uma das partes, esta poderá suscitar a teoria da imprevisão, prevista no artigo 317, a fim de restaurar o equilíbrio do negócio, ou requerer, com base no artigo 478 do Código Civil, a resolução do negócio. Todavia, mesmo se for pedida a resolução, a lei indica a possibilidade de manutenção do negócio, caso a parte beneficiada ofereça-se a "modificar equitativamente as condições do contrato", para citar literalmente o dispositivo do artigo 479.

Aliás, vale uma referência ao fato de que o Código do Consumidor (Lei nº 8.078, de 9.11.1990) permite ao juiz, verificado o fato superveniente e extraordinário, alterar as bases do negócio, tanto para resolvê-lo, extinguindo o vínculo, como para modificá-lo, a fim de que ele retorne a espelhar uma situação equânime entre as partes.

O Código Civil argentino, no artigo 1.198, cuida também da resolução por onerosidade excessiva e igualmente ressalta a chance de se evitar a extinção do negócio, caso a parte favorecida admita reequilibrar o contrato. O dispositivo argentino, contudo, está absolutamente inserido no conceito de boa-fé e coloca o tema da resolução do negócio também nesse contexto de lealdade e correção que deve pautar a conduta das partes:

a boa-fé

> "Art. 1198 – Los contratos deben celebrarse, interpretarse y ejecutarse de buena fe y de acuerdo con lo que verosímilmente las partes entendieron o puderion entender, obrando com cuidado y previsíon.

En los contratos bilaterales commutativos y en los unilaterales onerosos y commutativos de ejecucíon diferida o continuada, si la prestacíon a cargo de una de las partes se tornara excessivamente onerosa, por acontecimientos extraordinarios e imprevisibles, la parte perjudicada podrá demandar la resolucíon del contrato. El mismo principio se aplicará a los contratos aleatorios cuando la excessiva onerosidad se produzca por causas extrañas al riesgo próprio del contrato.
Em los contratos de ejecucíon continuada la resolucíon no alcanzará a los efectos ya cumplidos.
No procederá la resolucíon, si el perjudiciado hubiese obrado com culpa o estuviesse en mora.
La otra parte podrá impedir la resolucíon ofreciendo mejorar equitativamente los efectos del contrato".

A ausência de uma conduta transparente, leal e correta, que crie obstáculos ao cumprimento da obrigação (dificuldades estas não previstas), pode justificar o pedido de revisão do negócio, e, até mesmo, o da sua resolução.

Imagine-se a situação de o credor criar uma série de empecilhos ao adequado oferecimento da prestação, como, por exemplo, fazer exigências incompatíveis com o objeto do negócio, que o tornem muito mais oneroso. A obrigação do devedor não atinge o sacrifício desmesurado. O devedor não está forçado a se desdobrar, pois o dever obrigacional não pode transformar-se num ônus absoluto. Valendo-se dos preceitos da boa-fé objetiva, ele tem como proteger a sua posição, a fim de rever o negócio ou mesmo resolvê-lo.

> sacrifício desmesurado

Nesse sentido a lição de António Menezes Cordeiro, para quem "O devedor pode recusar a prestação sempre que esta requeira um esforço que esteja em grave desproporção perante o interesse do credor na prestação, sob o conteúdo da relação obrigacional e da regra da boa fé."[26]

> frustração do fim do contrato

Uma situação um pouco distinta é a de frustração do fim do contrato. Isso vai ocorrer se, por algum motivo superveniente ao início da obrigação e antes do oferecimento da prestação, o contrato perde sentido porque já não se poderá mais atingir à finalidade do negócio.

Imagine-se a seguinte situação: uma pessoa contrata outra para instalar um sistema de aquecimento d´água por energia solar, a ser colocado na cimeira do seu prédio. Contudo, poucos dias antes do início da obra, ergue-se um prédio vizinho que veda, definitivamen-

---

[26] Antonio Manuel da Rocha e Menezes Cordeiro, *Da Modernização do Direito Civil*, Coimbra, Livraria Almedina, 2004, p. 109.

te, a incidência de raios solares no imóvel.[27] Com isso, já não se poderá mais obter energia solar para aquecimento da água. Frustrou-se o objetivo do negócio, que não mais será alcançado.

Atente-se que ambas as prestações ainda podem ser cumpridas: tanto pode haver a instalação do sistema de aquecimento d'água por energia solar, como a remuneração pelo contratante. Todavia, o fim – o motivo – do negócio não mais será atingido. Diante disso, sendo evidente que o objetivo da obrigação não mais será atingido, devido a fato superveniente, razoável reconhecer que se deva extinguir o negócio, até mesmo em atenção ao princípio, cristalizado no artigo 421 do Código Civil, segundo o qual o contrato deve cumprir uma função social (o que não ocorrerá se ele deixar de ter algum propósito para uma das partes).

15.5. QUITAÇÃO

Assim como o credor deseja o objeto da prestação, e com isso se satisfaz, o devedor, por sua vez, quer receber a quitação, isto é, um documento no qual o credor informa que a obrigação se extinguiu, normalmente pelo pagamento. Com isso, o devedor se liberta de seu dever. É a sua carta de alforria. Tamanha a sua importância que o devedor pode recusar-se a entregar a prestação se o credor não lhe der a quitação.

De fato, receber a quitação depois de cumprida a obrigação é direito do devedor, assim preconizado pelo artigo 319 do Código Civil.

Em regra, a quitação deve indicar o que foi pago, a forma do pagamento, o lugar e a data onde se deu a prestação, diz o artigo 320 da Lei Civil.

Evidentemente, para a segurança do devedor e do credor, tanto melhor se a quitação fornecer o maior número de informações. Entretanto, pode ocorrer que, pelas circunstâncias, não se apontem na quitação todas as peculiaridades do pagamento. Muitas vezes, é praxe consagrada em um determinado segmento de apenas fornecer, por exemplo, um recibo bem singelo, somente indicando o valor e a data.

Por todos os motivos, o Direito deve atentar mais à realidade do que a uma desnecessária exigência formal. Diante disso, se faltante algum dos elementos referidos no *caput* do artigo 320, porém for possível aferir a efetividade do pagamento, deve a quitação ser reconhecida como válida e atingir seu efeito, consistente em liberar o devedor. Esse o salutar sentido do parágrafo único do artigo 320,

---

27 O exemplo é fornecido por Rodrigo Barreto Cogo, *A Frustração do Fim do Contrato*, Rio de Janeiro, Renovar, 2012, p. 77.

que, trazendo um conceito inexistente na letra da Lei de 1916, recomenda que se analisem as circunstâncias para apontar se houve a quitação. Diante disso, sendo o pagamento um fato (com enormes repercussões jurídicas), ele pode ser provado de qualquer forma idônea, aplicando-se os dispositivos do Código Civil relativos à prova (artigos 212 e seguintes).

Hoje em dia, comumente, o pagamento é provado pelo demonstrativo de transferência bancária feita via *internet*, ou pelo envio de um *e-mail*, que são meios modernos – com uma tecnologia desconhecida décadas atrás –, porém, que provam com certeza o adimplemento.

De toda sorte, uma quitação sem todas as adequadas informações pode causar enorme confusão. Imagine-se que o credor fornece uma quitação singela, sem maiores dados, e o devedor com isso se contenta. Ocorre que, nesse exemplo, o credor morre e os seus herdeiros, que têm apenas a tal quitação sem muitos elementos, decidem, de boa-fé, reclamar o pagamento da prestação ao devedor. Este terá que enfrentar o problema de provar que efetivamente ofereceu o pagamento, com o risco, até mesmo, de se ver forçado a pagar outra vez. Tudo por conta de uma quitação mal feita. O Superior Tribunal de Justiça já decidiu que "termo de quitação onde não se especifica a dívida a que ele se refere é tão inútil como um atestado de óbito a que falta o nome do defunto." [28] Por isso, tanto melhor que a quitação forneça o maior número de elementos possível.

<small>perda do título</small>

O legislador previu, ainda, a situação de o credor perder o título. Não raro, a obrigação encontra-se cristalizada num documento: um cheque, uma nota promissória, uma confissão de dívida, por exemplo. Nesses casos, a quitação pode dar-se – como comumente ocorre – com a mera devolução desse documento. Se, entretanto, o credor alega ter perdido o original do título, ele pode reclamar do devedor o pagamento, mas este, por sua vez, tem direito a exigir que o credor faça declaração de que inutilizará o título desaparecido (artigo 321).

Pode ocorrer de o título, que corporifica a obrigação, ser roubado. O credor, sempre demonstrando prova de que houve o roubo, tem como exigir o pagamento, mas deve garantir o devedor com a declaração, da mesma forma como o artigo 321 indica que se faça no caso de perda do título.

Se, nestes casos, aparecer um terceiro com o título, exigindo do devedor o cumprimento da prestação, este pode informar que já pagou ao primeiro e verdadeiro credor, bastando apresentar a declaração. O terceiro, se tiver algum direito, deve opô-lo ao primitivo

---

28 Recurso Especial nº 6.095/PR, Relator Ministro Humberto Gomes de Barros, julgado em 20.8.1992.

credor, que recebeu o pagamento.

Os artigos 322 a 324 do Código oferecem algumas hipóteses nas quais há presunção de pagamento. Todos os casos refletem presunções relativas, isto é, onde cabe a prova em contrário a fim de ilidi-la.

presunções de pagamento

O primeiro dos dispositivos, do artigo 322, diz que, nas obrigações de vencimento periódico, a prova de pagamento da última das parcelas exigidas pressupõe que as anteriores foram pagas. Assim, presume-se quite com o condomínio o dono de uma unidade, por exemplo, que apresente o comprovante de pagamento da última mensalidade da contribuição condominial, referente ao apartamento do qual é titular. Pode, entretanto, o condomínio demonstrar que o pagamento de meses anteriores não ocorreu, embora, até que esta prova seja feita, haja a presunção de que o condômino se encontra quite.

Outra presunção referida na norma consiste na quitação de uma dívida em dinheiro, na qual não foi feita nenhuma ressalva em relação aos juros. Nesses casos, diz o artigo 323, os juros presumem-se pagos.

Por fim, o artigo 324 do Código Civil menciona a hipótese de o credor entregar ao devedor o título da dívida. Essa situação, de fato, dá a entender que o devedor pagou a sua dívida, razão pela qual o legislador a arrolou entre as hipóteses de presunção legal, embora relativa.

Tome-se a pessoa que emite o cheque em benefício da outra, seu credor. A situação de o emitente do cheque ter em seu poder este título (o mesmo documento que, no passado, entregara ao seu credor para pagar a dívida) cria a presunção de que a dívida fora paga.

O poder de o credor, no caso específico referido no *caput* do artigo 324, obstar a presunção, provando que a entrega do título não significa o pagamento, deve ser realizado, segundo o parágrafo único do dispositivo mencionado, em 60 dias. Ultrapassado esse prazo, haverá decadência do direito de o credor alegar que a entrega do título não representa o pagamento.

O artigo 325, por sua vez, oferece importantíssima regra prática. Segundo a norma, se não há disposição expressa a respeito, presumem-se a cargo do devedor as despesas com o pagamento e a quitação. Vale salientar que as partes podem dispor de modo contrário, servindo esse dispositivo como orientador. Mais ainda, pode mesmo o devedor demonstrar que, no caso específico, ajustou-se de modo diverso, cabendo ao credor arcar com esses gastos. A presunção, aqui também, é relativa.

despesas com o pagamento

Apenas para exemplificar com situações da vida prática, há, no comércio, importantes acordos acerca da repartição das despesas entre credor e devedor na compra e venda, como as cláusulas FOB ou CIF, de uso corrente no mundo todo.

FOB

FOB significa "free on board". Uma vez pactuada a cláusula, o devedor fica responsável pela entrega da mercadoria (objeto da prestação) "livre à bordo do navio". Todos os custos com o pagamento até a entrega da prestação no navio são de responsabilidade do devedor. O frete e o seguro, portanto, não se inserem nessa responsabilidade, ficando por conta do comprador (o credor da obrigação).[29]

CIF

De outra forma, se as partes tiverem convencionado a cláusula CIF, o devedor arca com o preço da coisa, o seguro e o frete. CIF é a sigla de "Cost, Freight and Insurance", pois o valor do negócio já engloba o frete e o seguro.[30]

Como se vê, em regra as partes podem convencionar qual delas terá que suportar essas despesas do pagamento.

Demonstrando bom senso, a segunda parte do artigo 325 indica que, caso o credor adote atitude que faça aumentar o custo do pagamento ou da quitação, cumprirá a ele arcar com as despesas acrescidas.

padrão do lugar da execução

Encerrando a parte da Lei que examina o objeto do pagamento, o artigo 326 do Código Civil trata de outra presunção, esta referente aos pagamentos que se efetuam em medida ou peso.

Segundo o artigo 326, em relação às medidas, deve prevalecer, no silêncio das partes, o padrão adotado no local onde se realizar o negócio.

Ocorre que as medidas e pesos podem variar em função de lugar. Aliás, com a forma como se mede um terreno se dá o mesmo fenômeno. O alqueire mineiro equivale a 48.400 metros quadrados, ao passo que o alqueire carioca corresponde à metade do mineiro. Assim, se o negócio no qual se referiu a certo número de alqueires foi celebrado em Minas, deve-se ter o alqueire mineiro como padrão.

Tenha-se presente, entretanto, que, nos dias de hoje, existem poucos casos de diferenças nos critérios de medição em função do local. Com a facilidade de comunicação, o mundo se apequena e há uma uniformização dos critérios de medição, de sorte que o artigo 326 tem, gradualmente, menor incidência.

---

29 Sobre o tema, P. S. Atiyah, *The Sale of Goods*, 8th edition, London, Pitman Publishing, 1994, p. 398.

30 As bases do contrato CIF foram estabelecidas numa divisão da corte inglesa, Smyth & Co. Ltd. v. Bailey Son & Co. Ltd. [1940] 3 Ale ER 60. Para se aprofundar na construção jurisprudencial inglesa da cláusula CIF, Clive Schmitthoff, *Schmitthoff's Export Trade*, 9th edition, London, Sterns & Sons, 1990, p. 33.

15.6. O Lugar do Pagamento

As partes podem livremente ajustar qual será o local do pagamento. Comumente, elas indicam onde a prestação deverá ser entregue.

As partes, por vezes, apontam dois lugares distintos para cumprimento da obrigação, valendo, nesses casos, salvo convenção em contrário, a escolha do credor, que poderá exigir o adimplemento no local que lhe parecer mais conveniente (assim o parágrafo único do artigo 327).

Outras vezes, não há essa referência expressa ao local de cumprimento da obrigação, mas se pode reconhecer aonde a prestação deva ser entregue, pelas próprias circunstâncias do negócio. Alguém compra um carro numa loja, sem combinar expressamente o local de cumprimento – a entrega do automóvel. Será natural, nessa hipótese, esperar que a prestação seja oferecida na própria loja, pois era a praxe sedimentada.

Pode, ainda, haver uma aptidão natural de certo local, em função, por exemplo, de ele ser o centro de um determinado mercado. Isso se dá, para citar um caso, na compra de ações de certa empresa, sendo que o local onde isso se dá seja, normalmente, o da bolsa de valores, aonde se negocia o bem.

Há, ainda, hipóteses nas quais a lei aponta onde a obrigação deva ser cumprida, como, em regra, ocorre com as obrigações fiscais.

Na venda de um imóvel, por exemplo, comum que o local do pagamento seja aquele onde estiver localizado o bem, sendo essa a determinação do artigo 328 do Código.

A doutrina, com razão, critica a redação do artigo 328, que indica como local de pagamento para as "prestações relativas ao imóvel" aquele da situação do bem. Ora, várias prestações referentes ao imóvel não deverão, necessariamente, efetuar-se no local do bem. Imagine-se uma pessoa que vive em Belém do Pará e possui um imóvel em São Paulo. Nada há de mal em convencionar que o local de pagamento dos aluguéis, do qual ela é credora, seja em seu domicílio, no Pará, embora o imóvel alugado esteja muito distante. A melhor orientação consiste em entender que o alcance do artigo 328 se relaciona à escritura necessária à transferência de propriedade do bem, que, forçosamente, deve ser efetuada onde se encontra o Registro de Imóveis competente (ou seja, onde está situado o bem).

obrigação "quesível"

A lei, no artigo 327 do Código Civil, informa que, na ausência de estipulação das partes, o local de pagamento será o domicílio do devedor, isto é: *in domo debitoris*. Diz-se, nessa situação, que a dívida é "quesível", ou "quérable", porquanto o credor vai até o devedor para receber o pagamento. A regra, portanto, é a de que o local do pagamento será o domicílio do devedor. Salvo disposição em contrário, prevalecerá esse local.

Pode ocorrer de, entre o momento do nascimento da obrigação e o de seu adimplemento, o devedor mudar de domicílio. Neste caso, segue válida a regra de que o pagamento deve ser feito no domicílio, pois isso apenas se verifica na época em que a prestação for oferecida.[31]

Caso a alteração de domicílio crie um ônus desproporcional para o credor, pode este reclamar que o pagamento seja feito no local do domicílio do devedor da época em que a obrigação foi instituída, ou fazer o pagamento no novo domicílio, desde que o devedor consinta em indenizá-lo dos custos que terá para entregar a prestação no novo local.

obrigação "portável"

Diferentemente, se o devedor deve entregar a prestação no domicílio do credor, chama-se a dívida de portável, ou "portable".

importância da distinção

Há enorme relevância em saber se a dívida é "quérable" ou "portable" para avaliar se alguma das partes encontra-se inadimplente em oferecer ou receber o pagamento. De fato, se compete ao credor buscar a prestação, o devedor não estará inadimplente se, no dia do vencimento, aguardar uma manifestação do titular do crédito. Se, de outro lado, couber a ele, devedor, entregar a dívida (por se tratar de uma obrigação "portable"), a sua inércia resultará em inadimplemento, pois era seu dever ir atrás do credor e efetuar o pagamento.

o comportamento das partes

Fundamental ter presente que a regra do artigo 327 não é absoluta. A averiguação do local do cumprimento da obrigação deve estar sempre sensível às circunstâncias do caso prático, à praxe do mercado e, principalmente, ao comportamento pregresso das partes (como, aliás, deixa claro o conceito do artigo 330).

Evidentemente, mesmo que não houvesse previsão contratual – ou ainda que a estipulação constante de contrato fosse no sentido de que o credor tivesse que buscar a prestação na casa do devedor –, se o devedor, no curso de toda relação, sempre foi levar a prestação ao credor, aquele comportamento reiterado deve ser levado em consideração. Não pode o devedor reclamar o inadimplemento do credor, porque este teria deixado de buscar a prestação, quando a praxe da relação sempre foi outra.

A regra do artigo 330 dá vida ao conceito, derivado do princípio da boa-fé objetiva, segundo o qual, numa relação obrigacional, nenhuma das partes pode adotar um comportamento contraditório. Em outras palavras, se uma das partes criou uma justa expectativa na outra, pela prática reiterada de certa conduta, deve manter essa expectativa. Esse conceito do *venire contra factum proprium*, já antes apreciado, expressa a idéia de que não se pode ir contra os próprios atos, ou seja, o ordenamento jurídico veio proteger os atos contraditórios.

---

31 Miguel Maria de Serpa Lopes, *Curso de Direito Civil*, vol. II, 6ª ed., Bliblioteca Jurídica Freitas Bastos, 1995, p. 192.

Embora o artigo 330 do Código Civil tenha examinado expressamente o conceito no caso do local de pagamento, é certo que essa máxima tem incidência, no Direito das Obrigações, sempre que uma das partes da relação criar, pela sua conduta, uma justa expectativa na outra.

Cumpre anotar que a orientação da lei brasileira, de que a obrigação quesível se aplica no silêncio das partes, enfrenta a situação de que, segundo a praxe sedimentada no nosso mercado, nas obrigações de entregar dinheiro, cabe ao devedor procurar o credor. Não sem razão, portanto, a lei civil italiana, segundo a qual as obrigações de dar dinheiro são consideradas portáveis.

> alteração do local de pagamento por situações extraordinárias

Numa louvável inovação, o artigo 329 do Código de 2002 positivou o conceito, derivado do bom senso, de que, em situações extraordinárias, que tornem difícil a concretização do pagamento em certo local, pode o devedor alterar o lugar, indicado para o adimplemento, desde que não haja prejuízo ao credor. Essa mesma regra pode ser invocada pelo credor.

A lei não indica o que seja "motivo grave" hábil para ensejar a alteração do lugar do pagamento. Cabe, como se salientou, ao bom senso indicar quando isso vai ocorrer.

Também se deve aplicar a mesma regra do artigo 329 – alterando-se o local de entrega da prestação – se o cumprimento da obrigação, no local inicialmente designado para o adimplemento, tornar-se por demais oneroso.

Suponha-se que as partes tenham pactuado que o pagamento deva ser feito em certa localidade, no interior do Mato Grosso. Contudo, na véspera da data do vencimento, sucede uma grave enchente no local, que impede ao devedor de ali comparecer para efetuar o pagamento. O artigo 329 do Código Civil admite que, em situações como a que se acabou de narrar, o pagamento se dê em outro local, desde que isso não acarrete prejuízo ao credor. Embora o final do dispositivo do artigo 329 ofereça o conceito de que a alteração deva ser feita "sem prejuízo para o credor", a rigor, se a alteração se justificar por um motivo extraordinário, que não possa ser imputado a qualquer das partes, a melhor orientação parece ser a de determinar que os custos acrescidos sejam repartidos pelas partes de forma igualitária. De outro modo, caso se possa imputar a uma das partes a responsabilidade pela alteração do local do cumprimento da prestação, esta parte isoladamente suportará o acréscimo dos custos.

15.7. O Tempo do Pagamento

As obrigações são destinadas a ter um fim. Esse fim pode dar-se numa fração de segundos, como ocorre nas obrigações que se cumprem quase ao mesmo tempo em que nascem, como no caso da pessoa que adquire uma revista na banca de jornal; ela vê a revista, a apanha e paga o valor do bem ao jornaleiro. Diferentemente, o fim da obrigação pode dar-se num momento mais dilatado no futuro. Se o devedor pactua que, por exemplo, cumprirá seu dever dentro de um ano. De certo, em algum momento, as obrigações se encerram, de preferência pelo oferecimento da prestação.

Fundamental, portanto, saber o momento em que se pode reclamar o pagamento. Esse dado tem uma série de repercussões: apenas no seu vencimento a obrigação é exigível, nascendo o poder de o credor pleitear uma atividade do devedor, consistente na entrega da prestação. Somente no vencimento nasce a pretensão do credor (artigo 189 do Código Civil) e, logo, passa, a partir de então, a fluir o prazo prescricional para cobrança, findo o qual este perde o direito de exigir o cumprimento da prestação.

Além disso, o devedor que deixar de pagar no momento correto ficará inadimplente – *minus solvit qui tardis solvit*, ou seja (numa tradução livre): quem paga atrasado, paga menos.

Antes do vencimento, o devedor pode justamente negar o pagamento, porquanto nada é devido naquela ocasião.

Apesar de apenas poder cobrar a partir do vencimento, o credor tem o direito de proteger a integridade do seu crédito desde o seu nascimento. Com efeito, o credor pode atuar para conservar seus direitos, ajuizando, por exemplo, uma ação para anular o negócio que comprometa o patrimônio do devedor (como a ação pauliana). Em outras palavras, o credor não pode cobrar a dívida, mas tem como proteger seu crédito.

<small>vencimento identificado</small>

A obrigação pode ter um prazo certo para seu cumprimento, estipulado quando de sua constituição. Na maioria dos contratos, há uma referência ao dia em que ela deve ser executada. Trata-se, pois, de um termo. Nestes casos, basta a chegada do dia determinado como aquele do vencimento para que a obrigação seja plenamente exigível. Não é sequer necessário interpelar o devedor para que ele fique obrigado a entregar a prestação. Diz-se "*dies interpellat pro homine*" – isto é: o próprio dia interpela o devedor.

<small>ausência de vencimento identificado</small>

Ocorre, também, de a obrigação não ter definido um prazo para o seu cumprimento. Nas obrigações cuja origem é um ato ilícito (que cria ao ofensor o dever de reparar o dano causado), por exemplo, não existe, obviamente, referência ao momento em que ela deva ser cumprida. Existe o dever de reparar, que muitas vezes depende de liquidação, mas não há um prazo certo de quando o pagamento deva ser feito.

Para simplificar, pode-se dizer que as obrigações podem ter uma data ajustada para seu cumprimento (e, então, há um termo), ou não existir essa data certa para o adimplemento (e, logo, não haverá termo).

Caso haja o termo na obrigação, ela deve ser cumprida na referida data. A partir do momento fixado, o credor pode exigir a prestação. No Direito Civil, não se exige que o credor adote qualquer atitude para informar o devedor que o termo ocorreu. O credor pode cobrar imediatamente. Basta a chegada do dia ajustado para o adimplemento para que a obrigação passe a ser exigível.

Se, entretanto, não houver uma data fixa, o artigo 331 do Código Civil informa que o credor pode exigir a obrigação desde logo. Nesses casos, cumpre ao credor, então, notificar o devedor para que este ofereça a prestação.

Deve-se ter presente que a regra do artigo 331, entretanto, não se aplica de modo insensível. Muitas vezes, não se ajusta um prazo específico para o adimplemento, mas as circunstâncias demonstram a existência de um prazo, ou um período para efetuar o adimplemento, mesmo que por um aspecto natural ou lógico.

Deve, em suma, haver um tempo razoável para o cumprimento da obrigação – *modicam tempus* –, levando-se em consideração as peculiaridades do caso concreto. Trata-se do que a doutrina qualifica como "termo moral, ou seja, o espaço de tempo mínimo, possível e razoável para que a prestação possa ser cumprida e que, portanto, deverá ser respeitado pelo credor face às circunstâncias da própria obrigação".[32]

Tome-se a pessoa que emprestou a outra um casaco grosso de inverno, para que esta fizesse uma viagem à Noruega. Não seria razoável que se reclamasse a devolução da coisa no dia seguinte ao empréstimo, porque sequer se iniciou o passeio à Escandinávia. Nos casos nos quais a prestação não pode ser cumprida de imediato, a regra do artigo 331 deve ser lida com inteligência.

<small>termo e condição</small>

Imagine-se, por exemplo, o empréstimo de uma máquina usada para a colheita de uma plantação (uma obrigação de restituir). Caso não seja ajustado um prazo para devolução, é razoável entender que a restituição apenas deva ser feita terminada a colheita, pois a finalidade do empréstimo consistia em que o objeto (a máquina) auxiliasse o devedor na sua atividade. Seria injusto (e até ilógico) que o credor pudesse requerer a devolução da máquina antes do prazo necessário ao devedor para a adequada utilização do bem. Nesses casos, há que se defender a existência de um prazo razoável para o cumprimento da obrigação, fazendo prevalecer o bom senso.

Situação distinta ocorre se a obrigação está sujeita à termo incerto ou condição. Termo e condição, como se sabe, são modalidades dos negócios jurídicos, que subordinam a eficácia do negócio a um fato futuro. No termo, o fato externo ocorrerá. Na condição, por sua vez, não se tem conhecimento se o fato acontecerá. Há uma incerteza. Na condição, vincula-se a eficácia do negócio à ocorrência desse fato futuro e incerto.

---

32 Guilherme Calmon Nogueira da Gama, *Direito Civil – Obrigações*, São Paulo, Atlas, 2008, p. 243.

No termo, muitas vezes, há ciência, desde logo, de quando ele se dará (como num contrato onde se diz que seu vencimento será no dia 5 de novembro, por exemplo). Noutros casos, apenas se indica uma data incerta, mas que seguramente ocorrerá (como, *v.g.*, na próxima vez que chover), donde se diz que o termo é incerto. Já se salientou que no termo com data certa, a simples verificação de data já faz nascer o dever de o devedor entregar a prestação.

<small>vencimento antecipado</small>

Nos casos, entretanto, nos quais há um termo vinculado a momento incerto e sendo o negócio subordinado a uma condição, o momento de cumprimento da obrigação será aquele no qual se verificou a condição ou em que ocorreu o fato certo referido como termo. Entretanto, cabe ao credor, segundo o artigo 332, a prova de que deu ao devedor a ciência do fato. Com isso, assegura-se que o devedor sabia que a obrigação se tornara exigível.

O artigo 333 do Código Civil menciona as hipóteses nas quais se verifica, para o credor, o direito de exigir antecipadamente o pagamento, ou seja, quando o credor possa cobrar a dívida antes do prazo inicialmente convencionado. Trata-se, esclareça-se logo, de uma lista taxativa.

Orlando Gomes alega que o fundamento dessa possibilidade de antecipação é a fundada desconfiança de que o devedor não irá cumprir a sua obrigação.[33] Não se trata propriamente de um vencimento antecipado, porém há apenas a faculdade de o credor requerer o adimplemento do devedor, antes do momento inicialmente ajustado para o cumprimento da obrigação.

De fato, se o credor não quiser exercer a sua faculdade de requerer a antecipação (o que ocorre nas hipóteses referidas no artigo 333 do Código), a obrigação apenas vencerá no prazo inicialmente previsto e somente a partir de então se contará o prazo de prescrição e os ônus decorrentes da mora. Caso, entretanto, o credor prefira optar pelo vencimento antecipado, ele deve notificar o devedor e todos os efeitos do vencimento passam a surtir a partir de então.

São três as hipóteses de vencimento antecipado mencionadas pela lei civil. Na primeira há a insolvência do devedor, isto é, ocorre a decretação pelo Judiciário de que ele possui um passivo maior do que seu ativo (logo, ele tem mais dívidas do que patrimônio ativo para saldá-las). Em função disso, organiza-se uma lista de prioridades e todos os seus credores – mesmo aqueles cuja dívida ainda não se venceu – devem habilitar seus créditos. A preocupação, aqui, está em evitar que um dos credores (ou um grupo deles) desfrute de um tratamento privilegiado, em detrimento dos demais, recebendo seu crédito na frente dos outros.

---

33 *Obrigações*, 11ª ed., Rio de Janeiro, Forense, 1997, p. 99.

Principalmente nesta primeira hipótese, embora o parágrafo único do artigo 333 não faça restrição, incide o conceito, antes analisado, de que a situação de um dos devedores solidários não afeta a dos demais. Se um dos devedores "quebrar", não se considerará vencida a dívida com relação aos outros co-devedores.

A segunda hipótese examina a situação de a obrigação estar garantida por um bem (móvel ou imóvel) e esse bem ser penhorado em execução por outro credor. Já se explicou que, para proteger o credor, pode-se ajustar que um bem sirva de garantia ao adimplemento (a análise das garantias das obrigações é feita adiante, em capítulo especialmente dedicado ao tema). Se o devedor falhar, o credor está autorizado a promover a alienação desse bem e receber o saldo da venda, até o limite do seu crédito. A vantagem para o credor é dupla: o bem que será executado na hipótese de inadimplemento já está separado e, por força da garantia real, o credor tem o privilégio de receber seu crédito antes dos demais credores do mesmo devedor, em caso de insolvência deste (artigo 1.422 do Código Civil).

A razão de ser da norma, para alguns, consiste em proteger o credor contra a diminuição do patrimônio do devedor.[34] Lacerda de Almeida menciona que, muitas vezes, essas garantias são condições do contrato, que, talvez, não se teriam realizado sem elas.[35] Assim, razoável que, abalada a firmeza dessas garantias, haja a possibilidade de vencimento antecipado.

Nas garantias reais, pode-se dizer, embora de forma muito simplificada, que se o bem, dado em garantia, for imóvel, haverá hipoteca (artigos 1.473 a 1.505), ao passo que se dará o penhor se o bem for móvel (artigos 1.431 a 1.466 do Código Civil). Uma casa pode ser objeto de hipoteca e um anel será de penhor.

As hipóteses dos incisos II e III do artigo 333 cuidam de uma ameaça à integridade dessas garantias.

Tratemos, inicialmente, do inciso II: caso outro credor do mesmo devedor vá ao Judiciário para exigir, em execução, o recebimento da dívida e seja oferecida, ao Juízo, o mesmo bem que já se encontra afetado pela garantia, seja em penhor ou em hipoteca, haverá vencimento antecipado da dívida. A rigor, a mera penhora – o oferecimento do bem em garantia ao juízo – não induz ao vencimento antecipado, mas apenas a sua alienação, ou seja, a venda do bem para satisfazer a dívida.

O processo de execução judicial culminará na venda do bem dado em garantia em leilão público, com o propósito de honrar a dívida. Dessa forma, é justo que o credor detentor de garantia real,

---

34 Judith Martins-Costa, *Comentários ao Código Civil*, vol. V, Rio de Janeiro, Forense, 2003, p. 348.

35 *Obrigações*, 2ª ed., Rio de Janeiro, Typographia Revista dos Tribunaes, 1916, p. 136.

também oferecida em penhora, receba o que for apurado no caso de alienação do bem. Daí a possibilidade de o credor reclamar o vencimento antecipado, que, de fato, apenas se dá se o objeto da penhora for alienado para saldar o crédito da execução judicial, não antes.

A garantia real pode incidir sobre bem do próprio devedor (que são as hipóteses mais comuns), ou sobre bem de terceiro. É também usual que um terceiro indique bem de sua propriedade que servirá para garantir a dívida do devedor. Não há nada de irregular nisso e o conceito é antigo (*Dare quis hypothecam potest, sive pro sua obligatione, sive pro aliena*).[36] O artigo 1.427 do Código, exatamente na parte referente às garantias reais, admite que terceiro ofereça essas garantias, indicando, ainda, que ele não está obrigado a substituí-la ou reforçá-la, salvo se assim ajustou expressamente.

Pode haver interesse prático em aferir o que ocorrerá se esse terceiro, dono da coisa dada em garantia, tiver seu bem penhorado, ou mesmo, se ele for comerciante pessoa jurídica, tiver a sua falência decretada e todos os seus bens forem arrolados na massa falida. Será que essa hipótese fará desencadear a possibilidade de vencimento antecipado de que trata o artigo 333 do Código Civil?

Uma primeira interpretação pode ser a de que a regra do artigo 333, II, do Código Civil apenas cuida da hipótese na qual o bem dado em garantia pertence ao próprio devedor, tanto assim que o dispositivo limita sua incidência ao caso no qual os bens oferecidos em garantia "forem penhorados em execução por outro credor", dando a idéia de que o devedor seria o mesmo.

Essa interpretação preserva a *ratio* da norma, que, inquestionavelmente, visa a proteger o credor da deterioração do patrimônio que garante a dívida. Entretanto, se houver penhora do bem oferecido em garantia dada por terceiro, o credor tem o direito de requerer o reforço dessa garantia. Se isso não ocorrer, então poderá o credor reclamar o vencimento antecipado e receber o saldo da venda da coisa objeto da garantia, quando ela for alienada.

Por fim, a última hipótese de vencimento antecipado referida pelo artigo 333 do Código Civil se relaciona aos casos nos quais as garantias oferecidas à proteção de uma obrigação se tornam insuficientes e o devedor se nega a reforçá-las. De fato, não é razoável obrigar o credor, que ajustara o vínculo conjuntamente com a garantia, a ficar desprotegido.

Se houver efetivamente a perda do valor da garantia e o devedor, intimado, deixar de repô-la, a dívida vence antecipadamente.

---

36 Clóvis Beviláqua, *Código Civil dos Estados Unidos do Brasil*, vol. III, Rio de Janeiro, Livraria Francisco Alves, 1958, p. 268. Uma tradução livre seria: é lícito dar bem em hipoteca, seja para garantir obrigação própria, seja para garantir obrigação de terceiro.

Tenha-se presente, contudo, que a diminuição de que fala a norma deve ser considerável, isto é, uma pequena alteração do valor do bem dado em garantia, ainda que em detrimento do credor, não faz incidir a regra.

Silvio Rodrigues considera a possibilidade de exigir esse reforço um ato de paternalismo da Lei em relação ao credor, que não deveria ter essa vantagem. Para Silvio Rodrigues há uma álea no momento de escolha dos bens que servirão de garantia e cabe ao credor escolhê-los adequadamente.[37]

Se o fiador tiver sua falência decretada ou verificar-se sua insolvência poderá haver vencimento antecipado se o devedor não reforçar a garantia.[38] Esse conceito se extrai da mera leitura do inciso III do artigo 333.

Aliás, o artigo 1.425 do Código Civil, que trata dos direitos reais de garantia, salienta, seguindo a *ratio* do artigo 333, as hipóteses de vencimento antecipado, se a coisa oferecida em garantia se perde ou deteriora.

vencimento antecipado por previsão contratual

Embora o artigo 333 do Código Civil não preveja a hipótese, o vencimento antecipado de uma obrigação pode ocorrer se houver, no contrato que a originou, cláusula indicando esta possibilidade. Com efeito, as partes têm como estabelecer o vencimento antecipado – abreviando o momento no qual a prestação será exigível – se sobrevier determinado fato, previamente identificado no instrumento contratual.

Suponha-se que uma pessoa deu crédito a outra, emprestando uma boa quantia em dinheiro, fixando uma data no futuro para a devolução. Contudo, receoso da saúde financeira do devedor no curso do tempo, o credor, poderia estabelecer, no contrato de mútuo, que se o devedor vender certos bens de sua propriedade, o vencimento da dívida será antecipado

vencimento antecipado na solidariedade

O vencimento antecipado em relação a um dos devedores solidários não acarreta o vencimento para os demais, garante o parágrafo único do artigo 333 do Código. Em relação aos demais co-devedores, cumpre aguardar a chegada do vencimento normal da obrigação para o fim de fazer a cobrança da dívida. O credor, contudo, poderá cobrar tudo do co-devedor que teve seu vencimento antecipado por conta da incidência de um dos incisos do artigo 333. O co-devedor que pagou apenas poderá reclamar o ressarcimento dos demais co-devedores quando do efetivo vencimento da obrigação, pois somente então a dívida será exigível.

---

37   *Direito Civil*, vol. 2, São Paulo, Saraiva, 2002, p. 163.

38   Nesse mesmo sentido, Caio Mário da Silva Pereira, *Instituições de Direito Civil*, vol. II, 15ª ed., 1997, p. 132.

16
Formas Indiretas de Extinção das Obrigações

Evidentemente, o modo mais desejável de terminar uma relação obrigacional se dá com a plena satisfação do credor, havendo o devedor cumprido seu dever e oferecido a prestação. Entretanto, é possível que a relação se extinga de outras formas, sem que exista a entrega da prestação, tal como inicialmente previsto. O Código Civil, nos artigos 334 a 388, examina essas hipóteses de solução indireta das obrigações.

O Código trata das seguintes formas extraordinárias do cumprimento das obrigações: a consignação do pagamento, o pagamento com sub-rogação, a imputação do pagamento, a dação em pagamento, a novação, a compensação, a confusão e a remissão das dívidas. Vamos examinar cada uma delas, na ordem mencionada pela lei.

16.1. O Pagamento em Consignação

Não raro, existe dúvida acerca do verdadeiro credor. Duas pessoas reclamam do devedor, cada qual alegando ser a titular do crédito. Ou, para citar outro exemplo corriqueiro, o credor se recusa a dar quitação, colocando o devedor numa situação difícil: ele pode deixar de entregar a prestação, mas sofre o risco de, no futuro, ser considerado inadimplente.

Verifica-se uma série de situações nas quais o devedor quer pagar, mas encontra um óbice ao seu propósito, não raro por medidas do próprio credor. Com efeito, é legítimo que o devedor pretenda pagar e, assim, liberar-se da dívida. Para esses casos, concebeu-se o pagamento em consignação, permitindo-se ao devedor que, ao enfrentar dificuldade para cumprir a prestação, efetue o pagamento mediante depósito judicial ou em estabelecimento bancário.

O efeito da consignação, consoante expressa o artigo 334 do Código, é o de liberar o devedor. Considera-se como se o pagamento tivesse sido realizado, extinguindo o vínculo obrigacional.

O conceito da consignação, também chamada de oferta real, é antigo. Em Roma, admitia-se, nas situações nas quais o devedor desejasse realizar o pagamento, mas encontrasse alguma dificuldade, que ele depositasse a coisa devida em um templo, ou noutro local sagrado – *depositum in aede sacra* –, onde a coisa ficava guardada até que se resolvesse o impasse.[1]

Evidentemente, o ideal ao devedor seria que o credor recebesse a prestação e, em contrapartida, oferecesse-lhe a quitação. Mas nem sempre isso ocorre. A consignação, assim, é um paliativo, uma forma de proteção do devedor de boa-fé. Quer o devedor evitar que, no futuro, o credor o acuse de inadimplente e ele se veja impelido a arcar com todos os ônus daí decorrentes.

<small>eliminação do risco</small>

Além disso, muitas vezes ficar na posse da coisa devida pode gerar um risco que o devedor não deseja correr. Depositando a coisa (objeto da prestação) – e, depois, ao se verificar que a consignação se justificava –, o devedor se exime dos riscos de perecimento. Caso a prestação seja dinheiro, com a consignação eliminam-se os juros de mora, pois, afinal, o devedor não está inadimplente.

<small>obrigação de dar</small>

Pela sua própria natureza, a consignação apenas tem lugar nos casos das obrigações de dar. Afinal, ela implica na entrega de uma coisa.

Contudo, admite-se a consignação, excepcionalmente, nas obrigações de fazer, se a prestação ajustada consistir na realização de uma coisa, isto é, se a obrigação de fazer se corporificar. Imagine-se o pintor que se compromete a retratar uma pessoa. Neste caso, haverá uma obrigação de fazer "corporificada": a obrigação de fazer tornou-se, por exemplo, um quadro, uma coisa. A obrigação, atente-se, segue sendo de fazer. O pintor, na hipótese de quem encomendou o quadro se recuse a recebê-lo, poderá consignar a obra de arte e, com isso, cumprir a prestação.

<small>consignação de dinheiro</small>

Se a prestação for de entregar dinheiro, o Código de 2002 permite na linha do § 1º do artigo 539 do Código de Processo Civil – que a consignação se dê pelo depósito em estabelecimento bancário. Deve, nesse caso, quem depositou, informar ao credor (ou aos supostos credores) do ato.

Caso a prestação seja de outra coisa distinta de dinheiro, deve o devedor oferecê-la em juízo.

<small>hipóteses referidas na lei</small>

O artigo 335 do Código Civil arrola algumas hipóteses – seguramente as mais comuns – onde tem cabimento a consignação. A relação feita pela lei, portanto, não é taxativa, ou seja, ela apenas exemplifica as situações mais comuns, porém sem restringir a possibilidade de consignação para outros casos.

O primeiro inciso do artigo 335 cuida de duas situações: o credor que se recusa injustamente a receber a prestação ou a oferecer quitação. Em ambos os casos, é o credor quem, então, fica inadim-

---

[1] Charles Maynz, *Cours de Droit Romain*, tome deuxième, quatrième édition, Bruxelas, Bruylant-Christophe & Cie., Libraires-Éditeurs, 1877, p. 554.

plente. Esses casos foram identificados pelos romanos: *volente debitore contra creditorem nolentem* (ou seja: o devedor que pagou contra a recusa do credor). Nas duas situações, o devedor, se assim desejar, pode deixar de efetuar o pagamento e não estará inadimplente; pois, afinal, é o credor quem age mal. Entretanto, o devedor pode querer resguardar-se e, assim, efetuar o pagamento perante o Judiciário, evitando futura e eventual discussão.

O inciso II do referido artigo 335 remete à situação semelhante daquela analisada no primeiro inciso. Aqui, porém, há uma dívida *quérable* e o credor não vai buscá-la. O devedor, se desejar, pode também consignar a dívida.

O inciso III, por sua vez, cuida da hipótese de o devedor desconhecer quem seja efetivamente o credor, ou não o achar, ou mesmo se esse credor viver em lugar perigoso, ou de acesso arriscado.

O inciso IV faz referência à situação de o devedor ter justificada dúvida de quem seja o credor, situação, aliás, que não é de todo rara. Por vezes, numa mesma dívida, mais de uma pessoa reclama ser o verdadeiro credor. Neste caso, se o devedor pagar a um dos que disputam a titularidade do crédito, pode, amanhã, enfrentar o outro, que alegará o pagamento feito à pessoa errada. Para se proteger, e não dar preferência a nenhum daqueles que alega ser o credor, prudente que o devedor consigne o crédito, como, inclusive, indica o artigo 344 do Código Civil.

Por fim, o inciso V do artigo 335 diz ser admissível a consignação se houver litígio sobre o objeto do pagamento.

<small>hipóteses exemplificativas</small>

Em qualquer outra hipótese, mesmo que não referida expressamente na norma, na qual haja interesse de o devedor pagar, mas, ao mesmo tempo, uma situação que dificulte esse adimplemento, poder-se-á fazer uso da consignação. Registre-se, portanto, que as hipóteses referidas na lei são apenas exemplificativas.

<small>requisitos da consignação</small>

Para que se admita o pagamento por consignação, o que for consignado deve envolver a totalidade da dívida (inclusive os juros, se a obrigação for a de entregar dinheiro). Aqui, novamente, cumpre ressaltar que o credor não está obrigado a receber prestação diversa da devida. Logo, ele pode recusar-se a receber a prestação se ela não for integral. Nas dívidas em dinheiro, a integralidade se faz com o acréscimo dos juros. Como a consignação é uma forma de pagamento forçado, ela apenas tem lugar se representar a integralidade do que for devido.

Evidentemente, outro requisito fundamental para aferir a pertinência da consignação é o de que ela espelhe, perfeitamente, a dívida vencida. Isso com relação ao tempo, lugar, qualidade do objeto e o que mais compor a prestação. Esse conceito é registrado pelo artigo 336 do Código Civil.

Não se pode perder de vista que a consignação tem lugar, principalmente, se o credor se recusa a receber a dívida por motivo injustificável. Atente-se ao adjetivo que qualifica a recusa: "injustificável", ou seja, o credor não ter um bom motivo para deixar de receber a prestação. Nestes casos tem cabimento a consignação.

Contudo, se a justificativa do credor for boa, isto é, se há motivo pertinente para a recusa, afasta-se a consignação. Afinal, o credor não deve mesmo receber o pagamento. Eis, então, a relevância do artigo 336 da Lei civil.

Daí não ter procedência a consignação se ainda não for o momento do pagamento. Ora, o credor não está obrigado a receber a prestação antes do seu vencimento. Logo, não há resistência injustificada do credor que legitime a consignação.

O mesmo se pode dizer se o devedor quiser oferecer uma prestação distinta daquele objeto do negócio. A recusa do credor, neste caso também, será justa, com base no artigo 313 do Código Civil. Logo, a consignação também não terá fundamento.

Situação um pouco distinta é aquela na qual o devedor pretende efetuar o pagamento em mora. Apenas se deve admitir a possibilidade de consignação nessas circunstâncias se o pagamento for feito acrescido de todos os consectários da mora do devedor, ou seja, acrescido dos juros, da correção monetária, da multa (se houver), assim como dos demais possíveis acréscimos sofridos pela prestação em decorrência do inadimplemento parcial do devedor. Caso contrário, a consignação não deverá ser aceita, em respeito ao artigo 336.

O artigo 337 do Código indica que a consignação deve ser efetuada no local ajustado para o cumprimento da obrigação.

Mencione-se, em tempo, a regra do artigo 341 do Código, pela qual se o bem for imóvel ou coisa específica que não deva ou não possa sair do local onde está, ou seja muito dispendioso a retirada da coisa do local onde ela se encontra, pode o devedor intimar o credor para receber o bem onde ele esteja. Nesse ponto, a norma temperou o rigor do artigo 337 com uma pitada de bom senso.

O Código de Processo Civil, nos seus artigos 539 a 549, disciplina a ação de consignação em pagamento, indicando o seu procedimento.

Se, ao final do processo da ação de consignação, se entender que o devedor tinha, por um motivo justificado, que efetuar o pagamento em juízo, a ação será julgada procedente, com a manifestação do Poder Judiciário equivalente a uma quitação. Caso contrário, isto é, sobrevindo julgamento de improcedência da ação, porque o devedor deveria ter entregue a prestação ao credor (e não o fez), o devedor deverá arcar com os encargos advindos do inadimplemento.

Assim, o fato de o devedor consignar a dívida não o exime, desde logo, de qualquer responsabilidade. Isso dependerá do julgamento de procedência da ação de consignação, como se vê da decisão judicial abaixo:

ação de consignação

"O depósito não terá força liberatória se a ação for julgada improcedente, de modo que a simples autorização judicial para efetuá-lo não traz prejuízo ao réu" (2º TACiv.SP, 10ª Câm., Ag. nº 700.346-0/4, Rel. Juiz Nestor Duarte, julgado em 8.8.2001).

16.2. O Pagamento com Sub-rogação

Na sub-rogação opera-se a transferência do crédito para terceiro, que solveu a obrigação. Sub-rogação, de fato, é a substituição de uma pessoa por outra. Passa a haver um novo credor, mas a relação se mantém.

Em regra, com o pagamento se extingue o vínculo obrigacional. Na sub-rogação, entretanto, há um pagamento que satisfaz o credor, mas o vínculo subsiste para o devedor, porque não foi este quem realizou o pagamento; quem pagou foi um terceiro, que passa a deter o direito de receber aquilo que pagou para liberar o credor inicial da relação obrigacional. O vínculo se mantém, porém para um novo credor. Como se vê, trata-se de uma forma de extinção das obrigações, porém apenas para o credor; para o devedor, a relação subsiste.

Em síntese, na sub-rogação a relação se mantém para o devedor, que passa a ficar vinculado a outro credor, sendo que este desfruta das mesmas garantias da dívida anterior, ocupando o lugar, na relação, do credor primitivo. A relação obrigacional, contudo, extingue-se para o credor primitivo. Assim, em última análise a sub-rogação não importa a extinção da relação obrigacional, mas apenas a mudança da pessoa do credor. Aliás, *subrogatio*, em latim, tem o sentido de substituir.

A sub-rogação representa uma vantagem ao novo credor, pois ele recebe a dívida cercada das proteções que existiam com relação ao antigo credor, ressalva o artigo 349.

Para bem entender o fenômeno da sub-rogação, fundamental, de início, separar os seus dois tipos: a sub-rogação legal e a convencional, ambas tratadas no Código Civil, nos artigos 346 a 351, que se distinguem em função da sua fonte: a sub-rogação legal está prevista em casos específicos referidos pela lei (e não depende da vontade das partes), ao passo que a sub-rogação convencional, como o próprio nome indica, nasce de um acordo.

sub-rogação legal

Na sub-rogação legal, a lei enumera, no artigo 346, três situações nas quais há uma substituição da pessoa que ocupa o polo ativo da relação. Verificados os casos expressamente referidos, a sub-rogação se opera, mesmo contra a vontade do novo credor ou do devedor. Atente-se que, neste caso, a enumeração da lei é taxativa: ou o caso se insere naquelas hipóteses, ou não se está a falar de sub-rogação legal.

A primeira hipótese é a do credor que paga ao seu devedor dívida que não é dele, mas de outro credor que, por sua vez, também tem crédito com aquele mesmo devedor. Trata-se do caso de haver devedor que deve a mais de uma pessoa.

Pelas mais variadas razões, o credor pode ter interesse de aumentar seu crédito com "A". Para tanto, ele pode pagar a dívida que "A" tem com terceiro. Assim, o credor passa a ser credor também da obrigação (a dívida de "A") que ele pagou. Neste caso, diz o artigo 346, I, do Código Civil, o credor se sub-roga no polo ativo daquela relação obrigacional cuja prestação ele ofereceu. Veja-se: o credor primitivo daquela relação foi pago e deixou de estar vinculado. Agora, o vínculo é apenas do credor que aumentou seu crédito com "A".

A situação vislumbrada no inciso II do artigo 346 do Código abrange tanto o adquirente de imóvel hipotecado que paga ao credor hipotecário, para liberar o ônus de seu imóvel, como aquele que tem direito a um imóvel e paga para proteger sua situação.

A hipótese é a seguinte: uma pessoa adquire um imóvel gravado por uma hipoteca. A hipoteca garante uma outra dívida. Pode ser interesse do adquirente do imóvel liberar o gravame que incide sobre o seu novo imóvel. Cabe a ele, para tanto, pagar a dívida garantida pela hipoteca. Afinal, quitada a dívida, extingue-se a garantia (afinal, a garantia apenas existia por causa da dívida). Neste caso, ao pagar a dívida garantida pela hipoteca, o adquirente do imóvel se sub-roga, por força de lei, na posição do credor dessa obrigação. Evidentemente, essa obrigação já não terá mais a garantia da hipoteca.

Por fim, o inciso III do artigo 346 se refere ao pagamento por quem, embora não sendo devedor, pudesse ser obrigado no todo ou em parte pelo débito, isto é, o terceiro interessado. O exemplo comum de incidência desse inciso é o fiador, que paga a dívida com o credor do afiançado, mas, depois, pode cobrar deste o que despendeu para quitar a obrigação.

os acessórios da sub-rogação

A vantagem da sub-rogação é a de que quem se sub-roga assume o lugar do antigo credor com todos os acessórios existentes na obrigação. O vínculo, já se disse, não se altera. Mantém-se o débito. Muda-se apenas a pessoa do credor.

Assim o artigo 349 do Código Civil:

> "Art. 349. A sub-rogação transfere ao novo credor todos os direitos, ações, privilégios e garantias do primitivo, em relação à dívida, contra o devedor principal e os fiadores."

sub-rogação e cessão

Atente-se que a sub-rogação legal, embora guarde alguma semelhança, não se confunde com a cessão de crédito. É verdade que, em ambos os casos, há a transferência da pessoa dos credores. Entretanto, na cessão ressalta o aspecto negocial, ao passo que na sub-rogação avulta sua característica de favor legal, de proteção àquele que paga dívida que originalmente não é sua.

Na sub-rogação legal, ao contrário do que ocorre na cessão de crédito, não há espaço para a especulação. Consoante ressalva o artigo 350 do Código Civil, o novo credor, o sub-rogado, não pode exercer seus direitos contra o devedor senão até o limite do que desembolsou para liberar esse devedor do credor original. Isso porque a cessão não é vista como um "negócio" (no sentido de um ato no qual as partes busquem vantagens econômicas), mas de uma proteção àquele que pagou dívida de outrem.

<small>sub-rogação convencional</small>

Há, ainda, a subrogação convencional, cujas hipóteses se encontram referidas no artigo 347 do Código Civil.

O inciso I do artigo 347 indica situação que a tudo se assemelha à cessão de crédito. Trata-se de circunstância na qual o credor, ao receber o pagamento de terceiro, lhe transfere o crédito. Evidentemente, esse terceiro pode cobrar a dívida do devedor. Neste caso, segue-se o mesmo procedimento da cessão de crédito, registra o artigo 348 do Código (num regime jurídico em tudo semelhante).

No último e segundo inciso do artigo 347, arrola-se a outra hipótese de sub-rogação convencional. Ela se dá quando terceiro empresta ao devedor quantia certa para saldar dívida, sob condição de passar a ocupar (sub-rogar-se) o lugar do credor satisfeito.

Entende-se, com razão, que a sub-rogação convencional apenas surte efeitos em relação ao devedor depois de notificado de que ela ocorreu. Aqui, aplica-se o conceito do artigo 290 do Código Civil, incidente na cessão de créditos, que reclama a cientificação do devedor, para que a cessão seja a este eficaz.

Na sub-rogação, o credor originário, como se referiu, fica excluído da relação. O seu lugar passa a ser ocupado pelo novo credor. Uma exceção, contudo, ocorre se esse credor originário não for totalmente satisfeito. Nesse caso, ele terá direito de receber o saldo de seu crédito, e, até mesmo, com preferência em relação ao novo credor, diz o artigo 351.

Evidentemente, o sub-rogado não gozará de posição superior à do primitivo credor. Se o credor inicial, por algum motivo, já não tinha como exigir o crédito, o sub-rogado não terá melhor sorte, como se vê do seguinte acórdão do Superior Tribunal de Justiça:

> "O sub-rogado não terá contra o devedor mais direitos do que o primitivo credor. Assim, se o próprio segurado, primitivo credor, não mais poderia demandar em juízo contra o causador do dano, em razão de acordo extrajudicial com plena e geral quitação, não há que falar em sub-rogação, ante a ausência de direito a ser transmitido" (STJ, 4ª Tur-

ma, REsp. nº 264.768-DF, Relator Ministro Sálvio Teixeira, julgado em 24.10.2000).

Há, inclusive, Súmula do Supremo Tribunal Federal (nº 188), no sentido de que "o segurador tem ação regressiva contra o causador do dano, pelo que efetivamente pagou, até o limite previsto no contrato de seguro". Assim, a seguradora – num caso típico de sub-rogação, porque ela arca com os danos cometidos por outrem e passa a ter os direitos do lesado de reclamar uma indenização – apenas poderá cobrar o que desembolsou para cobrir os prejuízos de seu segurado.

16.3. A Imputação em Pagamento

Muito comumente, entre o mesmo credor e devedor há várias relações obrigacionais simultâneas. O mesmo devedor deve ao mesmo credor por obrigações com origens diversas. Isso é corriqueiro, por exemplo, nas relações entre um comerciante e seus fornecedores, como o estabelecimento comercial que adquire sistematicamente diversas mercadorias do mesmo fornecedor, criando uma espécie de "conta-corrente" entre as partes.

Pode ocorrer que nessa relação haja mais de uma, ou mesmo várias dívidas vencidas, pendentes de pagamento. O ideal seria, nesses casos, que o devedor, ao fazer o pagamento de quaisquer dessas dívidas, indicasse, de modo claro, sobre qual delas recai o adimplemento. Entretanto, muitas vezes, isso não ocorre, isto é, o devedor não aponta qual das dívidas ele paga. Para regular as situações como a que se acabou de narrar, incidem as regras, referidas no Código Civil, acerca da imputação em pagamento.

Imagine-se que o devedor tem vários débitos com o mesmo credor: numa obrigação, ficou de pagar R$ 15,00, noutra outros R$ 15,00, estabeleceu, ainda, uma terceira dívida de R$ 10,00 e, finalmente, numa última, R$ 30,00. Caso o devedor, por exemplo, deposite R$ 30,00 na conta do credor, sem especificar qual, ou quais as dívidas que ele pretende pagar, haverá um impasse: qual das dívidas foi paga?

O artigo 352 do Código oferece o conceito da imputação em pagamento: se a mesma pessoa for devedora do mesmo credor em mais de uma obrigação da mesma natureza, ela pode indicar a qual das obrigações ela efetua o pagamento. Ao devedor, portanto, cabe imputar.

Mister, portanto, verificar a identidade das partes (credor e devedor devem ser os mesmos), a pluralidade de débitos, a identidade da natureza da dívida (que deve ser da mesma coisa fungível) e que o pagamento oferecido possa quitar mais de uma prestação.

O artigo 352, pois, informa que cabe ao devedor indicar qual a obrigação que está pagando. Se o devedor deixar de indicar, aplica-se, então, subsidiariamente, o artigo 353. Segundo este dispositivo, se o devedor deixar de apontar em qual das dívidas deva recair o pagamento, pode o credor fazer a imputação, desde que isso não seja realizado de modo lesivo ao devedor. O credor, então, oferece uma quitação, na qual indica qual ou quais as dívidas serão pagas com a prestação oferecida pelo devedor.

<small>indicação do devedor</small>

O artigo 355 do Código Civil vislumbra a hipótese de o credor oferecer quitação sem mencionar qual das dívidas foi paga. Isso pode ocorrer se houver diversas dívidas em dinheiro, por exemplo, na qual o credor apenas diga, na sua quitação, que recebeu certa quantia, insuficiente, contudo, para extinguir todas as dívidas, mas bastante para quitar mais de uma e, logo, não se sabe qual das dívidas foi paga.

<small>quitação sem indicação da dívida</small>

Como no exemplo referido acima, o devedor pagou R$ 30,00, sem nada indicar acerca de qual fora a dívida paga (e havia mais de uma que poderia ser quitada com essa quantia) e o credor deixou de fazer a imputação no momento de fornecer a quitação. Nesses casos, segundo a norma acima referida, a imputação recai na dívida líquida e vencida em primeiro lugar. Se todas as dívidas forem líquidas e vencidas ao mesmo tempo, a imputação se dará na dívida mais onerosa.

Por mais onerosa entende-se aquela que, permita-se o truísmo, acarreta maior ônus ao devedor. Será mais onerosa, por exemplo, a dívida cuja taxa de juros for superior à outra, assim como aquela que tiver ajustado um índice de correção monetária mais alto. O claro objetivo da regra consiste em proteger o devedor de uma imputação que lhe seja lesiva. Assim, por exemplo, se numa dívida ajustou-se juros muito elevados, é sobre essa que recairá a imputação.

O artigo 355 corretamente não fala da obrigação mais antiga, porém daquela exigível há mais tempo, pois esta, normalmente, traz maiores encargos e, logo, apresenta-se como mais onerosa ao devedor.

16.4. Dação em Pagamento

Era uma vez um sujeito que tinha um cachorro velho e sarnento. Queria vender o cão por um milhão de reais. Ninguém podia crer que o tal sujeito conseguisse efetuar a venda. Um dia, o homem informou, feliz da vida, que havia vendido seu cachorro. Mais ainda, vendera por um milhão de reais. Seus amigos, incrédulos, logo lhe perguntaram se recebera o pagamento em dinheiro vivo. O homem então respondeu: "O valor do negócio foi um milhão de reais. Recebi dois gatos, cada um valendo 500 mil."

As partes, se estiverem de acordo, podem ajustar a alteração do objeto do negócio, oferecendo o pagamento de outra forma, e, com isso, extinguindo a obrigação com prestação diversa da original.

Comumente vemos o devedor que sugere entregar ao seu credor, para quitar a dívida, um carro, ou uma televisão, quando esses não eram o objeto da dívida. Ao aceitar, o credor dá por encerrada a obrigação. Esses são casos típicos de dação.

O jurista tem um enorme apego pelo Direito Romano clássico. De fato, o Direito Romano serve de fonte do Direito Civil para diversos institutos. Observar o gênio romano revela-se, no mínimo, inspirador. Entretanto, muitos conceitos adotados no Direito Romano deixaram modernamente de ter um sentido prático. Isso se pode falar da dação em pagamento, conhecido pelos romanos como *datio in solutum*.

O seu conceito, preconizado no artigo 356 do Código Civil, é o de que "o credor pode consentir em receber prestação diversa da que lhe é devida". Essa afirmação, a rigor, representa verdadeira obviedade.

Antes, analisamos o artigo 313 do Código. Ele apresenta a regra fundamental de identidade das obrigações, segundo a qual as partes devem respeitar, no momento de oferecer a prestação, o objeto inicial da obrigação. Evidentemente, se houver consenso entre as partes, é lícito alterar o objeto da obrigação. Se o devedor devia um carro, por exemplo, mas, posteriormente, antes de entregar o automóvel, credor e devedor concordarem que o adimplemento se dará com a entrega de um navio, nada há de mal nisso. Entregando o navio, o devedor quita a sua dívida e extingue o vínculo.

Nada há de mal nas partes alterarem sua relação inicial para que seja devida uma prestação diversa daquela que existia inicialmente. A rigor, não existe necessidade de uma norma tratar disso e, muito menos, de um capítulo inteiro cuidando da dação em pagamento.

A razão pela qual a dação ainda foi referida na Lei beira o sentimentalismo. Um apego ao Direito Romano. Na Roma clássica, não era possível às partes alterar, de modo tão livre, o objeto da obrigação. A vontade dos contratantes como mola das relações não era um conceito presente para os romanos. Assim, a dação em pagamento permitia flexibilizar a regra segundo a qual não se admitia alterar a prestação. Hoje, bem vistas as coisas, a referência legal perdeu muito de sua importância.

Registre-se, por oportuno, que o artigo 356 do Código Civil de 2002 trouxe significativa mudança em relação ao seu dispositivo correspondente no revogado Código Civil de 1916. Antes, o artigo 995 dizia que o devedor poderia admitir receber coisa que não fosse dinheiro no lugar da prestação devida. Havia, portanto, menção na lei de que a dação se limitava à substituição da prestação de dinheiro por uma coisa. O Código atual dá à dação uma dimensão bem mais ampla, pois o corrente artigo 356 dispõe que haverá dação sempre que se alterar a prestação, não necessariamente de dinheiro por coisa. Com efeito, a lei fala, agora, em "prestação diversa".

Portanto, havendo a substituição da prestação – do objeto da obrigação – por outra, com o propósito de, assim, extinguir o vínculo, haverá dação. Evidentemente, fundamental haver o consentimento das partes em relação à mudança de objeto, assim como é essencial que elas acordem que esse pagamento acarretará a extinção da dívida.

Admite-se qualquer forma de alteração. Uma obrigação de dar pode ser extinta, por meio de dação, e o devedor oferecer uma prestação consistente num fazer, ou mesmo num não fazer.

Conta-se a história do matuto ingênuo, que saiu de casa com a tarefa de ir à cidade vender um cavalo, único bem de sua família. No caminho, o tabaréu, sempre vítima de sua inexperiência, troca o cavalo por uma vaca. Depois, troca sucessivamente a vaca por um carneiro, o carneiro por um porco, o porco por duas galinhas e, finalmente, aceita dar as galinhas por um saco de feijão. Ao fim, o caipira saíra de casa com um cavalo e volta com um saco de feijão. Na dação, há, de certa forma, uma troca entre a prestação inicial (devida ao credor), por uma nova e diversa prestação, que as partes ajustam em substituição da primeira. Idealmente, essa modificação das prestações deve guardar uma razoável equivalência econômica.

Em outras palavras, se, na alteração das prestações, ocorrer uma substancial perda de valor, o credor pode buscar anular o negócio, pelos vícios admitidos pelo ordenamento jurídico, como, por exemplo, o erro, o dolo e mesmo a lesão.

contrato real

Já se fixou o conceito: na dação, as partes ajustam alterar a prestação, oferecendo-se uma prestação diversa daquela inicialmente ajustada, mas, com isso, extinguindo o vínculo obrigacional que existia entre elas. Tenha-se presente que a dação é um contrato real, isto é, ele pressupõe, para que seja válido e eficaz, que exista a efetiva entrega da outra prestação. Como o seu propósito é extinguir a relação obrigacional com a entrega da prestação (uma distinta da original), a dação apenas ocorre validamente com a entrega da nova prestação. Só então a dação ocorrerá, pois somente assim terá fim o vínculo obrigacional. Diga-se mais: diante de sua natureza real (que exige o concreto oferecimento da prestação), se a "nova" prestação não for entregue, não haverá a dação e volta a viver a obrigação original.

Suponha-se que o devedor prometeu ao credor entregar, no lugar e no dia do pagamento, ao invés do valor certo, objeto da prestação, um boi. Se, no dia ajustado, o devedor não entrega o tal boi, não se opera a dação, podendo o credor voltar a exigir a prestação original (não se confunda com a hipótese de novação, da qual falaremos justo adiante: nela, as partes criam uma nova obrigação, para substituir a primeira).

dação e títulos de crédito

O que acontecerá se a dação se der com um título de crédito? Ou seja: para quitar a dívida, o devedor, que iria entregar certa prestação, ajustou oferecer um título de crédito (como um cheque, por exemplo). Se o vencimento daquele título de crédito é imediato (um título *pro soluto*), e o credor recebe em seguida o valor expresso no título, não há dúvida de que estaremos diante de uma dação. Todavia, se o título, oferecido para quitar a dívida, tem vencimento no futuro (*pro solvendo*), esse pagamento mais se assemelha a uma novação, de que trataremos em seguida.

evicção

Pode acontecer que, depois de entregue a coisa em dação, descubra-se que o bem dado não pertencia ao devedor, mas a terceiro, que não autorizara o oferecimento da coisa. Eis um caso de evicção. Segundo o artigo 359 do Código, diante da evicção, sendo a coisa oferecida de terceiro, tudo volta ao estado anterior. Em outras palavras, desconsidera-se a dação e a dívida inicial renasce, como se ela jamais tivesse sido paga.

O mesmo ocorrerá se, por qualquer outro motivo, a dação for considerada inválida. Isso pode ocorrer, por exemplo, se ela for celebrada por incapaz, ou se feita em fraude aos credores. Nesses e noutros casos de invalidade da dação, ela se considera como não efetivada e volta-se ao *status quo ante*, ou seja, ao estado anterior.

16.5. Novação

O fênix é um pássaro mitológico, cuja mais conhecida característica consiste em que, no momento de sua morte, ele entra em autocombustão, a ponto de virar cinzas. Depois, miraculosamente, o fênix renasce dessas próprias cinzas, renovando-se.

Vamos tratar, agora, da novação, que muito bem poderia ser comparado ao fênix. Afinal, por meio dela, extingue-se uma obrigação, mas, "das cinzas" desse mesmo negócio, nasce outra obrigação.

Atente-se ao fenômeno: o devedor, para pagar a sua dívida, estabelece outra obrigação, terminando com a primitiva. Nesse caso, uma nova obrigação é criada e, com isso, extingue-se a primeira. A nova obrigação nasce para quitar a anterior. Na prática, o mesmo ato põe fim a uma obrigação e cria outra. Surge uma nova obrigação, com o ocaso da primeira, porque assim se ajustou. A isso se denomina novação, originando, até mesmo, um verbo: novar.

Uma pessoa devia um camelo a outra, que seria entregue no dia de Natal. Depois, contudo, essa mesma pessoa pactuou com seu credor que, para quitar a sua dívida, daria uma pintura na Páscoa. Alterou-se, assim, a obrigação por completo. Deve-se, agora, outra prestação. A primeira obrigação se extinguiu, surgindo outra.

origem da novação

O instituto também tem origem no Direito Romano clássico, embora lá fosse consideravelmente distinto. Na Roma antiga vigorava o conceito de certa imutabilidade da obrigação. Pela *novatio* permitia-se, a rigor, alterar as bases da obrigação primitiva, que se mantinha, contudo, na sua essência. A novação moderna, de outra ponta, importa nova obrigação. Em comum com a antiga, que ela substituiu, a nova obrigação guarda apenas a origem, pois, como se disse, na novação, uma obrigação nasce a partir do fim de outra.

A novação será sempre celebrada por um contrato. Nele, as partes estabelecerão as bases da nova obrigação, que extinguirá aquela que inicialmente as vinculava.

tipos da novação

Consoante o artigo 360 do Código Civil, a novação pode ser objetiva (na qual se altera o objeto da prestação), ou subjetiva (caso se modifique o devedor ou o credor). Em todas essas hipóteses, a primitiva obrigação será encerrada, nascendo uma nova, inconfundível com a primeira.

O Código Civil ressalva, no artigo 362, que a novação por alteração do devedor pode ocorrer mesmo sem o consentimento deste. Evidentemente, o credor tem que aceitar essa modificação do pólo passivo, da mesma forma como ocorre na assunção de dívida, que antes examinamos.

Depois de aceito o novo devedor pelo credor, este não terá ação contra o devedor primitivo caso se verifique o estado de insolvência do novo devedor, registra o artigo 363 do Código Civil. Por todos os motivos, contudo, o credor terá, nesse caso, direito de reclamar uma indenização do devedor inicial, se demonstrar que este agiu de má-fé.

pressupostos da novação

É pressuposto da novação a existência de obrigação anterior. Mais ainda, a obrigação anterior, que foi novada, deve ser válida. Caso a obrigação anterior seja nula, ou já se encontrava extinta, a novação é ineficaz, pois não se pode criar a partir do nada ou sanar a nulidade, extraindo algo de válido do nulo.

Se a obrigação originária, a que se novou, era nula, pode o interessado suscitar a ineficácia da segunda, que se desconstitui. De fato, não se pode perder de vista que a primeira obrigação serviu como contraprestação do devedor para que ele assumisse a nova obrigação. Verificada que a primitiva obrigação era nula, a segunda perde a sua razão de ser.

Situação distinta ocorre com as obrigações anuláveis. Estas são "notáveis". Aliás, muito comumente, as obrigações maculadas por uma nulidade relativa são confirmadas – e, com isso, sanado o vício – pelo ajuste de nova obrigação, desta feita plenamente regular. A distinção, anote-se em tempo, consta do artigo 367 do Código Civil.

Caso um menor, relativamente incapaz, assuma uma dívida, pode-se, em seguida, buscar anular o negócio (artigo 171, I, do Código Civil). Uma outra solução lícita consiste em pagar a obrigação (maculada pela nulidade relativa) com a concretização de outro negócio, com objeto distinto, que, desta feita, terá, por exemplo, o menor assistido por seu representante. Dessa forma, a novação sana o negócio anulável.

novação da obrigação natural

Por fim, cumpre fazer uma referência à discussão, que divide a nossa doutrina, acerca da possibilidade de novar uma obrigação natural. Antes, expôs-se a noção da obrigação natural, na qual há uma dívida não exigível. O romanista Ebert Chamoun registra que no Direito Justinianêo era possível novar uma obrigação natural.[2]

Sílvio Rodrigues,[3] Caio Mário[4] e Arnaldo Rizzardo[5] defendem a possibilidade de novar a dívida de uma obrigação natural, criando uma outra, desta feita exigível, seguindo a orientação da doutrina francesa.

De outra ponta, Washington de Barros,[6] Clóvis Beviláqua[7] e Carvalho Santos[8] advogam o contrário, pois não vêem na obrigação natural um vínculo forte o suficiente para originar outro. Para esses juristas, como não há obrigação exigível, a novação não tem o condão de extinguir a relação que já não existe.

A melhor solução, contudo, parece ser reconhecer a licitude da novação de obrigação natural, como manifestação das partes no sentido de conceder àquele vínculo força jurídica suficiente para fazer nascer a *obligatio*. Basta que a obrigação natural seja lícita. Afinal, já existe um *debitum*.

Vale a ressalva de que as dívidas de jogo ou de aposta – uma espécie de obrigação natural – não admitem novação, por expressa disposição do § 1º do artigo 814 do Código Civil.

necessidade de elementos novos

animus novandi

Outra exigência a que se constitua a novação consiste na efetiva criação de uma obrigação nova, isto é, substancialmente nova. Isso se dá tanto do aspecto objetivo, como no subjetivo. Exige-se a verificação de novos elementos materiais na relação, referentes à nova prestação (por exemplo, antes se devia um carro e depois um barco), como também a verificação do interesse subjetivo das partes em criar uma nova obrigação, o que se denomina *animus novandi*.

---

2   Ebert Chamoun, *Instituições de Direito Romano*, Rio de Janeiro, Forense, 1951, p. 307.
3   *Direito Civil – Parte Geral das Obrigações*, 30ª ed., São Paulo, Saraiva, 2002, p. 205.
4   *Instituições de Direito Civil*, vol. II, 20ª ed., Rio de Janeiro, Forense, 2005, p. 245.
5   *Direito das Obrigações*, 2ª ed., Rio de Janeiro, Forense, 2004, p. 394.
6   *Curso de Direito Civil, Direito das Obrigações*, 29ª ed., São Paulo, Saraiva, 1997, p. 302.
7   *Código Civil dos Estados Unidos do Brasil*, vol. IV, 11ª ed., Rio de Janeiro, Livraria Francisco Alves, 1958, p. 129.
8   J. M. de Carvalho Santos, *Código Civil Brasileiro Interpretado, Direito das Obrigações*, vol. XIII, 2ª ed., Rio de Janeiro, Livraria Editora Freitas Bastos, 1938, p. 154.

Na ausência desse interesse psíquico de criar a nova obrigação (e, com isso, extinguir a anterior), a segunda obrigação apenas confirmará a primeira, na clara redação do artigo 361 do Código Civil.

Assim, ajustes periféricos e acessórios como o mero abatimento do preço, a concessão de novo prazo para pagamento, o aumento (ou diminuição) da garantia, em regra, não devem ser vistos como novação. São apenas aditamentos ao negócio original. Diferentemente, para haver novação, devem conviver o *animus novandi* (o interesse das partes em extinguir a primitiva obrigação e criar outra, referido no artigo 361) e a alteração material da prestação, nos seus elementos substanciais.

<small>efeitos da novação</small>

Os dois principais efeitos da novação consistem em extinguir a primeira obrigação, resolvendo o primeiro vínculo, e criar um outro, novo. Portanto, como nasce um vínculo novo, salvo disposição das partes em contrário, a novação extingue os acessórios da relação anterior (artigo 364 do Código Civil).

Essa conseqüência da novação – de extinguir os acessórios – tem fundamental alcance prático. Afinal, muitas vezes é a garantia (um acessório da obrigação) que irá salvar o credor do completo prejuízo em decorrência do inadimplemento. Assim, se o credor deseja proteger-se, deve, diante da novação, ressalvar manutenção da garantia.

A segunda parte do artigo 364 informa que se o bem dado em garantia real (normalmente o penhor ou a hipoteca) for de terceiro e este não participar da novação, o bem não servirá mais como garantia da dívida.

O mesmo se dá com o fiador: se a novação ocorrer sem a sua intervenção, ele fica liberado (assim a regra do artigo 366 do Código). De fato, seria absurdo obrigar alguém a seguir vinculado a uma obrigação como garantidor, sem sequer saber seu conteúdo.

16.6. COMPENSAÇÃO

O artigo 368 do Código Civil, repetindo, letra por letra, a definição do artigo 1.009 do Código de 1916, define lapidarmente o conceito de compensação: se duas pessoas são, ao mesmo tempo, credoras e devedoras entre si, as obrigações das duas se extinguem, até o limite em que se compensarem reciprocamente.

O conceito é muito justo. Comumente, uma pessoa, com uma mão, tem um crédito e, com a outra, tem um débito em relação à mesma pessoa. Nesses casos, faz sentido que as dívidas se compensem, dando-se um "abatimento recíproco". Afinal, um iria cobrar do outro e este, então, fatalmente alegaria também ser credor. O cachorro iria correr atrás do rabo.

No Direito Romano não era assim. O fato de haver obrigações recíprocas não extinguia as dívidas, mas apenas impedia a exigência delas. Esse conceito, copiado por muitos romanistas que não a incluíam entre as formas de extinção da relação obrigacional, encontra-se hoje superado. A compensação gera o fim da relação obrigacional.

> compensação convencional

Vale registrar que, nos ordenamentos jurídicos ocidentais, há, em suma, duas formas de tratar a compensação. Numa delas, a compensação é convencional, isto é, para que as duas obrigações sejam compensadas, as partes (credoras e devedoras entre si) devem concordar expressamente com isso. O parágrafo 388 do Código alemão tem a seguinte redação: "A compensação tem lugar por declaração ante a outra parte." As partes celebram, então, um contrato, no qual ajustam que as suas obrigações serão extintas na medida em que se compensam. Os portugueses, neste ponto, seguiram a orientação alemã.

> compensação legal

Na outra, capitaneada pelos franceses, a compensação é legal, ou seja, ela existe em função da lei, que a impõe, mesmo sem a expressa manifestação das partes. Eis a redação do artigo 1.290 do Código Francês, paradigma nesse particular para outros sistemas: "A compensação se opera de pleno direito pela simples força da lei, mesmo contra a vontade dos devedores; as duas dívidas se extinguem, reciprocamente". Nestes casos, havendo dívidas recíprocas de mesma natureza entre duas pessoas, elas serão compensadas, na medida da extensão em que forem comuns.

Nós, assim como os italianos, seguimos a linha francesa, da compensação legal. Assim, basta verificar a situação de as mesmas pessoas serem credoras e devedoras entre si, de dívidas nas quais as prestações sejam fungíveis, que se opera a compensação. Deve uma das partes dessa relação informar a outra da circunstância. Trata-se, a rigor, de um direito potestativo de qualquer um dos credores (ou qualquer um dos devedores, pois as partes ocupam ambas as posições reciprocamente). O direito de compensar pode ser exercido independentemente do consentimento da outra parte.

A principal conseqüência dessa escolha do legislador – de seguir a orientação da compensação legal – é a de tornar irrelevante se uma ou ambas as partes são capazes. Basta, objetivamente, que exista a situação que desencadeie a compensação para ela se verificar. De fato, como a lei despreza a manifestação da vontade (pois a compensação se dá por força da lei), é irrelevante a capacidade dos sujeitos da obrigação, não sendo necessário o consentimento delas.

> efeito *ex-tunc*

Reconhecida a compensação, os seus efeitos são *ex-tunc*, isto é, retroagem até o momento em que iniciou a coexistência. Essa constatação pode ter enormes efeitos práticos: se ambos os créditos forem em dinheiro, não se computarão os juros a partir do momento em que passou a existir a dívida de outro lado, em condição de compensar. Veja-se que à dívida de existência anterior pode ser acrescido juros até o momento em que surgiu a dívida contraposta, suscetível de compensação.

requisitos da compensação

reciprocidade

      O primeiro requisito da compensação é precisamente essa reciprocidade de créditos e dívidas entre as mesmas pessoas, conceito, aliás, referido no artigo 371 do Código.

      Em regra, a compensação é apenas útil ao credor e ao devedor. Apenas entre eles. Entretanto, a lei dá, na segunda parte do artigo 371, um benefício ao fiador, que também pode, se quiser, compensar uma dívida sua com o credor do afiançado. Como se analisou, o fiador não tem a dívida, mas fica responsabilizado pelo pagamento da dívida do afiançado (não há o *debitum*, mas apenas a *obligatio*). Entretanto, a norma, para proteger o fiador, admite que ele compense seu crédito com a dívida do afiançado. Depois, evidentemente, o fiador pode reaver o que foi compensado do afiançado, ressarcindo-se.

      Essa vantagem do fiador revela-se clara diante da regra do artigo 376 (um dispositivo que copiou, fielmente, a redação do artigo 1.019 do Código de 1916, cuja confusa e deficiente redação é reconhecida pelo próprio Beviláqua).[9] Nas dívidas em favor de terceiro, isto é, quando uma pessoa se obriga a pagar prestação de outrem, ela não poderá suscitar a compensação de dívida sua com o credor desse terceiro. Essa prerrogativa, de um terceiro buscar a compensação de dívida em relação à qual não é parte, o Código Civil concede apenas ao fiador.

      Cite-se, nesse passo, o seguinte conceito: não se admite que a compensação lese terceiro, como adverte o artigo 380 do Código Civil. De fato, trata-se de um negócio que vincula e se reflete apenas entre as partes.

compensação dos honorários

      Vale fazer uma ressalva a uma comum e imperfeita compensação feita, nos processos judiciais, com os honorários de advogado, incluídos na condenação como ônus da parte que perdeu o processo. Segundo o artigo 23 da Lei nº 8.906, de 4.07.1994, esses honorários pertencem ao advogado e não à parte do processo, representada pelo primeiro. Diante disso, não pode haver uma compensação entre esses honorários, oriundos da sucumbência, com os honorários eventualmente devidos ao advogado da outra parte, ainda que no mesmo processo. Ocorre que, por vezes, se entende que ambas as partes perderam algo na ação, havendo sucumbência recíproca. Nessas situações, a decisão judicial pode ser no sentido de compensar os honorários. Embora exista um senso de justiça e prática nisso, como o titular do crédito de honorários pode ser o advogado, essa compensação revela-se irregular diante da ausência do elemento da reciprocidade.

dívidas certas, líquidas e vencidas

      Outro importante requisito da compensação é o de que as dívidas sejam certas, líquidas, determinadas e vencidas. Certas de sua existência e com relação ao que seja seu objeto. Líquidas, porque não dependem de nada mais para serem apuradas. No Código de 1916 –

---

9   *Código Civil dos Estados Unidos do Brasil*, vol. IV, 11ª ed., Rio de Janeiro, Livraria Francisco Alves, 1958, p. 138.

diferentemente do Código atual –, o artigo 1.533 definia o conceito: "Considera-se líquida a obrigação certa quanto à sua existência e determinada quanto ao seu objeto". Isso é necessário porque, muitas vezes, a dívida existe, mas não se sabe ao certo sua extensão. Na compensação, não deve haver dúvida acerca do *quantum debeatur*, ou seja, daquilo que é devido.

Um acidente de automóvel, por exemplo, faz nascer ao causador do sinistro a obrigação de reparar o dano que deu causa. Entretanto, não se sabe, ao menos inicialmente, qual o montante total da indenização, ou seja, qual será o conteúdo econômico da obrigação de reparar o prejuízo, qual o valor devido. Assim, essa obrigação não é líquida – e apenas será no momento em que se apura quanto deve ser indenizado. Enquanto permanecer ilíquida, não poderá ser compensada.

Fundamental, de fato, que a dívida já esteja vencida, como lembra o artigo 369 da Lei. Aliás, consoante a regra do artigo 372, nem os prazos de favor (aqueles concedidos pela generosidade do credor, que aceita receber a dívida depois da data ajustada para o pagamento) obstam a compensação. Assim, para fins de apurar a incidência da compensação, basta verificar a chegada do prazo referido no contrato em que vai incidir.

Para que se dê a compensação, a obrigação precisa também ser exigível. Uma obrigação natural, por exemplo, não poderá ser compensada porque a obrigação natural não é exigível.

Já se referiu que não haverá a compensação legal, que se opera por força da lei, de dívida oriunda de obrigação natural. Entretanto, nada impede que as partes ajustem, contratualmente, a compensação dessa dívida. Afinal, na obrigação natural, a dívida existe e ela apenas não pode ser exigível. Havendo a dívida, ela pode ser compensada voluntariamente, por meio de acordo, porém não se dará por obra da lei.[10]

Assim, pode haver compensação de dívida prescrita, desde que exista acordo entre as partes. De outro lado, o titular de dívida prescrita não tem como impor a compensação.

fungibilidade

Por fim, outro requisito essencial é o de que as prestações de ambas as obrigações sejam fungíveis entre si, isto é, a homogeneidade dos objetos. Não se pode compensar bananas com maçãs. Não se compensa dinheiro com coisa infungível. Ao contrário, o objeto das duas prestações, de um lado e do outro, deve ser a mesma coisa e da mesma qualidade. Um quilo de arroz de certa qualidade somente pode ser compensado com um quilo de arroz da mesma qualidade.

---

10 Especificamente sobre o tema, Sergio Carlos Covello, *A Obrigação Natural*, São Paulo, Livraria e Editora Universitária de Direito, 1996, pp. 154/156.

Eis aí a regra do artigo 370 da Lei Civil, que, a rigor, é um corolário do princípio da identidade das prestação, cristalizado pelo artigo 313.

Por apenas ser possível a compensação de prestações fungíveis, não se concebe, em regra, a compensação em obrigações de fazer, ou a compensação de coisas incertas.

<small>dívidas com pagamento em lugar diverso</small>

Nada impede que dívidas não pagáveis no mesmo lugar sejam compensadas, desde que deduzidas as despesas necessárias a essa operação. Esse conceito, positivado no artigo 378 do Código, tem relevância porque, como se registrou, é requisito da compensação a absoluta fungibilidade entre as prestações. Abre-se, contudo, uma exceção ao local onde devem ser cumpridas as obrigações, desde que deduzidos os eventuais custos decorrentes dessa alteração de lugar.

Imagine-se que uma pessoa tinha uma dívida, em dinheiro, a ser paga em São Paulo e com o seu mesmo credor tenha a receber uma quantia, também em dinheiro, porém com Belém do Pará apontado como local para o pagamento. Embora com locais diferentes de cumprimento, essas dívidas são compensáveis, apenas sendo necessário que, primeiro, se abatam as eventuais despesas.

<small>exclusão e renúncia</small>

Saliente-se que o próprio contrato pode especificar a impossibilidade de se realizar a compensação, o que evitará que ela opere. Cite-se, em tempo, a regra constante no artigo 375 do Código, que veda a compensação se as partes mutuamente a excluírem – no chamado *pactum de non compensando* – ou se houver prévia renúncia a ela por qualquer das partes.

Com efeito, como a compensação não atinge matéria de ordem pública, nada impede que as partes renunciem a ela. Se uma das partes, mesmo ciente que pode suscitar a compensação, efetua o pagamento da sua prestação, haverá uma renúncia tácita do direito de compensar. Esse pagamento é bem feito pois existe uma causa jurídica que o ampara. Logo, apenas será possível reclamar a sua repetição se quem pagou demonstrar ter agido por erro ou dolo, ou seja, que havia um vício do conhecimento, de sorte que se ele soubesse da verdadeira situação (que poderia compensar a dívida), não teria feito o pagamento. Do ponto de vista prático, a posição de quem pagou, podendo ter compensado, é a de reclamar algo da outra parte: seja porque não tinha conhecimento de que poderia compensar (e a compensação ocorreria por força da lei e, logo, nada seria devido), o que justifica reclamar a repetição por pagamento indevido; ou porque tem direito a cobrar o próprio crédito, que poderia ter sido compensado, mas não foi. O crédito dessa parte, claro, como não foi compensado, segue válido e eficaz. Por uma razão ou por outra, a parte que pagou a dívida compensável pode cobrar algo da outra.

<small>causas distintas</small>

A diferença da causa das obrigações não impede que elas se compensem. Assim, se a origem de uma for a reparação civil por um acidente, nada impede que ela se compense com um débito em dinheiro, oriundo de uma assunção de dívida, por exemplo.

A origem dos créditos, contudo, é relevante, em alguns casos, como se nota dos incisos do artigo 373 do Código Civil, onde é vedada a compensação. Se uma das dívidas provier de um fato delituoso (como esbulho, roubo ou furto) – inciso I –, ou se a origem de um dos créditos for de alimentos – inciso II –, ou de coisa que não possa ser penhorada – inciso III – não haverá possibilidade de compensação.

O conceito do primeiro inciso é o de evitar que alguém se beneficie de algo torpe, do fruto de um crime. Se uma pessoa seqüestra a filha de um empresário e pede um resgate – o que resulta, evidentemente, num ato ilícito – não pode querer compensar o "crédito" do valor do resgate com uma dívida que tenha com o tal empresário.

No segundo inciso, a lei quer proteger os credores de certas obrigações especiais. Como os alimentos têm uma função importantíssima, não se admite que essa dívida seja compensada, pois se isso ocorresse, ele teria a sua finalidade desvirtuada. Nesse passo, vale fazer uma referência ao artigo 462 da Consolidação das Leis Trabalhistas, que proíbe a compensação, pelo empregador, do salário do empregado, vedando-se alguma forma de desconto (salvo, claro, se ele resultar de algum adiantamento recebido pelo empregado).

Por fim, no terceiro inciso, proíbe-se a compensação se o objeto da prestação não admitir a penhora. São impenhoráveis os bens considerados especialmente importantes para as pessoas, a ponto de o Estado estender a esses bens especial proteção, para assegurar que eles fiquem mantidos no patrimônio delas. O bem de família, por exemplo, definido na Lei nº 8.009, de 29.3.90, garante que o imóvel onde viver a família não poderá ser penhorado (salvo nos poucos casos mencionados no artigo 3º da Lei referida). Faz isso para defender a moradia, o teto da família. Numa dívida em que esse bem for objeto, por exemplo, não se admitirá a compensação. Ademais, esses bens são, em regra, infungíveis e, logo, não seria sequer possível compensá-los.

compensação de tributos vedada

Pouco antes da entrada em vigor do Código Civil, editou-se a Medida Provisória nº 104, de 9.1.2003, pela qual se revogou o artigo 374 do Código Civil, que, na ocasião, sequer havia tornado-se eficaz. O referido artigo 374 informava que a compensação fiscal passava a ser regida pelo Código, isto é, toda a matéria de compensação tributária passaria a ser regulada pela nova lei civil. Isso, todavia, jamais chegou a acontecer.

Com relação à compensação de dívidas tributárias segue aplicável o artigo 170 do Código Tributário Nacional – que acabou por não ser revogado pelo Código Civil de 2002 –, muito criteriosa para admitir a extinção das dívidas da Fazenda Pública:

> "Art. 170. A lei pode, nas condições e sob as garantias que estipular, ou cuja estipulação em cada caso atribuir à autoridade administrativa, autorizar a compensação de crédi-

tos tributários com créditos líquidos e certos, vencidos ou vincendos, do sujeito passivo contra a Fazenda Pública.
Parágrafo único. Sendo vincendo o crédito do sujeito passivo, a lei determinará, para os efeitos deste artigo, a apuração do seu montante, não podendo, porém, cominar redução maior que a correspondente ao juro de 1% (um por cento) ao mês pelo tempo a decorrer entre a data da compensação e a do vencimento.
Art. 170-A. É vedada a compensação mediante o aproveitamento de tributo, objeto de contestação judicial pelo sujeito passivo, antes do trânsito em julgado da respectiva decisão judicial."

Na verdade, quis o legislador proteger a Fazenda Pública de discussões infindáveis, ou mesmo de golpes. Não é difícil imaginar que alguém apresente algum crédito "podre" contra a Administração buscando compensá-lo. Para que se compense um crédito fiscal, mister receber o consentimento da Administração.

Portanto, em matéria fiscal, a compensação segue outros parâmetros diferentes daqueles preconizados pelo Código Civil, no qual o fenômeno ocorre mesmo contra a vontade de uma das partes.

imputação

Pega-se emprestado da imputação em pagamento as regras que se aplicam no caso de haver a compensação de diversas dívidas, informa o artigo 379.

oposição à compensação

O devedor, quando notificado da cessão de um crédito, tem como opor-se ao ato, se puder compensar a sua dívida com o primitivo credor. Se nada falar, o devedor, no futuro, não perderá o direito de reclamar a compensação que poderia ter feito (artigo 377). Se o devedor não tiver sido notificado da cessão, terá, quando cobrado, como opor ao cessionário a compensação que tinha com o cedente.

Há quem enxergue, pela redação do artigo 377, uma orientação do Código Civil brasileiro em não entender a compensação como uma orientação legal. De fato, uma leitura isolada do referido artigo pode dar a idéia de que, como o devedor tem que ser notificado da cessão (a que poderia opor uma compensação), para que a transferência do crédito ocorra, a relação obrigacional poderia sobreviver mesmo depois de ela ser "compensável". Essa interpretação, entretanto, não pode prevalecer.

Na verdade, o artigo 377 manda que o devedor seja notificado da cessão, porque, afinal, apenas então o negócio terá eficácia em relação a ele (artigo 290) e, mais ainda, com a sua ciência do negócio, ele, devedor, terá como opor ao cessionário as suas eventuais defesas (artigo 294). Pode ocorrer de o devedor simplesmente não ter oposto a compensação (e, então, terá oportunidade de fazê-lo quando cientificado da tentativa de cessão do crédito), como também pode o devedor não desejar compensar seu crédito (já se viu que a compensação é passível, até mesmo, de renúncia).

O fato de a lei, na parte em que trata da compensação, aludir à necessidade de, na cessão de crédito, notificar o devedor não altera a natureza do instituto, porém apenas respeita a sistematização da própria lei, quando examina a transferência do crédito e a situação de a compensação ser dispensável pelas partes.

solidariedade

No caso de solidariedade, admite-se, também, a compensação. Contudo, a dívida apenas pode ser compensada no limite da relação específica entre um dos co-credores e um dos co-devedores.

Se, num caso de solidariedade passiva, um dos co-devedores tiver como compensar a totalidade da dívida (pois tem um crédito com o credor em tamanho igual ou superior ao da dívida do pólo passivo que ele integra solidariamente), não poderá fazê-lo. Compensa-se, nesse caso, até o limite da sua parte, mantendo-se a cota remanescente ao outro ou outros co-devedores solidários.

Havia, especificamente sobre o tema, a regra do artigo 1.020 do Código Civil de 1916, com a seguinte redação:

> "Art. 1.020. O devedor solidário só pode compensar com o credor o que este deve ao seu coobrigado, até ao equivalente da parte deste na dívida comum."

Eis a situação referida: duas pessoas (A e B, suponha-se) são devedoras solidárias de uma terceira (C). Esta (C), por sua vez, tinha um débito com apenas um dos dois devedores solidários (só com A). O artigo 1.020 do Código Civil revogado permitia, de forma expressa, que o devedor solidário, que não fosse credor direto (B), pudesse oferecer, se cobrado pelo credor comum (C), a dívida do outro co-devedor (A) em compensação com o credor comum (C). A rigor, trata-se de uma compensação com crédito de terceiro, porque co-devedor solidário. Esse conceito, apesar de o artigo 1.020 do Código antigo não ter sido repetido, não perdeu seu sentido nem seu valor.

Compensada a dívida, há um acerto interno entre os co-devedores solidários. Na prática, seria como se houvesse uma cessão de crédito do credor comum para um dos co-devedores solidários.

efeitos

A conseqüência da compensação é a extinção de uma das dívidas e, possivelmente, a extinção das duas obrigações, se houver plena identidade entre as prestações, embora cada qual de um lado. Trata-se, portanto, de uma forma de pagamento abreviado. Se, todavia, a compensação for apenas parcial, uma das partes seguirá com o crédito no valor remanescente.

As dívidas compensadas reputam-se extintas a partir do momento no qual os débitos recíprocos tornaram-se exigíveis, o que decorre do reconhecimento de que, entre nós, a compensação opera por força da lei. Essa constatação tem efeitos práticos notadamente quanto à verificação dos juros e da correção monetária, que cessam com o pagamento via compensação.

16.7. Confusão

Entre as formas de extinção do vínculo obrigacional encontra-se a confusão. Como o nome indica, ela vai ocorrer nas hipóteses em que na mesma pessoa se confundam as posições de credor e devedor. Com efeito, em todas as obrigações é necessário haver um devedor e um credor. Se na mesma pessoa se concentram esses dois papéis, não há mais obrigação.

Pode ocorrer que, em função de algum fato superveniente ao momento de constituição da dívida, a mesma pessoa passe a ocupar os pólos ativo e passivo da obrigação. Evidentemente, com isso, a obrigação se extingue, pois não faz sentido ser uma pessoa credora de si própria. É como se houvesse uma compensação interna do patrimônio do ativo pelo passivo. Na doutrina, comumente se repete a imagem de que a mão direita não pode ser credora da mão esquerda. Com razão Paulo Nader, ao ressaltar que, na confusão, "A extinção do vínculo obrigacional se revela um imperativo lógico."[11]

A confusão pode ocorrer com relação a toda a dívida ou apenas em relação à parte dela (artigo 382 do Código Civil).

Seus exemplos mais freqüentes são as fusões e incorporações de sociedades, quando ambas passam a ser uma só pessoa. Se havia créditos e débitos entre elas, haverá extinção dessas relações, por compensação. O mesmo se dá no caso do herdeiro que recebe, no bojo da herança, um crédito contra ele próprio. Aqui também a obrigação se extinguirá.

restabelecimento da obrigação

Hipótese rara, porém possível, é a de fim da confusão, restabelecendo-se, de novo, as duas partes – credor e devedor – isoladamente, de sorte que renasce a obrigação considerada extinta. A situação retorna ao *status* anterior, como se a relação obrigacional jamais tivesse terminado. O artigo 384 do Código Civil registra que, nesses casos, a obrigação se restabelece com todos os seus acessórios.

No caso, a discussão de interesse prático se relaciona precisamente a esse renascimento das garantias, principalmente quando elas envolvem terceiros. Imagine-se que uma pessoa seja fiadora de uma dívida que se extinguiu por confusão. Para esse fiador, seus deveres de garantidor se findaram. O restabelecimento da obrigação pode trazer

---

11 Paulo Nader, *Curso de Direito Civil*, vol. 2, *Obrigações*, 3ª ed., Rio de Janeiro, Forense, 2008, p. 367.

um enorme transtorno e insegurança, pois cria um ônus para o terceiro que, de boa-fé, imaginava suprimido.

Gustavo Tepedino e Anderson Schreiber bem resumem o entendimento da doutrina: nesses casos deve-se averiguar qual o motivo do restabelecimento da obrigação. Se esse motivo for anterior à confusão, esse terceiro deve ser chamado para ocupar o seu lugar na relação. Caso, diferentemente, o motivo do restabelecimento da obrigação for posterior à confusão, o terceiro deve ser dispensado e a obrigação renascerá sem aquele acessório.[12]

Imagine-se, pois, o filho que devia ao seu pai certo valor, sendo essa dívida garantida por uma hipoteca de bem de terceiro. Pois o pai morre e o filho, como seu único herdeiro, passa a ser o titular do crédito contra ele próprio. Assim, opera-se a confusão. O terceiro, dono do imóvel hipotecado, vê-se livre do ônus. Entretanto, depois, descobre-se que, justificadamente, aquele filho fora deserdado e, logo, não deveria ter assumido o patrimônio do falecido pai. A confusão deixa de existir e fica restabelecida a obrigação. Neste caso, como o motivo do restabelecimento é anterior ao da confusão, a hipoteca ressuscitaria.

16.8. REMISSÃO DA DÍVIDA

"Errar é humano; perdoar é divino", registrou o poeta inglês Alexander Pope. "A graça do perdão não é forçada: Desce dos céus como uma chuva fina sobre o solo: abençoada duplamente, abençoa a quem dá e a quem recebe", diz uma das mais conhecidas passagens de Shakespeare, no julgamento do "Mercador de Veneza", quando fala do perdão. Com o divino perdão também se extinguem obrigações.

Remissão com dois "esses" significa perdão. Vem do verbo remitir, ou seja, perdoar. Em latim era *remissio*, de *remittere*, que quer dizer perdão. Não se confunde, assim, com a remição com cedilha, que deriva de remir (liberar, resgatar).

Acceptilatio e pacto de non petendo

No Direito Romano, havia duas formas de perdão da dívida: a *acceptilatio*, na qual se pactuava um pagamento imaginário da obrigação – *imaginaria solutio*.[13] Tratava-se de uma ficção, porém cercada de formalidade, pois havia um procedimento registrado nas Institutas de Justiniano.[14] Perguntava-se ao credor: *quod ego tibi habes ne acceptum?*

---

12 Gustavo Tepedino e Anderson Schreiber, *Código Civil Comentado*, vol. IV, São Paulo, Ed. Atlas, 2008, p. 332.

13 Vandick Londres da Nóbrega, *História e Sistema do Direito Privado Romano*, Rio de Janeiro, Livraria Freitas Bastos, 1955, p. 470.

14 *Liber Tertius, Titulus XXIX, 1*, A. Coelho Rodrigues, *Institutas do Imperador Justiniano*, II, Recife, Typografia Mercantil, 1979, p. 70

(ou seja: recebeste o pagamento?). E o credor respondia: *Habeo* (sim, recebi).[15] Com isso, o credor declarava ter recebido o crédito, embora isso não correspondesse à verdade. Dessa forma, o vínculo era extinto.

O outro meio de remissão era o *pactum de non petendo*. Aqui, as partes celebravam um acordo pelo qual o credor se comprometia a não cobrar a obrigação do devedor. Na prática, havia o perdão da dívida.

<small>perdão da dívida</small>

A última das formas de extinção das obrigações referidas no Código Civil é precisamente a remissão, o perdão da dívida pelo credor. Sendo um direito disponível, de natureza patrimonial, pode o credor liberar o devedor remido de cumprir a obrigação, extinguindo o vínculo obrigacional.

Fundamental, portanto, que quem perdoe tenha plena capacidade e livre disponibilidade sobre seus bens.

Esse perdão não será lícito se, pela natureza, a obrigação não for renunciável. A obrigação, por exemplo, de arcar com os alimentos dos filhos é indisponível e, logo, não admite que o credor a perdoe.

<small>inexistência de prejuízo à terceiro</small>

A remissão não terá efeito em relação ao terceiro credor daquele que perdoou. Esse o conceito do artigo 385 do Código Civil. De fato, a remissão não pode prejudicar terceiro, se este contava com o crédito perdoado.

Imagine-se a situação do devedor cujo maior ativo seja um crédito. Para fugir de sua obrigação, ele perdoa o seu devedor. Com isso, frustra seu credor. Contudo, a generosidade com o seu devedor não pode prejudicar o seu credor. O princípio é o mesmo aplicável à fraude a credores. A remissão, nesse caso, será ineficaz apenas em relação ao lesado (o credor de quem perdoou a dívida), que poderá reclamar do ato.

<small>aceitação do devedor</small>

Embora, ordinariamente, os devedores aceitem que suas dívidas sejam perdoadas, eles podem, a rigor, recusar a remissão e desejar efetuar o pagamento (consignando a prestação).

Antes, havia uma discussão acerca da necessidade dessa aceitação, o que se encontra, hoje, superado, em decorrência do advento do artigo 385 do Código Civil, no qual se requer, expressamente, esse consentimento. Aqui, a lei andou mal. Não havia necessidade de requerer o consentimento do perdoado. Até por uma questão sistemática, a melhor orientação seria a de bastar uma manifestação do titular do crédito no sentido de remitir. A exigência feita pela lei acaba por criar uma dificuldade na vida prática daquele que deseja perdoar a dívida, mas não consegue obter a vênia do seu devedor.

---

15 Pietro Bonfante, *Instituzioni di Diritto Romano*, ottava edizione, Milano, Casa Editricce Dottor Francesco Villardi, 1925, p. 410.

Ademais, em relação ao perdoado, eventuais terceiros interessados apenas poderão ter proveito com a remissão que aquele obteve. Afinal, se uma pessoa é credora de outrem, que, por sua vez, tem uma outra dívida com terceiro, o fato de esse débito desaparecer, porque o terceiro perdoou, tem apenas proveito para aquele que segue credor. Do ponto de vista do perdoado, o perdão jamais prejudica terceiros.

<small>presunções</small>

Os artigos 386 a 388 do Código Civil examinam algumas hipóteses de presunções de remissão. Essas regras são importantes porque, muitas vezes, observa-se uma certa informalidade no perdão. O artigo 386, por exemplo, informa que a devolução do titulo da obrigação prova a desoneração do devedor. Assim, se o credor entregar o título ao devedor – como, *v.g.*, devolver o cheque que o devedor emitiu em favor do credor – haverá a presunção de que se deu o perdão da dívida.

Se houver a devolução da coisa dada em garantia, alerta o artigo 387, presume-se apenas que se liberou a garantia real, mas não à dívida, que segue viva.

<small>remissão de co-devedor solidário</small>

Por fim, o artigo 388 do Código Civil informa que o perdão da dívida de um dos co-devedores solidários não importa renúncia quanto aos demais. É certo, contudo, que o credor deve descontar a parte do devedor remido e cobrar dos demais co-deveres solidários apenas o remanescente (conceito que já constava do artigo 277). Afinal, com o perdão da cota de um, diminuiu-se o montante total devido.

O efeito da remissão é o de extinguir a obrigação até o limite do perdão. Esse ponto deve ser salientado, pois nada impede que a remissão seja apenas parcial e não abranja a totalidade da dívida, que permanecerá viva quanto ao remanescente.

17
AS GARANTIAS DO CUMPRIMENTO DA OBRIGAÇÃO

Conta Cícero que, no século VI antes de Cristo, havia um tirano em Siracusa, na Sicília, chamado Dionísio. Naquela cidade, viviam dois grandes amigos: Damon e Pítias. Este último começou a denunciar os excessos do tirano. Insatisfeito com as críticas, Dionísio condenou Pítias à morte. Pítias, então, solicitou ao tirano que postergasse a sua execução e lhe permitisse fazer uma pequena viagem, a fim de avisar a situação aos seus familiares e acertar algumas contas. Dionísio riu de Pítias. Ora, se ele concordasse com que o condenado fosse visitar sua família, Pítias jamais voltaria para cumprir a pena. Foi então que Damon, o amigo figadal de Pítias, afirmou que morreria no lugar deste, caso o condenado não retornasse. Dionísio aceitou. Pítias viajou e Damon ficou preso, aguardando a volta do amigo, com o risco de morrer por ele, se não voltasse. No último dia do prazo dado pelo tirano Dionísio, Pítias retornou. Contou que sofreu todo o tipo de problema: fora assaltado, não havia vento, tudo conspirou contra, mas Pítias foi implacável e chegou para morrer e salvar seu amigo. Conta-se que Dionísio, impressionado com a manifestação de amizade, acabou revogando a pena de morte e todos se salvaram.

A edificante história acima mostra, além de outros aspectos, a importância da garantia. O tirano Dionísio apenas admitiu a viagem de Pítias porque este deixou uma forte garantia de que cumpriria seu dever de voltar: a vida de seu querido amigo Damon. Muitas vezes, as partes admitem contrair certas obrigações porque se sentem seguras de que elas serão cumpridas, ou há uma boa proteção ao seu patrimônio, exatamente pela garantia oferecida pelo devedor.

A partir de agora vamos estudar precisamente as garantias da obrigação.

origem da palavra credor

A palavra credor vem do latim. Significa aquele que crê, pois o credor acredita.[1] Ele acredita no devedor. Crê que receberá a prestação. "Crer" e "crédito" têm a mesma origem etimológica. Entretan-

---

[1] Em termos jurídicos, a palavra aparece, primeiro, nos contratos de empréstimo: *credere pecuniam alicui*, emprestar dinheiro a alguém. Credor era aquele que emprestava. A partir daí o termo passou a designar aquele que tinha algo a receber.

to, essa crença não é absoluta e cega. O credor deve proteger-se do inadimplemento. Daí ser relevante reforçar a certeza do pagamento, o que se faz por meio das garantias. Eis aí a relevância do estudo das garantias, como meio eficaz de proteção do crédito.

Grande parte das obras relativas ao Direito das Obrigações não trata das garantias das obrigações. Isso pode ser explicado porque o exame destas garantias envolve, necessariamente, diversas áreas do Direito. Há matérias atinentes à parte geral, ao direito contratual, real, comercial, de família, tributário e processual. O estudo das garantias não está, portanto, contido apenas no Direito das Obrigações, muito pelo contrário.

matéria dispersa

Veja-se, por exemplo, a fiança: trata-se de um contrato específico no qual uma pessoa se compromete a pagar a dívida do devedor, se este falhar. A fiança encontra-se regida pelos artigos 818 a 839 do Código Civil, geograficamente alocado na parte da lei civil que trata dos contratos em espécie. A hipoteca, por sua vez, é um direito real regulado pelos artigos 1.473 a 1.505 do Código Civil. Ela se dá nos casos em que um bem imóvel é oferecido para garantir uma dívida. Tome-se, ainda, a penhora, um instituto do direito processual, que, igualmente, funciona como garantidor de uma dívida cobrada judicialmente em execução. Os seus princípios se encontram regulados no Código de Processo Civil, como logo adiante será exposto. O fato é que, como se observou desse rápido apanhado, a matéria das garantias não se acha de forma ordenada na lei, mas os diversos meios de proteger um crédito vêem-se espraiados nos mais diversos campos do Direito.

A dificuldade de sistematização da matéria não pode servir como desestímulo à sua análise, pois, afinal, o tema tem fundamental importância. Muitas vezes, é justamente em função da existência da garantia que a obrigação será efetivamente adimplida. Daí o interesse em conhecer mais detidamente as garantias de uma obrigação, o que passamos a fazer.

responsabilidade

Cabe ao devedor oferecer a prestação ao credor, na forma, no lugar e no momento adequado. O devedor é, portanto, responsável pelo pagamento. Se falhar, o credor tem o poder de exigir do Estado que adote medidas para assegurar o adimplemento do devedor, acrescido de perdas e danos, ou simplesmente que o devedor repare o prejuízo advindo do inadimplemento.

Se a fonte da obrigação é um ato ilícito, os responsáveis pelo ato respondem por ele perante o lesado (quem responde pelo pagamento, em regra, é o devedor, ou, do ponto de vista prático, o seu patrimônio).

O artigo 942 do Código Civil, que trata especificamente da responsabilidade decorrente do ato ilícito, diz que "Os bens do responsável pela ofensa ou violação do direito de outrem ficam sujeitos à reparação do dano causado". Atente-se em que a lei registra: respondem os "bens" do responsável. Isso porque as dívidas não são indenizadas com trabalhos corporais, nem se pode falar em prisão por dívida, salvo nos casos excepcionalíssimos do inadimplente por obrigação alimentícia ou do depositário infiel – esta última, inclusive, já vedada pelo Pacto de San José da Costa Rica (de fato, a jurisprudência do Supremo Tribunal Federal se direciona no sentido de que a pena de prisão civil apenas se aplica ao caso do inadimplemento voluntário e inescusável do devedor de obrigação alimentícia. Confira-se, a propósito, o Recurso Extraordinário nº 466.343/SP, Relator Ministro César Peluso).[2]

Os casos de prisão civil são mesmo excepcionais, tanto que as suas hipóteses são referidas pela Constituição Federal, na parte das garantias individuais. Eis o dispositivo:

> "Art. 528 (...)
> §3º. Se o executado não pagar ou se a justificativa apresentada não for aceita, o juiz, além de mandar protestar o pronunciamento judicial na forma do §1º, decretar-lhe-á a prisão pelo prazo de 1 (um) a 3 (três) meses."

No caso da pensão alimentícia, o artigo 538, § 3º, do Código de Processo Civil limita o prazo temporal dessa prisão:

> "Art. 733. Na execução de sentença ou de decisão, que fixa os alimentos provisionais, o juiz mandará citar o devedor para, em 3 (três) dias, efetuar o pagamento, provar que o fez ou justificar a impossibilidade de efetuá-lo.
> § 1º Se o devedor não pagar, nem se escusar, o juiz decretar-lhe-á a prisão pelo prazo de um (1) a três (3) meses."

Para a hipótese de depositário infiel, o artigo 652 do Código Civil também ajusta o período máximo da prisão:

> "Art. 652. Seja o depósito voluntário ou necessário, o depositário que não o restituir quando exigido será compelido a fazê-lo mediante prisão não excedente a um ano, e ressarcir os prejuízos."

responsabilidade corporal no Direito Romano

Nem sempre foi assim. O devedor, no passado, respondia com seu corpo e sua vida. No antigo Direito Romano, havia a *legis actio per manus iniectionem*. Eis a situação: uma pessoa era condenada

---

2   Eis o seguinte trecho do referido acórdão:
"Essas razões que venho de referir levam-me a reconhecer que o Decreto-Lei nº 911/69 – no ponto em que, mediante remissão ao que consta do Capítulo II, do Título I, do Livro IV, do CPC (art. 904 e respectivo parágrafo único), permite a prisão civil do devedor fiduciante – não foi recebido pelo vigente ordenamento constitucional, considerada a existência de incompatibilidade material superveniente entre referido diploma legislativo e a vigente Constituição da República."

a pagar uma indenização à outra. Ela tinha 30 dias para efetuar o pagamento. Se não honrasse a dívida, o credor poderia conduzir o devedor a juízo. Se o réu não pagasse em 60 dias, o credor poderia ir à casa do devedor, amarrá-lo e vendê-lo como escravo. Em algumas hipóteses o credor tinha poder, até mesmo, de matar seu devedor. Se fossem muitos os credores, o corpo do devedor era dividido entre eles. A perna para um, o braço para outro e a cabeça ao maior dos credores.

Lex Poetelia Papiria

Um grande passo, para o Direito Romano e para toda a civilização, em relação aos meios de cobrar dívidas, foi a promulgação, em 326 a.C., da *Lex Poetelia Papiria de nexix*. Ela aboliu a possibilidade de o devedor ser morto ou vendido como escravo, para saldar sua dívida. Havia, porém, o poder de o credor manter o devedor como um tipo de servo (chamava-se *addictus*), para que pagasse sua dívida com trabalho.

patrimônio como garantia

Hoje não se discute: é do patrimônio do devedor, do conjunto de seus bens, que, em regra, sai o objeto correspondente à prestação. Em função disso, se o devedor deixa de cumprir seus deveres obrigacionais e não tem bens que possam ressarcir o credor, este vai amargar um prejuízo. Portanto, ao contrair uma obrigação, compete ao credor ficar atento à solidez do patrimônio do devedor. Afinal, em última análise, é esse patrimônio que vai garantir a entrega da prestação (ou uma eventual indenização pelos danos decorrentes do inadimplemento). O Código Napoleão já preconizava no seu artigo 2.093 que "les biens du débiteur sont le gage commum de ses crèanciers", pois, de fato, os bens do devedor constituem a garantia comum de seus credores.

Será um negócio de altíssimo risco emprestar dinheiro a pessoa insolvente, com patrimônio negativo, cujas dívidas superam os seus ativos. Isso porque, caso não seja feito o pagamento, o credor não terá como reclamar pelo descumprimento da obrigação.

Denomina-se garantia exatamente essa proteção patrimonial do credor que, em última análise, permitirá o adimplemento ou a reparação.

Numa determinada passagem da ópera de Mozart, "Um Baile de Máscaras", o personagem Renato, para mostrar seu propósito de cumprir certa obrigação, indica a vida de seu filho como garantia. Se não cumprisse com o que prometera, seus credores poderiam matar seu filho. Queria, com isso, demonstrar seu propósito de cumprir com o que ajustara e apenas dessa forma convenceu os demais de suas boas intenções. Evidentemente, essa oferta é totalmente ilícita, mas a passagem demonstra a importância do oferecimento de garantias para proteger o negócio, até mesmo porque isso deixa transparecer o bom intuito do devedor.

garantias gerais e especiais das obrigações

Em toda relação obrigacional, o patrimônio do devedor serve como garantia geral do adimplemento. Caso o devedor deixe de entregar a prestação, o credor irá atrás do patrimônio do devedor para obter a sua satisfação.

<small>solidariedade</small>

Excepcionalmente, permite-se ao credor buscar o adimplemento no patrimônio de um grupo de pessoas, se os devedores ajustaram que responderiam pela obrigação de modo solidário. Essa situação, como antes se examinou, ocorre apenas se as partes assim dispuseram expressamente ou se houve determinação legal nesse sentido (artigo 265 do Código Civil).

A solidariedade passiva, do ponto de vista prático, representa o aumento da garantia de adimplemento, pois o patrimônio de mais de uma pessoa fica vinculado ao pagamento da dívida. Nestes casos, qualquer dos devedores está sujeito ao pagamento da totalidade da dívida (artigos 275 a 285 do Código Civil). Assim, embora exista uma proteção do credor, não há, do ponto de vista técnico, uma garantia, pois o reforço da obrigação não reside em um terceiro elemento, seja pessoal ou real, externo ao sinalágma, porém no aumento do número de devedores, dos quais é possível, indistintamente, exigir a prestação. A solidariedade é a garantia da dívida pelos próprios devedores e pela relação entre eles estabelecida.

<small>garantias que não integram o patrimônio do devedor</small>

Admite-se, também, que as partes de uma relação obrigacional ajustem outras formas de garantia, nas quais bens – não necessariamente do patrimônio do devedor – fiquem vinculados ao negócio, protegendo o credor no caso de um eventual inadimplemento.

Essas garantias podem ser de natureza pessoal, se outra pessoa (isto é, o patrimônio dela) fica conjuntamente responsável por indenizar o credor se houver inadimplemento; ou de natureza real, caso se destaque determinado bem, que ficará afetado pelo negócio, de sorte que se o devedor falhar, este bem poderá ser vendido e o resultado de sua venda servirá para garantir a reparação.

A análise das garantias tem enorme importância prática. Muitas vezes, a avaliação cuidadosa fará a diferença entre o ressarcimento e a desgraça do credor. Se o credor ajustou uma obrigação com pessoa desprovida de bens, enfrentará o risco de nada receber. Ao contrário, se a dívida foi contraída com pessoa de enorme patrimônio, o credor terá sempre como se ressarcir pelos danos que sofreu no caso de inadimplemento.

Assim, a medida da qualidade da garantia se afere pela solidez do patrimônio do devedor. O devedor que tem bens livres garante a obrigação, ao passo que inexistirá garantia idônea na dívida do devedor sem patrimônio positivo.

17.1. A Garantia Geral das Obrigações

O devedor está obrigado a entregar certa soma em dinheiro, mas deixa de fazer o pagamento. O credor, então, reclamará o adimplemento, primeiro diretamente ao devedor, mas caso este se recuse a cumprir seu dever, o credor irá requerer ao Poder Judiciário que condene o devedor a lhe entregar a quantia, objeto da dívida. Pode o Judiciário, por solicitação do credor, enviar uma ordem à instituição financeira, onde o devedor tem seu dinheiro depositado, a fim de promover a transferência do montante ao credor e, assim, satisfazer o crédito. Evidentemente, isso apenas pode ocorrer se o devedor tiver dinheiro. Caso ele apenas possua outros bens, restará ao credor a opção de solicitar que se promova a venda de um ou um grupo desses bens, em leilão público, e receber o que for apurado com a alienação, até o limite de seu crédito.

Essa satisfação, de um modo mais rápido ou vagaroso, contudo, apenas pode ocorrer se o devedor tiver bens. Na hipótese de o devedor encontrar-se absolutamente desprovido de bens, seu credor nada receberá.

responsabilidade dos bens do devedor

O artigo 391 do Código Civil diz que pelo inadimplemento respondem todos os bens do devedor. Não havia dispositivo semelhante na Lei de 1916, pois, afinal, decorre da própria essência do direito obrigacional a noção de que o devedor responde com seu patrimônio pela obrigação que contraiu.

Não há uma referência expressa no artigo 391, mas essa responsabilidade abrange os bens presentes e futuros, que venham a ser incorporados no patrimônio do devedor mesmo depois do nascimento da obrigação. O artigo 789 do Código de Processo Civil, vale citar, refere-se, expressamente, ao fato de que o devedor responde, para o cumprimento de suas obrigações, com todos os seus bens presentes e futuros. Assim, pode ser que o devedor, no momento em que deveria pagar sua dívida, não possua bens e, por isso, não possa pagar.

Caso, portanto, esse mesmo devedor, no futuro, recomponha seus ativos e passe a ter meios de arcar com as suas obrigações, seu credor terá como exigir o pagamento da dívida antiga.

O artigo 391 do Código Civil trata da regra geral, indicando que todos os bens do devedor responderão pela sua dívida. Entretanto, existem várias exceções à regra; situações nas quais os bens deste não servem como garantia de dívidas, simplesmente porque não podem ser alienados. De fato, os bens úteis a proteger o credor são aqueles "livres" para venda. Com os frutos dessa venda, satisfarão o credor.

Com razão, o artigo 601 do Código Civil português indica que "pelo cumprimento da obrigação respondem todos os bens do devedor susceptíveis de penhora, sem prejuízo dos regimes especialmente estabelecidos em conseqüência da separação de patrimônio." Em igual sentido, a última parte do artigo 789 do nosso Código de Processo Civil, que, depois de fornecer o conceito de que os bens do devedor respondem pela dívida, ressalva, ainda que genericamente, as restrições estabelecidas em lei.

Tenha-se presente que o devedor não pode ficar despojado da integralidade de seus bens. Não se admite que uma pessoa seja impelida a entregar todo o seu patrimônio para arcar com as suas dívidas para ir morar, digamos, dentro de um barril, como fizera o filósofo grego Diógenes, sem mais nada.

No Direito Romano, havia a *beneficium competentiae*, cuja finalidade consistia em impedir que alguém experimentasse a mais completa indigência.[3] Com efeito, o ser humano não pode ficar despojado de tudo, sem meios de subsistência, o que fatalmente afetaria a sua dignidade.

Com base nisso, o legislador romano contemplou uma série de situações nas quais certos devedores, como os soldados, o doador em relação ao donatário, entre outros, ficam excluídos da execução pelo credor que importasse na perda total de seu patrimônio.

bens excluídos

No nosso sistema, há bens que não podem ser penhorados, como, para citar o mais relevante caso, o bem de família, referido pela Lei nº 8.009, de 29.3.90.

Segundo o artigo 1º dessa Lei, o imóvel residencial próprio do casal ou da entidade familiar, onde eles vivam, é impenhorável (salvo as hipóteses referidas no artigo 3º da Lei).[4]

Também não se admite a penhora de bens indispensáveis ao exercício da profissão do devedor. Um médico não pode perder seu estetoscópio por causa de uma dívida, porque, sem seu instrumento de trabalho, jamais conseguirá obter a receita para arcar com suas obrigações. Além disso, o trabalho é um meio de garantir a dignidade da pessoa. Se o credor recolher o instrumento de trabalho de seu devedor, estará, ao mesmo tempo, retirando-lhe sua dignidade, o que não se admite.

---

3   José Carlos Moreira Alves, *Direito Romano*, vol. II, 6ª ed., Forense, Rio de Janeiro, 1997, p. 34.

4   "Art. 3º A impenhorabilidade é oponível em qualquer processo de execução civil, fiscal, previdenciária, trabalhista ou de outra natureza, salvo se movido:
    I – em razão dos créditos de trabalhadores da própria residência e das respectivas contribuições previdenciárias;
    II – pelo titular do crédito decorrente do financiamento destinado à construção ou à aquisição do imóvel, no limite dos créditos e acréscimos constituídos em função de respectivo contrato;
    III – pelo credor de pensão alimentícia;
    IV – para cobrança de impostos, predial ou territorial, taxas e contribuições devidas em função do imóvel familiar;
    V – para execução de hipoteca sobre o imóvel, oferecido como garantia real pelo casal ou pela entidade familiar;
    VI – por ter sido adquirido com produto de crime ou para execução de sentença penal condenatória a ressarcimento, indenização ou impedimento de bens;
    VII – por obrigação decorrente de fiança concedida em contrato de locação."

Também são impenhoráveis os bens que guarnecem a casa do devedor,[5] salvo as obras de arte e adornos suntuosos, informa o artigo 2º da mencionada Lei do Bem de Família.

bens de terceiro

Em algumas hipóteses, admite-se que bens de terceiro, que não se obrigou, fiquem sujeitos à execução do credor. O artigo 790 do Código de Processo Civil cuida de alguns desses casos.

O inciso II do referido artigo do Código de Processo Civil, por exemplo, trata do sócio, que, por vezes, responderá pela dívida da sociedade que integra, como no caso das dívidas tributárias na liquidação de sociedades de pessoas (artigo 134, VII, do Código Tributário Nacional, Lei nº 5.172, de 25.10.1966). Principalmente, os diretores, gerentes e representantes de pessoas jurídicas de direito privado respondem pelas obrigações tributárias se agirem com excesso de poderes ou em infração da lei (artigo 135 do Código Tributário Nacional). O sócio, contudo, tem, consoante o § 1º do artigo 795 do Código de Processo Civil, direito a exigir que, primeiro, sejam executados os bens da sociedade.

desconsideração da personalidade jurídica

Nesse passo, cite-se a possibilidade de desconsideração da personalidade jurídica. Em regra, o patrimônio das sociedades não se confunde com a de seus sócios. O fato de uma sociedade ter uma dívida não significa que seu sócio seja também devedor. Essa regra, contudo, cede se houver um abuso com a divisão entre os patrimô-

---

5 "Processual civil. Embargos à execução. Penhora. TV. Piano. Bem de família. Lei 8.009/90. Art. 649, VI, CPC.
I – A Lei 8.009/90 fez impenhoráveis, além do imóvel residencial próprio da entidade familiar, os equipamentos e móveis que o guarneçam, excluindo veículos de transporte, objetos de arte e adornos suntuosos. O favor compreende o que usualmente se mantém em uma residência e não apenas o indispensável para fazê-la habitável, devendo, pois, em regra, ser reputado insuscetível de penhora aparelho de televisão.
II – In casu, não se verifica exorbitância ou suntuosidade do instrumento musical (piano), sendo indispensável ao estudo e futuro trabalho das filhas da Embargante.
III – Recurso conhecido e provido" (REsp. nº 207762/SP, 3ª Turma do STJ, Relator Ministro Waldemar Zveiter, julgado em 27.03.00).
"Execução. Impenhorabilidade. Motorista. Ônibus escolar. Microempresa.
É absolutamente impenhorável o ônibus escolar que serve para o exercício da profissão de motorista (art. 649, V, do CPC), não obstante registrado em nome de firma individual, da qual o devedor é titular.
A microempresa é forma de atuação do profissional no mercado de trabalho e deve ser ignorada quando tal desconsideração é necessária para fazer prevalecer a norma instituída em benefício do profissional" (REsp. nº 84756/RS, 4ª Turma do STJ, Relator Ministro Ruy Rosado de Aguiar, julgado em 25.03.96).
"Processo Civil. Penhora. Veículo de representante comercial.
1. Na dicção do art. 649, VI, do CPC, para ser considerado impenhorável um bem, não se faz necessária a sua indispensabilidade no exercício da profissão. A simples utilidade é suficiente para mantê-lo fora da constrição judicial.
2. Divergência na jurisprudência do STJ, que se resolve em favor da impenhorabilidade.
3. Recurso especial provido" (REsp. nº 442128/RS, 2ª Turma do STJ, Relatora Ministra Eliana Calmon, julgado em 18.03.04).

nios. Denomina-se desconsideração da personalidade jurídica a quebra desse princípio que preconiza a divisão entre os patrimônios da pessoa jurídica e de seus membros.

O artigo 50 do Código Civil aumentou consideravelmente o escopo da desconsideração, admitindo que se houver desvio da finalidade da pessoa jurídica ou confusão patrimonial, pode haver determinação judicial para que obrigações da pessoa jurídica sejam estendidas para bens particulares de seus sócios e administradores. Com isso, aumenta-se a proteção do credor.

cônjuge

O inciso IV do artigo 790 do Código de Processo Civil faz referência aos bens do cônjuge ou do companheiro. Evidentemente, a eventual comunicação da responsabilidade pela reparação decorrente do inadimplemento das obrigações do outro cônjuge depende, em primeiro lugar, do regime de bens adotado pelo casal.

regime de bens

Ao se casarem, os cônjuges têm a opção de escolher um regime de bens para reger a sua relação patrimonial (artigo 1.639 do Código Civil). No Brasil, os nubentes não podem criar um regime específico para regular a sua relação. Ao contrário, devem optar pelos regimes existentes.

O mais abrangente desses regimes é o da comunhão universal de bens. Neste (artigos 1.667 a 1.671 do Código Civil), há plena comunhão dos bens presentes e futuros do casal, inclusive das dívidas, que se comunicam.

No regime da comunhão parcial (artigos 1.658 a 1.666), de um modo geral, comunicam-se os bens adquiridos a partir do casamento, mantendo-se no patrimônio de cada um dos cônjuges os bens percebidos antes da união. Fundamental, assim, que se averigue o momento em que a dívida de um dos cônjuges foi adquirida: se antes ou depois do casamento.

No regime da comunhão parcial, os cônjuges seguirão possuindo bens particulares, sendo certo que as dívidas contraídas na administração desses bens não se comunicam (artigo 1.666 do Código Civil).

Entretanto, um cônjuge responde pelas dívidas do outro, ainda que particulares deste, em razão do proveito que a obrigação trouxe ao casal. Imagine a situação do marido que contrai um enorme empréstimo no banco e compra as cotas de uma fábrica. Com o dinheiro decorrente da exploração da fábrica, o casal adquire muitos bens. Depois, contudo, no momento de pagar a dívida ao banco, o marido não tem o dinheiro. Nessa hora, ele deve entregar seus bens, mas a sua mulher também pode responder com os dela, caso se demonstre que ela teve algum proveito com o empréstimo feito pelo marido (nesse sentido o § 1º do artigo 1.663 do Código Civil).

Mencione-se, por fim, o regime da separação total de bens, no qual, como o próprio nome indica, o patrimônio do casal não se confunde, mantendo-se cada um isolado (artigos 1.687 e 1.688). Em regra, nesses casos, cada cônjuge responde pelas suas dívidas, salvo se o credor demonstrar que houve benefício do casal com a obrigação contraída por um dos dois. Nessa hipótese, o credor poderá buscar reparação também no patrimônio do outro cônjuge.

17.1.1. A Tutela da Garantia Patrimonial – Proteção do Patrimônio do Devedor pelo Credor

O devedor não fica com seu patrimônio congelado. Entre os momentos nos quais ele contrai a dívida e aquele no qual efetua o pagamento, o seu patrimônio pode alterar-se. O devedor não tem o dever de manter seus bens na mesma situação na qual estavam quando nasceu a obrigação. Se alguém vende o seu carro, haverá uma substituição: entra o valor em dinheiro no patrimônio do vendedor do carro (devedor da coisa) e sai o automóvel. Ao fim e ao cabo, economicamente, o valor do patrimônio permanece igual, dando-se apenas a troca dos bens que o compõem.

O devedor pode alienar seus bens, contrair novas dívidas e não deve prestar contas de seus negócios aos credores. Com efeito, em regra os negócios não geram um desfalque no patrimônio das partes. Entretanto, isso pode ocorrer. Um negócio jurídico é por vezes, do ponto de vista econômico, altamente prejudicial para uma das partes. Logo se vê que a garantia geral, decorrente do patrimônio do credor, é volúvel e traiçoeira.

Tome-se, por exemplo, um negócio jurídico realizado com uma pessoa abastada, contando que o patrimônio desta responderá pela dívida. Antes, entretanto, da data do pagamento, a tal pessoa perde seus bens, a ponto de comprometer o adimplemento. Lá se foi a certeza de que não haveria desfalque no pagamento.

O ordenamento jurídico oferece ao credor, portanto, meios de se proteger dessa diminuição patrimonial do devedor. Com isso, o credor visa a garantir a sua satisfação.

17.1.2. Fraude contra credores

A maldade não foi inventada recentemente. Ela existe e é, por desgraça, exercida há muito. Os romanos já se tinham dado conta de que eventualmente um devedor mal intencionado poderia alienar (ou seja, tornar alheio por qualquer forma) seus bens, de modo a frustrar o credor. Poderia, ainda, o devedor contrair dívidas, de modo a tornar negativo seu patrimônio, também com o intuito de impedir que o credor recebesse pela obrigação. Nesses casos, os romanos imaginaram uma ação, denominada "Pauliana" (porque, diz-se, o jurista Paulo teria feito referência a ela), cuja finalidade consistia em anular o ato gratuito do devedor – neste incluído aqueles em que a liberalidade reside na renúncia a aumento patrimonial, como a renúncia à herança ou a remissão de dívida – que comprometeu seu patrimônio. O nome "ação pauliana" foi preservado até os nossos dias.

Os artigos 158 a 165 do Código Civil tratam da fraude contra credores, qualificando a situação como vício do negócio jurídico. A fraude a credores ocorre nos casos em que o devedor diminui seu patrimônio colocando em risco o pagamento da dívida.[6]

Segundo os artigos 158 e 159 do Código, os atos, para ensejarem a fraude, devem ser realizados por devedor insolvente ou o próprio ato impugnado deve levar o devedor ao estado de insolvência.

ação pauliana

Uma vez verificada a fraude, o credor prejudicado propõe a ação Pauliana (também conhecida como ação revocatória) contra o devedor e o terceiro que ficou com o bem – alienado em fraude –, para que esse terceiro restitua a coisa adquirida ao patrimônio do devedor, acrescida de seus frutos. Com isso, o patrimônio do devedor volta, recomposto, a garantir o pagamento dos créditos pendentes.

De acordo com o artigo 158 do Código Civil, apenas os credores quirografários (ou seja, aqueles sem uma garantia real) podem suscitar o vício. Entretanto, o § 1º do mesmo artigo atribui legitimidade para os credores com garantia real reclamarem a fraude contra credores, desde que a garantia deles se torne insuficiente.

Dá-se ao credor, dessa forma, o poder de anular um negócio se nele for verificado um escopo fraudulento para, com isso, impedir a dilapidação do patrimônio do devedor – que representa a garantia da satisfação do credor.

requisitos

anterioridade

comprometimento do patrimônio

Um primeiro requisito da fraude contra credores consiste em que o débito seja anterior ao do negócio a que se visa a anular. Nesse sentido a regra do § 2º do artigo 158 do Código Civil.

Compete, ainda, ao credor demonstrar que o negócio realizado pelo seu devedor impede ou restringe o pagamento da dívida. Essa demonstração é relevante porquanto o devedor pode, até mesmo, doar muitos de seus bens se isso em nada comprometer a sua condição financeira (e, logo, não afetar o adimplemento de suas obrigações).

Para que se verifique a fraude contra credores, o negócio deve resultar em perda do patrimônio do devedor a ponto de impedir o pagamento da dívida, isto é, torná-lo insolvente.

consilium fraudis

Antes, a doutrina emprestava considerável importância ao aspecto subjetivo na fraude, isto é, a intenção de as partes envolvidas no negócio fraudulento lesarem o credor de uma delas. A essa intenção lesiva das partes do negócio chamava-se *consilium fraudis*,

---

6 Sobre fraude contra credores, Marcelo Roberto Ferro, *O prejuízo na fraude contra credores*, Rio de Janeiro, Renovar, 1998, e José Roberto de Castro Neves, *Uma introdução ao Direito Civil – Parte Geral*, 2ª ed., Forense, Rio de Janeiro, 2007.

expressando o acordo entre as partes do negócio visando a lesar o credor de uma delas.

Nos negócios gratuitos, que prejudicavam o credor, presumia-se a presença do *consilium fraudis*. Nos negócios onerosos, para reconhecer o vício, devia-se caracterizar esse propósito de fraudar. Atualmente, contudo, a ênfase na análise da fraude contra credores recai fundamentalmente sobre o aspecto objetivo: observa-se o efetivo prejuízo dado ao credor com o negócio feito entre o seu devedor e terceiro (*eventus damni*).

<small>Conseqüência do julgamento de procedência</small>

A conseqüência do julgamento de procedência da ação pauliana é a anulação do ato lesivo. Com isso, o bem transferido em fraude retorna ao patrimônio do devedor. Dessa forma, em última análise, o credor restabelece o patrimônio do devedor e solidifica, consequentemente, a garantia para o cumprimento da obrigação.

Tecnicamente, a fraude a credores é uma hipótese de ineficácia relativa, pois os efeitos do ato são ceifados apenas em relação ao credor prejudicado, que fica autorizado a exigir o desfazimento do negócio para proteger a garantia da obrigação.

17.1.3. Fraude à execução

Caso o negócio lesivo ao credor se dê depois de este ter ajuizado ação para receber a obrigação, haverá fraude à execução. Entende-se que a fraude à execução é mais séria do que a fraude contra credores porque, na primeira, o devedor não apenas buscou lesar seu credor, mas também afrontou o Poder Judiciário, uma vez que seu ato visa a frustrar a atuação jurisdicional. O artigo 744, I, do Código de Processo Civil registra que se considera "atentatório à dignidade da justiça o ato do devedor que: I – frauda a execução".

O artigo 792 do Código de Processo Civil trata da fraude de execução, oferecendo um tipo aberto para defini-la. Segundo a mencionada norma, haverá fraude sempre que a alienação ou a oneração de bens ocorrer quando, ao tempo do ato, havia ação judicial que pudesse levar o devedor à insolvência.

Forçoso reconhecer que o nome "fraude à execução" encontra-se equivocado. Afinal, haverá a fraude não apenas se o devedor se desfizer de seus bens, de modo a prejudicar o pagamento, no curso de uma ação de execução, como também se o ato viciado ocorrer quando estiver em curso qualquer outra demanda de cobrança daquele crédito. Com efeito, segundo a regra do inciso IV do artigo 792 do Código de Processo Civil, haverá fraude sempre que, "ao tempo da alienação ou oneração, tramitava contra o devedor ação capaz de reduzi-lo à insolvência." Assim, melhor seria denominar a situação de fraude ao processo, ou algo similar.

O STJ editou a Súmula nº 375, consolidando o entendimento de que a verificação de fraude à execução depende do registro da penhora do bem alienado ou da demonstração da má-fé do terceiro adquirente. Assim, segundo essa inteligência, a fraude apenas seria apontada se o bem, ao tempo da alienação supostamente fraudulenta, já tivesse com a sua penhora registrada (se fosse um bem imóvel, no registro competente) ou fosse possível apontar a má-fé do comprador (que teria atuado em conluio com o vendedor, executado pelo credor prejudicado com a alienação, com o propósito de esvaziar o patrimônio do primeiro).

Se qualquer uma dessas duas situações ocorrer – registro da penhora ou má-fé do comprador –, pode-se apontar a fraude à execução. Diferentemente, não haverá essa fraude se o adquirente estiver de boa-fé e o bem, objeto do negócio, não tiver sua penhora registrada.

Vale registrar que o entendimento, sobre este tema, se alterou. Antes, a mera existência da ação contra o proprietário de um bem já pressupunha a fraude, se esse bem fosse alienado e isso trouxesse algum prejuízo ao seu credor. Agora, busca-se garantir a certeza da publicidade do ato de constrição do bem (o que se dá pelo registro da penhora), protegendo-se, assim, o terceiro de boa-fé.

17.1.4. A HIPÓTESE DO ARTIGO 477 DO CÓDIGO CIVIL

Um conceito jurídico bastante conhecido é o da exceção do contrato não cumprido. Segundo ele, ninguém pode ser obrigado a cumprir a sua prestação enquanto a outra parte, que deveria cumpri-la primeiro, ainda não efetuou a sua contraprestação. Normalmente, se alguém pretende adquirir um imóvel, deve, para receber o bem, efetuar, antes, o pagamento. O vendedor do imóvel pode recusar-se a entregar o bem até que seja efetuado o pagamento, que é a prestação do adquirente.

Esse conceito encontra-se cristalizado no artigo 476 do Código Civil. O dispositivo exatamente seguinte, do artigo 477, cuida da hipótese de a parte temer um futuro – e ameaçador – inadimplemento.

A lei deve ser inteligente. Cumpre ao legislador antecipar-se à situação fática, regulando a hipótese para que, se e quando ela ocorrer, já exista a norma pertinente. Imagine-se a seguinte situação: depois de celebrado um contrato, no qual cada uma das partes deva cumprir certas obrigações, uma delas tem seu patrimônio duramente afetado. A parte que manteve sua situação financeira, então, encara o dilema de cumprir a sua prestação, e não receber a contraprestação, ou, de outro lado, ficar inadimplente, mas, ao menos, proteger seu patrimônio (pois se cumprisse a sua parte, há o risco de jamais receber a contraprestação, ou mesmo uma reparação pelo inadimplemento da contraparte).

Pensando nessa situação, o legislador estabeleceu a regra do artigo 477 do Código Civil, segundo a qual, em casos como o narrado acima – de uma das partes sofrer sensível decréscimo patrimonial –, a parte interessada possa pedir a outra que cumpra, desde logo, a sua prestação, ou forneça garantias de que irá satisfazê-la.

Trata-se, claro, de uma medida acautelatória. A parte de uma relação obrigacional, antes de cumprir a sua prestação e antes de receber seu pagamento, invocando o artigo 477 do Código Civil, requer da contraparte o pagamento antecipado, ou o oferecimento da garantia, quando tiver aquela sofrido considerável perda patrimonial, que torne duvidosa a sua solvência.

17.1.5. Arresto

Imagine-se a seguinte situação: o credor toma conhecimento de que seu devedor está alienando os bens dele, de modo a comprometer o futuro pagamento da dívida. Do ponto de vista material, o credor tem como questionar a eficácia do negócio, alegando fraude a credores. Entretanto, o credor pode necessitar de uma medida mais enérgica, que, de imediato, impeça a alienação dos bens. Há um remédio processual que ampara o credor com esse problema: o arresto.

O arresto, assim, é uma medida processual prevista no artigo 301 do Código de Processo Civil, que visa o proteger o pagamento da futura cobrança de um crédito. Em última análise, com o arresto ampara-se a garantia geral da obrigação, mantendo-se a integridade do patrimônio do credor.

Evidentemente, a medida apenas tem lugar se o credor demonstrar a certeza de seu crédito e a existência de risco de o devedor adotar atitude que prejudique o futuro pagamento. Com o arresto, o credor busca conservar o patrimônio do devedor, a fim de que ele possa receber seu crédito.

O arresto não se resume à alienação ruinosa dos bens ou à oneração deles, mas também incide nos casos nos quais o devedor tenta ausentar-se furtivamente. A jurisprudência, aliás, entendia, quando vigorava o artigo 813 do antigo Código de Processo Civil, que a lista de hipóteses prevista na Lei para o arresto era apenas exemplificativa. O Código de Processo Civil de 2015 preferiu não estabelecer os procedimentos cautelares típicos e deu ampla autonomia ao julgador, para conceder a tutela de urgência sempre que considerasse apropriado, bastando verificar a "fumaça do bom direito" e o "perigo de dano ou o risco de resultado útil ao processo", consoante o artigo 300 da Lei Processual. Em outras palavras, admite-se que o credor reclame uma medida enérgica do Poder Judiciário nos casos em que se entender prudente proteger algum bem do devedor, para garantir o futuro pagamento.

Caso o juiz defira o arresto, o devedor não poderá alienar o bem referido na ordem judicial. Esse bem fica reservado ao pagamento futuro da obrigação. Por óbvio, o montante dos bens arrestados deve ser compatível com o valor da obrigação.

O juiz pode determinar ao devedor que deposite o bem em algum lugar, ou que o próprio devedor seja designado como depositário, ficando o devedor, neste caso, com a posse do bem.

17.2. Garantias Especiais das Obrigações

Antes se tratou da garantia geral de qualquer obrigação, fornecida pelo patrimônio do devedor. Admitem-se, contudo, para reforçar a obrigação, outras garantias, ditas especiais para distingui-las da geral. Essas garantias podem consistir na indicação de outra pessoa, cujo patrimônio ficará vinculado ao pagamento; ou na apresentação de determinados bens, vinculados ao adimplemento da específica obrigação. São, portanto, garantias que, muitas vezes, extrapolam o patrimônio do devedor.

17.2.1. Garantias pessoais

Um terceiro pode oferecer seu patrimônio como garantia de uma dívida de outrem. Com isso, a proteção do credor aumenta, mormente se o terceiro tem recursos. Caso o devedor falhe no dever de pagar, o credor pode reclamar a reparação do terceiro. Com o ajuste dessa garantia, não será mais apenas um patrimônio a assegurar a obrigação, porém dois.

Essas garantias são também denominadas de fidejussórias, uma palavra cujo radical "fides" significa, em latim, fé, porque, afinal, confiou-se em que um terceiro irá arcar com o adimplemento.

Os casos de garantia pessoal são a fiança e o aval.

17.2.1.1. Fiança

A fiança é a mais comum das garantias pessoais. Nela, ajusta-se, por meio de um contrato, que um terceiro, inicialmente estranho à relação entre o credor e o devedor, irá garantir a dívida com o seu patrimônio, de sorte que se o devedor falhar, o credor poderá reclamar a prestação desse terceiro, denominado fiador.

A fiança, portanto, é um contrato, por meio do qual o fiador se compromete a assegurar o cumprimento da obrigação, que, a rigor, lhe é estranha.

Esse tipo específico de contrato encontra-se regulado pelos artigos 818 a 839 do Código Civil. O primeiro dispositivo citado define o negócio:

> "Art. 818. Pelo contrato de fiança, uma pessoa garante satisfazer ao credor uma obrigação assumida pelo devedor, caso este não a cumpra."

Se o devedor falhar, o credor pode, então, procurar o fiador e reclamar o adimplemento. O fiador, entretanto, possui o direito de exigir que, primeiro, se executem os bens do seu afiançado, ou seja, do devedor principal (artigo 827 do Código Civil). Chama-se a isso o benefício da ordem, pois o fiador pode requerer que seus bens sejam executados apenas num segundo momento. Para isso, o Código de Processo Civil, no artigo 794, garante que o fiador, uma vez citado para pagar a dívida, pode indicar à penhora bens do devedor, situados na mesma comarca, livres e desembargados. Caso esses bens se revelem insuficientes, o fiador, então, fica impelido a apresentar os seus.

A fiança é uma proteção do credor, um acessório da obrigação, tanto que ela pode ser estabelecida mesmo contra a vontade do devedor, como admite o artigo 820 do Código Civil.

Depois de pagar a dívida, o fiador cobra, regressivamente, do devedor principal o que despendeu. Afinal, o fiador não tem o *debitum*, mas apenas a *obligatio*.

acessoriedade

A fiança é uma obrigação acessória da obrigação principal, isto é, da relação que existe entre credor e devedor. Se a dívida deixa de existir, extingue-se a fiança. Se o titular do crédito deixa prescrever a dívida principal, porque, por exemplo, não toma as medidas necessárias contra o devedor, tem fim também o direito de reclamar o pagamento do fiador. Em suma, a relação que existe com o fiador segue o destino da relação principal, estabelecida entre credor e devedor, até porque não se admite que o acessório subsista sem o principal.

Tamanha a relevância dessa acessoriedade que não se admite que o conteúdo da obrigação contida na fiança seja superior ao da obrigação principal. O fiador não pode ter uma situação mais onerosa do que a do devedor principal, nem mesmo se admite que ele dê coisa diversa.[7]

necessária autorização do cônjuge

Exceto no regime de separação absoluta de bens, não se pode dar fiança sem o consentimento do cônjuge (artigo 1.647, III, do Código Civil). Essa matéria, aliás, encontra-se sumulada pelo Superior Tribunal de Justiça (Súmula nº 332: "A fiança prestada sem autorização de um dos cônjuges implica a ineficácia total da garantia.").

17.2.1.2. Aval

Comumente, obrigações são expressas e corporificadas em documentos denominados títulos de crédito (artigo 887 do Código Civil). Estes documentos registram uma dívida certa. Munido de um título de crédito, o credor pode exigir do devedor, cujo nome consta do documento, o pagamento da dívida constante do título. Há, portanto, uma autonomia do título, conceito fundamental no Direito Comercial. Essa autonomia acarreta a segurança do título. Aliás, enquanto o título estiver em circulação, apenas ele pode ser executado, informa o artigo 895 do Código Civil.

Há diversos títulos de crédito, como o cheque, as notas promissórias e a duplicata. Os emitentes desses títulos são os devedores da obrigação cristalizada no documento.

Admite-se, aqui também, um reforço à segurança do pagamento constante do título. O artigo 897 do Código Civil indica que "O

---

[7] Nesse sentido e fornecendo exemplos, Robert Joseph Pothier, *Tratado das Obrigações Pessoaes e Recíprocas*, tomo I, Rio de Janeiro, Garnier, 1906, pp. 272-278.

pagamento de título de crédito, que contenha obrigação de pagar soma determinada, pode ser garantido por aval." O aval encontra-se regulado pelos artigos 30 a 37 da Lei Uniforme (Decreto nº 57.663, de 24.1.66).

No aval, um terceiro se compromete a pagar a dívida expressa no título. Para isso, ele escreve, no verso do documento, que será seu avalista (artigo 898 do Código).

Na fiança, como acima se viu, há uma relação contratual, que vincula, principalmente, o fiador e o credor. No aval, o avalista garante o título de crédito. Não há uma relação contratual, porém uma situação na qual o avalista ocupa a posição de um devedor solidário ao devedor principal (artigo 899 do Código Civil e artigo 47 da Lei Uniforme, o Decreto-Lei nº 57.663 de 24.1.66).

Nesse passo, sublinhe-se uma importante alteração trazida pela nova Lei civil. Segundo o artigo 898 do Código Civil, não mais se admite o aval parcial. Antes, enquanto a Lei Uniforme regulava a matéria, era admitido. O avalista, agora, apenas pode garantir a totalidade do valor expresso no título e não mais apenas parte dele. Neste passo, há interessante discussão relativa à antinomia normativa, porquanto, embora especial em relação à Lei Uniforme de Genebra, o Código Civil é mais recente. Assim, prevaleceria este quanto à vedação do aval parcial.

transferência dos títulos de crédito

Os títulos de crédito são transferíveis. A garantia estabelecida com o aval acompanha o documento. A obrigação do avalista, já se disse, é estabelecida a partir do título. Ao contrário do que acontece na fiança (uma relação acessória da obrigação principal), há, no aval, uma certa autonomia entre a obrigação original (que foi a causa da dívida) e a obrigação do avalista, consistente em pagar a dívida constante do título. O avalista não pode suscitar a nulidade da obrigação inicial, onde se criou o título, para fugir do pagamento (artigo 899, § 2º, do Código Civil).

Imagine-se a situação de uma pessoa que emitiu uma nota promissória para pagar certa dívida. Um terceiro serviu como avalista. Depois, esse título passou para outra pessoa, que, de boa-fé, o recebeu (é muito comum a circulação de títulos de crédito. Não raro, uma pessoa faz pagamentos com cheque recebido de terceiro). Adiante, esse título passa de mão em mão, até chegar numa pessoa que procura o avalista para cobrar o montante expresso no documento (no caso, a nota promissória). O avalista não pode suscitar algum vício na relação inicial da obrigação que justificou o título, para escapar do dever de pagar a dívida, oriundo do aval. Há uma autonomia do título, sem a qual não seria possível sua transferência sem que isso implicasse num enorme risco, o que comprometeria seu valor comercial.

O avalista apenas pode opor as nulidades formais: dizer, por exemplo, que não foi ele quem assinou o aval, ou que o título é falso. Não há, contudo, como alegar que a obrigação inicial, que originou o título, é nula. O título, como se disse, ganha vida própria e assim também o aval.

distinção entre fiança e aval

Há, portanto, uma distinção fundamental entre a fiança e o aval. Na fiança existe uma obrigação acessória, do fiador em relação ao afiançado, ao passo que no aval a obrigação é autônoma.

Evidentemente, o avalista que paga a dívida expressa no título pode, depois, cobrar do devedor – o emitente do título – o ressarcimento do que desembolsou.

Salvo no regime da separação absoluta de bens, tanto o aval como a fiança, como acima se deu notícia, são apenas admitidos se houver a autorização do cônjuge (artigo 1.647, III, com a ressalva dos casados pelo regime da separação total de bens). Com isso, impede-se que um dos cônjuges coloque o patrimônio do casal em risco sem o consentimento do outro.

No Código de 1916, não havia necessidade de o cônjuge consentir com o outro para que o aval fosse concedido. Essa inovação da Lei de 2002 sofreu muitas críticas da doutrina que se ocupa do Direito Comercial. Segundo muitos comercialistas, essa necessidade da vênia do cônjuge cria obstáculos inconciliáveis com a agilidade e praticidade que deveriam distinguir o direito cambiário, pois tornava suspeitos os títulos.

Caso tenha havido a concessão da garantia sem a autorização, o cônjuge lesado pode reclamar a anulação do ato (artigo 1.650 do Código).

17.2.2. Garantias reais

A palavra real vem do latim *res*, que significa coisa. Nas garantias reais a obrigação fica protegida por uma coisa; um determinado bem se vincula ao cumprimento da obrigação (artigo 1.419 do Código Civil). Se o devedor falhar, o credor pode exigir que se promova a venda, em leilão público, da coisa específica, dada em garantia, para que, com o fruto dessa venda, ele receba seu crédito.

Evidentemente, se o valor obtido no leilão for superior ao da dívida, o credor apenas fica com o que era devido e o restante, a sobra, é entregue ao devedor. Caso não se consiga arrecadar com a venda o valor da dívida, o credor recebe a quantia e segue com o crédito no remanescente (artigo 1.430 do Código Civil)

Os bens oferecidos em garantia devem estar aptos a ser alienados. Não se concebe que se dê em garantia um bem que não se possa vender, sob pena de não haver uma efetiva proteção do crédito, frustrando-se o propósito da garantia.

Não será necessariamente do devedor a coisa oferecida em garantia. O bem oferecido em garantia pode ser de terceiro. A única exigência é a de que quem forneceu a coisa tenha poder para dela dispor. O artigo 1.420 do Código diz que apenas pode dar coisa em garantia quem puder aliená-la.

<small>cláusula compromissória</small>

Atente-se ser proibido ajuste que dê ao credor o poder de se assenhorear, em caso de inadimplemento, do bem dado em garantia. O artigo 1.428 veda expressamente esse negócio, independentemente do momento em que ele é fixado. Trata-se da cláusula compromissória, repudiada pelo nosso sistema, porque abriria uma porta para o abuso ao devedor em necessidade. Dessa forma, é nulo o pacto segundo o qual o credor ficaria com a coisa dada em garantia se o devedor falhar com seu dever de oferecer a prestação.

Não se impede, contudo, que o credor e o devedor ajustem uma dação em pagamento, na qual o devedor entregue a coisa (antes oferecida em garantia) para quitar a dívida, como prevê o parágrafo único do artigo 1.428.

A admissão, feita pelo Código Civil, de que o credor fique com a coisa, por meio da dação, é escolha do legislador que não pode fugir a críticas. Essa possibilidade, veja-se, era feita pela doutrina,[8] bem antes do advento da nova Lei civil. A restrição que se faz relaciona-se à possibilidade de o devedor ser constrangido. Afinal, o credor estará normalmente em uma posição mais forte e poderá impor a dação, embora o valor da coisa seja inferior ao da dívida.

Não é difícil intuir que as garantias reais são mais eficazes do que as pessoais. O fiador pode morrer ou ficar insolvente e, com isso, tornar inútil a garantia. Nas garantias reais, por seu turno, a coisa fica perenemente vinculada à obrigação e apenas em situações raras o valor do bem dado em garantia será reduzido.

As garantias reais são o penhor, a hipoteca e a anticrese. Há outras duas figuras bem próximas: a alienação fiduciária em garantia e o *leasing*. Não se propõe examinar com profundidade, neste trabalho sobre o Direito das Obrigações, as garantias reais, embora valha tratar das características principais de cada uma delas.

17.2.2.1. PENHOR

No penhor, o credor recebe a posse de um bem móvel, que fica com ele, para garantir o pagamento de uma obrigação (artigos 1.431 a 1.472 do Código Civil). Diante da inadimplência, o credor cobra a dívida e promove a venda judicial da coisa empenhada, ficando com o valor obtido com a alienação suficiente para ressarci-lo.

A coisa móvel, entregue ao credor, garante, pois, a dívida. Em caso de inadimplemento, o credor tem a posse daquele bem, cujo saldo da venda servirá para pagá-lo.

---

8   Tito Fulgêncio, *Direito Real de Hipoteca*, vol. I, Rio de Janeiro, Forense, 2ª ed., 1960, p. 111.

O credor pignoratício é aquele cuja garantia é consubstanciada no penhor. Este termo simboliza a possibilidade de "tomar" a coisa em caso de inadimplemento do devedor. De fato, *pignus* vem do latim "punho", porquanto o credor toma o bem, dando origem à garantia do penhor.

Pignus, contudo, também pode ser "prova", acepção adotada por Virgílio na Eneida: *pignus amoris*, isto é, prova de amor (tema que, depois, foi usado como título de um lindo poema de Byron). O penhor também funciona como prova de que o credor será protegido pela garantia.

Tenha-se presente que, para ter efeito perante terceiros, o instrumento, no qual se ajustou o penhor, deve ser levado ao registro (artigo 1.432). Apenas aí haverá a necessária publicidade. Somente depois de registrado, o penhor terá efeito perante terceiros.

Uma importante característica dos direitos reais de garantia – e o penhor, claro, se insere nessa categoria – é a necessidade de publicidade do ato de sua constituição. A rigor, a garantia apenas se efetiva a partir do momento no qual é adotada uma atitude que promova a sua publicidade, isto é, torna o ato público, de forma que terceiros tomem conhecimento dele (ou, ao menos, possam tomar).

No caso específico do penhor, o ato que o instituiu, se for um contrato, deve ser levado ao registro, indica o artigo 1.432 do Código Civil. No penhor comum, o registro será o do Cartório de Títulos e Documentos. Além disso, no penhor, deve haver a efetiva tradição, a entrega física, da coisa empenhada.

Havendo o adimplemento, o credor devolve o bem móvel ao devedor. Caso contrário – se houve descumprimento do dever obrigacional –, o credor pode exigir a venda pública, por leilão, do bem dado em garantia. Com o valor obtido no leilão, o credor obtém ressarcimento.

constituição

A forma comum de constituição de penhor se dá por meio de contrato, no qual se indica a coisa que servirá de garantia e, em seguida, o devedor transfere a sua posse direta ao credor. Assim, embora seja um direito real sobre coisa alheia, não é errado afirmar que o penhor também é um contrato, porque ele se estabelece por meio do acordo entre credor e devedor.

A rigor, revela-se fundamental ter presente a característica de contrato acessório do penhor, que visa a assegurar outra obrigação, esta principal. Caso a obrigação principal seja encerrada por algum motivo, o contrato acessório segue o mesmo destino. Na hipótese de se entender pela nulidade do contrato principal, o penhor quedará prejudicado. Igualmente, diante do pagamento da obrigação principal, o penhor se extinguirá, pois o acessório segue o destino do principal.

penhor legal

Há, porém, hipóteses de penhor legal, referidas no artigo 1.467 do Código Civil. Nos casos mencionados na Lei, o penhor se dará por ordem legal. Isso ocorre, por exemplo, nos casos dos hospedeiros ou fornecedores de alimentos, sobre os bens dos seus fregueses que estiverem com estes nos estabelecimentos, pelas despesas que deram.

Se uma pessoa vai a um hotel e deixa de arcar com a sua conta, o hoteleiro pode ficar com algum bem do seu hóspede, a título de penhor, para garantir o pagamento. Uma vez paga a dívida, o hoteleiro devolve o bem que tomou em garantia.

No penhor legal, deve o credor, assim que tomar o bem, requerer ao Judiciário a homologação do ato. Os artigos 703 a 706 do Código de Processo Civil tratam da homologação do penhor legal. Como se vê, é uma interessante hipótese de autotutela, ao menos até a correspondente homologação judicial do ato, que lhe dá respaldo legal.

Recebida a coisa, o credor pignoratício passa a ocupar a posição de depositário do bem, com os deveres daí inerentes.

penhor rural

O Código Civil regula o penhor rural, que pode ser agrícola ou pecuário (artigos 1.438 a 1.446). No agrícola, admite-se o penhor de bens relacionados à agricultura, como máquinas, colheitas, lenha etc. Já no pecuário, o penhor recai sobre animais que integram a atividade pastoril, principalmente o gado.

penhor industrial e mercantil

Inovando, em relação ao Código anterior, a Lei de 2002 regula o penhor industrial e mercantil (artigos 1.447 a 1.450). Os penhores de direitos e títulos de crédito (artigos 1.451 a 1.460) são oferecidos em garantia de direitos sobre coisas móveis, que podem ser cedidas. Os penhores industrial e mercantil se referem às máquinas, aparelhos e tudo mais usado nas indústrias.

penhor de títulos

Como na cessão de crédito, o penhor de títulos de crédito só ganha eficácia quando notificado o devedor (artigo 1.453). Somente a partir daquele momento, o devedor fica ciente de que seu débito garante uma outra obrigação (artigo 1.460).

No penhor de títulos de crédito, o credor pignoratício fica com a posse do documento. Esse tipo de penhor era, no Código Civil de 1916, denominado de "caução de título" (antigo artigo 792).

penhor de veículos

O Código de 2002 inovou, ainda, ao tratar do penhor de veículos (artigos 1.461 a 1.466). Nele, não há a transferência da posse do bem, mas a celebração de instrumento público, devidamente registrado em cartório de títulos e documentos, no qual se convenciona a garantia.

Nos penhores rural, industrial, mercantil, de direitos e no de veículos não haverá a transferência da posse direta da coisa empenhada (no penhor de título de crédito há, apenas, a entrega física do título). A posse direta segue com o devedor.

prova

A prova do penhor se dá com o documento registrado no cartório público específico. No penhor industrial e mercantil, por exemplo, o registro do instrumento de penhor deve ser feito no

Registro de Imóveis do local onde estiver situado o bem (artigo 1.448).

17.2.2.2. Caução

Não raro, ao celebrar um contrato, o credor solicita ao devedor: "preciso de uma caução, de uma garantia". O credor quer uma proteção contra um futuro e eventual inadimplemento. O termo caução é, assim, usado indistintamente – e de modo pouco técnico – como sinônimo de garantia. De fato, caução vem do latim *cautio*, que significa precaução. E isso não deixa de ser muitas vezes correto. Afinal, como acima se deu notícia, até o advento do Código Civil de 2002, chamava-se caução de crédito o que hoje se denomina penhor de crédito.

tipos de caução

Pode-se dizer que há três tipos de caução: a legal, a negocial e a processual.

A caução legal é aquela imposta pela lei. Há diversos casos espalhados pela legislação. O artigo 1.280 do Código Civil, por exemplo, indica que o proprietário ou possuidor de um prédio pode exigir do dono do prédio vizinho que esteja ameaçando desabar, a reparação deste e uma caução. O artigo 1.400 do Código, por sua vez, informa que o usufrutuário, ao receber a coisa, deve, se assim exigir o dono, prestar caução, para garantir eventuais danos para a hipótese de não se devolver a coisa em bom estado. A caução legal ocorre também, por exemplo, se uma pessoa estrangeira, sem bens no Brasil, decide propor uma ação judicial neste país. Segundo o artigo 83 do Código de Processo Civil, a pessoa estrangeira deve oferecer caução ao juiz suficiente a cobrir as custas judiciais e os honorários dos advogados da parte contrária. Isso porque se essa pessoa estrangeira perder a ação, o réu, vencedor da demanda, e seu advogado poderão mais facilmente receber os valores decorrentes dos ônus da sucumbência.

A caução pode ser negocial. Aqui, o termo caução é usado genericamente para significar uma garantia qualquer, seja ela real ou fidejussória.

Por fim, a caução pode ser processual. O exemplo mais práticos talvez seja o § 1º artigo 300 do Código de Processo Civil. Esse dispositivo se encontram na parte relativa a tutela de vigência, no qual a parte pretende obter do Judiciário uma decisão imediata, uma liminar, que lhe proteja numa situação de emergência. No artigo referido dispositivo do Código de Processo Civil, admite-se que a parte, que deseje receber uma medida liminar do Judiciário, garanta o juízo com uma caução (assim, se, depois, a liminar for revogada, a parte prejudicada poderá ressarcir-se com a garantia). O artigo 805 do Código de Processo Civil revogado admitia que a parte, contra quem a liminar foi requerida, apresentasse uma caução, exatamente para garantir que, se, ao final, se entender que a liminar era justa, a outra parte, que requereu a enérgica medida judicial, tenha como, rapidamente, obter reparação. Nesses casos, a caução funciona como contracautela. O novo Código de Processo Civil não reproduziu o dispositivo, mas o conceito permanece em vigor.

De acordo com o parágrafo 1º do artigo 300 do Código de Processo Civil, para concessão da tutela de urgência, o juiz pode, se entender adequado, exigir caução real ou fidejussória. O propósito desse garantia é a de proteger a contraparte, caso, no futuro, a tutela seja revogada. Evidentemente, essa garantia pode ser dispensada se o requerente da tutela de urgência não tiver condições financeiras de prestá-la.

17.2.2.3. Hipoteca

Hipoteca é um nome curioso. Numa primeira análise pode dar a idéia de ser a junção de duas palavras: "hipo" e "teca". Hipo, em grego, quer dizer cavalo, enquanto "teca" significa "conjunto de". Hipopótamo significa cavalo d'água, porque se imaginou inicialmente que essa era a sua natureza, daí a junção de "hipo" e "potamo". No caso do sufixo "teca", há os mais variados exemplos: discoteca (conjunto de discos), biblioteca (conjunto de livros) e por aí vai. Entretanto, hipoteca não tem nada a ver com um conjunto de cavalos, nem essa é a origem da palavra, embora o instituto seja muito antigo. Segundo Tito Fulgêncio, em sua obra clássica sobre o tema, a origem etimológica é mesmo grega: *hypo* significa "por baixo" e *tithermi* quer dizer "eu ponho".[9] Assim, hipoteca é uma garantia que se põe debaixo do crédito.

A hipoteca era conhecida no Egito antigo, na Grécia e em Roma.[10]

Na hipoteca, a garantia é dada por um bem imóvel, que fica vinculado ao pagamento da obrigação (artigo 1.473). Trata-se da sujeição dos bens de raiz do devedor para proteção do credor. Excepcionalmente, pode haver hipoteca sobre duas coisas móveis: navios e aeronaves. De fato, embora sejam bens móveis, a constante movimentação que seria exigida caso fossem objeto de penhor traria inevitavelmente diversos problemas. Para tanto, estendeu-se a tais coisas o regime da hipoteca, muito mais consubstanciado na imobilidade, diminuindo-se consideravelmente o risco. A lista do artigo 1.473 arrola os bens suscetíveis de hipoteca.

Diferentemente do penhor, na hipoteca o bem dado em garantia segue na posse do devedor, daí ser ainda mais importante que seja levada ao Registro Geral de Imóveis competente, pois essa

---

9 Tito Fulgêncio, *op. cit.*, p. 8.
10 Um interessante histórico do instituto pode ser visto em *Traité Élémentaire de Droit Civil Belge*, Henri de Page, tome septième, 10ª ed., Bruxelas, Émile Brylant, 1957, p. 331. Especificamente sobre o desenvolvimento do instituto em Roma: Lafayette Rodrigues Pereira, *Direito das Cousas*, 3ª ed., Rio de Janeiro, Livraria Editora Freitas Bastos, 1940, pp. 386/392.

é a única forma de permitir que terceiros fiquem cientes do gravame (artigo 1.492 do Código Civil).

Caso uma pessoa deseje adquirir um imóvel, cabe a ela obter a certidão do registro de imóveis onde se situa o bem (artigo 1.492). Na certidão, haverá a referência a eventual existência de uma ou mais hipotecas. O fato de haver esse ônus real incidente sobre o bem não impede a transferência da propriedade. A hipoteca não é óbice à alienação do bem. Porém, a transferência da coisa não acaba com a garantia real. A rigor, uma das mais importantes características da garantia real é precisamente a de que ela subsiste mesmo na alteração de proprietário. A garantia segue a coisa, ficando presa a ela, como a pele ao corpo.

Caso o devedor da obrigação na qual se estabeleceu a hipoteca não pague a dívida, o credor poderá exigir a venda judicial da coisa para receber seu crédito, independentemente de quem seja o seu proprietário. Daí porque, em regra, deve-se evitar a compra de um imóvel hipotecado (atente-se: é nula a cláusula que impede o dono de um imóvel hipotecado vender seu bem, consoante o artigo 1.475 do Código).

O credor hipotecário tem o direito de fazer executar a coisa, objeto da garantia, para satisfazer o seu crédito, independentemente de quem seja o proprietário.

pluralidade de hipotecas

Antes se mencionou a possibilidade de constituição, sobre o mesmo bem imóvel, de mais de uma hipoteca (artigo 1.476). Desde que o valor do bem suporte, é absolutamente lícita a criação de mais uma hipoteca sobre o mesmo bem.

Se o bem for vendido para pagar alguma dívida, com o valor obtido se quitará, antes de mais nada, a dívida garantida pela hipoteca registrada em primeiro lugar. Apenas depois será paga a dívida garantida pela segunda hipoteca. Se houver outras hipotecas, sempre se observará a ordem cronológica de seu registro. A ordem se dá em função de quando a hipoteca foi registrada no registro de imóveis (e não em razão do momento no qual o seu contrato foi firmado). Diante disso, deve o credor, que ajustou uma hipoteca para proteger sua obrigação, correr no registro de imóveis para promover o registro da sua garantia. Aplica-se, aqui, o princípio segundo o qual mais forte o direito se mais antigo: *prius in tempore potior in jure*.

17.2.2.4. ANTICRESE

"O que há num simples nome? O que chamamos rosa com outro nome não teria igual perfume?" Nessa passagem de "Romeu e Julieta", de Shakespeare, a jovem comenta com seu amado que o nome significa pouco diante da essência das coisas. Ela diz isso porque descobre que seu amado Romeu é da família dos Montéquios, desafeto dos Capuletos. Diante disso, Julieta, uma Capuleto, pergunta ao seu amado qual a diferença se ele é Montéquio, qual a diferença desse nome, pois ela seguiria apaixonada por Romeu de toda sorte, independentemente do nome que ele tivesse.

Pois vamos tratar agora de um dos mais estranhos nomes do mundo jurídico: a anticrese. Pobre anticrese. Além do nome curioso e feio, trata-se de uma garantia real sem nenhum prestígio.

Por meio dela, o credor recebe um imóvel para administrar – normalmente um negócio – e dele receber os frutos, ensina o artigo 1.506 do Código Civil. O credor vai auferindo esses frutos e os abate da dívida até receber tudo o que for devido. Ao final, devolve a coisa.

O credor, todavia, fica obrigado a prestar contas ao devedor do que recebeu e a zelar pela coisa oferecida em anticrese.

Por diversos motivos práticos, a anticrese é muito raramente utilizada. Em primeiro lugar, ela cria um ônus ao credor, que assume o dever de administrar um bem e a disso prestar contas.

Além disso, com a anticrese, o devedor fica sem a coisa, com a qual poderia auferir algum valor para pagar a dívida. Em suma, a anticrese acarreta ônus para o credor e para o devedor e daí ser uma garantia em total desuso.

17.2.3. PROPRIEDADE FIDUCIÁRIA

A propriedade fiduciária não é tecnicamente uma garantia. Entretanto, nela, a segurança do credor é, sem dúvida, muito maior em comparação com qualquer das garantias reais mencionadas no Código Civil, o que explica o exponencial aumento de casos em que é empregada. Isso porque, na propriedade fiduciária, o devedor, embora fique com a posse da coisa móvel infungível, transfere a sua propriedade ao credor, ajustando que a propriedade será devolvida no pagamento da obrigação.

Caso se dê o inadimplemento, o credor não pode ficar com a coisa, mas deve promover a sua alienação e receber o valor obtido na venda e, assim, satisfazer seu crédito (artigo 1.364). Repete-se, aqui, o conceito que veda a estipulação de cláusula compromissória, já registrado no artigo 1.428.

Se o montante percebido com a venda da coisa for maior do que o do crédito, o credor devolve o que receber a mais; se for menor, o credor segue podendo cobrar o que faltou (artigo 1.366 do Código Civil).

O Código de 2002 passou a regular a situação, mencionando a hipótese no artigo 1.361. Exige-se, neste tipo de transferência momentânea de propriedade, que se registre o documento no qual a propriedade fiduciária foi estabelecida, no Registro de Títulos e Documentos do domicílio do devedor (§ 1º do art. 1.361).

O devedor, na propriedade fiduciária, fica como depositário. Daí porque se diz "propriedade fiduciária", pois necessário haver uma certa confiança entre as partes. A palavra fiduciária tem o radical "fides", que, como antes se deu notícia, significa fé. Da união de "com" e "fides" adveio o termo confiança. Afinal, como a posse da coisa segue com o devedor (§ 2º do artigo 1.361), o depositário mal intencionado pode destruir ou sumir com o bem móvel, sendo, pois, essencial a existência da relação de credibilidade entre as partes.

É fundamental distinguir a situação do penhor. Neste, a posse direta do bem oferecido em garantia é transferida ao credor, mas não a sua propriedade, que segue com o devedor. Na propriedade resolúvel, por sua vez, passa-se a propriedade ao credor, mas a posse direta se mantém com o devedor.

fiducia cum creditore

Interessante observar que a propriedade resolúvel deu uma nova roupagem a um meio vetusto, que existiu no Direito Romano antigo, de proteção do crédito: a *fiducia cum creditore*. Neste, o devedor transferia a propriedade (junto com a posse direta) de um bem ao credor, que ficava com o dever de restituir a coisa assim que a dívida fosse paga.

17.2.4. ALIENAÇÃO FIDUCIÁRIA EM GARANTIA

A alienação fiduciária em garantia tem grande aplicação nos dias de hoje. Para financiar a aquisição de um bem infungível, o credor adquire a propriedade do referido bem, que fica, entretanto, na posse direta do devedor. Este vai pagando o valor do bem ao credor e, uma vez quitada a totalidade do valor financiado, o credor transfere a propriedade da coisa ao devedor. Trata-se, pois, de uma espécie de propriedade fiduciária, com a diferença de que o bem é financiado.

Essa alienação fiduciária em garantia é muito comum na aquisição de máquinas e veículos. Instituições financeiras oferecem o crédito para a compra desses bens, que ficam no nome delas, porém na posse do financiado. Este paga o valor da coisa aos poucos à instituição financeira e, ao quitar a dívida, recebe a propriedade da coisa financiada.

Há uma discussão acerca de quem pode ser o credor de alienação fiduciária. Para a maioria, fiduciante é apenas e necessariamente uma instituição financeira, enquanto para outros, em minoria, não haveria essa restrição.[11]

O credor será o proprietário fiduciário, ao passo que o devedor recebe a designação de fiduciante. A propriedade, aqui, é resolúvel

---

11 Sobre a discussão, vale ler os acórdãos do Supremo Tribunal Federal, RE nº 90.636-SP, do qual o Ministro Moreira Alves foi relator, e do Superior Tribunal de Justiça, REsp. nº 1.121 – RS, no qual funcionou como relator o Ministro Cláudio Santos.

e, como se diz, será transferida assim que o preço total do negócio for quitado.

A alienação fiduciária em garantia é regulamentada pelo artigo 66 da Lei nº 4.728, de 14.7.65, e pelo Decreto-lei nº 911, de 1.10.69. Segundo o § 1º do artigo 66 da Lei nº 4.728/65, a alienação fiduciária apenas se prova com documento escrito que será "necessariamente" arquivado no Registro de Títulos e Documentos.

Diante do inadimplemento, o credor pode requerer a busca e apreensão da coisa (artigo 3º do Decreto-lei nº 911/69) e a execução do valor devido. Note-se, entretanto, que, se o devedor já pagou 40% do valor da coisa, ele pode solicitar a purgação da mora, isto é, pagar o que falta para ficar com a propriedade do bem.

Uma vez com a coisa, o credor pode vendê-la da forma que lhe parecer mais conveniente. Não há necessidade de que essa alienação se dê em hasta pública (artigo 2º do Decreto-lei nº 911/69), o que a torna mais ágil do que as garantias convencionais.

Muito comumente pessoas adquirem bens por meio da alienação fiduciária. Embora haja uma proteção ao credor, ela se caracteriza principalmente por ser uma forma de financiamento, com a vantagem de que o devedor já pode, desde logo, usar e fruir da coisa.

A razão de o termo "fidúcia" constar deste negócio é simples: o credor deve confiar no devedor, pois a coisa dada em garantia fica fisicamente (posse direta) com o devedor. Se a coisa perecer por responsabilidade do devedor, não haverá mais a "super" garantia.

A grande vantagem da alienação fiduciária em garantia reside no fato de que, num eventual concurso de credores ou de falência, o credor não precisa habilitar seu crédito, pois ele já tem a propriedade, de sorte que seu patrimônio fica protegido.

Justamente em vista desse fato, a nova Lei de Falências e Recuperação de Empresas (Lei nº 11.101, de 9.2.05) previu inúmeras situações nas quais serão priorizados esses credores.

17.2.5. Arrendamento mercantil

Também conhecido como *leasing* financeiro, o arrendamento mercantil se distingue por ser uma mistura de locação com compra e venda. Nele, o credor adquire um bem por indicação do devedor e, imediatamente em seguida, dá esse bem em locação ao devedor. No final do prazo ajustado de locação, o devedor pode optar por ficar com a coisa, desde que pague um determinado valor ajustado inicialmente.

O credor recebe o nome de arrendador e o devedor de arrendatário. O arrendador, por determinação legal (Lei nº 6.099, de 12.9.74 e Resolução nº 2.309, de 28.8.96 do Banco Central), deve ser forçosamente uma pessoa jurídica especializada em arrendamento mercantil ou instituições financeiras, embora o arrendatário possa ser tanto pessoa jurídica como natural.

Se não se pagar o valor da locação, o credor (arrendador) pode não apenas reaver o bem, para vendê-lo, mas exigir o valor dos aluguéis inadimplidos.

Neste caso, assim como na alienação fiduciária, há mais do que propriamente uma garantia, pois a coisa, objeto do negócio, pertence ao credor.

17.3. Penhora

O direito processual é um instrumento. Por meio dele, os interessados invocam a prestação jurisdicional e buscam proteger seus direitos.

Dentre as ações disponíveis, há uma mais violenta, denominada execução. Nela, o credor solicita uma medida enérgica do Judiciário, no sentido de que recolha bens do patrimônio do devedor para satisfazer seu crédito.

título executivo   Para tanto, exige-se que o credor porte um documento – chamado título executivo –, referido nos artigos 784 e 515 do Código de Processo Civil, no qual se apresente um crédito líquido (sob o qual não paire dúvida do exato montante), certo (inequívoco quanto à existência) e exigível (já pode ser cobrado).

Apresentando esse título, o credor pode reclamar do Judiciário que cite o devedor para pagar imediatamente a dívida.

ação de execução   Essa ação enérgica, como se disse, chama-se execução. Diz-se que o credor executa seu devedor. Esse procedimento, claro, está regulado no Código de Processo Civil. Há uma parte inteira do Código de Processo Civil referente ao processo de execução (Livro II, que abrange os artigos 771 a 925).

No processo de execução, o devedor não responde ou contesta: ele paga e pronto.

Se o título executivo oferecido para execução for judicial (normalmente uma decisão judicial condenatória), arrolado nos incisos do artigo 515 do Código de Processo Civil, o devedor apenas pode impugnar a execução, de forma muito limitada, pois sua irresignação somente pode versar sobre as matérias mencionadas no § 1º artigo 525 do Código de Processo Civil. Essa impugnação, diz o artigo 475-M da Lei Processual, não terá efeito suspensivo, permitindo que seja na prática dos atos executivos.

Caso, contudo, o título for extrajudicial, como uma nota promissória ou um cheque, por exemplo (as hipóteses vêm referidas no artigo 585 do Código de Processo Civil), permite-se ao executado uma defesa mais ampla. Entretanto, para apresentar essa defesa, o devedor executado deve, antes, garantir o Juízo.

O Judiciário atua, rapidamente, para separar bens do patrimônio do executado, que servirão como garantia do próprio Juízo, onde tramita a execução. Essa garantia do Juízo denomina-se penhora.

Caso se execute um crédito com garantia real, a penhora recairá, de preferência, sobre a coisa dada em garantia, diz o § 3º do artigo 835 do Código de Processo Civil.

O executado de um título extrajudicial se protege de uma execução por meio dos embargos de devedor (artigo 914 do Código de Processo Civil). Estes serão autuados em apenso aos autos do processo de execução e julgados pelo mesmo juiz que examina a execução.

Estes embargos, em regra, não têm o condão de suspender o andamento da execução, salvo excepcionalmente, quando verificados os requisitos da concessão de tutela provisória e se o Juízo estiver garantido pela penhora (artigo 919, § 1º, do Código de Processo Civil).

garantia do juízo

Os bens dados em penhora são, pois, aqueles oferecidos para garantir o juízo em um processo de execução. Segundo o artigo 835 do Código de Processo Civil, o executado deve observar uma ordem ao fazer a nomeação de bens. A jurisprudência, contudo, entende que essa ordem não é rígida.

Se os embargos de devedor forem julgados procedentes, para decidir que não existe dívida, a penhora se resolve e os bens ficam liberados. Caso, contudo, os embargos não sejam providos, o credor executará os bens penhorados, promovendo sua venda em leilão público.

Com a penhora, há a individualização do bem ou conjunto de bens que serão alienados para satisfazer o crédito. Trata-se, pois, de um ato processual com enormes repercussões práticas, pois compromete certo bem, que passa a garantir a dívida de modo especial.

Segundo o artigo 797 do Código de Processo Civil, a penhora dá ao credor, em cuja execução ela foi constituída, uma preferência em relação aos demais credores. Isto é, esse credor com penhora receberá o resultado da venda desse bem antes dos demais credores, que não desfrutem dessa garantia (embora isso não se aplique ao concurso no caso de insolvência, como ressalva o próprio artigo 797, ou no de falência).

Importante ressaltar que, na maioria dos casos, a penhora não retira a propriedade e a posse da coisa do devedor (ou de quem quer que seja o dono ou possua o bem penhorado). A penhora, todavia, afeta o bem, de sorte que a alienação dele é ineficaz em relação ao credor.

bens impenhoráveis

O Código de Processo Civil lista, no artigo 833, uma série de bens considerados impenhoráveis, com fundamento em questões de natureza humanitária, sempre com vistas a preservar a dignidade da pessoa humana. Nesse conceito se assentam todas as limitações à penhora de bens. Provisões de alimentos, o anel nupcial, salários e congêneres não podem, por exemplo, ser objeto de penhora.

17.4. As Garantias no Caso de Insolvência

Especial relevância terá a avaliação das garantias no caso de insolvência, isto é, se o devedor não dispuser de bens suficientes para arcar com todas as suas dívidas. Isso ocorre se o devedor tiver dívidas superiores ao seu ativo patrimonial. O Código Civil indica uma ordem de pagamento aos credores no caso de insolvência (artigos 955 a 965 do Código Civil).

Privilegia-se, na ordem de pagamento, o crédito em função de sua natureza e de sua garantia. Diz-se que há preferências. Os devedores são, por conta disso, divididos em classes. Na hipótese de haver vários credores na mesma classe, a relação entre eles e o devedor comum será presidida pela igualdade no tratamento (o artigo 962 do Código traduz um princípio, aplicável à espécie, da *par conditio creditorum*). De outro lado, não havendo preferências, todos os credores terão igual direito sobre os bens do devedor, indica o artigo 957 do Código.

O Código Civil, tenha-se presente, cuida da insolvência do devedor não empresário. Se a insolvência for do empresário ou da sociedade empresária, aplica-se a Lei de Falência (Lei nº 11.101, de 9.2.05), que, embora guarde os mesmos conceitos e princípios, possui regras específicas.

preferência

Em linhas gerais, pode-se dizer que, num concurso de crédito há a seguinte regra de preferências: em primeiro lugar, pagam-se os créditos que derivem de indenizações trabalhistas, salários e acidentes de trabalho. O artigo 449, § 1º, da Consolidação das Leis Trabalhistas registra que esses créditos são privilegiados, mas o dispositivo legal que põe os créditos trabalhistas na frente de todos os demais é o artigo 186 da Lei nº 5.172, de 25.10.66, o Código Tributário Nacional. Diz o mencionado artigo:

> "Art. 186. O crédito tributário prefere a qualquer outro, seja qual for a natureza ou o tempo de sua constituição, ressalvados os créditos decorrentes da legislação do trabalho ou do acidente do trabalho."

Entende-se, corretamente, que, pela sua origem e sua função, normalmente o de sustento do empregado e de sua família, esse pagamento deva ser feito antes dos demais.

Não há, como se alertou, uma referência ao privilégio do crédito trabalhista no Código Civil, embora exista na Lei de Falências, no artigo 83, que coloca esse tipo de crédito como o primeiro na ordem de pagamento, embora limitado a 150 salários mínimos. A razão desse esquecimento pode ser explicada pelo fato de que, na época de promulgação do Código Civil de 1916, não havia o privilégio trabalhista.

O Código de 2002, neste particular, praticamente copiou o seu antecessor de 1916, deixando de fazer referência à questão dos créditos trabalhistas e tributários. Isso se deu propositalmente, pois os redatores da Lei de 2002 preferiram apenas fazer referência aos créditos de natureza cível, deixando os demais para as leis específicas.

Os créditos de natureza tributária, de dívidas oriundas de impostos e taxas, são pagos antes das demais dívidas (preceitua o acima transcrito artigo 186 do Código Tributário Nacional), assim como os que tenham por origem a previdência social (Lei Orgânica da Previdência Social, Lei nº 3.807, de 26.8.60, artigo 157).[12]

Nas dívidas que não tenham as naturezas acima referidas, aplica-se o artigo 961 do Código Civil:

> "Art. 961. O crédito real prefere ao pessoal de qualquer espécie; o crédito pessoal privilegiado, ao simples; e o privilégio especial, ao geral."

ordem de pagamento

Assim, primeiro pagam-se as dívidas que apresentem uma garantia real, ou seja, as que foram garantidas por um bem específico, afetado para proteger o credor de um eventual inadimplemento (vale notar que, segundo a Lei de Falência, os créditos com garantia real são recebidos antes dos tributários, consoante os incisos II e III do artigo 83).

Interessante notar, nesse passo, que, em muitos países, os créditos com garantia real, nas leis de falência, são os primeiros a serem pagos, antes mesmo dos créditos de natureza trabalhista ou tributária. Assim é, segundo as leis de falência, na Alemanha, nos Estados Unidos, na Inglaterra, no Japão e em Portugal, por exemplo.

Depois das dívidas com garantias reais, avalia-se se o crédito é privilegiado ou simples. Os créditos privilegiados serão recebidos antes dos simples. Note-se, ainda, que, entre os privilegiados há duas sub-classes: o privilégio especial e o geral, conforme o privilégio recaia "especialmente" sobre um certo bem do devedor, ou seja ele "geral" sobre o patrimônio do devedor (veja-se, a propósito, o artigo 963 do Código Civil).

As hipóteses de privilégio especial encontram-se referidas no artigo 964 do Código Civil. Relacionam-se às situações nas quais o credor tem uma vantagem de precedência ao receber seu crédito, com relação aos demais débitos, decorrente de certo fato relaciona-

---

12 "Art. 157. Os créditos da previdência social relativos a contribuições e seus adicionais ou acréscimos de qualquer natureza por ela arrecadadas, inclusive a quota de previdência, a correção monetária e os juros de mora correspondentes, nos processos de falência, concordata ou concurso de credores, estão sujeitos às disposições atinentes, aos créditos da União, aos quais são equiparados, seguindo-se a estes na ordem de prioridade."

do à dívida. Por exemplo, se o credor beneficiou uma coisa, ele terá direito de receber pelas benfeitorias úteis e necessárias que fez antes dos demais (inciso III do artigo 964). Trata-se do direito de retenção: uma faculdade dada pela Lei ao credor que pode conservar a coisa, antes detida legitimamente, até o pagamento do que lhe é devido. Dessa forma, até cumprir com a sua obrigação de indenizar a benfeitoria, o proprietário fica alijado da coisa.

Situação distinta do privilégio especial é a do privilégio geral, referida pelo artigo 965 do Código Civil. Embora créditos sem garantia, estes devem ser pagos antes dos demais créditos também sem qualquer garantia. O primeiro inciso, por exemplo, trata das dívidas com o funeral do devedor falecido. Entende-se que essa dívida merece uma prevalência diante das demais dívidas sem garantia.

Embora não tenha sido contemplado pelo Código Civil, o Estatuto da Advocacia (Lei nº 8.906, de 4.7.94) estabelece, no artigo 24, que os créditos do advogado decorrentes de honorários constituem crédito privilegiado. Trata-se também de um privilégio especial.

Se o crédito não estiver contido em nenhum dos casos acima referidos, ele será pago por último, conjuntamente com todos os demais em igual situação.

O pagamento em caso de insolvência não é complicado. Apura-se a massa de bens do devedor e os pagamentos começam a ser feitos por classes. Como antes se deu notícia: primeiro pagam-se os credores com os créditos considerados socialmente mais relevantes (os trabalhistas e os tributários), depois, os credores com garantias reais. Passado isso, os credores com os privilégios especiais e, depois, os privilégios gerais. Por fim, recebem os credores sem privilégio. Se os bens apurados do devedor não forem suficientes para saldar uma classe, haverá entre eles um rateio proporcional ao valor de cada um desses créditos, como dispõe o artigo 962 do Código Civil, sempre respeitando a paridade de tratamento dos credores da mesma classe.

18
O Inadimplemento

Duas situações podem advir de uma relação obrigacional. Na melhor delas – a situação ideal – há o cumprimento da obrigação, o adimplemento, com a satisfação do credor e a liberação do dever a que o devedor se encontra adstrito. Este, não há dúvida, o fim desejado de qualquer relação obrigacional. Na outra hipótese, quando o credor deixa de receber a prestação, dá-se o inadimplemento total ou parcial. Passa-se a estudar, a partir de agora, o direito da "perturbação das obrigações", numa tradução literal do alemão "Leistungsstörung", pois sobre essa rubrica se examina o incumprimento definitivo, parcial e o defeituoso.[1]

Toda a nossa cultura é assentada na responsabilidade do homem pelas suas ações. Assim é nos primitivos contos mitológicos, na Bíblia, na literatura clássica e até nas novelas de TV: o homem responde pelos seus atos. Afinal, as ações têm conseqüências. Trata-se do espelho do livre arbítrio. Na parte relativa ao inadimplemento, aprecia-se, essencialmente, essa situação: as ações do homem e suas conseqüências.

Se todas as obrigações fossem cumpridas, a necessidade do Poder Judiciário seria incrivelmente reduzida. Estaríamos numa sociedade ideal, regida pelo altruísmo, pela solidariedade, na qual todos se uniriam pelo sentimento comum de que devem cumprir seus deveres. Já se disse que, no futuro, o mundo será regido pelo amor, não havendo lugar para litígios, mas para tolerância e compreensão.

Embora essa afirmação seja, evidentemente, um exagero, não deixaria de ser verdade que o Direito existe principalmente para regular os conflitos. A norma jurídica apenas é invocada diante de um embate, de um conflito de interesses. Fala-se, para enfatizar o fenômeno, que o direito "nasce" quando violado. De fato, ninguém procura um advogado ou recorre ao Judiciário para informar que certa obrigação foi fielmente cumprida. Aí está a razão excepcional do estudo do inadimplemento: a sua enorme repercussão prática.

O inadimplemento consiste no descumprimento da obrigação pelo devedor. Trata-se, pois, da parte patológica do direito obriga-

---

1 Antonio Manuel da Rocha e Menezes Cordeiro, *Da Modernização do Direito Civil*, Coimbra, Livraria Almedina, 2004, p. 100.

cional. Vale, aqui, citar a famosa frase que Tolstoi colocou na boca de Anna Karenina: "As famílias felizes parecem-se todas; as infelizes são infelizes cada uma à sua maneira". Isso vale para o cumprimento e o adimplemento das obrigações. Afinal, enquanto o adimplemento se dá, normalmente, da mesma forma, cada inexecução tem a sua história peculiar, seus detalhes e contornos próprios, o que torna riquíssimo o estudo do tema.

Ihering, a respeito do inadimplemento, reconheceu que "A verdadeira natureza e a essência pura do direito revelam-se mais completamente nesse só momento, do que durante longos anos de pacífica fruição."[2] Com efeito, no inadimplemento, surge, de modo mais pungente, o interesse do titular em ver seu direito tutelado e protegido.

Evidentemente, o ordenamento jurídico pretende garantir o cumprimento das obrigações. A segurança social depende da certeza de que as convenções, ajustadas de acordo com a lei, serão respeitadas. Ademais, o descumprimento de uma obrigação causará, na maior parte dos casos, um injusto desequilíbrio patrimonial.

responsabilidade

A violação do dever jurídico gera uma crise e o Direito oferece ferramentas para remediar a situação.[3] O desrespeito a um dever jurídico fará nascer, para o autor da ofensa, uma responsabilidade. A responsabilidade, portanto, é a conseqüência da violação a um dever jurídico.

Essa responsabilidade varia de acordo com a sua origem: ela pode ser extracontratual ou contratual.

responsabilidade aquiliana

Se a responsabilidade nasce de um ato ilícito, denomina-se a ela extracontratual, ou aquiliana. Nela, o autor do ato agiu de forma contrária ao ordenamento jurídico – cometeu um ato ilícito – causando, por conseqüência, um dano a alguém. Fica, portanto, obrigado a ressarcir o lesado. O artigo 927 do Código Civil fornece o conceito: "Aquele que por ato ilícito (artigos 186 e 187), causar dano a outrem, fica obrigado a repará-lo."

O termo aquiliana deriva da *Lex Aquilia*, uma norma de origem romana, que data provavelmente do século III.[4] De acordo com essa lei, quem, por exemplo, matasse um escravo ou um quadrúpede (notadamente o gado) de outrem ficava obrigado a reparar o lesado com o mais alto valor que aquele bem recebera naquele ano.[5] Em suma, a

---

2 Rudolf von Jhering, *A Luta pelo Direito*, Rio de Janeiro, Forense, 1992, p. 38.
3 Sobre uma análise do "mecanismo" do inadimplemento, veja-se Ana Prata, *Cláusulas de Exclusão e Limitação da Responsabilidade Contratual*, Coimbra, Livraria Almedina, 1985.
4 Thomas Marky, *Curso Elementar de Direito Romano*, 8ª ed., Saraiva, São Paulo, 1995.
5 A *Lege Aquilia* é referida nas Institutas de Justiniano no Livro Quatro, Título III (A. Coelho Rodrigues, *Institutas do Imperador Justiniano*, tomos I e II, Recife, Typografia Mercantil, 1879, p. 82) e no Digesto, Livro IX, Título II (Les *Cinquante Livrés du Digeste ou des Pandectes*, tome second, traduit en français par M. Hulot, Metz, Chez Behmer et Lamort, 1804, p. 8).

Lex Aquilia estipulou o dever de reparar o mal de acordo com o valor do dano causado, conceito que se mantém até os nossos dias.

responsabilidade contratual

Outro é o caso da responsabilidade contratual, na qual o autor quedou inadimplente, isto é, deixou de cumprir uma obrigação na forma devida. Neste caso, em primeiro lugar, esta responsabilidade resultará no dever de o devedor oferecer a prestação. Se a prestação já não tem utilidade ou interesse, ela representará o dever de reparar o desequilíbrio patrimonial decorrente da falta de cumprimento da obrigação.

Há certa impureza no termo "responsabilidade contratual". Afinal, esse termo aglutina qualquer responsabilidade decorrente da falha no cumprimento de uma obrigação (mesmo que não exista um contrato, como, por exemplo, o inadimplemento de uma promessa unilateral).

Assim, em suma, a responsabilidade contratual ocorre se o dever violado tem origem numa relação obrigacional, ao passo que a responsabilidade extracontratual ou aquiliana (também conhecida como responsabilidade civil) nasce do ato ilícito. Portanto, para distinguir a responsabilidade contratual da extracontratual cumpre aferir se existe uma prévia relação obrigacional.

Ao examinar o direito das obrigações estuda-se a responsabilidade contratual, deixando-se a apreciação da responsabilidade civil (decorrente da responsabilidade extracontratual) para outro momento.

Na verdade, os dois conceitos interagem, de sorte que se farão, a seguir, muitas referências à responsabilidade civil, embora se foque, neste trabalho, no inadimplemento das obrigações e nas suas muitas conseqüências.

poder de exigir a prestação

O ordenamento jurídico apresenta uma solução ao drama da inadimplência: o devedor faltoso pode ser, caso possível e se isso tiver utilidade ao credor, impelido a realizar o dever que estava inicialmente obrigado. Isto é, o objetivo inicial do ordenamento jurídico é criar meios de impelir o devedor faltoso a cumprir seus deveres obrigacionais, satisfazendo o credor. Para tanto, o Direito oferece ao credor o poder de exigir a prestação tal como ajustada na obrigação. Nesse sentido, o § 241, I, do Código Civil alemão, registra, de forma simples e precisa: o credor pode exigir a prestação do devedor. O credor, portanto, está autorizado a reclamar a prestação, com todos os seus contornos.

Imagine-se a pessoa que adquiriu um livro raro, que deveria ser entregue num determinado dia. Se o devedor deixar de fazer a entrega, o credor pode reclamar uma atuação do Poder Judiciário, a fim de exigir o oferecimento do bem, objeto do negócio. Caso o devedor siga inadimplente, o credor tem, até mesmo, como requerer uma medida mais enérgica do Judiciário, a fim de obter uma medida de apreensão da coisa. Em suma, neste caso, o credor tem meios de receber a prestação, mesmo contra a vontade do devedor.

Nesse passo, ofereça-se justa crítica ao Código Civil de 2002, que deixou de fazer referência expressa ao fato de que, em primeiro lugar, diante do inadimplemento, o ordenamento protegerá o cumprimento efetivo da prestação devida (isto é, a realização do ato humano consistente em um dar, fazer ou deixar de fazer). O Código de Processo Civil, no artigo 467, dá à parte interessada o poder de reclamar ao Juiz os meios destinados a garantir o adimplemento da contraparte.

Se, contudo, a prestação já não tem mais interesse ou utilidade ao credor, ou mesmo caso ela se tenha tornado irrelevante, o credor pode reclamar uma reparação, isto é, o credor passa a ter direito de exigir que o devedor lhe ofereça o equivalente em dinheiro às perdas sofridas (artigo 389 do Código Civil).

O referido artigo 389, como se vê, não foi tão preciso, pois pode dar a falsa idéia de que, diante do inadimplemento, o credor teria apenas como reclamar uma reparação (isto é, o equivalente econômico ao prejuízo resultante da falha no cumprimento da obrigação). A interpretação desse dispositivo do artigo 389, contudo, não pode ser literal, porém sistemática e finalística.

A rigor, diante do inadimplemento, se a prestação ainda tem proveito ao credor, este se encontra autorizado a requerer judicialmente o seu cumprimento. Se, contudo, a prestação já não lhe serve, aquela relação se resolverá em perdas e danos, ou seja, apenas subsidiariamente. Neste caso, cumpre averiguar a intensidade do dano experimentado pelo credor com o inadimplemento, pois é esse montante que poderá ser exigido pelo credor do devedor faltante.

equilíbrio econômico

O fenômeno da reação jurídica à perda econômica decorrente do inadimplemento pode ser resumido da seguinte forma: na realização de um negócio, haverá, em tese, um equilíbrio patrimonial entre as partes. Esse equilíbrio é precioso ao Direito. Se um dos contratantes deixar de realizar a sua prestação, esse equilíbrio se perde. Uma das partes fica desfalcada, sofrendo, assim, um prejuízo. Pois o Direito vai impor ao responsável por esse desequilíbrio que indenize o lesado. Há, portanto, uma inversão, por determinação da lei: o dano experimentado pelo credor passa a ser suportado pelo devedor inadimplente.[6]

O Código alterou consideravelmente a organização dos dispositivos pertinentes ao inadimplemento, dedicando um título exclusivamente a este tema (artigos 389 a 393).

disposição no Código Civil

Encontram-se, a partir da vigência do Código Civil de 2002, reunidas as disposições sobre as conseqüências da inexecução das obrigações (agora como "disposições gerais" desse título), matéria se-

---

6 Sobre responsabilidade em decorrência do inadimplemento, veja-se Regis Fichner Pereira, *A responsabilidade civil pré-contratual*, Rio de Janeiro, Renovar, 2001.

guida pela mora (ou adimplemento parcial, artigos 394 a 401), perdas e danos (artigos 402 a 405), juros legais (artigos 406 e 407), cláusula penal (artigos 408 a 416) e arras ou sinal (artigos 417 a 420).

Na análise do inadimplemento, convém, ainda, examinar alguns dispositivos relativos à responsabilidade civil, notadamente aqueles pertinentes à obrigação de indenizar (artigos 927 e seguintes do Código) e à fixação do montante devido pela indenização (artigos 944 e seguintes), que oferecem parâmetros relevantes ao tema, principalmente no que se refere à reparação.

18.1. A Responsabilidade e seus Elementos

Ao se verificar que uma obrigação deixou de ser cumprida, a primeira questão que vem à cabeça é saber se o devedor tem alguma responsabilidade. Em outras palavras, averigua-se se ele responde pelo inadimplemento: se o devedor pode ser coagido a entregar a prestação, se o devedor terá que indenizar o credor pelos danos decorrentes do descumprimento, se ele, enfim, pode não ser imputado pela falha do adimplemento (e, logo, escapar do dever de indenizar o credor).

De fato, muitas vezes, o credor não obtém o que deseja do devedor. Cumpre analisar, em primeiro lugar, quem responde pelo defeito na prestação da obrigação, até mesmo para, por vezes, concluir que ninguém responde.

Na maioria dos casos, a responsabilidade decorre da violação de um dever jurídico. Noutras vezes, a responsabilidade advém do simples fato de a pessoa explorar uma atividade e a lei impor a ele um ônus, uma majoração de seu risco. Nestes casos, haverá responsabilidade por qualquer dano advindo da exploração da atividade, independentemente da verificação de culpa.

No caso das obrigações, a responsabilidade nasce da transgressão do dever de satisfazer a prestação da forma ajustada.

Classicamente, a responsabilidade decorrente do inadimplemento se assentava nos seguintes elementos: um fato gerador (a existência de uma obrigação lícita e exigível); a culpa do inadimplente; o dano decorrente do descumprimento; o nexo de causalidade, isto é, a relação de causa e efeito que se estabelece entre o ato (o inadimplemento) e o dano.

O conceito era simples: o devedor deixou de cumprir a prestação (logo, havia uma presunção de falha do devedor, caracterizando-se sua culpa). Observava-se o dano sofrido pelo credor e verificava-se se o nexo de causalidade entre o inadimplemento e o prejuízo, ou seja, de que forma o descumprimento contribuiu para o dano. A culpa, o dano e o nexo formavam a tríade elementar da responsabilidade contratual.

Vale examinar com mais acuidade cada um desses elementos, até porque, atualmente, a culpa tem menor relevância e há situações nas quais se deva reparar mesmo sem dar tanta ênfase ao dano, como se verá adiante.

18.1.1. Fato gerador

Pacta sunt servanda. Os contratos devem ser cumpridos. As obrigações devem ser cumpridas. Caso contrário, o devedor ficará inadimplente e receberá do ordenamento jurídico uma resposta a essa falta. Como pressuposto para que exista a responsabilidade pelo inadimplemento, deve haver uma obrigação válida. Afinal, se a obrigação não era lícita, não se pode exigir seu cumprimento.

Além disso, não basta ser lícita, porém a obrigação deve, também, ser exigível; ou seja, o devedor tem o dever de cumpri-la e pode ser concitado a entregar a prestação. Se o credor cobra seu débito antes da data ajustada para cumprimento da obrigação, não haverá inadimplemento. Afinal, o devedor apenas pode ser cobrado a partir do vencimento da obrigação. Caso, ainda, o credor exija o pagamento depois de já prescrito o direito de ação, também faltará exigibilidade e o devedor não estará inadimplente. Veja-se que nos dois casos acima, as obrigações eram lícitas, porém inexigíveis. Logo, afasta-se, nas hipóteses como as que acima se narrou, a responsabilidade.

18.1.2. Culpa

Em 1866, o mundo ganhou uma obra prima. Dostoievski nos deu "Crime e Castigo", um romance perturbador, que narra a história de Raskolnikov, um estudante que comete o assassinato de uma senhora que lhe empresta dinheiro cobrando altos juros. O crime poderia ser perfeito – há até a prisão de um inocente – não fosse a consciência da Raskolnikov, que não convive com a sua culpa. Raskolnikov acaba se entregando e cumpre pena em prisão na Sibéria. O livro fala da culpa. Do descumprimento de um dever e, no caso de Raskolnikov, do sentimento decorrente dessa falha.

A culpa é o descumprimento de um padrão de conduta. No Direito Civil, esse desvio pode dar-se tanto de modo intencional, como ser fruto de mera negligência. A culpa, portanto, é um desvio.

A idéia de que a responsabilidade estaria atrelada à culpa é antiga. A *Lex Aquilia*, antes referida, trouxe, já aos romanos, o conceito de que quem causasse algum dano físico a animais ou escravos de outrem deveria reparar, mas também apresentou a noção de culpa como pressuposto dessa responsabilidade.

No nosso ordenamento jurídico, de um modo geral, há uma relação bem próxima da responsabilidade com a culpa. Isso porque adotamos, como regra, o princípio da responsabilidade subjetiva, para aferir se existe dever de o devedor responder pelo não cumprimento da obrigação. De um modo geral, portanto, não haverá responsabilidade sem culpa (embora, atualmente, haja cada vez mais exceções a essa regra).

Um primeiro passo, portanto, na avaliação da responsabilidade consiste em averiguar se o devedor agiu com culpa. Assim, não é a toa que no capítulo das disposições gerais do Código Civil, referente ao inadimplemento das obrigações, existe a constante referência à culpa.

<small>conceito de culpa</small>

Cumpre, então, indagar: que é a culpa? Há infindáveis definições de culpa, que, muitas vezes, acabam, de modo equivocado, por se amparar no conceito de culpa do Direito Penal.

<small>dolo e culpa</small>

No Direito Penal, há uma divisão, fundamental, entre dolo e culpa: se o autor do ato ilícito age com dolo, ele tinha ciência do resultado de sua conduta, desejava atingi-lo ou, ao menos, imaginou que ele poderia ser atingido. Na culpa, definitivamente, o autor não pretendia nem supunha cometer um ilícito, mas agiu de forma a contribuir para que o ato ilegal ocorresse.

O motorista que dirige numa velocidade excessiva e arremete propositadamente seu carro contra pedestres tem ciência de que seu ato pode ferir, ou mesmo matar, quem for atingido. Este age dolosamente. Outro condutor que, distraído, deixa de frear no momento correto e acaba por lesar um pedestre não pretendia (sequer imaginava) cometer um ilícito. Contudo, foi negligente e, logo, agiu com culpa.

Como o Direito Penal pune a conduta, a divisão entre dolo e culpa revela-se essencial, porquanto a pena é mais severa se o autor do ilícito desejava cometer o mal e, de outro lado, mais branda se o autor do ato não pretendia atuar de modo contrário à lei, embora tenha agido de forma reprovável. O motorista que jogou seu automóvel em cima do pedestre será punido de modo mais duro do que aquele que agiu apenas com culpa.

Para o Direito Civil, contudo, o conceito de culpa é mais amplo. Ele abrange a idéia de dolo e da culpa do Direito Penal. Mais ainda, a culpa civil é mais vasta do que a culpa do Direito Penal.

<small>análise subjetiva</small>

Há, a rigor, duas formas de aferir a culpa. Em primeiro lugar, subjetivamente, analisando de forma específica e em concreto o agente, averiguando se ele atuou com a diligência que habitualmente emprega em seus próprios negócios (*diligentia quam in suis rebus adhibere solet*), ponderando-se, ainda, as suas qualidades e aptidões.

<small>análise abstrata</small>

Depois, afere-se a conduta do agente, abstratamente, comparando-a à atuação do bom cidadão. Toma-se, por padrão, a conduta do bom cidadão, de pessoa correta e diligente, e a confronta com a do agente, para avaliar se a atuação foi adequada.

No primeiro exame, analisa-se o agente em suas peculiaridades. Num plano inicial, aprecia-se a imputabilidade, isto é, se o agente tem maturidade ou sanidade mental para compreender seus atos e as conseqüências dele. Algumas pessoas são inimputáveis: os menores incapazes, os loucos de todo gênero, ou seja, pessoas que não compreendem adequadamente o que fazem. Assim, pode-se dizer que um primeiro pressuposto da culpa é a imputabilidade.

Sendo imputável pelos seus atos, apreciam-se as qualificações do agente, suas peculiaridades e misteres. Se o agente era perito em certas atividades e falhou justo nelas, o seu grau de culpa será maior. Aí está a distinção entre a *culpa in abstracto*, que se mede pela conduta normal do bom pai de família, e a *culpa in concreto*, considerando-se as aptidões específicas do indivíduo.

Caso, por exemplo, esteja-se a falar de um motorista profissional, que perde o controle do veículo, haverá, aqui, uma atitude mais reprovável do que a de um outro, sem as mesmas qualificações no volante. Um especialista em bolsa de valores que faz indicações a um terceiro acerca de investimentos pode ter culpa numa orientação muito equivocada, ao passo que outro – um biólogo, por exemplo – que faça as mesmas indicações, não terá igual responsabilidade.

Nesse particular, a avaliação de culpa pode valer-se do preceito cristão segundo o qual se deve amar ao próximo como a si próprio. O amor próprio deve ser grande, tanto que serve de modelo para a atuação perante o próximo. Assim a diligência nos negócios: a parte deve ter, ao cuidar do interesse dos outros e dos seus, o mesmo cuidado e desvelo.

bonus pater familias

Além dessa apreciação subjetiva, cumpre fazer, como se disse, uma análise abstrata. A culpa irá compreender toda atitude que se desvie do padrão de conduta, que fuja do comportamento normal e esperado das pessoas de bem. Espera-se que as pessoas atuem como um "bom pai de família". Isso mesmo: elege-se o comportamento de uma pessoa de bem como o paradigma de atuação. De acordo com o artigo 1.176 do Código Civil italiano, "no cumprimento da obrigação, o devedor deve usar a diligência do bom pai de família." O artigo 487, nº 2, do Código Civil português prevê que "a culpa é apreciada, na falta de outro critério legal, pela diligência de um bom pai de família, segundo as circunstâncias do caso".

O bom pai de família – o *bonus pater familias* –, portanto, é o padrão. Quem se desvia desse padrão invade a culpa.

Na verdade, as duas formas de se aferir a culpa devem interagir. Aprecia-se, ao mesmo tempo, o padrão abstrato de conduta e as peculiaridades do agente, para, ao final, estabelecer a culpa. Isso mesmo, o padrão de conduta deve ser visto dentro da situação concreta, atentando-se às suas peculiaridades.

Para aferir se existe esse desvio, pode-se fazer uso dos conceitos de imprudência, negligência e imperícia. Imprudência é a falta de cautela. Negligência é a mesma ausência de cautela, mas por conduta omissiva. Por fim, imperícia consiste na falta de habilidade no exercício de certa atividade.[7] Assim, revela-se imprudente aquele que vendeu o bem e, antes de entregá-lo, o expõe a algum risco desnecessário. Será negligente o hospital que não adotar os cuidados com higiene e assepsia. Agirá com imperícia o motorista do táxi que transporta seu passageiro em velocidade superior à permitida. Em todos os exemplos acima, haverá culpa.

<small>imperícia, imprudência e negligência</small>

Vale ressaltar que a boa-fé subjetiva não se associa necessariamente à culpa. O devedor pode estar agindo amparado na mais completa boa-fé, imbuído dos melhores propósitos, mas, por exemplo, adotar conduta negligente no momento de cumprir seus deveres obrigacionais. Pode, pois, agir com culpa.

<small>boa-fé subjetiva</small>

Imagine-se o sujeito que vende seu carro ao seu grande amigo. Entretanto, embora desejando o melhor ao comprador, o tal sujeito, vendedor do carro, deixa de averiguar a adequada situação do freio e o comprador, logo depois de pegar o automóvel, sofre um acidente, em decorrência desse mal estado técnico. Aqui houve a boa-fé subjetiva, pois o vendedor queria apenas o bem do comprador. Faltou, contudo, o dever de cuidado, violando-se a boa-fé objetiva, que permite transparecer a culpa do vendedor.

A lei civil, em poucas situações, faz distinção entre dolo e culpa. Uma delas, com enormes repercussões, ocorre no artigo 392 do Código Civil, que expõe um conceito absolutamente justo de responsabilidade contratual. Nos contratos benéficos (ou seja, naqueles nos quais o devedor realiza uma prestação em favor do credor, que a recebe gratuitamente), responderá o devedor apenas se tiver agido com dolo, isto é, se o inadimplemento se deu por um fato que ele, devedor, intencionalmente deu causa. No inadimplemento de contratos onerosos, todavia, responde o devedor por simples culpa.

<small>contratos benéficos</small>

Na hipótese de alguém fazer uma doação a outrem, e essa doação não se puder concretizar, o doador (devedor da obrigação), apenas responderá se tiver agido com dolo, tendo adotado alguma medida visando a impedir que a doação se implementasse. Se, entretanto, o cumprimento se impossibilita por outro motivo (mesmo que ele tenha agido com culpa), não haverá responsabilidade.

Esse conceito se aplica, por exemplo, no artigo 295 do Código Civil, ao se tratar das cessões de crédito. Segundo a norma, o cedente não responde pela existência do crédito alienado se o negócio foi gratuito. Logo, se um dá, graciosamente, a outro o direito de re-

---

7   Sobre o tema, ver Sergio Cavalieri Filho, *Programa de Responsabilidade Civil*, 2ª ed., São Paulo, Malheiros, 2000, p. 41.

ceber um crédito, não responderá pela sua existência. Entretanto, esse mesmo cedente responderá se tiver agido de má-fé, ou seja, com dolo. Dessa forma, se o cedente sabia que o crédito não existia e ainda assim o transferiu, ele terá responsabilidade. Em outras palavras, a lei faz uma distinção entre a situação do cedente com ou sem dolo, para dizer que apenas este último responderá.

Assim, segundo o artigo 392 do Código, nos contratos benéficos, a parte que dele não se aproveita responde apenas se tiver agido com dolo. Nos contratos onerosos, todas as partes respondem por culpa. Trocando em miúdos, numa doação, por exemplo – típico contrato benéfico –, o doador, que se comprometeu a transferir gratuitamente um bem seu a outrem, o donatário, somente será responsável pela falha dessa obrigação se tiver agido com dolo, ou seja, se o doador tomou medidas visando a frustrar o cumprimento de sua obrigação de doar. Caso a doação se impossibilite por culpa do doador, não haverá responsabilidade, indica o citado artigo 392 do Código Civil.

Com razão, nesses casos, a lei civil distingue dolo e culpa, embora essas hipóteses sejam excepcionais. Em regra, como se disse, os conceitos se equivalem para os fins de fazer nascer a responsabilidade.

grau de culpa

Historicamente, distinguia-se o grau de culpa (culpa grave ou lata, leve e levíssima). Essa gradação se explica em parte porque, inicialmente, não havia uma perfeita separação entre o Direito Civil e o Penal, de sorte que, também na indenização, avaliava-se o grau de reprovabilidade da conduta, o que apenas era possível com a aferição da medida de sua culpa.

Haverá culpa grave – que Pontes de Miranda chama de culpa crassa – se a imprudência, negligência ou imperícia forem grosseiras. Comete erro crasso o médico que, por exemplo, deixa uma tesoura cirúrgica na barriga de sua paciente. Há um velho aforismo jurídico segundo o qual *culpa lata dolo aequiparatur*, isto é, a culpa grave se equipara ao dolo.[8]

Na culpa leve, o ato foi realizado por pessoa prudente, mas que deixou de atender aos adequados padrões de conduta. Finalmente, a culpa levíssima ocorre nas hipóteses nas quais houve um pequeno lapso, embora os deveres normais de cuidado tenham sido observados. Para alguns, mesmo nesses casos de culpa levíssima haverá responsabilidade. Assim Ulpiano, cinco séculos depois da edição da *lex Aquilia*, afirmou *in lege Aquilia et levissima culpa venit*,[9] ou seja: na lei Aquilia (isto é, na responsabilidade decorrente do ato ilícito), mes-

---

8   Há uma discussão acerca dessa equiparação. Luiz Manuel Teles de Menezes Leitão (*Direito das Obrigações*, v. I, 5ª ed., Coimbra, Almedina, 2006, p. 319) entende que essa distinção não subsiste no direito atual, ao passo que Galvão Teles (*Obrigações*, 7ª ed., Coimbra, Coimbra Editora, 1997, p. 358) defende o contrário.

9   Assim se encontra no Digesto, Livro IX, Título II, 44, *Les Cinquante Livrés du Digeste ou des Pandectes*, tome second, traduit en français par M. Hulot, Metz, Chez Behmer et Lamort, 1804, p. 34.

mo a culpa levíssima se encontra inserida. Outra corrente, contudo, entende que a culpa levíssima não gera o dever de reparar. Afinal, o agente adotou os cuidados normais do bom pai de família, sendo surpreendido por uma situação incomum.

Essa discussão – se a culpa levíssima deve ou não ser suficiente para gerar a responsabilidade – tem enorme importância. Atualmente, a maioria da doutrina e da jurisprudência se inclina para entender que qualquer culpa, inclusive a levíssima, faz nascer a responsabilidade. Entretanto, com o advento do parágrafo único do artigo 944 do Código Civil, uma novidade do Código Civil de 2002, essa aferição do grau da culpa ganhou nova importância, como se verá adiante.

Vale dizer que, no direito clássico, essa distinção do grau de culpa deixou de ter maiores interesses, pois houve um deslocamento do critério de aferição do valor da reparação para o dano. Havendo culpa (independentemente de seu grau), a reparação seria mensurada pela extensão do dano sofrido pelo lesado. Diante disso, deixou de ter maior relevância a profundidade da culpa. Esse conceito fica claro na redação do artigo 403 do Código Civil, segundo o qual "Ainda que a inexecução resulte de dolo do devedor, as perdas e danos só incluem os prejuízos efetivos e os lucros cessantes por efeito dela direto e imediato..." Como se nota, a lei brasileira foi clara no sentido de que, no inadimplemento, o grau de culpa não é o fator preponderante (salvo no parágrafo único do artigo 944) para mensurar a indenização, pois a reparação se foca na extensão do dano.

a situação da "carona"

Antes do Código Civil de 2002, havia, entretanto, uma situação na qual essa análise do grau de culpa tinha lugar: a responsabilidade do motorista nos acidentes em transportes gratuitos (a popular carona).

A carona, em termos jurídicos, é um contrato de transporte gratuito. Duas pessoas acertam que uma transportará a outra até certo destino, sem remuneração. Se houver um acidente, o motorista responderia pelo dano causado ao carona, apenas se tivesse agido com dolo (artigo 392 do Código Civil de 2002).

Os tribunais julgaram muitos casos, nos quais se discutia precisamente essa situação. Isso porque, sendo a responsabilidade contratual, há, no inadimplemento, uma presunção de culpa do devedor (na hipótese do motorista, que é o devedor da obrigação de transporte, cuja prestação consiste numa obrigação de fazer: levar uma pessoa de um lugar ao outro. Evidentemente, a pessoa transportada deve chegar ao seu destino incólume). Entendia-se, entretanto, não ser justo que o motorista em transporte gratuito respondesse com qualquer culpa, mas apenas se ele tivesse agido com culpa gravíssima ou dolo.[10] Defendia-se, também, que a carona não possuía natureza contratual. De toda sorte, aferia-se o grau de culpa.[11]

O artigo 736 do Código Civil de 2002, sensível à discussão, expressamente menciona que os casos de transporte gratuito não serão tratados como contratos de transporte. A situação será tratada como responsabilidade extracontratual. Logo, não haverá a presunção de culpa do motorista e o interessado em reclamar a indenização terá que demonstrar a culpa de quem dirigia o veículo, para o fim de ver reconhecida a responsabilidade.

culpa in eligendo

O conceito de culpa civil também abarca a culpa *in eligendo*, consistente na má escolha do preposto, e a *in vigilando*, que resulta da falta de cuidado com a atitude de outra pessoa ou coisa que está sobre a guarda ou responsabilidade do agente.

Se alguém encomenda uma pizza e o entregador, funcionário da pizzaria, a deixa cair, o credor pode reclamar da pizzaria; não pode o restaurante se eximir da responsabilidade alegando que a culpa fora do entregador. Afinal, a pizzaria confiou no seu funcionário e escolheu mal seu empregado, daí dizer-se que a culpa foi na escolha. Há, nesse sentido, até a norma expressa do artigo 932, III, do Código Civil, segundo o qual: "São também responsáveis pela reparação civil: (...) III – o empregador ou comitente, por seus empregados, serviçais e prepostos, no exercício do trabalho que lhes competir, ou em razão dele".

Em Roma, havia a *actio noxalis*,[12] consistente na faculdade de o dono do escravo abandoná-lo para se eximir do dano que este causou.[13] Isso mesmo, o dono do escravo, para escapar de uma responsabilidade causada por este último, poderia enjeitá-lo.[14] Isso, hoje, já não é possível, seja porque a escravidão foi abolida, seja porque

---

10 "A orientação, presentemente, segue o seguinte parâmetro: 'A responsabilidade do transportador gratuito radica no âmbito do dolo ou falta gravíssima. Assim, mera culpa consubstanciada na impossibilidade de impedir o evento danoso não rende ensejo à reparação" (Arnaldo Rizzardo, *A Reparação nos Acidentes de Trânsito*, 9ª edição, São Paulo, Ed. Revista dos Tribunais, 2001, p. 153).

11 "Acidente de Trânsito – Indenização – Transporte gratuito de pessoas – Dolo ou culpa grave do motorista não comprovados – Verba indevida – Inteligência da Súmula nº 145 do STJ.
Ementa da Redação: O transporte gratuito de pessoas, conhecido como carona, é de natureza extracontratual; assim, segundo inteligência da Súmula nº 145 do STJ, o transportador somente responderá civilmente pelos danos causados ao transportado no acidente, se agir com dolo ou culpa grave" (Ap. 86.780-1 – 3ª Câm. – j. 14.02.1997 – Rel. Juiz Lidio José Rotoli de Macedo) (Vilson Rodrigues Alves, *Acidentes de Trânsito e Responsabilidade Civil*, tomo I, 1ª ed., Campinas, Bookseller, 2002, p. 951).

12 *Instituições de Justiniano*, Livro Quatro, Título VIII (A. Coelho Rodrigues, *Institutas do Imperador Justiniano*, tomo II, Recife, Typografia Mercantil, 1979, p. 109).

13 Aguiar Dias, *Cláusula de Não-Indenizar*, 4ª ed., Rio de Janeiro, Forense, p. 15.

14 Paul Frédéric Girard, *Manuel Élémentaire de Droit Romain*, septiéme édition, Paris, Librairie Arthur Rousseau, 1924, p. 720.

não se admite que se exima dessa responsabilidade. A pizzaria, no exemplo acima, não poderá deixar de indenizar pelos atos de seu empregado, mesmo que o demita.

<small>culpa *invigilando*</small>

O artigo 932 do Código Civil, além da hipótese acima referida, arrola outras situações nas quais se responde por ato de terceiro, seja pela culpa *in eligendo*, da que se tratou acima, seja pela culpa pela falta de devida vigilância (*culpa in vigilando*, ou a "falta da devida atenção", como preferia Pontes de Miranda). Se uma criança joga uma pedra numa vidraça, quando seus pais não a observavam adequadamente, quem responde são os pais (artigo 932, I). Se um cão morde uma pessoa, que não o seu dono, a responsabilidade recai sobre este último, que deixou de vigiar o animal (confira-se o artigo 936 do Código).[15] O desvio de conduta encontra-se na ausência de uma adequada atenção ao animal e daí advém a culpa.

<small>ausência de culpa</small>

Até intuitivamente, indaga-se a existência ou não de culpa se uma obrigação não é cumprida. Tome-se a seguinte situação: o bem, objeto da prestação, perece sem a culpa do devedor. A obrigação, nesse caso, se resolve, consoante o artigo 234 do Código Civil, que, expressamente, declara extinta a relação se a coisa certa se perder sem a culpa do devedor.

O ordenamento, como se vê, preceitua que, se a prestação se impossibilita, sem culpa do devedor, a obrigação se resolve. Caso não se identifique a culpa, não surgirá, para o devedor, qualquer dever em decorrência desse incidente. A obrigação se extingue, sem responsabilidade para quaisquer das partes, pela superveniente perda do objeto.

<small>responsabilidade subjetiva</small>

Isso porque, como antes já se ressaltou, o nosso ordenamento abraçou a teoria da responsabilidade subjetiva. A responsabilidade, em regra, depende de a situação ser imputável ao devedor, ou seja, o fato que gerou o inadimplemento encontra-se relacionado com uma ação ou omissão do devedor (em outras palavras: ele teve culpa).

Havendo impossibilidade no cumprimento da obrigação por fato alheio ao devedor, a obrigação terá fim, sem que disso advenha qualquer responsabilidade (artigos 234 na obrigação de dar coisa certa, 238 na obrigação de restituir, 248 nas obrigações de fazer e 250 nas obrigações de não fazer).

O Código Civil alemão, no § 275, I, oferece a regra geral segundo a qual não se pode exigir a prestação se esta se tornar impossível.

Caso a prestação devida se revele de impossível execução, sem que para isso o devedor tenha contribuído, o devedor ficará, pois, exonerado. Esta impossibilidade pode ser de natureza física (o objeto da prestação que se perdeu sem culpa do devedor) ou jurídica (a prestação

---

15 Clayton Reis, "Responsabilidade Civil pelo Fato ou Guarda de Animais Ferozes", in *Revista da EMERJ*, nº 29, 2005, pp. 87/106.

tornou-se ilícita, por conta da promulgação de uma lei superveniente ao negócio), objetiva ou subjetiva (conforme ela incida com relação apenas ao devedor ou a toda a coletividade), total ou parcial e, ainda, definitiva ou temporária. Em todos esses casos não há que se falar em responsabilidade porque o fato não é imputável ao devedor.

responsabilidade contratual e extracontratual

Em relação à culpa, há uma fundamental distinção entre a responsabilidade contratual e a extracontratual (aquela que se origina da infração de um ilícito não contratual): na contratual, há uma presunção de culpa do devedor no inadimplemento. Isto é, se alguém compra uma mercadoria e espera receber no dia ajustado, o simples fato de a prestação não ser entregue na data já cria a presunção de que o devedor agiu culposamente. Caberá ao devedor demonstrar que não teve culpa com o atraso na entrega do bem.

Diferentemente, na responsabilidade extracontratual, compete, em regra, ao lesado demonstrar que o autor do ilícito teve culpa. Assim, se alguém reclama a indenização porque recebeu uma batida de carro, este deve provar que a culpa pela colisão foi do reclamado.

Dessa forma, de modo geral, no inadimplemento contratual há uma presunção de culpa do devedor, cabendo a ele ilidir essa suposição,[16] ao passo que, na responsabilidade extracontratual, o ônus de prova da culpa pelo ato ilícito é do lesado, que reclama uma indenização. Essa inversão terá profundas conseqüências.

ônus da prova

Cumpre anotar, ainda tratando de culpa, a situação da inversão do ônus da prova. Em geral, consoante a regra do artigo 373, I, do Código de Processo Civil, a prova do fato cabe a quem o alega. Se uma pessoa reclama uma indenização, alegando-se vítima de um ato ilícito, compete a ela demonstrar os fatos que fundamentam a sua pretensão.

Em algumas situações, contudo, admite-se a inversão do ônus da prova, isto é, o direito transfere o ônus de demonstrar o fato ao suposto autor da lesão. Isso ocorre, por exemplo, nas relações de consumo, nas quais o juiz está autorizado a inverter o ônus da prova se entender que o fato alegado pelo consumidor for verossímil ou o consumidor hipossuficiente, consoante assegura o artigo 6º, VII, da Lei nº 8.078, de 11.09.1990.

Deve-se ter presente que esses casos não se relacionam à responsabilidade objetiva, como se verá logo abaixo. A inversão apenas tem lugar se for necessário demonstrar a culpa, quando o ônus dessa demonstração é invertido.

Nos casos de responsabilidade contratual, consoante já se teve oportunidade de frisar, o ônus da prova de ausência de culpa recai sobre o devedor que deixou de oferecer a prestação.

---

16   No direito português há regra expressa nesse sentido: o artigo 799, I, do Código Civil.

18.1.2.1. Responsabilidade sem culpa

Todo o conceito clássico de responsabilidade, seja contratual ou extracontratual, encontra-se amalgamado à noção de culpa. De fato, a culpa funcionava como elemento central da responsabilidade. Houve a época na qual se ostentava o conceito "pás de responsabilité sans faute",[17] isto é, não se admitia a responsabilidade sem culpa. A culpa, portanto, era colocada num pedestal e lá permanecia intocada.[18, 19] Apresentava-se a culpa, até mesmo, como fundamento da responsabilidade civil, a ponto de Chironi, um autor clássico, definir: "Effetti della colpa è la responsabilitá che induce il resarcimento".[20] Hoje, entretanto, a verificação da culpa, embora relevante, já não desfruta da posição central.

O ordenamento jurídico admite algumas situações nas quais existe a responsabilidade mesmo sem culpa. O devedor responde sem culpa (a) nos casos de mora (o que se verá adiante), (b) se houver ajuste contratual nesse sentido e (c) nas hipóteses nas quais a lei impõe a responsabilidade objetiva.

Tenha-se presente que as partes podem ajustar contratualmente que o devedor responderá pelo inadimplemento independentemente de culpa. Nesses casos, o fato de o descumprimento da obrigação ter-se dado por motivo inevitável é irrelevante. O devedor responderá pelos eventuais danos causados pelo inadimplemento.

O afastamento da responsabilidade sem culpa, contudo, jamais abrange o dolo. Ou seja, é licitamente possível afastar a responsabilidade se o inadimplemento se deu por culpa, porém não se admite que se exima a responsabilidade caso o descumprimento tenha ocorrido por dolo do devedor. Isso representaria a premiação da má-fé, o que, evidentemente, não se cogita.

---

17 "A teoria da culpa, resumida, com alguma arrogância, por Von Jhering, na fórmula 'sem culpa, nenhuma reparação', satisfez por dilatados anos à consciência jurídica, e é, ainda hoje, tão influente que inspira a extrema resistência oposta por autores insignes aos que ousam proclamar a sua insuficiência em face das necessidades criadas pela vida moderna, sem aludir ao defeito da concepção em si mesma" (Aguiar Dias, *Da Responsabilidade Civil*, 10ª ed., Rio de Janeiro, Forense, 1997, p. 43).

18 "A responsabilidade civil, em face da teoria clássica, pressupunha a culpa. Em não havendo culpa, responsabilidade não havia" (Agostinho Alvim, *Da inexecução das obrigações e suas conseqüências*, 2ª ed., São Paulo, Saraiva, 1955, p. 260).

19 "Tôda a teoria tradicional da responsabilidade repousava sobre a velha idéia de culpa: não há responsabilidade sem culpa provada; era um dogma milenário, herdado do direito romano, uma verdade primária que as gerações de juristas se transmitiam de século em século, e que resistia a tudo, mesmo às transformações políticas mais violentas, às revoluções, às mudanças de legislação e às codificações" (Louis Josserand, "Evolução da Responsabilidade Civil", *in Revista Forense*, vol. 86, 1941, p. 550).

20 G. P. Chironi, *La Colpa nel Diritto Civile Odierno – Colpa Contrattuale*, 2ª edizione, Torino, Fratelli Bocca Editori, 1897, p. 11.

A aferição de culpa justifica moralmente o dever de reparar. Ela faz justa a obrigação de indenizar o dano causado. Contudo, muitas vezes, há um interesse social de que se repare o lesado, independentemente de o autor do dano ter cometido alguma falha no seu procedimento. Em função disso, a importância da culpa foi-se erodindo.

risco

Saleilles e Josserand representam os dois arautos de uma teoria da responsabilidade civil na qual se enfatizava o risco, ao invés da culpa. Estes dois juristas viveram na virada do século XIX para o XX.

Saleilles escreveu, em 1897, um pequeno clássico jurídico: *Les accidents de travail et la responsabilité civile: Essai d'une Théorie Objective de la Responsabilité Délictuelle*. Nesse trabalho, Raymond Saleilles, examinando a situação dos acidentes de trabalho e a responsabilidade dos donos das fábricas (que, até então, ficavam imunes porque não se poderia estabelecer a culpa deles), propôs que, nesses casos, se apurasse apenas a relação de causalidade entre o fato e o dano, deixando-se a culpa em segundo plano. Com isso, haveria uma responsabilidade independentemente de culpa.

O que acontecia nos acidentes de trabalho era mesmo injusto. Com a revolução industrial, proliferou-se o número de fábricas. As máquinas ainda eram rudimentares, o que levava ao acidente de muitos trabalhadores. Infelizmente, os acidentados sofriam severamente para reclamar uma indenização, pois o sistema de responsabilidade civil estava, como se disse, muito apegado ao conceito de culpa. Era difícil estabelecer, nesses casos, a culpa do dono da fábrica. Daí Saleilles defender que, nas situações dos acidentes de trabalho, se deveria estabelecer a responsabilidade mesmo sem culpa.

Convido, nesse momento, o leitor a imaginar como eram as condições de trabalho no início da revolução industrial. Remeta-se a algum cenário dos livros de Dickens, de uma Londres suja e fétida, de meados do século XIX, onde uma enorme população de miseráveis trabalhava dezesseis horas por dias em fábricas escuras e sombrias. Isso porque, com a revolução industrial instaurou-se uma nova forma de exploração do trabalho, no qual o homem atuava, lado a lado, com máquinas, inicialmente muito rudimentares. Havia acidentes de trabalho em profusão. Como se expôs – e isso não é difícil imaginar –, essas máquinas acidentalmente mutilavam os trabalhadores, sendo conveniente e fácil aos donos das fábricas alegar, para se eximir de qualquer responsabilidade, que não poderiam ser imputados porque não tinham culpa pelo que a máquina fizera. Desenvolveu-se, para evitar essa "defesa", a teoria do risco: quem se beneficia dos bônus da atividade, deve, também, arcar com os seus ônus. O dono da fábrica, que recebe os lucros do negócio, deveria, igualmente, suportar os revezes. Eles, assim, ficam responsáveis perante os seus funcionários lesados. A teoria do risco, pode-se dizer, representa a resposta do Direito às iniqüidades advindas da revolução industrial.

Quando, em seguida, Louis Josserand explica o papel da culpa na teoria da responsabilidade civil, o mestre de Lyon (ou Lião, como preferem os puristas) indica que não se está tratando de uma "evolução", mas de verdadeira "revolução". O conceito então preconizado era simples: aquele que se beneficia ou realiza atividade, que coloque terceiros em risco, fica obrigado, em contrapartida, a reparar eventuais prejuízos decorrentes dessa atividade.[21]

responsabilidade objetiva

Estabeleceu-se, a partir de então, uma sólida sustentação jurídica para a responsabilidade objetiva, que prescinde da culpa, sendo certo que essa forma de responsabilidade ganha maior importância a cada dia. Denomina-se responsabilidade objetiva para diferi-la da subjetiva, na qual se examina a culpa (e, logo, aprecia-se a questão de modo subjetivo).

Inicialmente, a lei estabeleceu uma série de casos, nos quais a responsabilidade se daria mesmo sem culpa, isto é, objetivamente. Esses casos, inicialmente, eram apenas aqueles expressamente referidos na lei. Assim, a responsabilidade civil, de forma geral, era subjetiva, havendo, contudo, casos excepcionais, todos referidos em lei, nos quais a responsabilidade era objetiva.

Assim, por exemplo, a Lei das Estradas de Ferro (Decreto nº 2.681, de 7.12.1912), o Código Brasileiro do Ar (Decreto-Lei nº 483, de 8.6.1938) e o atual Código Brasileiro de Aeronáutica (Lei nº 7.565, de 19.12.1986), a Lei nº 6.453, de 17.10.77, referente à responsabilidade por danos nucleares, a Lei nº 6.938, de 31.8.81, que cuida do dano ambiental, o Código do Consumidor – Lei nº 8.078, de 11.9.90 – estabelecem uma série de situações nas quais a responsabilidade do prestador de serviço ou do fornecedor independe de culpa.[22]

Paradoxalmente, o artigo 7º, XXVIII, da Constituição Federal apresenta o conceito de que a responsabilidade do empregador em relação aos acidentes de trabalho de seu empregado depende de dolo ou culpa.

Eis o seguinte acórdão:

"Para a existência do dever de reparar o dano causado, alguns pressupostos devem estar presentes, sem os

---

21 Assim escreveu Ripert, nos anos 20: "Aqueles que se entregam a uma atividade lícita, mas perigosa, tem obrigação de não causar prejuízo a outrem, ou, em todo o caso, de reparar o prejuízo que causaram" (*A regra moral nas obrigações civis*, 2ª ed., Campinas, Bookseller, 2000, p. 237). Ripert ainda ressalta: "A fórmula que resume a teoria do risco despojada de todas as restrições de ordem técnica que se podem atribuir é a seguinte: todo prejuízo deve ser atribuído ao seu autor e reparado por aquele que o causou, porque todo problema de responsabilidade civil resolve-se em um problema de causalidade; ou ainda: qualquer fato do homem obriga aquele que causou um prejuízo a outrem repará-lo" (*op. cit.*, p. 213).

22 Sobre o tema, Guilherme Couto e Castro, *A responsabilidade civil objetiva no direito brasileiro*, 2ª ed., Rio de Janeiro, Forense, 1997, e Sergio Cavalieri Filho, *Programa de Responsabilidade Civil*, 2ª ed., São Paulo, Malheiros, 2000, pp. 146-156.

quais o próprio instituto da responsabilidade não pode subsistir, quais sejam, o dano experimentado pelo ofendido, a ação ou a omissão do causador, o nexo de causalidade e a culpa ou o dolo. Trata-se do estabelecimento do nexo causal entre a lesão e conduta omissiva ou comissiva do empregador, sabendo-se que o direito trabalhista brasileiro alberga tão-somente a teoria da responsabilidade subjetiva, derivada de culpa ou de dolo do agente da lesão em matéria trabalhista (CF, art.7º, XXVIII)".[23]

O parágrafo único do artigo 927 do Código de 2002, contudo, rompe com o paradigma de que todos os casos de responsabilidade objetiva deveriam vir explicitados na lei de forma expressa. Isso porque ele cria uma situação de responsabilidade objetiva aberta, aplicável sempre que a atividade normalmente desempenhada pelo autor do dano possa causar riscos aos direitos de outrem.

Eis o que diz a norma:

> "Art. 927. (...)
> Parágrafo único. Haverá obrigação de reparar o dano, independentemente de culpa, nos casos especificados em lei, ou quando a atividade normalmente desenvolvida pelo autor do dano implicar, por sua natureza, risco para os direitos de outrem."

Aí está a cláusula geral de responsabilidade objetiva (independentemente de culpa), nas hipóteses nas quais houver previsão em lei especial ou risco criado pela atividade desenvolvida.

A efetiva novidade do parágrafo único do artigo 927 está em ampliar a responsabilidade objetiva para incluir a teoria do risco,[24] que visa a distribuir a responsabilidade de um modo mais justo, ainda que não exista culpa de quem deva reparar o dano.

Em outras palavras, deixa de haver, a partir do Código Civil de 2002, o conceito de que as hipóteses de responsabilidade civil deve-

---

23 TST, 7ª Turma, AIRR 289/2006-069-03-40, Relator Ministro Ives Gandra Martins Filho, publicado em 6.6.2008.

24 "Na busca de um fundamento para a responsabilidade objetiva, os juristas, principalmente na França, conceberam a *teoria do risco*, justamente no final do século XIX, quando o desenvolvimento industrial agitava o problema da reparação dos acidentes de trabalho. Risco é perigo, é probabilidade de dano, importando, isso, dizer que aquele que exerce uma atividade perigosa deve-lhe assumir os riscos e reparar o dano dela decorrente. A doutrina do risco pode ser, então, assim resumida: todo prejuízo deve ser atribuído ao seu autor e reparado por quem o causou, independentemente de ter ou não agido com culpa. Resolve-se o problema na relação de causalidade, dispensável qualquer juízo de valor sobre a culpa do responsável, que é aquele que materialmente causou o dano" (Sergio Cavalieri Filho, *Programa de Responsabilidade Civil*, 2ª ed., São Paulo, Malheiros, 2000, p. 143).

riam sempre vir expressamente explicitadas na lei. Se houver risco na atividade, haverá, aqui também, a responsabilização independentemente de culpa.

Ressalte-se que o conceito "atividades de risco" é aberto. Não há, na lei, uma definição do que seja a atividade de risco. Uma leitura restritiva desse conceito colocaria como atividade de risco apenas aquelas relacionadas a produtos e serviços notoriamente perigosos, como explosivos e tóxicos. Outra leitura, contudo, abre o conceito de risco para muitas outras atividades, como uma academia de ginástica ou o *buffet* de uma festa, por exemplo.

Vale lembrar que muitos dos casos de responsabilidade objetiva encontrados no dia-a-dia já se vêem previstos na Lei do Consumidor, segundo a qual haverá responsabilidade objetiva pelo fato do serviço ou do produto.

Imagine-se a situação do motorista de ônibus que atropela um transeunte que atravessava na faixa, embora o sinal permitisse a passagem do coletivo. Embora não se deva atravessar com o sinal aberto para os veículos, impõe-se ao motorista manter-se alerta ou atento aos pedestres. Parece razoável defender que a atividade da empresa de transporte deva, nesses casos, suportar esse risco.

> risco empresarial

Em tempo, cumpre destacar a redação do artigo 931 do Código Civil, inovando em relação à Lei anterior:

> "Art. 931. Ressalvados os outros casos previstos em lei especial, os empresários individuais e as empresas respondem independentemente de culpa pelos danos causados pelos produtos postos em circulação."

O artigo 931 do Código Civil inova ao ajustar uma ampla responsabilidade objetiva a todos os empresários individuais e empresas pelos eventuais danos causados por produtos que coloquem em circulação.

O Código reverbera e simplifica a noção de responsabilidade objetiva que, antes, havia nas relações de consumo, para os casos de responsabilidade pelo fato do produto ou do serviço (artigos 12 e 14 da Lei nº 8.078, de 11.9.1990, o Código do Consumidor).

Os citados artigos 12 e 14 da Lei do Consumidor determinam a responsabilidade objetiva do fornecedor ou do prestador de serviço se o produto ou o serviço causar dano ao consumidor. O dispositivo do Código Civil amplia a responsabilidade objetiva: primeiro, não faz nenhuma exigência que ela se dê apenas em relações de consumo (quem sofre o dano não precisa, necessariamente, ser o consumidor para invocar a responsabilidade objetiva); depois, a lei civil não se perde nas minúcias da lei consumeirista: é direta e, logo, mais prática, como deve ser uma regra legal.

Embora o dispositivo trate apenas dos "produtos" (e não dos serviços), a regra não faz a restritiva referência à "atividade de risco". Dessa forma, afasta-se a aferição de culpa para um enorme gama de situações. Com efeito, o artigo 931 trata do "risco empresarial".

Esses casos se relacionam inclusive ao risco de desenvolvimento dos produtos, como se dá, para dar bons exemplos, com os alimentos transgênicos ou com efeitos do uso constante de telefone celular, danos cuja extensão apenas o futuro nos dirá.

18.1.3. Dano

O dano pode ser definido como a diminuição do patrimônio ou a ofensa a interesse juridicamente protegido, sem a permissão do titular.

Na responsabilidade civil, em que se afere os efeitos do ato ilícito lesivo, o dano tem papel de destaque, uma vez que apenas haverá dever de indenizar se demonstrado o efetivo prejuízo. Em outras palavras, o ato ilícito que não tiver causado qualquer prejuízo não acarretará o dever de indenizar ao seu agente. Este, nada terá que reparar, por mais reprovável que seja a sua conduta. Por isso, sustenta-se que o dano é um dos elementos essenciais da responsabilidade.

Na responsabilidade decorrente do inadimplemento de uma obrigação, o dano se presume. Afinal, o credor tem o direito a receber uma prestação, o que é frustrado pelo devedor, que não a entrega. Isso, por si só, gera um dano. Afinal, o dano nada mais é do que a perda de uma vantagem, a perda de um proveito desfrutado por alguém. Para que o dano tenha repercussão jurídica, essa perda deve ser de objeto sob o qual o titular desfrute de proteção jurídica. A questão passa a ser a mensuração desse dano.

Imagine-se o sujeito que amava a sua namorada, mas esta, a despeito de tanto amor, resolve romper o relacionamento. O dano do tal sujeito é imensurável, profundo e penoso. Entretanto, para o mundo jurídico, esse dano, a princípio, não oferece repercussão (até porque a tal mulher não cometeu um ato ilícito ao decidir separar-se). Entretanto, esse mesmo sujeito, que comprara uma passagem de avião para o Alasca (na expectativa de "congelar" suas lembranças), não consegue embarcar porque a empresa aérea cancela o vôo. Note-se que, neste último caso, o sujeito tem um crédito apreciável juridicamente. Há uma prestação por ser cumprida, consistente nesse transporte para o Alasca, que não é feito. Neste caso, embora o dano dele seja bem menor do que o causado pela sua ex-namorada, há a possibilidade de reclamar a indenização desse dano, porque, desta feita, o bem jurídico que se perdeu era tutelado juridicamente.

Em regra, diante do inadimplemento, o credor tem o direito de reclamar a prestação (ou seja, o objeto da obrigação), não havendo, nesse momento, necessidade de demonstrar a existência de um dano (afinal, este se presume).

Se o inadimplemento gerar um prejuízo – seja porque, diante dele, já não há mais proveito no cumprimento, seja porque o inadimplemento imperfeito trouxe dano –, o credor poderá reclamar uma indenização. Nesta hipótese, ele terá que demonstrar a extensão de seu dano, como se verá em capítulo abaixo dedicado especificamente às perdas e danos.[25]

Tenha-se presente, contudo, que o dano não deve ser necessariamente patrimonial. O prejuízo pode ser apreciável economicamente ou não. Diante de uma lesão antijurídica que comprometa um bem haverá dano. O dano moral, por exemplo, que traga um combalimento psíquico ao lesado não terá, pela sua natureza, conteúdo econômico, sendo certo, de toda sorte, que representa um dano, com repercussões jurídicas, se sua origem foi uma conduta contrária ao Direito.

18.1.4. Nexo de causalidade

Tratou-se da culpa e do dano. Falta, ainda, examinar o nexo de causalidade. Introduza-se o tema contando o seguinte caso: um senhor idoso, nonagenário, foi ao seu médico e disse que sua nova esposa, de dezoito anos, estava grávida dele. O médico, então, pediu ao seu cliente que imaginasse o seguinte: ele, senhor nonagenário, teria ido caçar. Todavia, por engano, ao invés de pegar a sua espingarda, levou por engano um guarda-chuva. Sem notar o equívoco, inicia a caçada e, de repente, aparece um urso. "Pois o senhor – diz o médico – mira seu guarda-chuva no urso e 'bang' o animal está morto." O senhor interrompe o médico para dizer que aquilo era impossível; como ele estava com o guarda-chuva, outra pessoa deve ter atirado no urso. Foi outra pessoa que matou o animal. "Eis o ponto!", exclamou o doutor. O médico tinha acabado de explicar ao seu paciente o que era nexo de causalidade.

---

25   Eis o seguinte acórdão do STJ:
"Indenização. Contrato de mediação de seguros. Quebra da exclusividade. Pretensão da corretora de receber comissão a título de lucros cessantes. Interesse positivo. Prova. Ausência de dano.
– O lucro cessante não se presume, nem pode ser imaginário. A perda indenizável é aquela que razoavelmente se deixou de ganhar. A prova da existência do dano efetivo constitui pressuposto ao acolhimento da ação indenizatória" (REsp. 107426, 4ª Turma do STJ, Rio Grande do Sul, Relator Ministro Barros Monteiro, *DJ* 30.04.01, p. 137).

Para se reconhecer o dever responder pelo inadimplemento, deve-se observar a existência de um ato, ativo ou omissivo, do devedor, que resultou na falha da entrega da prestação e, daí, gerou dano ao credor. Em outras palavras, deve haver um liame, um fio condutor, no qual se demonstre que a falha do devedor gerou o dano do credor. Denomina-se, pois, nexo de causalidade a relação que se estabelece entre o ato (por ação ou omissão) do devedor e o dano experimentado pelo credor. Evidentemente, para que se verifique o dever de indenizar, deve estar presente essa relação de causa e efeito – o nexo de causalidade – entre o fato gerador e o dano.

Tome-se a situação da pessoa que comprou um carro, mas não o recebeu no dia ajustado. O credor, que sofreu com o inadimplemento, reclama a entrega do carro e uma indenização do devedor, de muitos e muitos milhões de reais. Segundo o credor lesado, como não obteve o carro no dia ajustado, ficou sem locomoção e deixou de ir a uma casa lotérica, onde ele iria adquirir um bilhete que, por sua vez, seria premiado e, por conta dessa sucessão de fatos, o credor do carro ganharia uma fortuna. Evidentemente que, no exemplo que se acabou de dar, não existe uma mínima relação de causa e efeito entre o inadimplemento (a não entrega do carro no dia convencionado) e o dano (a perda de milhões porque não se teria comprado um bilhete premiado). O suposto dano não decorre do descumprimento da obrigação, daí porque o devedor não terá que arcar com os milhões pleiteados pelo credor. Logo se vê a importância do nexo de causalidade, pois, uma vez afastado, rompe-se a responsabilidade.

Consoante se examinou acima, a culpa tem, hoje em dia, sua força mitigada como elemento central da responsabilidade. Atualmente, o exame mais atento passou a ser do nexo de causalidade. Afinal, nos diversos casos nos quais se aplica a teoria do risco, a responsabilidade dependerá, na maior parte, da verificação desse nexo.

Especificamente em relação ao inadimplemento, isto é, à falha no cumprimento de uma obrigação, a análise de nexo não tem maior importância se o credor deseja apenas ver cumprida a prestação. Com efeito, se o devedor deixou de entregar a prestação e o credor ainda tem interesse nela, está facultado ao credor exigir esse cumprimento (para isso, não haverá maiores indagações acerca do nexo de causalidade).

Entretanto, se o inadimplemento gerou danos e o credor tiver interesse em reclamar uma indenização (a fim de reparar esses danos), caberá a ele demonstrar o nexo de causalidade entre o ato (a ausência de prestação, ou a ausência de prestação adequada) e a perda.

Para destrinçar esses casos, cumpre analisar, com mais profundidade, o nexo de causalidade.

Não há dúvida de que o nexo de causalidade é o mais temível dos elementos da responsabilidade civil.[26] Há uma série de teorias que buscam explicar o fenômeno. Muitas delas são aplicadas pelos nossos Tribunais, sem que se possa apontar uma linha dominante.

teoria da equivalência das condições

A teoria da equivalência das condições admite existir o nexo de causalidade caso se verifique presente, na conduta daquele a quem se quer imputar a responsabilidade, um fato que possa ser considerado como causa suficiente para gerar o dano. Deve-se apenas indagar: "se tal ato não tivesse ocorrido, haveria o dano?" Se a resposta for negativa, haverá nexo suficiente para gerar a responsabilidade.

teoria da casualidade adequada

Para a teoria da causalidade adequada, a causa do dano deve ser o ato que, em abstrato, conduziria à conseqüência. Nesta teoria, recorre-se à probabilidade: se, abstratamente, de certo fato normalmente chega-se a tal resultado, então, no caso concreto, o certo fato deve ser considerado a causa do dano.

teoria do dano direto e imediato

O nosso sistema parece ter adotado, no artigo 403, a teoria do dano direto e imediato,[27] isto é, apuram-se os danos que decorrerem direta e imediatamente do ato (já era assim no artigo 1.060 do Código de 1916, que, por sua vez, se espelhou no artigo 1.229 do Código francês, repetindo lição de Domat).

Para chegar a essa conclusão, não se pode deixar de apreciar o conceito da causalidade adequada, antes referida, apreciando-se sempre qual seria a conseqüência normal do fato gerador.

Concorda-se que deva haver um liame entre o fato gerador e o dano, podendo-se aferir uma relação de causa e efeito entre os dois. Esse singelo conceito, a que se acabou de recorrer, na prática, revela-se de aplicação complexa.

Conta-se a história do ferreiro do rei, que deixa de selar o cavalo do monarca. Este vai para a guerra e, por conta do trabalho ruim do ferreiro, tomba do cavalo. Perde-se a guerra. Cai o reino. Pode-se responsabilizar o ferreiro?

Outro caso divertido é narrado pelo civilista português Manuel de Andrade: um homem vive as turras com a sua mulher. Entrega-se à bebida para atenuar a amargura de seu casamento. Uma noite ao chegar embriagado em casa, inicia uma discussão com a mulher. Exalta-se, saca uma pistola e atira na sua mulher, ferindo-lhe levemente a mão. A mulher, contudo, não procura um médico,

---

26 Agostinho Alvim reconhece que a teoria do nexo causal "encerra muitas dificuldades" (*Da inexecução das obrigações e suas conseqüências*, 2ª ed., São Paulo, Saraiva, 1955, p. 366). Caio Mário da Silva Pereira, por sua vez, aponta que "Este é o mais delicado dos elementos da responsabilidade civil e o mais difícil de ser determinado" (*Responsabilidade Civil*, 6ª edição, Rio de Janeiro, Forense, 1995, p. 76).

27 "Rigorosamente, o têrmo imediato significa sem intervalo; e direto, aquilo que vem em linha reta, haja ou não intervalo" (Agostinho Alvim, *Da inexecução das obrigações e suas conseqüências*, 2ª ed., São Paulo, Saraiva, 1955, p. 382).

mas um curandeiro. O ferimento infecciona e a mulher acaba morrendo (o que não aconteceria se tivesse ido a um hospital). Qual a causa da morte? Um médico diria que a culpa é do curandeirismo. Quem defende a "lei seca" dirá que a culpa é do álcool. Um pacifista sustentará que a culpa é das armas. Por fim, um reformador social advogará que a culpa está na falta de leis adequadas acerca do divórcio.[28] Há sempre mais de uma causa, sendo relevante notar qual delas prepondera. Para isso, cumpre apreciar o que normalmente ocorre, ou seja, qual a conseqüência normal do ato.

A teoria da causalidade adequada, que demonstra o caminho para se chegar ao "dano direto e imediato", de que fala o artigo 403 do Código, reclama a observação "daquilo que normalmente ocorre" (*id quod plerumque accidit*). Segundo o curso normal das coisas, qual seria a conseqüência de um tal ato. A conseqüência normal de alguém deixar um picolé fora da geladeira é a de que ele derreta. A conseqüência normal de alguém dar um tiro no coração de outrem é que a vítima venha a morrer.

Daí parte-se para uma prognose retrospectiva, isto é, a partir do fato consumado busca-se aferir qual teria sido a sua causa. Muitas vezes, a causa é absolutamente previsível, ou, ao menos, muito provável. Eis, aí, o nexo de causalidade.

Há dois casos conhecidos julgados pelo Supremo Tribunal Federal. No primeiro, de 1992 (RE nº 130.764-1/PR), do qual foi relator o Ministro Moreira Alves, um marginal, que fugiu da prisão, cometeu um crime, meses depois de sua evasão. O lesado, atacado pelo tal bandido fugitivo, reclamou do Estado do Paraná uma indenização, porque o Estado permitira a fuga. De fato, se o infrator não tivesse escapado, não teria cometido o crime. O STF entendeu que não havia nexo causal, porque não viu uma relação direta entre a fuga e o delito, em função do tempo – 21 meses – transcorrido entre os dois fatos – a fuga e o crime.[29]

---

28 Manuel de Andrade, *Teoria Geral das Obrigações*, 3ª ed., Coimbra, Almedina, 1966, p. 350.
29 "Ementa: Responsabilidade civil do Estado. Dano decorrente de assalto por quadrilha de que fazia parte preso foragido vários meses antes. – A responsabilidade do Estado, embora objetiva por força do disposto no artigo 107 da Emenda Constitucional nº 1/69 (e, atualmente, no parágrafo 6º do artigo 37 da Carta Magna), não dispensa, obviamente, o requisito, também objetivo, do nexo de causalidade entre a ação ou a omissão atribuída a seus agentes e o dano causado a terceiros. – Em nosso sistema jurídico, como resulta do disposto no artigo 1.060 do Código Civil, a teoria adotada quanto ao nexo de causalidade é a teoria do dano direto e imediato, também denominada teoria da interrupção do nexo causal. Não obstante aquele dispositivo da codificação civil diga respeito a impropriamente denominada responsabilidade contratual, aplica-se ele também a responsabilidade extracontratual, inclusive a objetiva, até por ser aquela que, sem quaisquer considerações de ordem subjetiva, afasta os inconvenientes das outras duas teorias existentes: a da equivalência das condições e a da causalidade adequada. – No caso, em face dos fatos tidos como certos pelo acórdão recorrido, e com base nos quais reconheceu ele o nexo de causalidade indispensável para o reconhecimento da responsabilidade objetiva constitucional, e inequívoco

Em outro caso, julgado em 2000 (RE nº 136.247/RJ), do qual foi relator o Ministro Sepúlveda Pertence, o mesmo ocorreu: um bandido fugiu da prisão e cometeu um crime. Neste caso, contudo, o crime cometido foi quase imediatamente após a fuga. Diante disso, entendeu-se que havia o nexo e o Estado foi responsabilizado.[30]

A verdade é que não existe uma uniformidade no tratamento dos Tribunais acerca do nexo causal. Muitas vezes não será possível ter a certeza absoluta do liame causal, sendo necessário, nestes casos, recorrer-se da experiência e da probabilidade.[31]

<small>caso fortuito e força maior</small>

Há situações que rompem o nexo de causalidade, excluindo, dessa forma, a responsabilidade. Isso vai ocorrer nas situações de caso fortuito e força maior, assim como se houver contribuição, para o inadimplemento, de ato de terceiro ou do próprio credor.

Examinem-se, inicialmente, as hipóteses de caso fortuito e de força maior, que vão interromper o nexo de causalidade entre a conduta do devedor e o dano experimentado pelo credor. Diante disso, a presença dessas duas situações afastará a responsabilidade, garante o artigo 393 do Código Civil.

Os conceitos de caso fortuito e de força maior são, na maioria das vezes, tratados indistintamente como qualquer fato alheio ao controle do devedor, que impossibilite o cumprimento da prestação devida.[32] Nisso consiste a definição encontrada no parágrafo único do artigo 393 do Código Civil:

---

que o nexo de causalidade inexiste, e, portanto, não pode haver a incidência da responsabilidade prevista no artigo 107 da Emenda Constitucional nº 1/69, a que corresponde o parágrafo 6º do artigo 37 da atual Constituição. Com efeito, o dano decorrente do assalto por uma quadrilha de que participava um dos evadidos da prisão não foi o efeito necessário da omissão da autoridade pública que o acórdão recorrido teve como causa da fuga dele, mas resultou de concausas, como a formação da quadrilha, e o assalto ocorrido cerca de vinte e um meses após a evasão. Recurso extraordinário conhecido e provido" (STF, RE nº 130.764/PR, Relator Ministro Moreira Alves, julgado em 15.05.1992).

---

30 "Ementa: Responsabilidade civil do Estado: fuga de preso – atribuída à incúria da guarda que o acompanhava ao consultório odontológico fora da prisão – preordenada ao assassínio de desafetos a quem atribuía a sua condenação, na busca dos quais, no estabelecimento industrial de que fora empregado, veio a matar o vigia, marido e pai dos autores: indenização deferida sem ofensa do art. 37, § 6º, da Constituição" (STF, RE nº 136.247/RJ, Relator Ministro Sepúlveda Pertence, julgado em 20.06.2000).

31 "Nem sempre há certeza absoluta de que certo fato foi o que produziu determinado dano. Basta um grau elevado de probabilidade" (Agostinho Alvim, *Da inexecução das obrigações e suas conseqüências*, 2ª ed., São Paulo, Saraiva, 1955, p. 364).

32 "Para os romanos, na lição de Ulpiano, o fortuito (*casus*) seria o acontecimento imprevisível e, por isso mesmo, irresistível (*quos nullum humanun consilium praevidere potest*), e a força maior (*vis major*), aquele outro que, embora previsível, era impossível de ser resistido (*omnem vim cui resisti non potest*).

"Parágrafo único. O caso fortuito ou de força maior verifica-se no fato necessário, cujos efeitos não era possível evitar ou impedir."

A redação do Código atual é semelhante àquela proposta por Inglez de Souza no artigo 678 do seu projeto de Código Comercial de 1912: "A força maior verifica-se no facto cujos effeitos não era possível ao devedor prevêr, evitar ou impedir." Ruy Barbosa, por sua vez, sugeriu alterar o adjetivo "necessário", encontrado na redação final do Código de 1916 e no atual, pelo termo "facto ineluctável". Não vingou.

A *ratio*, isto é, a razão se ser, é simples: como houve fato excepcional, o devedor não pôde cumprir com o seu dever.

A rigor, a lei não precisaria definir esses conceitos. Beviláqua, principal redator do Código Civil de 1916, era contra. "Parece-me excusado defini-lo, quando todos nós, rústicos e juristas, sabemos o que se entende por caso fortuito."[33] Contudo, acabou prevalecendo a idéia de oferecer o conceito na lei, o que não diminuiu a discussão acerca da amplitude dos termos.

O caso fortuito pode ser definido como o fato da natureza que tornou impossível o cumprimento da obrigação. No Direito anglo-saxão, o fenômeno é conhecido como "Act of God" – ato de Deus. A força maior, por sua vez, relaciona-se à superveniência de um fato extraordinário, porém com a participação humana, que inviabilizou o negócio (como, por exemplo, o advento de uma norma que altera a situação jurídica, tornando ilícito o objeto do negócio (um "fato do príncipe"), bem como uma greve, ou uma guerra. O parágrafo único do artigo 393 coloca as duas situações no mesmo balde: ambas se verificam diante do "fato necessário, cujos efeitos

---

Num, a impossibilidade em razão de sua imprevisibilidade; noutro, a irresistibiliade em virtude de sua necessidade, não obstante sua previsibilidade.

Grosso modo, por fortuito se têm aqueles eventos oriundos de forças da natureza (nevascas, trombas d'água, enchentes, tempestades e situações semelhantes) e, por força maior, aqueles outros suscetíveis, tanto quanto os fortuitos, de igualmente ensejarem danos, com a diferença de que elevados a cabo com a interferência de terceiros, sem que se possa, por eles, imputar-se ao lesado a menor parcela de culpa.

Não obstante acirrada discussão em torno do termo e das inúmeras correntes surgidas, pendemos no sentido de que no Direito brasileiro é irrelevante, sob o aspecto prático, estabelecer diferenciação entre caso fortuito e a força maior.

Aliás, para alguns autores, são expressões sinônimas (Arnoldo Medeiros da Fonseca, *Caso fortuito e teoria da imprecisão*, p. 115; Carvalho Santos, *Código Civil Brasileiro Interpretado*, vol. XIV, p. 230; Serpa Lopes, *Curso de Direito Civil*, vol. II, p. 404; Aguiar Dias, *op. cit.*, p. 722)" (Rui Stocco, *Responsabilidade Civil e sua Interpretação Jurisprudencial*, 3ª edição, São Paulo, Ed. Revista dos Tribunais, 1997, pp. 683/684).

---

33 Arnoldo Medeiros da Fonseca, *Caso Fortuito e Theoria da Imprevisão*, Rio de Janeiro, Typografia do Jornal do Commercio, 1932, p. 81.

não era possível evitar ou impedir." A orientação de igualar suas conseqüências já constava do artigo 1.058 do Código de 1916.³⁴

Há duas teses que se digladiam nesse particular. Uma objetiva, que considera ser caso fortuito e força maior o fato imprevisível e (ao menos) irresistível que tornaram impossível o cumprimento da obrigação. A outra corrente, subjetiva, entende por caso fortuito todo fato no qual haja ausência de culpa do devedor e que resultou na impossibilidade do adimplemento.

O conceito de inevitabilidade parece ser a pedra de toque para o reconhecimento do caso fortuito e de força maior. Assim, inclusive, a regra do parágrafo único do artigo 393 do Código Civil, que define esses fenômenos jurídicos como aqueles fatos "cujos efeitos não era possível evitar ou impedir". Beviláqua já apontava: "Não é, porém, a imprevisibilidade que deve, principalmente, caracterizar o caso fortuito, e, sim, a inevitabilidade."³⁵

A imprevisibilidade, entretanto, também tem sua relevância. Afinal, se o ato era previsível, cabia ao devedor adotar os cuidados para impedir que ele ocorresse e impedisse o adimplemento. Todavia, há muitas situações na vida nas quais, embora previsível e não obstante o devedor ter adotado todos os cuidados, o caso fortuito ocorreu e não foi possível evitá-lo.

Uma greve dos operadores de um pedágio na estrada é previsível. Não se trata de um fato inusitado. Pois imagine-se que um carregamento de certo bem não chegou ao seu destino – o que gerou a lesão do credor – porque o caminhão, que levava a mercadoria, ficou retido na estrada, justamente por conta da greve dos operadores do pedágio. O caso de força maior era previsível, porém inevitável, pois o devedor não teve como superá-lo, sendo justo que, nesses casos, se entenda por rompido o nexo causal.

fortuito externo e interno

Faz-se, atualmente, uma distinção entre o fortuito externo e interno, sustentando-se que o nexo causal não será desfeito neste último caso.

Vale, nesse passo, distinguir esses conceitos de fortuito externo e interno. O fortuito externo são fatos extraordinários e inevitáveis, que em nada se relacionam com a prestação ajustada ou com a atividade do agente. Se um cantor não consegue chegar ao seu *show* porque, digamos, caiu uma tempestade diluviana no local do evento, que inundou toda a cidade onde se realizaria o espetáculo, ele não poderá ser responsabilizado pelos danos decorrentes do não cumprimento de

---

34 Sobre as possíveis acepções, Orlando Gomes, *Contratos*, 18ª ed., Forense, Rio de Janeiro, 1998, pp. 148/149.

35 *Código Civil dos Estados Unidos do Brasil*, vol. IV, 11ª ed., Rio de Janeiro, Livraria Francisco Alves, 1958, p. 172.

sua obrigação. Afinal, deu-se um caso fortuito, em razão de um motivo externo ao conteúdo de sua prestação.

No fortuito interno há também um fato extraordinário e inevitável, porém que se relaciona com a prestação. Se, por exemplo, um caminhão deixa de entregar a mercadoria porque seu freio falha ou seu pneu fura, não haverá exclusão do nexo de causalidade porque, embora esses fatos sejam inevitáveis, eles decorrem da própria natureza da prestação (no caso, o transporte).[36]

Com efeito, a doutrina e a jurisprudência construíram os conceitos de fortuito interno e fortuito externo, que, a rigor, servem como uma forma de restringir a quebra do nexo. Isso porque se entende que o fortuito interno aglutina situações que, embora extraordinárias e até inevitáveis, encontram-se inseridas dentro da natureza da atividade, sendo, pois, riscos integrantes da atividade.[37]

Há um caso, julgado pelo Superior Tribunal de Justiça, que merece exame: uma pessoa, mediante fraude, consegue receber talão de cheque de outrem. Passa os cheques para terceiros, sem fundo. O verdadeiro titular da conta tem seu nome incluído nos órgãos de restrição ao crédito. O lesado, então, propõe a ação contra o banco. A instituição financeira se defende, argumentando que houve a fraude de terceiro. O STJ julgou no sentido de que era irrelevante a conduta praticada por terceiro. O banco responderia pelo dano por conta da atividade de risco que desenvolve.[38]

---

36 Caio Mário da Silva Pereira (*Responsabilidade Civil*, 8ª ed., Rio de Janeiro, Forense, 1997, p. 302) oferece os exemplos de um pneu que fura ou do freio que deixa de funcionar.

37 "Apelação Cível. Indenizatória. Má prestação de serviço. Inclusão indevida no cadastro de inadimplentes. Dano moral. Princípio da razoabilidade. A responsabilidade decorre do simples fato de dispor-se alguém a realizar atividade de produzir, distribuir e comercializar produtos ou executar determinados serviços. Os riscos do empreendimento devem ser enquadrados como fortuito interno, ou seja, riscos integrantes da atividade do fornecedor, não exonerativo da sua responsabilidade. A falha na prestação de serviço é inequívoca,tendo em vista que o Apelante promoveu a inscrição do nome do Autor, indevidamente. Má prestação de serviço gera dano moral indenizável, a ser fixado atendendo ao princípio da razoabilidade. Não se pode pretender que o dano moral se transforme em meio de locupletamento indevido. Contudo, o valor de R$ 10.500,00 (dez mil e quinhentos reais) é, para os envolvidos, condizente com o fato e suas possibilidades. Verbete de Desprovimento ao recurso" (TJ-RJ, 9ª CC, AC 2007.001.18683, Relator Desembargador Joaquim Alves Brito, julgado em 24.07.2007).

38 "Recurso Especial. Dano moral. Inclusão indevida em cadastro restritivo de crédito. Abertura de conta corrente e fornecimento de cheques mediante fraude. Falha administrativa da instituição bancária. Risco da atividade econômica. Ilícito praticado por terceiro. Caso fortuito interno. Revisão do valor. Violação dos princípios da razoabilidade e da proporcionalidade. Recurso parcialmente provido. 1. Inescondível a responsabilidade da instituição bancária, atrelada ao risco da própria atividade econômica que exerce, pela entrega de talão de cheques a terceiro, que mediante fraude, abriu conta bancária em nome do recorrido, dando causa, com isso e com a devolução do cheque emitido, por falta de fundos, à indevida inclusão do nome do autor em órgão de restrição ao crédito. 2. Irrelevante, na espécie, para configuração do dano, que os fatos tenham se desenrolado a partir de conduta ilícita praticada por terceiro, circunstância que não elide, por si só, a responsabilidade da instituição recorrente, tendo em vista que o panorama fático descrito no acórdão objurgado revela a ocorrência do chamado caso fortuito interno. 3. A verificação da suficiência

O Tribunal do Rio de Janeiro, na mesma época em que foi prolatado o acórdão acima, entendeu de forma um pouco diversa: um passageiro de ônibus recebeu uma pedrada de uma pessoa que estava na rua. O lesado ajuizou uma ação contra a empresa de ônibus. O Tribunal entendeu que aquela situação era extraordinária. Não se poderia qualificá-la como fortuito interno e, logo, houve quebra do nexo causal.[39]

Na situação de assalto em ônibus, lamentavelmente um fato freqüente no país, mormente nas grandes cidades, observa-se uma posição ambígua dos Tribunais:

> "Responsabilidade civil do transportador. Assalto no interior de ônibus. Lesão irreversível em passageiro. Recurso especial conhecido pela divergência, mas desprovido pelas peculiaridades da espécie.
> Tendo se tornado fato comum e corriqueiro, sobretudo em determinadas cidades e zonas tidas como perigosas, o assalto no interior do ônibus já não pode mais ser genericamente qualificado como fato extraordinário e imprevisível na execução do contrato de transporte, ensejando maior precaução maior garantia e incolumidade aos passageiros. Recurso especial conhecido pela divergência, mas desprovido" (Recurso Especial nº 232.649/SP, STJ, Relator Ministro Barros Monteiro, julgado em 15.08.2002).

---

da conduta do banco no procedimento adotado para abertura de contas, além de dispensável, na espécie, demandaria reexame do conjunto fático-probatório, o que é vedado no âmbito do recurso especial, à luz do enunciado 7 da Súmula desta Corte. 4. O entendimento deste Superior Tribunal de Justiça é firme no sentido de que evidente exagero ou manifesta irrisão na fixação, pelas instâncias ordinárias, viola os princípios da razoabilidade e da proporcionalidade, tornando possível, assim, a revisão da aludida quantificação. 5. Recurso conhecido em parte e, no ponto, provido, para reduzir a indenização a R$ 12.000,00 (doze mil reais), no limite da pretensão recursal" (STJ, 4ª T., REsp. nº 774.640 / SP, Relator Ministro Hélio Quaglia Barbosa, julgado em 12.12.2006).

---

39 "Indenizatória. Contrato de transporte. Passageiro atingido por pedrada no interior do coletivo. Pedra atirada por terceiro, de fora do veículo. Fato doloso de terceiro. Fortuito externo. Rompimento do nexo causal. Pretensão indenizatória por danos materiais e morais decorrentes de pedrada lançada por terceiro, de fora do coletivo de propriedade da ré/apelante, que atingiu a autora/apelada, sua passageira. Responsabilidade objetiva da concessionária de serviços públicos. Art. 37, § 6º, da CF. Fato doloso de terceiro que não se relaciona com a atividade econômica desempenhada, de transporte de passageiros. Fortuito externo. Rompimento do nexo causal. Ausência de dever de indenizar. Precedentes jurisprudenciais. Inaplicabilidade do art. 735 do CC e do enunciado nº 187 da Súmula do STF, que ratificam a responsabilidade contratual do transportador nas hipóteses de culpa de terceiro, consideradas fortuito interno, mas não atingindo o caso de dolo de terceiro. Reforma da sentença para se julgar improcedente o pedido. Inversão dos ônus sucumbenciais. Provimento do recurso" (TJ-RJ, 7ª CC, AC 2007.001.10460, Relator Desembargador Ismenio Pereira de Castro, julgado em 25.07.2007).

"Responsabilidade civil. Contrato de transporte. Assalto no interior do ônibus. Dano material e moral. Fato de terceiro. Força maior. Exclusão de responsabilidade do transportador.
1. A força maior – fortuito externo – caracteriza-se pelo advento de circunstâncias imprevisíveis ou inevitáveis, alheias à vontade do devedor, que impedem o cumprimento da prestação e excluem a responsabilidade pelos danos daí decorrentes.
2. Neste aspecto, o roubo no interior do coletivo realizado por terceiro estranho ao contrato de transporte configura circunstância alheia à vontade do transportador, como situação imprevisível ou inevitável, que caracteriza a força maior e exclui a sua responsabilidade pelos danos incidentes. Negado provimento ao recurso" (Apelação Cível nº 2005.001.18359, TJRJ, Relator Desembargador Antonio Saldanha Palheiro, julgado em 13.07.2005).

Note-se que os dois acórdãos transcritos entendem, em comum, que o fortuito interno não tem força para romper o nexo, mas apenas o fortuito externo (decorrente de fato que não se confunde com a atividade do devedor) pode afastar o nexo (e, logo, a responsabilidade).

Contudo, nas decisões acima referidas há uma divergência acerca do que seja, no caso concreto, esse "fortuito externo". Na situação narrada pelos acórdãos, o roubo no interior dos ônibus pode, ou não, ser considerado como uma situação inerente à atividade de transportar os passageiros de forma segura.

Em suma, será caso fortuito interno se decorreu atividade inserida na esfera de atuação do devedor. Caso contrário, isto é, se a prestação não ocorreu por um fato inusitado, que não se relaciona à atividade do devedor, haverá fortuito externo, a romper o nexo de causalidade e, logo, impedir que se estabeleça a responsabilidade.

O reconhecimento do caso fortuito e da força maior afastará o dever de indenizar mesmo nos casos de responsabilidade objetiva. Afinal, a verificação dessas situações não se relaciona à existência ou não de culpa do devedor, mas, como se expôs, ao nexo que deve haver entre o fato gerador e o dano.

contribuição do credor para o inadimplemento

Outro fator relevante para aferir a responsabilidade consiste em identificar em que grau, se algum de todo, o credor contribuiu para o não cumprimento da obrigação.

Veja-se que o descumprimento da obrigação pode ser completamente imputável ao credor caso este, por exemplo, não foi receber a prestação na forma ajustada (confira-se o artigo 400 do Código Civil, do qual se falará adiante). Todavia, eventualmente, o credor pode ter contribuído para a falha no cumprimento da obrigação.

Três situações, com relação a esse tema, podem ocorrer: o credor não teve qualquer relação com o inadimplemento do devedor (ao contrário, foi vítima dele); o credor é integralmente responsável pelo não cumprimento da obrigação; ou, por fim, o credor contribuiu para esse inadimplemento.

Se o caso foi de total falta do credor, afasta-se a responsabilidade do devedor. Aplica-se o brocardo *quod quis ex culpa sua damnum sentit, non intelligitur damnum sentire*, isto é, se a culpa é do credor, cabe a ele arcar com os danos daí decorrentes. Afinal, não é dado a ninguém tirar proveito da própria torpeza.

Caso tenha havido a concorrência do credor para a verificação do inadimplemento, o fato deverá ser ponderado na fixação da indenização, aplicando-se o artigo 945 do Código Civil. Este dispositivo determina que se confrontem as culpas do credor e do devedor, a fim de se apurar o valor da indenização. Trata-se do que Chironi, em trabalho clássico acerca da responsabilidade, denominou de "compensazione della colpa",[40] porquanto, efetivamente, se aprecia e se confronta o grau da contribuição de cada uma das partes para o evento e, eventualmente, há uma compensação dessas condutas.

terceiro

A mesma consideração deve ser feita se o inadimplemento for causado por terceiro. Isso porque, não raro, em função de terceiro, estranho à relação obrigacional, a prestação não pode ser entregue. Nesses casos, também, extingue-se o nexo e deixa de haver responsabilidade.

Imagine-se a pessoa que ficou de construir um grande barco para outra. Nessa empreitada, ficou convencionado que o motor do barco seria entregue por um terceiro. O trabalho se finda, porém o motor não chega e a nau não é entregue na data ajustada. O caso é de inadimplemento, mas não se vê culpa de quem devia entregar o barco. A culpa é toda do terceiro, responsável pelo motor. Neste caso, aquele que devia entregar apenas o barco pode eximir-se de sua responsabilidade (caso ele não tenha qualquer relação com quem ficou de fornecer o motor).

concausas

Como muitas vezes há "concausas" – uma série de causas que justificam a impossibilidade de cumprir a obrigação – fica difícil apontar qual delas prepondera. Nestes casos, a gradação do liame de causalidade acaba como fator para aferir o *quantum* da indenização.[41]

Não raro, haverá uma pluralidade de fatores que acarretaram o dano. Pode haver um fator que, em conjunto com outros, acabou por gerar o prejuízo. Não seria justo condenar o autor desta "concausa" isoladamente a indenizar a totalidade do dano, mas, ao mesmo tem-

---

40 G. P. Chironi, *La Colpa nel Diritto Civile Odierno – Colpa Contrattuale*, 2ª edizione, Torino, Fratelli Bocca Editori, 1897, p. 706.

41 Gisela Sampaio da Cruz, em livro que cuida do nexo causal na responsabilidade civil, conclui que o nexo causal "serve como medida da indenização" (*O problema do nexo causal na responsabilidade civil*, Rio de Janeiro, Renovar, 2005, p. 347).

po, não parece razoável eximi-lo por completo da responsabilidade. Em outras palavras, a mera atitude do agente não causaria dano, mas ela somada a outros fatores, acaba por gerar o dano. Nesses casos, a gravidade da conduta do agente – se essa for uma das "concausas" que contribuiu para o advento do dano – pode servir como forma de mensurar o montante a que o autor do ato lesivo deva ser condenado. Se a gravidade do ato for maior, maior também deve ser a parcela a que o seu autor deva contribuir na indenização do lesado. Se, diferentemente, a conduta do autor da lesão for pequena – e tenha colaborado de forma menos intensa ao resultado lesivo – sua participação na montante a ser entregue a título de indenização será menor, sempre proporcional.

Tome-se, novamente, o exemplo do barco, mas imagine-se que tanto o construtor do navio como quem ficou obrigado a entregar o motor tenham atrasado nas suas prestações. Nesse caso, havia mais de uma razão para não se entregar o barco: a falha de quem iria construir a embarcação e a falha de que quem ficou de entregar o motor. Aqui, essas duas concausas serão levadas em conta no momento de se apontar a indenização.

Cite-se um caso julgado pelo Tribunal de Justiça do Rio de Janeiro: um motociclista chocou-se contra uma kombi estacionada junto ao meio-fio. Embora a kombi não estivesse estacionada em local apropriado, contribuiu para o acidente a imperícia do motorista, de sorte que houve dois fatores a integrar a cadeia causal. Ao julgar a ação, o acórdão apreciou a dualidade de causas, entendendo que, dentre elas, preponderava a imperícia do motorista (pois o local do acidente estava iluminado e sinalizado e, assim, o condutor da moto poderia ter evitado o acidente se dirigisse corretamente a motocicleta).[42]

exceção do contrato não cumprido

Nos contratos bilaterais, onde cada uma das partes se encontra obrigada a cumprir uma prestação em benefício da outra, vigora como um corolário, refletindo os princípios básicos de justiça e eqüidade, a idéia de que se uma das partes inadimplir, não poderá exigir da outra a respectiva contraprestação. Incide a antiga e sempre atual exceção do contrato não cumprido (artigo 476 do Código Civil).

Quem deixar de cumprir a sua prestação, não pode exigir o cumprimento da outra.

Naturalmente, nesta hipótese, não se falará de inadimplemento da parte que deixou de realizar a prestação antes de receber a devida contraprestação.

Contudo, deve-se ter presente que a exceção do contrato não cumprido, como fundamento para recusar a adimplir a prestação, apenas se aplica se o descumprimento da contraparte for efetivamente

---

42   TJRJ, Apelação Cível 1999.001.19227, Relatora Desembargadora Maria Henriqueta Lobo, julgado em 23.5.2000. O caso é examinado por Gustavo Tepedino, "Notas Sobre o Nexo de Causalidade", *in RTDC*, vol. 6, Rio de Janeiro, Padma, 2001.

fundamental. Em outras palavras, uma parte não pode deixar de pagar a prestação principal porque a outra deixou de atender a um dever acessório de menor importância.

Tome-se, para ilustrar, a situação da pessoa que adquire um imóvel, transfere o bem para o seu nome e dele toma posse. Entretanto, recusa-se a pagar o valor do negócio porque descobre que havia um pequeno defeito no encanamento. Neste caso, a exceção do contrato não cumprido não se aplica. Quem adquiriu o imóvel não pode sustentar que não pagará o valor do bem por conta desse dever lateral descumprido. Esta defesa apenas tem lugar entre as obrigações principais do negócio (ou, muito excepcionalmente, entre obrigações acessórias de grande repercussão).

Quando muito, a exceção do contrato não cumprido pode valer entre obrigações acessórias, justificando uma situação de equivalência. Não se admite, portanto, que uma falha menor justifique uma de maior relevância.

O Código Civil trata, ainda, da possibilidade de quaisquer das partes contratantes exigirem, caso, depois de ajustada a obrigação, sobrevier alguma alteração do patrimônio da contraparte e isso tornar duvidoso o cumprimento da prestação, que a outra cumpra prontamente a sua ou ofereça alguma garantia, para realizar a sua prestação (artigo 477). Não é difícil imaginar a situação: uma construtora ajustou de erguer uma casa para uma pessoa e que receberia o pagamento ao final. Antes, entretanto, de colocar o primeiro tijolo, a construtora soube que o credor da obrigação de receber a casa enfrentava séria crise financeira. Ora, é justo que a construtora reclame do credor o oferecimento de alguma garantia para realizar a obra, diante do justo receio de nada receber ao final.

A regra, que já existia na Lei de 1916 (segunda parte do artigo 1.092) é uma extensão inteligente da regra da exceção do contrato não cumprido.

18.2. Inadimplemento Total e Parcial

Inadimplemento, já se disse, é o descumprimento do dever imposto em uma obrigação. Esse descumprimento, entretanto, admite gradações. De fato, o inadimplemento pode ser total ou parcial. Para cada uma dessas hipóteses o ordenamento jurídico apresenta uma resposta.

Dá-se inadimplemento total se o descumprimento da parte obrigada a efetuar a prestação não admitir realização posterior. No inadimplemento parcial, a prestação é oferecida, embora com defeito, ou ainda não foi oferecida, porém o credor, nas duas hipóteses, ainda tem interesse no cumprimento da prestação.

Em outras palavras, o inadimplemento total é aquele no qual o devedor não pode mais cumprir a prestação, seja porque ela já não é possível, seja porque nela já não há utilidade ou vantagem ao credor. De forma distinta, no inadimplemento parcial, não obstante o descumprimento, o credor ainda tem vantagem com a prestação e, portanto, o devedor segue com o dever de oferecê-la.

Uma senhorita contrata com a costureira a entrega de seu vestido de noiva para o dia de seu casamento. O descumprimento da obrigação pela costureira é fatal: se a costureira deixa de entregar o vestido no dia do casamento, o adimplemento posterior já não tem qualquer utilidade ou proveito para a noiva, que já terá casado. O inadimplemento, nesse caso, é total.

Ajustou-se o empréstimo de uma luneta especial para ver a passagem do cometa Halley (que cruza os céus da terra a cada 76 anos), mas o devedor deixa de fazer o empréstimo na ocasião, querendo entregar a tal luneta apenas depois da passagem do astro. Evidentemente, deixou de haver utilidade na obrigação.

Se, contudo, ainda seja possível e útil o cumprimento, ou mesmo parte dele, o inadimplemento é apenas parcial. Deve-se, para aferir essa possibilidade de adimplemento posterior, avaliar se a prestação ainda tem interesse e utilidade ao credor.

O inadimplemento parcial – que pode decorrer de uma prestação defeituosa, incompleta, ou em atraso – denomina-se mora.

Contrata-se alguém para consertar o encanamento, mas o serviço fica mal feito. O credor segue, todavia, com interesse de que o encanador fixe seu encanamento e promova o perfeito adimplemento.

Deixou-se de entregar um livro na data combinada. Isso não retira do credor o direito de reclamar a entrega, nem faz com que o devedor se livre do dever obrigacional de dar o bem. Há, apenas, o inadimplemento parcial, que deve ser corrigido o quanto antes. Adiante, a mora e seus efeitos serão examinados em mais detalhes.

Esclareça-se, por oportuno, que o reconhecimento dessa utilidade e interesse da prestação (para os fins de saber se o inadimplemento é definitivo ou momentâneo) não recai unicamente sobre o credor. Evidentemente, se o credor indicar que segue tendo proveito com a prestação, mesmo sendo ela oferecida fora do prazo, o devedor continuará com o dever de prestar. Entretanto, não tem o credor, de forma potestativa, o poder de recusar a prestação, apenas porque houve um inadimplemento parcial (como o atraso na entrega da prestação, por exemplo). Em suma, o credor não tem o condão de, ao seu bel prazer, indicar se a prestação lhe serve ou não. Cumpre, nestas hipóteses, proceder a uma análise criteriosa do caso concreto, para verificar se o interesse subsiste.

Tome-se o exemplo de uma pessoa que adquire um quadro, a ser entregue num determinado dia. O fato de o devedor não entregar a prestação no dia ajustado não significa que o quadro deixou de ser devido. Também, em regra, não haverá um motivo para que o credor, no dia seguinte ao que deveria ter ocorrido o pagamento, alegue a falta de interesse, suficiente para tornar o inadimplemento parcial em total. Há, como se disse, que apreciar a situação concreta, para, por meio de uma análise da razoabilidade – notadamente apreciando-se se a prestação ainda tem utilidade e interesse ao credor – apontar se é admissível recusar a entrega da prestação, para reclamar o inadimplemento total.

De toda sorte, verifica-se, assim, uma situação ou outra: não é possível haver, ao mesmo tempo, inadimplemento total e parcial. As hipóteses são excludentes.

18.2.1. Adimplemento substancial

Cumpre, nesse passo, tratar do adimplemento substancial (tema antes examinado quando se falou do adimplemento). O conceito de adimplemento substancial, de origem no Direito anglo-saxão, foi contemplado no Código Civil italiano de 1942. Aliás, o Anteprojeto de Código das Obrigações, de 1965, também previa a normatização da doutrina, segundo a qual o inadimplemento desprezível não deveria ensejar a possibilidade de resolução do contrato, porém seu aproveitamento.

Por vezes, a prestação não é cumprida exatamente como deveria, porém ela é cumprida na sua quase totalidade. Embora o artigo 313 do Código Civil garanta ao credor o direito de exigir que a obrigação seja cumprida precisamente como ajustado, há que se adaptar esse conceito nas hipóteses nas quais o adimplemento não tenha sido integral, porém substancial. Afinal, não seria justo dar tratamento de uma falha completa, quando houve um cumprimento quase perfeito. Desenvolveu-se, assim, a teoria do adimplemento substancial.

O seguinte acórdão examinou o tema com incomum acuidade:

> "O adimplemento substancial constitui um adimplemento tão próximo ao resultado final que, tendo em vista a conduta das partes, exclui-se o direito de resolução, permitindo tão-somente o pedido de indenização.
> (...)
> Isso traz à discussão uma outra questão jurídica de extrema relevância. Nos termos do parágrafo único do art. 956 do Código Civil de 1916 (atual 395, parágrafo único), ocorre o inadimplemento quando a prestação, devido à mora, se tornar inútil ao credor, caso em que poderá enjeitá-la, e exigir a satisfação das perdas e danos. Inútil é a prestação que não mais pode trazer qualquer proveito ou utilidade ao credor, e não aquela que por mero capricho, emulação

ou propósito de locupletamento resolve enjeitá-la. À luz dos modernos princípios que oxigenaram o nosso direito privado, mormente o da boa-fé e o que veda o abuso do direito, não pode o credor enjeitar a prestação, ainda que a destempo, se ainda lhe será útil, muito menos pleitear a rescisão do contrato. No máximo poderá pleitear perdas e danos. É o que a doutrina tem chamado de adimplemento útil ou substancial que, uma vez configurado, afasta a resolução do contrato.

'O adimplemento substancial, conforme definiu o Profº Clóvis do Couto e Silva, constitui 'um adimplemento tão próximo ao resultado final, que, tendo-se em vista a conduta das partes, exclui-se o direito de resolução, permitindo tão-somente o pedido de indenização' e/ou de adimplemento, de vez que aquela primeira pretensão viria a ferir o princípio da boa-fé' (Anelise Becker, "A doutrina do adimplemento substancial no Direito Brasileiro e em perspectiva comparativista", *Rev. da Fac. Dir. UFRGS*, vol. 9, nº 1/1993, p. 60).

A mesma autora, depois de registrar que inexiste fórmula para a determinação do que seja o adimplemento substancial de um contrato, cabendo a sua definição no caso concreto, o que 'pressupõe uma mudança do próprio método de aplicação do Direito, ou seja, a superação do raciocínio lógico – subsuntivo pelo da concreção', conclui que:

'O inadimplemento ou o adimplemento inútil são causas de desequilíbrio porque privam uma das partes da contraprestação a que tem direito. Por isso lhe concede o direito de resolução, como medida preventiva. Mas, para que haja efetivamente um desequilíbrio, algo que pese na reciprocidade das prestações é necessário que tal inadimplemento seja significativo a ponto de privar substancialmente o credor da prestação a que teria direito' (ob. cit., p. 65)" (Apelação Cível nº 29.276/2003 – 2ª Câmara Cível do TJRJ – Relator Desembargador Sergio Cavalieri Filho – julgado em 11.02.2004).

Há situações comuns nas quais o devedor pactua pagar a compra de certo bem, que ele recebe, em muitas dezenas de parcelas. A falha na entrega de uma ou outra parcela, tendo-se cumprido todas as demais, não pode representar o total inadimplemento, ou o direito de o credor das prestações reclamar o fim do negócio e o direito de receber o bem de volta. Nesse caso, o adimplemento foi substancial. Poderá, diante disso, o credor buscar receber as prestações faltantes, acrescido dos danos decorrentes desse pequeno inadimplemento, porém não reclamar a resolução do negócio. Exatamente nesse sentido, já julgou o Superior Tribunal de Justiça:

> "Alienação fiduciária. Busca e Apreensão. Falta de última prestação. Adimplemento substancial. O cumprimento do contrato de financiamento, com a falta apenas da última prestação, não autoriza o credor a lançar mão da ação de busca e apreensão, em lugar da cobrança da parcela faltante. O adimplemento substancial do contrato pelo devedor não autoriza ao credor a propositura da ação para a extinção do contrato, salvo se demonstrada a perda do interesse na continuidade da execução, que não é o caso. Na espécie, ainda houve a consignação judicial do valor da ultima parcela. Não entende a exigência da boa-fé objetiva a atitude do credor que desconhece esses fatos e promove busca e apreensão, com pedido de liminar de reintegração de posse. Recurso não conhecido (STJ, REsp. 272.739, Relator Ministro Ruy Rosado de Aguiar, julgado em 01.03.2001).

Não há dúvida de que o conceito de adimplemento substancial tem amparo na eqüidade, um valor cuja presença deve ser uma constante na aplicação do Direito.

18.2.2. QUEBRA POSITIVA DO CONTRATO

Nas relações obrigacionais originadas de um contrato, pode, ainda, haver um cumprimento da prestação propriamente dita, mas exista um fato decorrente da coisa ou do serviço realizado que, por um defeito, cause prejuízo ao credor. Trata-se da quebra positiva do contrato (ou cumprimento defeituoso), que igualmente ensejará um dever de indenizar pelo devedor.[43]

Esse conceito surgiu na Alemanha, no início do século XX, a partir de um estudo de Hermann Staub. Apreciou-se a seguinte situação: o criador de cavalos comprou ração para dar aos seus animais. Ocorreu que a ração estava podre e os cavalos morreram por conta dela. Observou-se que havia a possibilidade de os danos decorrerem não da falta de adimplemento, mas também de um adimplemento defeituoso. No caso do criador de cavalos, houve o cumprimento da prestação consistente em entregar a ração. Não se está diante de inadimplemento total ou parcial. Entretanto, foi por conta do estado deficiente do produto que houve o dano. Quebrou-se positivamente

---

43 Sobre o tema, Orlando Gomes, *Transformações Gerais do Direito das Obrigações*, 2ª ed., São Paulo, ed. Revista dos Tribunais, 1980, pp. 157/162.

o contrato. O devedor ficou obrigado a reparar o prejuízo decorrente da ração que vendeu.

Cite-se um caso examinado pelo Tribunal do Trabalho do Rio Grande do Sul. O sucedido foi o seguinte: um Banco informou aos seus empregados acerca da existência de um plano de aposentadoria incentivada e disse ainda que não haveria um plano semelhante no futuro. Diante disso, alguns funcionários aderiram ao plano, nas condições indicadas pelo Banco. Contudo, tempos depois, foi editado outro plano de aposentadoria incentivada, contudo em bases mais favoráveis e incentivos maiores ao empregado, se comparado com o primeiro plano. O Tribunal julgou que havia a quebra positiva do contrato, nos seguintes termos:

> "Recurso ordinário do reclamante quebra da boa-fé objetiva. Violação positiva do contrato.
> O conteúdo contratual é composto por pelo menos duas espécies de deveres, os deveres de prestação e os deveres de proteção. Os primeiros dizem respeito à prestação que caracteriza o tipo contratual, constituindo, no contrato de trabalho, a prestação de serviços, pelo empregado, e a paga de salário, pelo empregador. Os segundos dizem respeito a deveres de conduta, dentre eles os deveres de proteção à legítima confiança, de não defraudar imotivadamente a confiança legitimamente despertada na parte contrária, sob pena de violação positiva do contrato. Hipótese em que o Banco, ao declarar que não mais editaria propostas semelhantes, induziu os seus empregados – e, particularmente, o reclamante – a aderir ao PAI – 50" (TRT, 4ª Região, Relator Juiz Ricardo Martins Costa, julgado em 6.9.06).

A quebra positiva do contrato gera, igualmente, o dever de reparar, na extensão do dano causado pelo cumprimento defeituoso.

Ressalve-se, por fim, que parte da doutrina, capitaneada por Gustavo Tepedino, discute a real necessidade de reconhecer a quebra positiva do contrato no Direito Brasileiro, pois o nosso sistema já prevê a ampla reparação do dano para qualquer forma de inadimplemento. Talvez o maior interesse esteja mesmo em apontar a forma de inadimplemento, facilitando a apuração do prejuízo, que, no caso da quebra positiva, não se limita aos danos decorrentes da falta de uma conduta do devedor, porém da prestação oferecida de modo defeituoso.

18.2.3. O INADIMPLEMENTO ANTECIPADO

Não é difícil imaginar a situação na qual o devedor atue de tal modo que o futuro adimplemento se impossibilite. Muitas vezes, antes mesmo do advento da data ajustada para o pagamento, as circunstâncias demonstram que o devedor não terá condições de cumprir com seu dever, por atitudes a ele atribuíveis, resultando num inadimplemento antecipado.

O fato que impediu a entrega da prestação pode ser ativo (o devedor, por exemplo, alienou o bem que se comprometera a vender ao credor) ou por omissão (o devedor deixou de dar ração ao animal que vendera e este falece antes do momento ajustado para tradição). Pode, ainda, o devedor fazer uma declaração categórica de que não cumprirá a prestação, antes da data ajustada para a entrega da prestação.

Evidentemente, a mera dificuldade no futuro cumprimento ou o receio do credor de que o devedor não entregará a prestação não acarretam o inadimplemento antecipado. Deve haver a certeza de que, pelas circunstâncias atuais, o devedor não estará apto a cumprir seu dever obrigacional.

Se a impossibilidade de cumprimento da prestação se der por fato não imputável ao devedor, não se estará diante do inadimplemento antecipado, mas de uma situação diversa, na qual a obrigação se resolve. Se o objeto se torne ilícito ou se perca sem culpa do devedor, por exemplo, haverá a extinção da relação pela ausência de objeto. Se o devedor de uma obrigação personalíssima falecer, a obrigação se resolve também pela impossibilidade de seu cumprimento. Em nenhum dos casos anteriores haverá o devedor de reparar o credor, porque o vínculo desapareceu sem culpa.

Situação diferente se dá no inadimplemento antecipado. Aqui, a obrigação não se cumprirá por um fato imputável ao devedor e que se manifesta antes do termo ajustado para o adimplemento. Em outras palavras, antes da data ajustada para o pagamento, o credor já tem plena certeza de que não haverá adimplemento.

O vínculo não se dissolve, mas apenas se transforma no dever de indenizar e isso pode dar-se antecipadamente, trazendo para o momento no qual se reconhece a impossibilidade de futuro adimplemento o direito de reclamar uma reparação, que, a rigor, só seria possível exigir no efetivo inadimplemento, que ocorreria no futuro, com o vencimento.

A Convenção de Viena de 1980, aliás, estabelece, no seu artigo 72.1, que: "Se antes da data do cumprimento for manifesto que uma parte cometerá uma violação fundamental do contrato, a outra parte poderá declarar a resolução deste."[44]

---

44 A Convenção de Viena de 1980 estabelece regras gerais sobre contratos de compra e venda internacionais, valendo para os países signatários. O Brasil não é signatário dessa convenção internacional, embora, na América do Sul, a Argentina, o Chile e a Venezuela sejam. Essa Convenção tem larga aplicação internacional.

Houve, na Inglaterra, um caso curioso. Em 1870, um senhor se comprometeu a desposar uma senhorita quando o pai desta falecesse. Entretanto, antes da morte do pai, o tal senhor informou que não se casaria mais. Na época, essa promessa de casamento era coisa muito séria. A senhorita recorreu à Justiça e se reconheceu o inadimplemento antecipado da obrigação.

No Brasil, não há regra específica acerca do inadimplemento antecipado,[45] embora se possa dizer que, em parte, o conceito encontra-se inserido no artigo 477 do Código Civil (acima examinado quando se tratou da exceção do contrato não cumprido), tanto assim que os Tribunais vêm reconhecendo a situação.

Um caso paradigma no Brasil, no qual se discutiu o inadimplemento antecipado, foi julgado pelo Superior Tribunal de Justiça.[46] Deu-se que uma determinada pessoa adquiriu um imóvel que deveria ser construído e entregue em três anos. Contudo, faltando um ano para o final do prazo, a empreiteira nada havia feito e nada havia sido praticado com o propósito da construção. O credor da obrigação, observando a impossibilidade da entrega no prazo fixado, reclamou o inadimplemento antecipado, no que foi acolhido pelo Superior Tribunal de Justiça:

> "Promessa de compra e venda. Resolução. Quebra antecipada do contrato. Evidenciado que a construtora não cumprirá o contrato, o promissário comprador pode pedir a extinção da avença e a devolução das importâncias que pagou. Recurso não conhecido" (REsp. nº 309.626/RJ, 4ª Turma do STJ, Relator Ministro Ruy Rosado de Aguiar, julgado em 07.06.2001).

Outro caso interessante foi julgado pelo Tribunal de Justiça do Rio Grande do Sul, relatado pelo Desembargador e jurista Athos Gusmão de Carneiro. Ocorreu que o Sr. Peruzzo foi procurado pelo Centro Médico de Porto Alegre, com a proposta de construir um hospital, do qual se tornaria sócio. As partes firmaram o contrato, mas não estabeleceram um prazo para o seu cumprimento. O Sr. Peruzzo, depois de um período, averiguou que o Centro Médico de Porto Alegre não havia sequer iniciado as obras, razão pela qual ajuizou ação reclamando o inadimplemento. Em primeira instância, a ação foi julgada improcedente porque se entendeu que o prazo do

---

45 O Código Civil espanhol possui uma norma que trata do inadimplemento antecipado nos contratos de compra e venda de imóvel (art. 1503). Se o credor tiver motivo fundado para crer na perda da coisa, ele poderá reclamar o inadimplemento, mesmo antes do prazo definitivo para cumprimento da obrigação.

46 REsp. nº 309.626/RJ, 4ª Turma, Relator Ministro Ruy Rosado de Aguiar Júnior, DJ 20.08.01.

adimplemento não fora fixado. No Tribunal, entretanto, a resposta foi outra:

> "A Dra. Pretora refere que no contrato não estava previsto nenhum prazo para o centro "construir, instalar e operar estabelecimento hospitalar na Cidade de Porto Alegre". Todavia, considero evidente, como bem alega o apelante, que isso não significa que goze um dos contratantes da faculdade de retardar *ad infinitum* o cumprimento das suas obrigações, e o outro seja obrigado a adimplir as suas com pontualidade, sob pena do protesto de títulos. A sentença esquece toda a comutatividade contratual. Vejo, aqui, caso de completo inadimplemento por parte de um dos contratantes. Já transcorreram mais de cinco anos e o Centro Médico Hospitalar existe apenas *de jure*. De fato, esta sociedade de objetivos tão ambiciosos e capital pequeníssimo, simplesmente não existe mais. Citada editalmente, foi revel. O hospital permanece no plano das miragens, e assim as demais vantagens prometidas aos subscritores das quotas" (Ap. Cív. nº 582000378, TJRS, 1ª Câm. Cível, Rel. Des. Athos Gusmão de Carneiro).

Portanto, embora sem previsão legal específica, o conceito pode e deve ser aplicado entre nós. Não seria sequer razoável admitir que o credor, mesmo seguro de que não haverá o adimplemento, tenha que esperar, até a data do vencimento da dívida, para reclamar o descumprimento, quando isso já é certo.

Nestes casos, haverá a antecipação dos efeitos do inadimplemento, que poderão ser reclamados pelo credor desde logo.[47] Vê-se, assim, a quebra do conceito de temporalidade como essencial para o reconhecimento do descumprimento da obrigação, admitindo-se que, mesmo antes do termo ajustado para o cumprimento da prestação, se afirme o inadimplemento.

alta probabilidade de inadimplemento

Diferentemente das situações nas quais há a certeza de que o devedor não poderá oferecer a prestação – nas quais se justifica reconhecer o vencimento antecipado –, pode ocorrer de existir uma alta probabilidade de inadimplemento, antevista pelo credor. A solução, nestes casos, não é a mesma do inadimplemento antecipado, porquanto há a regra expressa do artigo 477 do Código Civil, que permite ao credor, justamente receoso do inadimplemento, requerer de seu devedor que cumpra a sua prestação antes de ele entregar a sua, ou ofereça garantia bastante de que a cumprirá.

---

[47] Sobre o tema, Ruy Rosado de Aguiar Júnior, *Extinção dos Contratos por incumprimento do devedor – Resolução*, 2ª ed., Rio de Janeiro, Aide, 2004, p. 126 e seguintes; e Fortunato Azulay, *Do inadimplemento Antecipado do Contrato*, Rio de Janeiro, Ed. Brasília, 1977.

Tome-se a situação da pessoa que adquire um carro de uma concessionária, mas há rumores no mercado de que a tal sociedade enfrenta ruinosa situação financeira. O artigo 477 permite ao credor, aquele que visa a adquirir o automóvel, requerer a entrega do carro antes de fazer o pagamento, isto é, antes de cumprir a sua prestação (o que, normalmente, teria que ser feito antecipadamente). Com isso, o credor se protege, pois se a concessionária estiver mesmo enfrentando dificuldades sérias, não entregará o carro, mas também o credor não fará o pagamento do bem.

O artigo 477, contudo, tem menor força de proteção se a prestação de uma das partes já foi entregue e a contraprestação – a ser oferecida pela parte cujo adimplemento se desconfia – não. Afinal, a regra do artigo 477 do Código Civil permite que a parte suspenda seu pagamento e requeira da outra que cumpra primeiro a sua prestação. Contudo, se o pagamento já foi feito, não é mais possível requerer da contraparte que "antes" ofereça a sua contraprestação. Resta, somente, requerer que o devedor ofereça uma "garantia" de que cumprirá o seu dever. Que "garantia" é essa? Indicar um bem para que seja hipotecado, apresentar um fiador solvente, e o que mais der ao credor uma razoável segurança de que receberá a prestação, ou, ao menos, terá meios de se recuperar financeiramente dos danos que eventualmente experimentar pelo inadimplemento.

Não há dúvida: a situação do credor que ainda não tiver oferecido a sua prestação é bem mais confortável do que aquele que já fez o pagamento e, em situações como essa, poderá somente requerer uma garantia. Parece razoável tratar as duas hipóteses de forma distinta.

Quando a parte, munida de fundada crença de que não haverá o cumprimento da contraparte, já ofereceu a sua prestação, não recebeu uma razoável garantia de futuro adimplemento, e, ainda, demonstrado o dano que o credor pode sofrer se for impelido a esperar até o momento ajustado para cobrar a dívida, pode requerer o reconhecimento do inadimplemento antecipado.

Imagine-se, agora, o empresário que precisa de ferro na sua indústria e adquire o produto, pagando antecipadamente por ele, pois ainda faltando algum tempo para a data do vencimento da dívida – quando o minério deveria ser entregue –, tem fundados motivos para crer que o ferro jamais será oferecido, o que lhe causará os mais ingentes danos, pois o minério é matéria prima de sua indústria. O tal empresário, com fundamento no artigo 477, solicita uma garantia do devedor, mas não recebe nada substancial e protetor. Em situações como esta parece justo que – mesmo não sendo absolutamente certo que vá ocorrer o descumprimento da prestação –, possa-se reclamar o inadimplemento antecipado, pois não é correto submeter o credor ao risco de no futuro sofrer o vultoso – e quiçá irreparável – dano.

18.3. A Terceira Via da Responsabilidade

Classicamente, defendeu-se uma divisão entre as responsabilidades decorrentes do ato ilícito (a responsabilidade civil) da responsabilidade advinda da falha no cumprimento de uma prestação (a responsabilidade contratual).

Há, de fato, algumas importantes diferenças entre as duas. A responsabilidade contratual pressupõe a capacidade civil, pois a pessoa, para assumir uma obrigação, deve ser capaz. Isso não ocorre na responsabilidade extracontratual ou civil, pois mesmo um menor absolutamente incapaz pode cometer um ato contrário ao Direito que gere danos.

Também por sua origem, na responsabilidade contratual, as partes podem convencionar o dever de responder pela falha mesmo ausente a culpa do agente. Isso não ocorrerá na responsabilidade extracontratual, na qual não poderá haver prévia exclusão da culpa.

Na responsabilidade extracontratual, a prova da culpa cabe ao lesado, a quem cumpre demonstrar que o ato lesivo se deu por falha de quem ele considera o responsável. Diferentemente, na responsabilidade contratual, quem deve demonstrar que não agiu com culpa para o descumprimento é o devedor.

Contudo, essas distinções, embora válidas, hoje em dia, perdem força. Não obstante cada uma tenha suas peculiaridades, essas diferenças vão revelando-se, a cada dia, menos relevantes. Constrói-se, a rigor, uma só teoria acerca da responsabilidade, aplicável sempre que se violar algum dever jurídico.

Com o extraordinário desenvolvimento do princípio da boa-fé objetiva, pela importância dada, nos dias atuais, ao dever de lealdade e cooperação que as partes devem guardar, desenvolveu-se uma série de deveres laterais às relações obrigacionais.

O perfeito adimplemento não mais se resume apenas à entrega da prestação, mas envolve uma série de outros atos, que podem, até mesmo, anteceder o ajuste de um contrato, ou ocorrer numa falha da parte, mesmo bem depois de oferecida a prestação.

Há um grupo de situações nas quais as partes cometem violações no âmbito de uma relação contratual, mas essas transgressões não se encontram expressamente referidas no que classicamente se convencionou denominar de vínculo obrigacional. De outra ponta, não seria próprio qualificar essas violações de ilícitos civis. Há, a rigor, situações intermediárias entre os ilícitos civis e contratuais, nas quais se admite qualificar como uma terceira via da responsabilidade.

Isso se dá, por exemplo, na responsabilidade pré-contratual, na responsabilidade pós-contratual, na situação do terceiro cúmplice e na relação corrente de negócios.

responsabilidade pré-contratual

A responsabilidade pré-contratual serve de bom exemplo do fenômeno do alargamento da responsabilidade. Classicamente, antes de celebrado o contrato, nenhuma das partes adquiria qualquer direito em relação a outra. As tratativas, que antecedem um negócio, não tinham efeitos jurídicos.

Com a contemporânea valoração do comportamento leal e transparente das partes, protegendo-se a boa-fé objetiva, deu-se importância à conduta das partes mesmo antes de celebrado o contrato, de sorte que esses atos ganham alguma repercussão jurídica. Assim, mesmo na fase preliminar do contrato, na qual os interessados ainda estão negociando, as partes devem pautar suas atitudes pelos ditames da boa-fé objetiva. Há, nesse momento, o que se convencionou qualificar de responsabilidade pré-contratual ou *culpa in contrahendo*.

Mesmo antes de firmar o contrato, as partes ficam sujeitas a modelar sua conduta por um comportamento correto, respondendo pelas justas expectativas que despertem na contraparte.

Imagine-se a situação de um empresário que está negociando a venda, por exemplo, de seu enorme galpão. Na medida em que as tratativas avançam, o empresário, de boa-fé, cancela acordos (que não poderá cumprir, pois venderá seu galpão). Contando com a concretização do negócio, o mesmo empresário faz melhorias em seu imóvel, exatamente para entregá-lo em perfeito estado ao comprador. E se esse pretenso comprador desistir do negócio, de uma hora para a outra, sem maiores explicações? Será que o empresário poderá reclamar uma indenização por todos os danos que experimentou? Nestes casos é que se deve valer do conceito de responsabilidade pré-contratual, para analisar se a conduta do comprador deu ao vendedor a justa idéia de que o negócio iria concretizar-se, a ponto de ser natural que ele, empresário, tomasse as medidas necessárias ao adequado cumprimento de sua prestação, inclusive incorrendo em despesas para esse fim. No caso, cumpre aferir se, para cumprir o seu dever de entregar o galpão, era mesmo preciso que ele cancelasse outros negócios, fizesse melhorias no bem, e adotasse outras medidas para o perfeito adimplemento. Se era razoável ao vendedor supor que o comprador iria fechar o negócio, haverá, para esse comprador, a responsabilidade pela expectativa que criou e, logo, o dever de indenizar.

Dessa forma, há um dever de proteção de ambas as partes na formação do contrato. A interrupção abrupta e injustificada de qualquer das partes na negociação pode gerar o dever de indenizar.

Contudo, deve-se ressalvar que essa responsabilidade pré-contratual, pelo abrupto rompimento das negociações, apenas incide quando as partes tenham ajustado os elementos essenciais do negócio. Com efeito, a mera tratativa acerca de um possível contrato não irá gerar responsabilidades. Entretanto, se houver mais do que uma troca de informações, porém as partes tenham já acertado as bases centrais do negócio, o rompimento imotivado pode acarretar o dever de indenizar a parte que foi surpreendida.[48]

Vale, ainda sobre o tema, ponderar que, verificada a quebra abrupta da negociação e reconhecida a responsabilidade, não tem a parte lesada direito a reclamar o adimplemento frustrado. O caso é mesmo de responsabilidade, isto é, dever de a parte culpada indenizar a prejudicada pelas perdas e danos experimentados em decorrência de sua conduta.

<small>falha de informação</small>

No mesmo passo, a falha grosseira no dever de informação também pode fazer nascer a responsabilidade pré-contratual.[49] Se o comprador apenas recebe uma informação relevante acerca da prestação no momento da sua entrega, pode recusar-se a concretizar o negócio e ainda reclamar pelos danos que eventualmente tenha sofrido.

Uma pessoa, atendendo a um repetitivo reclame na televisão, ligou para um vendedor de aparelhos de ginástica, alegando que desejava testar o produto anunciado. O vendedor falou maravilhas do aparelho, explicou como ele deveria ficar na casa, deu exemplos de como os usuários haviam melhorado fisicamente etc. O aparelho chegaria em uma semana. A partir dessa conversa, a tal pessoa, que queria adquirir o aparelho, fez uma pequena obra num dos cômodos de sua casa, na forma como o vendedor havia indicado, tudo para receber a máquina. Entretanto, no dia da demonstração do aparelho de ginástica, observou-se que a mercadoria era compatível apenas com quem pesasse menos de 100 quilos (e o pretenso adquirente pesava bem mais do que isso). Nada foi informado acerca dessa característica do produto. Sem a informação, o interessado chegou até a fazer uma obra, o que não teria feito se, desde o início, estivesse ciente da limitação da mercadoria). Neste caso, também, aplica-se a responsabilidade pré-contratual.

Atente-se em que os danos indenizáveis na responsabilidade pré-contratual são apenas aquele sofridos diretamente em função da justa confiança gerada pela contraparte, ou seja, porque a parte tinha convicção de que o negócio iria ocorrer ela teve o dano (mais ainda: porque a contraparte deu claramente a entender que celebraria o contrato).

No Direito brasileiro, a cláusula geral de boa-fé do artigo 422 do Código Civil apresenta o conceito de que os contratantes devam guardar na conclusão do contrato os princípios da boa-fé. Não há uma referência expressa de que esse deve abranger a fase pré-contratual (como ocorre, por exemplo, no artigo 227 do Código Civil português, onde há menção expressa às preliminares do contato), mas parece razoável dar uma interpretação generosa ao que a lei chamou

---

48 Sobre o tema, Antônio Chaves, *Responsabilidade Pré-Contratual*, 2ª ed., São Paulo, Lejus, 1997.

49 Sobre o tema, Alexandre David Malfatti, *Direito-Informação no Código de Defesa do Consumidor*, São Paulo, Alfabeto Jurídico, 2003.

de "conclusão do contrato", para que nisso fique abrangido também a fase que anteceder à celebração do negócio.

<small>culpa *post pactum finitum*</small>

Esse alargamento da responsabilidade vai abraçar, também, atos realizados pelas partes mesmo depois de oferecida a prestação, mas que violam os deveres de boa-fé. Esses casos se denominam responsabilidade pós-contratual ou culpa *post pactum finitum*.

Muitas vezes, mesmo depois de oferecida a prestação, as partes devem ainda manter certos cuidados ou evitar certos atos, tudo a fim de proteger o perfeito adimplemento.

Nos dias de hoje, nos quais certos segredos comerciais têm enorme valor, a proteção de dados comerciais é fundamental. Mesmo depois de celebrado um negócio, muitas vezes é essencial que as partes mantenham sigilo acerca de fatos. A violação a esse dever pode gerar uma responsabilidade.

O mesmo se pode dizer, por exemplo, daquele que vende certo negócio, mas, algum tempo depois, passa a concorrer com o seu estabelecimento anterior. Com essa atitude, o vendedor – que passou a ser concorrente – frustra o perfeito adimplemento da obrigação de vender o negócio. Trata-se de uma violação ocorrida depois de já oferecida a prestação, daí ser qualificada como responsabilidade pós-contratual. Sobre o tema, aliás, vale ver o artigo 1.147 do Código Civil, que trata, precisamente, desta responsabilidade pós-contratual.

Em suma, sempre que as partes adotarem uma conduta que, de alguma forma, frustre o adimplemento – mesmo depois de já se ter oferecido a prestação –, esta conduta pode originar a responsabilidade, se o ato gerou dano.

O artigo 422 do Código Civil fala no dever de agir de acordo com a boa-fé também na execução do contrato, de sorte que se pode reconhecer o amparo legal à responsabilidade pós-contratual.

<small>tutela externa</small>

Também merecem ser incluídos entre as situações dessa "terceira via" da responsabilidade os casos nos quais terceiro, inicialmente estranho à relação contratual, adota medidas que contribuem decisivamente para o inadimplemento. Nestes casos, esse terceiro também pode vir a ser responsabilizado, consoante já se expôs aqui neste trabalho ao tratar dos sujeitos da relação jurídica obrigacional.

No Direito Brasileiro é princípio cardeal que os contratos apenas vinculam as partes. Somente elas devem respeitar o acordo. Terceiros não podem ser constrangidos a cumprir o que fora acordado por outros, salvo se participarem do negócio. Os antigos ressaltavam: o contrato é *res inter alios*.

Entretanto, se o terceiro for previamente informado de que existe um contrato celebrado entre a ex-empregadora e o ex-empregado, no qual consta uma obrigação de não fazer, consistente no dever de este último abster-se, por um certo período, de trabalhar para concorrentes, a resposta à situação desse terceiro pode ser distinta.

A partir do momento em que o terceiro colabora com o contratado no descumprimento do acordo, eles passam a atuar de forma contrária à lei. Não seria exatamente um caso de inadimplemento contratual, pois não há esse tipo de vínculo entre a ex-empregadora contratante e o terceiro, mas haveria um ato ilícito deste último.

Afinal, o terceiro que arrebanha ex-executivo de sua rival, impedido, por contrato, de trabalhar para ele, contribuiria para a verificação de um ilícito e dele seria beneficiário, podendo responder pelos danos que seu procedimento, contrário à lei, der causa.

Além disso, não se pode perder de vista o dever de boa-fé geral de qualquer contratante, a ponto de gerar deveres entre eles. O terceiro, ao ficar ciente da existência de relação entre o ex-empregado e seu antigo empregador, que impediria o contrato que ele pretende firmar, deve abster-se de efetuar o acordo, sob pena de agir de forma contrária aos deveres de boa-fé. A propósito, transcreva-se a melhor doutrina portuguesa:

> "À exposta orientação clássica, opõe-se modernamente a *doutrina do efeito externo*. Admitem os seus defensores, além de um *efeito interno das obrigações*, dirigido contra o devedor e em todo o caso primacial, um *efeito externo*, traduzido no dever imposto às restantes pessoas de respeitar o direito do credor, ou seja, de não impedir ou dificultar o cumprimento da obrigação. Alude-se, a propósito, à chamada *doutrina do terceiro cúmplice*.
> A posição referida desenvolve-se sob várias formulações. Em especial, distingue-se entre o ataque ao próprio crédito e o ataque à pessoa do devedor ou ao objeto da prestação, ou faz-se intervir o pressuposto do conhecimento da existência do crédito ou do concurso do terceiro com o devedor na violação do crédito. Porém, a idéia básica é a indicada: considera-se o crédito não só tutelado em face do devedor, mas ainda de terceiros. Estes podem, portanto, ser chamados a responder diretamente para com o credor por haverem lesado o direito de crédito."[50]

relação corrente de negócios

Tratemos da relação corrente de negócios, onde igualmente avulta essa responsabilidade intermediária. A relação corrente de negócios ocorre naquelas situações nas quais as partes se encontram habitualmente atreladas por um vínculo de onde se extraem várias prestações, algumas das quais jamais foram expressamente convencionadas.

---

50 Mário Júlio de Almeida Costa, *Direito das Obrigações*, 8ª ed., rev. e aumentada, Almedina, 2000, pp. 80/81.

Imagine-se o Banco no qual uma pessoa guarde há anos as suas economias. O gerente da conta, embora isso não seja a sua atribuição, fornece regularmente recomendações de investimento, também há anos, ao dono da conta. Neste caso, por conta dessa relação corrente de negócios, esse serviço, de recomendação de investimentos, passa a integrar a relação. Caso haja uma falha nesse serviço, o dono da conta poderá reclamar da instituição financeira.

O mesmo ocorre, para oferecer outro exemplo, no caso da pessoa que estaciona seu carro num lugar e, por anos, recebe o serviço, de um funcionário desse estabelecimento, de lavagem de seu carro (embora isso jamais tenha sido ajustado). Num dia, ao lavar o carro, o automóvel sofre uma enorme avaria. Por conta dessa relação corrente de negócios haverá responsabilidade do estabelecimento.

<small>responsabilidade pela quebra da confiança</small>

Por fim, vale falar da responsabilidade pela quebra da confiança. Abeberando-se na fonte da boa-fé, parece justo que responderá pelo dano causado aquele que rompe a confiança conquistada.[51]

O fato de uma pessoa conquistar legitimamente a confiança de outra que, a partir daí, passou a agir consoante essa circunstância, origina, entre essas duas pessoas, uma relação tutelada pelo ordenamento jurídico, de sorte que o comportamento que frustre a confiança pode servir como fonte de responsabilidades.

Imagine-se o jogador de futebol que, contratado por um grande e renomado clube, abandona seu time anterior. Entretanto, sem razão e de forma inusitada, o tal grande clube impõe ao jogador uma série de novas regras para que ele possa atuar (como, por exemplo, o dever de emagrecer, de concentrar-se durante toda a semana, entre outros procedimentos que se afastam da praxe). O tal jogador pode reclamar essa alteração de comportamento do clube de futebol, com exigências incomuns e que, principalmente, romperam com a confiança dele (afinal, ao se desligar de seu antigo clube para iniciar uma nova parceria, ele acreditava que haveria uma relação pautada pelo que ordinariamente acontece).

Se o relacionamento que criou a relação de confiança for contínuo e reincidente, incidirá, então, o mesmo fundamento aplicado à relação corrente de negócios, que se acabou de examinar. Evidentemente, a situação recorrente ajuda a comprovar a situação de confiança.

Nestes casos, igualmente, não é tarefa fácil apontar se a responsabilidade é contratual ou extracontratual, justificando a sua inclusão entre os casos de uma terceira via de responsabilidade.

---

51 Sobre o tema, Pierre Tercier, *Le droit des obligations*, 3ª ed., Zurich, Schulthess, 2004, p. 218.

Em todos os casos acima citados – na responsabilidade pré-contratual, na pós-contratual, na situação do terceiro cúmplice, na relação corrente de negócios e na quebra da confiança – haverá o dever de indenizar, embora elas não possam ser qualificadas exatamente como inadimplemento contratual ou responsabilidade civil.

18.4. Os Efeitos do Inadimplemento

No momento em que se cria uma obrigação, o devedor passa a ter um dever jurídico consistente em realizar a prestação e, com isso, satisfazer o credor.

Ocorrerá inadimplemento caso esse dever não se realize por culpa do devedor. A responsabilidade surge dessa violação: a parte que deixou de realizar o dever contratual fica sujeita a ressarcir a outra parte pelo prejuízo decorrente de sua falha.

Cumpre, agora, avaliar os efeitos do inadimplemento, averiguada a responsabilidade da parte que deixou de cumprir seu dever.

18.4.1. Os deveres primário e secundário

Nesse passo, deve-se distinguir o dever primário e o dever secundário, que surgem ao se verificar o inadimplemento.

O dever primário reside no cumprimento da prestação conforme inicialmente devida. O dever secundário, por sua vez, é um substituto, ou complemento.

Na hipótese de já não ser possível realizar o dever primário (o efetivo cumprimento da prestação, tal como prevista), ou o simples cumprimento do dever primário não representar uma satisfação ou utilidade para o credor, incidirá o dever secundário, com o pagamento de uma indenização em dinheiro ao credor.

Importante, pois, ter ciência do caráter subsidiário do dever secundário (ao contrário do que pode dar a entender o artigo 389 do Código Civil).[52]

De fato, diante do inadimplemento, o ordenamento jurídico dá ao credor o poder de exigir que a obrigação seja cumprida, tal como ela era devida inicialmente.

Isso se verifica nas obrigações de dar (artigos 806 a 813 do Código de Processo Civil), de fazer (artigos 814 a 821 do Código de Processo Civil) e nas de não fazer (artigos 822 e 823 do Código de Processo Civil), bem como na tutela específica da obrigação de fazer e de não fazer (artigo 497); e na obrigação de dar (artigo 498, também do Código Processual).

---

52 O art. 389 do Código de 2002 desperdiçou a chance histórica de corrigir o art. 1.056 do Código de 1916, que, igualmente, passava a equivocada idéia de que o remédio para o inadimplemento seria a indenização pecuniária quando esta é apenas um paliativo caso já não se possa efetuar o dever primário.

"astreintes"

O artigo 814 do Código de Processo Civil permite ao juiz fixar uma multa como meio de coagir o devedor inadimplente a cumprir o ajustado na obrigação. São as "astreintes". Trata-se de uma condenação acessória, uma multa, normalmente diária, pelo inadimplemento.

No mesmo sentido o Código do Consumidor (Lei nº 8.078, de 11.9.1990), no artigo 84, previu a execução forçada, como forma de proteger e estimular a realização do dever primário.

execução direta pelo credor

Cumpre lembrar, nesse passo, as inovações do Código Civil de 2002, constantes nos parágrafos únicos dos artigos 249 e 251, acerca das obrigações de fazer e de não fazer, respectivamente. Segundo a Lei, como antes se deu notícia ao examinar as obrigações de fazer e de não fazer, em caso de urgência, o credor está autorizado a garantir o cumprimento da prestação, independentemente de autorização judicial. Um caso excepcional no qual se admite à parte promover, "pelas próprias mãos", o adimplemento, ficando o credor, naturalmente, responsável pelo excesso.

Vale citar o adágio *nemo preacise cogi potest ad factum*; pois, nas obrigações de fazer personalíssimas, o devedor não pode ser impelido a realizar o ato. Se a obrigação de fazer não for personalíssima, o credor pode obter a prestação de terceiro e reclamar a indenização.

É conhecida a história do cantor George Michael, contratado, em 1987, por uma enorme gravadora por cinco anos. Contudo, o cantor se desentendeu com a gravadora e, por conta disso, recusou-se a lançar discos. Evidentemente, a gravadora não poderia forçar o artista a compor musicas ou a gravar novos discos. Houve, então, uma longa briga judicial, na qual a gravadora acabou vencedora, obrigando o artista a arcar com uma gorda indenização.

O credor, nesses casos, não pode exigir o cumprimento da obrigação de fazer, mas pode tentar estimular o adimplemento com multas ou mesmo com a ameaça de cobrar judicialmente uma polpuda reparação – que tornará extremamente oneroso o descumprimento.

adimplemento como ônus

Em tempo, vale tratar da situação na qual o adimplemento se torna altamente oneroso ao devedor, pois pode ocorrer, pelas mais variadas razões, de o cumprimento da prestação se verificar mais gravoso economicamente ao devedor do que o inadimplemento. Com efeito, há casos nos quais o adimplemento passa a se tornar um ônus insuportável, pois a vantagem do credor é inferior ao prejuízo que sofrerá o devedor se tiver que cumprir a prestação.

Tome-se o exemplo do vendedor de flores que prometeu entregar um certo tipo de bromélia a outrem. Entretanto, aquele tipo de bromélia é acometido por uma praga, dizimando-se a espécie, sobrando apenas um último exemplar, exatamente aquele que o devedor se comprometeu a entregar. Diante disso, aquela bromélia, objeto do negócio, passou a ser raríssima e teve seu valor substancialmente majorado. A partir de então, o cumprimento da obrigação tornou-se muito oneroso para o devedor. Visto de outra forma, a entrega da prestação passou a ter um interesse reduzido ao credor se comparado ao interesse do devedor em não cumprir o dever (pois o devedor passou a ter enorme interesse em manter a bromélia).

O parágrafo 275, II, do Código Civil alemão tem regra nesse sentido, tratando da obrigação na qual o interesse do devedor em deixar de cumprir seu dever passa a ser superior ao do credor em receber a prestação.[53] "Según el § 275 II BGB [o Código Civil alemão] el deudor puede negarse al cumplimiento si éste supusiera un esfurzo muy desproporcionado comparado con el interés del acreedor en recibir la prestación, teniendo en cuenta el contenido de la obligación y el requisito de la buena fé."[54] Aprecia-se, portanto, o esforço desmesurado do devedor em contrapartida do interesse do credor. Caso se verifique uma enorme desproporção, de sorte que a entrega da prestação se tornou um enorme ônus, o devedor poderá evadir-se do dever do cumprimento específico, para arcar com as perdas e danos (o dever secundário).

O fundamento, para se eximir do oferecimento da prestação caso ela se torne estupidamente onerosa, muito se assemelha ao reconhecido no artigo 317 do Código Civil, ao tratar da Teoria da Imprevisão, anteriormente apreciada.

Essa hipótese é interessante porque, a partir dela, pode-se verificar que o dever de executar a prestação diante do inadimplemento pode ceder não apenas se já não houver interesse ou utilidade ao credor na prestação. Evidentemente, se não existir mais interesse e utilidade, a prestação não precisará ser cumprida. Da mesma forma, contudo, observando-se que a prestação passou a ser incrivelmente onerosa ao devedor (principalmente se comparada ao interesse do credor), também é razoável entender que cessa a obrigação de cumprir o dever primário, isto é, de oferecer a prestação, ficando o devedor responsável apenas por indenizar o credor pelo eventual prejuízo decorrente da não entrega da prestação.

dever secundário Caso, contudo, não seja possível, ou não mais interesse ao credor o cumprimento do dever primário, ou, ainda, o simples cumprimento do dever primário já não seja útil e suficiente para reparar o dano decorrente da falha do devedor, restará ao devedor inadimplente arcar com o dever secundário. Este consistente em reparar

---

53 Sobre o tema: Claus-Wilhelm Canaris, "O novo direito das obrigações na Alemanha", *in Revista da Emerj*, v. 7, nº 27, 2007.

54 Richard Zimmermann, *El Nuevo Derecho Alemán de Obligationes*, Barcelona, Bosch, 2008, p. 48.

o credor, "em moeda corrente", pelos danos que seu ato deu causa. Exatamente nesse sentido a redação do artigo 947 do Código Civil: "Se o devedor não puder cumprir a prestação na espécie ajustada, substituir-se-á pelo seu valor, em moeda corrente".

Pode-se dizer que o objeto da obrigação é a prestação, ao passo que o objeto da responsabilidade – pelo inadimplemento – é o dever de indenizar as perdas e danos. A responsabilidade, portanto, consiste no dever de indenizar decorrente do inadimplemento da obrigação, sendo, assim, um dever secundário.

responsabilidade patrimonial

O Código consagrou, expressamente, o princípio da responsabilidade patrimonial, segundo o qual o devedor responde pelo inadimplemento com todos os seus bens, presentes e futuros (artigo 391).

Como se disse, diante do inadimplemento, em síntese, o credor segue com o poder de exigir do devedor o cumprimento da prestação, isto é, de requerer o oferecimento do dever primário decorrente da relação obrigacional.

Assim, o fato de o devedor deixar de cumprir a obrigação na forma devida (fora do prazo, de modo incompleto ou defeituoso) não o livra do dever obrigacional de entregar a prestação. Até porque, independentemente disso (e de modo muitas vezes complementar), o inadimplemento gera o dever de o devedor faltoso arcar com as perdas e danos causados pela sua conduta, acrescido do dever de prestar o dever primário.

Essas perdas e danos podem surgir isoladamente (se o dever primário já não tem utilidade), ou acompanhados do cumprimento da prestação. Elas consistirão na entrega de um valor em dinheiro, que deve idealmente espelhar o exato montante da perda sofrida pelo credor lesado pelo inadimplemento.

18.4.2. Resolução do contrato

O artigo 475 do Código Civil permite à parte lesada pelo inadimplemento, se não for mais útil reclamar o cumprimento da prestação, o poder de requerer a resolução do contrato – ou seja, o fim da relação obrigacional –, acrescentado das perdas e danos, se houver prejuízo.

A resolução é, assim, a forma de extinção do contrato em decorrência da sua inexecução. Ela se apresenta como uma opção ao credor lesado pelo inadimplemento. Contudo, é bom que se diga: a resolução não representa um poder absoluto do credor diante do incumprimento; importa averiguar se a prestação ainda tem interesse e utilidade.

Se uma pessoa adquiriu um carro, mas não o recebeu na data ajustada, isso não dará a ela o direito de resolver o contrato. Caso, no dia seguinte ao ajustado, o devedor quiser entregar a prestação, em regra o credor deverá receber o automóvel. Isso porque o mero inadimplemento não significa necessariamente a extinção da obrigação. Cumpre aferir se a prestação ainda possui utilidade ao credor. Para que o credor demonstre que ela já não é mais útil, deverá demonstrar que não precisa mais do carro (por algum razoável motivo). Do contrário, o devedor terá o direito de cumprir a prestação.

<small>cláusula resolutiva tácita</small>

Em todo contrato há, por natureza, uma cláusula resolutiva, em função da qual a inexecução por uma das partes da sua prestação autoriza a outra a requerer a resolução.

Essa cláusula pode ser expressa, se o instrumento contratual tiver tratado especificamente dela, fazendo referência à situação que determina a resolução do contrato, ou o acordo não terá nenhuma menção a essa resolução. Em outras palavras, pode o contrato, celebrado entre as partes e que originou a obrigação, conter uma disposição clara no sentido de que tal conduta acarreta a extinção do negócio (a resolução do contrato), ou não conter qualquer cláusula nesse sentido.

Como se disse, se o contrato não for cumprido, a parte prejudicada pode reclamar a sua resolução, ainda que não exista cláusula expressa nesse sentido. Isso porque se entende que, em todo contrato, há uma cláusula resolutiva tácita, ou seja, vigora o princípio, ainda que não escrito expressamente, de que o inadimplemento permite à parte lesada reclamar o fim da relação contratual.

Essa resolução em decorrência do inadimplemento, contudo, deve ser reconhecida judicialmente. Isso se dá independentemente de haver ou não cláusula resolutiva expressa.

<small>cláusula resolutiva expressa</small>

Evidentemente, havendo uma cláusula resolutiva expressa no contrato, a sua resolução se dá de modo mais simples. Se as partes convencionaram que a falta de pagamento pela prestação de um serviço representará a extinção do negócio, o prestador de serviço pode notificar o inadimplente, informando-o de que a sua falha fez incidir a cláusula resolutiva. A parte inadimplente pode aceitar o fato, admitindo a resolução do contrato, ou, por qualquer motivo, entender que não seria o caso de resolução. Nesta última hipótese, ela irá discutir no Judiciário o fim do contrato.

Não havendo cláusula resolutiva expressa, diante do inadimplemento, a parte lesada pode também notificar a parte faltosa, informando que a falha desta acarretou a perda do interesse e da utilidade na prestação, resultando na extinção da relação contratual. Aqui, também, se não houver concordância com relação ao término do contrato, haverá necessidade de submeter a questão ao Judiciário, que dará palavra final.

Havendo divergência, mister, pois, haver uma sentença constitutiva, isto é, uma manifestação do Poder Judiciário, reconhecendo ou não a extinção do contrato pela inexecução. Não se concebe que a própria parte declare, unilateralmente, o fim de uma relação contratual, por mais escandaloso que tenha sido o inadimplemento da contraparte.

18.5. A Mora

O devedor que, por culpa, não cumprir a prestação no tempo, lugar e modo devido, bem como o credor que, sem motivo justo, se recusar a receber a prestação, quedará em mora.[55]

A mora, assim, é o inadimplemento parcial, pois ela pressupõe que haja ainda a possibilidade de que se realize a prestação, o dever primário (artigo 394 do Código Civil). Além disso, a mora se relaciona à culpa, pois não haverá inadimplemento sem culpa.

O termo mora não se limita ao atraso, à impontualidade culposa no cumprimento das obrigações (como muitos pensam e é a redação do § 284 do Código Civil alemão). O conceito de mora se estende para o defeito da prestação em relação ao lugar e à forma como a obrigação é desempenhada.

mora do credor

A mora também pode ser do credor. Isso vai ocorrer, embora em casos mais raros, se o devedor quiser pagar, adotar atos positivos nesse propósito (ou seja, há uma real oferta da prestação), porém o credor recusa-se em receber a prestação, de forma expressa, ou mesmo tácita. Nesses casos, há a mora do credor, *mora accipiendi* ou *mora creditoris*.

pressupostos da mora

São pressupostos da mora: (a) o vencimento e exigibilidade da dívida; (b) a culpa da parte (artigo 396 do Código Civil) ou a recusa do credor; e (c) a viabilidade do cumprimento tardio.

obrigação vencida e exigível

Analisemos um a um esses pressupostos: em primeiro lugar, fica a parte constituída em mora de pleno direito a partir do vencimento da obrigação, caso a obrigação seja positiva e líquida (artigo 397).

Positivas são as obrigações de dar e de fazer e líquidas são aquelas certas quanto à sua existência e determinadas quanto ao seu objeto, na precisa redação do artigo 1.533 do Código Civil de 1916.[56] A obrigação de fazer um pagamento de determinada quantia em dinheiro em data pré-fixada é exemplo clássico de uma obrigação positiva e líquida. A falha na entrega da prestação, no valor e no dia ajustado, importará o inequívoco inadimplemento.

Nas obrigações negativas, o devedor queda inadimplente a partir do momento em que "executou o ato de que se deveria abster" (artigo 390). Se, por exemplo, havia uma obrigação de não

---

55 Pontes diz que "Quem falha quando ao adimplir há de ser lembrado pela tribo e lembrar-se. Mora vem de *memor*. A memória está em causa" (*Tratado de Direito Privado*, tomo XXVI, 2ª ed., Rio de Janeiro, Ed. Borsoi, 1959, p. 9). O clássico Dicionário Latino-Português Saraiva, contudo, indica que mora significa tardança, retardo.

56 O artigo 1.533 do Código de 1916, sem correspondente no atual, tinha a seguinte redação: "Art. 1.533. Considera-se líquida a obrigação certa, quanto à sua existência, e determinada, quanto ao seu objeto."

construir em determinado local, o inadimplemento se dará a partir do momento em que o devedor iniciar a construção.

Caso não haja vencimento, a constituição da mora depende de interpelação judicial ou extrajudicial (parágrafo único do artigo 397). Isso porque há situações nas quais as partes deixam de fixar a data para o adimplemento, sendo necessário, nestas situações, que o credor marque o momento para cumprimento da dívida. Para tanto, ele deve notificar o devedor.

Além de vencidas, a mora apenas ocorre nas dívidas exigíveis. Vale fazer essa distinção porque, por vezes, a dívida é vencida, mas não exigível porque sua eficácia, por exemplo, está subordinada à verificação de uma condição. Apenas com a ocorrência da condição, a parte poderá cobrar e, logo, o devedor, se não oferecer o pagamento, ficará em mora.

Outra circunstância que pode afastar a exigibilidade da prestação se dá se ela estiver inserida num negócio bilateral, onde haja imediatas prestações recíprocas. A doutrina alemã qualifica essas hipóteses de "Zug um Zug": as prestações, de parte a parte, são cumpridas e devidas simultaneamente. Uma parte entrega papel reciclado para a outra que, ao mesmo tempo, entrega, em pagamento, material para fazer esse papel. As prestações são concomitantes. Se uma das partes falhar, a outra pode recusar-se a entregar a sua prestação (até mesmo com fundamento na exceção do contrato não cumprido, do artigo 476 do Código Civil) e, logo, não estará em mora.

Consoante se ressaltou, a mora pode ser do credor ou do devedor, conforme este ou aquele tiver adotado alguma medida (ou se omitido de algo) que determine o inadimplemento.

É muito mais comum a mora do devedor. O credor, normalmente, está ávido por receber a prestação e age de modo a que ela seja cumprida. Ademais, normalmente quem deve adotar uma conduta, ou abster-se de realizar uma atividade, é o devedor, o que faz dele, por esse motivo também, o principal causador do inadimplemento.

<small>culpa</small>

Outro pressuposto da mora é a culpa: só incorre em mora a parte que para ela houver dado causa. A culpa é, assim, elemento essencial da mora, como se vê ressaltado no artigo 396 do Código:

> "Art. 396. Não havendo fato ou omissão imputável ao devedor, não incorre este em mora."

O referido dispositivo diz apenas que a culpa do devedor é essencial na aferição da mora do devedor,[57 e 58] não fazen-

---

57 "A melhor doutrina é aquela que exige a culpa como elemento indispensável da mora" (Agostinho Alvim, *Da Inexecução das Obrigações*, 2ª ed., São Paulo, Saraiva, 1955, p. 25).

58 Cabe abrir parêntesis para registrar a posição de Pontes de Miranda, para quem a culpa não seria elemento da mora (*Tratado de Direito Privado*, tomo XXIII, 2ª ed., Rio de Janeiro, Borsoi, 1958, p. 123).

do referência à situação do credor. Entretanto, com o credor não é diferente, embora se reconheça que a maioria da doutrina prefira entender que a culpa não constitui elemento da *mora creditoris*. Parece, contudo, que a melhor orientação é no sentido de reconhecer que também a mora do credor fica descaracterizada se demonstrado que ele agiu sem culpa. Se o credor deixar de receber o que lhe era devido por um motivo alheio ao seu controle, pelo qual não contribuiu, mas que o impediu de reclamar seu crédito no tempo, lugar e forma, ele não estará em mora.[59]

Essa aferição da culpa do credor fica mitigada – a discussão, a rigor, passa a ser estéril – se o devedor prova que fez a oferta de pagamento e houve a recusa. Caso o devedor demonstre que levou a prestação ao credor (nas dívidas portáveis), ou que o credor não estava apto a receber a prestação em seu domicílio (nas dívidas quesíveis), a mera recusa do credor já demonstra a sua mora, pois se objetivou inadimplir, o que foi impedido por medida do credor.

interesse e utilidade da prestação

Por fim, para que exista a mora, necessário, ainda, a verificação do interesse e da utilidade na prestação. A moça que adquiriu o vestido de noiva para o seu casamento já não tem mais interesse em recebê-lo depois da data da cerimônia, pois o vestido, para ela, já não possui utilidade. É, pois, fundamental que a prestação ainda sirva ao credor. Caso contrário – se não houver mais vantagem do credor –, não haverá o inadimplemento parcial (a mora), porém inadimplemento total.

Dessa forma, o devedor apenas fica em mora se a obrigação ainda for exeqüível, havendo, ainda, a possibilidade de o devedor cumprir a obrigação.

Para aferir a utilidade da obrigação – a fim de apontar se ela é ou não exeqüível –, deve-se averiguar se a prestação é útil e proveitosa ao credor.[60 e 61]

Caberá, muitas vezes, ao juiz apontar a existência da utilidade ao credor, mesmo que tardia, do cumprimento da obrigação, para o fim de indicar se o caso é de inadimplemento parcial ou absoluto.

Os inconfidentes mineiros, ao imaginarem sua bandeira, escolheram uma frase de Virgílio, "libertas quae sera tamen", isto é, "liberdade ainda que tardia". Esse mote era oportuno porque desejavam

---

59 Entendimento contrário é oferecido por Agostinho Alvim: "Quanto ao elemento subjetivo culpa, o Código só exige, expressamente, na mora do devedor. Daí, o entendimento dominante de que 'com relação à mora do credor, não há que se atender à culpa'" (Agostinho Alvim, *Da inexecução das obrigações e suas conseqüências*, 3ª ed., São Paulo, Saraiva, 1965, p. 48).

60 "Quanto à perda do interesse do credor na prestação, é a mesma 'apreciada objectivamente' (art. 808.º, nº 2). Esse critério significa que a importância de tal interesse, embora aferida em função da utilidade concreta que a prestação teria para o credor, não se determina de acordo com o seu juízo arbitrário, mas considerando elementos susceptíveis de valoração pelo comum das pessoas" (Mario Julio de Almeida Costa, *Direito das Obrigações*, 9ª ed., Coimbra, Almedina, 2004, p. 984).

61 "Forte orientação doutrinária se inclina no sentido de que ela será sempre possível quando a prestação ainda for útil ao credor" (J. Franklin Alves Felipe e Geraldo Magela Alves, *O Novo Código Civil Comentado*, 3ª ed., Rio, Forense, 2003, p. 85).

a liberdade do país, na época ainda colônia portuguesa, ainda que tardia, pois acreditavam que essa liberdade já deveria ter ocorrido.

Essa frase, hoje estampada na bandeira de Minas Gerais, serve para entender como deve ser a análise do interesse na avaliação do cumprimento tardio. Para os inconfidentes, a liberdade era desejada, mesmo que atrasada. Para os credores, o adimplemento deve interessar, ainda que oferecido depois do prazo inicialmente previsto para a sua entrega.

18.5.1. Os efeitos da mora

A mora, em suma, gera por conseqüência, em primeiro lugar, o dever de a parte que a causou responder pelas perdas e danos (aí incluídos os juros) experimentados pela contraparte. Os danos, claro, serão aqueles sofridos em decorrência do cumprimento defeituoso.

encargos

O devedor em mora responde pelos prejuízos dela decorrentes, acrescidos de juros, atualização dos valores monetários e até dos honorários advocatícios, de acordo com o artigo 395 do Código Civil.

ampliação dos riscos

Além disso, há, com a mora, a ampliação dos riscos. O devedor, como se disse, seguirá responsável pela dívida, segundo o artigo 399, respondendo até mesmo se houver caso fortuito e força maior (salvo se comprovar que o dano sobreviria mesmo se a obrigação tivesse sido cumprida). Em outras palavras, a mora agrava o risco do devedor, pois este responde pela prestação ainda que ela se impossibilite, não podendo mais suscitar a ocorrência de caso fortuito ou de força maior. Por isso também os romanos diziam que a mora perpetuava a obrigação – era a *perpetuatio obligationis* –, pois, de fato, a obrigação se mantinha, mesmo no caso de perecimento ou perda da coisa.

Ressalve-se que a segunda parte do artigo 399 tempera o seu rigor, oferecendo as exceções da perpetuação da obrigação. Se o devedor em mora comprovar que a perda ou a deterioração teria ocorrido mesmo se a obrigação tivesse sido cumprida, ele não responderá pelo inadimplemento. Assim, cabe ao devedor demonstrar que a perda ocorreria de toda forma, ou, em outras palavras, que o dano é estranho à mora. Diante disso, agrava-se o ônus da prova da parte em mora, pois compete a ela, para escapar da responsabilidade, demonstrar que o mal teria ocorrido de toda sorte, ainda que a obrigação tivesse sido cumprida.

Se um fazendeiro promete entregar uns bois ao seu vizinho, mas não entrega no dia fixado para cumprimento da prestação, o devedor fica em mora. Imagine-se que, já em mora, uma doença avança sobre a boiada, dizimando-a. Neste caso, seguindo a regra do artigo 399, o devedor em mora não pode alegar o caso fortuito ou a força maior para eximir a sua responsabilidade. Entretanto, caso consiga demonstrar que o surto se abateria sobre o gado, mesmo que a prestação tivesse sido entregue, aplica-se a segunda parte do artigo 399, para eximir o fazendeiro devedor de sua responsabilidade.

Também o devedor poderá eximir-se desse agravamento da responsabilidade se provar que não teve culpa pela mora, resguarda a segunda parte do artigo 399 (numa redação algo truncada). Essa referência é uma demasia, pois, segundo o artigo 396 do Código, a mora, para se verificar, depende da culpa. Dessa forma, identificada a mora, já se pressupõe a existência de culpa.

De toda sorte, em resumo, uma vez em mora, o devedor responde pela prestação, mesmo na ocorrência de caso fortuito e de força maior, salvo se conseguir demonstrar que não teve culpa pela mora (e, logo, não está em mora, por força do artigo 396) ou que o dano sofrido teria ocorrido mesmo que ele tivesse cumprido a obrigação regularmente.

mora do credor

O credor que estiver em mora, por seu turno, não poderá mais reclamar do devedor se a coisa se perder ou se deteriorar por culpa deste último, diz o artigo 400. O devedor apenas responderá pela deterioração se tiver agido com dolo.

Neste caso, a lei civil faz uma distinção entre a culpa e o dolo, o que ocorre em algumas situações, como vimos anteriormente. O artigo 400 trata da mora do credor, agravando o risco deste. Se ele deixa de receber a coisa que ele deveria buscar, a mora é dele. Se, nesse período, a coisa perece sem culpa do devedor, o ônus dessa perda é do credor.

O credor fica, ainda, obrigado a arcar com as despesas de conservação da coisa e, por fim, se o valor do bem oscilar no período em que perdurou a sua mora, o credor deve cobrir o preço mais alto que a coisa atingiu, ainda que na data da efetiva entrega o seu valor já seja inferior.

Dessa forma, se o credor se recusar a receber o pagamento – e, logo, ficar em mora –, a situação do devedor não pode ficar agravada. Não terá o devedor que arcar com os eventuais danos de o adimplemento não ter ocorrido na data fixada, pois isso é imputável apenas ao credor.

18.5.2. A PURGAÇÃO DA MORA

A fim de afastar seus efeitos, pode o devedor (ou o credor) purgar a mora, nos termos do artigo 401 do Código Civil, oferecendo a prestação devida ao credor.

Na purgação da mora – a *emendatio morae* –, o devedor deve oferecer o objeto da prestação ao credor acrescido dos prejuízos decorrentes de seu inadimplemento parcial. Ou seja, para purgar a mora – e cumprir seu dever –, o devedor não apenas se limita a entregar o que é devido – a obrigação de dar, fazer ou não fazer –, mas deve assumir, ainda, os encargos decorrentes da sua mora, como os danos provenientes de seu inadimplemento parcial.

Purgar a mora significa acabar com a mora, pelo cumprimento da obrigação, com a entrega da prestação.

Avalia-se objetivamente se a prestação ainda tem proveito ao credor. Se ela se tornar inútil (parágrafo único do artigo 395), o credor poderá enjeitá-la. Se a prestação já não tem interesse e utilidade para o credor, não se pode mais purgá-la.

O recebimento da prestação pelo credor faz cessar a mora.

19
AS PERDAS E OS DANOS

Na aferição da responsabilidade, a verificação do dano tem posição de relevo. A rigor, a existência do dano em nada se relaciona ao inadimplemento. Muitas vezes pode haver o descumprimento de um dever obrigacional, mas isso não acarretar qualquer prejuízo à parte lesada. A verificação do dano se prende à responsabilidade, isto é, ao dever de reparar a prestação inadimplida.

Em outras palavras, cumpre averiguar quais as conseqüências do inadimplemento ao credor, quais os prejuízos decorrentes dessa falha obrigacional. Como no Direito Civil não se pune, o dever de reparar em conseqüência da falha no cumprimento da prestação apenas pode advir de um dano sofrido pelo credor. Sem dano, não há que se falar em dever de indenizar.[1]

Carnelutti define o dano como "abolizione o diminuizione, anche parziale, anche temporanea, di un bene della vita",[2] ou seja, a perda ou diminuição, ainda que temporária, de algum bem. Tradicionalmente, esse dano era visto apenas como aquele aferível patrimonialmente – trocando em miúdos: o que poderia ser mensurado como perda de bens do credor. Essa visão, todavia, encontra-se superada. Assiste-se, na atualidade, a um admirável alargamento do conceito de dano, que não se limita ao prejuízo econômico, mas pode restringir-se a uma perda de ordem psicológica. Um forte dissabor, com impacto psicológico, cuja expressão monetária é de impossível aferição, pode ser objeto de indenização.

Adiante se examinará a forma de apurar o dano, bem como as suas espécies.

19.1. DANOS EMERGENTES E LUCROS CESSANTES

As perdas e danos compreendem o que o credor efetivamente perdeu e o que razoavelmente deixou de lucrar, de acordo com a de-

---

[1] "A pretensão do credor insatisfeito a ser indenizado pelo devedor pressupõe: 1) que o credor tenha sofrido um dano; 2) que o dano tenha sido causado pelo não cumprimento; 3) que o não cumprimento resulte de uma causa imputável ao devedor (a título de culpa ou, nos casos de responsabilidade objectiva, a título de risco). São estes os pressupostos da responsabilidade e do direito à indenização, que constituem matéria de prova em juízo" (Enzo Roppo, *O Contrato*, Coimbra, Livraria Almedina, 1988, p. 291).

[2] Francesco Carnelutti, *Il Danno e il Reato*, Padova, Casa Editrice Dott. Antonio Milani, 1926, p. 10.

finição do artigo 402 do Código Civil. Trata-se dos danos emergentes do inadimplemento, bem como dos lucros cessantes dele decorrentes.

> danos emergentes

Os danos emergentes são os prejuízos que decorrem diretamente do inadimplemento, ao passo que os lucros cessantes são aqueles que o credor lesado razoavelmente deixou de receber em função do incumprimento. Os danos emergentes, assim, espelham o prejuízo concreto, a perda patrimonial, ao passo que os lucros cessantes são uma projeção, o que se deixou de ganhar.

> lucros cessantes

Tome-se o motorista de táxi que vai a uma oficina e combina o conserto de seu automóvel. No dia determinado para a entrega do veículo, a oficina falha. Pior, fica um mês para devolver o carro. Pois além da perda pelo inadimplemento da obrigação de consertar o táxi no dia estabelecido (no que seria o dano emergente), o motorista ficou um mês sem circular com o seu carro e logo deixou de receber por todo esse tempo (prejuízo qualificado como os lucros cessantes, pois resulta no que o taxista deixou de ganhar).

Na junção dos danos emergentes com os lucros cessantes o ordenamento jurídico pretende abraçar todo o prejuízo sofrido pelo credor lesado. O dano material indenizado, contudo, é apenas aquele que pode razoavelmente ser identificado, não se indenizando o dano meramente possível.

Para delimitar o lucro cessante, exige-se, idealmente, a prova de que o lucro teria ocorrido, mas que não se deu em decorrência da falha do devedor. Se essa prova não for possível, cumpre, ao menos, demonstrar que, pelas experiências passadas, o lucro iria fatalmente ocorrer.

Sirva-se do exemplo do comerciante que, todos os anos, adquire vinhos finos vindos de Bordeaux, na França, para venda em restaurantes chiques no Brasil, recebendo um excelente preço na diferença entre o valor de compra e o de venda. Durante tempos, o tal comerciante se vale do negócio, sempre com excelentes margens de lucro. Pois, imagine-se que, num determinado ano, o comerciante não recebe os vinhos de Bordeaux, por inadimplemento de seu fornecedor. Poderá reclamar as perdas e danos, inclusive os lucros cessantes pelo que deixou de faturar pela revenda dos vinhos, ainda que não tenha um contrato específico para aquele ano, bastando demonstrar a realidade de muitos anos do passado.

Visto sob outro ângulo, os lucros cessantes não serão devidos com base em expectativas, porém em dados concretos.

Acresçam-se, entre os danos que merecem reparação, aqueles gastos feitos pelo credor na convicção de que haveria o adimplemento. Veja-se que comumente o credor, na justa crença de que receberá a prestação, faz uma série de gastos. Essas despesas podem tornar-se inúteis se sobrevier o inadimplemento parcial ou total. Esses gastos podem bem ser os maiores danos do credor, que, evidentemente, terá direito a vê-los indenizados (o parágrafo 284 do Código Civil alemão trata especificamente desse tipo de dano).

Imagine-se, para dar um exemplo, a pessoa que acordou adquirir o direito a distribuir certo produto de grande aceitação popular. Para desempenhar adequadamente a obrigação assumida, essa pessoa adquiriu bens (como caminhões), contratou pessoas e alugou um enorme galpão. Se, suponha-se, pouco antes do início da vigência do contrato de distribuição, o titular do produto romper o negócio, a tal pessoa, sujeito do exemplo, poderá reclamar uma indenização que cubra todos os gastos que, de boa-fé, suportou para o fim de bem cumprir os deveres que assumiu na obrigação.

teoria da diferença

Para aferir o tamanho do dano, aplica-se o conceito clássico da teoria da diferença, que, por sua vez, trata a matéria quase matematicamente, a fim de oferecer ao lesado reparação na exata medida do dano sofrido.[3]

Fala-se em diferença, porque o autor do dano deve ser condenado a entregar ao lesado a diferença entre a situação do patrimônio do prejudicado, com o inadimplemento que sofreu, e a situação (ideal) que teria caso o prejudicado não tivesse sofrido o dano. A reparação, idealmente, deve representar essa justa "diferença", de sorte que o lesado receba um valor que o coloque na exata posição econômica que teria se o dano jamais tivesse ocorrido, não o fazendo mais pobre ou mais rico. Essa teoria, contudo, apenas se aplica nos casos de danos patrimoniais.

compensatio lucri cum damno

Para aferir a indenização, cumpre, também, verificar se o credor lesado recebeu alguma vantagem com o inadimplemento. Pode ocorrer que o inadimplemento tenha trazido algum proveito ao credor. Tome-se a situação do locatário que se obriga contratualmente a não fazer qualquer obra no imóvel alugado. Contudo, o locatário efetua uma série de benfeitorias, que, inclusive, aumentam consideravelmente o preço do bem. Houve o inadimplemento do locatário – que violou a regra contratual de não fazer obras –, porém seu descumprimento gerou vantagens. Em maior ou menor grau, pode o devedor inadimplente reclamar a *compensatio lucri cum damno*, com o fito de compensar o dano que eventualmente tenha causado com o benefício, que também eventualmente, o mesmo inadimplemento gerar.

---

[3] "Tradicionalmente, define-se dano patrimonial como a diferença entre o que se tem e o que se teria, não fosse o evento danoso. A assim chamada 'Teoria da Diferença', devida à reelaboração de Friedrich Mommsen, converteu o dano numa dimensão matemática e, portanto, objetiva e facilmente calculável" (Maria Celina Bodin de Moraes, *Danos à Pessoa Humana*, Rio de Janeiro, Renovar, 2003, p. 143).

valor sentimental

Se a obrigação era de dar coisa certa, a avaliação do dano deve focar no valor do bem, embora compreenda-se que, excepcionalmente, se afira o valor sentimental dele.[4]

Certa vez, uma chaleira de prata, objeto que passava de geração em geração da mesma família, foi entregue a uma loja para reparo. Pois a loja perdeu o objeto. Como se tratava, para a loja, de uma obrigação de restituir coisa certa, a perda da coisa representava o completo inadimplemento, que apenas poderia ser remediado com o pagamento das perdas e danos. A dificuldade, no caso, era provar o valor sentimental da chaleira de prata, pois a mera entrega de seu valor econômico, jamais indenizaria o dissabor experimentado pela família, com a perda do bem, para elas envolvido por uma estimação de ordem emocional.

Em casos como o que se acabou de narrar, caberá ao juiz apreciar os aspectos fáticos, o que dependerá, em grande parte, da prova apresentada pelos lesados.[5]

relação "direta e imediata"

Como antes se salientou, é fundamental reconhecer um liame direto entre o prejuízo e o inadimplemento. Mister apontar o nexo de causalidade entre o dano e o fato imputável ao devedor inadimplente. O nosso sistema adotou, como se pode ver da redação do artigo 403 do Código Civil, o conceito da relação "direta e imediata" entre o fato e o dano para o objetivo de apurar a indenização.

"dano em ricochete"

Não obstante a regra seja a de que o dano indenizável seja aquele que derive diretamente do ato (no caso do Direito das Obrigações: do inadimplemento), há situações nas quais o dano indireto pode receber uma reparação. Essas hipóteses são conhecidas como danos por ricochete (expressão adotada metaforicamente por equiparação ao fenômeno físico de o projétil saltar depois do choque a um corpo sólido). O dano em ricochete é aquele no qual a vítima sofre – indiretamente – os danos causados a terceiro.

O exemplo clássico é o dos pais que vivem sustentados pelo filho, mas o filho vem a falecer por um erro médico. Neste caso, o médico causou um dano ao filho, seu paciente, que morreu por uma imperícia sua. Entretanto, os pais, que dependiam economicamente do filho, também experimentam um prejuízo, possivelmente até

---

4 Orlando Gomes, *Obrigações*, 16ª ed., Rio de Janeiro, Forense, 2004, p. 157.
5 Nesse passo, vale repetir a lição clássica de Adriano de Cupis:
"L'accertamento del giudice in ordine al contenuto del danno, così come in ordine alla sua esistenza, dipende dalla prova, il cui onere incombe al danneggiato. È del giudice, ripetiamo, l'attività che concretasi nel fissare, oltre all'esistenza, anche l'entità quantitativa del danno risarcibile; ma questa attività è subordinata alla prova incombente al danneggiato" (*Il Danno*, vol. I, 3ª ed., Milão, Giuffrè, 1979, p. 560).

de ordem moral. Na hipótese, pode-se suscitar o dano em ricochete, permitindo aos pais do falecido cobrar uma reparação daquele responsável pela morte do filho, porque sofreram as consequências do ato ilícito (no exemplo, a má prestação de um serviço, isto é, o inadimplemento).

O artigo 403 do Código Civil diz, ao tratar das perdas e danos, que "ainda que a inexecução resulte de dolo do devedor, as perdas e danos só incluem os prejuízos efetivos e os lucros cessantes por efeito dela direto e imediato".

<small>dolo</small>

Para fins de indenização, a princípio, não há distinção se a falha se deu por dolo ou culpa, porque o relevante é o dano. Com base nele será calculado o valor a ser pago pelo devedor inadimplente (veja-se o artigo 944 do Código Civil, que trata da indenização da responsabilidade extracontratual, segundo o qual a indenização se mede pela extensão do dano).

<small>grau de culpabilidade</small>

Classicamente, para o fim de se quantificar a indenização devida pela reparação civil, o grau da culpabilidade era irrelevante.[6] A reparação se media na exata apuração do dano. A responsabilidade, nesse particular, poderia ser aferida com uma régua, ou como numa fórmula matemática: "indenização = dano". Assim, pouco importava o grau de culpa do autor do prejuízo.

A distinção entre culpa levíssima, leve e grave, que teve algum valor no passado, era desconsiderada. Em alguns casos, uma conduta tomada por uma leve negligência acabava por causar um prejuízo de proporções bíblicas. Outras vezes, um ato vil, levado adiante dolosamente pelo autor, gerava uma repercussão econômica desprezível. Para a aferição do montante da reparação civil, o grau de culpa era irrelevante.

Essa, como se acabou de citar, a regra expressa no artigo 944 do Código Civil:

"Art. 944. A indenização mede-se pela extensão do dano."

Entretanto, o parágrafo único do referido artigo 944 oferece a seguinte e nova disposição:

"Parágrafo único. Se houver excessiva desproporção entre a gravidade da culpa e o dano, poderá o juiz reduzir, equitativamente, a indenização."

---

[6] Veja-se a seguinte passagem de Ripert: "Quando se verifica assim o que há de delituoso na responsabilidade civil, encontra-se, no entanto, uma objeção grave: a reparação não é adequada à culpa, mas ao prejuízo. Deveria haver segundo a expressão de Ihering 'equilíbrio entre a culpabilidade e a reparação. Há, pelo contrário, reparação integral qualquer que seja o grau de culpa. Aqui a idéia de causalidade parece ser a única a atuar, porque a reparação aplica-se a todos os prejuízos diretos" (*A regra moral nas obrigações civis*, 2ª ed., Campinas, Bookseller, 2000, p. 241).

Abriu-se pela lei, dessa forma, uma enorme brecha na regra geral do *caput* do artigo 944. Permitiu-se aferir o grau de culpabilidade para, eventualmente, diminuir a indenização, na esteira do artigo 494 do Código Civil português: "Quando a responsabilidade se fundar em mera culpa, poderá a indenização ser fixada, equitativamente, em montante inferior ao que corresponderia aos danos causados, desde que o grau de culpabilidade do agente, a situação econômica deste e do lesado e as demais circunstâncias do caso o justifiquem." No mesmo sentido, também, o Código Civil suíço: "Art. 43 (III. Fixação do Dano) (1) O modo e a extensão da indenização pelo dano causado, estabelece o juiz que, no caso, tem de considerar não só as circunstâncias como a gravidade da culpa." O artigo 44 da Lei civil suíça determina, ainda, que se aprecie a situação econômica da parte que deve indenizar, a fim de eventualmente minorar a reparação.

<small>redução da indenização pelo juiz</small>

O parágrafo único do artigo 944 do Código Civil permite ao juiz diminuir, por equidade, a indenização devida pelo responsável caso verificada a desproporção entre a gravidade da culpa e o dano experimentado. Por todas as razões, essa regra deve ser aplicada com parcimônia (o enunciado 46 da I Jornada de Direito Civil previu que essa "possibilidade de redução do montante de indenização em face do grau de culpa do agente, estabelecida no parágrafo único do art. 944 do Código Civil, deve ser interpretada restritivamente, por representar uma exceção ao princípio da reparação integral do dano"). O Judiciário fica autorizado a reduzir a indenização apreciando detidamente o caso concreto (embora deva-se salientar que, já em 2000, o Superior Tribunal de Justiça recomendava que se levasse em conta "o grau de culpa e o porte econômico das partes" (REsp. 246.548, Rel. Ministro Sálvio de Figueiredo Teixeira, julgado em 18.4.2000).

Regra semelhante é encontrada no parágrafo único do artigo 928. Este dispositivo cuida da responsabilização civil dos incapazes. Eis a norma:

> "Parágrafo único. A indenização prevista neste artigo, que deverá ser eqüitativa, não terá lugar se privar do necessário o incapaz ou as pessoas que dele dependam."

Assim, se o incapaz gerar um dano – como, por exemplo, o caso da criança pequena que, por descuido, quebra um objeto caro –, deve-se avaliar o seu grau de culpa para arbitrar o tamanho da indenização.

Atente-se em que, além da quebra do conceito de que não se deveria aferir o grau de culpabilidade, há outra ruptura de um tabu neste parágrafo único do artigo 928. Isso porque se manda observar, para o fim de apurar o montante da indenização, a situação econômica do autor da lesão. Neste ponto, aponta-se para um elemento novo, mas de inegável relevância social.

Por enquanto, ao menos na norma, esse elemento apenas se vislumbra nessa responsabilidade do ato cometido por incapaz. Entretanto, a jurisprudência já vem aplicando o conceito de analisar a situação econômica do autor do ato há muito, notadamente para quantificar o dano moral.

A lei, como se demonstrou, considera que o grau de culpa passa a ter importância para aferir o montante da indenização. Assim, a regra do parágrafo único do artigo 944, antes transcrita.

Ocorre que essa regra fala apenas da possibilidade de o juiz diminuir a indenização, não de aumentá-la.

Ao se admitir que se aprecie o valor da reparação pela reprovabilidade da conduta para diminuir, há quem defenda que essa mesma reprovabilidade da conduta possa servir como fundamento para majorar a reparação.

Este é o argumento mais sedutor daqueles que defendem o dano moral punitivo ou pedagógico. A partir dessa construção, permitir-se-ia, reconhecendo uma conduta altamente condenável do autor, impingir-lhe uma indenização até mais elevada do que o dano por ele causado, porém em sintonia com a medida de sua culpa.

Chega-se a dizer: "Quem pode mais, pode menos", o que, de fato, é verdade em muitas situações jurídicas. Entretanto, o caso é justo o oposto: "Quem pode menos, não pode mais". De fato, aquele que tem grande direito, pode renunciar parte dele. A recíproca, contudo, não é verdadeira. Se um homem pode beijar a boca de uma mulher, natural que possa beijar o rosto também. Todavia, o homem que pode beijar o rosto de uma mulher não pode necessariamente beijar-lhe a boca. É o que se disse: "quem pode mais, pode menos; porém quem pode menos, não pode mais". O juiz está autorizado a reduzir a indenização, não a aumentá-la. O juiz, no caso, pode menos (e, logo, não poderá fazer mais).

Apenas para registro, a condenação para reparar dano acima do sofrido pela vítima encontra óbice, entre outros, no dispositivo constitucional do art. 5º, XXXIX, que proíbe a aplicação de pena desprovida de norma anterior que a defina. A condenação em valor superior ao dano representaria uma pena, cuja aplicação encontra-se vedada por norma constitucional. Ademais, a finalidade da indenização consiste em restituir o lesado à situação que ele desfrutaria caso o adimplemento tivesse ocorrido, e não o de gerar um ganho. A reparação não pode ser fonte de locupletamento.

<small>prova do dano</small>

Questão de enorme interesse é a prova do dano. Ela se dá em duas etapas: primeiro, demonstra-se que existiu o dano, e, depois, prova-se a sua extensão.

Na responsabilidade contratual, há a presunção de que o descumprimento da obrigação gera um dano ao seu credor, porém cabe a este último demonstrar o alcance de seu prejuízo, para que ele possa ser mensurado. Afinal, caberá ao devedor indenizar o credor na medida de sua perda.

Na indenização por danos materiais, a prova de sua existência e extensão são fundamentais. Como é intuitivo, pode haver inadimplemento que não ocasione dano e, nesses casos, afasta-se o dever de indenizar. A prova, por conseguinte, é essencial, sendo que "Condenar sem prova do dano, colide com todos os princípios que regem a matéria."[7]

A comprovação da amplitude do dano incumbe a quem o afirma, seguindo a regra geral do ônus da prova, segundo a qual quem alega o fato fica com o encargo de demonstrá-lo.[8]

Ressalve-se, desde já, que, no dano moral, muitas vezes se admite a impossibilidade de sua demonstração, reconhecendo-se que ele se encontra *in re ipsa*, isto é, na própria coisa, sendo uma decorrência natural do fato lesivo. Nestes casos, excepcionalmente, admite-se que não se faça a prova da extensão do dano.

indenização de obrigações pecuniárias

Se a indenização se refere a uma prestação de dar, fazer ou de não fazer, que não se relacione a dinheiro, há a necessidade de se aferir qual o valor do prejuízo. Isso, contudo, não ocorre nas prestações de entrega de dinheiro, também chamadas de obrigações pecuniárias. Nestes casos, há apenas a necessidade de corrigir monetariamente o valor da prestação e acrescentar os juros (que são a remuneração devida ao credor pelo tempo em que ficou sem dispor do capital).

atualização monetária

As perdas e danos de obrigações pecuniárias serão atualizadas monetariamente e deverão abranger os juros, as custas e os honorários advocatícios, além da pena convencional, se for o caso, registra o artigo 404 do Código Civil.

A correção monetária passa a ser feita a partir do inadimplemento. Se a dívida é ilíquida, a correção apenas inicia no momento da liquidação.

Os juros de mora são devidos independentemente da prova de prejuízo, como indica o artigo 407 do Código Civil, pois decorrem do mero fato de o dono do capital haver ficado privado do uso do dinheiro.

De fato, para as obrigações de pagamento em dinheiro, o Código possui a norma específica do artigo 404, embora conceitualmente seja idêntica no sentido de pregar a indenização plena da parte lesada. O devedor que deixar de pagar a dívida fica obrigado a arcar com o valor acrescido da correção monetária, juros, custas e honorários de advogado (caso a dívida tenha sido cobrada no Judiciário).

indenização suplementar

O parágrafo único do artigo 404 traz uma novidade em relação à legislação de 1916. Caso se demonstre que os juros de mora não cobrem o prejuízo, a parte lesada pode solicitar ao juiz, responsável

---

7 Sergio Cavalieri Filho, *Programa de Responsabilidade Civil*, 2ª ed., São Paulo, Malheiros, 2000, p. 98.

8 Nesse sentido, toda a doutrina:
"La preuve du préjudice incombe au demandeur, en vertu du principe général formulé dans l'art. 1315, § 1er, c.civ. et dans l'adage: *Actori incumbit probatio*" (Henri Lalou, *Traité Pratique de la Responsabilité Civil*, 4ª édition, Paris, Librairie Dalloz, 1949, p. 121).
"Em princípio, a culpa é um fato ou decorrência de um fato. Como tal, deve ser provada, e o ônus de produzir sua prova incumbe a quem a invoca, como em geral ocorre com todo outro fato: *onus probandi incumbit ei qui dicit non qui negat*. Cabe, portanto, à vítima produzir a sua prova" (Caio Mário da Silva Pereira, *Responsabilidade Civil*, 9ª ed., Rio de Janeiro, Forense, 1998, p. 74).

pelo julgamento da ação de cobrança, que arbitre uma indenização suplementar.

Muitas vezes, a mera reposição do valor acrescentado de juros e da correção monetária não é o suficiente para reparar. Nesses casos, a mera devolução do dinheiro não corresponde a uma justa indenização, daí porque a lei vai permitir ao juiz que, uma vez solicitado pela parte lesada, crie uma indenização suplementar, com vistas a garantir uma plena reparação pelo dano ocasionado pelo inadimplemento. Não se trata, atente-se, de uma punição autorizada ao juiz, mas a possibilidade de majorar a indenização, apenas se o valor da atualização da dívida acrescida de juros não corresponder a uma efetiva indenização.

O parágrafo único do artigo 404 diz que para incidir essa indenização suplementar não pode ter havido ajuste de cláusula penal. Ocorre que, muitas vezes, o valor ajustado na cláusula penal é mínimo, e, mesmo com a sua inclusão, não há, ainda, uma plena reparação do dano causado pela inadimplência. Assim, parece ser a melhor interpretação analisar se, mesmo adicionando ao valor da indenização o montante pago como cláusula penal, a reparação resulta no pleno ressarcimento. Caso contrário, será justo conceder a indenização suplementar.

teoria da perda de uma chance

Faça-se uma referência, na oportunidade, à teoria da perda de uma chance. Como se mencionou, o dano é considerado um dos elementos do dever de reparar. Afinal, o conceito da reparação consiste em ressarcir o lesado precisamente na proporção de seu dano. Logo, sem dano, perde-se o sentido da reparação. Por vezes, entretanto, o inadimplemento ocorre em um momento em que não se pode aferir se haverá ou não essa perda.

Tome-se o exemplo – reiteradamente explorado pela doutrina – do advogado que perde o prazo processual para apresentar um recurso e, em função disso, seu cliente deixa de ter examinada uma questão que desejava submeter ao tribunal. Não se sabe, de antemão, se o recurso seria provido (logo, não se sabe se o inadimplemento do advogado, que deixou de apresentar o recurso na data correta, trouxe um dano ao seu cliente). Todavia, é certo que o cliente perdeu uma chance de obter um proveito ou de impedir um prejuízo, o que se deu pelo deficiente serviço prestado pelo seu patrono.

Atente-se: nesses casos, não se sabe nem se pode precisar a extensão do dano. Mais ainda, sequer é possível indicar se o dano ocorreria. Há apenas a perda da chance em garantir um proveito.

Para solucionar esses problemas, deve-se socorrer da análise da experiência do que normalmente ocorre, para apontar qual a probabilidade de o ato, que deixou de ser praticado pelo inadimplemento, ser bem sucedido. No caso do advogado que perder o prazo, como antes se expôs, cumpre averiguar qual era a probabilidade de provimento de seu recurso, tendo em vista a sua pertinência e a manifestação dos tribunais em questões semelhantes. Se o caso estava absolutamente condenado, a chance perdida era de menor importância. De outro lado, se a causa era ganha, necessário convir que o inadimplemento do patrono foi letal. Apenas com a profunda análise dos aspectos concretos pode-se apontar a incidência da responsabilidade pela perda de uma chance.

Desenvolvida a partir dos anos sessenta pelos tribunais franceses, a teoria da perda de uma chance ("perte d'une chance") busca responsabilizar alguém por ter impedido que uma pessoa consiga atingir um resultado, ou seja, perda da chance de obter esse resultado. Não se sabe, de antemão, se o resultado seria atingido, mas o fato é que, pela conduta de uma pessoa, sequer houve a chance de se tentar alcançá-lo.

Deu-se um caso famoso na França, julgado pela Corte de Cassação em 1969, no qual um paciente operado faleceu. Como não houve um exame pré-operatório, deixou-se de verificar que o tal paciente tinha restrições a certos medicamentos, causa de sua morte. O médico, por sua vez, defendeu-se alegando que o paciente morreria de toda sorte. O Tribunal entendeu que se o médico tivesse adotado o procedimento normal – com os exames pré-operatórios –, haveria a chance de sobrevivência. Logo, aplicou-se a teoria da perda de uma chance, para responsabilizar o médico.

A chance que merece guarida é aquela que, pela experiência, revela uma perda da parte, pois, normalmente, o resultado seria ou tinha grandes probabilidades de ser atingido. Portanto, cabe, ao analisar a situação, distinguir bem a perda de uma chance do dano meramente hipotético. O papel do juiz é apreciar o grau de probabilidade de que o resultado, que se desejava atingir mas cuja implementação foi frustrada, teria ocorrido.[9] Transcreva-se, a propósito, o seguinte acórdão:

> "Acidente de trânsito. Atropelamento. Dano material. Dano moral. Valor. Prova. Denunciação da lide. Contrato de seguro. Culpa grave. Exoneração. 1. A perda de uma chance somente é indenizável quando for praticamente certa. Hipóteses em que inexiste prova de que a mera conclusão de curso profissionalizante acarretaria na admissão na empresa onde o aluno trabalhou como aprendiz. 2. O dano moral deve ser fixado tendo em conta a situação econômica das partes, as circunstâncias do evento e suas consequências. Em se tratando de dano decorrente de atropelamento

---

[9] Sobre o tema, Glenda Gonçalves Gondim, "Responsabilidade Civil: a teoria da perda de uma chance", in *Revista dos Tribunais*, vol. 840, Rio de Janeiro, Forense, 2005, pp. 11/36.

que levou a vítima a ser submetida a intervenção cirúrgica, inexistindo prova de seqüelas, afigura-se razoável a fixação deste em 200 salários mínimos. 3. Perde o segurado o direito ao seguro se o sinistro é provocado por preposto seu que conduz o veículo em estado de embriaguez vindo a invadir a calçada e colher a vítima que por ela caminhava" (Tribunal de Alçada do Rio Grande do Sul. Nona Câmara Cível. Ap. Cív. nº 197.105.422, Relatora Desembargadora Maria Isabel de Azevedo Souza, julgado em 19.08.1997).

Um caso de grande repercussão, no qual se apreciou precisamente a teoria da perda de uma chance, se deu no julgamento de um concorrente do programa de televisão "Show do Milhão" que reclamou sua sorte. No referido programa, formulavam-se questões de cultura geral aos participantes, que podiam aceitar respondê-las (situação na qual teriam a chance de seguir na disputa por receber um milhão de reais) ou desistir da competição, embolsando um valor menor do que o prêmio milionário. Pois ocorreu que foi formulada uma pergunta sem uma resposta correta. O participante, por precaução, preferiu desistir da competição. Entretanto, depois, ele ajuizou uma ação, alegando a perda de uma chance. De fato, por conta da pergunta mal elaborada, a possibilidade de ele ganhar o milhão de reais foi podada. O Superior Tribunal de Justiça (Resp. nº 788.549/BA, julgado em 8.11.2005) julgou procedente a ação do participante, reconhecendo a "perda de oportunidade", condenando a emissora de televisão a pagar uma indenização (menor, embora, do que o prêmio maior).

Claro que a maior dificuldade na aplicação da responsabilidade pela perda de uma chance encontra-se no cálculo da indenização. Se já é complexo reconhecer essa responsabilidade, indicar seu valor revela-se uma tarefa ainda mais árdua. Aqui também cumpre apreciar o caso concreto, para, a partir daí, colher elementos úteis a mensurar a indenização, que consistirá, em regra, na perda que sofreu a parte porque não obteve o resultado que teria, caso tivesse a chance de tentar alcançá-lo.

Imagine-se o paciente que procura um médico, com uma doença de fácil diagnóstico (bastaria, por exemplo, fazer um simples exame de sangue para reconhecer o mal). Entretanto, o médico, por completa imperícia, deixa de fazer o exame. O resultado é que o paciente não se trata e acaba falecendo, o que não teria ocorrido se tivesse seguido o tratamento normal para aqueles cuja doença é diagnosticada. Neste caso, o erro médico representou a perda de uma chance de o paciente se cuidar e, possivelmente, livrar-se da doença. Eis o dano, que, como não foi evitado, merece reparo.

Evidentemente, o caso pode ser mais complexo. Houve a situação de um fazendeiro que sofreu um derrame cerebral no interior do Estado de São Paulo. O fazendeiro celebrara um plano de saúde que lhe dava direito a um transporte aéreo em casos de emergência (e aquela certamente era a situação). Entretanto, o transporte aéreo não veio, por falha da seguradora, e o tal fazendeiro teve que vir de automóvel até a capital para receber o tratamento. Poucos dias depois de chegar ao hospital na cidade de São Paulo, o fazendeiro faleceu. A sua família defendeu que a seguradora era a responsável pela morte porque não providenciou o transporte aéreo, como deveria (não há dúvida de que a chance de sobrevivência do fazendeiro, se tivesse recebido um pronto atendimento, seria muito superior). Por outro lado, não é certo dizer que ele sobreviveria ainda que tivesse chegado com maior rapidez ao hospital. O Tribunal do Paraná, na ocasião, arbitrou uma indenização intermediária.[10]

Nos casos de erro médico, a perda de uma chance terá lugar – e, logo, a responsabilização do profissional – se a imperícia for grosseira. O erro num diagnóstico difícil, ou o insucesso de uma cirurgia de risco não podem ser apresentados ao médico como uma falha, até porque o ser humano e suas reações não funcionam como uma equação matemática linear e precisa.

De toda sorte, como se disse, o grande desafio nas situações nas quais se reconhece a perda de uma chance é a de mensurar a reparação devida. Na Itália, a indenização da perda da chance se opera do seguinte modo: o valor esperado pelo lesado é dividido por dois e, a partir daí, incide um percentual de chance que o prejudicado tinha de obter o resultado que lhe era favorável.[11] No Brasil, ainda não há uma orientação segura, talvez sequer deva haver, uma vez que, nesses casos, cabe ao intérprete guiar-se, acima de tudo, pelas peculiaridades do caso concreto.

19.2. O Dano Moral

O dano indenizável não é apenas o patrimonial. A reparação atingirá também os danos morais, embora estes não sejam mensuráveis economicamente. Com a valoração do ser humano, observada a tendência de despatrimonialização do Direito Civil, o ressarcimento pelo dano moral tem, justamente, ganho cada vez maior importância.

Inicialmente não era assim. As ações de indenização reclamavam a existência de um dano palpável, o que não era visto ao se afetar apenas o estado psicológico. Adiante, admitiam-se as ações de indenização puramente simbólicas, como as demandas (que Ripert e Planiol

---

10 O caso (TAPR – Apelação Cível nº 224.331-1, Rel. Juiz Convocado Sergio Luiz Patitucci) é narrado por Miguel Kfouri Neto, "Graus da Culpa e redução equitativa da indenização", *in Revista dos Tribunais*, vol. 839, São Paulo, Editora Revista dos Tribunais, 2005, p. 63.

11 Grácia Cristina Moreira do Rosário, "A perda de chance de cura na responsabilidade médica", *in Revista da EMERJ*, vol. 11, nº 43, 2008.

chamavam de usuais) de "um franco por danos e prejuízos". Nestas ações, o lesado reclamava apenas a declaração de que sofreu um dano e uma reparação irrisória. Na verdade, havia uma condenação simbólica. Segundo os referidos juristas franceses, "La jurisprudencia consagra esa opinón al condenar as veces, por toda indemnización, al pago de las costas del juicio",[12] isto é, o condenado, reconhecido que ele havia causado um dano de ordem moral, ficava apenas com o ônus de arcar com as custas do processo.

Apenas depois de um caminho calçado de muitas discussões, passou-se a conceber a indenização econômica mais substancial dos danos morais.

No Brasil, a admissão da reparação moral também não foi imediata. A indenização dos danos morais era, até a promulgação da Constituição Federal de 1988, assunto que suscitava grande debate. Para alguns, o dano moral não poderia ser objeto de reparação pelo simples motivo de que seria impossível mensurar esse tipo de lesão. Qual o valor da humilhação? Sem ter como precisar esse dano, não seria possível fixar a indenização, pois, segundo a orientação clássica, a indenização deveria espelhar precisamente o prejuízo. Entretanto, essa orientação quedou definitivamente vencida diante da Constituição de 1988 que, no seu artigo 5º, V, previu, dentre as garantias fundamentais, a plena indenização, inclusive dos danos morais.

Nessa linha, o artigo 186 do Código Civil de 2002 aponta que qualquer lesão, inclusive aquele exclusivamente moral, representa ato ilícito e, logo, suscetível de fazer nascer o dever de indenizar. O Superior Tribunal de Justiça se posicionou, inclusive por meio de Súmula (nº 37), no sentido da possibilidade de cumulação de dano material e moral, advindos do mesmo fato.

O dano moral será aquele que afetar a pessoa na sua honra, no seu amor próprio, no seu íntimo. Esses se relacionam ao combalimento psíquico, à dor que afeta o íntimo da pessoa, sua honra e moral.[13] Nesse passo, vale transcrever lição clássica do jurista Sérgio Cavalieri Filho acerca do tema:

---

12 Marcel Planiol e Georges Ripert, *Tratado Pratico de Derecho Civil Frances*, Tomo Sexto, Las Obligationes, Habana, Cultural S.A., 1946, p. 757.

13 "Assim, no momento atual, doutrina e jurisprudência dominantes têm como adquirido que o dano moral é aquele que, independentemente de prejuízo material, fere direitos personalíssimos, isto é, todo e qualquer atributo que individualiza cada pessoa, tal como a liberdade, a honra, a atividade profissional, a reputação, as manifestações culturais e intelectuais, entre outros. O dano é ainda considerado moral quando os efeitos da ação, embora não repercutam na órbita de seu patrimônio material, originam angústia, dor, sofrimento, tristeza ou humilhação à vítima, trazendo-lhes sensações e emoções negativas. Neste último caso, diz-se necessário, outrossim, que o constrangimento, a tristeza, a humilhação, sejam intensos a ponto de poderem facilmente distinguir-se dos aborrecimentos e dissabores do dia-a-dia, situações comuns a que todos se sujeitam, como aspectos normais da vida cotidiana" (Maria Celina Bodin de Moraes, *Danos à Pessoa Humana*, Rio de Janeiro, Renovar, 2003, pp. 157-158).

> "Nessa linha de princípio, só deve ser reputado como dano moral a dor, vexame, sofrimento ou humilhação que, fugindo à normalidade, interfira intensamente no comportamento psicológico do indivíduo, causando-lhe aflições, angústia e desequilíbrio em seu bem-estar. Mero dissabor, aborrecimento, mágoa, irritação ou sensibilidade exacerbada estão fora da órbita do dano moral, porquanto, além de fazerem parte da normalidade do nosso dia-a-dia, no trabalho, no trânsito, entre amigos e até no ambiente familiar, tais situações não são intensas e duradouras, a ponto de romper o equilíbrio psicológico do indivíduo. Se assim não se entender, acabaremos por banalizar o dano moral, ensejando ações judiciais em busca de indenizações pelos mais triviais aborrecimentos."[14]

O dano moral, assim, ocorrerá naquelas situações nas quais se afetar os bens que compõem a personalidade de alguém, como a sua honra e a sua autoestima. Sempre que a dignidade de uma pessoa for lesada estaremos diante de um dano moral.

Esse dano é absolutamente inconfundível com o prejuízo econômico e a sua reparação independe daquela devida pelo dano material, havendo plena autonomia e independência entre os dois tipos de dano.

No caso dos danos morais, a quantificação da reparação não se vinculará à extensão do dano, porque isso seria uma tarefa impossível. Afinal, não se pode precificar a dor humana.

No dano moral, busca-se dar ao lesado uma compensação, imperfeita embora, de ordem econômica, que, de alguma forma, atenue a sua perda. Não há, aqui, uma equivalência, como aquela que se busca na reparação de dano puramente material. Não se pode, neste caso, falar em Teoria da Diferença. No dano moral a indenização não é precisamente uma forma de plena reparação, como aquela desejável para indenizar os danos de ordem patrimonial.

mensuração do dano moral

Cumpre, então, reconhecer que a apuração de dano moral atende a outro paradigma, distinto da análise do dano material. A rigor, não se repara um dano moral. Busca-se, apenas, condenar o autor da lesão a pagar um valor que traga algum conforto ao lesado. Daí porque, na quantificação da indenização do dano moral, deve-se colocar mais próxima da situação econômica do lesado, a quem se busca idealmente trazer um consolo, um lenitivo.

Uma pessoa humilde sofre dano moral e, por conta disso, recebe indenização arbitrada em valor muito superior ao de todos os seus bens juntos. Isso pode representar uma reparação descomunal. A mesma quantia pode importar, a um homem de muitas posses, também vítima de um dano moral, motivo de humilhação. "O homem

---

14 Sergio Cavalieri Filho, *Programa de Responsabilidade Civil*, 6ª ed., São Paulo, Malheiros, 2005, p. 105.

é a medida de todas as coisas", ensinou Protágoras, séculos antes de Cristo. O foco principal, portanto, deve recair na pessoa do lesado, para aferir se o montante pode trazer-lhe algum conforto.

Depois de olhar ao lesado, cumpre, em seguida, apurar a situação do ofensor, a fim de que essa indenização não sirva como forma de arruinar a vida financeira deste. O fato de o autor do dano ser pessoa rica não deve agravar a sua situação. A punição não é afeita ao Direito Civil. O Direito Civil está acima disso, pois tira seu fundamento do equilíbrio.

O arbitramento do dano moral adota, segundo a jurisprudência, dois parâmetros: o nível econômico do ofendido e o porte econômico do ofensor.[15, 16 e 17]

---

[15] "E, para aproximar-se do arbitramento que seja prudente e eqüitativo, a orientação maciça da jurisprudência, apoiada na melhor doutrina, exige que o arbitramento judicial seja feito a partir de dois dados relevantes: a) o nível econômico do ofendido; e b) o porte econômico do ofensor; ambos cotejados com as condições em que se deu a ofensa (STJ, 4ª T., REsp. 6.048-0/RS, Relator Ministro Barros Monteiro, ac. 12.05.1992, in LEX-JSTJ, 37/55)."

[16] "Na fixação do *quantum* a ser arbitrado por dano moral, temos de um lado, a vítima lesionada em um direito não patrimonial, mas ofendida em um bem jurídico, talvez mais importante do que os integrantes do seu patrimônio, devendo, portanto, ser ressarcido em soma pecuniária que lhe compense a dor ou o sofrimento, a ser arbitrado pelo juiz, atendendo as circunstâncias de cada caso, e tendo em vista as posses o ofensor e a situação pessoal do ofendido. Nem tão grande que se converta em fonte de enriquecimento, nem tão pequena que se torne inexpressiva" (Caio Mário da Silva Pereira, *Responsabilidade Civil*, 8ª ed., Rio de Janeiro, Forense, 1997, p. 67).

[17] Sobre os padrões adotados pelo STJ na fixação de dano moral, vale transcrever trecho do acórdão do Desembargador capixaba Álvaro Bourguignon:
"Na pesquisa que empreendi, constatei que, para os casos de ofensa gravíssima à honra e à moral, produzida contra magistrados, o STJ proferiu condenação no valor de 400 salários mínimos, aproximadamente R$ 60.000,00, em casos nos quais a ofensa foi pública e de repercussão quase que nacional, eis que publicados nos jornais do Estado de São Paulo e Zero Hora (REsp. nº 213.811, rel. Min. Rui Rosado e REsp. nº 192.786, Rel. Min. Nilson Naves, constantes da página da WEB imprensa@stj.gov.br). Em outro caso de ofensa flagrante com repercussão nacional, veiculada através de reportagem da rede globo de televisão, onde se imputou a pecha de 'ladra' a uma modelo homônima da verdadeira criminosa, com publicação por engano de sua imagem, a condenação foi fixada em 500 salários mínimos, aproximadamente R$ 75.000,00 (REsp. nº 219.064, Rel. Min. Aldir Passarinho Jr., mesma fonte antes indicada).
Saindo dessas hipóteses, de lesão à honra com repercussão nacional temos que, em casos similares ao presente – negativação indevida de nome de correntista – o STJ tem fixado a indenização em R$ 20.000,00 (REsp. 233126, Rel. Min. Eduardo Ribeiro) 50 salários mínimos (REsp. nº 219.184, Rel. Min. Ruy Rosado, caso muito similar ao presente) e 20 salários mínimos (REsp. nº 222.525, Rel. Min. Ari Pargendler).
Em casos mais graves, tais como a perda total ou parcial de um membro do corpo e mesmo de um ente familiar, as indenizações têm variado entre 50 a um máximo de 300 salários mínimos (entre R$ 7.500,00 e R$ 45.000,00 – RIP: 00038115, Decisão: 27.10.1997, REsp. nº 98.539, ano 96, UF: RS, Turma: 3ª, *DJ* data 09.12.1997, p. 64.685, Ministro Carlos Alberto Menezes Direito – 50 salários mínimos – TAMG, 3ª Câm. Civil, Ap. nº 168.353-8, julgada em 27.04.94 – 200 salários mínimos – TARGS, 6ª Câm. Civil, Ap. nº 195039094, julgada em 20.04.95 – 200 salários mínimos – TAMG, 1ª Câm. Civil, Ap. 202.845-1, julgada em 26.03.96 – 300 salários mínimos – TARGS, 3ª Câm. Civil, Ap. nº 196127609, julgada em 30.10.96).

Os nossos tribunais têm aplicado o dano moral nos casos de responsabilidade contratual apenas excepcionalmente,[18 e 19] entendendo que o descumprimento do contrato gera somente um mero dissabor, insuficiente para fazer nascer o dever de reparar. Maria Celina Bodin de Moraes cita decisão do STJ que cuida especificamente do tema:

> "Embora a inobservância das cláusulas contratuais por uma das partes possa trazer desconforto ao outro contratante – e normalmente o traz – trata-se, em princípio, de desconforto a que todos podem estar sujeitos, pela própria vida em sociedade. A dificuldade financeira ou a quebra de expectativa de receber valores contratados não toma a dimensão de constranger a honra ou a intimidade, ressalvadas situações excepcionais."[20]

dano moral de pessoas jurídicas

Há, até mesmo, entendimento sedimentado de que as pessoas jurídicas podem sofrer o dano moral (Súmula nº 227 do Superior Tribunal de Justiça), embora esse conceito seja sujeito a fundadas críticas.

Para fazer essa construção, a doutrina separa a honra objetiva (a reputação, o bom nome, como a sociedade vê a pessoa) da honra subjetiva (o conceito que a pessoa faz de si mesma, sua dignidade). Evidentemente, a pessoa jurídica possui honra objetiva, pois goza de um conceito na praça, uma reputação. Esta honra objetiva – que é um bem – pode ser violada, gerando um dano ao seu titular. A honra subjetiva, contudo, é exclusiva das pessoas naturais. O dano moral da pessoa jurídica resulta da lesão dessa honra objetiva.

Eis a redação da referida Súmula nº 227 do Superior Tribunal de Justiça:

> "A pessoa jurídica pode sofrer dano moral."

A Jurisprudência poderia melhorar esse entendimento. Pessoa jurídica não tem sentimento. Quem está no vértice do ordenamento jurídico é a dignidade da pessoa humana, não da jurídica.

A pessoa jurídica pode sofrer dano à sua imagem, ter seu conceito e bom nome comprometido – sua honra objetiva –, o que acarretará um prejuízo, em última análise, de ordem econômica. Pessoa jurídica não vai ao psicanalista, não perde o sono, não tem dor de barriga, nem se deprime.

---

18 Maria Celina Bodin de Moraes, *Danos à Pessoa Humana*, Rio de Janeiro, Renovar, 2003, p. 22.

19 Sobre o tema: André Gustavo Corrêa de Andrade, "Dano Moral em caso de Descumprimento de Obrigação Contratual", *in Revista da EMERJ*, nº 29, 2005, pp. 134 a 148, para quem: "Caracterizará dano moral, porém, quando o devedor, podendo pagar o débito ou cumprir sua obrigação, não o faz por malícia ou por inconsideração para com o credor" (p. 140).

20 STJ, 4ª Turma, REsp. nº 202.564, Relator Ministro Sálvio de Figueiredo Teixeira, julgado em 02.08.2001, *apud Danos à Pessoa Humana*, Rio de Janeiro, Renovar, 2003, p. 164.

Cabe aos Tribunais reparar de forma ampla os danos sofridos por pessoas jurídicas. Entretanto, melhor seria que qualificassem de modo mais adequado essa reparação, separando o joio do trigo.

O risco é a banalização. Afinal, a pessoa física merece tratamento especial. Não convém confundir as coisas.

Há quem entenda que o dano moral engloba o dano à imagem. Isso pode valer para as pessoas naturais, pois o abalo à imagem normalmente acarreta a violação à honra. Entretanto, para as pessoas jurídicas, a imagem tem um valor apreciável economicamente (ainda que essa precificação não seja óbvia ou simples). Se uma sociedade tem seu nome maculado, a sua marca depreciada, ela sofre um prejuízo de ordem pecuniária, que não deveria ser confundido com o dano moral.

De toda sorte, hoje vigora o conceito de que as pessoas jurídicas são suscetíveis a esses danos de ordem moral, nos casos nos quais a sua imagem seja atingida, ou seja, a sua honra objetiva tenha sofrido uma lesão.

transferência do dano moral

Discute-se a possibilidade de transferência do dano moral. Imagine-se a situação de uma pessoa ser humilhada por outra, que a difamou inescrupulosamente e sem motivo: o lesado, que experimentou um dano moral, passou a ter direito a uma reparação. Contudo, essa pessoa lesada celebra um acordo com terceiro, pelo qual cede esse crédito, transferindo o direito de reclamar a indenização ao referido terceiro. A partir de então, o terceiro, que não sofreu o dano moral, poderia cobrar a indenização. Isso seria lícito?

Para os defensores da impossibilidade dessa transferência, como a personalidade se extingue com a morte – e o dano moral estaria relacionado umbilicalmente à personalidade –, com o fim da existência da pessoa, haveria, também, o fim do dano. Diz-se, ainda, que esse seria um direito personalíssimo.

Essa, entretanto, não parece ser a melhor orientação. Como bem observa Sérgio Cavalieri Filho, "o que se transmite é o direito de indenização". Ou melhor, depois de sofrido o dano, o direito à indenização se incorpora no patrimônio do lesado (embora esse dever de indenizar possa ainda não estar reconhecido pelo autor do ilícito ou liquidado). Desde que exista o dano (e um decorrente direito a reclamar a reparação), pode o lesado ceder esse direito a terceiros, assim como esse direito é recebido pelos sucessores de seu titular em caso de falecimento deste. Em suma, da mesma forma como o dano material, admite-se a cessão do dano moral.

dano estético

Para muitos, o dano estético não passa de uma subespécie de dano moral. O dano estético consiste na alteração morfológica da pessoa humana, que a afasta do padrão de beleza em vigor na sociedade.

Houve a história da senhora que perdeu seus cabelos depois de se submeter a um tratamento – supostamente para embelezá-los. Esse dano estético pode afetar a auto-estima da pessoa, a ponto de justificar uma indenização com base em danos morais.

Contudo, pode o dano estético gerar outras repercussões. Se a pessoa que perdeu seus cabelos for, digamos, uma famosa modelo, aquele dano terá um alcance mais amplo e não causará apenas dano de ordem moral. Ficando careca, a "top model" fatalmente perderá compromissos profissionais e experimentará um dano material. O mesmo pode ocorrer com o vendedor de algum produto, que se vale de sua aparência no seu mister. Logo se vê que o dano estético nem sempre ficará limitado ao dano moral, como, inclusive, tem reconhecido o Superior Tribunal de Justiça:

> "Responsabilidade Civil. Cumulação. Danos morais e estéticos. Possibilidade. Fixação em valor único.
> Na esteira dos precedentes desta Corte, admite-se a cumulação de indenização por danos morais e estéticos oriundos do mesmo fato, o que não é afastado em hipóteses como a dos autos, em que, a despeito de ter sido estipulado um valor único, levou-se em consideração as duas espécies de dano" (STJ, REsp. nº 662.659/DF, Relator Ministro César Asfor Rocha, data do julgamento 16.8.2005).

19.2.1. A questão do dano moral punitivo

Discute-se a legalidade de danos morais punitivos, aplicados por muitos tribunais. O conceito é o de que os danos morais podem servir não apenas para compensar, mas possuem também uma natureza pedagógica, ou mesmo punitiva, que teria a finalidade de desestimular o ofensor.

Essa tese, embora encontre amparo em algumas decisões judiciais, tem contra ela três bons argumentos: (*a*) ela violaria a garantia constitucional da anterioridade legal na fixação de pena (inciso XXXIX do art. 5º da Constituição Federal);[21] (*b*) haveria transgressão específica de dois dispositivos do Código Civil, ao do artigo 944 (pois admitiria uma indenização superior ao dano) e ao do artigo 389 (segundo o qual, descumprida a obrigação, o devedor inadimplente responde pelas perdas e danos que deu causa e não há referência a qualquer pena); e (*c*) o conceito fundamental de que o Direito Civil não pune, mas repara.

Há, ainda, outro bom argumento que afasta a incidência de caráter punitivo: haveria a possibilidade de terceiro, que não o punido, arcasse com a pena, excluindo o seu caráter pedagógico. Caso, por exemplo, o autor do ato moralmente lesivo viesse a falecer momentos depois de ter cometido a ilegalidade, a sua condenação recairia sobre seus sucessores, não havendo qualquer elemento "pedagógico", e, até mesmo, permitindo que a pena ultrapassasse a pessoa do culpado.

---

21 Inciso XXXIX do art. 5º da Constituição Federal: "não há crime sem lei anterior que o defina, nem pena sem prévia cominação legal", reproduzindo a conhecida regra do art. 1º do Código Penal.

De fato, não existe previsão legal de que poderia haver uma punição civil no âmbito do dano moral. Aliás, o legislador expressamente vedou essa punição, que foi discutida quando da elaboração do Código do Consumidor. O artigo 16 da referida Lei nº 8.079/90 previa uma punição, que seria arbitrada pelo juiz. Esse dispositivo acabou vetado.[22]

A melhor orientação, assim, parece ser a de não se admitir essa punição, ainda que mascarada por outros nomes mais suaves. Caso o legislador entenda que algumas condutas mereçam a punição do Estado e uma repreensão mais violenta, a fim de evitar a sua reincidência, cabe a ele editar regra com esse propósito.

Contudo, a orientação dos Tribunais tem sido aceitar o dano moral com essa característica punitiva ou pedagógica,[23] admitindo que a indenização supere o dano sofrido. Grande parte da doutrina também reconhece essa possibilidade.[24]

"a indústria do dano moral"

Cumpre, antes de fechar o tema de dano moral, ponderar que a aplicação dessa responsabilidade tem sido, muitas vezes, banalizada. Observa-se, comumente, o seu desvirtuamento pelo emprego constante e sem critério seguro. Muitos denominam de "indústria do dano moral" ou "indústria da vitimização" essa linha de se conceder o dano moral de forma aberta, generosa e sem critérios.

Além de o dano moral não servir para punir, como antes se defendeu, também a sua oportunidade deve estar clara e visar, efetivamente, a reparar um mal sofrido. Se não houver uma razoável dor e profundo sofrimento, afasta-se o dever de indenizar. Por certo, nem sempre será possível fazer essa prova. Contudo, a experiência serve para indicar os casos nos quais o ilícito gerou um grave combalimento psíquico, apto a desencadear o dever de reparação.

Não há dúvida de que o uso indistinto do dano moral acaba por desvirtuar a finalidade dessa reparação e, até, a diminuir a conquista do ordenamento jurídico, no sentido de garantir essa indenização. Melhor seria a adoção de uma análise mais crítica do tema, a fim

---

22 Sobre o tema, Maria Celina Bodin de Moraes, "Punitive damages em sistemas civilistas: problemas e perspectivas", *in RTDC*, vol. 18, Rio de Janeiro, Ed. Padma, 2004, pp. 45-78.

23 Defendendo, de modo fundamentado, a aplicação entre nós da indenização punitiva, André Gustavo Corrêa de Andrade, *Dano Moral e Indenização Punitiva*, Rio de Janeiro, Forense, 2006.

24 Maria Celina Bodin de Moraes, em trabalho específico acerca do tema – "Punitive damages em sistemas civilistas: problemas e perspectivas", *in RTDC*, vol. 18, Rio de Janeiro, Padma, 2004, fls. 47 – faz a seguinte apresentação acerca do posicionamento da doutrina acerca do tema:
"Favoráveis à tese do caráter punitivo, em maior ou menor grau, posicionam-se, na doutrina brasileira, os manualistas Caio Mário da Silva Pereira, Silvio Rodrigues e Maria Helena Diniz. No mesmo sentido, manifestaram-se, entre outros, Arthur Oscar de Oliveira Deda, Carlos Alberto Bittar, Sergio Cavalieri, José Carlos Moreira Alves, Paulo da Costa Leite, Luiz Roldão de Freitas Gomes, Araken de Assis, Teresa Ancona Lopez, Sergio Severo, Carlos Edison do Rego Monteiro Filho, Renan Miguel Saad, Américo Luís Martins da Silva, Clayton Reis e Antônio Junqueira de Azevedo. Contrários ao caráter punitivo estão José Aguiar Dias, Pontes de Miranda, Wilson Melo da Silva, Orlando Gomes."

de que o dano moral fosse concedido apenas nos casos de efetiva perda.[25]

19.3. O Dever de Mitigar o Prejuízo

Não raro, uma pessoa, vítima de um ato ilícito, tem condição de diminuir o prejuízo que pode decorrer desse ato. Imagine-se a seguinte situação: um comerciante adquiriu um certo produto para vender em sua loja, mas o fornecedor deixa de entregar a mercadoria (mais grave: ao que tudo indica o comerciante jamais receberá o que ajustou comprar). Esse mesmo comerciante credor do produto, contudo, embora diante do inadimplemento do fornecedor, segue promovendo anúncios da mercadoria que ele, a rigor, não recebeu (nem tampouco receberá). Pois é claro que esses anúncios, onerosos, acabam por majorar os danos sofridos com o inadimplemento do fornecedor. A conduta do comerciante não é razoável. Diante do inadimplemento, deve o lesado buscar diminuir ao máximo o seu dano.

O artigo 77 da Convenção de Viena de 1980, também conhecida como a Convenção Internacional de Venda de Bens, com força entre os países membros da Comunidade Européia entre outros (como a Argentina e o Chile), cuida, especificamente, desse dever de mitigar os danos:

> "A parte que invoca a quebra do contrato deve tomar as medidas razoáveis, levando em consideração as circunstâncias, para limitar a perda, nela compreendido o prejuízo resultante da quebra. Se ela negligencia em tomar tais medidas, a parte faltosa pode pedir a redução das perdas e danos, em proporção igual ao montante da perda que poderia ter sido diminuída."

Na verdade, o conceito tem origem nos países que adotam a *Common Law* (direito de origem inglesa), no chamado "duty to mitigate the loss" (literalmente, o dever de mitigar o dano).[26]

Não existe norma expressa no Direito brasileiro tratando do assunto, embora ele seja uma natural decorrência do conceito de que as partes devam atuar com lealdade, seguindo os ditames da boa-fé.

---

25 Fábio Ulhoa Coelho (*Curso de Direito Civil*, vol. 2, 2ª ed., São Paulo, Saraiva, 2005) faz, às pp. 430 a 432, válida crítica à aplicação insensível das indenizações por dano moral, em capítulo intitulado "Um mundo de *não-me-toques*".

26 Sobre diversas decisões acerca do tema nos tribunais ingleses, H. G. Beale, W. D. Bishop & M. P. Furmston, *Contract: cases and materials*, third ediction, London, Butterworth, 1995, valendo citar o seguinte trecho: "A person who has broken the contract is not to be exposed to additional cost by reason of the plaintiffs not having done what they ought to have done as reasonable men". Ou seja, vigora o conceito de que o credor deve agir de forma razoável para diminuir o dano a que, por conta do inadimplemento, ficou exposto. Também sobre o tema, Patrick Atiyat, *An Introduction to the Law of Contract*, fourth ediction, Oxford, Claredon, 1989.

Ora, ciente de que haverá o inadimplemento, compete ao credor adotar as medidas que diminuam ao máximo os danos decorrentes do descumprimento do dever obrigacional.

Além disso, o credor que contribui para o aumento do seu prejuízo em decorrência do inadimplemento do devedor abusa de seu direito de receber a indenização (que ficará majorada pela sua atitude). Assim, o dever de mitigar o dano tem, também, amparo na regra do artigo 187 do Código Civil.[27]

Uma análise mais cuidadosa do tema permite indicar três situações distintas: (a) o credor, ciente do inadimplemento, adota as medidas para minorar seu prejuízo; (b) o credor, ciente do inadimplemento, nada faz em relação aos danos decorrentes do descumprimento da obrigação; e (c) o credor, ciente do inadimplemento, age contribuindo para agravar seus danos.

Na primeira hipótese, o credor teria cumprido seu dever de minorar seu prejuízo e, portanto, agiu corretamente. Na última, o credor comportou-se mal. O devedor, nesse caso, encontra-se autorizado a reclamar uma diminuição no ressarcimento correspondente ao dano experimentado. Afinal, o dano sofrido pelo credor decorreu, ao menos em parte, de um ato a ele imputável, que não pode ser suportado pelo devedor.

A segunda hipótese – na qual o credor, mesmo ciente do inadimplemento, nada faz – é a mais complexa, porque será, na prática, difícil aferir até que ponto o credor poderia efetivamente mitigar seu dano. Nestes casos, apenas uma criteriosa apreciação da situação concreta pode sinalizar se a parte tinha e em que extensão poderia mitigar os prejuízos. Em outras palavras, caberá ao intérprete analisar se a omissão do credor pode ser considerada abusiva e, por conseqüência, apta a permitir ao devedor a chance de reclamar uma diminuição no montante a reparar.

O conceito do dever de mitigar o prejuízo, portanto, reflete a idéia de que as partes devam atuar com lealdade e boa-fé. Ciente do inadimplemento, o credor deve minorar, tanto quanto for razoável, a sua perda, a fim de não majorar desnecessariamente a indenização a que tiver direito a receber do devedor faltoso.

Permita-se, em tempo, uma última observação acerca do tema: pode ocorrer de o credor ter adotado uma medida para evitar o agravamento do dano que se resultou maléfica. De fato, o credor poderia estar munido de boa-fé, porém sua tentativa de diminuir o prejuízo tenha falhado. Evidentemente, o Direito veda a conduta irresponsável, não a infeliz. Se a opção da parte for razoável, não há que se falar em violação ao dever de mitigar o prejuízo, porque se buscou atenuar o dano.[28]

---

[27] Veja-se: Vera Maria Jacob de Fradera, "Pode o credor ser instado a diminuir o próprio prejuízo?", in Revista Trimestral de Direito Civil, v. 19, Rio de Janeiro, Ed. Padma, 2004, pp. 109-115.

[28] Alessandra Cristina Tufvesson Peixoto, "Responsabilidade Extracontratual – Algumas considerações sobre a participação da vítima na quantificação da indenização", in Revista da EMERJ, nº 44, 2008.

19.4. Os Juros

Os juros são um meio de remuneração de capital. É justo que o credor seja ressarcido pelo tempo em que ficou sem o dinheiro, até mesmo porque o dinheiro oferece rendimentos. Assim, os juros não representam necessariamente uma indenização.

<small>juros remuneratórios ou moratórios</small>

Os juros podem ser remuneratórios (ou compensatórios), se representam os frutos de capital emprestado, ou moratórios, caso se relacionem a uma indenização em dinheiro, que se demorou a entregar.

Nos juros moratórios, há uma forma de sanção ao devedor que deixa de cumprir a prestação no tempo devido, pois os juros incidem independente da prova de dano do credor, registra o art. 417 do Código Civil. Nos juros compensatórios, a ênfase de sua justificativa reside na privação de capital – o fato de o credor não ter utilizado o capital que estava com o devedor. Aqui, os juros atuam como uma reparação. Em ambos os casos, é a privação do capital que explica seu pagamento.

Se o devedor deixa de dar ao credor o valor devido na data ajustada, ele incide em mora. A devolução, então, deve estar acrescida de juros que indenizem a perda da disposição do capital por conta desse atraso. Os juros moratórios, como se disse, são devidos ainda que não se alegue prejuízo, pois a lei presume que a mora implica perda para o credor (artigo 407 do Código Civil).

No mesmo sentido, se alguém sofreu um dano injusto e apurou-se o tamanho desse prejuízo em dinheiro, a devolução do valor deve ser feita somada de juros, contados desde o momento em que se liquidou o montante devido, tudo a fim de ressarcir de modo integral a perda decorrente da mora em entregar o dinheiro.

Falemos, agora, dos juros compensatórios. Se alguém pega dinheiro emprestado para devolvê-lo numa data futura, não é justo que, quando restituir a quantia, haja apenas a correção monetária do valor. Afinal, a correção monetária é apenas a equiparação da moeda no tempo e não representa um efetivo aumento do valor. A rigor, nada se ganhará com a mera correção monetária, pois nela apenas se equipara o valor da moeda no tempo, mantendo o seu poder aquisitivo. Os juros têm outro propósito e outra natureza. Os juros remuneram o credor, que ficou privado de seu capital.

Historicamente, o empréstimo de dinheiro sempre teve grande importância na economia. O mútuo, no qual se convenciona taxa de juros, é denominado feneratício (palavra originada do latim *foenus*: juros).[29] Em alguns momentos da história, a taxa de retribuição cobrada por quem emprestava não teve limites, abrindo-se, aí, um campo vasto para a exploração do mutuário (quem empresta o valor), ao mutuante (quem recebe o valor).

A civilização reconheceu a falta de justiça em se admitir a livre estipulação dessa taxa, o que era sempre fonte de abusos.

---

29 A palavra latina *foenus* também significa "o que a terra produz".

"Se emprestardes àqueles de quem esperais receber, que recompensa tereis?
Também os pecadores emprestam aos pecadores,
Para deles receberem igual favor.
Porém amai os vossos inimigos, fazei bem
E emprestai sem esperança de remuneração."

Segundo o Evangelho de São Lucas (6: 34-35), esse sermão vem de Jesus, revelando que a cobrança de juros é antiga fonte de abusos. Também o Alcorão, o livro sagrado dos muçulmanos, proíbe a cobrança de juros nos empréstimos. Aliás, a encíclica *Rerum Novarum*, de Leão XIII, denomina os cobradores de juros de "homem ávido de ganho e duma inabalável cupidez".

Em Roma, os juros também sofriam limitações e tinham seu limite traçado em função do devedor: 4% às *personae ilustres*, 8% aos comerciantes e finalmente 6% para os demais.[30]

Entre nós, um grande passo no controle à cobrança de juros abusiva foi dada pela edição do Decreto nº 22.626, de 7.4.1933, conhecido como a Lei da Usura.

Usura consiste precisamente em obter juros em empréstimo em montante superior ao admitido por lei. A referida Lei de Usura veda também o anatocismo, que consiste na prática de cobrar juros sobre juros em prazo menor do que o permitido por lei. Cobrando-se juros sobre juros, a dívida se multiplica exponencialmente, de forma injusta.

Há, na usura, uma forma de remuneração de capital muito acima do que se revela razoável, daí porque ela é considerada um abuso e, logo, ilegal.

O mencionado Decreto nº 22.626/33 veda, logo no seu artigo 1º, qualquer estipulação de juros que supere o dobro da taxa legal. Durante a vigência do Código Civil de 1916, a taxa legal, a valer o revogado artigo 1.062, era de 6%. Logo, o máximo de juros permitido era de 12% ao ano (o dobro de 6%).

O artigo 591 do Código, relativo aos juros remuneratórios, devidos nos contratos de mútuo (empréstimo de coisas fungíveis, notadamente dinheiro), indica como limite dos juros aqueles fixados pelo artigo 406 do Código Civil.

O recebimento de juros independe de estipulação contratual, embora as partes possam ajustá-los e convencionar as suas bases.

juros legais e convencionais

Conforme as partes tenham ou não pactuado a seu respeito, os juros podem ser legais (se eles forem ajustados com base nos critérios legais) ou convencionais (se suas bases decorrerem de acordo particular, celebrado entre as partes).

---

30 Caio Mário da Silva Pereira, *Instituições de Direito Civil*, vol. II, 20ª ed., Rio de Janeiro, Forense, 2005, p. 125.

Assim, mesmo se as partes não tiverem convencionado os juros, haverá seu acréscimo, pois os juros decorrem da lei: reconhece-se que a simples devolução do dinheiro em atraso, mesmo que monetariamente corrigido, não representa a efetivo ressarcimento. Numa ação judicial que envolva o pagamento de dinheiro, por exemplo, mesmo se não houver pedido do autor da demanda judicial nesse sentido, são devidos os juros legais, indica o artigo 322 do Código de Processo Civil.

início da contagem

São devidos os juros, de acordo com o artigo 405 do Código Civil, desde a citação no processo judicial (o entendimento anterior era no sentido de que os juros começavam a correr a partir da constituição em mora).

Nesse particular andou mal a nova Lei. Afinal, o dispositivo estimula a ida ao Judiciário, pois apenas assim, a valer uma interpretação literal do dispositivo, o lesado de uma relação obrigacional garantiria o recebimento dos juros. Uma leitura mais razoável indica que os juros incidem desde a constituição em mora, como se entendia pacificamente antes. A redação do artigo 395 segue orientando da mesma forma. Embora de modo genérico, parece ser a melhor orientação, até porque segue a linha adotada pelo Superior Tribunal de Justiça acerca do início da contagem dos juros nos casos de responsabilidade extracontratual. Segundo a Súmula 54 do STJ, incidem os juros a partir do ato danoso.

Caso se adote o conceito de que os juros decorrentes da responsabilidade contratual apenas passam a correr a partir da citação, haveria uma situação injusta. Imagine-se a hipótese de um acidente de avião, no qual os passageiros tenham convencionado uma multa de R$ 100 mil em caso de sinistro. Esses passageiros têm um vínculo contratual com a empresa de transporte e os juros da multa convencional. A valer, a ferro e fogo, a estipulação do artigo 405 do Código, apenas passariam a incidir os juros a partir do momento em que houvesse a citação da empresa aérea. Diferentemente, se houvesse acidentados em terra, sem vínculo contratual, os juros em relação a eles incidiria desde a consumação do ilícito, porquanto se trata de responsabilidade extracontratual. Não existe motivo lógico para oferecer um tratamento diferenciado aos dois casos, sendo, inclusive, mais justo adotar o conceito de que os juros incidem desde que se estabeleça a mora (o que pode ocorrer com a interpelação do devedor), ou a partir da verificação do ilícito.

De toda sorte, é certo que, nos casos de responsabilidade contratual onde exista um valor líquido, não faz nenhum sentido que a incidência de juros se dê apenas a partir da citação, sob pena de se chancelar um benefício indevido ao devedor.[31]

juros moratórios não convencionados

O Código Civil, no artigo 406, trata dos juros moratórios não convencionados, isto é, os juros legais. Segundo a referida regra, eles

---

31 Assim era a orientação clássica; "Vencida e não paga a dívida de dinheiro, os juros correm desde logo" (Agostinho Alvim, *Da inexecução das obrigações e suas conseqüências*, 2ª ed., São Paulo, Saraiva, 1955, p. 27).

deverão ser fixados de acordo com a taxa para a mora do pagamento de impostos aplicáveis à Fazenda Nacional.

Na época de vigência do Código de 1916, os juros legais estavam limitados à taxa de 6% ao ano (segundo regra prevista nos artigos 1.062 e 1.063 do Código então em vigor). Estes poderiam, por convenção das partes, chegar a 12% ao ano (o artigo 1º do Decreto 22.626, de 7.4.1933, a conhecida Lei da Usura, admitia que as partes ajustassem os juros em limite de até o dobro da taxa legal, como antes se deu notícia).

A Constituição Federal de 1988, no seu artigo 193, § 3º, estipulou que os juros não poderiam ser superiores a 12% ao ano. Esse dispositivo, inicialmente, foi considerado como não auto-aplicável pelo Supremo Tribunal Federal. Adiante, em 2003, a Emenda Constitucional nº 40 o revogou expressamente, deixando de haver, na Constituição, referência ao limite da taxa de juros (de fato, não é papel da Constituição Federal tratar da taxa de juros).

O Código não faz mais uma referência expressa ao seu limite, mas indica apenas um critério: serão aplicados os mesmos juros incidentes nos créditos da Fazenda Nacional.

Há, hoje, nas distintas legislações, uma divergência entre a estipulação de juros fixos, ou a adoção de um critério que flexibilize a taxa de juros. Na França, Portugal e na Alemanha,[32] adotam-se critérios que permitem a aplicação de taxa de juros que altere de acordo com o mercado (isto é, com o fluxo da economia de um país).

Ao contrário, sistemas como o italiano (de 10% ao ano) prevêem juros fixos, como existia, entre nós, enquanto vigente o Código Civil de 1916,[33] pré-estipulando a taxa de juros incidentes.

O conceito de juros flutuantes, como fez a Lei civil de 2002, parece mais sintonizado com a economia moderna. Afinal, os juros representam uma remuneração de capital. Essa remuneração deve ser maior ou menor em função do valor pago no mercado pelo dinheiro. Em alguns momentos, os juros pagos pelo mercado são maiores e em outros menores, oscilando ao sabor da economia. A remuneração justa pela privação do capital não é estática, mas, antes, possui uma natureza dinâmica. Assim, os juros fixos representam uma ficção, por vezes, injusta. Diante disso, imaginou-se uma forma mais correta de fixação de juros, flutuante, sensível à realidade do mercado, que refletisse a verdadeira perda decorrente da privação de capital.

---

32 Eis a regra contida no Código Civil alemão:
"§ 288 (JUROS DE MORA)
1. Durante o período da mora uma dívida de dinheiro rende juros de 5% ao ano acima da taxa básica.
2. Em caso de transação legal da qual não faça parte um consumidor a remuneração é de 8% acima da taxa básica de juros.
3. O credor pode exigir juros mais altos por outro fundamento jurídico.
4. O direito de exigir perdas adicionais não está excluído."

33 Sobre um panorama dos juros no direito estrangeiro, ver Leonardo Mattietto, "Os juros legais e o art. 406 do Código Civil", in *RTDC*, vol. 15, 2003, Rio de Janeiro, Padma, pp. 89/106.

Como se deu notícia, o artigo 406 do Código atrelou a fixação da taxa de juros aos mesmos critérios adotados nas cobranças de dívida pela Fazenda Nacional.

Cumpre, então, aferir quais os juros aplicados pela Fazenda Nacional. Eis, então, o artigo 161 e seu § 1º do Código Tributário Nacional:

> "Art. 161. O crédito não integralmente pago no vencimento é acrescido de juros de mora, seja qual for o motivo determinante da falta, sem prejuízo da imposição das penalidades cabíveis e da aplicação de quaisquer medidas de garantia previstas nesta Lei ou em lei tributária.
> §1º Se a lei não dispuser de modo diverso, os juros de mora são calculados à taxa de 1% (um por cento) ao mês."

O importante da referência ao parágrafo da Lei acima transcrito é o fato de que existe lei dispondo acerca dos juros de mora cobrados pela Fazenda. Trata-se do art. 84, I, da Lei nº 8.981, de 23.01.1995:

> "Art. 84. Os tributos e contribuições sociais arrecadados pela Secretaria da Receita Federal, cujos fatos geradores vierem a ocorrer a partir de 1º de janeiro de 1995, não pagos nos prazos previstos na legislação tributária serão acrescidos de:
> I – juros de mora, equivalentes à taxa média mensal de captação do Tesouro Nacional relativa à Dívida Mobiliária Federal Interna."

E o artigo 13 da Lei nº 9.065, de 21.6.95:

> "Art. 13. A partir de 1º de abril de 1995, os juros de que tratam a alínea c do parágrafo único do art. 14 da Lei nº 8.847, de 28 de janeiro de 1994, com a redação dada pelo art. 6º da Lei nº 8.850, de 28 de janeiro de 1994, e pelo art. 90 da Lei nº 8.981, de 1995, o art. 84, inciso I, e o art. 91, parágrafo único, alínea a.2, da Lei nº 8.981, de 1995, serão equivalentes à taxa referencial do Sistema Especial de Liquidação e Custódia – SELIC para títulos federais, acumulados mensalmente."

Dessa forma, a legislação tributária, atualmente, adota, na fixação dos juros moratórios de dívidas com a Fazenda, a taxa do Sistema Especial de Liquidação e Custódia (SELIC).[34]

Explique-se, brevemente, como é apurada a SELIC: a União, os Estados e Municípios emitem títulos da dívida pública no mercado para captar recursos. Esses títulos são negociados por particulares, em negócios registrados no Sistema Especial de Liquidação e Custódia (SELIC). Diante disso, pode-se informar quanto o mercado está

---

34 O art. 2º, § 1º, da Circular BACEN nº 2.900/99, alcunhou a taxa de SELIC.

pagando pelos títulos, como se fosse um termômetro da credibilidade dos títulos da dívida pública brasileiros.

De fato, o controle dos juros, na economia moderna, é importante ferramenta do governo. O Código de 1916 foi elaborado, permita-se mencionar a obviedade, num outro tempo, no qual era possível, sem que isso refletisse em injustiça, pré-fixar os juros. Atualmente, o resultado prático de juros fixos consistia na especulação ou, no que é ainda pior, ao estímulo ao inadimplemento. Com efeito, se os juros legais poderiam, no máximo, chegar a 12% ao ano, era mais vantajoso, do ponto de vista meramente financeiro, quedar inadimplente, com o dinheiro rendendo juros mais generosos no Banco. No ano de 2002, exatamente o ano anterior ao do início da vigência do Código Civil, a taxa da SELIC chegou a 19,21% ao ano.

Logo se vê que os juros, agora, estão mais sensíveis ao real preço do mercado. O devedor não saberá mais qual a taxa de juros com que deverá arcar, o que, seguramente, funcionará como estímulo ao pagamento (tal como ocorreu com a Fazenda depois do advento das duas Leis de 1995, que resultou em arrecadação recorde).

Entretanto, a taxa SELIC engloba, também, uma previsão de inflação. Ela não indica qual seria, proporcionalmente, o aumento decorrente de juros e qual o da atualização da perda da moeda. Assim, a adoção da SELIC apenas para fixação de juros é problemática, pois não se trata de índice que cuide apenas dos juros.

Tenha-se presente, ainda, que a SELIC trabalha com uma meta de inflação previamente fixada pelo Banco Central. Assim, mesmo a SELIC não é absolutamente livre e sensível à efetiva valorização ou perda da moeda, porque ela carrega uma carga da política econômica do Governo.

O artigo 406 do Código tem sofrido duras críticas. Transcreva-se o Enunciado nº 20 do Centro de Estudos do Conselho da Justiça Federal:

> "Artigo 406. A taxa de juros moratórios a que se refere o artigo 406 é a do artigo 161, § 1º, do Código Tributário Nacional, ou seja, 1% (um por cento) ao mês.
>
> A utilização da taxa SELIC como índice de apuração dos juros legais não é juridicamente segura, porque impede o prévio conhecimento dos juros; não é operacional, porque seu uso será inviável sempre que se calcularem somente juros ou somente correção monetária; é incompatível com a regra do artigo 591 do novo Código Civil, que permite apenas a capitalização anual dos juros, e pode ser incompatível com o artigo 192, § 3º, da Constituição Federal, se resultarem juros reais superiores a 12% (doze por cento) ao ano."

Embora a conclusão acima seja respeitável e não se possa negar a dificuldade que oferecerá a aplicação da taxa SELIC, não se pode desprezar o fato de que uma taxa pré-fixada de juros, na economia moderna, gera um desequilíbrio indesejável e a lei nova, neste particular, andou bem.

O Superior Tribunal de Justiça, depois de muito debate, tem-se posicionado no sentido de aplicar a SELIC como a taxa de juros a que o artigo 406 faz referência:

> "Juros Moratórios. Art. 406 do CC/2002. Taxa SELIC. A Turma, ao prosseguir o julgamento, na hipótese de reparação de danos materiais e morais decorrentes da inexecução do contrato de fornecimento de energia elétrica, bem como do exercício abusivo de sua interrupção para fins de cobrança, entendeu, por maioria, que a taxa à qual se refere o art. 406 do CC/2002 é a SELIC. O Min. Teori Albino Zavascki, em seu voto-vista, o vencedor, sustentou que o art. 406, ao referir-se à taxa que estiver em vigor, expressa a opção do legislador em adotar uma taxa de juros variável, que pode ser modificada com o tempo. O art. 161, § 1º, do CTN, por sua vez, dispõe que a taxa de juros é de 1% ao mês se a lei não dispuser de modo diverso, o que denota sua natureza de norma supletiva, arredável por lei ordinária. O art. 13 da Lei nº 9.065/1995, ao referir-se ao art. 84 da Lei nº 8.981/1995, estabeleceu que, em casos de mora no pagamento de tributos arrecadados pela SRF, serão acrescidos juros equivalentes à SELIC, e a utilização dessa taxa como juros de mora, em matéria tributária, foi confirmada por outras normas, tais como o art. 39, § 4º, da Lei nº 9.250/1995 (repetição ou compensação de tributos); art. 61, § 3º, da Lei nº 9.430/1996 e o art. 30 da Lei nº 10.522/2002. Outrossim, o STJ tem aplicado a SELIC em demandas tributárias ao reputá-la constitucional, e o STF, na Adi 4-DF, *DJ* 25/6/1993, afirmou não haver vedação constitucional às previsões de juros superiores a 12% ao ano, isso em análise do art. 192, § 3º, da CF/1988, já revogado. Anotou, também, que, apesar de a SELIC incluir juros e correção monetária, sua aplicação não acarreta *bis in idem,* visto estar condicionada à exclusão de qualquer outro índice de atualização. Já os votos-vencidos entendiam que a SELIC não possuía natureza moratória e sim remuneratória (acrescida de correção monetária), pois criada para atrair e remunerar investidores na compra de títulos públicos. Assim, em razão dessa natureza, seria impossível sua aplicação em casos de ilícito contratual, restando correta a aplicação dos juros de 12% ao ano a partir da entrada em vigor do CC/2002 (art. 161, § 1º, do CTN c/c art. 406 do CC/2002). Precedentes citados: REsp. nº 806.348-SP, *DJ* 1º.8.2006, e REsp. nº 807.880-RN, *DJ*

23.5.2006" (REsp. nº 710.385-RJ, Relatora originária Ministra Denise Arruda, Relator para acórdão Ministro Teori Albino Zavascki, julgado em 28.11.2006).

"CIVIL. JUROS MORATÓRIOS. TAXA LEGAL. CÓDIGO CIVIL, ART. 406. APLICAÇÃO DA TAXA SELIC. 1. Segundo dispõe o art. 406 do Código Civil, "Quando os juros moratórios não forem convencionados, ou o forem sem taxa estipulada, ou quando provierem de determinação da lei, serão fixados segundo a taxa que estiver em vigor para a mora do pagamento de impostos devidos à Fazenda Nacional".
2. Assim, atualmente, a taxa dos juros moratórios a que se refere o referido dispositivo é a taxa referencial do Sistema Especial de Liquidação e Custódia - SELIC, por ser ela a que incide como juros moratórios dos tributos federais (arts. 13 da Lei 9.065/95, 84 da Lei 8.981/95, 39, § 4º, da Lei 9.250/95, 61, § 3º, da Lei 9.430/96 e 30 da Lei 10.522/02).
3. Embargos de divergência a que se dá provimento". (EREsp 727.842/SP, Relator Ministro Teori Albino Zavascki, Corte/Especial, publicado em 01.02.2013).[35]

---

[35] Embora a orientação dominante seja no sentido de se aplicar a SELIC, o entendimento ainda é vacilante, como se vê do confronto dos seguintes acórdãos, ambos do STJ:
"Embargos Declaratórios no agravo regimental. Processual Civil.
Omissão. Acolhimento. Ação de repetição de indébito. Restituição de valores indevidamente cobrados por instituição financeira. Juros e correção monetária.
(...)
2. Os valores a serem restituídos pelo banco serão acrescidos de juros remuneratórios de 1% ao mês, corrigidos monetariamente pelo INPC, mais juros de mora de 0,5% ao mês desde a citação e, após a vigência do novo Código Civil, da taxa Selic, índice comum de juros moratórios e correção monetária, na forma do art. 406 do CC.
3. Embargos de declaração acolhidos com efeitos infringentes."(EDcl no AgRg no Ag 1316058/GO, Relator Ministro João Otávio de Noronha, julgado em 10.09.2013)
"Embargos de Declaração. Recurso especial. Seguro-saúde. Indenização por danos materiais. Correção monetária. Termo inicial. Data do evento danoso. Juros moratórios. Taxa legal. Termo inicial. Citação.
1. Nos termos do enunciado 43 da Súmula do STJ, a correção monetária, em caso de danos materiais, corre desde a data do evento danoso.
2. Os juros moratórios incidem à taxa de 0,5%, ao mês, até o dia 10.1.2003 (Código Civil de 1916, art. 1.062) e, a partir de então, à taxa de 1%, ao mês (Código Civil de 2002, art. 406). Precedentes.
3. Na hipótese de responsabilidade contratual, os juros moratórios possuem como termo inicial a data da citação.
4. Embargos de declaração acolhidos para sanar omissão apontada." (EDcl no REsp 538.279/SP, Relatora Ministra Maria Isabel Gallotti, julgado em 21.08.2012)

Um problema adicional está em que muitos contratos já ajustaram, de antemão, qual o índice de correção monetária a ser aplicado (como o IGP-M, ou o IPC, por exemplo). Será um trabalho confuso, para dizer o mínimo, resolver esse problema, pois é certo que não se poderá somar dois índices de correção monetária (a SELIC e o outro índice ajustado) ao mesmo valor, sob pena de gerar um enriquecimento ilícito decorrente da dupla correção monetária (causando, claro, uma distorção).

A dificuldade da regra é a de que a SELIC funciona tanto como uma taxa de atualização monetária como de juros. Assim, por falta de uma norma específica e atenta à realidade, os Tribunais têm aplicado os juros de 1% ao mês, na forma do parágrafo único do artigo 161 do Código Tributário Nacional.

A questão da incidência ou não da SELIC, ou dos juros fixos de 1% se relaciona, como se deu notícia, aos juros legais de mora. Com relação aos juros convencionais, a lei admite que as partes ajustem a taxa, embora fixe um limite.

<small>cumulação de juros compensatórios e moratórios</small>

Debate-se a possibilidade de cumulação dos juros moratórios com os compensatórios. Imagine-se que uma pessoa emprestou dinheiro a outra, fixando a incidência de juros de 1% ao mês sobre o capital emprestado. Esses juros são, evidentemente, compensatórios. Ocorre que, seguindo no exemplo, o devedor deixa de restituir a dívida no momento ajustado. Fica, então, em mora, sendo que o contrato que os vincula faz referência à incidência de juros de mora de 1% ao mês. Somados os dois, o credor teria direito a receber, em um ano, 24% de juros, sendo 12% referente a cada tipo de juros. Indaga-se a legalidade de, a partir de então, haver a cumulação de dois juros: o primeiro compensatório e o segundo remuneratório.

Vale notar que cada um desses juros tem uma razão de ser inconfundível: os juros compensatórios compensam o dono do capital pelo fato de ter-se privado dele, ao passo que os juros moratórios se relacionam diretamente à falha do devedor, criadora de um dano ao credor, que ficou sem o seu capital.

O Superior Tribunal de Justiça, na Súmula 102, havia sedimentado o entendimento de que "A incidência dos juros moratórios sobre os compensatórios, nas ações expropriatórias, não constitui anatocismo vedado em lei." A referência da Súmula às ações expropriatórias se dá porque, na maior parte dos casos, a matéria é discutida no âmbito de ações de desapropriação.

Contudo, há decisões referentes a outras matérias, valendo citar, entre outras no mesmo sentido do Superior Tribunal de Justiça, o seguinte acórdão:

> "Embargos à execução. Contrato de mútuo. Juros remuneratórios. Cumulação. Admissibilidade. Comissão de permanência. Legalidade.

É lícita a cobrança de juros remuneratórios, em consonância com o contrato, devidos também após o vencimento, à taxa média de mercado, desde que não supere esta o limite avençado, permitindo-se a sua cumulação ou da comissão de permanência com os juros moratórios, até 1% (um por cento) ao mês, tendo em vista a diversidade de origem desses encargos. Recurso especial provido, em parte" (REsp. 570.501/RS, Relator Ministro Castro Filho, julgado em 14.6.2004).

A melhor orientação parece ser aquela que admite a concorrência dos dois tipos de juros, porém de forma limitada, com base no artigo 1º do Decreto nº 22.626/33 (que não foi revogado pelo Código de 2002), ao dobro da taxa legal admitida. Dessa forma, cumpre aferir qual a taxa legal permitida e permitir a cumulação, desde que limitada ao dobro dessa taxa legal, que será de 24% ao ano.

<small>situação das instituições financeiras</small>

Por derradeiro, anote-se que as instituições financeiras não se prendem aos mesmos limites dos juros cobrados pelas demais pessoas. Como as instituições financeiras têm, na cobrança de juros sobre o empréstimo de dinheiro, a sua destinação econômica, possuem autorização para aplicar taxas mais elevadas. A situação especial dessas pessoas encontra-se prevista na Lei nº 4.595, de 31.12.1964. Aliás, a Súmula 596 do Supremo Tribunal Federal preconiza que "A Lei de Usura não se aplica às instituições financeiras."

Mesmo com relação à capitalização dos juros – ou seja, a inclusão dos juros na soma dos valores para, a partir daí, fazer novos cálculos, aumentando consideravelmente o *quantum* do principal –, as instituições financeiras têm, garantido pelo artigo 5º da Medida Provisória nº 1.963, de 27.4.2000, direito a efetuar essa capitalização em periodicidade inferior a um ano. As demais pessoas, não integrantes do Sistema Financeiro Nacional, não têm licitamente como realizar essa capitalização senão no prazo mínimo de um ano.

Quando Cosimo de Médici, banqueiro renascentista, financiou a restauração do Mosteiro de São Marcos, em Florença, ele recebeu, em contraprestação, uma bula papal, absorvedora de seus pecados. O banqueiro, contudo, não ficou sem o seu capital e os correspondentes juros. A Igreja, na ocasião, ofereceu um cheque. Contudo, o cheque tinha uma peculiaridade: ele era apenas resgatável na vida que seguia a morte, como crêem os cristãos. O filósofo Eduardo Giannetti, ao narrar o episódio, comenta que, nesse caso, a questão é saber em que lado se chega na próxima vida: como devedor (com os juros a pagar), ou na condição de credor (com os juros a receber).[36]

---

36 *O valor do amanhã – Ensaio sobre a natureza dos juros*, São Paulo, Companhia das Letras, 2005, p. 164.

20
Convenções Acerca do Dever de Reparar os Danos

Antes, já se pontuou: diante do inadimplemento, o credor pode exigir do devedor que cumpra a sua prestação. Entretanto, com a falha do devedor, a prestação pode ter perdido a sua utilidade para o credor; ou, ainda, o mesmo cumprimento, isolado, já não ser suficiente para reparar perfeitamente o credor lesado. Nestas circunstâncias, avulta o dever jurídico secundário, consistente na obrigação de indenizar a parte prejudicada com a deficiência do oferecimento da prestação.

Em regra, mede-se o dever de reparar – o dever jurídico secundário das obrigações – pela extensão do dano experimentado pela parte vítima do inadimplemento, segundo a regra do artigo 944 do Código Civil.

Um importante aspecto que pode alterar o dever jurídico secundário – referente ao dever de indenizar pelo inadimplemento – são os acordos acerca do dever de reparar.

Admite-se que as partes ajustem contratualmente critérios e limites ao dever de indenizar.

Essas cláusulas, que examinam e ajustam os efeitos do inadimplemento, surgiram no século XIX, juntamente com o desenvolvimento industrial e a sociedade de massa.[1] Inicialmente, elas respondiam ao interesse do empresário em limitar os riscos de seu negócio. Adiante, esses acordos se desenvolveram e se sofisticaram, para atender a um sem fim de situações.

O conceito é singelo: se é disponível o direito de receber a indenização, as partes de um contrato podem convencionar liminarmente como se dará a reparação pelo descumprimento contratual. Admite-se, portanto, o ajuste acerca da alteração dos riscos quanto ao dever de indenizar, a limitação do seu valor ou, até mesmo, a supressão do ressarcimento.

De outro lado, não se permite estipulação semelhante nos casos em que o dever de reparar tem natureza pública ou reflita um direito indisponível.

---

1   Ana Prata, *Cláusula de Exclusão e Limitação de Responsabilidade Contratual*, Coimbra, Livraria Almedina, 1985, p. 23.

Assim, admite-se que, num contrato, por exemplo, de venda de uma colheita, se ajuste, de antemão, o valor do ressarcimento devido pelo devedor caso deixe de entregar a prestação. Essa estipulação será lícita. De outra ponta, considera-se ilegal a cláusula que estipular, por exemplo, que o consumidor não terá qualquer direito à indenização se ele sofrer algum dano em decorrência de um serviço mal prestado. Esse impedimento se dá porque as normas referentes à proteção do consumidor têm natureza que justifica um maior controle por parte do ordenamento jurídico – uma norma de ordem pública –, sendo vedada qualquer estipulação que prive completamente o consumidor de receber indenização.

O ajuste quanto à reparação pode ocorrer depois de verificado o inadimplemento (veja-se que o credor pode, se assim desejar, liberar o devedor completamente do dever de indenizar, ou admitir um abatimento do valor devido), ou antes mesmo de se confirmar o prejuízo causado pela falha contratual, quando as partes sequer sabem se haverá necessidade de indenização. Nestes casos, as partes de um contrato convencionam alterar a regra jurídica que seria aplicada acerca da distribuição dos riscos pelo inadimplemento, para adotar outra, que elas deliberaram.

Há uma gama de estipulações contratuais acerca do dever de reparar.[2] Dentre elas, existem, por assim dizer, quatro famílias: (a) as cláusulas que excluem o dever de reparar (como a cláusula de não indenizar);[3] (b) as cláusulas de limitação do dever de reparar; (c) as cláusulas que agravam o dever de indenizar (como a que exclui a defesa por caso fortuito ou força maior, como se vê no artigo 393, última parte, do Código Civil); e (d) a cláusula penal.

20.1. Cláusulas de Exclusão do Dever de Reparar

Há diversos tipos de cláusulas de não indenizar, desde a estipulação na qual se renuncia por completo ao direito de receber uma reparação, até a que exclui certa situação do dever de indenizar. A mais potente delas é a cláusula de não indenizar. Nela, ocorre a isenção absoluta do dever de a parte reparar por eventual inadimplemento, pois o devedor se exime por completo do dever de indenizar na hipótese de inadimplemento.

Há distinção importante entre a cláusula de não-indenizar e a cláusula de irresponsabilidade, embora os efeitos práticos sejam semelhantes.

---

2   Sobre o tema: Antônio Pinto Monteiro, *Cláusulas Limitativas e de Exclusão de Responsabilidade Civil*, Coimbra, Almedina, 1985.

3   A obra clássica sobre o assunto, entre nós, é o livro de Aguiar Dias, *Cláusula de Não-Indenizar*, 4ª ed., Rio de Janeiro, Forense, 1980.

Na cláusula de irresponsabilidade, uma parte exime a outra de uma futura e eventual responsabilidade pelo inadimplemento. Segundo boa parte da doutrina, isso não seria possível, pois a responsabilidade apenas pode ser afastada nos casos referidos em lei,[4] como faz, por exemplo, o artigo 188 do Código Civil, segundo o qual não constituem atos ilícitos aqueles praticados em legítima defesa ou no exercício regular de um direito. O que se pode afastar é o dever de reparar, não a responsabilidade.[5] Esta cláusula de irresponsabilidade encontra-se expressamente proibida no artigo 809 do Código Civil português:

> "Artigo 809º (Renúncia do credor aos seus direitos): É nula a cláusula pela qual o credor renuncia antecipadamente a qualquer dos direitos que lhe são facultados nas divisões anteriores nos casos de não cumprimento ou mora do devedor, salvo o disposto no nº 2 do artigo 800º."

Outro argumento contrário à cláusula que suprime a responsabilidade é o de que, antes de conhecer a amplitude do dano, sequer se sabe o que se renuncia, pois se abre mão de direito hipotético.[6]

Evidentemente, a cláusula de não indenizar – como todas as que estabelecem uma alteração das regras gerais de reparação dos danos – se funda no princípio da autonomia da vontade.[7]

Logo, ela apenas será admissível nos casos em que essa autonomia possa verificar-se de modo amplo, ou seja, quando não houver limitações de ordem pública.[8]

Sustenta-se que esse tipo de estipulação só pode ser admitida se a parte que ficar sem direito à indenização receber alguma vantagem

---

4   Assim a lição de Sergio Cavalieri Filho (*Programa de Responsabilidade Civil*, 2ª ed., São Paulo, Malheiros, 2000, p. 389). No mesmo sentido, Aguiar Dias (*Da Responsabilidade Civil*, 10ª ed., Rio de Janeiro, Forense, 1997, p. 37) registra a opinião de Seabra Fagundes e Carvalho Santos.

5   "A cláusula não suprime a responsabilidade, porque não a pode eliminar, como não se elimina o eco. O que se afasta é a obrigação derivada da responsabilidade, isto é, a reparação" (José de Aguiar Dias, *Cláusula de Não-Indenizar*, 4ª ed., Rio de Janeiro, Forense, 1980, p. 38).

6   "Não pode excluir-se o direito a ser indenizado em conseqüência da violação que o devedor cometa do vínculo obrigacional.
     O direito à indenização, *depois de adquirido*, é, sem dúvida, renunciável. Mas não se pode renunciá-lo *antecipadamente*, pois de contrário a obrigação, desde que não fosse susceptível de execução forçada específica, ficaria privada de toda a força coerciva e, em qualquer caso, perderia muito do seu vigor" (Inocêncio Galvão Telles, *Direito das Obrigações*, 7ª ed., Coimbra, Coimbra Editora, 1997, p. 338).

7   Caio Mário da Silva Pereira, *Instituições de Direito Civil*, vol. II, 20ª ed., Rio de Janeiro, Forense, 2005, p. 249.

8   Assim ensina Caio Mário da Silva Pereira, *Instituições de Direito Civil*, vol. II, 20ª ed., Rio de Janeiro, Forense, 2005, p. 250.

com o ajuste que lhe é danoso.⁹ Deveria haver, por assim dizer, uma forma de contraprestação.

Entende-se que as cláusulas de não indenizar, como representam enorme limitação a uma das partes, devem ser repelidas se constantes de contratos de adesão, no qual a parte aderente – e sofredora dos ônus da estipulação – não pôde discutir os termos do que foi ajustado.¹⁰

<small>cláusula de não indenizar nas relações de consumo</small>

O artigo 25 da Lei do Consumidor tem o seguinte teor:

> "Art. 25. É vedada a estipulação contratual de cláusula que impossibilite, exonere ou atenue a obrigação de indenizar prevista nesta e nas Seções anteriores."

Esta redação indica, com meridiana clareza, a posição da lei, que veda o ajuste de cláusulas de não indenizar nas relações de consumo.¹¹ Neste caso, a razão da proibição legal é clara: como a lei entende haver, a princípio, uma situação de desigualdade entre as partes dessa relação, ficando o consumidor em posição de inferioridade, não seria razoável admitir que prestador de serviço ou o fornecedor pudessem ajustar a exclusão do dever de reparar caso o consumidor sofresse algum prejuízo.¹²

<small>dolo</small>

Além disso, mesmo se a cláusula de não-indenizar não oferecer, no caso específico, qualquer afronta ao interesse público, a sua incidência não se dará caso, na ocorrência do inadimplemento, houve dolo ou culpa grave do devedor. Afinal, não fosse assim, "seria estabelecer a impunidade da má-fé de antemão".¹³

<small>elementos substanciais do contrato</small>

Acresce, ainda, que a cláusula de não-indenizar, segundo entendimento jurisprudencial dominante, não poderá ajustar a exclusão

---

9 "No âmbito do direito comum, a doutrina sustenta que a cláusula de não indenizar somente se aperfeiçoará se contar com o consentimento das partes, devendo ainda corresponder a uma vantagem paralela a ser obtida pelo outro contratante. O exemplo normalmente lembrado é o do transporte, em que a cláusula de não indenização somente teria eficácia se correspondesse a uma redução da tarifa em favor de quem despachou a mercadoria" (Alberto do Amaral Júnior, "O Código de Defesa do Consumidor e as Cláusulas de Limitação da Responsabilidade nos Contratos de Transporte Aéreo Nacional e Internacional", in *Revista dos Tribunais*, v. 759, São Paulo, Ed. Revista dos Tribunais, 1999, p. 69).

10 Sobre o tema, Valéria Silva Galdino, *Cláusulas Abusivas*, São Paulo, Saraiva, 2001, pp. 110/111, e Caio Mário da Silva Pereira, *Instituições de Direito Civil*, vol. II, 20ª ed., Rio de Janeiro, Forense, 2005, pp. 250/251.

11 Nesse sentido, Guilherme Couto de Castro, *A responsabilidade civil objetiva no direito brasileiro*, 2ª ed., Rio de Janeiro, Forense, 1997, p. 26.

12 Sobre o tema, Alberto do Amaral Júnior, "O Código de Defesa do Consumidor e as Cláusulas de Limitação da Responsabilidade nos Contratos de Transporte Aéreo Nacional e Internacional", in *Revista dos Tribunais*, v. 759, São Paulo, Ed. Revista dos Tribunais, 1999.

13 Sergio Cavalieri Filho, *Programa de Responsabilidade Civil*, 2ª ed., São Paulo, Malheiros, 2000, p. 392.

de responsabilidade relativa aos elementos substanciais do contrato. Nesse sentido, eis os seguintes acórdãos:

> "Responsabilidade civil. Banco. Cofre de aluguel violado. Furto de jóias. Cláusulas de não-indenizar. Prevalência da obrigação de guarda e segurança. Prova do dano.
> *Ementa Oficial*. O banco é civilmente responsável, no caso de subtração de valores, guardados em cofres-fortes, alugados a seus clientes. A cessão do uso do compartimento envolve uma particular prestação de proteção e segurança. Responsabilidade presumida elidível em caso fortuito ou força maior. Inválida a cláusula de não indenizar, porque excludente de obrigação essencial do contrato, qual seja, a de guardar o local dos cofres e implicitamente seu conteúdo. Quanto aos danos e tendo em vista os princípios da liberdade probatória e da presunção de boa-fé, conjugados à extrema dificuldade da prova do conteúdo do cofre, definem-se pelas declarações da lesada, informações do seu joalheiro há 15 anos, depoimento de provecto amigo e pela avaliação indireta" (TJRJ, 2º Grupo de Câmaras Cíveis, EI 31/90 na Ac. 2.860, Relator Desembargador Paulo Roberto A. Freitas, julgado em 3.9.1991).

> "Responsabilidade civil. Cláusula de não-indenizar. Clínica psiquiátrica.
> Avaliação médica insatisfatória do potencial suicida do paciente. Cláusula de não-indenizar tida como não-escrita, posto que, no tocante à integridade da vida e da saúde, exclui-se, sempre, a cláusula de irresponsabilidade (TJRS, 2ª Câm. Civ., AC 590.010.120, Relator Desembargador João Pedro)."

Com efeito, não faz sentido que se ajuste uma obrigação e, ao mesmo tempo, se estipule a possibilidade de dela se eximir. Essa a *ratio* da Súmula 161 do Supremo Tribunal Federal que não admite a cláusula de não indenizar nos contratos de transporte, nos seguintes termos: "Em contrato de transporte, é inoperante a cláusula de não indenizar."[14]

indenização ínfima

Interessante notar que essas limitações à validade e à eficácia da cláusula de não indenizar vão incidir, também, nas hipóteses em que se ajustar uma indenização ínfima ou meramente simbólica, como, inclusive, já decidiu o Superior Tribunal de Justiça:

---

14 Sobre outros aspectos dessa Súmula, Roberto Rosas, *Direito Sumular*, 11ª ed., São Paulo, Malheiros, 2002, pp. 75/80.

"Direito comercial. Transporte marítimo. Cláusula limitativa da responsabilidade do transportador.
O Decreto 19.473, de 10.12.30, em seu art. 1º, reputa não escrita a cláusula restritiva ou modificativa da obrigação, e a tanto equivale a limitação, a valor irrisório, do montante da indenização. Precedentes do STF. Recurso especial conhecido e provido" (REsp. nº 644/SP, 4ª Turma, STJ, Relator Ministro Barros Monteiro, julgado em 17.10.1989).

Entende-se, com razão, que, nesses casos, encontram-se presentes os mesmos efeitos das cláusulas exoneratórias do dever de reparar.[15, 16]

jurisprudência acerca da cláusula

Não havendo afronta à ordem pública, sendo, pois, a cláusula uma manifestação do acordo entre as partes capazes, deve-se reconhecer a sua validade e eficácia, como, aliás, tem feito a jurisprudência:

"Comercial. Direito Marítimo. Transporte. Cláusula limitativa de responsabilidade. Validade. Precedente da Segunda Seção. Recurso desacolhido.
É válida a cláusula limitativa da responsabilidade de indenizar inserida em contrato de transporte marítimo" (REsp. nº 36.706/SP – 4ª Turma – STJ – Relator Ministro Sálvio de Figueiredo Teixeira, julgado em 05.11.1996).

"Responsabilidade civil. Lista de telefone. Nome de assinante. Omissão. Perdas e danos. Improcedência. Eficácia de cláusula de não-indenizar.
É considerada válida a cláusula de não indenizar, desde que não ofenda a ordem pública e os bons costumes, e quando a sua finalidade é a de afastar obrigação derivada da responsabilidade, ou seja, a reparação do dano" (TJPR, 5ª Câm. Civ., *RT*, 403:343).

"Civil. Convenção de condomínio. Indenização. Cláusula de irresponsabilidade.
I – Danos causados a veículos, em estacionamento de condomínio cuja convenção contém cláusula de não in-

---

15 Assim já se posicionou o Supremo Tribunal Federal (*JSTF*, Lex 98/212, RE nº 107.361, Relator Ministro Otavio Gallotti).

16 Antônio Junqueira de Azevedo resume o posicionamento da doutrina acerca da nulidade das cláusulas de não indenizar: "São nulas as cláusulas de não-indenizar que: *a*) exonerem o agente, em caso de dolo; *b*) vão diretamente contra a norma cogente – às vezes, dita de ordem pública; *c*) isentem de indenização o contratante, em caso de inadimplemento da obrigação principal; e *d*) interessem diretamente à vida e à integridade física das pessoas naturais" (*Estudos e Pareceres de Direito Privado*, São Paulo, Saraiva, 2004, p. 210).

denizar, não são ressarcíveis. Isso porque, tratando-se de direito disponível, a cláusula de irresponsabilidade é emanação da liberdade de contratar. Todavia, sujeita-se às restrições impostas pela ordem pública, só pode ser estipulada quando a regra legal aplicável, meramente supletiva da vontade das partes, admite a livre manifestação destas.
II – Recurso não conhecido" (REsp. 13027/RJ – 3ª Turma – STJ – Relator Ministro Dias Trindade – julgado em 22.10.1991).

Atente-se que o último acórdão referido cuida de cláusula de não indenizar embutida no âmbito de uma relação não onerosa, estabelecida entre condôminos de um prédio. Diferente solução foi dada pelo Superior Tribunal de Justiça se a cláusula de não indenizar foi ajustada no caso do roubo em estacionamento particular:

> "Roubo de veículo em estacionamento. Cláusula de não indenizar. Caso fortuito. Força maior. Súmula nº 07 da Corte.
> 1. Descartando o acórdão recorrido a ocorrência de caso fortuito ou força maior, a míngua de prova, não há como enfrentar a alegada violação dos artigos 1.058 e 1.277 do Código Civil, diante da barreira da Súmula nº 07.
> 2. O dissídio jurisprudencial não está configurado, pois este feito não cuida de roubo em garagem de condomínio, mas, sim, em estacionamento explorado comercialmente, que, por definição, tem o dever de guarda e vigilância, não podendo cobrir-se pela cláusula de não indenizar.
> 3. Recurso especial não conhecido" (REsp. 83179/SP – 3ª Turma – STJ – Relator Ministro Carlos Alberto Menezes Direito, julgado em 08.09.1997).

exclusão do dever de reparar atos de terceiros

Outro tipo de cláusula que afasta a reparação é aquela que exclui o dever de reparar por atos de terceiros.

Observados os limites acima referidos, o ajuste contratual da dispensa do dever de reparar pode ser alongado, até mesmo, para abranger eventuais danos causados por terceiros que, de alguma forma, auxiliem ou contribuam com o devedor para o adimplemento.

De outro modo, podem as partes celebrar cláusula que exonere somente a responsabilidade do devedor se o dano ocorreu por causa de terceiro. Nestes casos, o devedor segue com o dever de reparar pelos atos próprios, mas fica excluído se foi terceiro – ligado a ele ou não – o responsável pelo prejuízo.

As hipóteses são comuns. Eis o seguinte exemplo: contrata-se um *buffet*, conhecido por sua excelente comida. Entretanto, quem contrata prefere que a comida seja servida por um grupo de garçons, que não trabalham para o *buffet*. Pactua-se, então, que o *buffet* exclua da sua responsabilidade algum dano que advenha da atuação desses garçons.

<small>exclusão do dever de reparar certo fato</small>

Pode, também, a exclusão se relacionar ao dever de reparar o dano decorrente de determinado fato. Verificado dano advindo de uma situação específica, previamente referida pelas partes, o devedor ficará eximido de reparar o prejuízo. A exoneração, então, atingirá apenas o fato mencionado, seguindo o devedor com a obrigação de recompor o dano da outra parte pela falha no cumprimento da obrigação em todas as demais causas nas quais ele tenha responsabilidade.

Uma causa comum de exclusão por certo fato é aquela relacionada à mora. Isso vai ocorrer, por exemplo, se o devedor pactua que não responderá pelas perdas e danos se a entrega do bem alienado se der depois do prazo ajustado. Nesta situação, convenciona-se que o devedor não responde pelos prejuízos decorrentes da mora, embora continue responsável por danos originados de outros fatos.

<small>diminuição do limite temporal</small>

Também se insere entre as formas de exclusão de responsabilidade, a cláusula que diminui o limite temporal para pleitear os danos. Trata-se da convenção que restringe o prazo para que o lesado reclame uma indenização: ultrapassado o período fixado contratualmente para a cobrança do dano, não se pode mais exigir o pagamento do devedor.

Esses prazos, por definição, são inferiores aos previstos na lei, como se operassem uma "prescrição antecipada" do direito de reclamar a indenização.

20.1.1. Cláusulas limitativas do dever de reparar

Nas estipulações limitativas do dever de reparar convenciona-se que a parte inadimplente terá, de alguma forma, mitigada a obrigação de recompor o prejuízo experimentado pela parte lesada.

Por meio dessas cláusulas, as partes fixam um montante que servirá como teto econômico da eventual reparação por prejuízos decorrentes do inadimplemento.

Sobre a apreciação de sua licitude, como também se trata de uma restrição a uma das partes, valem-se dos mesmos aspectos já referidos acima, ao se cuidar das cláusulas de não indenizar: necessário que elas não agridam a ordem pública e os bons costumes, assim como elas não terão lugar se houver dolo do devedor – pois, afinal, ele estaria beneficiando-se injustamente da limitação, tirando proveito de seu comportamento anti-jurídico.[17]

---

17 Ver, sobre o tema, Inocêncio Galvão Telles, *Direito das Obrigações*, 7ª ed., Coimbra, Coimbra Editora, 1997, p. 343; José de Aguiar Dias, *Clausula de Não-indenizar*, 4ª ed., Rio de Janeiro, Forense, 1980, p. 22; Ana Prata, *Cláusulas de Exclusão e Limitação da Responsabilidade Contratual*, Coimbra, Livraria Almedina, 1985, p. 88.

Se a cláusula estipular uma indenização irrisória, estar-se-á, a rigor, tratando de uma cláusula de não-indenizar, de que antes cuidamos.

A cláusula que estipula um valor máximo de indenização representa uma hipótese comum. A cláusula que limita o valor da indenização a ser eventualmente paga – impondo um "teto" à reparação – é uma cláusula de não-indenizar menos radical e, logo, assemelha-se mais à cláusula penal, que examinaremos adiante.

Com efeito, a cláusula limitativa do montante reparatório e a cláusula penal são muito parecidas. Aguiar Dias chega mesmo a reconhecer que "os traços diferenciais entre elas não sejam bem nítidos".[18]

Em ambas haverá uma limitação do dever de indenizar, porém na cláusula penal – como seu nome indica e se verá em seguida – o montante será devido na hipótese de inadimplemento, mesmo que o dano não atinja o *quantum* nela fixado. Assim é porque na cláusula penal o montante previamente estabelecido por contrato deve ser pago pelo inadimplente, ainda que não haja dano. Na espécie de cláusula limitativa de que agora se trata, o dano será aferido, mas o dever de ressarcimento ficará limitado pelo valor ajustado contratualmente. Se o valor do dano for menor, o responsável fica obrigado apenas a reparar o lesado no limite do prejuízo sofrido.

Um exemplo de limitação ao direito de obter a reparação consiste no ajuste de que a indenização, eventualmente devida, apenas seja exigível após decorrido um determinado prazo. Com isso, se sobrevier o dano decorrente do inadimplemento, o lesado terá direito a receber indenização, porém somente com a chegada do termo pactuado será possível reclamar o ressarcimento.

Entre as cláusulas que apenas restringem o direito de receber indenização, citem-se aquelas que criam algum ônus para que o credor da indenização possa exercer seu direito de reclamá-la.

Isso se dá, por exemplo, caso o credor, para reclamar a indenização sofrida pelo inadimplemento do devedor, tenha que, por ajuste contratual, fazer prova de seu dano com determinada empresa especializada (indicada no contrato). Será um ônus contratar tal empresa, mas se convencionou no contrato que esse seria o caminho para reclamar a indenização.

Outro exemplo comum de limitação é aquele no qual se exige do lesado, que almeja receber a indenização, a demonstração de um outro fato. Isso se dá, por exemplo, com a convenção de condomínio que aponta como necessário, para o condômino exigir uma indenização, que ele esteja em dia com os seus encargos condominiais.

---

18 *Cláusula de Não-indenizar*, 4ª ed., Rio de Janeiro, Forense, 1980, p. 127.

pacto ne culpa presteatur

No *pacto ne culpa presteatur* o devedor deixa de responder se tiver agido com culpa, de sorte que ele apenas ficará responsável se atuar com dolo. Aqui, também, o dever de reparar fica muito mitigado.

20.1.2. Cláusulas de agravamento do dever de reparar

Da mesma forma como se admitem cláusulas que restringem total ou parcialmente o dever de reparar, também se permite a convenção do agravamento dessa obrigação, para que ela seja facilitada, ou vá ocorrer mesmo quando, em regra, ela não incidiria.

O artigo 393 do Código Civil informa que o devedor não responderá pelo inadimplemento decorrente do caso fortuito ou da força maior, salvo se houver ajustado em sentido contrário. Em outras palavras, há previsão legal de que em certas hipóteses, nas quais existir convenção neste sentido, o devedor fica liberado do dever de indenizar. Todavia, admite-se que as partes estipulem o oposto, ampliando a responsabilidade do devedor, de sorte que o devedor terá que indenizar o credor, mesmo se não tenha conseguido cumprir seu dever obrigacional por motivo de caso fortuito ou de força maior.

Pode o devedor convencionar que o credor será indenizado na hipótese de não cumprimento da obrigação, independentemente do motivo pelo qual essa falha ocorreu.

Reconhece-se, também, a convenção na qual a parte assume o dever de reparar por fato de terceiro. Em regra, é do devedor a responsabilidade pelos danos causados por terceiros que o auxiliaram no cumprimento da obrigação. Já se referiu acima que se concebe a cláusula restritiva do direito de indenizar na qual o devedor fique eximido de reparar se a culpa pelo inadimplemento se deu devido à atividade de terceiros por ele indicados para cumprir, ou ajudá-lo a cumprir, a obrigação.

Situação diferente ocorre se estes terceiros não são indicados pelo devedor, mas a sua atividade também é essencial para o fim desejado da obrigação. Nestes casos, a princípio, o devedor não terá que reparar o dano sofrido pelo credor se os referidos terceiros impediram o cumprimento da obrigação. Entretanto, admite-se estipulação que amplie a responsabilidade do devedor, para que ele, também nessas hipóteses, tenha o dever de ressarcir o credor, mesmo se o dano resultou de ato de terceiro.

Comum, entre as cláusulas que agravam a situação do devedor, é aquela que inverte o ônus da prova do dano. De ordinário, cabe a quem alega a prova do dano, segundo a regra do artigo 373 do Código de Processo Civil.

O parágrafo único do mencionado artigo 373 do Código de Processo Civil não permite a convenção que altera a regra referida no *caput*, nos casos de direito indisponível ou se a estipulação tornar "excessivamente difícil" à parte exercer seu direito.

Aceita-se, contudo, a estipulação contratual que altera a disposição acima referida, deslocando o ônus, para agravar a situação do devedor. Essa espécie de cláusula tem aplicação principalmente nos casos em que exista uma questão técnica complexa envolvida e seria justo que o devedor, que domina a tecnologia, ficasse com o ônus de comprovar a sua ausência de responsabilidade.

Caso incida cláusula dessa natureza, verificado o dano, caberá ao devedor (e não ao credor) demonstrar a inexistência de nexo de causalidade entre o prejuízo e o fato supostamente danoso.

Também agrava a situação do devedor a cláusula que transforma obrigação de meio em obrigação de resultado. O devedor, neste caso, assume um dever de resultado para obrigação que naturalmente é apenas de meio.

Nas obrigações de meio, como antes se viu, o devedor não tem o dever de atingir o resultado, porém apenas o de adotar os melhores esforços. O acordo que transforme a obrigação de meio em resultado importa agravamento da situação do devedor, que, para o fim de cumprir o seu dever contratual, deverá fazer mais do que apenas empregar o seu melhor esforço: ele terá que efetivamente atingir o resultado, sob pena de quedar inadimplente.

O advogado, como se sabe, tem o dever de aplicar seus melhores esforços para atingir um resultado favorável ao seu cliente (numa típica obrigação de meio). Imagine-se que um advogado contrata que apenas terá adimplido a sua prestação se atingir o fim desejado pelo seu cliente, ao passo que terá descumprido o seu dever se o resultado não for alcançado. Neste caso, a obrigação que era de meio passou a ser de resultado, agravando a responsabilidade do devedor.

A cláusula penal, como se analisará adiante, é devida mesmo que não haja qualquer dano: basta o inadimplemento. Também se mencionou, pouco antes, a estipulação na qual há um limite máximo do montante a ser pago de ressarcimento. Nesse mesmo diapasão, há, ainda, a possibilidade de as partes convencionarem um mínimo pela indenização, ou seja, o inadimplente, mesmo que o dano decorrente de sua falha seja inferior ou nenhum, arcará com um ressarcimento mínimo.

Cumpre distinguir, dessa estipulação, a cláusula penal. Ao se ajustar um mínimo, nada impede que o lesado reclame uma indenização maior, provado que suas perdas foram superiores ao montante convencionado. Na cláusula penal isso, em regra, não vai ocorrer (o montante convencionado na cláusula penal, salvo convenção em contrário, será o limite da indenização).

cláusula *solve et repete*

Admite-se a convenção na qual o devedor se compromete a não invocar qualquer defesa quanto ao cumprimento da contraprestação para obstar o seu próprio cumprimento. O devedor deve cumprir a sua prestação, a fim de satisfazer o credor, e apenas depois poderá discutir questão outra relacionada à obrigação que vincula as partes. Afasta-se, com essa estipulação, conhecida como cláusula *solve et repete*, a possibilidade de se alegar a exceção do contrato não cumprido, para afastar o dever de cumprir a prestação.

Essa cláusula apenas surge em contratos bilaterais comutativos. Acerta-se que os contratantes, ou um deles somente, deverão cumprir as suas obrigações sem questionar o perfeito adimplemento da contraparte. Apenas depois de cumpridos os seus deveres, a parte que se sentir prejudicada poderá formular alguma reclamação. Daí o nome *solve et repete*: primeiro pague, depois reclame e peça alguma restituição.

Evidentemente, trata-se de um agravamento da situação do devedor que, ordinariamente, poderia furtar-se a efetuar o pagamento, invocando a exceção do contrato não cumprido (artigo 476 do Código Civil), até que ele se sinta satisfeito com a contraprestação.

20.2. A Cláusula Penal

O inadimplemento ronda como uma assombração a vida dos contratos desde o seu nascedouro. Já no momento em que as partes celebram um contrato, elas comumente estão preocupadas com um futuro e eventual descumprimento dos deveres ajustados naquele negócio. Para reforçar o vínculo, estimular que os contratantes cumpram seus deveres, ou mesmo para, desde antes, fixar o montante da indenização devida, as partes podem estipular, de antemão, qual o valor devido na hipótese de inadimplemento. A estipulação que prevê essa eventual indenização denomina-se cláusula penal e tem enorme interesse prático.

Comumente, as partes convencionam, já no início da relação, que, na hipótese de inadimplemento, a parte responsável deverá indenizar a outra num valor previamente determinado. Esse tipo de estipulação tem uma gama de vantagens e é corriqueira.

A origem do instituto é bem antiga. Já entre os romanos, havia a *stipulatio poenae*, na qual se previa uma pena para o descumprimento dos pactos firmados, a ser paga pelo devedor faltoso. Dessa fonte romana, a cláusula penal se espraiou para os ordenamentos jurídicos ocidentais, sendo recebida, inclusive, pelo nosso.

No Código de 1916, a cláusula penal encontrava-se inserida no capítulo das modalidades das obrigações. O Código Civil de 2002 consertou o equívoco para, corretamente, colocar esse tipo de estipulação no capítulo referente à inexecução. De fato, a cláusula penal apenas será eficaz diante da inexecução. Antes, ela fica aguardando, em potência, para incidir somente se o devedor falhar no cumprimento de sua obrigação.

A cláusula penal é, portanto, um pacto acessório a um contrato, no qual se visa a pré-avaliar as perdas e danos que seriam cobradas em caso de inadimplemento.

Como reconhece o artigo 409 do Código, a cláusula penal pode ser estabelecida conjuntamente ou depois de já nascida a obrigação, ou seja, a sua referência pode constar do próprio corpo do contrato onde se obrigou, ou em documento apartado, elaborado posteriormente.

<small>acessoriedade</small>

Ressalte-se essa importante característica da cláusula penal: a acessoriedade em relação ao contrato principal. A cláusula penal não pode ser estipulada isoladamente. "Isoleé, une clause pénale serait inexistante." Como corolário dessa característica, a cláusula seguirá, em regra, o destino da obrigação principal. Se nula a obrigação, a cláusula penal terá a mesma qualidade. O fim da obrigação arrasta a cláusula penal para o mesmo rumo.

O Código de 1916 trazia, no seu artigo 922, o conceito de que a nulidade da obrigação acarretava a nulidade também da cláusula penal. O referido dispositivo não foi repetido no Código de 2002. Nem precisava. O destino do contrato, em regra, é seguido pelas cláusulas que o compõem. Como estipulação acessória, a nulidade do contrato importará a nulidade também da cláusula penal.

<small>pluralidade de cláusulas penais</small>

Aliás, admite-se a estipulação da cláusula penal com relação a todo o contrato, ou em referência a uma cláusula em especial. Em outras palavras, pode-se convencionar uma multa aplicável para a falha de todo o negócio, assim como estipular uma pena específica para certa obrigação convencionada no bojo do contrato. Diante disso, o mesmo contrato pode conter várias cláusulas penais, relativas a diferentes possibilidades de inadimplemento, cada qual com um valor específico e condizente com a gravidade da falha.

<small>natureza da cláusula penal</small>

Há aceso debate acerca de qual a natureza da cláusula penal. Isto se deve, em grande parte, porque a cláusula penal desempenha uma série de funções. Em primeiro lugar, como antes de referiu, a cláusula penal serve como pré-fixação das perdas e danos. A cláusula penal funciona, ainda, como modo de assegurar o cumprimento da prestação acordada, pois ajusta um valor certo a ser pago pelo devedor caso este venha a descumprir o contrato, resultando num estímulo ao adimplemento. Ainda, segundo muitos, a cláusula penal desempenha o papel de pena civil, pois ela incide independentemente de o credor ter sofrido algum prejuízo, garante o artigo 416 do Código (vale fazer uma referência de que, neste caso, a pena civil é conhecida das partes desde antes do eventual inadimplemento, de forma que o princípio da anterioridade da pena, cristalizada no artigo 5º, XXXVI, da Constituição Federal, não se encontra ferido). Para

Beviláqua, porém, "A pena convencional tem por fito principal reforçar a necessidade moral de cumprir a obrigação".[19]

Consoante se expôs acima, no Direito Romano, a cláusula penal tinha uma natureza de pena, uma sanção pelo inadimplemento. Daí essa natureza preponderar em alguns países, como na grande parte dos países do leste europeu, como na Rússia e na Hungria.[20] De uma certa forma, o próprio nome da cláusula carrega esse conceito: cláusula penal porque penaliza.

Entretanto, na verdade, a cláusula penal representa um pouco de todas essas funções, embora prepondere o seu emprego como forma de pré-avaliar os danos, liquidando de antemão o montante exigível da indenização, e, assim, simplificar, em muito, a apuração dos prejuízos.

Com ela, as partes não precisarão passar pelo processo, muitas vezes longo e custoso, de apurar o montante do dano, para, a partir daí, apontar o *quantum* da indenização. Isso faz com que o ressarcimento por conta do incumprimento do dever obrigacional seja muito mais célere, em proveito do credor lesado, como se pode depreender do seguinte acórdão:

> "Cláusula penal. Pré-fixação da indenização. Desnecessidade de prova pericial para apuração de qualquer valor. Julgamento antecipado da lide. Cabimento. Havendo previsão no contrato de cláusula penal, que, pela sua natureza, é ao mesmo tempo liquidação antecipada das perdas e danos e punição pelo descumprimento da avença, descabe a realização de perícia para apurar o montante da indenização. Inexistência de alegação de eventual desproporção entre o valor fixado e o real prejuízo. Não há cerceamento de defesa e nem nulidade da sentença se a prova pericial é desnecessária para a solução da lide, impondo-se o julgamento antecipado diante da causa madura, para atender os princípios da economia e celeridade processual, além da efetividade da prestação jurisdicional. Desprovimento do recurso" (TJRJ, Apelação Cível nº 25.769/2003, Relator Desembargador Sérgio Cavalieri Filho).

Tenha-se presente que qualificar a cláusula penal meramente como uma pena privada pode absolutamente não corresponder à verdade. Veja-se que, na cláusula penal, antecipa-se o valor da indenização para o caso de inadimplemento. Pode ser que o dano sofrido

---

19   Clóvis Beviláqua, *Direito das Obrigações*, 2ª ed., Bahia, Livraria Magalhães, 1910, p. 92.
20   Denis Mazeaud, La Notion de Clause Pénale, Paris, Librairie Générale de Droit et Jurisprudence, 1992, p. 304.

pela parte lesada seja menor do que o ajustado na cláusula penal: nesta hipótese, haverá, de fato, uma pena, pois a parte inadimplente terá que arcar com uma indenização superior àquela devida – que, em regra, consistiria apenas em reparar o prejuízo sofrido. Contudo, pode ocorrer o oposto: o dano sofrido em decorrência do inadimplemento ser superior ao *quantum* estipulado na cláusula penal: aqui, a cláusula terá uma natureza de limitação de responsabilidade. Como se vê, a natureza da cláusula pode depender do resultado da operação.

Além disso, a cláusula representa um enorme estímulo ao adimplemento, pois ela é devida independentemente da efetiva existência de prejuízo do credor, consoante a disposição do artigo 416 do Código. Dessa forma, a alegação de que não houve prejuízo com o inadimplemento não serve para impedir que a parte lesada deixe de cobrar a quantia ajustada na cláusula.

Não há dúvida de que essa certeza com relação ao montante devido na hipótese de inadimplemento sirva de estímulo e incentivo ao devedor para que cumpra sua obrigação. Como o valor é certo – e pode mesmo ser inferior ao do efetivo dano –, a cláusula penal atua como multa civil.

<small>culpa</small>

A cláusula penal apenas incide na hipótese de inadimplemento culposo. O devedor somente ficará sujeito a arcar com a cláusula se tiver contribuído para o não cumprimento da obrigação (o artigo 408 do Código Civil menciona a palavra "culpa", que não estava expressa na Lei anterior, mas já se encontrava presente no seu conceito de incidência da cláusula penal). A inserção da palavra "culpa" no referido dispositivo apenas reforça o conceito de responsabilidade (subjetiva) vigente no nosso ordenamento, calcada, em regra, na existência da culpa.

<small>cláusula penal compensatória e moratória</small>

Há, como se extrai do artigo 409 do Código Civil, dois tipos de cláusula penal, conforme ela se refira ao inadimplemento total (denominada compensatória), ou parcial (que pode relacionar-se à mora ou à alguma disposição contratual específica).

As duas formas de cláusula penal podem ser ajustadas no mesmo negócio e conviverem harmoniosamente.

No caso da cláusula penal compensatória, há um caráter substitutivo e ela se refere ao total inadimplemento da obrigação, ou seja, ao montante de indenização devido se o descumprimento de oferecer a prestação for completo. Logo, ou o credor reclama o adimplemento ou a incidência da cláusula.

Existente a cláusula penal, o credor não pode escolher pleitear o ressarcimento pela apuração das perdas e danos decorrente da falha total do devedor. O montante devido em função do inadimplemento já foi previamente fixado com o ajuste da cláusula penal compensatória.

Ainda que o prejuízo exceda ao valor previamente fixado na cláusula penal, o credor não está autorizado a reclamar um suplemento, informa o parágrafo único do artigo 416 do Código Civil.

Este dispositivo, contudo, abre uma exceção para essa majoração se as partes tiverem, expressamente, contemplado essa possibilidade.

Dessa forma, se o dano sofrido pelo credor for superior ao montante previsto na cláusula penal, o credor terá que se conformar em receber menos. A situação será outra se o contrato houver previsto que o *quantum* pactuado na cláusula penal serve apenas como um mínimo, podendo o lesado reclamar a majoração da indenização até o limite de seu efetivo prejuízo.

Salvo esta circunstância, referida na segunda parte do parágrafo único do artigo 416 – de haver uma convenção expressa acerca do tema –, o montante apontado na cláusula penal serve como limite da indenização.

limite da fixação da cláusula penal compensatória

O montante cominado na cláusula penal compensatória não pode ultrapassar o valor total da obrigação principal, indica o artigo 412 do Código Civil. Essa questão, entende a doutrina, é de ordem pública, não se admitindo estipulação distinta.[21] Não importa a extensão do dano. O que tiver sido estipulado a mais é desconsiderado. Vale, para esse fim, o valor do negócio.

Quis a lei, nesse particular, evitar o abuso, que poderia ocorrer caso se ajustasse um valor excessivo à cláusula penal compensatória, substancialmente maior do que o valor do negócio. Isso criaria um enorme estorvo e risco injusto ao devedor, que teria a cláusula penal como uma temerária espada de Dâmocles.

Por outro lado, essa limitação, contida no artigo 412 do Código Civil, não pode servir como obstáculo do dever de reparar, de sorte que ele seja fixado em montante inferior ao do efetivo dano sofrido pelo credor lesado pelo inadimplemento do devedor. Cumpre entender o alcance do conceito de "valor da obrigação principal" como o valor de todo o adimplemento, nele incluído todos os custos com o cumprimento da obrigação, de forma que o eventual inadimplemento possa ser reparado de forma efetiva.

Não se encontram inseridos no limite do artigo 412 a indenização devida pelos ônus de sucumbência judicial, aí inseridos os honorários de advogado. Isso porque o referido dispositivo cuida somente dos danos materiais. Pelo mesmo motivo, a baliza não alcança os danos morais, cuja eventual condenação pode superar o limite estipulado na lei.[22]

opção entre adimplemento e receber a indenização expressa na cláusula

Em suma, nas estipulações de cláusula penal para o total inadimplemento haverá, para o credor, uma opção entre exigir o adimplemento (o cumprimento do dever primário), ou a entrega do valor mencionado na cláusula penal (artigo 410 do Código). Não poderá

---

21 Álvaro Villaça Azevedo, "Inexecução Culposa e Cláusula Penal Compensatória", *in Revista dos Tribunais*, vol. 791, São Paulo, Ed. Revista dos Tribunais, 2001.

22 Assim, Jorge Cesa Ferreira da Silva, *Inadimplemento das Obrigações*, São Paulo, Ed. Revista dos Tribunais, 2007, p. 268.

o credor decidir entre a cláusula penal e a indenização a ser aferida pelo modo ordinário, averiguando as perdas e danos. Afinal, a cláusula penal é um substituto da indenização (do dever secundário).

No caso da cláusula penal moratória – aquela estabelecida para o inadimplemento parcial –, contudo, o credor pode reclamar o cumprimento da prestação (o dever primário) acrescido do recebimento do valor constante da cláusula penal, menciona o artigo 411 do Código Civil. Há, pois, um caráter cumulativo.

<small>máximo na fixação da cláusula penal moratória</small>

Com relação a um máximo na fixação da cláusula penal moratória, não existe, para ela, um correspondente ao artigo 412, que, como acabou de se ver, aponta um limite à cláusula penal compensatória. Esse balizamento é oferecido em outras fontes normativas.

O artigo 52, § 1º, do Código do Consumidor, por exemplo, limita a multa moratória nas relações de consumo a 2% do valor da prestação. No mútuo, por sua vez, o limite é de 10% do valor do empréstimo, indica o artigo 9º do Decreto nº 22.626, de 7.4.1933.[23]

<small>redução do valor constante da cláusula penal</small>

Há duas sensíveis inovações do Código Civil de 2002 com relação à cláusula penal, constantes no artigo 413 e no parágrafo único do artigo 416.

O artigo 924 do Código Civil de 1916 oferecia uma brecha à aplicação da eqüidade, permitindo ao juiz que, se entendesse pertinente – porque, por exemplo, houvesse cumprimento parcial da obrigação –, diminuísse proporcionalmente o montante fixado na cláusula penal. Esse dispositivo, inicialmente, era aplicado com resistência e cerimônia pelos Tribunais. Todavia, na feliz frase de Portalis, o principal redator do Código Civil francês, "as leis fazem-se com o tempo." O tempo passou e o artigo 924 ganhou nova força para aplicar a eqüidade e reduzir a indenização prevista nas cláusulas penais. Afinal, como assevera o jurista e juiz português Manuel de Oliveira Matos, "No fundo, julgar segundo a eqüidade, longe de ser julgar de modo diferente daquele que resultaria de julgar bem segundo a lei, consiste em julgar do melhor modo possível o caso concreto".[24]

O magistrado, diante de uma situação de iniquidade, na qual o montante previsto na cláusula penal era consideravelmente superior ao dano, poderia rever a multa, para diminuí-la. Entendia-se, até mesmo, que não seria possível afastar a incidência do antigo artigo 924 do Código pelo acordo de vontade das partes, diante de sua função corretiva.

O artigo 413 do Código Civil atual foi além. Agora, o juiz não apenas "pode", mas "deve" reduzir equitativamente a penalidade se a

---

23 Indicando uma série de outras restrições legais ao limite da cláusula penal moratória, ver Judith Martins-Costa, *Comentários ao Novo Código Civil*, vol. II, Rio de Janeiro, Forense, 2003, pp. 455/456.

24 Manuel de Oliveira Matos, *Reflexões Jurídicas*, Coimbra, Almedina, 1971, p 46.

obrigação principal tiver sido cumprida em parte (o que já era objeto da Lei revogada) e se o montante for excessivo (isto é novidade da Lei de 2002).

Veja-se que a ordem é imperativa, cabendo ao juiz agir mesmo se, numa discussão judicial, a parte interessada não formulou pedido expressamente nesse sentido.

Essa nova redação da lei resolve um problema da cláusula penal clássica, que, sendo fixa, não se sensibilizava com a comum hipótese de haver um inadimplemento apenas parcial.

O juiz, portanto, deve reduzir o valor pactuado. Não se permite, contudo, que ele suprima de todo a cláusula penal. Embora essa determinação ao juiz seja recente na nossa lei, há mais de um século Denburg já apontava que "Se la pena convenzionale è sproporzionata allínteresse del creditore, alla prestazione principale, e conduca in consequenza da ciò ad uno sfruttamento, per um mancamento lieve in proporzione, nessa e contro i buoni costumi, ed il giudice quindi, secondo l'esatta teoria, deve moderarla",[25] isto é, diante da desproporção de uma cláusula penal, compete ao juiz moderá-la.

limite de indenização

A outra inovação encontra-se no parágrafo único do artigo 416. Antes do advento da Lei de 2002, havia viva discussão se o valor ajustado na cláusula penal representava um limite da indenização, ou se era possível ao credor lesado, caso demonstrasse que seu dano superou o valor ajustado contratualmente, reclamar uma indenização calculada de acordo com a regra geral.

Com a redação do parágrafo único do artigo 416 não há mais espaço para dúvida: o *quantum* fixado na cláusula será o limite da indenização devida, salvo excepcionalmente, se as partes tiverem convencionado de forma diversa.

Dessa forma, ainda que se demonstre um dano decorrente do inadimplemento superior ao ajustado na cláusula penal, esta limitará a indenização ao valor nela previsto.

Embora se possa diminuir a cláusula penal, não se admite a sua majoração.[26] No Direito francês, a solução adotada foi outra. O artigo 1.152, nº 2, do Código Civil daquele país permite ao juiz diminuir ou majorar a cláusula penal, conforme lhe pareça correto.[27] Os franceses

---

25 A. Denburg, *Diritto delle Obligazioni*, Torino, Fratelli Bocca Editori, 1903, p. 191.

26 Orlando Gomes, *Obrigações*, 16ª ed., Rio de Janeiro, Forense, 2004, pp. 161/162; Carlos Roberto Gonçalves, Direito Civil Brasileiro, vol. II, São Paulo, Saraiva, 2002, p. 42; Washington de Barros Monteiro, *Curso de Direito Civil, Direito das Obrigações, 1ª parte*, 32ª ed., São Paulo, Saraiva, 2003, pp. 212/213; Inocêncio Galvão Telles, *Direito das Obrigações*, 7ª ed., Coimbra, Coimbra Editora, 1997, p. 255).

27 Eis a citada regra do Código Civil francês: "Art. 1.152. Quando o contrato define que aquele que o deixar de cumprir pagará uma certa importância a título de indenização por danos, o lesado não pode ser indenizado pela outra parte com uma quantia exorbitante nem inferior.
Não obstante, o juiz pode, mesmo de ofício, atenuar ou aumentar a multa que tinha sido contratada, se ela é manifestamente excessiva ou irrisória. Toda determinação contrária será considerada não-escrita."

entendem ainda que qualquer estipulação em contrário considera-se como não escrita; ou seja: não se pode retirar do juiz a apreciação da aplicação equânime da cláusula penal.[28]

pluralidade de devedores

Caso a prestação seja indivisível, o inadimplemento obriga a todos os co-devedores a arcar com a cláusula penal. Se se provar que apenas um dos co-devedores foi o responsável pelo inadimplemento, apenas deste se poderá cobrar a integralidade da cláusula penal, informa o artigo 414. Os demais co-devedores ficam obrigados a arcar apenas com a sua cota-parte da multa penal, sendo que, de toda forma, esses co-devedores não culpados, que pagarem a parte da cláusula penal, poderão agir regressivamente contra o culpado para receber o que pagaram. Nessa passagem, a lei mostra coerência e sistemática ao responsabilizar apenas a parte culpada.

Na situação de a obrigação ser divisível e haver mais de um devedor, a cláusula penal apenas se aplica parcialmente e, mesmo assim, no que se referir à parte do devedor inadimplente (artigo 415). Se, por exemplo, duas pessoas devem a outra R$ 10 mil, ajustando-se uma cláusula penal moratória de R$ 1 mil – uma multa devida pela falha no pagamento na data do vencimento –, e apenas uma delas ficar inadimplente (um dos co-devedores pagou R$ 5 mil, que era a sua parte), apenas haverá que se pagar a cláusula penal de R$ 500,00, devida somente pelo co-devedor faltoso. Aplica-se, aqui, a regra geral de divisão das obrigações em tantas quantas forem as partes, consoante se extrai do artigo 257.

Havendo uma obrigação solidária, a totalidade da cláusula penal pode ser cobrada de qualquer um dos devedores. Evidentemente, em atenção ao artigo 279 do Código, depois de pago valor expresso na cláusula penal pelo devedor cobrado, este poderá exigir a quantia do verdadeiro responsável pelo inadimplemento (se for ele próprio o culpado pelo descumprimento da obrigação, ele arcará com o prejuízo).

cláusulas penais nas relações de consumo

Uma discussão interessante – e de repercussão prática – é a admissão das cláusulas penais nas relações de consumo. Isso porque as cláusulas penais podem representar uma limitação ao direito do consumidor, na medida em que elas fixam, de antemão, o montante da indenização que, eventualmente, pode ser inferior ao efetivo prejuízo sofrido pelo consumidor. Embora o tema seja alvo de discussão – e haja muitos a sustentar a nulidade da cláusula penal nas relações de consumo quando desfavorável ao consumidor[29] –, a solução mais adequada parece ser aquela que recomenda a análise da licitude da cláusula penal a partir da apreciação das peculiaridades do caso concreto.

De fato, apenas examinando a situação concreta pode-se apontar se há abusividade na estipulação da cláusula penal em detrimento

---

28 Sobre o tema: António Joaquim de Matos Pinto Monteiro, *Cláusula Penal e Indenmização*, Coimbra, Almedina, 1990, p. 708.

29 Nelson Rosenwald, *Claúsula Penal*, Rio de Janeiro, Lumen Juris, 2007, p. 288.

do consumidor. Não raro, o prévio ajuste das perdas e danos, por meio da cláusula penal, reflete circunstâncias do negócio, de tal sorte que a retirada dessa cláusula, pela declaração de sua nulidade, pode, até mesmo, criar um desequilíbrio. Imagine-se o consumidor que adquiriu um lote de computadores de segunda mão, já com um preço bastante depreciado. Pois nesse negócio, o vendedor convencionou que, na hipótese de defeito nalguma das máquinas, a indenização seria de um valor pré-fixado (estipulou-se, assim, uma cláusula penal). Parece justo reconhecer a legalidade da estipulação, pois o consumidor estava ciente das particularidades da sua aquisição e até teve proveito com a compra dos bens por um preço baixo. Modificar essa cláusula poderá, como se alertou, comprometer o equilíbrio da relação, o que não se deseja.

20.3. Arras ou Sinal

As arras, como o próprio nome indica, são amarras, cuja finalidade primordial consiste em proteger e estimular o adimplemento. No Código de 1916, elas se encontravam expostas na parte referente aos contratos. O Código de 2002, por sua vez, foi mais técnico e as trouxe para a parte do inadimplemento.

A Lei de 2002 ainda fez mais: acrescentou ao termo "arras", que constava na Lei revogada, outro: "sinal". O capítulo passou a ser designado "arras ou sinal". Essa cláusula adversativa "ou" significa que se pode tratar desse tipo de estipulação indistintamente como arras ou sinal. Assim, não é uma coisa ou outra, porém um nome ou outro, indistintamente.

A inserção de "ou sinal" não foi, todavia, inteiramente feliz, porquanto existem dois tipos de arras e apenas uma delas pode, efetivamente, ser designada como sinal. Com efeito, o Código contempla as arras confirmatórias e as arras penitenciais, embora apenas a primeira atue como sinal.

Na verdade, a falta de clareza da norma reflete as duas correntes do Direito Civil que examinam o tema: a francesa, que cuida das arras na sua acepção penitencial, e a alemã, que vê nas arras uma função confirmatória (confira-se o parágrafo 338 do Código tedesco).[30]

Examinemos, inicialmente, as arras confirmatórias do negócio. Aqui, de fato, as arras servem como sinal do negócio. Nas arras confirmatórias, há a entrega de quantia ou coisa por um contratante a

---

30 "§ 338 (ARRAS) Se a prestação devida pelo que dá (as arras) se tornar impossível em consequência de uma circunstância pela qual tem ele de responder, ou se torne, aquele que dá (as arras), culpado da invalidação do contrato, estará autorizado quem (as) recebeu, a conservar as arras. Se o que receber (as arras) exigir indenização do dano por inexecução, deverão ser, na dúvida computadas as arras, ou, quando isto não possa acontecer, devolvidas por ocasião da prestação da indenização."

outro como início de pagamento, ou sinal. Trata-se de procedimento muito comum. Pactua-se a compra de um imóvel e o comprador acerta entregar, desde o início, um certo percentual do preço, para demonstrar a seriedade de suas intenções e para começar a pagar. O valor entregue, como se ressaltou, funciona como início do pagamento, isto é, como sinal, para que seja computado na prestação devida.

Busca-se, com isso, impedir o arrependimento, pois, se houver a desistência do negócio, as arras servirão como um mínimo de indenização (pois a parte que deu as perde para quem as recebeu).

As arras confirmatórias funcionam do seguinte modo: uma das partes oferece um sinal, ao se ajustar a obrigação, que será perdido caso ela desista do negócio. De outro lado, se a parte que recebeu as arras quedar inadimplente, ela deve devolvê-las, segundo a lei, "mais o equivalente", ou seja, restitui o que recebeu em arras mais outro tanto, pagando em dobro, tudo acrescido de correção monetária (artigos 417 e 418 do Código Civil).

A parte inocente, diante do inadimplemento da contraparte, pode (a) exigir um acréscimo às arras (se comprovar a insuficiência da indenização) ou (b) requerer a execução da obrigação – o cumprimento do dever primário –, acrescido das perdas e danos, servindo as arras como mínimo de indenização (a lei, no artigo 419, usa o termo "taxa" equivocadamente). Assim, a parte lesada está livre para requerer um suplemento na indenização se a mera retenção das arras não for suficiente para cobrir os danos advindos do inadimplemento.

Logo se vê que as arras têm uma característica de negócio jurídico real, na medida em que apenas passam a existir a partir do momento em que há a efetiva entrega do dinheiro ou do bem pactuado. Há, portanto, a necessidade de sua transferência física.

O sinal, ensina o artigo 417, pode ser uma quantia em dinheiro ou outro bem. Se o sinal for coisa do mesmo gênero da obrigação principal, o devedor deve apenas dar o restante, para que se totalize o objeto da prestação. Caso o bem oferecido como arras seja de outra natureza, na hipótese de adimplemento, cumpre ao credor devolvê-lo ao devedor (pois se tratava apenas de arras confirmatórias).

Caso uma pessoa deseje comprar um imóvel por certo valor em dinheiro, nada impede que ela ofereça, por exemplo, uma jóia valiosa como sinal. Efetuado o pagamento, o vendedor do imóvel devolverá o sinal.

acessoriedade

As arras se justificam em função do negócio que elas pretendem proteger. Não existe uma autonomia delas. Diante disso, elas seguem o destino do negócio do qual são acessórios. Se o negócio for nulo, as arras ficarão maculadas.

arras e cláusula penal

Há certa afinidade entre o sinal, ou arras, e a cláusula penal. Assim é porque ambas, de alguma forma, pretendem assegurar o cumprimento da obrigação e prevêem uma espécie de indenização em caso de inadimplemento. De uma forma muito superficial, pode-se dizer que a cláusula penal fixa a indenização total devida em decorrência do inadimplemento (parágrafo único do artigo 416), ao passo que as arras servem como um mínimo de indenização devida (artigo 419), que pode ser majorada, se demonstrado que o prejuízo sofrido pelo inadimplemento foi superior ao montante ajustado no sinal.

De fato, conceitualmente, a cláusula penal é a pré-avaliação dos eventuais danos sofridos pela falha do adimplemento, enquanto as arras são, essencialmente, um reforço ao adimplemento (além de princípio do pagamento).

<small>arras penitenciais</small>

Outro tipo de arras são as penitenciais, que, como se disse, são as adotadas pelo Direito francês, consoante o artigo 1.590 do Código Napoleão. Nelas, a rigor, ajusta-se uma cláusula de escape do negócio. As partes acertam uma multa a ser paga se uma delas desistir do negócio. O valor será sempre em dinheiro, conforme o artigo 420 do Código Civil.

Trata-se de uma cláusula de fuga do dever de cumprir a obrigação, um ajuste do direito de arrependimento pelas partes que celebram o negócio, pela qual acertam que ambas ou uma delas pode desistir do cumprimento da obrigação ajustada, desde que arque com a multa previamente estipulada. Neste caso, não cabe indenização suplementar.

Bem vistas as coisas, as arras penitenciais não funcionam como um reforço ao cumprimento das obrigações. Muito ao contrário, elas indicam uma brecha ao dever de cumprir a prestação, na medida em que oferecem à parte um meio de escapar do seu dever, pois, ao restituir em dobro o sinal, a parte se livra do vínculo obrigacional.

<small>multa penitencial</small>

Estipulado contratualmente o direito de arrependimento para qualquer das partes, aplica-se o artigo 420 do Código Civil. Aqui, não há, ao menos a princípio, reforço do vínculo, porém um ajuste de que a parte pode extinguir a relação obrigacional (e, logo, seu dever), pagando, entretanto, uma multa.

O conceito da multa penitencial é similar ao das arras: a parte que quiser escapar do contrato arca com a pena. Se tiver pago adiantado, perde o valor da multa em benefício da contraparte. De outro lado, se recebeu antes o montante, devolve o obtido mais o seu equivalente (a norma do artigo 420 esqueceu de fazer referência ao pronome possessivo – "seu" –, mas a interpretação não pode ser outra. É o equivalente do que foi entregue).

O final do artigo 420 é peremptório no sentido de afastar, havendo arras penitenciais, qualquer direito a uma indenização suplementar. Não pode, pois, a parte requerer um ressarcimento superior ao previsto na multa penitencial, ainda que seu prejuízo seja superior. Por esse mesmo motivo, não se concebe a cumulação de arras penitenciais e cláusula penal compensatória no mesmo negócio. Afinal, esta última cuida, precisamente, de estipular uma indenização, o que o artigo 420 proíbe se pactuadas as arras penitenciais.

21
Coda

Coda, em latim, quer dizer cauda. Na música, denomina-se coda a parte conclusiva da composição. A coda, num trabalho como este, marca seu encerramento.

Jhering, um dos maiores juristas de todos os tempos, conta, num texto delicioso,[1] que, morto e desprendido de seu corpo, subiu aos céus. Lá, reconhecido como romanista, foi encaminhado ao "céu dos conceitos jurídicos", onde toparia com os institutos de que tanto se ocupou durante a vida.

No céu dos conceitos jurídicos, estes se encontravam em estado de perfeição, sem a deformação dos legisladores e dos práticos, "sino en estado de perfecta e inmaculada pureza y belleza ideal". Contudo, o céu dos conceitos jurídicos era local escuro e sombrio, pois lá não entrava um só raio de sol. Afinal, "El sol es la fuente de la vida, pero los conceptos son incompatibles con la vida". Ademais, os teóricos, alijados da prática, estavam acostumados com a obscuridade.

Uma vez lá, Jhering encontrou os conceitos "pessoalmente": "Aquele de rosto malicioso deve ser o dolo"; "o outro, com um semblante despreocupado, só pode ser a culpa leve"; "quem é aquela que parece estar dormindo? Ah, a mora". A propriedade, diz Jhering, é exatamente como ele sempre imaginou: "fornida, tosca, de membros robustos, bem nutrida e com um rosto que exterioriza satisfação e placidez".

O jurista chega a ser apresentado à *Obligatio*: "Esta é a *Obligatio*, sempre preocupada por saber se seu direito chegará a se realizar. Os únicos que conseguem dar-lhe sossego são a fiança e o penhor, em cuja companhia ela se mostra de bom ânimo."

Jhering vai, ainda, ao cemitério dos conceitos jurídicos, onde visita institutos já mortos, e vê, de longe, alguns conceitos afastados e sós, como a enfiteuse, deprimida porque ninguém lhe dirige a palavra.

Depois de conversar com os institutos – a rigor, de provocá-los –, Jhering conclui que eles, fora da vida prática, são impotentes. O jurista acorda e volta ao mundo real.

---

1   Rudolf von Jhering, *Bromas y Veras en la Jurisprudencia*, Buenos Aires, Ediciones Jurídicas Europa-América, 1974, pp. 283 a 355. Permita-se, nessa coda, uma tradução livre do texto.

Embora fundamental o estudo dos conceitos para a compreensão do fenômeno do Direito, o mundo jurídico apenas tem sentido se aplicado à imperfeita e surpreendente vida do homem. Possivelmente em nenhum outro ramo do Direito, a vida esteja tão próxima quanto nas Obrigações. Só isso já basta para estudá-la com redobrado interesse.

A lição de Jhering, com sua bem humorada visita ao "céu dos conceitos jurídicos", não se limita ao reconhecimento da necessidade de sol e oxigênio. Há um outro importante ensinamento: o homem do Direito deve ser crítico. Miguel de Unamuno já sentenciou: "Fé sem dúvida é fé morta". Cabe a nós questionar o Direito, exatamente para torná-lo vivo.

BIBLIOGRAFIA

ABÍLIO NETO, *Código Civil Anotado*, Lisboa, Livraria Petrony, 1980.

C. ACCARIAS, *Précis de Droit Romain*, troisième édition, tome second, Paris, A. Coutillon – Éditeurs, Librairies du Conseil D'État, 1882.

José de AGUIAR DIAS, *Da Responsabilidade Civil*, 10ª edição, Rio de Janeiro, Forense, 1997.

_____. *Cláusula de Não-Indenizar*, 4ª ed., Rio de Janeiro, Forense, 1980.

Enrique AHRENS, *Historia del Derecho*, Buenos Aires, Editorial Impulso, 1945.

Roberto ALTHEIM, "A atividade interpretativa e a imputação do dever de indenizar no direito civil brasileiro contemporâneo", *in Revista dos Tribunais*, vol. 841, Rio de Janeiro, Forense, 2005.

Vilson Rodrigues ALVES, *Acidentes de Trânsito e Responsabilidade Civil*, tomo I, 1ª ed., Campinas, Bookseller, 2002.

Agostinho ALVIM, "Do enriquecimento sem causa", *in Revista dos Tribunais*, v. 259, 1957.

_____. *Da inexecução das obrigações e suas conseqüências*, 2ª ed., São Paulo, Saraiva, 1955.

_____. *Da Inexecução das Obrigações e suas Conseqüências*, Rio de Janeiro, 3.ª ed., 1965.

Alberto do AMARAL JÚNIOR, "A invalidade das cláusulas limitativas de responsabilidade nos contratos de transporte aéreo", *in Revista do Direito do Consumidor*, v. 26, São Paulo, Ed. Revista dos Tribunais, 1998.

_____. "O Código de Defesa do Consumidor e as Cláusulas de Limitação da Responsabilidade nos Contratos de Transporte Aéreo Nacional e Internacional", *in Revista dos Tribunais*, v. 759, São Paulo, Ed. Revista dos Tribunais, 1999.

André Gustavo Corrêa de ANDRADE, "Dano Moral em caso de Descumprimento de Obrigação Contratual", *in Revista da EMERJ*, nº 29, 2005.

_____, *Dano Moral e Indenização Punitiva*, Rio de Janeiro, Forense, 2006.

Manuel de ANDRADE, *Teoria Geral das Obrigações*, 3ª ed., Coimbra, Almedina, 1966.

Aloísio ARAÚJO e Eduardo LUNDBERG, "A nova Legislação de Falências", *in Direito Falimentar e a Nova Lei de Falências e Recuperação de Empresas*, São Paulo, Editora Quartier Latin do Brasil, 2005.

ARISTÓTELES, *Ética a Nicomacos*, Brasília, Ed. Universidade de Brasília, 1985.

Teresa ARRUDA ALVIM WAMBIER, "Uma reflexão sobre as 'Cláusulas Gerais' do Código Civil de 2002 – a função social do contrato", *in RT*, vol. 831, São Paulo, Editora Revista dos Tribunais, 2005.

José de Oliveira ASCENSÃO, *O Direito*, 13ª ed., Coimbra, Almedina, 2005.

Araken ASSIS, *Comentários ao Código de Processo Civil*, vol. VI, Rio de Janeiro, Forense, 1999.

_____. *Resolução do Contrato por inadimplemento*, São Paulo, Revista dos Tribunais, 2004.

Patrick ATIYAT, *The Rise and Fall of the Freedom of Contract*, Oxford, Claredon Press, 1979.

_____. *An Introduction to the Law of Contract*, fourth ediction, Oxford, Claredon, 1989.

P. S. ATIYAH, *The Sale of Goods*, 8th edition, London, Pitman Publishing, 1994.

AUBRY et RAU, *Droit Civil Français*, 7ª ed., Paris, Librairie Techniques, 1961.

Humberto ÁVILA, *Teoria dos Pincípios: da definição à aplicação dos pincípios jurídicos*, São Paulo, Malheiros, 2005.

Álvaro Villaça AZEVEDO, "Inexecução Culposa e Cláusula Penal Compensatória", *in Revista dos Tribunais*, vol. 791, São Paulo, Ed. Revista dos Tribunais, 2001.

Fortunato AZULAY, *Do inadimplemento Antecipado do Contrato*, Rio de Janeiro, ed. Brasília, 1977.

Paula Greco BANDEIRA, "Fundamentos da responsabilidade civil do terceiro cúmplice", *in RTDC*, v. 30, Rio de Janeiro, Padma, 2007.

José Carlos BARBOSA MOREIRA, "Abuso do Direito", *in RTDC*, vol. 13, Rio de Janeiro, ed. Padma, 2003.

Heloisa Helena BARBOZA, Maria Celina Bodin de MORAES, *et al*, *Código Civil Interpretado conforme a Constituição da República*, vol. I, Rio de Janeiro, Renovar, 2004.

_____ *et al, Obrigações – Estudos na Perspectiva Civil-Constitucional*, Rio de Janeiro, Renovar, 2005.

_____. *Temas de Direito Civil*, Rio de Janeiro, Renovar, 1999.

_____. *Temas de Direito Civil*, tomo II, Rio de Janeiro, Renovar, 2006.

_____. "Notas Sobre o Nexo de Causalidade", *in RTDC*, vol. 6., Rio de Janeiro, Padma, 2001.

Washington de BARROS MONTEIRO, *Curso de Direito Civil, Direito das Obrigações*, 1ª e 2ª partes, 32ª ed., São Paulo, Saraiva, 2003.

_____. *Curso de Direito Civil, Direito das Obrigações*, 29ª ed., São Paulo, Saraiva, 1997.

G. BAUDRY-LACANTINERIE e Albert WAHL, *Trattato Teorico-Pratico di Diritto Civile*, Milano, Casa Editrice Dottor Francesco Vallardi, 1914.

_____ et L. BARDE, *Traité Théorique et Pratique de Droit Civil*, troisième édition, tome premier, Paris, Librarie de la Société du Recueil, 1906.

H. G. BEALE, W. D. BISHOP & M. P. FURMSTON, *Contract: cases and materials*, fifth edition, New York, Oxford University Press, 2008.

Emilio BETTI, *Teoria General de las Obligationes*, tomo II, Madrid, Editorial Revista de Derecho Privado, 1970.

Clovis BEVILAQUA, *Direito das Obrigações*, 2ª ed., Bahia, Livraria Magalhães, 1910.

_____. *Código Civil dos Estados Unidos do Brasil*, 11ª ed., vols. III e IV, Rio de Janeiro, Livraria Francisco Alves, 1957.

Hamid Charaf BDINE JÚNIOR, *Cessão da Posição Contratual*, 2ª ed., São Paulo, Saraiva, 2008.

Massimo BIANCA, *Dirito Civile: l'obbligazione*, v. 4, Milano, Giuffrè, 1997.

Mônica Yoshizato BIERWAGEN, *Princípios e Regras de Interpretação dos Contratos no Novo Código Civil*, 2ª ed., São Paulo, Saraiva, 2003.

Gustavo BIRENBAUM, "Obrigações de Dar, fazer e de não fazer", *in Obrigações – Estudos na Perspectiva Civil-Constitucional*, Rio de Janeiro, Renovar, 2005.

_____. *Teoria da Aparência*, Porto Alegre, Sergio Antonio Fabris Editor, 2012.

Roger E. BLACKHOUSE, *História da economia mundial*, São Paulo, Estação Liberdade, 2007.

Norberto BOBBIO, *O positivismo jurídico, lições de filosofia do direito*, São Paulo, Ícone Editora, 1995.

_____. *Teoria do Ordenamento Jurídico*, 10ª ed., Brasília, Editora UNB, 1997.

_____. *Da Estrutura à Função*, Barueri, Manole, 2007.

Maria Celina BODIN DE MORAES, *Danos à Pessoa Humana*, Rio de Janeiro, Renovar, 2003.

_____. "Punitive damages em sistemas civilistas: problemas e perspectivas", *in RTDC*, v. 18, Rio de Janeiro, Ed. Padma, 2004.

Pietro BONFANTE, *Histoire du Droit Romain*, tome premier, Paris, Librarie du Recueil Sirey, 1928.

_____. *Instituzioni di Diritto Romano*, ottava edizione, Milano, Casa Editricce Dottor Francesco Villardi, 1925.

Alejandro BORDA, *La teoria de los actos próprios*, Buenos Aires, Abeledo-Perrot, 2000.

Guillermo BORDA, *Manual de Contratos*, 13ª ed., Buenos Aires, Editorial Perrot, 1987.

Eduardo Luiz BUSSATTA, *Resolução dos Contratos e Teoria do Adimplemento Substancial*, São Paulo, Saraiva, 2007

Luis CABRAL DE MONCADA, *Estudos de História do Direito*, Coimbra, Acta Universitatis Conimbrigensis, 1948.

_____. *Lições de Direito Civil*, 4ª ed., Coimbra, Almedina, 1995.

_____. *Estudos de História do Direito*, vol. I, Coimbra, Universidade de Coimbra, 1948.

Piero CALAMANDREI, *Eles, os juízes, vistos por nós os advogados*, São Paulo, Martins Fontes, 1995, p. 183.

Marcelo Junqueira CALIXTO. *A Culpa na Responsabilidade Civil*, Rio de Janeiro, Renovar, 2008.

Patrícia Perrone CAMPOS MELLO, *Precedentes – O desenvolvimento judicial do direito no constitucionalismo contemporâneo*, Rio de Janeiro, Renovar, 2008.

Claus-Wilhelm CANARIS, "O novo direito das obrigações na Alemanha", in *Revista da Emerj*, v. 7, nº 27, 2007.

Vladimir Mucury CARDOSO, *Revisão Contratual e Lesão*, Rio de Janeiro, Renovar, 2008.

Benjamin N. CARDOZO, *A Natureza do Processo Judicial*, São Paulo, Martins Fontes, 2004.

Francesco CARNELUTTI. *Il Danno e il Reato*, Padova, Casa Editrice Dott. Antonio Milani, 1926.

J. M. de CARVALHO SANTOS, *Código Civil Brasileiro Interpretado, Direito das Obrigações*, vols. XI e XIII, 2ª ed., Rio de Janeiro, Livraria Editora Freitas Bastos, 1937 e 1938.

_____. *Código Civil Brasileiro Interpretado*, vol. II, 8ª ed., Rio de Janeiro, Livraria Freitas Bastos, 1963.

Guilherme Couto e CASTRO, *A responsabilidade civil objetiva no direito brasileiro*, 2ª ed., Rio de Janeiro, Forense, 1997.

_____. *Direito Civil – Lições*, Niterói, Editora Impetus, 2007.

José Roberto de CASTRO NEVES, *Contratos I*, Rio de Janeiro, GZ Editora, 2016.

_____. *Uma introdução ao Direito Civil – Parte Geral*, 2ª ed., Forense, Rio de Janeiro, 2007.

_____. *O Código do Consumidor e as cláusulas penais*, 2ª ed., Rio de Janeiro, Forense, 2006.

_____. *Medida por Medida – O Direito em Shakespeare*, 4ª ed., Rio de Janeiro, GZ Editora, 2015.

Sergio CAVALIERI FILHO, *Programa de Direito do Consumidor*, São Paulo, Atlas, 2008.

_____. *Programa de Responsabilidade Civil*, 6ª ed., São Paulo, Malheiros, 2005.

_____. *Programa de Responsabilidade Civil*, 2ª ed., São Paulo, Malheiros, 2000.

_____. *Comentários ao Novo Código Civil*, vol. XIII, Rio de Janeiro, Forense, 2004.

_____. *Os Danos Morais no Judiciário Brasileiro*, in *Direito Civil Contemporâneo*, São Paulo, Atlas, 2008.

Ebert CHAMOUN, *Instituições de Direito Romano*, Rio de Janeiro, Forense, 1951.

Antônio CHAVES, *Responsabilidade Pré-Contratual*, 2ª ed., São Paulo, Lejus, 1997.

G. P. CHIRONI, *La Colpa nel Diritto Civile Odierno – Colpa Contrattuale*, 2ª edizione, Torino, Fratelli Bocca Editori, 1897.

Enrico CIMBALI, *La Nuova Fase del Diritto Civile*, seconda edizione, Torino, Unione Tipografica-Editrice, 1889.

_____. *CODIGO PHILIPPINO*, Rio de Janeiro, Typographia do Instituto Philomathico, 1870.

A. COELHO RODRIGUES, *Institutas do Imperador Justiniano*, tomos I e II, Recife, Typografia Mercantil, 1879.

Fábio Ulhoa COELHO, *Curso de Direito Civil*, vol. 2, 2ª ed., São Paulo, Saraiva, 2005.

_____. *Curso de Direito Civil*, vol. 3, São Paulo, Ed. Saraiva, 2005.

_____. *Manual de Direito Comercial*, 14ª ed., São Paulo, Saraiva, 2003.

Pietro COGLIOLO, *Filosofia del Diritto Privato*, Firenze, G. Barberá Editore, 1888.

Rodrigo Barreto COGO, *A Frustração do Fim do Contrato*, tese defendida para obtenção de mestrado na USP, São Paulo, 2005.

_____. *A Frustração do Fim do Contrato*, Rio de Janeiro, Renovar, 2012.

Fabio Konder COMPARATO, *Essay d'analyse dualiste de l'obligation en droit prive*, Paris, Dalloz, 1964.

Georges CORNIL, "Debitum et Obligatio – Recherches sur la formation de la notion de L´obligation romaine", in *Etudes de droit romain dédiées à P. F. Girard*, Tome Premier, Paris, Librairie Arthur Rousseau, 1912.

Mario Julio de Almeida COSTA, *Direito das Obrigações*, 9ª ed., Coimbra, Almedina, 2004.

_____. *Direito das Obrigações*, 8ª ed., Coimbra, Almedina, 2000.

_____. *Noções Fundamentais de Direito Civil*, 4ª ed., Coimbra, Almedina, 2001.

_____. "Aspectos Modernos do Direito das Obrigações", in *Estudos de Direito Civil Brasileiro e Português*, São Paulo, Editora Revista dos Tribunais, 1980.

Clóvis do COUTO E SILVA, *A Obrigação como Processo*, Rio de Janeiro, Editora FGV, 2006.

_____. "O Princípio da Boa Fé no Direito Brasileiro e Português", in *Estudos de Direito Civil Brasileiro e Português*, São Paulo, Editora Revista dos Tribunais, 1980.

Sergio Carlos COVELLO, *A Obrigação Natural*, São Paulo, Livraria e Editora Universitária de Direito, 1996.

José CRETELLA JÚNIOR, *Curso de Direito Romano*, 26ª ed., Rio de Janeiro, Forense, 2001.

Gisela Sampaio da CRUZ, "Obrigações alternativas e com faculdade alternativa. Obrigações de meio e de resultado", in *Obrigações – Estudos na Perspectiva Civil-Constitucional*, Rio de Janeiro, Renovar, 2005.

_____. *O problema do nexo causal na responsabilidade civil*, Rio de Janeiro, Renovar, 2005.

Luiz da CUNHA GONÇALVES, *Tratado de Direito Civil*, vol. XIII, Coimbra, Coimbra Editora, 1940.

Adriano de CUPIS, *Il Danno*, vol. I, 3ª ed., Milão, Giuffrè, 1979.

Francisco Clementino San Tiago DANTAS, *Programa de Direito Civil II*, Rio de Janeiro, Ed. Rio, 1978.

Aldemiro Rezende DANTAS JÚNIOR, *Comentários ao Código Civil Brasileiro*, vol. XIII, Rio de Janeiro, Forense, 2004.

José Affonso DALLEGRAVE NETO, *Responsabilidade Civil no Direito do Trabalho*, São Paulo, LTr Editora, 2005.

DEMOGUE, *Traité des Obligations*, III, Paris, Arthur Rousseau, 1925.

Arrigo DENBURG, *Diritto delle Obligazioni*, Torino, Fratelli Bocca Editori, 1903.

Marcelo DICKSTEIN, *A Boa-fé Objetiva na Modificação Tácita da Relação Jurídica: Surrectio e Supressio*, Rio de Janeiro, Ed. Lumen Juris, 2010.

Luis DÍEZ-PICAZO e Antonio GUILLÓN, *Sistema de Derecho Civil*, vol. II, 4ª ed., Madri, Tecnos, 1983.

_____. *Fundamentos del Derecho Civil Patrimonial*, tomo I, Madrid, Civitas, 6ª ed., 2007.

_____. *La doctrina de los proprios actos*, Barcelona, Bosch, 1963.

Digesto – *Les Cinquante Livrés du Digeste ou des Pandectes, tome premier, second, quatrième et sixième*, traduit en français par M. Hulot, Metz, Chez Behmer et Lamort, 1805, 1804, 1804 e 1804.

Maria Helena DINIZ, *Curso de Direito Civil Brasileiro*, 16ª ed., São Paulo, Saraiva, 2002.

_____. *Curso de Direito Civil Brasileiro*, 22ª ed., São Paulo, Saraiva, 2007.

_____. *Comentários ao Código Civil*, vol. 22, São Paulo, Saraiva, 2003.

Carlos Alberto Menezes DIREITO e Sérgio CAVALIERI FILHO, *Comentários ao Novo Código Civil*, vol. XIII, Rio de Janeiro, Forense, 2004.

_____. *Direito Positivo Aplicado*, Rio de Janeiro, Renovar, 2004.

_____. "A Responsabilidade Civil em Cirurgia Plástica", *in Revista de Direito da Renovar*, nº 7, Rio de Janeiro, Renovar, 1997.

Carlos Gustavo Vianna DIREITO, *Do Contrato*, Rio de Janeiro, Renovar, 2007.

Jean DOMAT, *Odre do Leur dos Dans dos Civiles de Lois*, Paris, 1689.

León DUGUIT, *Las Transformaciones generales del Derecho privado*, secunda edicíon, Madrid, Francisco Beltrán Librería, 1920.

Ronald DWORKIN, *Taking Rights Seriously*, Cambridge, Harvard University Press, 1978.

Ludwig ENNECCERUS, *Tratado de Derecho Civil, Derecho de Obligationes*, volumen primeiro, Barcelona, Libreria Bosch, 1933, pp. 19/20.

Luiz Edson FACHIN, "Transformações do direito civil brasileiro contemporâneo", *in Diálogos sobre Direito Civil*, Rio de Janeiro, Renovar, 2002.

_____. *Questões do Direito Civil Brasileiro Contemporâneo*, Rio de Janeiro, Renovar, 2008.

Cristiano Chaves de FARIAS e Nelson ROSENVALD, *Direito das Obrigações*, Rio de Janeiro, Editora Lumen Juris, 2007.

Frederico Kastrup de FARO, "Integração contratual e dever de cooperação: uma aproximação entre a *common law* e o direito continental", *in RTDC*, v. 28, ed. Padma, Rio de Janeiro, 2006.

J. Franklin Alves FELIPE e Geraldo Magela ALVES, *O Novo Código Civil Comentado*, 3ª ed., Rio, Forense, 2003.

Francesco FERRARA, *Tratado di Diritto Civile Italiano*, Roma, Athenaenn, 1921.

Marcelo Roberto FERRO, *O prejuízo na fraude contra credores*, Rio de Janeiro, Renovar, 1998.

Lily R. FLAH y Miriam SMAYEVSKY, *Teoria de la Imprevisión*, Buenos Aires, Ediciones Depalma, 1989.

Arnoldo Medeiros da FONSECA, *Caso Fortuito e Theoria da Imprevisão*, Rio de Janeiro, Typografia do Jornal do Commercio, 1932.

Rodrigo Garcia da FONSECA, *A função social do contrato e o alcance do artigo 421 do Código Civil*, Rio de Janeiro, Renovar, 2007.

Manuel A. Carneiro da FRADA, *Contrato e Deveres de Proteção*, Coimbra, Separata do volume XXXVIII do Boletim da Faculdade de Direito de Coimbra, 1994.

_____. *Teoria da Confiança e Responsabilidade Civil*, Coimbra, Almedina, 2004.

_____. *Contrato e Deveres de Proteção*, Coimbra, Gráfica da Coimbra Ltda.

Vera Maria Jacob de FRADERA, "Pode o credor ser instado a diminuir o próprio prejuízo?", *in Revista Trimestral de Direito Civil*, v. 19, Rio de Janeiro, ed. Padma, 2004.

Tito FULGÊNCIO, *Direito Real de Hipoteca*, vol. I, 2ª ed., Rio de Janeiro, Forense, 1960.

Pablo Stolze GAGLIANO e Rodolfo PAMPLONA FILHO, *Novo Curso de Direito Civil, Obrigações*, 7ª ed., São Paulo, Saraiva, 2006.

Flávio GALDINO, *Introdução à Teoria dos Custos dos Direitos – Direitos não nascem em árvores*, Rio de Janeiro, Lumen Juris, 2005.

Valéria Silva GALDINO, *Cláusulas Abusivas*, São Paulo, Saraiva, 2001.

Marcelo de Campos GALUPPO, "O Direito Civil no contexto da superação do positivismo jurídico: a questão do sistema", *in RTDC*, vol. 13, Rio de Janeiro, ed. Padma, 2003.

Inocêncio GALVÃO TELLES, *Direito das Obrigações*, 7ª ed., Coimbra, Coimbra Editora, 1997.

Guilherme Calmon Nogueira da GAMA, *Direito Civil – Obrigações*, São Paulo, Atlas, 2008.

Eugène GAUDEMET, *Théorie Générale des Obligations*, Paris, Dalloz, 2004.

Francisco GENY, *Método de Interpretación y Fuentes en Derecho Privado Positivo*, Madrid, Hijos de Réus Editores, 1902.

Jacques GHESTIN, *Lês Effets du Contrat*, Paris, L.G.D.J., 1980.

Eduardo GIANNETTI, *O valor do amanhã – Ensaio sobre a natureza dos juros*, São Paulo, Companhia das Letras, 2005.

John GILISSEN, *Introdução Histórica ao Direito*, Lisboa, Fundação Calouste Gulbekian, 1986.

Paul Frédéric GIRARD, *Manuel Élémentaire de Droit Romain*, septiéme édition, Paris, Librairie Arthur Rousseau, 1924.

Orlando GOMES, *Obrigações*, 16ª ed., Rio de Janeiro, Forense, 2004.

_____. *Transformações Gerais do Direito das Obrigações*, São Paulo, Ed. Revista dos Tribunais, 1967.

_____. *Transformações Gerais do Direito das Obrigações*, 2ª ed., São Paulo, Ed. Revista dos Tribunais, 1980.

_____. *Contratos*, 18ª ed., Forense, Rio de Janeiro, 1998.

Carlos Roberto GONÇALVES, *Direito Civil Brasileiro*, v. II, São Paulo, Saraiva, 2004.

Glenda Gonçalves GONDIM, "Responsabilidade Civil: a teoria da perda de uma chance", *in Revista dos Tribunais*, vol. 840, Rio de Janeiro, Forense, 2005,

J. W. HEDEMANN, *Derecho de Obligationes*, vol. III, Madrid, Editorial Revista de Derecho Privado, 1958.

INSTITUTAS – *Les Institutes de L'Empereur Justinien*, Metz, Chez Behmer et Lamort, 1806.

Rudolf von JHERING, *A Evolução do Direito*, 2ª ed., Salvador, Livraria Progresso Editora, 1956.

_____. *A Luta pelo Direito*, 12ª ed., Rio de Janeiro, Forense, 1922.

_____. "Do lucro nos contratos e a supposta necessidade do valor patrimonial das prestações obrigatórias", *in Questões de Direito Civil*, Rio de Janeiro, Laemmert Editores, 1899.

_____. *Bromas y Veras en la Jurisprudencia*, Buenos Aires, Ediciones Jurídicas Europa-América, 1974.

Louis JOSSERAND, *Cours de Droit Civil Positif Français*, 3ª ed., Paris, Sirey, 1938.

_____. "Evolução da Responsabilidade Civil", *in Revista Forense*, vol. 86, 1941.

Antonio JUNQUEIRA DE AZEVEDO, *Negócio Jurídico: existência, validade e eficácia*, 3ª ed., São Paulo, Saraiva, 2000.

_____. "Princípios do novo direito contratual e desregulamentação do mercado – Direito de exclusividade nas relações contratuais de fornecimento – Função social do contrato e responsabilidade aquiliana do terceiro que contribui para o inadimplemento contratual", *in Revista dos Tribunais*, vol. 750, São Paulo, Editora Revista dos Tribunais, 1998.

_____. "Insuficiências, deficiências e desatualizações do projeto de Código Civil na questão de boa-fé objetiva nos contratos", *in RTDC*, vol. 1, Rio de Janeiro, Ed. Padma, 2000.

_____. *Estudos e Pareceres de Direito Privado*, São Paulo, Saraiva, 2004.

Hans KELSEN, *Teoria Pura do Direito*, 6ª ed., Coimbra, Armênio Amado – Editora, 1984.

Miguel KFOURI NETO, "Graus da culpa e redução eqüitativa da indenização", *in Revista dos Tribunais*, vol. 839, São Paulo, Editora Revista dos Tribunais, 2005.

Carlos Nelson KONDER e Pablo RENTERÍA, "A funcionalização das relações obrigacionais: interesse do credor e patrimonialidade da prestação", *in Diálogos sobre Direito Civil*, vol. II, Rio de Janeiro, Renovar, 2008.

_____. "A Proteção pela Aparência como Princípio", *in Princípios do Direito Civil Contemporâneo*, Rio de Janeiro, Renovar, 2006.

Thomas S. KUHN, *A estrutura das revoluções científicas*, 9ª ed., São Paulo, Editora Perspectiva, 2007.

Francisco de Paula LACERDA DE ALMEIDA, *Dos effeitos das obrigações*, Rio de Janeiro, Livraria Freitas Bastos, 1934.

_____. *Obrigações*, 2ª ed., Rio de Janeiro, Typographia Revista dos Tribunaes, 1916.

Henri LALOU, *Traité Pratique de la Responsabilité Civil*, 4ª édition, Paris, Librairie Dalloz, 1949.

Karl LARENTZ, *Derecho de Obligationes*, tomo II, Madrid, Editorial Revista de Derecho Privado, 1957.

Luís Manuel Teles de Menezes LEITÃO, *Direito das Obrigações*, 5ª ed., vols. I e II, Coimbra, Almedina, 2006 e 2005.

_____. *O Ensino do Direito das Obrigações*, Coimbra, Almedina, 2001.

Paulo Luiz Netto LÔBO, "Condições Gerais dos Contratos e o Novo Código Civil Brasileiro", *in RTDC*, vol. 27, Rio de Janeiro, ed. Padma, 2006.

Vandick LONDRES DA NÓBREGA, *História e Sistema do Direito Privado Romano*, Rio de Janeiro, Livraria Freitas Bastos, 1955.

Miguel Maria de Serpa LOPES, *Curso de Direito Civil*, vol. V, 4ª ed., Rio de Janeiro, Livraria Freitas Bastos, 1995.

Renan LOTUFO, *Código Civil Comentado*, vol. 2, São Paulo, Saraiva, 2003.

Renan LOTUFO e Giovani Ettore NANNI (Coordenadores), *Obrigações*, São Paulo, Atlas, 2011.

Newton de LUCCA, *Comentários ao Novo Código Civil*, vol. XII, Rio de Janeiro, Forense, 2003.

F. MACKELDEY, *Elementos de Derecho Romano*, Madrid, A. Ramírez, 1921.

Alexandre David MALFATTI, *Direito-Informação no Código de Defesa do Consumidor*, São Paulo, Alfabeto Jurídico, 2003.

Elias MARQUES DE MEDEIROS NETO et al, *Curso de Direito Processual Civil*, Vol. II, São Paulo, Verbatim, 2016.

Thomas MARKY, *Curso Elementar de Direito Romano*, 8ª ed., Saraiva, São Paulo, 1995.

Pedro Romano MARTINEZ e Pedro Fuzeta da PONTE, *Garantias de Cumprimento*, 2ª ed., Coimbra, Almedina, 1997.

Guilherme Magalhães MARTINS, "A *supressio* e suas implicações", *in RTDC*, vol. 32, Rio de Janeiro, Ed. Padma, 2007.

Raphael Manhães MARTINS, "Direito das Obrigações: Boa-fé, Deveres Laterais e Violação Positiva do Contrato", *in Revista da EMERJ*, nº 44, 2008.

_____. "Inadimplemento antecipado: perpectiva para a sua aplicação no Direito Brasileiro", *in Revista Forense*, vol. 391, Rio de Janeiro, Forense, 2007.

Judith MARTINS-COSTA, *Comentários ao Código Civil*, vol. V, Rio de Janeiro, Forense, 2003.

_____. "As cláusulas gerais como fatores de mobilidade do sistema jurídico", *RIF* nº 112, Brasília, 1991.

_____. A Boa-fé no Direito Privado, São Paulo, Editora Revista dos Tribunais, 1999.

José Carlos de MATOS PEIXOTO, Curso de Direito Romano, 4ª ed., Rio de Janeiro, Haddad – Editor, 1960.

Manuel de Oliveira MATOS, Reflexões Jurídicas, Coibra, Almedina, 1971.

Leonardo MATTIETTO, "Os juros legais e o art. 406 do Código Civil", in RTDC, v. 15, Rio de Janeiro, Padma, 2003.

_____. "O papel da vontade nas situações jurídicas patrimoniais: o negócio jurídico e o novo Código Civil", in Diálogos sobre Direito Civil, Rio de Janeiro, Renovar, 2002.

Charles MAYNZ, Cours de Droit Romain, tome deuxième, quatrième édition, Bruxelas, Bruylant-Christophe & Cie. Libraires-Éditeurs, 1877.

Denis MAZEAUD, La Notion de Clause Pénale, Paris, Librairie Générale de Droit et Jurisprudence, 1992.

Heloísa Carpena Vieira de MELLO, "A boa-fé como parâmetro da abusividade no direito contratual", in Problemas de Direito Civil-Constitucional, Rio de Janeiro, Renovar, 2000.

Antonio Manuel da Rocha e MENEZES CORDEIRO, Da boa-fé no Direito Civil, Coimbra, Livraria Almedina, 1997.

_____. Da Modernização do Direito Civil, Coimbra, Livraria Almedina, 2004.

_____. Da pós-eficácia das obrigações, Estudos de Direito Civil, vol. I, Coimbra, Almedina, 1991.

Francesco MESSINEO, Manual de Derecho Civil y Comercial, 8ª ed., Buenos Aires, Ediciones Juridicas Europa-America, 1979.

Luis Cabral de MONCADA, Lições de Direito Civil, 4ª ed., Coimbra, Almedina, 1995.

_____. Estudos de História do Direito, vol. I, Coimbra, Universidade de Coimbra, 1948.

António Joaquim de Matos Pinto MONTEIRO, Cláusulas Limitativas e de Exclusão de Responsabilidade Civil, Coimbra, Almedina, 1985.

_____. Cláusula Penal e Indenmização, Coimbra, Almedina, 1990.

José Carlos MOREIRA ALVES, Direito Romano, vol. II, 6ª ed., Forense, Rio de Janeiro, 1997.

Mauricio Jorge MOTA, "A pós-eficácia das obrigações", in Problemas de Direito Civil-Constitucional, Rio de Janeiro, Renovar, 2000.

_____. "A teoria da aparência jurídica", in O Direito e o Tempo: Embates Jurídicos e Utopias Contemporâneas, Rio de Janeiro, Renovar, 2008.

Caitlin MULHOLLAND, "O Princípio da Relatividade dos Efeitos Contratuais", in Princípios do Direito Civil Contemporâneo, Rio de Janeiro, Renovar, 2006.

Paulo NADER, Curso de Direito Civil, vol. 2, Obrigações, 3ª ed., Rio de Janeiro, Forense, 2008.

_____. Curso de Direito Civil, vol. I, 5ª ed., Rio de Janeiro, Forense, 2008.

Giovanni Ettore NANNI, Enriquecimento sem causa, São Paulo, Saraiva, 2004.

Teresa NEGREIROS, Fundamentos para uma interpretação constitucional do princípio da boa-fé, Rio de Janeiro, Renovar, 1998.

_____. "O Princípio da boa-fé contratual", in Princípios do Direito Civil Contemporâneo, Rio de Janeiro, Renovar, 2006.

_____. Teoria do Contrato, Rio de Janeiro, Renovar, 2002.

Nelson NERY JUNIOR, O novo Código Civil, São Paulo, Ed. Revista dos Tribunais, 2002.

Orosimbo NONATO, Curso das Obrigações, vol. II, Rio de Janeiro, Forense, 1959.

Fernando NORONHA, Direito das Obrigações, vol. 1, São Paulo, Saraiva, 2003.

_____. "O nexo de causalidade na responsabilidade civil", in RTDC, v. 14, Rio de Janeiro, Padma, 2003.

Paul OERTMANN, Introducción al Derecho Civil, 8ª ed., Barcelona, Editorial Labor, 1993.

Manuel de OLIVEIRA MATOS, Reflexões Jurídicas, Coimbra, Almedina, 1971.

Marcos Cavalcante de OLIVEIRA, Moeda, Juros e Instituições Financeiras, Rio de Janeiro, Forense, 2006.

Henri de PAGE, Traité Élémentaire de Droit Civil Belge, tome septième, 10ª ed., Bruxelas, Émile Brylant, 1957.

Pedro PAES, Enriquecimento sem causa, Rio de Janeiro, Ed. Resenha Universitária, 1977.

Carlos Eduardo da Rosa Fonseca PASSOS, "A Indústria da Multa e a Necessidade de Uniformização", in Revista da EMERJ, vol. 11, nº 43, 2008.

Caio Mário da Silva PEREIRA, Instituições de Direito Civil, vol. II, 20ª ed., Rio de Janeiro, Forense, 2005.

_____. Instituições de Direito Civil, v. III, 11ª ed., Rio de Janeiro, Forense, 2003.

_____. Responsabilidade Civil, 6ª edição, Rio de Janeiro, Forense, 1995.

_____. Lesão nos Contratos, 6ª ed., Rio de Janeiro, Forense, 2001.

_____. Responsabilidade Civil, 8ª edição, Rio de Janeiro, Forense, 1997.

_____. Direito Civil: Alguns Aspectos da sua Evolução, Rio de Janeiro, Forense, 2001.

Lafayette Rodrigues PEREIRA, Direito das Cousas, 3ª ed., Rio de Janeiro, Livraria Editora Freitas Bastos, 1940.

Regis Fichner PEREIRA, A responsabilidade civil pré-contratual, Rio de Janeiro, Renovar, 2001.

Pietro PERLINGIERI, Perfis do Direito Civil, 3ª ed., Rio de Janeiro, Renovar, 1997.

_____. Profili instituzionali del diritto civile, terza edizione, Edizioni Schientifiche Italiane, 1994.

Eugène PETIT, Traité Élementaire de Droit Romain, neuvième édition, Paris, Librairie Arthur Rousseau, 1925.

Rosalice Fidalgo PINHEIRO e Frederico Eduardo Zenedin GLITZ, "A tutela externa do crédito e a função social do contrato: possibilidades do caso 'Zeca Pagodinho'", in Diálogos sobre o Direito Civil, vol. II, Rio de Janeiro, Renovar, 2008.

Marcel PLANIOL, Traité Élémentaire de Droit Civil, Tome Deuxième, Sixième Édition, Paris, Librairie Générale de Droit & de Jurisprudence, 1912.

_____ e Georges RIPERT, Tratado Pratico de Derecho Civil Frances, tomo sexto, Las Obligationes, Habana, Cultural S.A., 1946.

PONTES DE MIRANDA, Tratado de Direito Privado, tomos XXII, XXIII e XXVI, 2ª ed., Rio de Janeiro, Borsoi, 1958, 1958 e 1959.

_____. Comentários ao Código de Processo Civil, tomo IX, 2ª ed., Rio de Janeiro, Forense, 2001.

Robert Joseph POTHIER, Tratado das Obrigações, Campinas, Servanda, 2002.

_____. Tratado das Obrigações Pessoaes e Recíprocas, tomos I e II, Rio de Janeiro, Garnier, 1906.

Ana PRATA, Cláusulas de Exclusão e Limitação da Responsabilidade Contratual, Coimbra, Livraria Almedina, 1985.

José PUIG BRUTAU, Fundamentos de Derecho Civil, tomo II, volumen I, terceira edición, Barcelona, Bosch, 1954.

Gustav RADBRUCH, Filosofia do Direito, 6ª ed., Coimbra, Armênio Amado – Editor, 1979.

Filippo RANIERI, Rinuncia tácita e Verwirkung, Padova, CEDAM, 1971.

Joseph RATZINGER, Papa Bento XVI, Jesus of Nazareth, New York, Doubleday, 2007, p. XIX.

Clayton REIS, "Responsabilidade Civil pelo Fato ou Guarda de Animais Ferozes", in *Revista da EMERJ*, nº 29, 2005.

Pablo RENTERÍA, "Considerações acerca do atual debate sobre o princípio da função social do contrato", in *Princípios do Direito Civil Contemporâneo*, Rio de Janeiro, Renovar, 2006.

Georges RIPERT, *A regra moral nas obrigações civis*, 2ªed., Campinas, Bookseller, 2000.

Arnaldo RIZZARDO, *Direito das Obrigações*, 2ª ed., Rio de Janeiro, Forense, 2004.

_____. *A Reparação nos Acidentes de Trânsito*, 9ª edição, São Paulo, Ed. Revista dos Tribunais, 2001.

Silvio RODRIGUES, *Direito Civil*, vol. II, 30ª ed., São Paulo, Saraiva, 2002.

_____. *Direito Civil*, vol. IV, 17ª edição, São Paulo, Saraiva, 1999.

Sylvio ROMERO, *Ensaio de Philosophia do Direito*, 2ª ed., Rio de Janeiro, Livraria Francisco Alves, 1908.

Grácia Cristina Moreira do ROSÁRIO, "A perda de chance de cura na responsabilidade médica", in *Revista da EMERJ*, vol. 11, nº 43, 2008.

Enzo ROPPO, *O Contrato*, Coimbra, Livraria Almedina, 1988.

Ruy ROSADO DE AGUIAR JÚNIOR, *Extinção dos Contratos por Incumprimento do Devedor*, 2ª ed., Rio de Janeiro, Aide, 2004.

_____. "A boa-fé na relação de consumo", in *Revista de Direito do Consumidor*, vol. 14, São Paulo, 1996.

Garcia Cristina Moreira do ROSÁRIO, "A perda de chance de cura na responsabilidade médica", in *Revista da EMERJ*, vol. 11, nº 43, 2008.

Roberto ROSAS, *Direito Sumular*, 11ª ed., São Paulo, Malheiros, 2002.

Nelson ROSENVALD, *Cláusula Penal*, Rio de Janeiro, Editora Lumen Juris, 2007.

Roberto de RUGGIERO, *Instituições de Direito Civil*, vol. III, Direito das Obrigações, Campinas, Bookseller, 1999.

_____. *Instituições de Direito Civil*, vol. III, São Paulo, Livraria Acadêmica Saraiva, 1942.

Paulo de Tarso Vieira SANSEVERINO, *Princípio da Reparação Integral*, São Paulo, Saraiva, 2010.

J. M. Carvalho SANTOS, *Código Civil Brasileiro Interpretado*, vol. XII, 8ª ed., Rio de Janeiro, Livraria Freitas Bastos, 1963.

Daniel SARMENTO, *A Ponderação de Interesses na Constituição Federal*, Rio de Janeiro, Lumen Juris, 2000.

M. F. C. SAVIGNY, *Traité de Droit Romain*, tome cinquième, Paris, Librarie Firmin Didot Frères, 1858.

Luiz Antonio SCAVONE JÚNIOR, *Juros no Direito Brasileiro*, 2ª ed., São Paulo, Editora Revista dos Tribunais, 2007.

Anderson SCHREIBER, *A proibição de Comportamento Contraditório*, Rio de Janeiro, Renovar, 2005.

_____. *Novos paradigmas da responsabilidade civil – da erosão dos filtros da reparação à diluição dos danos*, São Paulo, Ed. Atlas, 2007.

Clive SCHMITTHOFF, *Schmitthoff's Export Trade*, 9th edition, London, Stevens & Sons, 1990.

André Silva SEABRA, *As Consequências da Alteração das Circunstâncias*, in Estudos de Direito do Consumidor, nº 8, Coimbra, 2007.

Miguel Maria de SERPA LOPES, *Exceções Substanciais: Exceção do contrato não cumprido*, Rio de Janeiro, Livraria Freitas Bastos, 1959.

_____. *Curso de Direito Civil, Obrigações em Geral*, vol. II, 6ª ed., Rio de Janeiro, Livraria Freitas Bastos, 1995.

Roberto de Abreu e SILVA, "Pressupostos da Responsabilidade Civil", in *Revista Forense*, vol. 377, Rio de Janeiro, Forense, 2005.

Jorge Cesa Ferreira da SILVA, *A Boa-fé e a Violação Positiva do Contrato*, Rio de Janeiro, Renovar, 2002.

_____. *Adimplemento e Extinção das Obrigações*, São Paulo, Ed. Revista dos Tribunais, 2007.

_____. *Inadimplemento das Obrigações*, São Paulo, Ed. Revista dos Tribunais, 2007.

Clive SCHMITTHOFF, Schmitthoff's Export Trade, 9th edition, London, Stevens & Sons, 1990.

Rui STOCCO, *Responsabilidade Civil e sua Interpretação Jurisprudencial*, 3ª edição, São Paulo, Ed. Revista dos Tribunais, 1997.

TAVARES PAES, *Obrigações e Contratos Mercantis*, Rio de Janeiro, Edição Revista Forense, 1999.

Augusto TEIXEIRA DE FREITAS, *Consolidação das Leis Civis*, terceira edição, Rio de Janeiro, H. Garnier Livreiro-Editor, 1896.

Gustavo TEPEDINO e Anderson SCHREIBER, *Código Civil Comentado*, vol. IV, São Paulo, Ed. Atlas, 2008.

Pierre TERCIER, *Le droit des obligations*, 3e edition, Geneve, Schulthess, 2004.

Humberto THEODORO JUNIOR, *Curso de Direito Processual Civil*, vol. II, 19ª ed., Rio de Janeiro, Forense, 1977.

Humberto THEODORO NETO, *Efeitos Externos do Contrato*, Rio de Janeiro, Forense, 2007.

Antonio Carlos Esteves TORRES, "Direito do Consumidor – Visão Empresarial", in *Revista da EMERJ*, vol. 11, nº 43, 2008.

Marcelo TRINDADE, "Enriquecimento sem causa e repetição de indébito: observações à luz do Código Civil de 2002", in *RTDC*, vol. 18, Rio de Janeiro, Padma, 2004.

Alessandra Cristina TUFVESSON PEIXOTO, Responsabilidade Extracontratual – Algumas considerações sobre a participação da vítima na quantificação da indenização, in *Revista da EMERJ*, nº 44, 2008.

Fábio ULHOA COELHO, *Manual de Direito Comercial*, 14ª ed., São Paulo, Saraiva, 2003.

João de Matos Antunes VARELA, *Das obrigações em Geral*, 8ª ed. Coimbra, Almedina, 1970.

_____. *Das Obrigações em Geral*, vol. I, 10ª ed., Coimbra, Almedina, 2003.

_____. *Das Obrigações em Geral*, vol. II, 7ª ed., Coimbra, Almedina, 2003.

Sílvio de Salvo VENOSA, *Direito Civil*, vol. 2, 3ª ed., São Paulo, Editora Atlas, 2003.

Marco Aurélio VIANA, *Comentários ao Novo Código Civil*, vol. XVI, Rio de Janeiro, Forense, 2003.

Flávia VIVEIROS DE CASTRO, *Danos à pessoa nas relações de Consumo*, Rio de Janeiro, Lumen Juris, 2006.

Theodor VIEHWEG, *Tópica e jurisprudência*, Brasília, Departamento de Imprensa Nacional, 1979.

A. VON TUHR, *Tratado de las Obligaciones*, tomo I, Madrid, Editorial Réus, 1934.

Frans de WAAL, *Eu, primata*, São Paulo, Companhia das Letras, 2007.

Arnoldo WALD, *Direito das Obrigações*, 15ª ed., São Paulo, Malheiros, 2001.

_____. *Obrigações e Contratos*, 16ª ed., São Paulo, Saraiva, 2004.

_____. "A tríplice transformação do adimplemento. Adimplemento substancial, inadimplemento antecipado e outras figuras", in *RTDC*, vol. 32, Rio de Janeiro, ed. Padma, 2007.

Alex WEILL, *Les Obligations*, Paris, Dalloz, 1971.

José Guilherme Vasi WERNER, *A formação, o controle e a extinção dos contratos de consumo*, Rio de Janeiro, Renovar, 2007.

P. Van WETTER, *Cours Élémentaire de Droit Romain*, seconde édition, tome second, Gand, Ad. Hoste Libraire-Éditeur, 1876.

Franz WIEAKER, *História do Direito Privado Moderno*, 2ª ed., Lisboa, Fundação Calouste Gulbekian, 1980.

_____. *El principio general de la buena fé*, Madrid, Civitas, 1986.

John WILSON, *Carriage of Goods by Sea*, 2nd edition, London, Pitman Publishing, 1993.

Richard ZIMMERMANN, *El Nuevo Derecho Alemán de Obligationes*, Barcelona, Bosch, 2008.

ÍNDICE ONOMÁSTICO

A

A. Coelho Rodrigues – 8, 242, 278, 288
A. Denburg – 384
Agostinho Alvim – 291, 299, 301, 331, 332, 360
Albert Einstein – 75
Alberto do Amaral Júnior – 370
Alexandre David Malfatti – 321
Alexander Pope – 242
Aloys Brinz – 46
Álvaro Villaça Azevedo – 382
Américo Luís Martins da Silva – 355, 382
Ana Prata – 278, 367, 374
Anderson Schreiber – 34, 140, 165, 242
André Gustavo Corrêa de Andrade – 352, 355
Anelise Becker – 312
Anthony Kennedy – 59
Antônio Chaves – 321
Antônio Joaquim de Matos Pinto Monteiro – 385
Antônio Junqueira de Azevedo – 2, 23, 70, 355, 372
Antonio Manuel da Rocha – 40, 204, 277
Antônio Pinto Monteiro – 368
Araken de Assis – 355
Aristóteles – 67, 68,
Arnaldo Rizzardo – 141, 232, 288
Arnoldo Medeiros da Fonseca – 198, 302
Arthur C. Clarke – 60
Arthur Oscar de Oliveira Deda – 355
Athos Gusmão de Carneiro – 316, 317
Aubry et Rau – 31

B

Balzac – 2
Barros Monteiro – 38, 114, 297, 305, 351, 372, 384
Bigot-Préameneau – 29

C

Caio Mário da Silva Pereira – 66, 68, 155, 184, 216, 299, 304, 344, 351, 355, 359, 369, 370
Carlos Alberto Bittar – 355
Carlos Alberto Menezes Direito – 25, 117, 351, 373
Carlos Edison do Rego Monteiro Filho – 355
Carlos Gustavo Vianna Direito – 196
Carlos Nelson Konder – 20
Carlos Roberto Gonçalves – 31, 384
Carnelutti – 337
Castro Filho – 366
Castro Meira – 194
César Asfor Rocha – 200
Charles Chaplin –75
Charles Maynz – 220
Cheshire, Fifoot and Furmston – 197
Cícero – 198, 245
Clayton Reis – 289, 355
Clóvis Beviláqua – 8, 13, 20, 42, 155, 215, 232, 380
Clóvis do Couto e Silva – 33, 165, 186, 312

D

Daniel Sarmento – 60
Darwin – 19
Demogue – 31
Denise Arruda – 365
Dias Trindade – 373
Dickens – 292
Domat – 31, 299
Dostoievski – 282

E

Ebert Chamoun – 14, 74, 151, 232
Eduardo Luiz Bussatta – 186
Eduardo Ribeiro – 117, 351
Einstein – 19
Eliana Calmon – 80, 252
Enzo Roppo – 377, 385

F

Fabio Konder Comparato – 55
Fábio Ulhoa Coelho – 37, 356
Fernando Noronha – 32
Fouilleé – 61
Francisco Clementino San Tiago Dantas – 14
Francisco Geny – 16

Frans de Waal – 64
Frederico Eduardo Zenedin Glitz – 24

G

G. Baudry-Lacantinerie – 30, 42
G. P. Chironi – 291, 307
Gaio – 28, 87
Galvão Teles – 286
Georges Ripert – 61, 66, 349
Geraldo Magela Alves – 332
Giovanni Ettore Nanni – 45
Gisela Sampaio da Cruz – 115, 307
Glenda Gonçalves Gondim – 346
Greene – 30
Guilherme Couto de Castro – 370
Guilherme Magalhães Martins – 35
Gustavo Tepedino – 140, 171, 242, 308, 314

H

Hans Kelsen – 55
Hermann Staub – 313
Henri de Page – 267
Humberto Theodoro Neto – 23

I

Inocêncio Galvão Telles – 369, 374, 384

J

J. Franklin Alves Felipe – 332
J. M. de Carvalho Santos – 144, 232
J. X. Carvalho de Mendonça – 39
Jacques Ghestin – 201
João Pedro – 371
Jorge Cesa Ferreira da Silva – 188, 189, 382
José Carlos Barbosa Moreira – 69
José Carlos Moreira Alves – 15, 251, 355
José de Aguiar Dias – 124, 369, 374
José de Oliveira Ascensão – 6, 55
Joseph Ratzinger – 59
Josserand – 115, 291, 292, 293
Judith Martins-Costa – 58, 165, 186, 214, 383
Julio da Rocha Almeida – 148
Justiniano – 8, 15, 26, 28, 242, 278, 288

K

Karl Popper – 6

L

L. Barde – 30, 42

Lacerda de Almeida – 18, 214
Lafayette Rodrigues Pereira – 267
Larenz – 47
León Duguit – 3
Leonardo Mattietto – 361
Ludwig Ennecerus – 125
Luis Cabral de Moncada – 1
Luís Díez-Picazo – 24
Luiz Manuel Teles de Menezes Leitão – 161, 286
Luiz Roldão de Freitas Gomes – 355

M

Maleville – 29
Manuel A. Carneiro da Frada – 38, 126, 127
Manuel de Andrade – 299, 300
Manuel de Oliveira Matos – 383
Marcelo de Campos Galuppo – 55
Marcelo Roberto Ferro – 255
Marcelo Trindade – 75
Maria Celina Bodin de Moraes – 339, 349, 352, 355
Maria Helena Diniz – 355
Maria Isabel de Azevedo Souza – 37, 347
Mário Júlio de Almeida Costa – 113, 323, 332
Maurício Jorge Mota – 40
Menezes Cordeiro – 33, 37, 41, 203, 204, 277
Miguel de Unamuno – 392
Miguel Maria de Serpa Lopes – 48, 129, 155, 209
Milton Fernandes de Souza – 106
Mozart – 248

N

Nancy Andrighi – 38, 161, 191,
Napoleão – 2
Nestor Duarte – 223
Nicômaco – 67
Norberto Bobbio – 58

O

Orlando Gomes – 31, 32, 62, 156, 213, 303, 313, 340, 355, 384
Otto von Gierke – 47

P

P. S. Atiyah – 207
Pablo Rentería – 20, 398
Papa Bento XVI – 59
Paul Frédéric Girard – 288
Paulo – 27, 184
Paulo da Costa Leite – 355
Paulo Nader – 87, 241

Paulo Roberto A. Freitas –371
Pierre Tercier – 38, 39, 324
Pietro Bonfante – 243
Pietro Cogliolo – 5, 15, 67
Pietro Perlingieri – 20, 62
Planiol – 31, 62, 348, 349
Pontes de Miranda – 51, 97, 286, 289, 331, 355
Portalis – 29

R

Radbruch – 57
Regis Fichner Pereira – 280
Renan Miguel Saad – 355
Ricardo Martins Costa – 314
Ripert – 61, 66, 293, 341, 348, 349
Robert Joseph Pothier – 29, 260
Roberto de Ruggiero – 168
Roberto Rosas – 371
Rodrigo Barreto Cogo – 204
Ronald Dworkin – 58
Rosalice Fidalgo Pinheiro – 24
Rudolf von Jhering – 1, 29, 51, 391
Rui Barbosa – 40
Rui Stocco – 302
Ruy Rosado de Aguiar – 25, 36, 187, 200, 252, 313, 316, 317

S

Saint Exupéry – 35
Saleilles – 292
Sálvio de Figueiredo Teixeira – 191, 201, 252, 342, 352, 372
San Tiago Dantas – 14, 47
São Lucas – 69
Savigny – 15, 17
Sergio Carlos Covello – 236

Sergio Cavalieri Filho – 70, 188, 285, 293, 294, 312, 349, 350, 353, 369, 370, 380
Sergio Severo – 355
Serpa Lopes – 31, 47, 129, 155, 209, 302
Shakespeare – 179, 185, 242, 268
Sigmund Freud – 17
Silvio Rodrigues – 31, 216, 232, 355
Stanley Kubrick – 60

T

Teori Albino Zavascki – 364, 365
Teresa Ancona Lopez – 355
Teresa Negreiros – 33
Theodor Viehweg – 56
Thibaut – 17
Thomas Kuhn – 18
Thomas Marky – 278
Tito Fulgêncio – 263, 267
Tronchet – 29

U

Ulpiano – 26, 28, 286, 301

V

Valéria Silva Galdino – 370
Vandick Londres da Nóbrega – 242
Vera Maria Jacob de Fradera – 357
Vilson Rodrigues Alves – 288

W

Windscheid – 18
Washington de Barros Monteiro – 38, 384
Wilson Melo da Silva – 355

Índice Alfabético-Remissivo

A

Abuso – 3, 31, 52, 68, 69, 106, 174, 188, 189, 252, 263, 312, 358, 359, 384
Abuso de direito – 31, 68, 69
Ação de execução – 256, 272,
Ação pauliana – 140, 211, 255, 256
Ação revocatória – 255
Acceptilatio – 242
Accipiens – 21
Acessórios – 32, 33, 86, 87, 97, 124, 126, 153, 154, 163, 164, 224, 233, 241, 387
Acrescidos – 88, 90, 187, 211, 333, 362, 364
Actio noxalis – 288
Adimplemento – 19, 20, 23, 24, 35, 38, 39, 48-50, 52, 54, 72-74, 81, 82, 86, 88, 99, 102-104, 106, 107, 109, 110, 112, 113, 115, 117, 121, 122, 124-127, 132, 135, 142, 148, 164-172, 184-189, 205, 208-210, 212-214, 258, 259, 263, 278, 280, 311, 324, 326
Adimplemento como ônus – 326
Adimplemento substancial – 165, 186-188, 311-313
Alienação fiduciária em garantia – 263, 270, 271
Alta probabilidade de inadimplemento – 317
Ambulat cum domino – 77
Ambulatórias – 77
Análise do conteúdo – 67
Animus novandi – 232, 233
Animus solvendi – 167, 168
Anticrese – 263, 269
Arras confirmatórias – 388, 389, 395
Arras ou sinal – 281, 388,
Arras penitenciais – 388, 390
Arrendador – 200, 271, 272
Arrendamento mercantil – 271
Arrendatário – 200, 201, 271, 272
Arresto – 258
Assunção de dívida – 21, 152, 162-164, 231, 237
Astreintes – 326
Ato ilícito – 5, 6, 28, 29, 238, 246, 278, 279, 283, 286, 290, 296, 319, 323, 341, 349, 356
Atualização monetária – 193, 344, 366
Aumento progressivo – 189
Ausência de culpa – 100, 289, 290, 303

Autonomia – 9, 11, 53, 60-64, 66-67, 97, 130, 260, 261, 360, 371, 389,
Aval – 259-262

B

Bem de família – 238, 251, 252
Beneficium competentiae – 251
Bens de terceiro – 252
Bens imóveis – 84-86,100, 154
Bens impenhoráveis – 273
Boa-fé – 3, 5, 18, 19, 32-39, 44, 57-60, 69-71, 91-94, 107, 123, 124, 126, 142, 149, 153, 157, 159, 163, 175, 176, 179, 181, 186, 187, 203, 205, 210, 285, 312, 314, 319, 320, 321-324, 339, 356, 357, 373
Boa-fé como fonte de direitos – 33
Boa-fé objetiva – 3, 5, 32-38, 57, 58, 60, 69-71, 123, 124, 126, 203, 210, 285, 313, 314, 319, 320
Boa-fé subjetiva – 33, 159, 181, 285
Bonus pater famílias – 284

C

Case law – 62
Caso fortuito – 301-306, 333, 334, 368, 371, 375, 376
Caução – 133, 134, 265-267
Causa – 68, 72, 74, 76, 79, 91, 99, 115, 117, 118, 134, 135, 137, 138, 145, 177, 178, 192, 196, 203, 205, 224, 237, 247, 251, 261, 298-300, 328, 331, 346, 354, 373, 374, 376, 382
Causa do pagamento – 167
Causas distintas – 237
Cedente, cessionário e cedido – 152
Cessão – 21, 39, 54, 151-161, 164, 173, 177, 179, 188, 190, 224, 225, 233, 239, 240, 265, 353, 373
Cessão de crédito – 21, 151, 152, 154, 158, 172, 173, 177, 179, 224, 225, 240, 265
Cessão de direitos hereditários – 154
Cessão de posição contratual – 160, 161
Cessão onerosa ou gratuita – 152
Cessão total ou parcial – 152
CIF – 207

Cláusula compromissória – 263, 269
Cláusula de não indenizar – 370-377
Cláusula de não indenizar nas relações de consumo – 372
Cláusula geral de boa-fé – 70, 321
Cláusula geral de responsabilidade objetiva – 294
Cláusula penal – 103, 153, 163, 281, 345, 370, 377, 379-390
Cláusula penal compensatória – 383-385, 392
Cláusula penal compensatória e moratória – 383
Cláusula resolutiva expressa – 329
Cláusula resolutiva tácita – 329
Cláusulas de agravamento do dever de reparar – 378
Cláusulas de exclusão do dever de reparar – 370
Cláusulas de reajuste – 190
Cláusulas gerais – 58
Cláusulas limitativas do dever de reparar – 376
Cláusulas penais nas relações de consumo – 387
Código alemão – 17, 18, 31, 53, 234
Código Napoleão – 2, 17, 53, 197, 248, 390
Coisa de terceiro – 183
Coisa futura – 183
Compensação – 54, 143, 146, 156, 157, 219, 233-235, 237, 238-240, 261, 307, 350, 364
Compensação convencional – 234
Compensação de tributos – 238, 364
Compensação legal – 234, 236
Compensatio lucri cum damno – 339
Comunhão parcial – 253
Comunhão universal de bens – 253
Concausas – 301, 307, 308
Concentração – 110-113
Concursu partes fiunt – 129
Condição – 17, 89, 104, 119, 120, 138, 147, 212, 213, 234, 255, 351, 356, 369
Condição suspensiva – 89, 119
Condições *si volam* – 119
Confusão – 41, 97, 179, 205, 219, 241, 242, 253
Cônjuge – 154, 253, 254, 260, 262
Consensualismo – 27
Consignação de dinheiro – 220
Consilium fraudis – 255, 256
Contrato com pessoa a declarar – 25
Contrato real – 229
Contratos benéficos – 285, 286
Contribuição do credor para o inadimplemento – 306
Convenção de Viena – 315, 356
Convenções acerca do dever de reparar os danos – 367
Coronation Case – 198
Corpus abnoxium – 14
Corpus Iuris Civilis – 15, 16
Correção monetária – 36, 190, 192, 194, 222, 227, 241, 275, 344, 345, 358, 363-367, 389

Crédito como garantia – 161
Crédito penhorado – 182,
Crédito trabalhista – 274
Creditor – 14
Créditos de natureza tributária – 275
Credor incapaz de quitar – 182
Credor putativo – 179-181
Culpa – 30, 40, 45, 50, 51, 72, 80, 88, 93, 96, 100, 106, 112, 113, 116, 117, 134, 147, 148, 203,
Culpa grave – 286, 288, 346, 370
Culpa *in abstracto* – 284
Culpa *in concreto* – 284
Culpa *in contrahendo* – 320
Culpa *in eligendo* – 288, 289
Culpa *in vigilando* – 289
Culpa *lata* – 286
Culpa levíssima – 286
Culpa *post pactum finitum* – 40, 322
Cumprimento por terceiro – 101
Cumulação de juros compensatórios e moratórios – 365
Curso forçado da moeda – 189, 192, 194,

D

Dação em pagamento – 219, 227, 228, 263
Dano ambiental – 78-80, 293
Dano estético – 353, 354
Dano moral – 116, 297, 304, 346, 348, 350-356
Dano moral de pessoas jurídicas – 352
Dano moral punitivo – 343, 354
Dano por ricochete – 340
Danos emergentes – 337, 338
Danos emergentes e lucros cessantes – 337
Datio in solutum – 228
Debita natura – 74
Debitor – 14
Debitum – 47, 74, 110, 139, 145-147, 232, 235, 260
Debitum e obligatio – 46, 74, 110
Declaração de vontade – 100, 101, 103, 168
Depositário infiel – 247
Desaparecimento da causa – 43
Desconsideração da personalidade jurídica – 252, 253
Determinabilidade – 50, 51
Deterioração – 89, 90, 93, 216, 333, 334
Dever de autoinformação – 71
Dever de mitigar o prejuízo – 356, 357
Dever de repetição – 76
Dever jurídico secundário – 367
Dever primário – 325, 327, 328, 330, 384, 385, 389
Dever secundário – 325, 327, 328, 385,
Deveres acessórios – 32, 124
Deveres de sigilo – 126
Deveres laterais – 5, 124-127, 166,

Deveres laterais de esclarecimentos – 146
Deveres laterais de proteção – 147
Deveres primário e secundário – 325
Dies interpellat pro homine – 211
Direito Comercial – 260, 262, 372
Direito de Família – 10, 11, 53,
Direito de retenção – 41, 93, 94, 276
Direito inglês – 22, 24, 62, 123
Direito romano – 7, 13-16, 21, 28, 29, 74, 151, 184
Direito subjetivo – 4, 23, 35, 43, 73, 176
Direito subjetivo relativo – 11
Direitos personalíssimos – 9, 10, 349
Direitos reais – 11, 15, 54, 176, 180, 216, 264
Direitos subjetivos absolutos – 11
Dívida de jogo – 74, 76, 232
Dívida de valor – 194
Dolo – 160, 229, 237, 341, 370, 374, 376, 391

E

Efeitos da mora – 333
Efeitos de cessão – 159
Efeitos do inadimplemento – 317, 325, 369
Empréstimo de dinheiro – 358, 368
Enriquecimento sem causa – 5, 31, 40, 43-46, 68, 76, 78, 178, 192
Equilíbrio econômico – 5, 66, 68, 280
Equilíbrio econômico do contrato – 66
Erro sobre as bases do negócio – 198
Escola dos Pandectas – 18, 61
Espécies de obrigações – 81
Estatuto da advocacia – 276
Evicção – 230
Ex contractus – 34
Ex delicto – 28, 138
Exceção do contrato não cumprido – 257, 308, 309, 316, 331, 380
Exceções ao curso forçado da moeda – 192
Exceções pessoais – 146, 156,
Exclusão do dever de reparar atos de terceiros – 375, 418
Exclusão do dever de reparar certo fato – 376
Exclusão e renúncia – 237
Execução direta pelo credor – 326
Existência do crédito cedido – 207
Existência, validade e eficácia – 169

F

Falha de informação – 321
Fiança – 144, 153, 163, 164, 246, 259-262, 391
Fidúcia cum creditore – 270
Fiduciante – 247, 270
FOB – 207
Fontes das obrigações – 4, 5, 11, 25, 26, 29-34, 40, 56, 67

Força maior – 301-303, 306, 333, 334, 371, 375, 376
Fortuito externo – 305, 306
Fortuito interno – 304, 306
Fraude à execução – 256, 257
Fraude contra credores – 254, 256
Frustração do fim do contrato – 204
Frustração do propósito – 66
"Frustration of purposes" – 198
Frutos – 92, 94, 161, 250, 255, 269, 358
Função social – 4, 6, 19, 24, 25, 42, 58, 60, 62, 64, 66-68, 70, 166, 204,
Fundamento das obrigações – 12
Fungibilidade – 96, 236, 237, 265

G

Garantia do juízo – 273
Garantia geral – 248, 249, 254, 258
Garantia geral das obrigações – 249
Garantias do cumprimento da obrigação – 245
Garantias especiais das obrigações – 258
Garantias no caso de insolvência – 274
Garantias pessoais – 259
Garantias reais – 262, 263, 269, 275, 276
Genus non perit – 95, 96
Grau de culpa – 284, 286-288, 341- 343
Grau de culpabilidade – 341- 343

H

Herdeiros do credor solidário – 140
Hipoteca – 153, 158, 163, 214, 215, 224, 233, 242, 246, 251, 263, 267, 268
Honorários –117, 235, 266, 276, 333, 344, 384,

I

Id quod plerumque accidit – 300
Imaginaria solutio – 242
Impedimento – 103, 153, 251, 368
Imperícia – 285, 286, 308, 341, 347, 348
Imperícia, imprudência e negligência – 285
Impossibilidade moral – 100
Impossibilidade da prestação solidária – 147
Impossibilidade das prestações – 112, 140
Imprevisibilidade – 202, 302, 303
Imprudência – 286
Imputação em pagamento – 226, 239
In re ipsa – 344
Inadimplemento – 23,24, 39, 48, 49, 52, 54, 72, 81, 82, 88, 99, 103, 104, 107, 109, 112, 115, 117, 135, 148, 165, 176, 181, 182, 186, 187, 285, 289, 290, 292, 296-298, 301, 306-318, 322, 323, 325, 326, 327-334, 338-340, 345, 355-357, 363, 369-374, 376-390

Inadimplemento antecipado – 165, 315-318
Inadimplemento parcial – 148, 122, 309, 310, 311, 330, 332, 334, 338, 385
Inadimplemento total – 277, 309, 311, 313, 332, 383
Inadimplemento total ou parcial – 277, 313,
Indenização de obrigações pecuniárias – 344
Indenização ínfima – 373
Indenização puramente simbólica – 348
Indenização suplementar – 344, 345, 390
Índices de atualização monetária – 193
Indivisibilidade – 130-135
Inevitabilidade – 219, 303
Instituições financeiras – 270, 272, 366
Interesse do credor – 87, 93, 95, 98, 100, 327, 332
Interesse e utilidade da prestação – 332
Interesse jurídico e interesse econômico – 172
Interusurium – 195
Intuitu personae – 21, 82, 98, 96, 170
Intuitu rei – 82
Ius ad rem – 14, 15
Ius in re – 9, 14
Ius in re e *ius ad rem* – 14, 15, 83

J

Juros – 35, 56, 75, 78, 116, 148, 156, 160, 163, 194, 196, 206, 220-222, 227, 234, 241, 275, 281, 333, 345, 358, 360-367
Juros flutuantes – 361
Juros moratórios – 78, 116, 358, 360, 363-369
Juros remuneratórios – 358, 359, 367

L

Legítima expectativa – 166
Lei da Usura – 359, 361
Lei de Introdução do Código Civil – 3
Lei Failliot – 197
Lesão – 5, 52, 79, 229, 290, 294, 297, 303, 305, 308, 342, 349-353
Lex Aquilia – 278, 279, 282, 286
Lex poetelia papiria – 14, 248
Liberdade contratual – 62
Licitude – 50, 232, 376, 387
Limite da fixação da cláusula penal compensatória – 384
Limite de indenização – 430
Livro das Obrigações – 54, 184
Lucros cessantes – 287, 297, 337, 338, 341
Lugar do pagamento – 54, 208, 210,

M

Mandato *in rem suam* – 151
Media aestimationes – 94, 95

Melhoramentos – 90, 91
Mensuração do dano moral – 350
Modo – 84, 85, 119, 120
Mora – 140,148, 171, 193, 220, 222, 271, 275, 281, 291, 310, 311, 330, 344
Mora *creditoris* – 330, 332
Mora do credor – 330, 332, 353
Multa penitencial – 390, 391

N

Natureza jurídica do pagamento – 168, 169
Negligência – 282, 285, 286, 341, 356,
Negócio jurídico bilateral – 26
Negócio jurídico unilateral – 28
Nemo preacise cogi potest ad factum – 326
Neminen laedere – 28
Nexo de causalidade – 79, 281, 294, 297-301, 304, 306, 308, 340, 379
Norma jurídica – 1, 54, 204, 244
Novação – 219, 230-233, 262
Nulidade da assunção – 164

O

Objetivo do pagamento – 207
Objeto lícito – 184,
Obligatio – 7, 46, 47, 74, 104, 110, 119, 139, 145-147, 164, 204, 205, 232, 260
Obrigação acessória – 123, 260, 262
Obrigação alimentícia – 247
Obrigação alternativa – 109, 111, 112, 127
Obrigação certa – 236, 330
Obrigação como processo – 19, 165
Obrigação cumulativa – 104, 109
Obrigação de dar – 15, 44, 81-83, 85-87, 89, 90, 93-97, 109, 123, 131, 134, 147, 220, 289, 325, 334,
Obrigação de dar coisa certa – 44, 86, 87, 89, 147
Obrigação de fazer – 81, 82, 86, 97, 100, 101, 104-107, 116, 117, 287, 325, 326, 330,
Obrigação de meio – 115, 117, 133, 377
Obrigação de meio com remuneração sujeita ao resultado – 117
Obrigação de não fazer – 81, 104, 105, 106, 107, 121, 322
Obrigação de restituir – 92, 93, 212, 289, 340
Obrigação de tolerar – 121, 289
Obrigação natural – 73-76, 87, 232, 236
Obrigação por fato de terceiro – 21
Obrigação principal – 123, 125, 165, 260, 264, 372, 379, 382,
Obrigação *propter rem* – 78-80,
Obrigação quesível – 210
Obrigação simples – 109, 110, 113
Obrigações de execução continuada – 121

Obrigações de execução diferida – 121, 122
Obrigações de execução instantânea – 121, 122
Obrigações de resultado – 115
Obrigações facultativas – 113
Obrigações modais – 120
Obrigações naturais – 73
Obrigações pecuniárias – 189, 190, 194, 344
Obrigações personalíssimas – 82, 97, 170,
Obrigações puras – 119
Obrigações sujeitas a condição – 119
Obrigações sujeitas a termo – 138
Onerosidade excessiva – 5, 52, 122, 200-203, 228
Ônus da prova – 290, 326, 327, 333, 334, 376
Oposição – 156, 172, 197, 239, 333

P

Pacta sunt servanda – 26, 196, 282
Pacto de *non cedendo* – 153
Pacto de *non compensandum* – 237
Pacto de San José da Costa Rica – 247
Pacto *ne culpa presteatur* – 376
Pactum de non petendo – 243
Pactum nudum – 17
Padrão do lugar da execução – 234
Pagamento a terceiro – 178
Pagamento antecipado – 194, 196, 257
Pagamento com oposição do devedor – 173
Pagamento com sub-rogação – 219, 223,
Pagamento defeituoso – 175
Pagamento em consignação – 219
Par conditio creditorum – 274
Patrimonialidade – 51
Patrimônio – 71, 130, 134, 142, 144, 150, 152, 158, 160, 161-163, 168, 182, 238, 245, 246-259, 262, 271, 273, 296, 309, 339, 349, 351, 353
Penhor – 92, 214, 162, 163, 263-267, 270
Penhor de títulos – 265
Penhor de veículos – 265
Penhor industrial e mercantil – 265
Penhor legal – 265
Penhor rural – 265
Penhora – 162, 215, 272, 238, 246, 250
Perda do título – 205, 206, 231
Perdão – 134, 142, 146,
Perdão da dívida – 242-244
Perda da indivisibilidade – 134
Perdas e danos – 49, 134, 135, 142, 147, 148, 175, 181, 188,
Perpetuatio obligationis – 333
Perte d'une chance – 346
Perturbação das obrigações – 277
Pignus – 264
Pluralidade de cláusulas penais – 381
Ponderação de valores – 59, 60, 100

Portable – 209
Portador da quitação – 178
Positivismo jurídico – 55
Post pactum finitum – 40, 107
Preferência – 273, 274
Presentação e representação – 177
Presunção de culpa – 287, 288, 290,
Presunções de pagamento – 206
Princípio da identidade da prestação – 184, 185
Princípios do direito – 3, 56-60
Privilégios especiais – 276
Privilégios gerais – 276
Privity of contract – 22
Pro soluto – 230
Pro solvendo – 230
Propriedade fiduciária – 269, 270, 276
Proteção de cessionário – 158, 177
Prova do dano – 343, 344, 371, 379
Purgação da mora – 334

Q

Quasi contractus – 29
Quasi delicto – 29
Quebra positiva do contrato – 313, 314
Quérable – 221
Quitação – 219, 220, 222, 225, 227

R

Ratio dedidendi – 72
Razoabilidade no contrato – 63
Razoável equivalência das prestações – 65
Rebus sic stantibus – 198
Recibo – 205
Recusa injustificada de contratar – 39
Redução da indenização pelo juiz – 384
Redução do valor constante da cláusula penal – 383
Regime de bens – 253
Registro geral de imóveis – 78, 267
Relação corrente de negócios – 319, 323-325
Relatividade das obrigações – 22
Remissão da dívida – 242
Remissão de co-devedor solidário – 244
Renúncia da solidariedade – 146
Representante putativo – 180
Res inter alios – 22, 322
Res perit domino – 89, 93
Resolução do contrato – 187, 328, 329
Responsabilidade aquiliana – 278
Responsabilidade civil – 25, 31, 54, 116, 117, 124, 313, 319, 325, 341, 344, 346, 350, 354, 370, 373, 375
Responsabilidade contratual – 279, 281, 285, 290, 300, 305, 319, 343, 352, 360, 369, 375
Responsabilidade extracontratual – 359

Responsabilidade objetiva – 79, 290, 291, 293, 294-296, 300, 305, 306
Responsabilidade patrimonial – 84, 370
Responsabilidade pela quebra da confiança – 324
Responsabilidade pós-contratual – 46
Responsabilidade *post pacto finitum* – 126
Responsabilidade pré-contratual – 5, 38, 319-321, 325
Responsabilidade sem culpa – 283, 291
Responsabilidade subjetiva – 88, 282, 289, 294, 325
Restrições à cessão – 152
Risco – 31, 72, 78, 290-296, 304, 318, 333
Risco empresarial – 295

S

Sacrifício desmesurado – 203
Salário mínimo – 193
Scarza importanza – 188
Schuld und Haftung – 47
SELIC – 362-365,
Separação total de bens – 253, 262
Sinal – 281, 295, 386-388
Solidariedade – 7, 217, 130, 135, 137, 138-147, 149, 240, 249, 277,
Solidariedade ativa – 137, 139, 141-143
Solidariedade passiva – 137, 143, 144, 145, 147, 149, 240, 249
Solutio – 165, 242
Solve et repete – 379, 380
Solvens – 21, 142, 157, 174
Substantial performance – 188
Sub-rogação – 171, 223-226
Sub-rogação convencional – 223, 225
Sub-rogação e cessão – 224
Sub-rogação legal – 223-225
Suppressio – 35
Surrectio – 36

T

Tempo do pagamento – 211

Teoria da aparência – 180, 181
Teoria da causalidade adequada – 299, 300
Teoria da diferença – 339, 350
Teoria da equivalência das condições – 299
Teoria da imprevisão – 52, 122, 196, 197, 199, 200
Teoria da perda de uma chance – 345-347
Teoria do dano direto adequado – 337
Terceira via da responsabilidade – 319, 322
Terceiro cúmplice – 22, 23 319, 323, 325
Terceiro interessado – 171-174, 224
Terceiro não interessado – 172-174
Termo – 35, 119, 120, 212, 213
Título – 54, 83, 84, 85, 87, 101
Título executivo – 272
Títulos de crédito – 54, 230, 260, 261, 265
Tradição – 78, 84, 85, 92, 175, 180, 264, 315
Transferência de propriedade – 59, 78, 83, 132, 175, 180, 209
Transferência do dano moral – 101, 353
Transmissão das obrigações – 54, 153
Tutela da garantia patrimonial – 264
Tutela da parte frágil – 66
Tutela específica das obrigações – 102
Tutela externa – 322
Tutela externa do crédito – 22, 25

U

Ultra posse nemo obligatur – 98

V

Valor sentimental – 340
Variis causarum figuris – 34
Vencimento antecipado – 156, 187, 213-217
Vencimento identificado – 211, 212
Venire contra factum proprium – 5, 35, 187, 210
Verso in rem suam – 40
Verus dominus – 176
Verwirkung – 36

W

Will theory – 63

Impressão e acabamento:

Grupo SmartPrinter
Soluções em impressão